Die Anerkennung von Gesellschaften unter Artikel XXV Abs. 5 S. 2 des deutsch-US-amerikanischen Freundschafts-, Handels- und Schifffahrtsvertrags von 1954

Studien zum vergleichenden und internationalen Recht -
Comparative and International Law Studies

Herausgeber: Bernd von Hoffmann, Erik Jayme
und Heinz-Peter Mansel

Band 152

PETER LANG
Frankfurt am Main · Berlin · Bern · Bruxelles · New York · Oxford · Wien

Dorothee Maria Kaulen

Die Anerkennung von Gesellschaften unter Artikel XXV Abs. 5 S. 2 des deutsch-US-amerikanischen Freundschafts-, Handels- und Schifffahrtsvertrags von 1954

PETER LANG
Internationaler Verlag der Wissenschaften

Bibliografische Information der Deutschen Nationalbibliothek
Die Deutsche Nationalbibliothek verzeichnet diese Publikation in der Deutschen Nationalbibliografie; detaillierte bibliografische Daten sind im Internet über <http://www.d-nb.de> abrufbar.

Zugl.: Köln, Univ., Diss., 2008

Gedruckt auf alterungsbeständigem,
säurefreiem Papier.

D 38
ISSN 0930-4746
ISBN 978-3-631-58209-1

Printed in Germany 1 2 3 4 5 7

www.peterlang.de

Meinen Eltern

Vorwort

Während meiner Promotion habe ich die Unterstützung vieler Menschen erfahren. An dieser Stelle möchte ich ihnen allen ganz herzlich danken.

Ein ganz besonderer Dank geht dabei an meine Eltern Magda und Werner Kaulen. Sie waren in jeglicher Hinsicht für mich da und haben mir liebevoll mit Rat und Tat zur Seite gestanden.

Bedanken möchte ich mich sehr herzlich bei meinem Doktorvater Herrn Professor Dr. Heinz-Peter Mansel, Direktor des Institutes für internationales und ausländisches Privatrecht der Universität zu Köln, für seine intensive Betreuung: seine Anregungen und seine Unterstützung während meines Arbeitsprozesses sowie seine rasche Erstbegutachtung. Mein Dank gilt auch Herrn Professor Dr. Ulrich Ehricke, der zügig ein Zweitgutachten erstellte.

Ein großer Dank geht an Herrn Gregory T. Landgraf. Er motivierte mich stets und beriet mich in Fragen des US-amerikanischen Rechts. Unterstützt wurden meinen Recherchen im US-amerikanischen Recht außerdem durch die *Duquesne University Law School,* Pittsburgh (Pennsylvania, USA), insbesondere durch Herrn Professor Dr. Kirk W. Junker. Mehrfach konnte ich die *Duquesne Law School* besuchen, ihre Recherchemöglichkeiten nutzen und viele intensive Gesprächen mit den dortigen Professoren führen.

Bedanken möchte ich mich weiterhin sehr bei Herrn Johannes Esselborn und Herrn PD Dr. Marc-Phillip Weller für viele fördernde Diskussionen und hilfreiche juristische Ratschläge. Johannes Esselborn gebührt darüber hinaus großer Dank für das kritische Korrekturlesen.

Mein Dank gilt auch der Bischöflichen Studienstiftung Cusanuswerk, die mich mit einem Promotionsstipendium finanziell und ideell förderte.

Die vorliegende Arbeit wurde im Wintersemester 2007/2008 von der Rechtswissenschaftlichen Fakultät der Universität zu Köln als Doktorarbeit angenommen. Literatur und Rechtsprechung wurden – soweit möglich – bis einschließlich März 2008 berücksichtigt. Der erst nach Abgabe dieser Dissertation vom Bundesjustizministerium vorgelegte Referentenentwurf für ein „Gesetz zum Internationalen Privatrecht der Gesellschaften, Vereine und juristischen Personen" vom 07.01.2008 wurde nachträglich in dieses Werk für den Druck eingearbeitet. Der Referentenentwurf verändert allerdings die Ergebnisse dieser Arbeit nicht.

Köln, im März 2008

Inhaltsverzeichnis

Literaturverzeichnis

Altmeppen, Holger, Ausfall- und Verhaltenshaftung der Mitgesellschafter in der GmbH, ZIP 2002, 961.

Altmeppen, Holger / Roth, Günter, H. GmbHR, 5. Auflage, München 2005 (zit.: *Bearbeiter*, in: Altmeppen/Roth).

Altmeppen, Holger / Wilhelm, Jan, Gegen die Hystherie um die Niederlassungsfreiheit der Scheinauslandsgesellschaft, DB 2004, 1083.

American Jurisprudence, (An encyclopedia), 2nd edition, published by Thomson West; benutzt in WestLaw: www.westlaw.com , update frequency: quarterly (zit.: Am. Jur. 2d).

American Law Reports, published in several series by Thomson West; benutzt in WestLaw: www.westlaw.com (zit.: A.L.R.).

Anwaltkommentar, BGB, Band 1: Allgemeiner Teil mit EGBGB, Hrsg.: Thomas Heidel / Rainer Hüßtege / Heinz-Peter Mansel / Ulrich Noack, Gesamthrsg.: Barbara Dauner Lieb / Thomas Heidel / Gerhard Ring, Bonn 2005 (zit.: AnwaltKo/*Bearbeiter*).

Arnold, Arnd, Zur ökonomischen Theorie des Solvenztests, Der Konzern 2007, 118.

Arnold / Hill / Kern, Der Freundschafts-, Handels- und Schiffahrtsvertrag zwischen der Bundesrepublik Deutschland und den Vereinigten Staaten von Amerika vom 29. Oktober 1954, Beil. BAnz. v. 26.07.1955, Nr. 141.

Augustine, Don / Fass, Peter / Lester, Marshall / Robinson, James, The Liability of Limited Partners Having Certain Statutory Rights Affecting the Basic Structure of the Partnership, 31 Buss. Law 2087 (1975 -1976).

Bamberger, Heinz Georg / Roth, Herbert, Kommentar zum Bürgerlichen Gesetzbuch, Band 3, §§ 1297 - 2385 EGBGB, CIS, München 2003 (zit.: *Bearbeiter*, in: Bamberger/Roth).

Bar, Christian von, Internationales Privatrecht, Band 2: Besonderer Teil, München 1991 (N.B. Die Neuauflage von 2005 ist zur Zeit vergriffen) (zit.:*v. Bar*, IPR II).

Bar, Christian von / Mankowski, Peter, Internationales Privatrecht, Band 1: Allgemeiner Teil, 2. Auflage, München 2003 (zit.: *v. Bar/Mankowski*, IPR I).

Baranowski, Karl-Heinz, Besteuerung bei Sitzverlegung einer ausländischen Kapitalgesellschaft ins Inland, IWB Fach 3 Gruppe 1 (1989), 331

Baumbach, Adolf / Hueck, Alfred (Begr.), GmbH-Gesetz, 18. Auflage, München 2006 (zit.: *Bearbeiter*, in: Baumbach/Hueck).

Baumbach, Adolf / Hopt, Klaus, Handelsgesetzbuch, Begr.: Adolf Baumbach, 32. Auflage, München 2006 (zit.: *Baumbach/Hopt*).

Behrens, Peter, Internationales Gesellschaftsrecht nach dem Überseering-Urteil des EuGH und den Schlussanträgen zu Inspire Art, IPRax 2003, 193.

–, Der Anerkennungsbegriff des internationalen Gesellschaftsrechts, ZGR 1978, 499.

–, Zu den Folgen einer gesellschaftsrechtlichen Sitzverlegung ins Ausland, EuZW 1992, 550.

Beitzke, Günther, Anerkennung und Sitzverlegung von Gesellschaften und juristischen Personen im EWG-Bereich, ZHR 127 (1964), 1.

–, Einige Bemerkungen zur Rechtsstellung ausländischer Gesellschaften in deutschen Staatsverträgen, in: Festschrift für Martin Luther zum 70. Geburtstag, S. 1, Hrsg.: Ottoarnd Glossner / Walter Reimers, München 1976 (zit.: *Beitzke*, in: FS Luther).

–, Juristische Personen im Internationalprivatrecht und Fremdenrecht, München, Berlin 1938 (zit.: *Beitzke,* Juristische Personen).

Berndt, Joachim, Die Rechtsfähigkeit US-amerikanischer Kapitalgesellschaften im Inland, JZ 1996, 187.

Beveridge, Norwood P. Jr., The internal affairs Doctrine: The proper Law of a Corporation, 44 Bus. Law 693 (1989).

Black's Law Dictionary, 8th edition, Hrsg.: Bryan A. Garner, West Group 2004 (zit.: *Black's Law Dictionary).*

Bleckmann, Albert, Die völkerrechtlichen Grundlagen des internationalen Kollisionsrechts, Köln, Berlin, Bonn, München 1992 (zit.: *Bleckmann*).

Blumenwitz, Dieter, Einführung in das angloamerikanische Recht, 7. Auflage, München 2003 (zit.: *Blumwitz*).

Borger, Georg, Die Sitztheorie in der Centros-Ära: Vermeintliche Probleme und unvermeidliche Änderungen, RIW 2000, 167.

Bonner Kommentar, Kommentar zum Bonner Grundgesetz, 32. Lieferung 1974, Hamburg 1950 (zit.: BonnerKo/*Bearbeiter*).

Born, Gary B., International Civil Litigation in United States Courts, 3rd edition, Den Haag, London, Boston 1996 (zit.: *Born).*

Boujong, Karlheinz / Ebenroth, Carsten Thomas / Joost, Detlev, Kommentar zum Handelsgesetzbuch, Band 1, §§ 1 - 342 HGB, München 2001 (zit.: *Bearbeiter*, in: Boujong/Ebenroth/Joost).

Brödermann, Eckart / Iversen, Holger, Europäsiches Gemeinschaftsrecht und Internationales Privatrecht, Tübingen 1994 (zit.: *Bearbeiter,* in; Brödermann/ Iversen).

Brombach, Monika, Internationales Gesellschaftsrecht im Spannungsfeld von Sitztheorie und Niederlassungsfreiheit, Jena 2006, zugl. Diss., Univ. Düsseldorf 2005 (zit.: *Brombach*).

Bromberg, Alan R. / Ribstein, Larry E., Bromberg and Ribstein on Partnership, Volume III, New York (N.Y.) 2006 Supplement (zit.: *Bromberg/Ribstein,* Partnership).

Bromberg, Alan R. / Ribstein, Larry E., Bromberg and Ribstein on Limited Liability Partnerships and the Revised Uniform Partnership Act, New York (N.Y.) 2001 *(zit.: Bromberg/Ribstein,* LLP and RUPA*)*.

Brox, Hans / Walker, Wolf-Dietrich, Allgemeiner Teil des BGB, 30. Auflage, München 2006 (zit.: *Brox/Walker*).

Brumiller, Ursula / Winkler, Karl, Freiwillige Gerichtsbarkeit, 8. Auflage, München 2006 (zit.: *Burmiller/Winkler*).

Bungert, Hartwin, Das Recht ausländischer Kapitalgesellschaften auf Gleichbehandlung im deutschen und US-amerikanischen Recht, München 1994 (zit.: *Bungert*, Gleichbehandlung).

–, Deutsch-amerikanisches internationales Gesellschaftsrecht – Staatsvertragliche Festschreibung der Überlagerungstheorie, ZVglWiss 93 (1994), 177.

–, Einwirkung und Rang von Völkerrecht im innerstaatlichen Rechtsraum – Ein Vergleich des deutschen mit dem US-amerikanischen Recht, DÖV 1994, 797.

–, Gesellschaftsrecht in den USA, 3. Auflage, München, Berlin 2003 (zit.: *Bungert,* Gesellschaftsrecht in den USA).

–, Recht der Niederlassung ausländischer, insbesondere deutscher Kapitalgesellschaften in den USA, DB 1994, 1457.

–, Rechtsfähigkeit ausländischer Kapitalgesellschaften und Beweislast, DB 1995, 963.

–, Sitzanknüpfung für Rechtsfähigkeit von Gesellschaften gilt auch nicht mehr im Verhältnis zu den USA – Anmerkung zu BGH Urt. v. 29.01.2003, DB 2003, 1043.

–, Zur Rechtsfähigkeit US-amerikanischer Kapitalgesellschaften ohne geschäftlichen Schwerpunkt in den USA (Anmerkung zu OLG Düsseldorf Urt. v. 15.12.1994), WM 1995, 2125.

Buxbaum, Richard M., The Origins of the American „Internal Affairs" Rule in the Corporate Conflict of Laws, in: Festschrift für Gerhard Kegel zum 75. Geburtstag, 26. Juni 1987, S. 75, Hrsg.: Hans-Joachim Musielak / Klaus Schurig (zit.: *Buxbaum*, in: FS Kegel).

Calliess, Christian / Ruffert, Matthias, Kommentar des Vertrages über die Europäische Union und des Vertrages zur Gründung der Europäischen Gemeinschaft – EUV/EGV, 2. vollständig überarbeitete und aktualisierte Auflage, Darmstadt 2002 (zit.: *Bearbeiter*, in: Calliess/Ruffert).

Cary, William, Federalism and Corporate Law: Reflection upon Delaware, 88 Yale L.J. 663 (1974).

Chemerinsky, Erwin, Constitutional Law – Principles and Policies, 2nd edition; New York (N.Y.) 2002 (zit.: *Chemerinsky*).

Chow, Daniel C.K., Limiting Erie in a New Age of International Law: Toward a Federal Common Law of International Choice of Law, 74 Iowa L. Rev. 165 (1988).

Cohen, William / Varat, Jonathan D., Constitutional Law, 11th edition, New York (N.Y.) 2001 (zit.: *Cohen/Varat*).

Cox, James D. / Hazen, Thomas Lee / O'Neal, F. Hodge, Corporations, New York (N.Y.) 1997 (zit.: *Cox et al.*, Corporations).

Crane, Judson A. / Bromberg, Alan R.; Law of Partnership St. Paul (Minn.) 1968 (zit.: *Crane/Bromberg*).

Criddle, Evan, The Vienna Convention on the Law of Treaties in U.S. Treaty Interpretation, 44 Va. Int'l L. 431 (2004).

Dammann, Jens C., Amerikanische Gesellschaften mit Sitz in Deutschland – Zugleich eine Anmerkung zu BGH, Urt. v. 29.1 2003, VIII ZR 155/02, RabelsZ 2004, 607.

Debatin, Helmut, Die grenzüberschreitende Sitzverlegung von Kapitalgesellschaften, GmbHR 1991, 164.

DeMott, Deborah A., Perspectives on Choice of Law for Corporate Internal Affairs, 48 Law & Contemp. Probs. 161 (1985).

Dixon, Martin / McCorquodale, Robert, International Law, 4th edition, Oxford, New York 2003 (zit.: *Dixon/McCorquodale*).

Dörner, Heinrich, Geringe Anforderungen an den „genuine link" einer im Inland tätigen US- Gesellschaft – GEDIOS Corporations, LMK, 2005, 48.

Dötsch, Ewald, Körperschaftssteuerliche Behandlung der Verlegung des Sitzes bzw. der Geschäftsleitung einer Kapitalgesellschaft über die Grenze, DB 1989, 2296.

Dreier, Horst, Grundgesetz-Kommentar, Hrsg.: Horst Dreier, Band 1 (Präambel, Art. 1 – 19 GG), 2. Auflage, Tübingen 2004 (zit.: Dreier/*Bearbeiter*).

Drobnig, Ulrich, Kritische Bemerkungen zum Vorentwurf eines EWG-Übereinkommens über die Anerkennung von Gesellschaften, ZGH 129 (1967), 93.

Ebenroth, Carsten Thomas, Die verdeckte Vermögenszuwendung im transnationalen Unternehmen, Bielefeld 1979 (zit.: *Ebenroth,* Vermögenszuwendung).

–, Gaining Access to Fortress Europe – Recognition of U.S. Corporation in Germany and the Revision of the Seat Rule, 24 Int'l Law 459 (1990).

–, Neuere Entwicklungen im deutschen internationalen Gesellschaftsrecht – Teil 1, JZ 1988, 18.

–, RIW Beilage zum BGH Urteil über Organfähigkeit einer US-amerikanischer Gesellschaft – Auslegung der §§ 14 und 18 KStG vor dem Hintergrund des deutsch-amerikanischen Freundschafts-, Handels und Schiffahrtsvertrages, RIW 1995, Beilage 3, S. 1.

Ebenroth, Carsten Thomas / Auer, Thomas, RIW Beilage zur Frage der körperschaftsteuerlichen Folgen einer grenzüberschreitenden Sitzverlegung, RIW 1992, Beilage 1, S. 1.

Ebenroth, Carsten Thomas / Bippus, Birgitt, Die Anerkennungsproblematik im Internationalen Gesellschaftsrecht – Am Beispiel des Freundschafts-, Handels- und Schiffahrtvertrages zwischen der Bundesrepublik Deutschland und den Vereinigten Staaten von Amerika vom 29.10.1954, NJW 1988, 2137.

–, Die staatsvertragliche Anerkennung ausländischer Gesellschaften in Abkehr von der Sitztheorie, DB 1988, 842.

–, Führen bilaterale Investitionsföderungsverträge zu einer Abkehr vom Sitzprinzip?, RIW 1988, 336.

Ebenroth, Carsten Thomas / Kemner, Mathew J. / Willburger, Andreas, Die Auswirkungen des genuine-link Grundsatzes auf die Anerkennung US-amerikanischer Gesellschaften in Deutschland (zu OLG Düsseldorf Urt. v. 15. Dez. 1994), ZIP 1995, 972.

Ebenroth, Charsten Thomas / Sura, Achim, Das Problem der Anerkennung im internationalen Gesellschaftsrecht, RabelsZ 43 (1979), 315.

Ebke, Werner F., Anmerkung zu BGH, Urt. v. 13.10.2004, JZ 2005, 299.

–, Conflicts of Corporate Laws and the Treaty of Friendship, Commerce and Navigation between the United States of America and the Federal Republic of Germany, in: Balancing of Interest Liber Amicorum, Peter Hay zum 70. Geburtstag, Hrsg.: Hans Eric Rasmussen-Bonne / Richard Freer / Wolfgang Lücke / Wolfgang Weitnauer, S. 119, Frankfurt am Main 2005 (zit.: *Ebke*, in: FS Hay).

–, Gesellschaften aus Delaware auf dem Vormarsch: Der BGH macht es möglich, RIW2004, 740.

–, Überseering: „Die wahre Liberalität ist Anerkennung, JZ 2003, 927.

–, Überseeing und Inspire Art: Auswirkungen auf das Internationale Gesellschaftsrecht aus der Sicht von Drittstaaten, in: Deutsches Gesellschaftsrecht im Wettbewerb der Rechtsordnungen – Nach Centros, Übersering und Inspire Art, S. 101, Hrsg.: Otto Sandrock / Chrisoph F. Wetzler, Heidelberg 2004 (zit.: *Ebke*, in: Sandrock/Wetzler).

–, Unternehmensrecht und Binnenmarkt – E pluribus unum?, RabelsZ 62 (1998), 195.

Ehrenzweig, Albert A., Conflicts, 3rd edition, St. Paul (Minn.) 1974 (zit.: *Ehrenzweig*, Conflicts).
–, Private International Law – General Part, 3rd edition, Doss Ferry (N.Y.), Lyden (NL) 1974 (zit.: *Ehrenzweig,* Private International Law).
Eidenmüller, Horst, Wettbewerb der Gesellschaften in Europa, ZIP 2002, 2233.
Eisenhardt, Ulrich, Gesellschaftsrecht, 13. Auflage, München 2007 (zit.: *Eisenhardt*).
Freer, Richard D., Introduction to Civil Procedure, New York (N.Y.) 2005 (zit.: *Freer*).
Friedenthal, Jack H. / Kane, Mary Kay / Miller, Arthur R., Civil Procedure, 4th edition (St. Paul (Minn.) 1996 (zit.: *Friedenthal et al.*).
Fitzmaurice, Sir Gerald, The Law and Procedure of the International Court of Justice, Cambridge 1986 (zit.: *Fitzmaurice*).
Fuller, Warner, The Incoporated Individual: A Study of the One-Man Company, 51 Harv. L.Rev. 1373 (1938).
Furtak, Oliver, Die Parteifähigkeit in Zivilverfahren mit Auslandsberührung, Heidelberg 1995 (zit.: *Furtak*).
Geiger, Rudolf, EUV/EGV (Kommentar), 4. Auflage, München 2004 (zit.: *Geiger*).
Göthel, Stephan R., Bald freie Wahl vom Rechtsform und Unternehmenssitz, Frankfurter Allgemeine Zeitung Nr. 25 vom 30.01.2007, S. 25 (zit.: *Göthel*, F.A.Z. vom 30.01.2008, S. 25).
–, Delaware bestätigt Gründungstheorie und schützt Pseudo-Foreign Corporations, RIW 2006, 41.
Goette, Wulf, Anmerkung zu BGH, Urt. v. 13.10.2004, DStR 2004, 2115.
Grasmann, Günther, System des internationalen Gesellschaftsrechts – Außen- und Innenstatut der Gesellschaft im internationalen Privatrecht, Herne/Berlin (u.a.) 1970, zugl. München Univ., Habil.-Schrift, 1969 (zit.: *Grasmann*).
Großfeld, Bernhard, Die Anerkennung der Rechtsfähigkeit juristischer Personen, RabelsZ 31, (1967), 1.
–, Die Gesellschaft mit beschränkter Haftung im internationalen und ausländischen Recht, RabelsZ 41 (1977), 401.
–, Diplomatischer Schutz für Aktiengesellschaften und Aktionäre, RIW 1972, 537.
–, Wandel der Unternehmensverfassung, NZG 2005, 1.
Großfeld, Bernhard / Erlinghagen, Susanne, Internationales Unternehmensrecht und deutsche unternehmerische Mitbestimmung, JZ 1993, 217.
Großkommentar – Aktiengesetz, Hrsg.: Klaus J Hopt / Herbert Wiedemann, Band 1, §§ 1-53 AktG, Berlin 2004 (zit.: GroßKoAktG/*Bearbeiter*).

Grunewald, Barbara, Gesellschaftsrecht, 6. Auflage, Tübingen 2005 (zit.: *Grunewald*).

Haack, Stephan, Eintragung der Zweigniederlassung ausländischer Gesellschaften (zu OLG Zweibrücken, Beschluss v. 26.03.2003 W 21/03), MDR 2003, 1363.

Hamilton, Robert, W., The Law of Corporations, 5th edition, St. Paul (Minn.) 2000 (zit.: *Hamilton*).

Harris, David, The Protection of Companies in the International Law in the Light of the Nottebohm Case, 18 I.C.L.Q. 275 (1969).

Hay, Peter, US-amerikanisches Recht, 3. Auflage, München 2005 (zit.: *Hay*, US-amerikanisches Recht).

–, Einführung in das amerikanische Recht, 4. Auflage, Darmstadt 1995 (zit.: *Hay*, Einführung).

Hausmann, Rainer, Doppelter Sitz von Kapitalgesellschaften nach deutschem und internationalem Privatrecht, in: Steuergestaltung durch doppelt ansässige Gesellschaften, Hrsg.: Rainer Hausmann, München 1988 *(*zit.: *Hausmann).*

Heil, Hans-Jürgen, Das Grundeigentum der Gesellschaft bürgerlichen Rechts – res extra commercium, NJW 2002, 2158.

Herdegen, Matthias, Europarecht, 9. Auflage, München 2007 (zit.: *Herdegen*, Europarecht).

–, Völkerrecht, 6. Auflage, München 2007 (zit.: *Herdegen*, Völkerrecht).

Henn, Harry G. / Alexander, John R., Laws of Corporations, 3rd edition, St. Paul (Minn.) 1983. (zit.: *Henn/Alexander*).

Hirte, Heribert, Kapitalgesellschaftsrecht, 5. neubearbeitete Auflage, Köln 2006 (zit.: *Hirte,* Kapitalgesellschaftsrecht).

–, Die Wiedergeburt der GmbH – Die Flucht in die Auslandsgesellschaft wird deutlich verlangsamt, Frankfurter Allgemeine Zeitung vom 06.06.2007, S. 23 (zit.: *Hirte*, F.A.Z. v. 06.06.2007).

Hobe, Stephan / Kimminich, Otto, Einführung in das Völkerrecht, 8. Auflage, Tübingen, Berlin 2004 (zit.: *Hobe/Kimminich*).

Hoffmann, Bernd von, Das Anknüpfungsmoment der Gründungstheorie, ZVglRWiss 101 (2002), 293.

Hoffmann, Bernd von / Thorn, Karsten, Internationales Privatrecht, 9. Auflage, München 2007 (zit.: *v. Hoffmann/Thorn*).

Hoffmann, Jochen, Die Bildung der Aventis S.A. – ein Lehrstück des europäischen Gesellschaftsrechts, NZG 1999, 1077.

–, Die Stille Bestattung der Sitztheorie durch den Gesetzgeber, ZIP 2007, 1581.

Höft, Walter, Identitätswahrende Sitzverlegung – Gesellschafts- und steuerrechtliche Beurteilung der Verwaltungssitzverlegung einer „us-corporation" in die

Bundesrepublik Deutschland, Köln, Berlin, Bonn, München 1992, zugl. Hamburg, Univ. der Bundeswehr, Diss. 1991 (zit.: *Höft*).

Horn, Norbert, Deutsches und europäisches Gesellschaftsrecht und die EuGH Rechtsprechung zur Niederlassungsfreiheit – Inspire Art, NJW 2004, 893.

Hueck, Götz / Windbichler, Christine, Gesellschaftsrecht, 20. Auflage, München 2003 (zit.: *Hueck/Windbichler*).

Hüffer, Uwe, Aktiengesetz, 7. Auflage, München 2006 (zit.: *Hüffer*).

Huhner, Christoph / Sabiwalsky, Ralf, Instrumente zur Verhinderung gläubigerschützender Ausschüttungen im US-amerikanischen Unternehmensrecht – Vorbild für Europa? –, Der Konzern 2006, 504.

Ihrig, Hans-Christoph, Einzelfragen zur Existenzvernichtungshaftung als Binnenhaftung, DStR 2007, 1170.

Ipsen, Knut, Völkerrecht, Menzel, Eberhard [Begr.], 5. Auflage, München 2004 (zit.: *Ipsen*).

Isensee, Jospeh, Anwendung der Grundrechte auf juristische Personen, in: Handbuch des Staatsrecht der Bundesrepublik Deutschland (HStR), Hrsg. Joseph Isensee, Paul Kirchhoff, Band V (allgemeine Grundrechtslehren), § 118, Heidelberg 1992 (zit.: *Isensee,* HStR V § 118).

Jaenicke, Günther, Zur Frage des internationalen ordre public, BerDGes VR 7 (1967), 77.

Jansen, Paul, FGG – Großkommentar, Hrsg.: Hans Joachim Schluckmann / Susanne Sonnenfeld, 3. Band, §§ 71 - 200 FGG, 3. Auflage, Berlin 2006 (zit.: Jansen/*Bearbeiter*).

Jayme, Erik, Das Internationale Privatrecht und Völkerrecht, Studien – Vorträge – Berichte, Gesammelte Schriften Band 3, Heidelberg 2003 (zit.: *Jayme*).

–, Die Wiederanwendung der Haager Familienrechtsabkommen von 1902 und 1905, NJW 1965, 13.

Jayme, Erik / Hausmann, Peter, Internationales Privat- und Verfahrensrecht, Textausgabe, 13. neubearbeitete und erweiterte Auflage, München 2006 (zit.: *Jayme/Hausmann*).

Jestädt, A. Guido, Anmerkung zu BGH, Urteil v. 29.01.2003 (VIII ZR 155/02 Hamm), WuB II N, Art. XXV FHSV 1.03, S. 636.

Johnson, Jennifer J., Risky Business: Choice-of-Law and the Unincorporated Entity, 1 J. Small & Emerging Bus. L. 249 (1997).

Junker, Abbo, Internationales Privatrecht, München 1998 (zit.: *Junker*).

Jungherr, Hans-Gerd, Sitzverlegung einer offenen Handelsgesellschaft nach England und einer Partnership nach Deutschland, Bonn 1969, zugl. Diss., Univ. Bonn 1969 (zit.: *Jungherr*).

Jüttner, Andreas, Gesellschaftsrecht und Niederlassungsfreiheit, Frankfurt a.M. 2005, zugl. Diss., Univ. Marburg (zit.: *Jüttner*).

Kegel, Gerhard / Schurig, Klaus, Internationales Privatrecht, 4. Auflage, München 2004 (zit.: *Kegel/Schurig*).

Keidel, Theodor / Kuntze, Joachim / Winkler, Karl, Freiwillige Gerichtsbarkeit – Kommentar zum FGG, Hrsg.: Joachim Kuntze / Karl Winkler, 15. Auflage, München 2003 (zit.: *Bearbeiter*, in: Keidel/Kuntze/Winkler).

Keil, Tilo, Zur Grundbuchfähigkeit der GbR, DZWiR 2003, 120.

Kersting, Christian, Corporate Choice of Law, 28 Brooklyn J.Int'l L. 1 (2002).

Kieninger, Eva Maria, Wettbewerb der Privatrechtsordnungen im Europäischen Binnenmarkt, Tübingen 2002, zugl. Habil. Schrift, Univ. Hamburg 2001(zit.: *Kieninger*).

Kindler, Peter, Anmerkung zu BGH, Urt. v. 29.01.2003, BB 2003, 812.

–, Auf dem Weg zur Europäischen Briefkastengesellschaft? – Die „Überseering"-Entscheidung des EuGH und das internationale Privatrecht, NJW 2003, 1073.

–, Der Wegzug von Gesellschaften in Europa, Der Konzern 2006, 811.

–, Neue Offenlegungspflichten für Zweigniederlassungen ausländischer Kapitalgesellschaften – Zur Umsetzung der Elften gesellschaftsrechtlichen Richtlinie der EG in deutsches Recht, NJW 1993, 3301.

Klein, Stefan, Die Rechtsstellung auswärtiger Gesellschaften im deutschen und US amerikanischen Recht, Frankfurt a.M. 2004, zugl. Diss., Univ. Frankfurt (a.M.), 2004 (zit.: *Klein*).

Kleinert, Jens, Anmerkung zu BGH, Urt. v. 13.10.2004 – I ZR 245/01, GmbHR 2005, 56.

Kley-Struller, Andreas, Die Staatszugehörigkeit juristischer Personen, SZIER 2/91, 163.

Knobbe-Keuk, Brigitte, Umzug von Gesellschaften in Europa, ZHR 154 (1990), 325.

Köller, Ingo / Roth, Wulf-Henning / Morck, Winfried, Handelsgesetzbuch – Kommentar, 5. Auflage, München 2005 (zit.: *Bearbeiter*, in: Köller/Roth/ Morck).

Kölner Kommentar zum Aktiengesetz, Hrsg.: Wolfgang Zöllner (zit.: Kölner-Ko/*Bearbeiter*):
Band 1, §§ 1 - 75 AktG, 2. Auflage, Köln, Berlin, Bonn, München 1988.
Band 5/3, §§ 262 - 290 AktG, 2. Auflage, Köln, Berlin, München 2004.
Band 2, §§ 148 - 290 AktG, Köln, Berlin, Bonn, München 1985.

Kokett, Juliane, Grund- und Menschenrechte als Inhalt eines internationalen ordre public, BerDGes VR 38 (1998), 71.

Kozyris, John, Corporate Wars and Choice of Law, 1985 Duke L. J. 1 (1985).

–, The Limited Liability Company: Does it exist out-of-state? What Law governs it?, 64 U.Cin. L. Rev. 565 (1996).

Kropholler, Jan, Internationales Privatrecht, 6. Auflage, Tübingen 2006 (zit.: *Kropholler*, IPR).
–, Der Renvoi im vereinheitlichten Kollisionsrecht, in: Festschrift für Dieter Henrich zum 70. Geburtstag, S. 393, Hrsg.: Peter Gottwald / Erik Jayme / Dieter Schwab, Bielefeld 2000 (zit.: *Kropholler*, in: FS Henrich).
Kroppensteiner, Hans- Georg, Internationale Unternehmen im deutschen Gesellschaftsrecht, Frankfurt a. M. 1971 (zit.: *Kroppensteiner*).
Latty, Elvin R., Pseudo-foreign Corporations, 65 Yale L.J. 137 (1955).
Lehner, Moris, Die steuerliche Ansässigkeit von Kapitalgesellschaften, RIW 1988, 201.
Leible, Stefan / Hoffmann, Jochen, „Überseering" und das deutsche Gesellschaftskollisionsrecht, ZIP 2003, 925.
Leible, Stefan / Hoffmann, Jochen, Wie inspiriert ist „Inspire Art", EuZW 2003, 677.
Looschelder, Dirk, Internationales Privatrecht – Art. 3 - 46 EGBGB, Berlin, Heidelberg, New York 2003 (zit.: *Looschelder*).
Mangold, Hermann / Klein, Friederich / Starck, Christian, Kommentar zum Grundgesetz, Hrsg.: Christian Starck, Band 1 (Präambel, Art. 1 - 19 GG), 5. Auflage, München 2005 (*Bearbeiter*, in: Mangold/Klein/Starck).
Mangoldt, Hans von, Nottebohm Case, in: Encyclopedia of public international law, Volume III, 1997, S. 698, Hrsg. Rudolf Bernhardt (zit.: *Mangoldt*, EPIL III (1997)).
Mankowski, Peter, Anmerkung zu BGH, Urt. v. 29.01.2003, EWiR 2003, 661.
–, Entwicklungen im Internationalen Privat- und Prozessrecht 2003, 2004 (Teil 1), RIW 2004, 481.
–, Kurzkommentar zu BGH, Urt. v. 25.07.2002, EWiR 2003, 193.
–, Preisangaben in ausländischen Währungen und deutscher Werbemarkt, Besprechung von BGH, GRUR 1995, 274 – Dollar Preisangaben, GRUR 1995, 539.
–, Völkerrechtliche Meistbegünstigung und europäisches IPR/IZVR, in: Völkerrecht und IPR, Hrsg.: Stefan Leible / Matthias Ruffert, S. 235, Jena 2006 (zit.: *Mankowski,* in: Leible/Ruffert).
Mansel, Heinz-Peter, Anerkennung als Grundprinzip eines europäischen Rechtsraums, Zur Herausbildung eines europäischen Anerkennungs-Kollisionsrecht: Anerkennung statt Verweisung als neues Strukturprinzip des europäischen internationalen Privatrechts?, RabelsZ 70 (2006), 651.
–, Staatlichkeit des Internationalen Privatrecht und Völkerrecht, in: Völkerrecht und IPR, Hrsg.: Stefan Leible / Matthias Ruffert, Jena 2006, S. 89 (zit.: *Mansel,* in: Leible/Ruffert).

Martin, Alson, R., Limited Liability Company & Partnership Answer Book, 2nd edition, New York (N.Y) 2001 (zit.: *Martin*).

Martin-Ehlers, Andrés, Gemeinschaftsrechtliche Aspekte der Urteile von Centros bis Inspire Art: Der „verständige" Gläubiger, in: Deutsches Gesellschaftsrecht im Wettbewerb der Rechtsordnungen – Nach Centros, Übersering und Inspire Art, Hrsg.: Otto Sandrock / Chrisoph F. Wetzler, Heidelberg 2004 (zit.: *Marin-Ehlers,* in: Sandrock/Wetzler).

McDouglas, Luther L. / Felix, Robert L. / Whitten, Ralph U., American Conflicts Law, 5th edition, Ardsley (N.Y.) 2003 (zit.: *McDouglas/Felix/Whitten*).

Meilike, Wienand, Sitztheorie und EWG-Vertrag nach Handels- und Steuerrecht, RIW 1990, 449.

Mellert, Christofer, BB-Kommentar zum Urteil des BGH v. 05.07.2004, BB 2004, 1869.

Merkt, Hanno, Die Gründungstheorie gewinnt an Einfluss, RIW 2003, 458.

Merkt, Hanno / Göthel, Stephan, US-amerikanisches Gesellschaftsrecht, 2. neubearbeitete Auflage, Frankfurt a.M. 2006 (zit.: *Merkt/Göthel*).

Meessen, Karl Mathias, Ausländische juristische Personen als Träger von Grundrechten, JZ 1970, 602.

Michalski, Lutz (Hrsg.*)*, GmbHG (Kommentar), Band 1, §§ 1 - 34 GmbHG, München 2002 (zit.: Michalski/*Bearbeiter*).

Moore, John N., Treaty Interpretation, the Constitutions and the Rule of Law, 42 Va. J. Int'l L. 163 (2001).

Mülvert, Peter O. / Schmolke, Klaus Ulrich, Die Reichweite der Niederlassungsfreiheit von Gesellschaften – Anwendung der Artt. 43 ff. EGV bei kollisions- und sachenrechtlichen Niederlassungshindernissen, ZVglRWiss 100 (2001), 233.

Münchener Kommentar, Aktiengesetz, Hrsg.: Bruno Kropff / Johannes Semler (zit.: MüKo-AktG/*Bearbeiter*):
Band 1, §§ 1 – 53 AktG, 2. Auflage, München 2000.
Band 7, §§ 222 – 277 AktG, 2. Auflage, München 2001.

Münchener Kommentar, Bürgerliches Gesetzbuch, Hrsg.: Kurt Rebmann / Franz Jürgen Säcker / Roland Rixecker (zit.: MüKo-BGB/*Bearbeiter*):
Band 1, BGB Allgemeiner Teil, §§ 1 - 240, 5. Auflage, München 2006.
Band 10, Internationales Privatrecht Art. 1 - 46 EGBGG, 4. Auflage, München 2006.
Band 11, Internationales Wirtschaftsrecht, Art 50 - 245 EGBGB, 4. Auflage, München 2006.

Münchener Kommentar, Handelsgesetzbuch, Hrsg. Karsten Schmidt, (zit.: MüKo-HGB/*Bearbeiter*):

Band 1, §§ 1 – 104 HGB, 2. Auflage, München 2005.
Band 2, §§ 105 – 160 HGB, 2. Auflage München 2006.

Münchener Kommentar, Zivilprozessrecht, Band 1, §§ 1 - 354 ZPO, Hrsg. Thomas Rauscher / Peter Wax / Joachim Wenzel, 3. Auflage, München 2008 (zit. MüKo-ZPO/*Bearbeiter*).

Musielak, Hans-Joachim, Grundkurs ZPO, 9. neubearbeitet Auflage, München 2007 (zit.: *Musielak*).

Nagel, Heinrich / Gottwald, Peter, Internationales Zivilprozessrecht, 6. Auflage, Köln 2007 (zit.: *Nagel/Heinrich*).

Nappenbach, Celina, Parteiautonomie im Internationalen Gesellschaftsrecht, Berlin 2002, zugl. Diss., Univ. Regensburg 2001 (zit.: *Nappenbach*).

Neumann, Barbara, Das genuine link-Kriterium – Ein zusätzlich ungeschriebenes Merkmal in Art. XXV Abs. 5 S. 2 des deutsch-(US)amerikanischen Handelsvertrages, Münster 2006, zugl. Diss., Uni. Münster (Westf.), 2006 (zit.: *Neumann*).

Neumayer, Karl H., Betrachtungen zum internationalen Konzernrecht, ZVglRWiss 83 (1984), 129.

Niessen, Hermann, Der Schutz der Grundrechte ausländischer juristischer Personen, NJW 1968, 1017.

Nußbaum, Arthur, Deutsches Internationales Privatrecht – Unter besondere Berücksichtigung österreichischen und schweizerischen Rechts, Tübingen 1932 (zit.: *Nussbaum*).

Paal, Boris P., Deutsch-amerikanischer Freundschaftsvertrag und genuine link: Ein ungeschriebenes Tatbestandmerkmal auf dem Prüfstand, RIW 2005, 735.

Paefgen, Walter, „Deutsche“ Corporations im System des Gesellschaftskollisionsrechts, DZWiR 2003, 441.

–, Kurzkommentar zu BGH, Urt. v. 05.07.2004 –II ZR 389/02, EWiR 2004, 919.

Pagenstecher, Max, Werden die Partei- und Prozessfähigkeit eines Ausländers nach seinem Personalstatut oder nach den Sachnormen der lex fori beurteilt?, ZZP 64 (1951), 249.

Palandt, Otto, Kommentar zum Bürgerlichen Gesetzbuch, 67. Auflage, München 2008 (zit.: Palandt/*Bearbeiter*).

Palmiter, Alan R., Corporations: examples and explanations, 4th edition, New York (N.Y.) 2003 (zit.: *Palmiter*).

Papmehl, Markus, Delaware Corporate Law: Entstehungsgeschichte und Gründe für den Führungsanspruch im US-Gesellschaftsrecht, ZVglWiss 101 (2002), 200.

Pellens, Bernhard / Jödicke, Dirk / Richard, Marc, Solvenztest als Alternative zur bilanziellen Kapitalerhaltung, DB 2005, 1393.

Pieroth, Bodo / Schlink, Bernhard, Grundrechte – Staatsrecht II, 23. Auflage, Heidelberg2007 (zit.: *Pieroth/Schlink*).

Pinto, Arthur R. / Branson, Douglas M., Understanding Corporate Law, 2nd edition, Newark (N.J.) 2004 (zit.: *Pinto/Branson*).

Pohlmann, Petra, Anmerkung zu BayObLG, Beschluss v. 31.10.2003 - 2Z BR 70/02 (LG München I), ZIP 2175 (Grundbuchfähigkeit einer GbR), EWiR 2003, 107.

Quaritsch, Helmut, Der grundrechtliche Status der Ausländer, in: Handbuch des Staatsrechts der Bundesrepublik Deutschland (HStR), Hrsg.: Joseph Isensee / Paul Kirchhoff, Band V (allgemeine Grundrechtslehren), § 120, Heidelberg 1992 (zit.: *Quaritsch,* HStR V § 120).

Rable, Ernst, Conflict of Laws – A Comparative Study, Volume I, 2nd edition, University of Michigan Law School 1960 (zit.: *Rabel*).

Rauscher, Thomas, Internationales Privatrecht, 2. Auflage, Heidelberg 2002 (zit.: *Rauscher*).

Rehm, Gebhard M., Anmerkung zu BGH, Urt. v. 05.07.2004, JZ 2005, 303.

Restatement (second) of Conflict of Laws (1971), Hrsg.: American Law Institute, benutzt in WestLaw: www.westlaw.com (zit.: *Restatement (second) of Conflicts of Law,* (1971)).

Restatement (third) of Foreign Relations Law (1986) Hrsg.: American Law Institute; benutzt in WestLaw: www.westlaw.com (zit.: *Restatement (third) of Foreign Relations Law,* (1986)).

Radin, Max, Law Dictionary, New York (N.Y.) 1955 (zit.: *Radin,* Law Dictionary).

Rees, Georg, Diplomatischer Schutz, in: Ignaz Seidl-Hohenveldern (Hrsg.), Lexikon des Völkerrechts, 3. Auflage, Neuwied u.a. 2001 (zit.: *Rees,* in: Seidl-Hohenveldern).

Ribstein, Larry E., The Emergence of the Limited Liability Company, 51 Bus. Law. 1 (1995).

Ribstein, Larry E. / Keating, Robert R., Ribstein and Keating on Limited Liability Companies, Volume 1, update August 1996, New York, Rochester (N.Y.) (zit.: *Ribstein/Keating*).

Rubner, Daniel, Mehr Rechtssicherheit für GmbH-Gesellschafter – Der Bundesgerichtshof krempelt sein Konzept der Existenzvernichtungshaftung um, Frankfurter Allgemeine Zeitung Nr. 176 vom 01.08.2007, S. 21 (zit.: *Rubner,* F.A.Z. v. 01.08.2007, S. 21.).

Rupp v. Brünneck, Wiltraud, Zur Grundrechtsfähigkeit juristischer Personen, in: Festschrift für Adolf Arndt zum 65. Geburtstag, S. 349, Hrsg.: Horst Ehmke / Carlo Schmidt / Hans Scharoun, Frankfurt a.M. 1969 (zit.: *Rupp v. Brünneck,* in: FS Arndt).

Sachs, Michael (Hrsg.), Grundsgesetz Kommentar, 4. Auflage, München 2007 (zit.: Sachs/*Bearbeiter*).

Sandrock, Otto, Die Schrumpfung der Überlagerungstheorie, Zu den zwingenden Vorschriften des deutschen Sitzrechts, die ein fremdes Gründungsrecht überlagern können, ZVglRWiss 102 (2003), 447.

–, Deutschland als gelobtes Land des Kapitalgesellschaftsrechts? Manches in Deutschland kann nur von Europa aus saniert werden, BB 2002, 1601.

–, Ein amerikanisches Lehrstück für das Kollisionsrecht der Kapitalgesellschaften, RabelsZ 42 (1978), 227.

–, Japanische Gesellschaften mit Verwaltungssitz in Deutschland, in: Probleme des deutschen, europäischen und japanischen Rechts, Festschrift aus Anlass des 20 jährigen Bestehens der Partnerschaft der Westfälischen Wilhelms-Universität Münster und der Chuo-Universtität Tokio auf dem Gebiet der Rechtswissenschaft, S. 85, Hrsg. Bernhard Großfeld / Koresuke Yamauchi / Dirk Ehler /Toshiyuki Ishikawa, Berlin 2006 (zit.: *Sandrock*, in: Probleme).

–, Sitztheorie, Überlagerungstheorie und der EWG-Vertrag, Wasser, Öl und Feuer, RIW 1989, 504.

–, Sitzrecht contra Savigniy? – Zum angeblichen Chaos im internationalen Gesellschaftsrecht, BB 2004, 897.

–, Spanische Gesellschaften in Deutschland, deutsche Gesellschaften in Spanien: kollisionsrechtliche Probleme, RIW 2006, 658.

–, Was ist erreicht? Was bleibt zu tun? Eine kollisionsrechtliche und materiellrechtliche Bilanz, in: Deutsches Gesellschaftsrecht im Wettbewerb der Rechtsordnungen – Nach Centros, Übersering und Inspire Art, Hrsg.: Otto Sandrock / Chrisoph F. Wetzler, Heidelberg, 2004 (zit.: *Sandrock,* in: Sandrock/Wetzler).

Schack, Haimo, Die Versagung der deutschen internationalen Zuständigkeit wegen forum non conveniens und lis alibi pendens, RabelsZ 58 (1994), 41.

–, Internationales Zivilverfahrensrecht, 4. Auflage, München 2006 (zit.: *Schack*, IZVR)

Schanze, Erich, Gesellschafterhaftung für unerlaubte Einflussnahme nach § 826 BGB: Die Trihotel-Doktrin des BGH, NZW 2007, 681.

Schanze, Erich / Jüttner, Andreas, Anerkennung und Kontrolle ausländischer Gesellschaften – Rechtslage und Perspektiven nach der Überseeing-Entscheidung des EuGH, AG 2003, 30.

Schaub, Bernhard, Anmerkung zu BayObLG, Beschluss v. 19.12.2002 (Grundbuchfähigkeit ausländischer Gesellschaften), DStR 2003, 654.

Schlegelberger, Franz Handelsgesetzbuch – Kommentar, Band III/1 Halbband, §§ 105 – 160 HGB, Kommentar von Ernst Geßler / Wolfgang Hefermehl / Wolfgang Hildebrandt / Georg Schröder / Klaus-Peter Martens / Karsten

Schmidt, 6. neubearbeitete Auflage, München 1992 (zit.: Schlegelberger/*Bearbeiter*).

Schmahl, Stefanie, Zum OLG Zweibrücken, Beschluss v. 26.03.2003 (3 W 21/03) (Zum gemeinschaftsrechtlichen Begriff der Niederlassungsfreiheit), WuB II N. § 43 EG 3.303.

Schmidt, Karsten, Gesellschaftsrecht, 4. neubearbeitete Auflage, Köln, Berlin, Bonn, München 2002 (zit.: *Schmidt,* Gesellschaftsrecht).

–, Handelsrecht, 5. Auflage, München 1999 (zit.: *Schmidt,* Handelsrecht).

–, Gesellschafterhaftung und „Konzerhaftung" bei der GmbH – Bemerkung zum „Bremer Vulkan"-Urteil des BGH vom 17.9.2001, NJW 2001, 3577.

Schmidt, Walther Wieland, Grundrechte und Nationalität juristischer Personen, Heidelberg 1966, zugl. Diss., Univ. Heidelberg (zit.: *Schmidt*, Grundrechte und Nationalität juristischer Personen).

Schnelle, Ulrich, Die Regeln des deutschen internationalen Gesellschaftsrechts in der Zusammenschau der Inspire-Art-Rechtsprechung des EuGH und der europäischen und deutschen Gesetzgebung, in: Balancing of Interest Liber Amicorum, Peter Hay zum 70. Geburtstag, Hrsg.: Hans-Eric Rasmussen-Bonne / Richard Freer / Wolfgang Lücke / Wolfgang Weitnauer, S. 343, Frankfurt am Main 2005 (zit.: *Schnelle*, in: FS Hay).

Schuster, Gunnar / Stoll, Peter-Tobias, Gemeinschaftskompetenz und Altverträge mit Drittstaaten – Die internationale und europäische Regelung der öffentlichen Beschaffung und der deutsch-amerikanische Freundschaftsvertrag, RIW 1996, 89.

Schwenk, Edmund, Der neue Freundschafts-, Handels- und Schiffahrts-Vertrag zwischen der Bundesrepublik Deutschland und den Vereinigten Staaten von Amerika, JZ 1957, 197.

Schurig, Klaus, Das deutsch-amerikanische internationale Gesellschaftsrecht im Fahrwasser des europäischen?, in: Balancing of Interest Liber Amicorum, Peter Hay zum 70. Geburtstag, Hrsg.: Hans-Eric Rasmussen-Bonne / Richard Freer / Wolfgang Lücke / Wolfgang Weitnauer, S. 369, Frankfurt am Main 2005 (zit.: *Schurig*, in: FS Hay).

–, Völkerrecht und IPR: Methodisch Verschleifung oder strukturierende Interaktion, in: Völkerrecht und IPR, Hrsg.: Stefan Leible / Matthias Ruffert, S. 55, Jena 2006, (zit.: *Schurig,* in: Leible/Ruffert).

Scoles, Eugen F./ Hay, Peter / Bochers, Patrick J. / Symeonides, Symeon C., Conflict of Laws, 4th edition, St. Paul (Minn.) 2004 (zit.: *Scoles et al.*).

Sedmund, Jan, Der BFH verabschiedet sich von der Sitztheorie im Steuerrecht, DB 2003,1362.

Shaw, Maloolm N., International Law, 5th edition, Cambridge (U.K.), New York (N.Y.) 2003 (zit.: *Shaw*).

Siehr, Kurt, Internationales Privatrecht, Heidelberg 2001 (zit.: *Siehr*).
Sinclair, Iran, The Vienna Convention on the Law of Treaties, 2nd edition, Manchester, Dover (NH) 1984 (zit.: *Sinclair*).
Sinewe, Patrick, Kurzkommentar zu BGH, Urt. v. 13.10.2004 – I ZR 245/01 („GEDIOS"), EWiR 2005, Art. 3 EGBGB 1/05, S. 115.
Slomanson, Wiliam R., Fundamental Perspectives on International Law, Belmont (CA) 2003, (zit.: *Slomanson*).
Soergel, Hans Theodor, Bürgerliches Gesetzbuch mit Einführungsgesetzen und Nebengesetzen, EGBGB, Band 10, Hrsg.: W. Siebert, 12. Auflage, Stuttgart, Berlin, Köln 1996 (zit.: Soergel/*Bearbeiter*).
Spahlinger, Andreas / Wegen, Gerhard, Internationales Gesellschaftsrecht in der Praxis, München 2005 (zit.: *Spahlinger/Wegen).*
Spickhoff, Andreas, Der völkerrechtsbezogene ordre public, in: Völkerrecht und IPR, Hrsg.: Stefan Leible / Matthias Ruffert, S. 275, Jena 2006 (zit.: *Spickhoff,* in: Leible/Ruffert).
Spindler, Gerald / Berner, Olaf, Der Gläubigerschutz im Gesellschaftsrecht nach Inspire Art, RIW 2004, 7.
–, Inspire Art – Der europäische Wettbewerb um das Gesellschafsrecht ist endgültig eröffnet, RIW 2003, 949.
Staub, Hermann [Begr.], Handelsgesetzbuch – Großkommentar, Hrsg.: Claus Wilhelm von Canaris / Wolfgang Schilling / Peter Ulmer (zit.: Staub/*Bearbeiter*):
Band 1, §§ 1 - 104 HGB, 4. Auflage, Berlin 1995.
Band 2, §§ 105 - 237 HGB, 4. Auflage, Berlin, New York 2004.
Staudinger, Julius von, Kommentar zum Bürgerlichen Gesetzbuch mit Einführungsgesetz und Nebengesetzten (zit.: Staudinger/*Bearbeiter*):
EGBGB/IPR – Einleitung zum IPR, Art. 3 - 6 EGBGB, Berlin 2003.
EGBGB/IPR, Art. 7 EGBGB; Anhang zu Art. 7 EGBGB, Art. 9, 10 EGBGB; Anhänge I und II zu Art. 10; Art 11 EGBGB; Anhang zu Art. 1 EGBGB; Art. 12. EGBGB; 13. Auflage, Berlin 2000.
EGBGB/IPR, Internationales Gesellschaftsrecht, Neubearbeitung 1998.
Steiger, Axel, Identitätswahrende Sitzverlegung von Gesellschaften aufgrund bilateraler Staatsverträge, RIW 1999, 169.
–, Grenzüberschreitende Sitzverlegung von Kapitalgesellschaften in Spanien und Portugal, RIW 1998, 695.
Stein, Torsten / Buttlar, Christian von, Völkerrecht, 11. Auflage, Köln, Berlin, München 2005 (zit.: *Stein/v. Buttlar*).
Stern, Klaus, Das Staatsrecht der Bundesrepublik Deutschland, Band II/1, Allgemeine Lehren der Grundrechte, Hrsg.: Klaus Stern / Michael Sachs, München 1988 (zit.: *Stern,* Staatsrecht II/1).

Sonnenberger, Hans Jürgen / Bauer, Frank, Vorschlag des Deutschen Rates für Internationales Privatrecht für eine Regelung des Internationalen Gesellschaftsrechts auf europäischer/nationaler Ebene, RIW 2006, Beilage 1, S. 1.

–, *(Hrsg.),* Vorschläge und Berichte zur Reform des europäsichen und deutschen internationalen Gesellschaftsrecht, Vorgelegt im Auftrag der zweiten Kommission des Deutschen Rates für Internationales Privatrecht, Spezialkommission für Internationales Gesellschaftsrecht, Tübingen 2007 (zit.: *Bearbeiter,* in: Sonnenberger).

Student note, The "Nationality" of International Corporations under Civil Law and Treaty, 74 Harv. L. Rev. 1429 (1961).

Stürner, Michael, Zur Anerkennung US-amerikanischer Gesellschaften in Deutschland, IPRax 2005, 305.

Süß, Rembert, Häufige Probleme mit Zweigniederlassungen englischer Limited Companies, DNotZ 2005, 180.

Terlau, Matthias, Das Internationale Privatrecht der Gesellschaft bürgerlichen Rechts, Berlin 1999, zugl. Diss., Univ. Köln 1998 (zit.: *Terlau*).

Timme, Michael / Hülk, Fabian, Das Ende der Sitztheorie im Internationalen Gesellschaftsrecht? – EuGH, EuZW 1999, 216, JuS 1999, 1055.

Thölke, Ulrich, Anmerkung zu BGH, Urt. v. 13.10.2004, DNotZ 2005, 142.

Thömmes, Otmar, Anmerkung zu BFH, Urt. v. 29.01.2003 (US-amerikanische Gesellschaft mit Geschäftleitung in Deutschland als Organträgerin i.S.d. § 14 KStG), DB 2003, 1203.

Tompson, Robert B., Piercing the Corporate Veil: An Empirical Stuidy, 76 Cornell Law Review 1036 (1991).

Trautman, Donald T, Symposium: Federal Conflicts Law Toward Federalizing Choice of Law, 70 Tex. L. Rev. 1715 (1992).

Ulmer, Michael J., Die Anerkennung US-amerikanischer Gesellschaften in Deutschland (zu OLG Düsseldorf Urt. v. 15.12.1994), IPRax 1996, 100.

Ulmer, Peter, Anmerkung zu BGH, Urt. v. 24.06.2002, JZ 2002, 1047.

–, Gläubigerschutz bei Scheinauslandsgesellschaften – Zum Verhältnis zwischen gläubigerschützenden nationalen Gesellschaftsrecht, Delikts- und Insolvenzrecht und der EG-Niederlassungsfreiheit, NJW 2004, 1083

–, Rechtsfolgen nachträglicher Diskrepanz zwischen Satzungssitz und tatsächlichen Sitz der GmbH – § 4a Absatz 2 GmbHG als ein Schlag ins Wasser? –, in: Festschrift für Thomas Raiser zum 70. Geburtstag am 20. Februar 2005; S. 441, Hrsg.: Reinhard Damm / Peter W. Herrmann /Rüdiger Veil, Berlin 2005 (zit.: *Ulmer,* in: FS Raiser).

Vallindas, Petros, Der Vorbehalt des ordre public im internationalen Privatrecht, RabelsZ 18 (1953), 1.

Vitzthum, Wolfgang Graf (Hrsg.), VölkerR, 4. Auflage, Berlin 2007 (zit.: *Bearbeiter*, in: Vitzthum).

Wagner, Gerhard, Grundprobleme der Parteifähigkeit, ZZP 117 (2004), 305.

Wahl, Axel, Die Haftung der GmbH-Gesellschafter wegen Existenzvernichtung, Frankfurt a.M. 2005, zugl. Diss, Univ. Köln 2004 (zit.: *Wahl*).

Walden, Daniel, Das Kollisionsrecht der Personengesellschaften im deutschen, europäischen und US-amerikanischen Recht, Baden-Baden 2000, zugl. Diss., Univ. Konstanz (zit.: *Walden*).

Walker, Hermann, Provision on Companies in United States Commercial Treaties, 50 Am. J. Int'l L. 373 (1956).

Walker, Hermann, Modern Treaties of Friendship, Commerce and Navigation, 41 Minn. L. Rev. 805 (1958).

Weller, Marc-Phillip, Das Internationale Gesellschaftsrecht in der neuesten BGH Rechtsprechung (zu BGH, 29.01.2003, VIII ZR 155/02, IPRax 2003, 265, und BGH, 13.3.2003, VII ZR 370/98, unten S. 344, Nr. 21), IPRax 2003, 324.

–, Die Existenzvernichtungshaftung im modernisierten GmbH-Recht – eine Außenhaftung für Forderungsvereitelungen (§ 826 BGB), DStR 2007, 1166.

–, Die Neuausrichtung der Existenzvernichtungshaftung durch den BGH und ihre Implikationen für die Praxis –Zugleich Besprechung BGH v. 16.7.2007 - II ZR 3/04, ZIP 2007, 1552 („Trihotel), ZIP 2007, 1681.

–, Einschränkungen der Gründungstheorie bei missbräuchlicher Auslandsgründung (zu AG Hamburg, 14.5.2003 – 67 g IN 358/02, unter S. 534, Nr. 40), IPRax 2003, 520.

–, Europäische Rechtsformwahlfreiheit und Gesellschafterhaftung, Köln, Berlin, München 2004, zugl. Diss., Univ. Heidelberg 2004 (zit.: *Weller*, Rechtsformwahlfreiheit).

–, Niederlassungsfreiheit via völkerrechtlicher EG-Assoziierungsabkommen, Zugleich Besprechung der Entscheidung BGH, NJW 2005, 3351, ZGR 2006, 748.

–, Scheinauslandsgesellschaften nach Centros, Überseeing und Inspire Art: Ein neues Anwendungsfeld für die Exiztenzvernichtungshaftung, IPRax 2003, 207.

–, Solvenztest und Existenzvernichtungshaftung – Zwei grundverschiedene Gläubigerschutzfiguren, DStR 2007, 116.

–, Zum identitätswahrenden Wegzug deutscher Gesellschaften, DStR 2004, 1218.

Wengler, Wilhelm, Völkerrecht, Band I, Berlin, Göttingen, Heidelberg 1964 (zit.: *Wengler*).

–, Die Aktivlegitimation zum völkerrechtlichen Schutz von Vermögensanlagen juristischer Personen im Ausland, NJW 1970, 1473.

Werlauff, Erik, Ausländische Gesellschaften für inländische Aktivität, „Centros aus dänischer Sicht," ZIP 1999, 867.

Wessel, Susan / Ziegenhain, Hans-Jörgen, Sitz- und Gründungstheorie im internationalen Gesellschaftsrecht, GmbHR 1988, 423.

Wessel, Hanns Hein, Der Sitz der GmbH, BB 1984, 1057.

Westermann, Hans-Peter, Haftungsrisiken eines „beherrschenden" GmbH-Gesellschafters, NZG 2002, 1120.

Wilhelm, Jan, Zurück zur Durchgriffshaftung – das „KBV"- Urteil des II Zivilsenats des BGH vom 24.06.2002, NJW 2003, 175.

Wilson, Robert R., A decade of New Commercial Treaties, 50 Am. J. L. 927 (1956).

Winter, Ralf K., State Laws, Shareholder Protection, and the Theory of the Corporation, 6 J. Legal Stud. 251 (1977).

Wiedemann, Herbert, Gesellschaftsrecht, Band I, München 1980 (zit.: *Wiedemann,* Gesellschaftsrecht I).

Wiedemann, Herbert, Gesellschaftsrecht, Band II, München 2004 (zit.: *Wiedemann,* Gesellschaftsrecht II).

–, Internationales Gesellschaftsrecht, in: Internationales Privatrecht und Rechtsvergleich im Ausgang des 20. Jahrhunderts – Bewahrung oder Wende, Festschrift für Gerhard Kegel, S. 187 ff., Frankfurt a. M. 1977 (zit.: *Wiedemann,* in: FS Kegel).

Ziegenhain, Hans-Jörg, Extraterritoriales Rechtsanwendung und die Bedeutung des Genuine Link-Erfordernisses – Eine Darstellung der deutschen und amerikanischen Staatenpraxis, München 1992, zugl. Diss., Univ. München 1991 (zit.: *Ziegenhain*).

Ziemons, Hildegard, Freie Bahn für den Umzug von Gesellschaften nach Inspire Art?!, ZIP 2003, 1913.

Zimmer, Daniel, Internationales Gesellschaftsrecht, Heidelberg 1996, zugl. Habil. Schrift, Göttingen, Univ. 1995 (zit.: *Zimmer,* IntGesR).

–, Nach „Inspire Art": Grenzenlose Gestaltungsfreiheit für deutsche Unternehmen? NJW 2003, 3585.

Zulegg, Manfred, Abschluss und Rechtswirkung völkerrechtlicher Verträge in der Bundesrepublik Deutschland, JA 1983, 1.

Zöller Zivilprozessordnung, Begr.: Richard Zöller, 26. Auflage, Köln 2007 (zit.: Zöller/*Bearbeiter*).

Abkürzungen

Sämtliche US-amerikanische Urteile und Aufsätze sowie Abkürzungen von US-amerikanischen Zeitschriften und Gesetzen sind zitiert nach WestLaw (www.westlaw.com). Ausgenommen davon sind die Urteile, die nur in LEXIS veröffentlich sind; diese sind zitiert nach LEXIS (www.lexis.com).

Sämtliche Abkürzungen aus der deutschen Rechtssprache, deutscher Gesetze oder deutscher Zeitschriften sind zitiert nach *Kirchner/Butz*, Abkürzungsverzeichnis der Rechtssprache, 5. Auflage, Berlin 2003. Urteile, die (nur) in der online Datenbank *juris* (www.juris.de) gefunden wurden, sind durch den Zusatz „juris" gekennzeichnet.

A. Einleitung

Es besteht keine völkerrechtliche Verpflichtung, die Existenz einer Gesellschaft außerhalb ihres Gründungsstaates anzuerkennen.[1] Vielmehr herrschte früher die Vorstellung, dass eine unter einer Rechtsordnung wirksam gegründete Gesellschaft nicht einfach in eine andere Rechtsordnung übernommen werden konnte.[2] Daher entstand das Bedürfnis einer besonderen Anerkennung von Gesellschaften, die in vielen multilateralen und bilateralen Staatsverträgen geregelt wurde. Auch die Verfasser der römischen Verträge zur Schaffung der europäischen Wirtschaftsgemeinschaft von 1957 haben in Artikel 293 [ex 220] EGV Verhandlungen der Mitgliedstaaten gefordert, die zu der gegenseitigen Anerkennung juristischer Personen führen sollten.

Nach heutiger Dogmatik richtet sich die Frage nach der Existenz einer ausländischen Gesellschaft nach den Regeln des internationalen Gesellschaftsrechts. Die Aufgabe des internationalen Gesellschaftsrechts ist es, diejenige Rechtsordnung auf eine Gesellschaft Anwendung finden zu lassen, die einen gerechten Ausgleich zwischen den Bedürfnissen der am Gesellschafts- und Wirtschaftsleben Beteiligten schafft. Um dieses Ziel des Gesellschaftskollisionsrechts bestmöglich zu erreichen, muss ein passendes Anknüpfungsmoment gewählt werden. Im internationalen Gesellschaftsrecht sind dabei zwei verschiedene Anknüpfungen zur Bestimmung des Gesellschaftsstatuts vorherrschend. Nach der „Sitztheorie" beurteilt sich das Statut einer Gesellschaft (Gesellschaftsstatut) nach dem Recht des tatsächlichen Verwaltungssitzes.[3] Nach der „Gründungstheorie" hingegen wird die Rechtsstellung der Gesellschaft nach dem Recht ihres Gründungsorts beurteilt.[4]

Die Vereinigten Staaten von Amerika folgen wie die meisten *common law* Staaten weitgehend der Gründungstheorie,[5] die ihren Ursprung im englischen

---

1 *Bank of Augusta v. Earle*, 38 U.S. 519, 588 (1839); *Rauscher*, S. 145.

2 *Beitzke*, in: FS Luther, S. 1.

3 Vlg. z.B. OLG Hamburg, Zwischenurteil v. 30.03.2007, Az. 11 U 231/04 – „juris" Rn. 24; *Kropholler*, IPR, § 55 I.

4 Siehe ausführlich zur Konkretisierung des Anknüpfungsmoment der Gründungstheorie Kapitel F V.

5 Andere Länder sind Großbritanien, Philippinen, Peru, Brasilien; vlg. *Rabel*, S. 32. m.w.N.

Kolonialsystem hat.[6] Im deutschen internationalen Gesellschaftsrecht hingegen hält die herrschende Meinung seit dem 19. Jahrhundert traditionell an der Sitztheorie fest.[7] Seit der jüngsten Rechtsprechung des Europäischen Gerichtshof (EuGH) zur gemeinschaftsrechtlichen Niederlassungsfreiheit in den Entscheidungen *Centros, Überseering* und *Inspire Art*[8] hat die Anwendung der Sitztheorie allerdings wesentliche Einschränkungen erfahren. Denn die gemeinschaftsrechtliche Niederlassungsfreiheit zwingt dazu, dass der Sitzstaat die Rechts- und Parteifähigkeit einer in einem anderen Mitgliedstaat wirksam gegründeten Gesellschaft anerkennt. Diese Regeln gelten jedoch nicht unmittelbar gegenüber Drittstaaten; eine Ungleichbehandlung ist völkerrechtlich zulässig.[9]

Im Verhältnis zu den Vereinigten Staaten von Amerika wird allerdings schon seit langem diskutiert, ob und in welchem Umfang die Sitztheorie durch den Freundschafts-, Handels- und Schifffahrtsvertrag (*Treaty of Friendship, Commerce and Navigation*) zwischen der Bundesrepublik Deutschland und den Vereinigten Staaten von Amerika vom 29. Oktober 1954[10] (im Folgenden FHSV) zugunsten der Gründungstheorie abgedungen ist. Für die Anerkennung von Gesellschaften entscheidend ist dessen Artikel XXV Absatz 5:

> „Der Ausdruck «Gesellschaften» in diesem Vertrag bedeutet Handelsgesellschaften, Teilhaberschaften soweit sonstige Gesellschaften, Vereinigungen und juristische Personen; dabei ist es unerheblich, ob ihre Haftung beschränkt oder nicht beschränkt und ob ihre Tätigkeit auf Gewinn oder nicht auf Gewinn gerichtet ist. Gesellschaften, die gemäß den Gesetzen und sonstigen Vorschriften des einen Vertragsteils in dessen Gebiet errichtet sind, gelten als Gesellschaften dieses Vertragsteils; ihr rechtlicher Status wird in dem Gebiet des anderen Vertragsteils anerkannt."

In der englischen Version heißt es:

> *„As used in the present Treaty, the term «companies» means corporations, partnerships, companies and other associations, whether or not with limited liability and*

---

6 OLG Hamburg, Zwischenurteil v. 30.03.2007, Az. 11 U 231/04 – „juris" Rn. 24.

7 H.M., z.B. BGHZ 51, 27, 28; 53, 181, 183; 78, 318, 334; 97, 269, 271; BGH, NJW 1967, 36; RGZ 83, 367; 117, 215, 217; *Großfeld*, NZG 2005, 1.

8 EuGH, Urt. v. 09.03.1999, Rs. C-212/97 (*Centros/Erhvervs-og Selskabsstyrelsen*), Slg. 1999 I, 1459 – NJW 1999, 2027 = IPRax 1999, 360; EuGH, Urt. v. 05.11.2002, Rs. C-208/00 (*Überseering BV v. Nordic Construction Company Baumanagement GmbH)*, Slg. 2002 I, 9919 – NJW 2002, 3614 = IPRax 2003, 65; EuGH, Urt. v. 30.09.2003, Rs C-167/01 (*Kramer van Koopandel en Fabrieken voor Amsterdam v. Inspire Art Ltd.*), Slg. 2003 I, 10155 – NJW 2003, 3331 = IPRax 2004, 46.

9 Siehe ausführlich zum deutschen und US-amerikanischen Gesellschaftskollisionsrecht Kapitel B.

10 BGBl. 1956 II, 487, in Kraft seit dem 14.07.1956, BGBl. 1956 II, 763.

whether or not for pecuniary profit. Companies constituted under the applicable laws and regulations within the territories of either Party shall be deemed companies thereof and shall have their juridical status recognized within the territories of the other Party."[11]

Um die Bedeutung dieser Vorschrift für das deutsche und US-amerikanische Gesellschaftskollisionsrecht zu klären, ist zwischen verschiedenen Problembereichen zu trennen:

Zunächst stellt sich die Frage, ob Artikel XXV Abs. 5 S. 2 FHSV eine staatsvertragliche Kollisionsnorm ist, die die Gründungstheorie im deutsch-US-amerikanischen Verhältnis anordnet, oder ob diese Norm eine rein fremdenrechtliche Vorschrift darstellt, die keine Auswirkungen auf das nationale Kollisionsrecht hat. Der Bundesgerichtshof (BGH) entschied mittlerweile mehrfach, dass eine nach US-amerikanischen Recht gegründete Gesellschaft mit Verwaltungssitz in der Bundesrepublik Deutschland aufgrund des Artikels XXV Abs. 5 S. 2 FHSV auch in der Bundesrepublik Deutschland rechts- und parteifähig ist.[12] Demnach richtet sich im deutsch-US-amerikanischen Verhältnis die Rechts- und Parteifähigkeit einer Gesellschaft allein nach dem Recht des Gründungsorts der Gesellschaft. Also stellt Artikel XXV Abs. 5 S. 2 FHSV Kollisionsrecht dar. Um diese Auffassung überprüfen zu können, ist eine umfassende Auslegung des Artikels XXV Abs. 5 S. 2 FHSV nach völkerrechtlichen Grundsätzen nötig.[13]

Nicht eindeutig geklärt wird in den Entscheidungen des BGH, welche gesellschaftsrechtlichen Bereiche der Anknüpfung an den Gründungsort unterliegen.[14] Es besteht die Möglichkeit, an einem einheitlichen Gesellschaftsstatut festzuhalten oder nur bestimmte Bereiche des Gesellschaftsstatuts, wie die Rechtsfähigkeit oder das Außenverhältnis (im Unterschied zum Innenverhältnis), an das Gründungsrecht anzuknüpfen.

Ebenfalls ungeklärt sind die einzelnen Auswirkungen der Anwendung der Gründungstheorie auf das deutsche und US-amerikanische Sach- und Kollisions-

11 *Treaty of Friendship, Commerce and Navigation Between the United States of America and the Federal Republic of Germany, U.S.-Germany*, Oct. 29, 1954, 7 U.S.T. 1839, T.I.A.S. No. 3595.

12 BGH, Urt. v. 23.04.2002 – XI ZR 136/01 – BGHZ 78, 318 = NJW-RR 2002, 1359; Grundsatzurteil BGH, Urt. v. 29.01.2003 – VIII ZR 155/02 – BGHZ 153, 353 ff. = NJW 2003, 1607 = IPRax 2003, 265; BGH, Urt. v. 05.07.2004 – II ZR 389/02 – BGH, NJW-RR 2004, 1618 = IPRax 2005, 339; BGH, Urt. v. 13.10.2004 – I ZR 245/01 („GEDIOS") – BGH, JZ 2005, 298 = IPRax 2005, 340; BGH, Urt. v. 04.05.2005 – XI ZR 40/03 = BGHZ 159, 94, 100 = NJW 2004, 2523.

13 Dazu Kapitel D.

14 Dazu Kapitel E.

recht.[15] Insbesondere ist zu untersuchen, nach welchen Kriterien der Gründungsort einer Gesellschaft zu ermitteln ist, unter welchen Bedingungen die Verwaltungssitzverlegung in den anderen Vertragsstaat möglich ist und welchen registerrechtlichen Vorschriften Gesellschaften deutschen oder US-amerikanischen Rechts im anderen Vertragsstaat unterliegen.

Schließlich stellt sich die Frage, ob der aus dem Vertrag zu entnehmenden Pflicht zur Anerkennung in besonderen Fällen Schranken gesetzt sind.[16] Die Gründungstheorie ermöglicht die Gründung von Scheinauslandsgesellschaften[17] bzw. *pseudo-foreign corporations.* Dies sind Gesellschaften, die ihre geschäftlichen Tätigkeiten schwerpunktmäßig in einem anderen Staat als dem Gründungsstaat ausüben. In der Regel wollen solche Gesellschaften allein in den Genuss eines gesellschaftsfreundlichen Gründungsrechts gelangen. Daher ist es zu untersuchen, ob und unter welchen Bedingungen das Ausnutzen eines „laxen“ Gründungsrechts verhindert werden kann. Dabei geht es insbesondere um die Frage, ob eine Gesellschaft als ungeschriebenes Merkmal ein *genuine link* zum Gründungsstaat vorweisen muss, um kollisionsrechtlich anerkannt zu werden. Der BGH hat sich zu dieser Frage noch nicht abschließend geäußert.

Während die Auslegung des Artikels XXV Abs. 5 S. 2 FHSV in der deutschen Literatur heftig diskutiert wird und in der deutschen Rechtsprechung höchstrichterliche Entscheidungen getroffen wurden, äußert sich die US-amerikanische Literatur kaum zu diesem Thema[18] und die US-amerikanische Rechtsprechung urteilte noch in keinen Fall darüber. Dieses Desinteresse ist möglicherweise darauf zurückzuführen, dass im Gesellschaftskollisionsrecht der US-amerikanischen Einzelstaaten bereits die Gründungstheorie weitgehend vorgesehen ist und so eine kollisionsrechtliche Auslegung des Artikels XXV Abs. 5 S. 2 FHSV auf den ersten Blick keine Konsequenzen zu haben scheint. Dem ist jedoch nicht so. In dieser Arbeit soll daher vertieft auf die US-amerikanische Perspektive eingegangen werden. So wird das US-amerikanische Kollisionsrecht

---

15 Dazu Kapitel F. Ausgenommen sind die steuerrechtlichen Aspekte.

16 Dazu Kapitel G.

17 Der Begriff der Scheinauslandsgesellschaft wird in dieser Arbeit als Synonym für den englischen Begriff der *pseudo foreign corporations* verwendet. Scheinauslandsgesellschaften sind damit Gesellschaften, die ihre geschäftlichen Tätigkeiten schwerpunktmäßig in einem anderen Staat als den Gründungsstaat ausüben. In der deutschen Literatur wird zum Teil auch der Begriff der „Briefkastengesellschaft“ dafür verwendet.

18 *Scoles et al.*, § 23.2. S. 1221 äußert sich zu Artikel XXV Abs. 5 FHSV aus US-amerikanischer Sicht. Andere Fundstellen dazu hat die Verfasserin nicht gefunden. Daneben finden sich zwar Aufsätze, die sich unmittelbar mit Artikel XXV Abs. 5 S. 2 FHSV befassen und in den USA publiziert wurden, sie stammen jedoch von deutschen Autoren, vlg. z.B. *Ebenroth,* 24 Int'l Law 459 (1990).

ausführlich dargestellt,[19] es wird bei der Auslegung des Artikels XXV Abs. 5 S. 2 FHSV besonders der englische Wortlaut berücksichtigt[20] und es werden die mit einer kollisionsrechtlichen Auslegung des Artikels XXV Abs. 5 S. 2 FHSV verbundenen Auswirkungen auf das US-amerikanische Recht untersucht.[21]

Insgesamt hat die vorliegende Arbeit sich zur Aufgabe gestellt, ausgehend von Artikel XXV Abs. 5 S. 2 FHSV das internationale Gesellschaftsrecht im deutsch-US-amerikanischen Verhältnis umfassend zu untersuchen. Dabei werden auch die jüngsten europäischen Entwicklungen im internationalen Gesellschaftsrecht berücksichtigt und mit dem deutsch-US-amerikanischen gesellschaftskollisionsrechtlichen Verhältnis verglichen.

---

19 Dazu Kapitel B II.
20 Dazu Kapitel D II 1 und Kapitel E II 1 b.
21 Dazu Kapitel G.

B. Grundlagen zur kollisionsrechtlichen Behandlung einer Gesellschaft – deutsches und US-amerikanisches internationales Gesellschaftsrecht

Während im deutschen internationalen Gesellschaftsrecht die (noch) herrschende Meinung grundsätzlich die Sitztheorie zur Bestimmung des Gesellschaftsstatuts anwendet, bestimmt im US-amerikanischen Recht im Wesentlichen der Gründungsort das auf eine Gesellschaft anzuwendende Recht (Gründungstheorie). Der folgende Überblick über das deutsche und US-amerikanische internationale Gesellschaftsrecht zeigt Besonderheiten und Unterschiede beider Systeme auf.

I. Deutsches internationales Gesellschaftsrecht

Das deutsche internationale Gesellschaftsrecht ist nicht kodifiziert. Insbesondere gilt die Vorschrift über die Rechts- und Geschäftsfähigkeit nach Artikel 7 EGBGB ausweislich der Überschrift des 2. Abschnitts nur für natürliche Personen und die Vorschriften über die vertraglichen Schuldverhältnisse nach Artikel 27 ff. EGBGB gelten, wie Artikel 37 Nr. 2 S. 1 EGBGB ausdrücklich festhält, nicht für Fragen des Gesellschaftsrechts. Der Gesetzgeber vermied es bei der Novellierung des EGBGB im Jahre 1986,[22] kollisionsrechtliche Regelungen für das Gesellschaftsstatut zu schaffen, da es in der Europäischen Gemeinschaft Bestrebungen nach einer Vereinheitlichung in Form eines Übereinkommens über die gegenseitige Anerkennung von Gesellschaften und juristischen Personen gab.[23] Dieses Übereinkommen vom 20. Februar 1968 auf Grundlage des Artikels 293 (ex. Art. 220) EGV wurde zwar von Deutschland ratifiziert,[24] ist aber wegen fehlender Ratifizierung durch die Niederlande nicht in Kraft getreten. Mit den letzten 15 neuen EU-Staaten wurden gar keine Verhandlungen darüber mehr aufgenommen.

Der EG-Vertrag enthält seit dem Vertrag von Amsterdam – in Kraft getreten am 01. Juni 1999 – erstmals eine ausdrückliche Kompetenzgrundlage für die Schaffung eines einheitlichen internationalen Gesellschaftsrechts in Artikel 61 c i.V.m. Artikel 65 lit. b EG, wenn das Funktionieren des Binnenmarktes (Art. 14

22 Gesetz zur Neuregelung des internationalen Privatrechts vom 25.08.1986, BGBl. 1986 I, 1141.

23 *Ebenroth/Auer*, RIW 1992, Beilage 1, Rn. 5.

24 BGBl. 1972 II, 369 ff.

Abs. 12 EG) dies erfordert.[25] Konkrete Maßnahmen der EG im Bereich des internationalen Gesellschaftsrechts wurden jedoch noch nicht unternommen.[26]

Die Frage der Anknüpfung des Gesellschaftsstatuts ist im deutschen internationalen Gesellschaftsrecht mangels Kodifizierung umstritten. Im Wesentlichen beschränkt sich die Diskussion auf die Frage der Anwendung der Gründungs- oder der Sitztheorie. Die Kontrolltheorie, die auf die Staatsangehörigkeit des Leitungspersonals und/oder der Kapitaleigener der Gesellschaft abstellt, hat nur noch im Völkerrecht (eingeschränkte) Bedeutung.[27]

1. Anknüpfung des Gesellschaftsstatuts

a. Einheitslehren: Die Gründungs- und die Sitztheorie

Die Rechtsprechung[28] und die herrschende Meinung im Schrifttum[29] bestimmen das Gesellschaftsstatut grundsätzlich nach der Sitztheorie. Nach dieser Theorie wird das Gesellschaftsstatut nach dem tatsächlichen Sitz der Hauptverwaltung (als „Verwaltungssitz", „Geschäftssitz" oder „Sitz" bezeichnet) bestimmt. Dabei ist der Sitz der Hauptverwaltung der Ort, an dem die „grundlegenden Entscheidungen der Unternehmensleitung effektiv in laufende Geschäftsführungsakte umgesetzt werden."[30] Nach ausländischem Recht gegründete Gesellschaften mit Verwaltungssitz in Deutschland können als deutsche BGB-Gesellschaft (GbR)

---

25 *Brechmann,* in: Caliess/Ruffert, Art. 65 EG Rn. 8; *Sonnenberger/Bauer,* RIW 2006, Beilage 1, S. 1, 2, 6.

26 Vgl. aber den „Vorschlag des Deutschen Rates für Internationales Privatrecht für eine Regelung des Internationalen Gesellschaftsrechts auf europäischer/nationaler Ebene", in *Sonnenberger/Bauer*, RIW 2006, Beilage 1 oder in *Sonnenberger/Bauer,* in: Sonnenberger, S. 3 ff.

27 MüKo-BGB/*Kindler,* IntGesR 332.

28 BGHZ 25, 134, 144; 51, 27, 28; 53, 181, 183; 78, 318, 334; 97, 269, 271; 118, 151, 167; RGZ 83, 367; 117, 215, 217; OLG Hamm, DB 1995, 137; OLG Düsseldorf, WM 1995, 808, 810; OLG Hamburg, NJW 1986, 2199; OLG Oldenburg, NJW 1990, 1422; OLG Frankfurt, NJW 1990, 2204; BayObLG WM 1992, 1371, 1372; LG Marburg, RIW 1994, 63; OLG Hamburg, Zwischenurteil v. 30.03.2007, Az. 11 U 231/04 – „juris" Rn. 28.

29 *Borgers,* RIW 2000, 167 ff.; *Ebenroth,* Vermögenszuwendung, S. 367 ff; *Kegel/Schurig,* § 17 II 1; *Kropholler*, IPR, § 55 I 2; MüKo-BGB/*Kindler*, BGB, IntGesR Rn. 338 m.w.N. und 400 ff.; Staudinger/*Großfelder*, IntGesR Rn. 26 ff.; Palandt/*Heinrichs*, Anh. zu Art. 12 EGBGB Rn. 2; *Timme/Hülk,* JuS 1999, 1055; *Wiedemann*, Gesellschaftsrecht I, § 14 II 1; *ders.*, Gesellschaftsrecht II, § 1 IV 1, S. 50.

30 BGHZ 97, 269; vgl. ausführlich zur Bestimmung des Verwaltungssitzes *Borgers,* RIW 2000 167, 170 ff.

oder offene Handelsgesellschaft (OHG) oder als Einzelkaufmann eingestuft werden.[31] Eine Verlegung des Gesellschaftssitzes kann daher zu einem Statutenwechsel führen, so dass das Kollisions- und das Sachrecht aller betroffenen Staaten zu prüfen sind.

Eine andere Auffassung vertritt die Gründungs- oder auch Inkorporationstheorie.[32] Danach richtet sich das Gesellschaftsstatut nach dem Recht des Staates, in dem die Gesellschaft gegründet wurde.[33] Nach der Gründungstheorie führt eine Verlegung des Verwaltungssitzes nicht zum Wechsel des Gesellschaftsstatuts; insbesondere besteht die einmal erworbene Rechtsfähigkeit fort.

Die Argumente für und gegen beide Auffassungen sind seit langem bekannt.[34] Da für die in dieser Arbeit interessierende Problematik eine Entscheidung im Ergebnis entbehrlich ist, werden hier nur die wesentlichen Argumente beider Ansichten wiedergegeben.

Der Vorteil der Gründungstheorie soll darin bestehen, dass der Ort der Gründung einer Gesellschaft einfach und eindeutig feststellbar sei. Insbesondere bei modernen transnationalen Unternehmen könne es schwer fallen, einen eindeutigen Verwaltungssitz festzulegen. Der Gründungsort stelle hingegen ein sicheres Anknüpfungsmerkmal dar. Die Gründungstheorie sorge damit für Rechtssicherheit.[35] Zudem sei eine grenzüberschreitende Sitzverlegung unter Anwendung der Sitztheorie sehr schwierig oder unmöglich. Nach der Gründungstheorie bestehe eine Gesellschaft bei Verlegung des Verwaltungssitzes in einen anderen Staat weiter. Daher sorge die Grünungstheorie für eine liberale Annerkennungspraxis und begünstige den internationalen Handelsverkehr.[36]

---

31 BGHZ 151, 204, 206 = IPRax 2003, 62; OLG Hamburg, Zwischenurteil v. 30.03.2007, Az. 11 U 231/04 Rn. 39 – „juris“ Rn. 24; *Borgers*, RIW 2000, 167, 169.

32 AnwaltKo/*Hoffmann*, Anh. zu Art. 12 EGBGB Rn. 140 (aufgrund der neuen europarechtlichen Entwicklungen); *Behrens*, IPRax 2003, 193, 205; *Beitzke*, ZHR 127 (1964), 1; *Kroppensteiner*, S. 105 ff., 188; *Neumayer*, ZVglRWiss 83 (1984), 129, 139 ff.; wohl auch *Meilicke*, RIW 1990, 449 ff. N.B. Vertreter der Gründungstheorie betrachten die Anknüpfung der Sitztheorie zum Teil nur als zusätzliche unselbständige Anknüpfung neben der Gründungstheorie; denn wenn der Sitzstaat nicht zugleich Gründungsstaat sei, seien zusätzlich die Gründungsvoraussetzungen des Sitzstaates zu erfüllen. Vgl. *Bungert*, RabelsZ 93 (1994), 117, 123.

33 Was genau unter dem „Gründungsort“ im Sinne der Gründungstheorie zu verstehen ist, wird ausführlich in Kapitel F V erörtert.

34 Umfassend zum Meinungsstand MüKo-BGB/*Kindler*, IntGesR Rn. 339 ff.; Staudinger/*Großfeld*, IntGesR Rn. 16 ff.; *Großfeld*, RabelsZ 31 (1967), 1 ff.

35 Siehe für alle Staudinger/*Großfeld*, IntGesR Rn. 55.

36 *Großfeld*, RabelsZ 31 (1967), 1, 22.

Die Sitztheorie hingegen soll umfassend das Interesse eines Staates schützen, seine wirtschaftlichen Verhältnisse souverän zu ordnen.[37] Sie wird daher auch als „Schutztheorie" bezeichnet.[38] Da der Verwaltungssitz typischerweise den wirtschaftlichen Schwerpunkt eines Unternehmens bilde, sei eine Gesellschaft mit dem Staat, in dem sie ihren Verwaltungssitz habe, am Engsten verbunden und dieser Staat von der Gesellschaft am Meisten betroffen. Der Staat, in dem sich der effektive Verwaltungssitz einer Gesellschaft befinde, habe deswegen den berechtigten Anspruch, diese Gesellschaft dem eigenen Recht zu unterwerfen. Dieser Anspruch stehe im Einklang mit der Forderung an das internationale Privatrecht, ein Privatverhältnis derjenigen Rechtsordnung zu unterstellen, mit der es am Engsten verbunden sei.[39] Ein weiterer Vorteil der Sitztheorie sei, dass sie kaum der Korrektur durch den *ordre public* bedürfe, auch wenn sie nicht gänzlich ohne Sonderanknüpfungen auskomme. Solche Korrekturen durch den *ordre public* könnten bei der Anwendung der Gründungstheorie nötig werden, um Rechtsumgehung oder Rechtsmissbrauch zu verhindern, gefährdeten jedoch zugleich die erhoffte Rechtsicherheit. Die Sitztheorie verhindere weitgehend die Umgehung nationaler Ordnungs- und Schutzvorschriften.[40] So gewähre das deutsche Gesellschaftsrecht umfassenden Gläubigerschutz durch detaillierte Regelungen über das Gesellschaftskapital. Es schütze abhängige Gesellschaften und deren Minderheitsgesellschafter bei Verbindungen von Unternehmen durch konzernrechtliche Vorschriften und die Arbeitnehmer einer Gesellschaft durch unternehmerische Mitbestimmungsrechte. Die Gründungstheorie dagegen ermögliche einen „Wettbewerb der Rechtsordnungen",[41] bei dem sich die Rechtsordnung mit dem schwächsten Schutz Dritter durchsetze. Zudem wirke die Sitztheorie präventiv und selbstregulierend, da eine Verfehlung der Rechtswahl als automatische Sanktion zur Nichtanerkennung führe.[42] Die Sitztheorie entspräche auch dem Völkerrecht, da kein Staat völkerrechtlich gezwungen sei, ausländische Gesellschaften anzuerkennen;[43] weder die Vorschriften der MRK (Menschenrechtskonventionen) noch diejenigen des GATS (*General Agreement on on Tarrifs and Trade*) stünden ihr entgegen.[44]

---

37 Siehe für alle Staudinger/*Großfeld,* IntGesR Rn. 39 ff.; *Borgers,* RIW 2000, 167, 177 m.w.N.

38 BayOLG, WM 1992, 1371.

39 *Kropholler*, IPR, § 4 II („Prinzip der engsten Verbindung").

40 BGH, EuZW 2000, 412, 413; MüKo-BGB/*Kindler,* IntGesR Rn. 349.

41 BGH, EuZW 2000, 412, 413.

42 Staudinger/*Großfeld*, IntGesR Rn. 43, 48.

43 Staudinger/*Großfeld*, IntGesR Rn. 3.

44 MüKo-BGB/*Kindler*, IntGesR Rn. 480, 481.

b. Differenzierungslehren

Aufgrund der oben dargestellten Vorteile der Sitztheorie wird die reine Gründungstheorie, insbesondere wegen der Missbrauchsgefahr, in Deutschland kaum vertreten. Sonderanknüpfungen und der *ordre public* werden zur Korrektur benötigt.[45] Um von den Vorteilen der Gründungstheorie dennoch profitieren zu können, entwickelte die Literatur Modifikationen. *Sandrocks* „Überlagerungstheorie" beurteilt Fragen der Gründung und Anerkennung der Gesellschaft nach der Gründungstheorie; dieses durch das Gründungsrecht bestimmte Statut soll von dem zwingenden Recht des Sitzstaates überlagert werden.[46] *Grasmann* teilt das Gesellschaftsstatut in seiner „Differenzierungslehre" in ein Innenverhältnis, für welches das Gründungsrecht maßgeblich ist, und ein Außenverhältnis, für welches das Vornahme-, Wirkungs- oder Gründungstatut gilt.[47] An beiden Theorien wird kritisiert, dass sie einen Zerfall des einheitlichen Gesellschaftsstatuts verursachen und ein „Normenmix" entstehe, der zu Anpassungsproblemen, Unvereinbarkeit der verschiedenen Rechtsordnungen und Rechtsunsicherheit führe.[48] Rechtsunsicherheit verursacht auch *Zimmers* „Kombinationslehre,"[49] die erst bei einer „substantiellen Auslandsbeziehung" das Gründungsrecht anwenden möchte. Seine Trennungskriterien sind zu vage und kaum justiziabel.

Die Differenzierungslehren werden daher zur Recht in der Literatur und Rechtsprechung weitgehend abgelehnt. Die herrschende Meinung in der Literatur und der Rechtsprechung folgt weiterhin der Sitztheorie, wenn auch – gerade in jüngster Zeit – mit wichtigen Einschränkungen.[50]

2. Einschränkungen der Sitztheorie

a. Besondere Beweislastregelung

Die Sitztheorie wird zunächst dadurch eingeschränkt, dass die Rechtsprechung als „widerlegbare Vermutung"[51] oder als „allgemeiner Erfahrungsgrundsatz"[52]

---

45 Vlg. AnwaltKo/*Hoffmann,* Anh. zu Art. 12 EGBGB Rn. 140 ff.

46 *Sandrock,* RabelsZ 42 (1978), 227, 246; *ders.,* RIW 1989, 505, *ders.,* ZVglRWiss 102 (2003), 447, 449.

47 *Grasmann,* Rn. 977 ff.

48 Staudinger/*Großfeld,* IntGesR Rn. 64.

49 *Zimmer,* IntGesR, 220; für Weiteres siehe auch MüKo-BGB/*Kindler,* IntGesR Rn. 391.

50 Vgl. zum Meinungsstand OLG Hamburg, Zwischenurteil v. 30.03.2007, Az. 11 U 231/04 – „juris" Rn. 24 ff.

51 OLG München, NJW 1986, 2197; OLG Oldenburg, NJW 1990, 1422.

52 OLG Hamm, NJW-RR 1995, 469.

davon ausgeht, dass sich der Verwaltungssitz in dem Staat befindet, nach dessen Recht die Gesellschaft erkennbar organisiert ist. Damit trägt die Partei, die sich darauf beruft, dass der tatsächliche Verwaltungssitz von dem statutarischen Sitz abweicht, in einem Rechtsstreit die Beweislast über das Gesellschaftsstatut einer ausländischen Gesellschaft.[53]

b. Rück- und Weiterverweisungen

Zudem sorgen Einschränkungen der Sitztheorie in einigen Fällen dafür, dass eine Entscheidung zwischen Gründungs- und Sitztheorie entbehrlich wird. Rück- oder Weiterverweisungen des Sitzstaates nach Artikel 4 Abs. 1 EGBGB können zum Gründungsstaat führen, so dass Sitz- und Gründungstheorie das gleiche Gesellschaftsstatut benennen.[54]

c. Völkervertragsrecht

Nach Artikel 3 Abs. 2 S. 1 EGBGB geht völkervertragliches internationales Privatrecht dem autonomen internationalen Privatrecht – kodifiziert oder nicht kodifiziert – vor. Daher ist die Sitztheorie auf Gesellschaften, die unter dem Schutz einer staatsvertraglich vereinbarten Hinwendung zur Gründungstheorie stehen, nicht anzuwenden. Eine solche staatsvertragliche Hinwendung zur Gründungstheorie geschieht im deutsch-US-amerikanischen Verhältnis, wenn Artikel XXV Abs. 5 S. 2 FHSVV als Kollisionsnorm mit Anknüpfung an den Gründunsort aufgefasst wird.

d. Europarechtliche Gründungstheorie

(1) EU-Staaten

Des Weiteren unterliegen EU-ausländische Gesellschaften aufgrund der seit dem Jahre 1999 ergangenen EuGH-Urteile zur gemeinschaftsrechtlichen Niederlassungsfreiheit (Art. 43, 48 EG) weitgehend der Anwendung einer europarechtlichen Gründungstheorie.[55]

Zunächst lehnte es der EuGH in seiner *Daily Mail*-Entscheidung ab, die Niederlassungsfreiheit dahingehend auszulegen, dass einer nach der Rechtsordnung

53 *Kropholler,* IPR, § 55 I 3 a).

54 *Kropholler,* IPR, § 55 I 3 c); OLG Hamburg, Zwischenurteil v. 30.03.2007, Az. 11 U 231/04 – „juris“ Rn. 31.

55 Vgl. AnwaltKo/*Hoffmann*, Anh. Art. 12 EGBGB Rn. 56. ff.; MüKo-BGB/*Kindler*, InsGesR Rn. 103 ff.

eines Mitgliedsstaates gegründeten Gesellschaft das Recht zustehe, ihren Verwaltungssitz in einen anderen Mitgliedstaat ohne Wechsel des Gesellschaftsstatuts zu verlegen (primäre Niederlassungsfreiheit).[56]

In der *Centros*-Entscheidung verstand der EuGH die Art. 43, 48 EGV dahingehend, dass die Eintragung einer Zweigniederlassung (sekundäre Niederlassungsfreiheit) einer nach dem Recht eines Mitgliedstaates gegründeten Gesellschaft selbst dann erfolgen müsse, wenn die Gesellschaft ihre gesamte Geschäftstätigkeit nun in dem Staat der Zweigniederlassung führen wolle, ohne dort eine Gesellschaft zu gründen.[57] Daher stellte die Weigerung einer dänischen Behörde, die Zweigniederlassung einer englischen *„private limited company"* in Dänemark einzutragen, eine nicht gerechtfertigte Beschränkung der gemeinschaftsrechtlichen Niederlassungsfreiheit dar.

Seit der *Überseering*-Entscheidung des EuGH[58] auf Vorlage des BGH[59] hin stellt es eine nicht mit den Artikeln 43, 48 EGV vereinbare Beschränkung der Niederlassungsfreiheit dar, die Rechts- und Parteifähigkeit einer nach dem Recht eines anderen Mitgliedstaates wirksam gegründeten Gesellschaft infolge einer Sitzverlegung abzuerkennen. Vielmehr sind die Mitgliedstaaten nach den Artikeln 43, 48 EGV verpflichtet, „die Rechtsfähigkeit und damit die Parteifähigkeit zu achten, die eine Gesellschaft nach dem Recht ihres Gründungsstaates besitzt."[60] Deshalb besaß die wirksam nach niederländischem Recht gegründeten Gesellschaft „Überseering" B.V. (*„Besolten Veenootschap"*) auch vor deutschen Gerichten die Rechts- und Parteifähigkeit, obwohl sämtliche Gesellschaftsanteile an in Deutschland lebende Gesellschafter verkauft worden waren und damit der Verwaltungssitz nach Deutschland verlegt worden war.

Da der EuGH in dieser Entscheidung keine direkte Aussage darüber getroffen hat, wie das materiellrechtliche Ergebnis – Achtung der Rechts- und Parteifähigkeit – erreicht werden soll, steht es den Mitgliedstaaten frei, zwischen verschiedenen Methoden zu wählen, um eine Verletzung der Niederlassungsfreiheit zu

---

56 EuGH, Urt. v. 27.09.1988, Rs. 81/87 (*The Quen/Daily Mail)*, Slg. 1988, 5483 – NJW 1989, 2186 = IPRax 1989, 381.

57 EuGH, Urt. v. 09.03.1999, Rs. C-212/97 (*Centros/Erhvervs-og Selskabsstyrelsen*), Slg. 1999 I, 1459 – NJW 1999, 2027 = IPRax 1999, 360.

58 EuGH, Urt. v. 05.11.2002, Rs. C-208/00 (*Überseering BV v. Nordic Construction Company Baumanagement GmbH)*, Slg. 2002 I, 9919 – NJW 2002, 3614 = IPRax 2003, 65.

59 BGH, Urt. v. 30.03.2000 – IPRax 2000, 423.

60 EuGH, Urt. v. 05.11.2002, Rs. C-208/00 (*Überseering BV v. Nordic Construction Company Baumanagement GmbH)*, Slg. 2002 I, 9919 – NJW 2002, 3614 – IPRax 2003, 65.

vermeiden.[61] Nach einer Mindermeinung in der deutschen Literatur genügt es daher zur Wahrung der gemeinschaftsrechtlichen Niederlassungsfreiheit, wenn die ausländische Gesellschaft als rechtsfähige Personengesellschaft deutschen Rechts qualifiziert wird.[62] Der BGH und die herrschende Meinung in der deutschen Literatur wählen hingegen eine kollisionsrechtliche Lösung und sehen beim Zuzug nach Deutschland die Anwendung der Sitztheorie für EU-ausländische Gesellschaften als Verstoß gegen die gemeinschaftsrechtliche Niederlassungsfreiheit an.[63] Daher sei die (europarechtliche) Gründungstheorie im Verhältnis zu EU-ausländischen Gesellschaften anzuwenden.

Neben den Auswirkungen der *Überseering*-Entscheidung ist auch ihre Reichweite noch nicht abschließend geklärt. Fraglich ist, ob in Deutschland wirksam gegründete Gesellschaften ihren Verwaltungssitz in das EU-Ausland verlegen können, ohne ihre Stellung als deutsche Gesellschaft zu verlieren (sog. Wegzugfälle).[64] Nach der deutschen Sitztheorie verlöre einer solchen Gesellschaft das deutsche Personalstatut, womit auch andere EU-Staaten die Gesellschaft nicht mehr anerkennen müssten. Unklar ist des Weiteren, ob sich auch eine Gesellschaft, die von Anfang an ihren tatsächlichen Verwaltungssitz nicht in dem Gründungsstaat hatte, sich auf die Artikel 43, 48 EGV berufen kann.[65] Fraglich ist darüber hinaus, in welchem Fällen das Gesellschaftsstatut durch nationale Vorschriften überlagert werden kann (Sonderanknüpfungen). Grundsätzlich können Eingriffe in die gemeinschaftsrechtliche Niederlassungsfreiheit wie jede an-

---

61 *Mansel,* RabelsZ 70 (2006), 651, 675; *Martin-Ehlers,* in: Sandrock/Wetzler, S. 1, 13 f.; MüKo-BGB/*Kindler,* IntGesR Rn. 109, 116 f.; *Schanze/Jüttner,* AG 2003, 30, 31.

62 MüKo-BGB/*Kindler*, IntGesR Rn. 116; *Walden,* Rechtsformwahlfreiheit, S. 239 ff., 252, 258; wohl auch *Borgers,* RIW 2000, 167 ff.

63 Siehe das in der Sache „Überseering" abschließende Urteil des BGH v. 13.03.2003, BGHZ 154, 185 = NJW 2003, 1416; *Ebke,* JZ 2003, 927; *Leible/Hoffmann*, ZIP 2003, 925 ff.; *Kegel/Schurig*, § 17 II 1; *Mansel*, RabelsZ 70 (2006), 651, 675; *Mankowski*, RIW 2004, 481, 483; *Schnelle*, in: FS Hay, S. 343, 345 f.; *Spindler/Berner*, RIW 2004, 949, 950; *Weller,* IPRax 2003, 324 ff. Zum Teil werden die Grundfreiheit dabei als „versteckten Kollisionsnormen" verstanden, vgl. *Horn*, NJW 2004, 983, 896. Die Verfasserin sieht in den Grundfreiheiten keine Kollisionsnormen; nur das nationale Kollisionsrecht muss sich an den Grundfreiheiten messen.

64 Der Ansicht, dass die Verlegung des Verwaltungssitzes einer nach deutschem Recht gegründeten Gesellschaft in das Ausland nicht der Niederlassungsfreiheit unterfällt, sind *Kindler,* Der Konzern, 2006, 811, 814; *Leible/Hoffmann*, ZIP 2003, 925, 929 (der jedoch eine Korrektur des deutschen Rechts verlangt); *Weller,* IPRax 2003, 324, 327; a.A. *Ebke,* in: Sandrock/Wetzler, S. 101, 106; nach *Eidenmüller*, ZIP 2002, 2233, 2242 f. unterfallen Wegzugfälle zwar der Niederlassungsfreiheit, aber Wegzugsbeschränkungen seien i.d.R. durch ein legitimes Interesse gerechtfertigt.

65 Bejahend BayObLG 19.12.2002, BayObLG 2002, 413 = IPRax 2003, 244; *Eidenmüller*, ZIP 2002, 2233, 2244; verneinend *Rauscher*, § 7 II Rn. 32a.

dere nationale Maßnahme durch zwingende Gründe des Allgemeinwohls gerechtfertigt sein. Eine erste Entscheidung über die Unzulässigkeit von Sonderanknüpfungen fällte der EuGH in der *Inspire Art*-Entscheidung.[66] Hiernach stellt es ein Verstoß gegen Art. 43, 48 EGV dar, wenn nationale Vorschriften über die Haftung der Geschäftsführer und das Mindestkapital auf Gesellschaften angewendet werden, die nach dem Recht eines anderen Mitgliedstaates wirksam gegründet wurden.

(2) EFTA-Staaten

Nach jüngster höchstrichterlicher Rechtsprechung sind die europarechtlichen Maßstäbe im internationalen Gesellschaftsrecht in gleichen Umfang auf Gesellschaften aus denjenigen EFTA-Staaten anzuwenden, die dem Abkommen über den Europäischen Wirtschaftsraum (EWR)[67] beigetreten sind.[68] Der BGH entschied im Jahre 2005, dass eine im Fürstentum Liechtenstein nach dortigen Vorschriften wirksam gegründete Gesellschaft in einem anderen Vertragsstaat des EWR-Abkommens aufgrund der in Artikel 31 EWR garantierten Niederlassungsfreiheit unabhängig von dem Ort des tatsächlichen Verwaltungssitzes in der Rechtsform anzuerkennen ist, in der sie gegründet wurde.[69]

(3) Auswirkungen der europarechtlichen Gründungstheorie auf Drittstaaten

Unklar ist, welche Auswirkungen die europarechtliche Gründungtheorie auf Gesellschaften hat, die weder unter die gemeinschaftsrechtliche oder EWR-rechtliche Niederlassungsfreiheit fallen noch durch besondere gesellschaftskollisionsrechtliche Staatsverträge mit der Bundesrepublik Deutschland verbunden sind.[70]

---

66 EuGH, Urt. v. 30.09.2003, Rs. C-167/01 (*Kramer van Koopandel en Fabrieken voor Amsterdam v. Inspire Art Ltd.*), Slg. 2003 I, 10155 – NJW 2003, 3331 = IPRax 2004, 46. Siehe zu dieser Entscheidung auch Kapitel G V 1.

67 Das EWR-Abkommen vom 02.05.1992 (Abl. EG 1994 Nr. L 1/3) trat am 01.01.1993 in Kraft (für Liechtenstein erst am 01.05.1995). Zu den EWR/EFTA-Mitgliedstaaten zählen heute Liechtenstein, Island und Norwegen.

68 BGHZ 164, 148 = NJW 2005, 3351.

69 BGHZ 164, 148 = NJW 2005, 3351; vgl. dazu *Weller*, ZGR 2006, 749.

70 Vgl. ausführlich zum Meinungsstand OLG Hamburg, Zwischenurteil v. 30.03.2007, Az. 11 U 231/04 – „juris" Rn. 27. Das OLG Hamm entschied zudem am 26.05.2006, dass die Regeln der europarechtlichen Gründungstheorie auch für den Nicht-EWR Staat Schweiz gelten, da zwischen der EU und der Schweiz ein Freizügigkeitsabkommen bestehe, das zwar keine gemeinschaftsrechtliche Niederlassungsfreiheit gewähre, aber im Zusammenhang mit weiteren Annäherungsschritten zwischen der Schweiz und der EU zu sehen sei. Die Anwendung der Gründungstheorie sei zudem

Insbesondere wird diskutiert, ob die durch die europarechtliche Niederlassungsfreiheit gewährten Vorteile wie die Anwendung der Gründungstheorie aufgrund von völkervertraglichen Meistbegünstigungsklauseln sich auch auf Gesellschaften aus diesen Drittstaaten erstrecken.[71]

Eine (noch nicht von der Rechtsprechung vertretene) Ansicht plädiert dafür, nun grundsätzlich einheitlich zur Gründungstheorie – also gegenüber Gesellschaften aus jeglichen Staaten – überzugehen.[72]

e. Referentenentwurf für ein Gesetz zum Internationalen Gesellschaftsrecht

Das Bundesjustizministerium reagierte auf diese Entwicklungen im internationalen Gesellschaftsrecht nunmehr im Januar 2008 mit einem Referentenentwurf für ein „Gesezt zum Internationalen Privatrecht der Gesellschaften, Vereine und juristischen Personen".[73] Hierin wird erklärt, dass das Gesellschaftsstatut jeglicher Gesellschaften, Vereine und juristische Personen nach der Gründungstheorie zu bestimmen sei. Begründet wird dies damit, dass eine einheitliche Anknüpfung an das Gründungsrecht die Rechtsanwendung erleichtere und sachlich nicht gerechtfertigte Differenzierungen zwischen Gesellschaften aus verschiedenen Staaten vermeide. Denn eine Reihe von Staatsverträgen enthielten Vorschriften zu Inländerbehandlung, Meistbegünstigung und zur Niederlassungsfreiheit, die es erforderlich machten, die Gesellschaften aus betroffenen Staaten nicht schlechter zu

---

aus Gründen der Rechtssicherheit und Rechtsklarheit sowie aus Gründen der Einheitlichkeit der Anknüpfung im internationalen Gesellschaftsrecht sachgerecht, OLG Hamm, BB 2006, 2487, 2488. Diese Entscheidung wird zurzeit vor dem BGH überprüft (BGH, Az: II ZR 158/06).

71 Vgl. umfassend *Mankowski,* in: Leible/Ruffert, S. 235, 262; bejahend im Verhältnis zu Chile (aufgrund des Assoziierungsabkommens zwischen Chile und der EG) *Weller*, ZGR 2006, 748, 767.

72 *Hoffmann*, ZIP 2007, 1581. Vgl. umfassend zum Meinungsstand OLG Hamburg, Zwischenurteil v. 30.03.2007, Az. 11 U 231/04 – „juris" Rn. 28. Das OLG Hamburg führt wichtige Gründe dafür an, dass ein allgemeiner Übergang zur Gründungstheorie gegenüber Drittstaatengesellschaften sinnvoll ist. Das Gericht hält aufgrund des momentanen Standes der Rechtsprechung jedoch im Ergebnis an der Anwendung der Sitztheorie gegenüber einer nach dem Recht der *Isle of Man* gegründeten Gesellschaft fest.

73 *Referentenentwurf* für ein „Gesetz zum Internationalen Privatrecht der Gesellschaften, Vereine und juristischen Personen" vom 7.1.2008, zu finden online unter http://www.bmj.bund.de/files/-/2751/RefE%20Gesetz%20zum%20Internationalen%20Privatrecht%20der%20Gesellschaften,%20Vereine%20und%20juristischen%20Personen.pdf (Besucht am 13.1.2008).

stellen als Gesellschaften aus der Europäischen Union oder dem Europäischen Wirtschaftsraum.[74]

Dabei sieht der Entwurf in dem neu einzufügenden Art. 10 EGBGB eine zweistufige Anknüpfung vor: Gesellschaften werden zunächst an das Recht des Staates angeknüpft, in dem sie in ein öffentliches Register eingetragen sind; mangelt es daran, unterliegen sie dem Recht des Staates, nach dem sie organisiert sind.[75]

Ob und wann dieser Referentenentwurf Gesetzt wird, ist noch offen. In der Literatur wird der Entwurf bereits begrüßt.[76] Unberührt von einer solchen nationalen Regelung bleiben nach Artikel 3 Abs. 2 EGBGB jedoch weiterhin staatsvertragliche Vereinbarungen zum internationalen Gesellschaftsrecht.

3. Einheitliche Kollisionsnormen für alle Gesellschaftsformen

Artikel XXV Abs. 5 S. 2 FHSV spricht in der deutschen Fassung von der Anerkennung des rechtlichen Status von Gesellschaften. Gesellschaften im Sinne des Freundschaftsvertrags sind, wie Satz 1 des Artikels XXV Abs. 5 FHSV definiert, Handelsgesellschaften, Teilhaberschaften sowie sonstige Gesellschaften, Vereinigungen und juristische Personen.

Juristische Personen und Personen(handels)gesellschaften weisen gemeinsame relevante Wesenzüge auf, insbesondere die Entstehung durch Rechtsgeschäft zur gemeinschaftlichen Erreichung eines bestimmten Zweckes, sowie eine nach außen erkennbare innere Struktur und Organisation.[77] Daher wird das Anknüpfungskriterium für juristische Personen und sonstige Personenvereinigungen, die eine nach außen hervortretende Organisation haben, nach (weitgehend) allen in der neueren Literatur vertretenen Anknüpfungstheorien identisch bestimmt.[78] Eine solche gleichartige kollisionsrechtliche Behandlung aller Gesellschaftsformen ist sinnvoll und geboten.

---

74 Vgl. S. 7 des Referentenentwurfs.

75 Vgl. Art. 1 des Referentenentwurfs. Gesellschaften, bei denen weder eine Registrierung noch eine Organisation festzustellen ist, unterliegen – so heißt es in der Begründung S. 9 – den Regeln über vertragliche Schuldverhältnisse.

76 *Göthel*, F.A.Z. vom 30.01.3008, S. 25.

77 MüKo-BGB/*Staudinger*, IntGesR Rn. 264 ff.

78 AnwaltKo/*Hoffmann*, Anh. zu Art. 12 EGBGB Rn. 150; *v. Hoffmann/Thorn*, § 7 Rn. 23, 28; *Junker*, Rn. 596; *Kegel/Schurig*, § 17 III; *Kropholler*, IPR, § 55 I 2 a); MüKo-BGB/*Kindler*, IntGesR Rn. 262; Palandt/*Heldrich*, Anh. zu Art. 12 EGBGB Rn. 22; Staudinger/*Großfeld*, IntGesR Rn. 14, 746, 750, 777; *Rauscher*, S. 146; grds. a.A. *Walden*, S. 206, der Kapital- und Personengesellschaften unterschiedlich anknüpfen will.

Lediglich reine Innengesellschaften, bei der sich die Beziehungen der Mitglieder in einzelnen schuldrechtlichen Rechten und Pflichten erschöpft, unterliegen nicht dem internationalen Gesellschaftsrecht sondern sind schuldrechtlich anzuknüpfen.[79] Bei Grundstücksgesellschaften gilt die *lex rei sitae*.[80]

4. Anwendungsbereich des Gesellschaftsstatuts

Die Regelungen des Gesellschaftsrechts stehen in einem engen funktionalen Zusammenhang, der die Beurteilung aller gesellschaftsrechtlichen Verhältnisse nach einer einzigen Rechtsordnung fordert. Diese ist das so genannte Gesellschaftsstatut. Daher werden sowohl nach der Sitztheorie als auch nach der reinen Gründungstheorie alle gesellschaftsrechtlichen Beziehungen einheitlich angeknüpft (Einheitsstatut).[81] Das Gesellschaftsstatut bestimmt umfassend, unter welchen Voraussetzungen eine Gesellschaft „entsteht, lebt und vergeht“.[82]

Demnach werden zunächst Gründungsvorgänge als zum Gesellschaftsstatut gehörend qualifiziert.[83] Dies sind die Bestandteile der Gründung wie die Übernahme oder Zeichnung von Anteilen oder die Höhe und Wirksamkeit der Sacheinlage. Weiterhin erfasst sind Willensmängel bei der Gründung, die Haftung der Gründer und die Eintragung in das Handelsregister, sein Inhalt und seine Rechtsfolgen. Auch die Rechtslage der Vorgesellschaft, ihre Rechts- und Parteifähigkeit sowie ihre Haftung richten sich nach dem Gesellschaftsstatut.[84]

Das Gesellschaftsstatut bestimmt des Weiteren, ob, wann und in welchem Umfang eine Gesellschaft rechtsfähig ist.[85] Genauso entscheidet das Gesell-

---

79 *Ebenroth*, JZ 1988, 18, 24; MüKo-BGB/*Kindler*, IntGesR Rn. 267; Palandt/*Heldrich*, Art. 28 EGBGB Rn. 20; *Rauscher*, S. 146; Staudinger/*Großfeld*, IntGesR Rn. 772, 777.

80 Staudinger/*Großfeld*, IntGesR Rn. 772.

81 BGHZ 25, 134, 144; BGH, EuZW 2000, 412; RGZ 153, 200, 205; *Kroppensteiner*, S. 113; MüKo-BGB/*Kindler*, IntGesR Rn. 520; Palandt/*Heldrich*, Anh. zu Art. 12 EGBGB Rn. 10; Staudinger/*Großfeld*, IntGesR Rn. 249; *Wiedemann*, Gesellschaftsrecht II, § 1 IV 1 S. 50. Vgl. zur Reichweite des Gesellschaftsstatuts auch Art. 3 des „Vorschlag[es] des Deutschen Rates für Internationales Privatrecht für eine Regelung des Internationalen Gesellschaftsrechts auf europäischer/nationaler Ebene“ in *Sonnenberger/Bauer*, RIW 2006, Beilage 1 oder in *Sonnenberger/Bauer*, in: Sonnenberger, S. 7.

82 BGHZ 25, 134, 144.

83 Staudinger/*Großfeld*, IntGesR Rn. 257 ff. m.w.N.

84 Staudinger/*Großfeld*, IntGesR Rn. 261 ff. m.w.N.

85 BGHZ 25, 134, 144; 53, 181, 183; *Kegel/Schurig*, § 17 II 2; MüKo-BGB/*Kindler*, IntGesR Rn. 540; *Kropholler*, IPR, § 55 II; für nichtrechtsfähige Personenvereinigungen Staudinger/*Großfeld*, IntGesR Rn. 755.

schaftsstatut über Fragen der Geschäftsfähigkeit.[86] Eine Gesellschaft besitzt durch ihre Vertreter die Fähigkeit, Rechtsgeschäfte wirksam vorzunehmen; daher regelt das Gesellschaftsstatut die Bestellung und Beendigung der Organstellung und den Umfang der organschaftlichen Vertretungsmacht – d.h. welche Organe in welchem Umfang die Gesellschaft berechtigen und verpflichten können. Die rechtsgeschäftlich begründete Vertretungsmacht richtet sich hingegen ausschließlich nach dem Vollmachtstatut.[87] Die Parteifähigkeit – die Fähigkeit in einem Rechtsstreit vor Gericht als Kläger, Beklagter, Haupt- oder Nebenintervenient aufzutreten[88] – und die Prozessfähigkeit – die Fähigkeit, im Prozess wirksame Willenserklärungen abzugeben[89] – sind zwar prozessuale Fragen, können aber nach herrschender Meinung sowohl nach der *lex fori* als auch auch nach dem Gesellschaftsstatut bestimmt werden.[90]. Bei fehlender oder beschränkter Rechts-, Geschäfts- oder Parteifähigkeit kann der Rechtsverkehr durch eine analoge Anwendung des Artikels 12 S. 1 EGBG[91] geschützt werden.[92] Diese Vorschrift schützt das Vertrauen auf die nach dem Recht des Abschlussorts bestehende Rechts-, Geschäfts und Handlungsfähigkeit einer natürlichen Person, deren

86 MüKo-BGB/*Kindler*, IntGesR Rn. 557; Staudinger/*Großfeld*, IntGesR, Rn. 278, 755.

87 Vgl. *Kropholler*, IPR, § 41.

88 *Musielak*, Rn. 117.

89 *Musielak*, Rn. 118.

90 Siehe umfassend dazu Kapitel E IV 1 a. Siehe für Parteifähigkeit *Kropholler*, IPR § 55 II 1; MüKo-BGB/*Kindler*, IntGesR Rn. 563; Staudinger/*Großfeld*, IntGesR Rn. 295. Siehe für Prozessfähigkeit BGHZ 51, 27, 28; 153, 353, 358; BGH, NJW 1999, 1917; *Kegel/Schurig*, § 17 II 2; MüKo-BGB/*Kindler*, IntGesR Rn. 562; Staudinger/*Großfeld*, IntGesR Rn. 290.

91 Artikel 12 EGBGB: Schutz des anderen Vertragsteils.
„Wird ein Vertrag zwischen Personen geschlossen, die sich in demselben Staat befinden, so kann sich eine natürliche Person, die nach den Sachvorschriften des Rechts diese Staates rechts-, geschäfts-, und handlungsunfähige wäre, nur dann auf ihre aus den Sachvorschriften des Rechts eines anderen Staates abgeleitete Rechts-, Geschäfts- und Handlungsunfähigkeit berufen, wenn der anderen Vertragsteils bei Vertragsschluss diese Rechts-, Geschäfts- und Handlungsunfähigkeit kannte oder kenne musste. […].“

92 Str., bejahend OLG Düsseldorf, IPRspr 1964/65 Nr. 21; OLG Nürnberg, WM 1085, 259; *v. Hoffmann/Thorn*, § 7 Rn. 29; *Ebenroth*, JZ 1988, 18, 25; MüKo-BGB/*Kindler*, IntGesR Rn. 542; Staudinger/*Großfeld*, IntGesR Rn. 268, 755; a.A. OLG Stuttgart, NJW 1974, 1627; Soergel/*Lüderitz*, Anh. Art. 10 EGBGB Rn. 39.

Personalstatut einer anderen Rechtsordnung unterliegt.[93] Fehlt es an der Prozessfähigkeit, kann § 55 ZPO[94] herangezogen werden.

Das Gesellschaftsstatut regelt auch die übrige Organisation der Gesellschaft. Diese umfasst Regeln über Satzungen und ihre Änderungen, Regeln über Organe (z.B. welche Organe die Gesellschaft besitzt, wer Organ sein kann, wann die Organeigenschaft endet), Haftung der Organe und deren Rechte nach innen (insbesondere Geschäftsführungsmacht) und außen (insbesondere Vertretungsmacht) und Regeln über Mitgliedschaftsrechte und -pflichten (insbesondere deren Übertragung).[95]

Ebenfalls erfasst sind grundsätzlich die Regeln über die persönliche Haftung der Gesellschafter für Schulden der Gesellschaft gegenüber Dritten.[96] Unklar ist dabei, ob auch die Durchgriffshaftung in Form der Existenzvernichtungshaftung und die Insolvenzverschleppung zum Gesellschaftsstatut zählen.[97]

Die unternehmerische Mitbestimmung richtet sich, sofern sie wie in Deutschland rechtsformabhängig ist, nach dem Gesellschaftsstatut.[98] Die betriebliche Mitbestimmung ist als Teil des Arbeits- und Betriebsverfassungsrechts gesondert anzuknüpfen.[99]

Schließlich wird die Auflösung, Abwicklung und Beendigung der Gesellschaft nach dem Gesellschaftsstatut entschieden.[100] Dazu zählen die Auflösungsgründe, die Rechtsverhältnisse der Abwicklungsgesellschaft und die Vertretungsmacht der Organe oder Verwalter.[101]

---

93 Mit Artikel 12 EGBGB löst man insbesondere Fälle, in denen das US-amerikanische Recht die Nichtigkeitsfolgen eines Rechtsgeschäfts aus der im anglo-amerikanischen Rechtskreis entwickelten *ultra-vires* Lehre herleitet. Nach der *ultra-vires*-Lehre sind Geschäftsabschlüsse außerhalb der satzungsmäßigen Bestimmung des Gesellschaftsgegenstandes anfechtbar oder nichtig (vgl. *Merkt/Göthel*, Rn. 295 ff.). Dies gilt für deutsche Vertragspartner unter den Voraussetzungen des Art. 12 EGBGB (analog) nicht.

94 § 55 ZPO: „Ein Ausländer, dem nach dem Recht seines Landes die Prozessfähigkeit mangelt, gilt als prozessfähig, wenn ihm nach dem Recht des Prozessgerichts die Prozessfähigkeit zusteht."

95 RGZ 73, 366, 367; *Kegel/Schurig,* § 17 II 2 m.w.N.; Soergel/*Lüderitz,* Anh. Art. 10 Rn. 37 u. 42 m.w.N.

96 BGHZ 25, 127; BGH, NJW 1959, 1873; Staudinger/*Großfeld,* IntGesR Rn. 348 ff., 759.

97 Vgl. dazu ausführlich Kapitel E V 1 und G VI 2 d (2) u. (3).

98 AnwaltKo/*Hoffmann*, Anh. zu Art. 12 EGBGB Rn. 23 f.

99 Soergel/*Lüderitz*, Anh. Art. 10 EGBGB Rn. 43.

100 BGHZ 51, 27, 28 f.; RGZ 129, 98, 102; 153, 200, 205; OLG Stuttgart, NJW 1074, 1627; AnwaltKo/*Hoffmann*, Anh. zu Art. 12 EGBGB Rn. 27; MüKo-BGB/*Kindler*, IntGesR Rn. 662.

101 MüKo-BGB/*Kindler*, IntGesR Rn. 662 f; Staudinger/*Großfeld*, IntGesR Rn. 370.

Die Form gesellschaftsrechtlicher Akte richtet sich grundsätzlich nach dem Gesellschaftsstatut als Wirkungsstatut oder nach der Ortsform (Artikel 11 EGBGB).[102] Dabei ist umstritten, ob die Ortsform auch für gesellschaftsrechtliche Vorgänge gilt. Die herrschende Meinung lehnt die Ortsform für die Gründung, Satzungsänderung und Unternehmensverträge ab.[103]

Die Delikts- und die Erbfähigkeiten richten sich nicht nach dem Gesellschafstatut. Die Deliktsfähigkeit bestimmt sich nach dem Deliktsstatut (Artikel 38 EGBGB),[104] die Erbfähigkeit nach dem Erbstatut (Artikel 25 ff. EGBGB).[105] Auch das Insolvenzstatut ist gesondert anzuknüpfen.[106]

II. US-amerikanisches internationales Gesellschaftsrecht

Die Vereinigten Staaten von Amerika sind ebenso wie die Bundesrepublik Deutschland ein föderaler Staat, in dem Legislative, Exekutive und Judikative zwischen dem Bund und den Einzelstaaten (*states*) aufgeteilt sind. Dabei haben die US-amerikanischen Einzelstaaten deutlich mehr Kompetenzen als die deutschen Bundesländer.

Anders als das deutsche Recht folgt das US-amerikanische Recht sowohl in den Einzelstaaten – mit Ausnahme des Staates Louisiana[107]– als auch auf der Bundesebene vornehmlich einem Fallrechtsystem (*case law*), das das *common law* und *equity*-Präjudizenrecht umfasst.[108] *Case law* ist das vom Richter gefun-

102 Staudinger/*Großfeld,* IntGesR Rn. 4.

103 Vlg. zum Streitstand Staudinger/*Großfeld,* IntGesR Rn. 454 ff.; so auch Artikel 4 des „Vorschlag[es] des Deutschen Rates für Internationales Privatrecht für eine Regelung des Internationalen Gesellschaftsrechts auf europäischer/nationaler Ebene" in *Sonnenberger/Bauer,* RIW 2006, Beilage 1, S. 1, 3 oder *Sonnenberger/Bauer*, in: Sonnenberger, S. 8.

104 BGH, IPRax 1992, 34; Soergel/*Lüderitz,* Art. 38 EGBGB Rn. 93; Staudinger/*Großfeld,* IntGesR Rn. 314.

105 *Staudinger/Großfeld*, IntGesR Rn. 410.

106 Vgl. MüKo-BGB/*Kindler*, IntGesR Rn. 682.

107 Der US-amerikansiche Staat Louisiana übernahm als ehemalige französische Kolonie das kontinentaleuropäische *civil law* System.

108 Häufig wird der Begriff des *common law* mit dem Begriff des *case law* gleichgesetzt und dem Begriff des *statutory law* (kodifiziertes Recht) gegenüber gestellt. Dies ist ungenau, da das *common law* ursprünglich neben dem *equity law* stand, und beides – als *case law* – in verschiedenen Gerichten ausgeübt wurde. Auch wenn die gerichtliche Trennung zwischen *equity* und *common law* heute zum größten Teil aufgehoben wurde, erklärt dies die Herkunft bestimmter Rechtsinstitute oder verfahrensrechtlicher Bestimmungen. Im heutigen Sprachgebrauch wird der Begriffs *common law* jedoch sowohl im ursprüngliche Sinne *als* Gegenteil zu *equity* sowie

dene und im konkreten Fall angewandte Recht. In den Vereinigten Staaten von Amerika wird daher – untechnisch – vom *judge made law* gesprochen. Im Rahmen der *stare decisis* Lehre ist dieses vom Richter „geschaffene" Recht – das *holding* der Entscheidung – auch für nachfolgende Fälle bindend (*inter omnes* Wirkung).[109] Entscheidungen des *U.S Supreme Court* binden dabei alle bundes- und einzelstaatlichen Gerichte, Entscheidungen der *Supreme Courts* der Einzelstaaten binden alle einzelstaatlichen Gerichte diese Staates, Entscheidungen sonstiger einzelstaatliche Gerichte bzw. Bundesgerichte binden niedrigere einzelstaatliche Gerichte bzw. Bundesgerichte im gleichen Gerichtsbezirk (*district*). Lediglich das Gericht, das ein Präjudiz (*precedent*) aufgestellt hat, oder höhere Gerichte dürfen von einem Präjudiz abweichen (*to overrule*), um neues Recht zu schaffen. Neben dem *case law* existieren in den Vereinigten Staaten von Amerika in zunehmendem Maß kodifizierte, vom *Congress* oder der Legislative eines der Einzelstaaten erlassene Gesetze (*statutes*).

1. US-amerikanischen Gesellschaftsformen – companies

Die englische Fassung des Artikels XXV Abs. 5 S. 2 FHSV spricht von *companies. Companies* sind nach Satz 1 des Artikels XXV Abs. 5 FHSV *corporations, partnerships, companies* und *other associations.* Die Gesetzgebungskompetenz für das Recht dieser US-amerikanischen Gesellschaftsformen liegt bei den Einzelstaaten. Der Bundesgesetzgeber hat lediglich durch den Erlass von Vorschriften zum Anlegerschutz und Kapitalmarktrecht (*federal securities law*) punktuell in das Gesellschaftsrecht der Einzelstaaten eingegriffen, um das Funktionieren des Marktes zu gewährleisten und die Schwächen des einzelstaatlichen Kapitalmarktrechts[110] auszugleichen.[111]

---

im neueren Sinne als Richterrecht (als Gegensatz zum *statutory law)* gebraucht. Vgl. *Hay,* Einführung, S. 5 ff.

109 Bindend ist jeweils nur das *holding* einer Entscheidung, nicht das *obiter dictum.* Um das eine vom anderen zu unterscheiden ist eine eingehende Beschäftigung mit dem Sachverhalt erforderlich. Daher ist es Aufgabe eines amerikanischen Juristen, den Sachverhalt einer bevorstehenden Entscheidung von dem Sachverhalten bereits ergangener Entscheidungen zu unterscheiden, um ungewollten Präjudizwirkungen zu entgehen. Vgl. *Blumenwitz,* § 4 S. 38 ff.

110 Das einzelstaatliche Kapitalmarktrecht ist in den sogenannten *blue sky laws* geregelt.

111 Vgl. statt vieler *Ebke,* RabelsZ 68 (1998) 195, 217 ff. m.w.N. aus der US-amerikanischen Rechtsprechung und Literatur. Von besonderer Bedeutung sind der *Security Act* von 1993 und der *Security Excange Act* von 1934.

Die genaue Ausgestaltung des materiellen Gesellschaftsrechts der verschiedenen Gesellschaftsformen kann je nach Einzelstaaten sehr unterschiedlich ausfallen, aber mit Hilfe der *Uniform Acts* oder *Modell Acts* lassen sich die entscheidenden Merkmale der wichtigsten Gesellschaftsformen darstellen.[112]

a. General partnership

Als *general partnership* wird der Zusammenschluss (*association*) von mindestens zwei Personen bezeichnet, die als Miteigentümer (*co-owner*) ein auf Dauer angelegtes Erwerbsgeschäft (*business for profit*) betreiben.[113] Zur Gründung einer *general partnership* reicht ein Vertrag, der keiner besonderen Formvorschrift unterliegt. Eine Registrierung ist nicht notwendig. Die *partnership* ist nach § 201 (a) des *Uniform Partnership Act* (1997) – mittlerweile – mit eigener Rechtspersönlichkeit ausgestattet, sie kann nach § 307 a in ihrem Namen klagen und verklagt werden und besitzt nach § 203 eigenes Vermögen. Die *partner* einer *general partnership* haften gesamtschuldnerisch [„*jointly and severally*“, § 306 a R.U.P.A. (1997)]. Nach § 601 des *Uniform Partnership Act* (1997) wird eine *general partnership* durch die Änderung in der Person eines *partner* nicht mehr unbedingt aufgelöst.

Die *general partnership* ist damit das Grundmodell eines in Kontinentaleuropa als Personengesellschaft bezeichneten Gebildes. Von der deutschen Gesellschaft bürgerlichen Rechts (GbR) unterscheidet sie sich dadurch, dass ihr Bestand auf eine längere Dauer angelegt und auf ein Erwerbsgeschäft gerichtet sein muss.

b. Limited partnership

Die *limited partnership (L.P.)* ist eine *partnership*, die aus aus mindestens einem *general partner* und mindestens einem *limited partner* besteht.[114] Die Haftung des *limited partner* ist auf die Höhe seiner Einlagen beschränkt.[115] Die *limited partners* sind von der Geschäftsführung ausgeschlossen.[116] Damit ist die *limited partnership* mit der Kommanditgesellschaft des kontinentaleuropäischen Rechts vergleichbar. Aus Gründen des Verkehrsschutzes unterliegt die Gründung der *li-*

---

112 Ein *Model Act* oder *Uniform Act* ist ein nicht bindendes Modellgesetz, dass durch die Legislative eines Einzelstaates als bindendes Recht erlassen werden kann. Es dient dazu das Recht der Länder einheitlich zu gestalten.

113 Vgl. R.U.P.A. § 6 (1) und § 101 (6) (1997).

114 U.L.P.A. § 29 (1976); R.U.L.P.A. § 101 (7) (2001).

115 R.U.L.P.A. § 303 (2001).

116 R.U.L.P.A. § 302 (2001).

mited partnership im Vergleich zur *general partnership* gewissen Formvorschriften, insbesondere ist das Einreichen einer Gründungsurkunde in beschworener Form (*sworn certificate*) bei dem *secretary of state* erforderlich.[117] Erst bei Einreichung des *certificate* werden die Haftungsbegrenzungen wirksam.

c. Limited liability partnership

Eine Sonderform der *general partnership* ist die *limited liability partnership (L.L.P.)*. Diese Gesellschaftsform wurde erst 1991 eingeführt und ist mittlerweile in fast allen Einzelstaaten gesetzlich geregelt. Nach Eintragung der *limited liability partnership* beim *secretary of state* haftet ein Partner nicht mehr persönlich für bestimmte Gesellschaftsschulden, insbesondere – je nach dem Recht des Einzelstaates – nicht für unerlaubte Handlungen seiner Mitgesellschafter oder sogar nicht für Ansprüche aus Verträgen.[118] Im Übrigen wird die *limited liability partnership* wie eine *general partnerhip* behandelt. Die *limited liability partnership* hat gegenüber der *limited partnerhip* und der *limited liability company* den Vorteil, dass eine bereits bestehende *general partnership* identitätswahrend, also ohne Neugründung, umgewandelt werden kann und ihr Gründungsvertrag und ihre Außenbeziehungen dabei unverändert bestehen bleiben.[119]

d. Limited liability company

Die *limited liability company* (L.L.C.) wurde erstmals 1977 in US-amerikanischen Staat *Wyoming* zugelassen. Mittlerweile ist diese Gesellschaftsform in allen Einzelstaaten bekannt. Die *limited liability company* lässt sich weder als Personal- noch als Kapitalgesellschaft einordnen: Sie besitzt eigene Rechtspersönlichkeit;[120] sie fordert bei ihrer Gründung kein Mindestkapital und ihre Organisation ähnelt mehr einer *partnership*; sie hat jedoch Haftungsbegrenzungen wie eine *corporation*, die Gesellschafter sind also grundsätzlich nicht persönlich haftbar.[121] Die Gesellschaft kann steuerrechtlich wahlweise als *corporation* oder als *partnership* veranlagt werden.[122] Die *limited liability company* ensteht erst mit der Anmeldung beim *secretary of state*.[123]

---

117 R.U.L.P.A. § 201 (2001).
118 *Merkt/Göthel*, Rn. 132.
119 *Wiedemann*, Gesellschaftsrecht II, 6 V § 1 d).
120 U.L.L.C. § 201 (1996).
121 U.L.L.C. § 303 (1996).
122 *Wiedemann*, Gesellschaftsrecht II, 6V § 1 e).
123 U.L.L.C. § 202 (b) (1996).

e. Joint venture und business trust

Der *joint venture* wird für ein einzelnes zeitlich begrenztes, auf Gewinn ausgerichtetes Vorhaben errichtet;[124] seine Gründung ist formlos möglich[125] und das Recht der *general partnership* ist mit bestimmten Ausnahmen anwendbar.[126]

Der *business trust* ist eine Gesellschaftsform, dessen Rechtfähigkeit umstritten ist.[127] Der *trust* folgt den Regeln des *trust*-Rechts, seine Gründung unterliegt Formvorschriften; er ist dem kontinentaleuropäischen Recht unbekannt und kann mit einer Stiftung unter treuhandschaftlichem Charakter verglichen werden.[128]

f. Business corporation

Die wohl bedeutendste Gesellschaftsform ist die *business corporation* oder *stock corporation,* meistens jedoch einfach *corporation* genannt. Die *corporation* kann aus kontinentaleuropäischer Perspektive als Grundform der Kapitalgesellschaft gesehen werden. Aus der Grundform der *corporation* haben sich mittlerweile viele Varianten entwickelt. Zu unterscheiden ist insbesondere zwischen der *close corporation,* bei der die Anteile nur innerhalb einer überschaubaren Gruppe von Anteilseignern und unter erschwerten Bedingungen übertragbar sind, und der *public corporation,* bei der die Anteile grundsätzlich frei übertragbar sind. Die *close corporation* hat damit Ähnlichkeit mit der deutschen GmbH.

Die Gründung einer *corporation* ist zeitaufwendig und kostspielig aufgrund hoher Gebühren.[129] Ein gesetzlich vorgeschriebenes Mindestkapital (*minimum capital*) sehen die meisten US-amerikanischen Einzelstaaten bei der Gründung nicht vor. Die *corporation* entsteht als Rechtsperson erst mit dem Einreichen der Gründungsdokumente (*filing of the articles of incorporation*) bei dem *secretary of state.*[130] Bis zu ihrer wirksamen Gründung besteht die Gesellschaft („Vorgesellschaft") als ein *joint venture* und die Gründer haften dementsprechend persönlich.[131]

Die wirksam gegründete *corporation* besitzt eine eigene Rechtspersönlichkeit und kann im eigenen Namen klagen und verklagt werden.[132] Die vertragliche und

---

124 46 Am. Jur. 2nd, „*Joint Venture*" § 8.
125 46 Am. Jur. 2nd, „*Joint Venture*" § 9.
126 *Merkt/Göthel,* Rn. 149.
127 13 Am. Jur. 2nd, „*Business Trusts*" § 4 m.w.N.
128 *Merkt/Göthel,* Rn. 159 ff.
129 Vgl. nur die Gebührenliste im Rev. Mod. Bus. Corp. Act § 1.22 (2002).
130 Rev. Mod. Bus. Corp. Act § 2.03 (2002).
131 *Merkt/Göthel,* Rn. 167.
132 Rev. Mod. Bus. Corp. Act § 3.02 (2002).

außervertragliche Haftung der *corporation* ist grundsätzlich auf das Vermögen der Gesellschaft begrenzt.[133] Ihr Bestand ist unabhängig von den Gesellschaftern.[134]

Die Geschäftsführung der *corporation* wird von einem Organ, dem *board of directors*, wahrgenommen, an dessen Spitze ein *chief executive officer* steht.[135] Die Gesellschafter einer *public corporation* selbst haben grundsätzlich kein Recht zur Geschäftsführung.[136] Sie be- und abberufen jedoch die Mitglieder des *board of directors* und entscheiden über außerordentliche Geschäftsangelegenheiten wie Satzungsänderungen,[137] Fusionen[138] oder Verfügungen über wesentliche Teile des Gesellschaftsvermögens.[139] Die Beschlussfassung ist in der Regel mit einfacher Mehrheit möglich. Neben den Stimmrechten haben Gesellschafter Informationsrechte[140] und dürfen Klagen aus abgeleitetem Recht der *corporation* erheben.

Eine *close corporation* wird hingegen in der Regel von den Gesellschaftern selbst geführt (sog. *managing shareholders*), so dass die Anteilseignerversammlung und *board* zusammenfallen, oder aber die Gesellschafter nehmen durch *shareholder agreements* entscheidenen Einfluss auf die Geschäftsführung durch das *board of directors*.[141]

Eine *corporation* wird durch Zeitablauf, Gesellschafterbeschluss oder gerichtlichen Beschluss aufgelöst.[142] Die Gesellschaft besteht in einem solchen Fall als Rechtsperson für den Abwicklungszeitraum fort.[143]

Von der *(business) corporation* ist die *professional corporation* zu unterscheiden. Diese ist eine Gesellschaftsform für freiberuflich tätige Personen. Insbesondere Ärzte und Rechtsanwälte gründen sie, um die Vorteile zu erhalten, die Anteilseigner einer *corporation* zugute kommem. Der entscheidende Unterschied zur *business corporation* liegt darin, dass die Gesellschafter einer *professional corporation* ihre Anteile nur auf Personen übertragen dürfen, die den entsprechenden Beruf ausüben.[144]

---

133 Rev. Mod. Bus. Corp. Act § 6.22 (2002).
134 Rev. Mod. Bus. Corp. Act § 3.02 (2002).
135 Rev. Mod. Bus. Corp. Act § 8.01 (b) (2002).
136 Für *close corporations* gelten je nach Recht des Einzelstaates Besonderheiten.
137 Rev. Mod. Bus. Corp. Act § 10.01 (2002).
138 Rev. Mod. Bus. Corp. Act § 11.01 (2002).
139 Rev. Mod. Bus. Corp. Act § 12.01 (2002).
140 Vgl. Rev. Mod. Bus. Corp. Act §§ 16.02, 1603 (2002).
141 *Bungert*. Gesellschaftsrecht in den USA, S. 101 ff.
142 Rev. Mod. Bus. Corp. Act § 14.02 ff. (2002).
143 Rev. Mod. Bus. Corp. Act § 14.05 (2002).
144 Als 1982 der *Tax Equity and Fiscal Responsibility Act* (TEFRA) erlassen wurde, wurden viele steuerrechtliche und versorgungsrechtliche Differenzen zwischen An-

2. *Einführung in das US-amerikanische internationale Privat- und Gesellschaftsrecht*

Der Begriff des *conflict of laws*[145] umfasst im US-amerikanischen Recht den Bereich des internationalen Privatrechts (*choice of law*), die Anerkennung und Vollstreckung von Urteilen (*recognition and enforcement of judgments*) und Fragen der Zuständigkeit von Gerichten (*jurisdiction*).[146] Die *choice-of-law* Regeln sind größtenteils nicht kodifiziert und gehören damit zum *common law.*[147] In einem der wichtigsten Urteile des *U.S. Supreme Court*, in dem Fall *Erie R.R. v. Tompkins,*[148] entschied dieser, dass es kein bundeseinheitliches *common law* gibt: „*There is no federal common law*". Diese Aussage ist Teil der so genannten *Erie* Doktrin. Drei Jahre später hat der *U.S. Supreme Court* in dem Fall *Klaxon Co. v. Stentor Electronic Manufacturing Co.*[149] diese Doktrin konkretisiert und sich mit *choice-of-law* Fragen beschäftigt. Demnach muss ein Bundesgericht, das aufgrund von *diversity of citizenship*[150] angerufen wird, das internationale Pri-

---

gestellten und Freiberuflern beseitigt. Dadurch wurde zugleich die Existenzberechtigung der *professional corporation* in Frage gestellt. Vgl. *Merkt/Göthel,* Rn. 181 m.w.N. aus der US-amerikanischen Literatur.

145 Der Begriff „*Conflict of Laws*" wird in den USA, Kanada und neuerdings auch in England benutzt. Der Begriff „*Private International Law*" ist hingegen in den kontinentaleuropäischen Staaten gebräuchlich.

146 *Scoles et al.*, § 1.2, S. 3.

147 Eine Ausnahme findet sich wiederum in dem *civil law* Bundessstaat Louisiana, der eine Kodifikation zum *conflict of laws* erlassen hat.

148 *Erie R.R. v. Tompkins*, 304 U.S. 64 (1938):
„*Except in matters governed by the U.S. Constitution or by acts of Congress, the law to be applied in any case it the law of the state. Whether the law of the state shall be declared by its legislature in a statute or by its highest court in a decision is not a matter of federal concern. There is no federal common law. Congress has no power to declare substantive rules of common law applicable in a state whether they are local in their nature or general, be they commercial law or a part of the law of torts.*"

149 *Klaxon Co. v. Stentor Electric Manufacturing Co.*, 313 U.S. 487 (1941).

150 Im US-amerikanischen Recht sind für Rechtsstreitigkeiten grundsätzlich die Gerichte der US-amerikanischen Einzelstaaten zuständig (*general subject matter jurisdiction of state courts*). Lediglich in den in *article 3 section 2, clause. 1* der US-amerikanischen Verfassung genannten Fällen sind die Bundesgerichte (*federal courts*) zuständig (*limited subject matter jurisdiction of federal courts*). Unter anderem sind die Bundesgerichte dann zuständig, wenn die Parteien Einwohner (*citizen*) verschiedener Einzelstaaten oder Nationalstaaten sind (*diversity of citizenship jurisdiction* oder – bei unterschiedlicher Nationalität auch genannt *alienage jurisdiction*) und der Streitwert mehr als 75.000 Dollar beträgt. [*28 U.S.C. § 1332* (a)] Gesellschaften sind für diesen Zweck sowohl *citizen* des Gründungstaates als auch *citizen* des Staates, in dem sich ihre Hauptverwaltung (*principle*

vatrecht des US-amerikanischen Staates anwenden, in dem es seinen Sitz hat.[151]

Choice of law ist – soweit es *common law* ist – damit das Recht der Einzelstaaten. Die wesentlichen *common law* Grundsätze des *conflict of laws* aller Einzelstaaten beschreibt das *American Law Institut* in der *Restatement (second) of Conflict of Laws* von 1971. Neben den *choice-of-law* Regeln des einzelstaatlichen *common law* finden sich auch – und in den letzten Jahren zunehmend – einzelstaatliche Gesetze (*statutes*), die zu Gesetzeskonflikten Stellung nehmen.

Die Kollisionsregeln des *common law* und der *statutes* wurden zunächst für Gesetzeskonflikte zwischen dem Recht der Einzelstaaten der Vereinigten Staaten von Amerika entwickelt. Dennoch sind diese Regeln nicht nur für interlokale, sondern auch für internationale Gesetzeskonflikte anwendbar.[152] Es ist fraglich, ob in internationalen Fällen die *Erie* Doktrin ebenfalls die Entwicklung eines bundeseinheitlichen internationalen Privatrechts im Wege des *common law* verhindert. Ein bundeseinheitliches internationales Privatrecht könnte der Kongress aufgrund der generellen Bundeskompetenz für auswärtige Angelegenheiten (*general power over foreign affairs*)[153] oder aufgrund der Kompetenz, völkerrechtliche Verträge unterzeichnen zu dürfen (*treaty-making power*),[154] erlassen. In der US-amerikanischen Literatur bestehen bereits Rufe nach einer solchen Vereinheitlichung der *choice-of-law* Regeln in Fällen mit Bezug zum Ausland.[155] So-

---

place of business) befindet [*28 U.S.C. § 1332* (c) (1)]. In diesen *diversity* Fällen wird von „*a court sitting in diversity*" gesprochen. Fälle mit Bezug zum internationalen Privatrecht begründen meistens die Zuständigkeit der Bundesgerichte, denn erst durch die *diversity of citizenship* oder *alienage* entsteht ein Konflikt zwischen Gesetzen verschiedener US-amerikanischer Einzelstaaten oder Nationalstaaten. (Für Weiteres siehe *Freer*, S. 151 ff.)

151 *Klaxon Co. v. Stentor Electric Manufacturing Co.*, 313 U.S. 487, 496 (1941):
„*We are of opinion that the prohibition declared in Erie Railroad v. Tompkins*, 304 U.S. 64, 58 S.Ct. 817, 82 L.Ed. 1188, 114 A.L.R. 1487, *against such independent determinations by the federal courts extends to the field of conflict of laws.*"
Vgl. auch *Day & Zimmermann, Inc. v. Challoner*, 423 U.S. 3 (1975); und zu den verfassungsrechtlichen Grenzen vgl. *Allstate Ins. Co. v. Hague*, 449 U.S. 302 (1981).

152 *Restatement (second) of Conflict of Laws*, § 10 (1971).

153 Die *general power of foreign affairs* ist in der Rechtsprechung des *U.S. Supreme Court* verankert. Siehe *United States v. Curtiss-Wright Corp.*, 299 U.S. 304 (1936); *Perez v. Brownell*, 356 U.S. 44, 62 (1958):
„*[A]lthough there is in the Constitution no specific grant to Congress of power to enact legislation for the effective regulation of foreign affairs, there can be no doubt of the existence of this power in the law-making organ of the nation.*"
Für Weiteres siehe *Chemerinsky*, S. 275 ff.

154 U.S. Const. art. VI clause 2.

155 *Chow*, 74 Iowa L. Rev. 165 (1988); *Trautman*, 70 Tex. L. Rev. 1715, 1736 (1992).

lange dieses jedoch nicht geschehen ist und kein völkerrechtlicher Vertrag mit Sonderregelungen besteht, bleiben die *choice-of-law* Regeln der Einzelstaaten auch in internationalen Fällen anwendbar.

Das internationale Gesellschaftsrecht ist im Recht der US-amerikanischen Staaten für jede Gesellschaftsform gesondert geregelt. Diesem Aufbau wird hier gefolgt. Die wesentlichen *choice-of-law* Grundsätze von *corporations* und *partnerships* sind in der *Restatement (second) of Conflict of Laws* von 1971 festgehalten. Daneben finden sich gesellschaftsrechtliche *choice-of-law* Regelungen in einigen einzelstaatlichen gesellschaftsrechtlichen *statutes,* die dann dem *common law* vorgehen. Trotz dieses gesellschaftskollisionsrechtlichen „Flickenteppichs" sind die bestehenden Regeln des internationalen Gesellschaftsrechts für die jeweiligen Gesellschaftsformen in allen Einzelstaaten – anders als die des materiellen Gesellschaftsrechts – weitgehend identisch. Daher wird hier verallgemeinernd vom US-amerikanischen internationalen Gesellschaftsrecht gesprochen.

Aus dem *common law* und den *statutes* lassen sich die folgenden Grundsätze des US-amerikanischen internationalen Gesellschaftsrechts ableiten:

3. Das Kollisionsrecht der nicht-registrierten Gesellschaften

a. General partnership

Im Kollisionsrecht der *general partnership* wird grundsätzlich zwischen dem Verhältnis der Partner untereinander (Innenverhältnis) – wozu auch die Entstehung und Auflösung der *partnership* zählt – und dem Verhältnis der Partner und der *general partnership* zu Dritten (Außenverhältnis) differenziert.

(1) Innenverhältnis

(i) Common law

Unter dem *common law* wird das Kollisionsrecht der *general partnership* weitgehend den Kollisionsnormen, die für Verträge im Allgemeinen gelten, angenähert.[156] Die Regeln des Innenverhältnisses der *general partnership* richten sich daher wie im Vertragskollisionsrecht in erster Linie nach dem Recht, das die Ge-

156 Daher der Hinweis in § 294 der *Restatement (second) of Conflict of Laws* (1971) auf die §§ 187, 188.

sellschafter im Gesellschaftsvertrag bestimmt haben.[157] Die Rechtswahl der Gesellschafter kann ausdrücklich oder stillschweigend erfolgen.[158] Die Rechtswahl wird nicht anerkannt, wenn sie rechtsmissbräuchlich ist oder wenn das Recht eines Orts gewählt wurde, der keine *substantial relationship* zur Gesellschaft hat.[159]

Mangelt es an einer ausdrücklichen oder stillschweigenden Rechtswahl, wird auf den Ort abgestellt, an dem der Gesellschaftsvertrag ausgehandelt wurde (Ort des Vertragsschlusses) bzw. zu erfüllen ist (Erfüllungsort).[160] Denn diese Orte haben die *most significant relationship*[161] zur *general partnership.*

(ii) Uniform Partnership Act von 1997

Nach § 106 des *Uniform Partnership Act (U.P.A.)* von 1997 richten sich die Regeln über das Innenverhältnis der *general partnership* grundsätzlich nach dem Recht des Orts, an dem die *general partnership* ihr *chief executive office* hat.[162] Begründet wird die Wahl des Rechts des *chief executive office* damit, dass eine *general partnership* ohne Registrierung gebildet werden könne und damit der Gründungsort nicht immer eindeutig feststellbar sei. Diese Regelung gilt jedoch nur, wenn die Partner keine andere wirksame Vereinbarung getroffen haben.[163] Daher steht es den Gesellschaftern frei, im Gesellschaftsvertrag eine andere Rechtswahl zu treffen. Das Recht des gewählten Orts findet vorrangig Anwen-

---

157 *Teas v. Kimball*, 257 F.2d 817, 823 (C.A.5 1958); *Engel v. Ernst*, 102 Nev. 390, 724 P.2d 215, 216 f. (Nev. 1986); *Great Lakes Overseas, Inc. v. Wah Kwong Shipping Group, Ltd.*, 990 F.2d 990, 994 (C.A.7 (Ill.), 1993); *Exxon Corp. v. Burglin*, 4 F.3d 1294, 1298 (C.A.5 (Tex.),1993); 59A Am. Jur. 2d „*Partnership*" § 30; *Restatement (second) of Conflict of Laws*, §§ 294, 187 (1971).

158 Vgl. *Restatement (second) of Conflict of Laws*, § 294 comment b und § 187 comment a (1971).

159 *Engel v. Ernst*, 102 Nev. 390, 724 P.2d 215, 216 f. (Nev. 1986); *Restatement (second) of Conflict of Laws*, §§ 294, 187 (2) (1971).

160 59A Am. Jur. 2nd, „*Partnership*" § 28; *Restatement (second) of Conflict of Laws*, § 294, 188 (1971); *Johnson*, 1 J. Small & Emerging Bus. L. 249, 276 (1997).

161 *Restatement (second) of Conflict of Laws*, § 294 (1971).

162 R.U.P.A. § 106, *Governing Law* (1997):
„*(a) Except as otherwise provided in subsection (b), the law of the jurisdiction in which a partnership has its chief executive office governs relations among the partners and between the partners and the partnership.*
(b) The law of this State governs relations among the partners and between the partners and the partnership and the liability of partners for an obligation of a limited liability partnership."

163 Comment to R.U.P.A. § 106 (1997).

dung. Durch die Anknüpfung der Innenverhältnisse an den Ort des *chief executive office* wird damit keine Sitztheorie (im deutschen Sinne) geschaffen.

Der *Uniform Partnership Act* äußert sich nicht dazu, was unter dem *chief executive office* zu verstehen ist. Der Begriff des *chief executive office* taucht ebenfalls in UCC § 9-103 (3) (d) auf. Im *official comment* zum U.C.C. wird das *chief executive office* als Ort definiert, „*from which in fact the debtor manages the main part of his business operations*".[164] Das Gericht bestimmte in dem Rechtsstreit *Aoki v. Shepherd March. Co*, dass das *chief executive office* im Sinne des U.C.C. einer *corporation* dort sei, wo die Treffen des *board of directors* stattfinden, wo sich die Büros der Geschäftsführung befinden und wo Lohnlisten und Geschäftsbücher aufbewahrt werden.[165] Insgesamt kommt es also auf eine Gesamtschau und eine Würdigung der Umstände an, von welchem Ort der Großteil der Geschäfte geführt wird.[166] Diese Maßstäbe sind ebenfalls sachgerecht zur Bestimmung des *chief executive office* unter § 106 *U.P.A.*

(2) Außenverhältnis

Die Regeln für das Außenverhältnis einer *general partnernship* werden in der Rechtsprechung und der Literatur nur wenig behandelt. Der *Uniform Partnership Act* (1997) enthält dazu keine Regelungen.

Nach der *Restatement (second) of Conflict of Laws* gelten für das Außenverhältnis der Gesellschaft, insbesondere die Haftung der Gesellschaft und der Gesellschafter nach außen sowie den Umfang der Vertretungsmacht die Regeln der Stellvertretung.[167] Grundsätzlich findet dabei das Recht Anwendung, das die *most significant relationship* zu den Parteien und dem in Frage stehenden Geschäft hat. Ausreichend ist es aber, dass das Recht des Orts, an dem der Partner stellvertretend für die *partnership* gehandelt (Handlungsort) und damit Ansprüche und/oder Verbindlichkeiten begründet hat, die Stellvertretung als wirksam ansieht.[168] Der Umfang der Vertretungsmacht bestimmt sich auch dann nach dem Handlungsort, wenn der Partner nicht dazu befugt war, an diesem Ort für die *partnership* zu handeln.[169]

---

164 Comment to U.C.C. § 9-103 (3) (d).

165 *Aoki v. Shephard Mach. Co.*, 665 F.2d 941, 950 (9th Cir. 1982).

166 *Mellon Bank, N.A. v. Metro Communications, Inc.*, 945 F.2d 635, 642 (3rd Cir. 1991). Vgl. auch *Walden*, S. 304 f.

167 *Restatement (second) of Conflict of Laws*, § 295, 292 (1971).

168 *Restatement (second) of Conflict of Laws*, § 295, 292 (2) (1971).Vgl. auch 29 A.L.R. 2d 295.

169 *Restatement (second) of Conflict of Laws*, § 345 comment a (1971).

In den wenigen Gerichtsentscheidungen, die zu diesem Thema ergangen sind, ist eine Abwendung von einer Anknüpfung an den Handlungsort zu erkennen. Die Gerichte knüpften vielmehr an das Recht an, unter dem die *partnership* errichtet wurde,[170] bzw. ihre Geschäfte betreibt.[171]

Auch wenn der *Uniform Partnership Act* keine *choice-of-law* Vorschrift für das Außenverhältnis der *partnership* enthält, hat das texanische Recht bei der Umsetzung des U.P.A. eine solche Regelung geschaffen. Danach gelten für die Fragen zum Außenverhältnis einer *partnership* die gleichen Regeln wie für die Fragen zum Innenverhältnis, also das von den Parteien vereinbarte Recht und hilfsweise das Recht des *chief executive office*.[172] Dies zeigt eine gewisse Tendenz dahingehend an, auch das Außenverhältnis nach den Grundsätzen über das Innenverhältnis zu bestimmen.[173]

b. Joint venture

Da sich das *joint venture* von der *general partnership* im Wesentlichen nur dadurch unterscheidet, dass es nur für eine begrenzte Zeit angelegt ist, dürfte das Kollisionsrecht des *joint venture* dem der *general partnership* weitgehend entsprechend. Die *Restatement (second) of conflict of laws* äußert sich jedoch nicht zum Kollisionsrecht des *joint venture*, und die vereinzelten Gerichtsentscheidungen ziehen unterschiedliche Kriterien heran. Im Innenverhältnis ist grundsätzlich eine Rechtswahl möglich.[174] Mangelt es an einer solchen, werden nach den Re-

---

170 *Easton v. George Wastenholm & Son,* 137 F. 524, 527 (C.C.A. 1905) („*Where a partnership was organized in California, the liability of a retiring partner to a creditor of the firm was governed by the law of California, though it also carried on business in Costa Rica.*"); *Department of Economic Development v. Arthur Anderson & Co. (USA)*, 924 F. Supp. 449, 485 (S.D.N.Y. 1995); *Dalton v. Alston & Bird*, 741 F. Supp. 1322, 1336 (S.D. Ill.1990).

171 *Ryan v. Brophy*, 755 F. Supp. 595 (S.D.N.Y. 1991).

172 Tex. Rev. Civ. St. Ann. art. 6132b-105 (b) („*Law Governing Internal Affairs and Partner's Liability*").

173 *Walden,* S. 308.

174 Vgl. *Lund's Inc. v. Chemical Bank,* 870 F.2d 840, 845 (C.A.2, N.Y.,1989); Umkehrschluss aus *Diamond Min. & Management, Inc. v. Globex Minerals, Inc.*, 421 F.Supp. 70, 73 (D.C.Cal. 1976), da das Gericht das anwendbare Recht ermittlen muss, da „*the joint venture agreement does not state the forum whose law the parties intended to govern their contract*".

geln des Vertragsrechts der Erfüllungsort herangezogen,[175] eine *interest analysis* durchgeführt[176] oder die *most significant relationship* gesucht.[177]

Das Außenverhältnis des *joint venture* ist entsprechend der *general partnership* den Regeln der Stellvertretung folgend nach dem Vertretungsstatut zu bestimmen.

c. Zusammenfassung

Das Kollisionsrecht der *general partnership* und des *joint venture* ist im Innenverhältnis unter dem *common law* grundsätzlich dem Vertragsrecht angenähert. Unter dem *Uniform Partnership Act* gewinnt der Ort des *chief executive office* bei mangelnder Rechtswahl an Bedeutung. Eine gewisse Ausrichtung, die Außenverhältnisse nicht mehr nach den Regeln der Stellvertretung sondern nach den Regeln über das Innenverhältnis der *partnership* zu bestimmen, ist erkennbar. Insgesamt hinterlassen die US-amerikanischen kollisionsrechtlichen Regelungen zur *general parternship* und zum *joint venture* noch viele Fragen offen.

4. Das Kollisionsrecht registrierter Gesellschaftsformen – Die Gründungstheorie

a. Corporation

Das Gesellschaftsstatut von *corporations* wird im US-amerikanischen *corporate choice of law* nach der Gründungstheorie (*incorporation principle*) bestimmt.[178] Demnach lebt eine Gesellschaft unter dem Recht des Staates, in den sie inkorporiert ist.[179] Begründet wird die Anwendung der Gründungstheorie dadurch, dass

---

175 Vgl. *Ideal Structures Corp. v. Levine Huntsville Development Corp.*, 396 F.2d 917, 925 (C.A.Ala. 1968).

176 *Min. & Management, Inc. v. Globex Minerals, Inc.*, 421 F.Supp. 70, 73 (D.C.Cal. 1976).

177 *Transatlantic Cement, Inc. v. Lambert Freres et Cie.*, 462 F.Supp. 363, 364 (D.C.N.Y., 1978), französisches Recht, da hauptsächlicher Verhandlungsort, Abschlussort des angeblichen *joint venture* und Wohnsitz des Beklagten in Frankreich, dagegen Wohnsitz des Klägers und eine Verhandlung in New York (N.Y).

178 *Restatement (second) of Conflict of Laws*, § 302 (1971); *Scoles et al.*, § 23.3, S. 1222.

179 Z.B. *Shaffer v. Heitner*, 433 U.S. 186, 215 (1977); *Weiss v. Kay Jewelry Stores, Inc.*, 470 F.2d 1259, 1268 (D.C.Cir.1972); *Wilshire Oil Co. of Texas v. Riffe*, 409 F.2d 1277, 1283 & n. 16 (10th Cir.1969); *Chatlos Found., Inc. v. D'Arata*, 882 So. 2d 1021, 1023, 1027 (Fla. Dist. Ct. App. 2004); *Hay*, US-amerikanisches Recht,

eine Gesellschaft als ein künstliches Gebilde nur in dem Staat existieren kann, in dem sie gegründet wurde.[180]

Das Gründungsrecht bestimmt dabei umfassend alle gesellschaftsrechtlichen Verhältnisse. Nach dem Gesellschaftsstatut richten sich die Gründung[181] der Gesellschaft sowie ihre Beendigung (*termination*) oder Suspendierung (*suspension*)[182] und Abwicklung (*winding up*).[183] Auch die Frage, ob eine Gesellschaft *ultra vires*[184] tätig geworden ist, richtet sich nach dem Gründungsort.[185]

Ebenfalls dem Gründungsrecht unterworfen sind die so genannten *internal affairs*[186] einer Gesellschaft. *Internal affairs* sind alle Angelegenheiten, die die Beziehungen innerhalb der Gesellschaft regeln, also die Angelegenheiten zwischen der *corporation*, ihren *shareholders*, *directors*, *officers* und *agents*.[187] Dazu zählen insbesondere die Voraussetzungen der *shareholder*-Eigenschaft,[188] die Mitspracherechte der *shareholders* in der Unternehmensleitung (*administration of the corporation*),[189] die Rechte der *shareholders* im Falle von Gewinn- und Kapitalverteilung (*division of profits, distribution of assets*),[190] der Abschluss bestimmter Formen von Stimmbindungsverträgen (*voting trusts*)[191] und Gesellschaftervereinbarungen (*shareholder agreements*),[192] die Pflichten der Mehrheitsaktionäre (*majority shareholders*) gegenüber der Gesellschaft und den Minderheitsaktionären (*minority shareholders*),[193] die Haftung der *shareholders* bei unterlassener Einbringung der Einlage oder eines Nachschusses,[194] die Herabset-

---

Rn. 279; *McDougal/Relix/Whitten,* § 232; *Restatement (second) of Conflict of Laws*, § 302 (1971); *Rabel*, S. 31; *Scoles et al.*, § 23.2, S. 1221.

180 *Scoles et al.*, § 23.2, S. 1222.

181 *Restatement (second) of Conflict of Laws*, § 296 (1971).

182 *Restatement (second) of Conflict of Laws*, § 288 (1971); *McDougal/Relix/Whitten,* § 233.

183 *Restatement (second) of Conflict of Laws,* § 300 (1971).

184 Nach der *ultra-vires* Lehre sind Geschäftsabschlüsse außerhalb der satzungsmäßigen Bestimmung des Gesellschaftsgegenstandes anfechtbar oder nichtig. Ausführlich siehe *Merkt/Göthel,* Rn. 295 ff.

185 *Merkt/Göthel*, Rn. 184 m.w.N.

186 *First National Bank v. Bank v. Banco Para el Commercio Exterior de Cuba,* 462 U.S. 611, 621 (1983); *Groger v. Guaranty Trust Co.*, 288 U.S. 123, 130 (1933); *Restatement (second) of Conflict of Laws,* § 302 comment a (1971); *Scoles et al.*, § 23.4, S. 1227.

187 *McDermott, Inc. v. Lewis,* 531 A.2d 206, 214 (Del. 1987).

188 *Restatement (second) of Conflict of Laws*, § 303 (1971).

189 *Restatement (second) of Conflict of Laws*, § 304 (1971).

190 *Restatement (second) of Conflict of Laws*, § 304 (1971).

191 *Restatement (second) of Conflict of Laws*, § 305 (1971).

192 *Zion v. Kurtz*, 405 N.E.2d 681 (N.Y. 1980).

193 *Restatement (second) of Conflict of Laws*, § 306 (1971).

194 *Restatement (second) of Conflict of Laws*, § 307 (1971).

zung des Grundkapitals,[195] die Pflichten der *directors* und *officers* der Gesellschaft gegenüber der Gesellschaft und den *shareholders*[196] und die Übertragung von Gesellschaftsanteilen.[197] Des Weiteren sind *internal affairs* die Wahl oder Berufung bzw. Abberufung der *directors* und *officers*, das Erlassen von *bylaws*,[198] die Herausgabe und Verteilung von Gesellschaftsanteilen, der Ablauf von Gesellschaftsversammlungen und deren Abstimmungsmodalitäten, die Einsichtnahmerechte der *shareholders* in die *books of the corporation*, die Verschmelzung, Neuordnung und Neueinstufung von Anteilen.[199] *Internal affairs* sind ebenfalls einige Angelegenheiten der Gesellschaft, die Gesellschaftsgläubiger betreffen, wie die Herausgabe von *bonds (~ Schuldverschreibungen/Obligationen)*, die Erklärung und Zahlung von Dividenden, die Vergabe von Darlehen der Gesellschaft an *directors, officers* und *shareholders* und die Übertragung, der Rückerwerb sowie die Einziehung von Gesellschaftsanteilen.[200] Die Anwendung des Rechts des Gründungsstaates der Gesellschaft für die *internal affairs* ist die so genannte *internal affairs doctrine*.[201] *Die internal affairs doctrine* ist im US-amerikanischen Recht tief verwurzelt. Nur ein (Bundes-)Staat soll die Macht haben, die *internal affairs* einer Gesellschaft zu regeln, damit die Gesellschaft nicht mit verschiedenen Rechtssystemen zur Regelung ihrer *internal affairs* konfrontiert wird.[202]

---

195 *Libco Corp. v. Leight*, 703 F.2d 1305 (2nd Cir. 1972).

196 *Restatement (second) of Conflict of Laws*, § 309 (1971).

197 *Scoles, et al.*, § 23.4, S. 1226 f.

198 Die *bylaws* ähneln der Geschäftsordnung des Vorstands (und Aufsichtsrats) einer deutschen AG. Sie sind meist ausführlicher als die *articles of incorporation* und einfacher als diese zu ändern, da sie nicht beim *secretary of state* eingereicht werden müssen.

199 *Restatement (second) of Conflict of Laws*, § 302 comment a (1971); *Merkt/Göthel*, Rn. 185 m.w.N. aus der Rechtsprechung; *Pinto/Branson*, S. 14; *Scoles et al.*, § 23.4, S. 1226 f.

200 *Restatement (second) of Conflict of Laws*, § 302 comment a (1971); *Merkt/Göthel*, Rn. 185 m.w.N. aus der Rechtsprechung.

201 *McDermott v. Lewis*, 531 A.2d 206 (Del. 1987), *Beveridge*, 33 Bus. Law. 693 (1989).

202 *Edgar v. MITE Corp.*, 457 U.S. 624, 645 (1982):
„*The internal affairs doctrine is a conflict-of-laws principle which recognizes that only one State should have the authority to regulate a corporation's internal affairs – matters peculiar to the relationships among or between the corporation and its current officers, directors, and shareholders – because otherwise a corporation could be faced with conflicting demands.*"
Siehe auch *Restatement (second) of Conflict of Laws*, § 302 comments b, e (1971); *Beveridge*, 33 Bus. Law 693 (1989); Siehe zur Herkunft der *internal affairs doctrine* auch *Buxbaum*, in: FS Kegel, S. 75 ff.

Der Gründungsort regelt weiterhin die Rechte und Pflichten einer Gesellschaft gegenüber außenstehenden Dritten, soweit diese auf gesellschaftsspezifischen Handlungen beruhen. Dazu gehören insbesondere die Rechte und Pflichten der *directors* und *officers* gegenüber Gesellschaftsgläubigern[203] sowie die Haftung der *shareholders* für Gesellschaftsschulden.[204] Noch nicht vollständig geklärt ist, ob auch die Frage der Durchgriffshaftung an das Recht des Gründungsorts anzuknüpfen ist.[205] Für Rechte und Pflichten aus Handlungen, die auch eine natürliche Person vornehmen kann, gelten die allgemeinen Kollisionsregeln, wie etwa des Vertrags-, Delikts- oder Sachenrechts.[206] Damit soll der Rechtsverkehr geschützt werden.

Die Bestimmung der Prozess- und Parteifähigkeit gehört zu den prozessualen Fragen, die in den USA eigentlich nach der *lex fori* bestimmt werden.[207] Dennoch wird diese Frage durch das Prozessrecht selbst ebenfalls dem Gründungsstatut zugeordnet.[208]

Nicht nach dem Gründungsrecht richten sich die Eigentumsrechte an Anteilen. Diese werden nach einem eigenen Statut bestimmt.[209] Spezielle Kollisionsnormen finden sich auch in den sogenannte *blue sky laws*, also den kapitalmarkt- und anlegerschutzrechtlichen Bestimmungen der Einzelstaaten sowie in dem Bundeskapitalmarkt- und anlegerschutzrecht (*federal securites law*).[210]

---

203 *Restatement (second) of Conflict of Laws,* § 309 (1971).

204 *Restatement (second) of Conflict of Laws,* § 307 (1971); *Realmark Inv. Co. v. American Financial Corp.*, 171 B.R. 692 (N.D. Ga 1994).

205 *Hamilton*, § 6.9; S. Vgl. dazu Kapitel E V 2.

206 *First National City Bank v. Banco Para el Comercio,* 462 U.S. 611, 621, (1983); *McDermott, Inc. v. Lewis,* 531 A.2d 206, 214, 215 (Del. 1987); *Restatement (second) of Conflict of Laws,* § 301 (1971):
„*The rights and liabilities of a corporation with respect to a third person that arise from a corporate act of a sort that can likewise be done by an individual are determined by the same choice-of-law principles as are applicable to non-corporation parties.*“

207 *Restatement (second) of Conflict of Laws*, § 125 (1977); für Bundesgerichte Fed. R. Civ. P. 17 (b).

208 Siehe ausführlich dazu Kapitel E IV 1 b.

209 *Merkt/Göthel,* Rn. 201.

210 *Merkt/Göthel*, Rn. 186; *Restatement (second) of Conflict of Laws*, § 302 comment a (1977).

b. Limited partnership

Zunächst wurde das Kollisionsrecht der *limited partnership* nach denselben Regeln bestimmt wie das Kollisionsrecht einer *general partnership.*[211] Dann setzte sich jedoch in der Rechtsprechung[212] und in der Literatur[213] die Ansicht durch, dass das auf die *limited partnership* anzuwendende Recht sich grundsätzlich nach dem Recht des Staates ausrichten solle, in dem bzw. nach dem die *limited partnership* errichtet worden ist (*place of formation* oder *place of organization*). Dies ist grundsätzlich der Staat, in dem die *limited partnership* beim *secretary of state* angemeldet (registriert) ist.[214]

Nach dem Recht des Gründungsorts richten sich sowohl die Entstehung der Gesellschaft, insbesondere die Art und der Umfang der von den *limited partner* zu erbringenden Einlagen, die Auslegung des Gesellschaftsvertrags, der Umfang der dem *general partner* vom *limited partner* eingeräumte Vertretungsmacht, die Form des Anteils des *limited partner* an der Gesellschaft, die Haftung des *limited partner* sowie die Haftungsfolgen beim Verstoß gegen die dem *limited partner* auferlegten Verhaltensregeln und die Gültigkeit von Fortsetzungsvereinbarungen.[215]

Während die Frage nach der Haftung des *general partner* noch überwiegend an den Ort, an dem die Verbindlichkeit begründet wurde, angeknüpft wird, ist mitlerweile eine Richtungsänderung dahingehend zu beobachten, dass diese Frage ebenfalls nach dem Gründungsrecht der *limited partnership* (und nicht nach dem Kollisionsrecht der Stellvertretung) entschieden wird.[216]

---

211 *Johnson,* 1 J. Small & Emerging Bus. L. 249, 277 (1997); vgl. ausführlich *Walden*, S. 309 ff.

212 Vgl. *Strain v. Seven Hills Assocs*, 429 N.Y.S.2d 424, 426 (1980); *Nashville City Bank and Trus Co. v. Massey,* 540 F. Supp. 566, 575 (M.D.Ga. 1982); *Wroblewski v. Brucher*, 550 F.Supp. 742, 745 (D.C.Okl.,1982); *Gilbert Switzer & Associates v. National Housing Partnership, Ltd.*, 641 F.Supp. 150, 152 (D.Conn., 1986).

213 *Augustine/Fass/Lester/Robinson*, 31 Bus. Law 2087, 2098 f. (1975-1976), *Bromberg/Ribstein*, Partnership, § 12.25 (b), S 12:267.

214 Denn die Anmeldung ist notwendige Voraussetzunge für die wirksame Gründung einer *limited partnership.*

215 *Nashville City Bank and Trus Co. v. Massey,* 540 F. Supp. 566, 575 (M.D.Ga. 1982).

216 *Bromberg/Ribstein,* Partnership, § 12.25 (b), S. 12:265 („*The law of the state of formation will generally control the rights, powers, and liabilities of general and limited partners* […]"). So auch das texanische Recht in Tex. Rev. Civ. Stat. Ann art. 6132a-1 sec. 9.01 (a) („*The Laws of the State under which a foreign limited partnership is formed govern its organization and internal affairs and the liability of its partners.*").

Die Anknüpfung aller gesellschaftsrechtlichen Fragen an den Gründungsort – mit Ausnahme der Haftung des *general partners* – ist ebenfalls im *Uniform Limited Partnership Act* von 2001 vorgesehen.

„*[...] the law of the state under which a foreign limited partnership is organized governs its organization and internal affairs and the liability of its limited partner.*"[217]

Als *foreign limited partnership* werden zunächst nur Gesellschaften anderer US-amerikanischer Bundesstaaten angesehen;[218] aber in einigen US-Staaten, die die Vorschriften des U.L.P.A. (2001) übernommen haben, gilt diese Kollisionsregel – durch Erweiterung des Begriffs „*foreign*" oder durch Verwendung eines anderen Wortlautes – auch für außerhalb der USA gegründete Gesellschaften (*alien limited partnership*).[219]

c. Limited liability partnership

Nahezu alle US-Bundesstaaten (mit Ausnahme von Louisiana) haben eine Regel für das auf *foreign limited liability partnership* anzuwendende Recht kodifiziert.[220] Die Kollisionsregeln der einzelnen US-amerikanischen Staaten für die *limited liability partnership* orientieren sich dabei grundsätzlich an § 1101 des *Uniform Partnership Act* (1997):

„*The law under which a foreign limited liability partnership is formed governs relations among the partners and between the partners and the partnership and the liability of the partners for obligation of the partnership.*"[221]

Damit ist für die Fragen nach der wirksamen Errichtung und den Innenbeziehungen einer *foreign limited liability partnership* sowie für die Haftung ihrer Partner gegenüber Dritten das Gründungsrecht maßgeblich. Das Gründungsrecht ist das Recht des Orts, in dem sich die *limited liability partnership* registriert hat, denn erst durch die Registrierung werden die Haftungsbeschränkungen wirksam. Der Umfang der Haftung der Gesellschaft selbst, die Bestimmung des Umfangs der Vertretungsmacht des handelnden Gesellschafters für die Gesellschaft sowie

217 R.U.L.P.A. § 901(a) (2001).
218 *Bromberg/Ribstein,* Partnership, § 12.25 (b), S. 12:268.
219 So Alabama, California, Delaware, Kansas, Mississippi, North Carolina und wohl auch Oklahoma und Washington. Vlg. *Bromberg/Ribstein,* Partnership, § 12.25 (b), S. 12:269 Fn. 7, 8.
220 *Bromberg/Ribstein,* LLP und RUPA, § 6.02 S. 202 und Table 6-1 und 6-2.
221 R.U.P.A. § 1101 (1997).

die Haftung eines Partners für eigene Pflichtverletzungen richten sich hingegen weiterhin nach dem Handlungsstaat.[222]

Foreign ist die Gesellschaft zunächst dann, wenn sie nach dem Recht eines anderen US-Bundesstaates gegründet wurde, d.h. dort als *limited liability partnership* registriert ist. Manche US-amerikanische Staaten beziehen in diese Vorschrift auch solche Gesellschaften ein, die zwar nicht unter der Bezeichnung einer *limited liability partnership* gegründet wurden, die aber der inländischen Form der *limited liability partnership* in den wesentlichen Merkmalen entsprechen.[223]

Eine von diesen Regeln abweichende Rechtswahl ist grundsätzlich nicht zugelassen.[224]

In Louisiana, das bis jetzt keine Regeln für die *limited liability partnership* und damit auch keine Kollisionsregel erlassen hat,[225] ist es nahe liegend, auf das Kollisionsrecht der *general partnership* zurückzugreifen. Durch die Registrierung in einem Staat wählt die *limited liability partnership* jedoch in der Regel zugleich das Recht des Registrierungsorts als anzuwendendes Recht (als Ort des Vertragsschlusses und Erfüllungsort); im Einzelfall kann jedoch auch das Recht eines anderen Staates als anzuwendendes Recht in Betracht kommen, wie zum Beispiel das Recht des Sitzes der Hauptverwaltung (*chief executive office*).[226]

d. Limited liability company

Alle US-Bundesstaaten haben Gesetze für die *limited liability company* erlassen, in denen das auf *foreign limited liability company* anzuwendende Recht bestimmt wird. Die meisten US-amerikanischen Staaten folgen dabei § 1001 des *Uniform Limited Liability Company Act* (1996):

> „*The laws of the State or other jurisdiction under which a foreign limited liability company is organized govern its organization and internal affairs and the liability of its managers, members, and their transferees.*“[227]

Demnach gilt das Gründungsrecht sowohl für die Gründung einer *limited liability company*, ihre Innenverhältnisse sowie die Haftung ihrer Gesellschafter. Der Begriff der *internal affairs* ist an das Kollisionsrecht der *corporation* ange-

---

222 Vgl. *Bromberg/Ribstein*, LLP and RUPA, § 6.02 (d), S. 206.
223 Vgl. *Bromberg/Ribstein*, LLP and RUPA, § 6.02, S. 202 f. und Table 6-1 S. 213.
224 Vgl. R.U.P.A. § 1101 *author's* comment 2 (1997).
225 *Bromberg/Ribstein*, LLP und RUPA, § 6.02 S. 202 und Table 6-1 und 6-2.
226 *Bromberg/Ribstein*, LLP und RUPA, § 6.04, S. 209.
227 Vgl. Übersicht zu den einzelstaatlichen Regelungen *Martin*, Appendix A, S. A-1 ff.

lehnt.[228] Einige Bundesstaaten erfassen in ihrer Kollisionsnormen nicht die Haftung der Gesellschafter.[229] Dies dürfte im Ergebnis jedoch kaum praktische Unterschiede ausmachen, da die Gesellschafter einer *limited liability company* nach dem Recht jedes US-Bundesstaates nur begrenzt haften.[230]

Unklar ist, welches Recht über den Umfang der Vertretungsmacht der Gesellschaftsorgane entscheidet. Es wird vorgeschlagen, die Kollisionsregeln über die Stellvertretung anzuwenden.[231] Nach anderer, im vordringen befindlicher Ansicht, gilt auch hier das Gründungsrecht, da der Umfang der Vertretungsmacht eng mit der innergesellschaftlichen Stellung verbunden sei.[232]

Foreign limited liability companies sind nach § 1001 U.L.L.C.A. Gesellschaften, die nach dem Recht eines anderen US-amerikanischen Staates oder nach dem ausländischen Recht als *limited liability company* gegründet wurden. Dabei ist es in den meisten US-Bundesstaaten nicht erforderlich, dass die ausländische Gesellschaft unter dem Begriff der *limited liability company* im Ausland geführt wird. Ausreichend ist vielmehr, dass sie einer inländischen *limited liability company* im Wesentlichen dadurch entspricht, dass sie eine in einem anderen Staat registrierte, uninkorporierte Gesellschaft ist, dessen Mitglieder begrenzt haftbar sind.[233]

Eine vom Gründungsrecht abweichende Rechtswahl dürfte ebenso wie bei der *limited liability partnership* ungültig sein.

e. *Zusammenfassung und weiterer Gang der Untersuchung*

Das gesamte Gesellschaftsstatut aller Gesellschaftsformen (*companies*) – so jedenfalls die Tendenz –, die bei ihrer Gründung Formvorschriften unterliegen und dadurch in einem Einzelstaat registriert sind, richtet sich grundsätzlich nach dem Ort der Gründung (Gründungstheorie).[234]

---

228 *Ribstein/Keatinge,* § 13.03 S. 13-3 ff.; vgl. auch *Kozyris*, 64 U. Cin. L. Rev. 565, 570 (1996).

229 *Ribstein*, 51 Bus. Law. 1, 37 (1995) mit Hinweis auf Tex. Rev. Civ. Stat. Ann., art. 1528n, 7.02 (2006).

230 *Ribstein*, 51 Bus. Law. 1, 37 (1995).

231 *Kozyris*, 64 U. Cin. L. Rev. 565, 572 (1996).

232 *Ribstein,* 51 Bus. Law. 1, 37 (1995); *Walden,* S. 329.

233 *Ribstein/Keatinge,* § 13.03, S. 13-4 ff.; *Ribstein*, 51 Bus. Law. 1, 35 f. und Text zu Fn. 214-220 (1995) („*The most common variety of this type of statute defines a foreign LLC as an unincorporated association formed under the laws of another state that affords members limited liability and is not required to be registered under another statute.*“).

234 Vgl. für *limited liability partnership* § 1101 R.U.P.A. (1997); für *limited partnership* R.U.L.P.A. § 901(a) (2001) für *limited liability companies* § 1001 U.L.C.A.

Der Übersichtlichkeit halber werden weitere Einzelheiten des US-amerikanischen internationalen Gesellschaftsrechts registrierter Gesellschaften im Folgenden nur am Beispiel der *corporation* gezeigt (*corporate choice of law*), da sie die wichtigste Rechtsform für international tätige Gesellschaften ist. Die am Beispiel der *corporation* dargestellten Grundsätze gelten weitgehend für alle anderen registrierten Gesellschaftsformen in vergleichbarer Weise.

5. Einschränkungen der Gründungstheorie

Die Anwendung der Gründungstheorie führt in den USA dazu, dass die Gesellschaftsgründer völlig frei das Recht des Staates wählen können, das auf ihre zukünftige Gesellschaft angewendet werden soll, und dass sie dieses Recht durch Neugründung in einem anderen Gliedsstaat jederzeit ändern können. Diese Suche nach der passenden und genehmsten Rechtsordnung wird als „*forum shopping*" bezeichnet.[235] Die US-amerikanischen Staaten mit guten und umfassenden gesellschaftsrechtsrechtlichen Regelungen ziehen Gesellschaften an, Staaten mit unzureichenden Regelungen verlieren ihre Gesellschaften. Ein Staat mit besonders guten gesellschaftsrechtlichen Voraussetzungen ist Delaware. Delawares Gesellschaftsrecht hat die größte Flexibilität im Bezug auf die Organisation der Gesellschaft, die Gerichte in Delaware sind in der Handhabung von gesellschaftsrechtlichen Fragen besonders geschult; die große Anzahl gesellschaftsrechtlicher Entscheidungen, die das Gesellschaftsrecht von Delaware auslegen, geben Gesellschaftsgründern eine gewisse Sicherheit, und die Legislative von Delaware ist führend in Gesellschaftsrechtsreformen.[236] Daher haben über 50% der großen US-amerikanischen Gesellschaften Delaware als ihren Gründungsort gewählt.[237] Diese Entwicklung wird als „*Delaware-effect*" bezeichnet. Kleinere Gesellschaften hingegen bevorzugen als Gründungsort den Staat, in dem sie den größten Teil ihrer Geschäfte abwickeln wollen, um zusätzliche Gebühren zu vermeiden. Die Bemühungen Delawares, ein umfassendes Gesellschaftsrecht zu schaffen, werden zum Teil als „*race to the top*" begrüßt.[238] Andere kritisieren die „Verheißungen"

(1996); für *business trust* 13 Am. Jur. 2d Business Trusts § 6; für *corporations Restatement (second) of Conflict of Laws*, § 302 (1971). Laut der *introductory note* zu *chapter 13* (*business corporation*) der *Restatement* gelten die Regeln über *corporations* auch für andere Gesellschaftsformen ähnlicher Konstruktion; vgl. auch den Vorschlag von *Johnson*, 1 J. Small & Emerging Bus. L. 249, 281 (1997).

235 *Kersting*, 28 Brooklyn J.Int'l L. 1, 10 (2002).

236 *Palmiter*, S. 40 f.

237 *Pinto/Branson*, S. 15; *Papmehl*, ZVglWiss 101 (2002), 200 ff.

238 *Winter*, 6 J. Legal Stud. 251 (1977).

von Delaware als *„race to the bottom“*[239] oder äußern sich lediglich analytisch darüber als *„race of laxity“*.[240] Neben Delaware gelten New York, Florida und Kalifornien als wichtige Gesellschaftsgründungsstaaten.[241]

Um dem *forum shopping* Grenzen zu setzen, hat die Anwendung der Gründungstheorie in vielen US-amerikanischen Staaten Einschränkungen erfahren. Insbesondere, wenn so genannte *pseudo-foreign corporations* Gegenstand einer Entscheidung sind, kann das Gesellschaftsstatut nicht nach dem Ort der Gründung, sondern nach der *lex fori* bestimmt werden. *Pseudo-foreign corporations* sind Gesellschaften, die ihre Geschäfte im Wesentlichen in einem anderen Einzelstaat abwickeln als dem Staat ihrer Inkorporation.[242]

Die Einschränkungen der Gründungstheorie erfolgen in ungewöhnlichen Fällen durch die Rechtsprechung (a.), durch Gesetze der US-amerikanischen Einzelstaaten (b.) und durch staatsvertragliches Kollisionsrecht (c.). Auch durch die Lehre des *forum non conveniens* (d.) kann ein *forum shopping* verhindert werden.

a. Einschränkungen durch die Rechtsprechung in ungewöhnlichen Fällen

Die *Restatement (second) of Conflict of Laws* sieht vor, dass in einem ungewöhnlichen Fall ausnahmsweise nicht das Recht des Gründungsorts der *corporation*, sondern das Recht eines anderen Staates – zum Beispiel das des Forumstaates – angewendet werden soll.[243] Ein solch ungewöhnlicher Fall liegt vor, wenn der andere Staat eine wesentlich engere Beziehung zu dem konkreten Ereignis und der Gesellschaft hat als der Gründungsstaat und daher ein größeres Interesse daran hat, das Gesellschaftsstatut zu bestimmen.[244] Es existieren nur

239 *Cary*, 88 Yale L.J 663 (1974).

240 *Louis K. Liggett Co. v. Lee*, 288 U.S. 517, 559 (U.S. 1933) (Richter *Brandeis, dissenting*).

241 *Merkt/Göthel,* Rn. 210 f.

242 *Yates v. Bridge Trading Co.*, 844 S.W.2d 56, 61 n.2 (Mo. Ct. App. 1992); *Wilson v. Louisiana Pacific Resources, Inc.*, 187 Cal. Rptr. 852, 857 (Cal. Ct. App. 1982); *Latty*, 65 Yale L.J. 137, 161 f. (1955).
Der Begriff der der *pseudo-foreign corporations* wird in dieser Arbeit dem deutschen Begriff der Scheinauslandsgesellschaft gleichgestellt. Vgl. zu den unterschiedlichen Gebrauch diese Begriffs in der deutschen Rechtssprache *Neumann*, S. 61.

243 *Restatement (second) of Conflict of Laws*, §§ 302 (2), 303 - 306, 308, 309 (1971): *„The local law of the state will not be applied to determine issues in unusual cases if some other state has a more significant relationship to the occurrence and the parties, in which event the local law of the other state will be applied.“*

244 *Restatement (second) of Conflict of Laws*, §§ 302 (2), 303 - 306, 308, 309 (1971).

wenige Entscheidungen, in denen ein Gericht solch einen ungewöhnlichen Fall angenommen, die *lex fori* angewendet und damit die Gründungstheorie umgangen hat. In dem Fall *Mansfield Hardwood Lumber Co. v. Johnson*[245] entschied das Gericht, das die *lex fori* in einer solchen Situation angewendet werden soll, in der die einzige Verbindung mit dem Gründungsland allein die Tatsache der Inkorporation ist und in der alle anderen Verbindungen zu einem anderen Staat bestehen, wie die Staatsangehörigkeit der Parteien, die Belegenheit (*situs*) des Eigentums, der Ort des Deliktes oder des Vertrags oder der Verwaltungssitz. In dem Fall *Francis v. United Jersey Bank*[246] bestätigte der *Supreme Court* von New Jersey ein erstinstanzliches Urteil und wendete für eine New Yorker Gesellschaft das Recht von New Jersey an. Der *Supreme Court* entschied, dass der Staat New Jersey wesentlich engere Beziehungen als der Staat New York sowohl zu den Parteien, die im Streitfall Bürger von New York waren, als auch zu der Transaktion habe, die in New York stattgefunden habe. Die Aussagekraft dieser Entscheidung ist jedoch nur begrenzt, da die Parteien vereinbart hatten, dass das Recht des Staates New Jersey angewendet werden sollte und außerdem kein wesentlicher Unterschied zwischen dem Recht von New Jersey und New York aufgezeigt werden konnte. Dennoch folgte in *In re ORFA Sec. Litigation* ein *federal district court* im Staat New Jersey dieser Entscheidung des New Jersey *Supreme Court* und wendete das Recht von New Jersey auf eine Gesellschaft aus dem Staat Utah an.[247] Das Gericht entschied, dass die fragliche Gesellschaft ihren Verwaltungssitz in New Jersey habe und die meisten Handlungen, die Gegenstand der Klage seien, in New Jersey stattgefunden hätten.

Neben diesen Fällen, welche die Haftung der *directors* oder *officers* betreffen, wurden auch Fälle mit anderen gesellschaftsrechtlichen Fragen als ein ungewöhnlicher Fall qualifiziert. Der Ohio *Supreme Court* hielt in der Entscheidung *Greis Sports Enterprises, Inc. v. Modell* das Recht von Ohio bei *voting agreements* zwischen den *shareholders* einer Gesellschaft aus Delaware für anwendbar. Ohio habe die wesentlicheren Beziehungen, da es der Ort der Verhandlungen und des Abschlusses des Vertrags, der Ort der Vertragserfüllung, des Vertragsgegenstandes und des Verwaltungssitzes sei.[248] Die Aussagekraft dieser Entscheidung wird durch das abweichende Votum zweier Richtern (*dissent)* relati-

245 *Mansfield Hardwood Lumber Co. v. Johnson*, 268 F.2d 317, 321 (5th Cir.-OLD 1959).

246 *Francis v. United Jersey Bank*, 87 N.J. 15, 28 (N.J. 1981); damit wurde die Entscheidung der 1. Instanz bestätigt [*Francis v. United Jersey Bank*, 162 N.J. Super. 355, 369 (Law Div. 1978)].

247 *In re Orfa Sec. Litigation*, 654 F. Supp. 1449, 1455 (D.N.J. 1987).

248 *Gries Sport Enterprises, Inc. v. Modell*, 473 N.E.2d 807, 15 Ohio St. 3d 284 (Ohio 1984). *Dissent* von den Richtern *Brown* und *Holmes*.

viert. Diese hielten das Vertragsrecht anstellt des Gesellschaftsrechts für anwendbar. Da das internationale Vertragsrecht anderen Anknüpfungsmerkmalen als das Gesellschaftsrecht folgt, kann eine Ausnahme von der Gründungstheorie damit nicht begründet werden. In dem Fall *Greenspun v. Lindley* verneinte der New York *Court of Appeal* eine automatische Anwendung der *internal affair rule*[249]. Das Gericht ließ offen, welches Recht in diesem Fall, der die Vermögensverwaltung (*business trust*) einer Gesellschaft aus Massachusetts betraf, anwendbar sei. Diese Entscheidung zitierte das Gericht in dem Fall *Skolnik v. Rose.*[250] Das Gericht sah jedoch die Kontakte zu New York nicht als ausreichend gefestigt an, um die Anwendung des New Yorker Rechts für eine Gesellschaft aus Massachusetts zu rechtfertigen.

Diese Entscheidungen zeigen, dass ein Gericht in Sonderfällen von der Gründungstheorie abweichen kann. Eine Regel oder ein allgemeines Kriterium, wann ein Sonderfall vorliegt, gibt es dabei nicht. Da nur wenige einschlägige Fälle entschieden wurden und die Aussagekraft dieser Entscheidungen zum Teil begrenzt ist, müssen diese Ausnahmen von der Gründungstheorie auf sachverhältsmäßig ungewöhnliche Fälle beschränkt bleiben.

b. Einschränkungen durch Gesetze der US-amerikanischen Einzelstaaten

Des Weiteren wendet ein Gericht die *lex fori* an, wenn der Forumstaat fremdenrechtliche Regelungen für ausländische Gesellschaften (*foreign* oder *alien corporations*) erlassen hat. Einige US-amerikanische Staaten haben *qualification statutes* oder *outreach statutes* entwickelt. Begrenzt werden diese gesetzlichen Einschränkungen der Gründungstheorie allerdings durch Vorgaben der US-amerikanischen Verfassung.

(1) Qualification statutes

Da es keine völkerrechtliche Verpflichtung gibt, die Existenz einer Gesellschaft außerhalb des Gründungsstaates anzuerkennen,[251] sind National- und Einzelstaaten frei, Gesellschaften nicht anzuerkennen oder ihr Handeln in einem Staat von Bedingungen abhängig zu machen. Viele US-amerikanische Einzelstaaten haben daher Gesetze für ausländische Gesellschaften (*foreign corporations)* erlassen, nach denen eine Gesellschaft erst eine Zulassung erhalten muss, bevor sie ge-

---

249 *Greenspun v. Lindley*, 36 N.Y. 2d 473, 478; 330 N.E.2d 79, 81 (N.Y. 1975).
250 *Skolnik v. Rose*, 55 N.Y.2d 964, 965 (N.Y. 1982).
251 *Bank of Augusta v. Earl*, 38 U.S. 519, 588 (1839).

schäftlich in dem Einzelstaat tätig werden kann (*qualification to do business*).[252] Oft verlangen diese sogenannten *qualification statutes* bestimmte Auskünfte über die Gesellschaft wie ihren Namen, den Ort der Gründung, die Adresse des Verwaltungssitzes und den Namen eines örtlichen Prozessbevollmächtigten (*agent*), bevor sie in dem Gliedsstaat geschäftlich tätig werden darf.[253] Hauptzweck dieser *statutes* ist es, die gerichtliche Zuständigkeit zu begründen.[254] Dieser Zweck wird heute mit Hilfe von *long-arm-statutes*[255] erreicht, wodurch der Nutzen der *qualification statues* in Frage gestellt ist.[256]

Die *qualification statutes* sind nur anwendbar, wenn eine Gesellschaft tatsächlich Geschäfte in dem Land tätigen möchte (*doing business*). Da es keine umfassende Definition gibt, was *doing business* ist, ist § 15.01 (b) des *Model Business Corporation Act* heranzuziehen,[257] der Aktivitäten auflistet, die nicht *doing business* sind:[258]

---

252 So z.B. Cal. Corp. Code § 2105 (a) (2005); N.Y. Bus. Corp. Law § 1304 (9a) (1998). Für *limited partnerships* vgl. R.U.P.A. § 1105 (1997); für *limited liability companies* vgl. U.L.L.C.A. 1002 (1996).

253 Vgl. Cal. Corp. Code § 2105 (a) (2005).

254 *Scoles et al.*, § 23.7, S. 1231.

255 *Long arm statutes* sind einzelstaatliche Gesezte, die festlegen, unter welchen Bedingungen ein Staat Gerichtsbarkeit über *non-resident persons* hat.

256 *Scoles et al.*, § 23.7, S. 1231.

257 Ein *Model Act* ist ein nicht bindendes Modellgesetz, dass durch die Legislative eines Einzelstaates als bindendes Recht erlassen werden kann. Es dient dazu, das Recht der Einzelstaaten einheitlich zu gestalten.

258 Rev. Mod. Bus. Corp.Act § 15.01 (2002): *Authority to Transact Business Required.*
(a) A foreign corporation may not transact business in this state until it obtains a certificate of authority from the secretary of state.
(b) The following activities, among others, do not constitute transacting business within the meaning of subsection (a):
(1) maintaining, defending, or settling any proceeding;
(2) holding meetings of the board of directors or shareholders or carrying on other activities concerning internal corporate affairs;
(3) maintaining bank accounts;
(4) maintaining offices or agencies for the transfer, exchange, and registration of the corporation's own securities or maintaining trustees or depositaries with respect to those securities;
(5) selling through independent contractors;
(6) soliciting or obtaining orders, whether by mail or through employees or agents or otherwise, if the orders require acceptance outside this state before they become contracts;
(7) creating or acquiring indebtedness, mortgages, and security interests in real or personal property;
(8) securing or collecting debts or enforcing mortgages and security interests in property securing the debts;

(1) Aktivitäten im Zusammenhang mit einem Prozess,
(2) Abhalten von Aktionärsversammlungen oder andere Geschäfte im Zusammenhang mit den *internal affairs*,
(3) Unterhalten von Bankkonten
(4) Betreiben eines Büros/Verwaltung für Transport, Austausch und Registrierung von Gesellschaftsaktien
(5) Verkauf eigener Aktien durch unabhängige Vertragshändler,
(6) Auffordern zur Abgabe oder Annahme eines Angebots, wenn die Annahme des Angebots und damit der Vertragsschluss außerhalb des Staates erfolgt,
(7) Erwerb und Halten von dinglichen Pfand- und Sicherungsrechten,
(8) Durchsetzung von dinglichen Pfand- und Sicherungsrechten,
(9) Bloßes Halten von Eigentum,
(10) Durchführung einer isolierten und nicht wiederkehrenden Transaktion innerhalb von dreißig Tagen,
(11) Handel zwischen den Einzelstaaten der USA (*interstate commerce*).

Diese Vorschrift des *Model Business Corporation Act* haben mittlerweile über vierzig Einzelstaaten – zum Teil in leicht veränderter Form – übernommen.[259]

Nicht qualifizierten Gesellschaften drohen je nach Einzelstaat verschiedene Sanktionen.[260] Es können Geldstrafen verhängt werden, die *directors* und *agents* können in persönliche Haftung genommen werde oder die Verträge mit Einheimischen können für nichtig oder nicht vollstreckbar erklärt werden. Die häufigste Folge ist, dass einer nicht qualifizierten Gesellschaft für ihre Ansprüche gegen Einheimische der Zugang zu den Gerichten des betroffenen Einzelstaates versagt wird. Dieses Prozesshindernis kann durch nachträgliche Qualifikation beseitigt werden.

Eine fehlende Qualifikation führt jedoch nie dazu, dass der Gesellschaft die Anerkennung versagt wird. *Qualification statutes* sind insofern nur fremdenrechtliche Regelungen und keine Kollisionsregeln.

---

(9) owning, without more, real or personal property;
(10) conducting an isolated transaction that is completed within 30 days and that is not one in the course of repeated transactions of a like nature;
(11) transacting business in interstate commerce.
(c) The list of activities in subsection (b) is not exhaustive.

259 Für die *limited partnership* vgl. R.U.P.A. § 1104 (1997); für die *limited liability company* vgl. U.L.L.C.A. § 1003 (1996) („*Activities not constituting transaction business*").

260 Für *corporations* vgl. *Scoles et al.*, § 23.7, S. 1231; für die *limited parternship* vgl. R.U.P.A. § 1103 (1997), für die *limited liability company* vgl. U.L.L.C.A. § 1008 (1996).

(2) Outreach statutes

Einige US-amerikanische Staaten respektieren die Gründungstheorie nicht umfassend und versuchen, ausländische Gesellschaften ihren eigenen Gesetzen zu unterwerfen. Solche Gesetze werden *outreach statutes* (wörtlich: hinausreichende oder Ausstreck-Gesetze) genannt. Dieses *statutes* unterwerfen ausländische Gesellschaften, die den Schwerpunkt ihrer geschäftlichen Tätigkeit im Forumstaat haben, bestimmten Vorschriften des materiellen Gesellschaftsrechts des Forums. Insbesondere für Bereiche der *internal affairs* soll die *lex fori* angewendet werden.[261] Dies sind die gesetzlichen Pendants zu den ungeschriebenen Einschränkungen der Gründungstheorie in „außergewöhnlichen Fällen".

Kalifornien und New York haben die am Weitesten reichenden *outreach statutes.*[262] Das kalifornische Recht unterwirft ausländische Gesellschaften und ausländische Muttergesellschaften weitgehend dem materiellen kalifornischen Gesellschaftsrecht, wenn mehr als 50% des Eigentums der Gesellschaft sich in Kalifornien befindet und mehr als 50% des Absatzes und der Gehaltskosten nach Kalifornien fließen oder wenn die Hälfte der Stimmrechte einer Aktiengesellschaft von solchen Personen ausgeübt werden, die laut dem Geschäftsbuch (*books of the corporation)* ihre Adressen in Kalifornien haben.[263] Ausgenommen sind solche ausländischen Gesellschaften, deren Aktien an einer nationalen Börse notiert sind und Gesellschaften, deren Anteile vollständig von einer anderen Gesellschaft gehalten werden, die nicht die sachlichen Anwendungsvoraussetzungen der *outreach statutes* erfüllt.[264]

Ein New Yorker Gesetz unterwirft ausländische Gesellschaften dem materiellen New Yorker Gesellschaftsrecht, wenn die Kontrolle der *records of shareholders,* die Darlegung von *voting trusts*, die Haftung der *directors* und *officers* und die Haftung der Gesellschaft bei Verletzung von Offenbarungspflichten betroffen sind.[265] Ausgenommen sind wiederum Gesellschaften, deren Aktien an einer nationalen Börse gehandelt werden oder Gesellschaften, deren *franchise-taxed* Umsatz des letzen Steuerjahres zu weniger als 50% auf New York entfallen

261 *Yates v. Bridge Trading Co.*, 844 S.W.2d 56, 61 n.2 (Mo. Ct. App. 1992); *Wilson v. Louisiana Pacific Resources, Inc.*, 187 Cal. Rptr. 852, 857 (Cal. Ct. App. 1982); *Latty*, 65 Yale L.J. 137, 161 f. (1955).
262 *Kozyris*, 1983 Duke, L. J. 1, 66 ff.
263 Cal. Corp. Code § 2115 (2005).
264 Cal. Corp. Code § 2115 (2005).
265 N.Y. Bus. Corp. Law §§ 1316 - 1319 (1998).

ist.[266] Ähnliche, aber weniger strenge Regelungen haben Maryland, Texas, Alabama oder Arkansas erlassen.[267]

Delaware hingegen brauchte keine *outreach statutes* zu erlassen, da dort fast keine *pseudo-foreign corporations* bestehen.[268] So sieht es auch der *Model Business Corporation Act* vor, nach dem die Einzelstaaten nicht autorisiert sind, die *internal affairs* einer ausländischen Gesellschaft zu regeln, sofern die Gesellschaft berechtigt ist, geschäftlich in dem Land tätig zu werden.[269]

(3) Verfassungsrechtliche Grenzen

Die *full faith and credit clause,*[270] die *commerce clause,*[271] die *due process clause,*[272] die *privileges and immunities clause*[273] und die *equal protection clause*[274] der US-amerikanischen Verfassung bestimmen bis zu einem gewissen Maß, dass die US-amerikanischen Staaten das Recht anderer Einzelstaaten respektieren müssen. Daher sind die Einschränkungen der Gründungstheorie auf ihre Verfassungsmäßigkeit hin zu überprüfen.

(i) Einschränkungen der Gründungstheorie verletzen die in *article* IV *section* 2 der *US-amerikanischen Verfassung* verankerte *privileges and immunities clause* nicht. Der *U.S. Supreme Court* hat in den Fällen *Bank of Augusta v. Earle*[275] und *Paul v. Virginia*[276] entschieden, dass Gesellschaften nicht Bürger (*citizen*)

---

266 N.Y. Bus. Corp. Law § 1320 (a) (1998).

267 *DeMott*, 48 Law & Contemp. Probs. 161, 167 (1985).

268 *Merkt/Göthel*, Rn. 193.

269 Rev. Mod. Bus. Corp. Act § 15.05 (2002).

270 U.S. Const. art. IV section 1:
„*Full faith and credit ... be given in each state to the public Acts, Records, and judicial Proceedings of every other State.*"

271 U.S. Const. art. I section 8 clause 3:
„*The Congress shall have the Power to regulate Commerce... among the several States...*"

272 Für die *federal government* gilt U.S. Const. amdend. V:
„*... nor be deprived of life, liberty, or property, without due process of law.*"
Für *state* und *local government* gilt U.S. Const. amend. XIVsection 1:
„*Nor shall any State deprive any person of life, liberty or property, without due process of law; ...*"

273 U.S. Const. art. IV section 2:
„*The citizen of each State shall be entitled to all Privileges and Immunities of Citizens in the several States.*"

274 U.S. Const. amend. XIV section 1:
„*... nor deny to any person within its jurisdiction the equal protection of the laws*"

275 *Bank of Augusta v. Earl*, 38 U.S. 519, 589 (1839).

276 *Paul v. Virginia*, 75 U.S. 168, 177 (1868).

der *United States* im Sinne der *privileges und immunities clause* seien. Damit fallen Gesellschaften nicht in ihren Schutzbereich.

(ii) Die *equal protection clause* ist ebenfalls nicht durch Gesetze der Einzelstaaten verletzt, die die *internal affairs* einer ausländischen Gesellschaft ihrem eigenem Recht unterwerfen.[277] Zum Einen sollen solche *outreach statutes* gerade eine Gleichbehandlung von ausländischen und inländischen Gesellschaften schaffen. Zum Anderen haben Sonderregelungen für ausländische Gesellschaften den einleuchtenden Zweck (*rational basis*), eine missbräuchliche Umgehung des Rechts des Forumstaates zu verhindern.

(iii) Die *U.S. Constitution* verlangt, dass „*Full Faith and Credit shall be given in each State to the public Acts, Records, and Judicial Proceedings of every other state.*“[278] Dies bedeutet, dass jeder Einzelstaat alle öffentlichen Akte und juristischen Verfahren eines anderen Einzelstaates umfassend anerkennen und berücksichtigen muss. Es bedeutet jedoch nicht, dass jeder Einzelstaat das Recht eines anderen Einzelstaates anwenden muss; vielmehr ist jeder Staat berechtigt, sein eigenes Recht durch seine eigenen Gerichte anzuwenden.[279] Der *U.S. Supreme Court* hat in der Sache *Alaska Packers Ass'n v. Industrial Accident Comm'n of Cal.* entschieden, dass das Recht eines fremden Einzelstaates das Recht des Forumstaates nur dann aus Gründen der *full faith and credit clause* außer Kraft setzt, wenn die Interessen des anderen Einzelstaates die des Forumstaates übertreffen.[280] Der andere Einzelstaat muss so wesentlich mit dem Fall verknüpft sein, dass ein staatliches Interesse daran besteht, dass die Wahl des Rechts des anderen Staates weder als willkürlich noch als fundamental ungerecht erscheinen lässt.[281] Daher zwingt die *full faith and credit clause* die Einzelstaaten nicht dazu, von selbst das Recht des Gründungsstaates einer Gesellschaft anzuwenden.

(iv) Die *due process clause* der V und XIV *amendements* der *Constitution* sichert ein Mindestmaß an Fairness in staatlichen Verfahren. Damit ein Staat seine eigenen Gesetze anwenden kann, verlangen die *outreach statutes* mehr als nur einen leichten Kontakt mit dem fraglichen Einzelstaat. Dass ein lockerer Kontakt zu dem Forumsstaat zur Gewährung von *due process* ausreicht, zeigt ein Blick

---

277 *Kersting*, 28 Brooklyn J.Int'l L. 1, 36 (2002).

278 U.S. Const. art. IV section 1.

279 *Alaska Packers Ass'n v. Industrial Accident Comm'n of Cal.*, 294 U.S. 532, 547 (1935).

280 *Alaska Packers Ass'n v. Industrial Accident Comm'n of Cal.*, 294 U.S. 532, 547 (1935).

281 *Allstate Ins. Co. v. Hague*, 449 U.S. 302, 312 (1981):
„*The state must have a significant contact or significant aggregation of contacts, creating state interests, such that choice of its law is neither arbitrary nor fundamentally unfair.*“

auf den „*mimimum contact test*,“ den der *U.S. Supreme Court* in dem Fall *International Shoe v. Washington* zur Bestimmung der Zuständigkeit eines Gerichtes im Rahmen von *due process* entwickelt hat.[282] Demnach ist *due process* nicht dadurch verletzt, dass die *outreach statutes* die *internal affairs* einer ausländischen Gesellschaft bei einer deutlichen Beziehung zum Forumstaat regeln.[283] Der *U.S. Supreme Court* zog in der Sache *McDermott Inc. v. Lewis* die *due process clause* jedoch aus einem weiteren Grund heran. Nach der *due process clause* haben die *directors* und *officers* einer Gesellschaft ein berechigte Interesse daran zu erfahren, welchem Recht ihre Handlungen unterliegen, und ebenso haben die *shareholders* ein berechtigte Interesse an der Klärung der Frage, nach welchem Recht sich die *manager* für ihr Verhalten verantworten müssen.[284] Deswegen verlangt die durch *due process* gewährte Sicherheit und Vorhersehbarkeit in Bezug auf das anzuwendende Recht grundsätzlich die Anwendung der *internal affairs doctrine.*

(v) Die *commerce clause* des *article* 1 *section 8 clause* 3 der US-amerikanischen Verfassung erlaubt es dem *Congress*, den zwischenstaatlichen Handelsverkehr (*interstate commerce*) durch Bundesgesetze zu regeln. Zugleich verbietet die Existenz einer föderalen Gesetzgebungskompetenz im Bereich des Handelsverkehrs (*federal commerce power*) den US-amerikanischen Staaten, den zwischenstaatlichen Handel übermäßig zu begrenzen. Dieser Aspekt der *commerce clause* wird *dormant commerce clause* genannt. Ein einzelstaatliches Gesetz, das unmittelbar den zwischenstaatlichen Handelsverkehr diskriminiert, wird grundsätzlich als verfassungswidrig und für nichtig erklärt; nicht diskriminierende Beschränkungen des zwischenstaatlichen Handelsverkehrs können gerechtfertigt sein, wenn sie ein legitimes Staats- oder Ortsinteresse verfolgen, und die genutzten Mittel die mildesten sind.[285]

---

282 *International Shoe v. Washington*, 326 U.S. 310 (1945):
„*[D]ue process requires only that in order to subject a defendant to a judgment in personam, if he is not present within the territory of the forum, he has certain minimum contacts with it such that the maintenance of the suit does not offend traditional notions of fair play and substantial justice.*“

283 *Kersting*, 28 Brooklyn J.Int'l L. 1, 35 (2002).

284 *McDermott Inc. v. Lewis,* 531 A.2d 206, 216, 217 (Del. 1987); später zitiert z.B. in *VantagePoint Venture Partners 1996 v. Examen, Inc.*, 871 A.2d 1108, 1113 (Del. 2005):
„*Pursuant to the Fourteenth Amendment Due Process Clause, directors and officers of corporations have a significant right [...] to know what law will be applied to their actions and [s]tockholders [...] have a right to know by what standards of accountability they may hold those managing the corporation's business and affairs.*“

285 *Pike v. Buce Church, Inc.* 397 U.S. 137 (1979).

Die von US-amerikanischen Staaten erlassenen *outreach statutes* können diese Maßstäbe der *commerce clause* verletzen. So schränkte zum Beispiel in der Sache *Edgar v. MITE corp.*[286] der *U.S. Supreme Court* aufgrund der *commerce clause* die Befugnis der Einzelstaaten ein, das eigene einzelstaatliche materielle Gesellschaftsrecht für die *internal affairs* ausländischer Gesellschaften anzuwenden. In diesem Fall hatte der *U.S. Supreme Court* ein *anti-takeover* Gesetz[287] von Illinois für nichtig erklärt, das für ausländische Gesellschaften anwendbar war, in denen 10% oder mehr der fraglichen Aktien von Einwohnern von Illinois gehalten wurde. Das Gericht entschied, dass Illinois kein anerkennenswertes Interesse daran habe, die *internal affairs* solcher ausländischen Gesellschaften zu regeln.[288] Im Gegensatz dazu hat der *U.S. Supreme Court* in der Sache *CTS Corp. v. Dynamics Corp. of America*[289] ein *anti-takeover* Gesetz des Staates Indiana für verfassungsmäßig gehalten. Die Klägerseite hatte behauptet, dass das Gesetz des Staates Indiana den zwischenstaatlichen Handelsverkehr unangemessen belaste, da es feindliche Übernahmen erschwere und lokale Gesellschaften vor unerwünschten Übernahmeangeboten schütze. Dieses Argument wurde vom *U.S. Supreme Court* als nicht durchschlagend angesehen. Das fragliche Gesetz verletze die *commerce clause* nicht, da es nur für Gesellschaften, die nach dem Recht des Staates Indiana gegründet waren, anwendbar sei. Kein gesellschaftsrechtlicher Grundsatz sei mehr verankert als das Prinzip, dass jeder Einzelstaat die Autonomie habe, das lokale Gesellschaftsrecht einschließlich der Stimmrechte der *shareholders* zu regeln.[290] Im Interesse des freien Handelsverkehrs (*free flow of commerce*) könne nur ein Staat die *internal affairs* einer Gesellschaft regeln.[291] Andernfalls würde die *commerce clause* verletzt. Es verbleibt also dabei, dass *„[u]nder the Commerce Clause, a state has no interest in regulating the internal*

---

286 *Edgar v. MITE corp.* 457 U.S. 624, 645 (1982).

287 Ein solches Gesetz erlaubt die Geschäftsübernahme nur in bestimmten Situationen und unter bestimmten Bedingungen. Vgl. *Cox et al.*, Corporations, S. 658 (1997).

288 *Edgar v. MITE corp.* 457 U.S. 624, 645 (1982):
„Illinois has no interest in regulating the internal affairs of foreign corporations.“
Später zitiert z. B. in *McDermott, Inc. v. Lewis,* 531 A.2d 206, 217 (Del. 1987); *VantagePoint Venture Partners 1996 v. Examen, Inc.*, 871 A.2d 1108, 1113 (Del. 2005). *Göthel,* RIW 2006, 41, bespricht diese Urteil des Delaware *Supreme Court* mit Blick auf den deutsch-US-amerikanischen Freundschaftsvertrag.

289 *CTS Corp. v. Dynamics Corp. of America*, 481 U.S. 69 (1987).

290 *CTS Corp. v. Dynamics Corp. of America*, 481 U.S. 69, 89 (1987); zitiert *Restatement (second) of Conflict of Laws,* § 304 (1971):
„No principle of corporation law and practice is more firmly established than a State's authority to regulate domestic corporations including the authority to define the voting rights of shareholders.“

291 *Pinto / Branson*, S. 13.

affairs of foreign corporations.“[292] *Outreach statutes* sind also nur in sehr begrenzten Rahmen unter der *commerce clause* verfassungsgemäß.

Ebenfalls wurden *qualification statutes* aufgrund der *commcerce clause* als verfassungswidrig angesehen, sofern sie Sanktionen für den Fall vorsehen, dass eine Gesellschaft zwischenstaatlichen Handel treibt, ohne eine *qualification to do business* zu besitzen. So entschied der *U.S. Supreme Court* in der Sache *Bendix Autolite Corp v. Mindwesco Enterprise Inc.*, dass ein Gesetz des Staates Ohio, das die Einrede der Verjährung für unqualifizierte ausländische – also nicht im Staate präsente – Gesellschaften verneinte, die *commerce clause* verletze.[293] *Qualification statutes*, die lediglich die Qualifikation der Gesellschaft für die Teilnahme am inländischen Handel verlangen, werden hingegen grundsätzlich als verfassungsgemäß angesehen.[294]

(vi) Es ist somit festzuhalten, dass die Kompetenz der Einzelstaaten, die *internal affairs* einer ausländischen Gesellschaft zu regeln, durch die US-amerikanische Verfassung, insbesondere durch die *commerce clause* begrenzt ist. In dem Fall *McDermott. Inc. v. Lewis* hat der *U.S. Supreme Court* ausdrücklich festgehalten, dass

> „[...] *the application of the internal affairs doctrine is mandated by constitutional principles, except in the rarest situations. [...].*[295] *A court or state which attempts to displace the internal affairs doctrine carries a heavy burden to justify its actions.*“[296]

Die Einzelstaaten sind gehalten, die *internal affairs doctrine* aufgrund der US-amerikanischen Verfassung grundsätzlich zu akzeptieren. Das Gründungsrecht ist damit regelmäßig für die *internal affairs* zuständig. Diese Regel darf nur in „*rarest situations*“ verlassen werden. Der Begriff der *rarest situations* ist eng auszulegen, damit die Ausnahmesituationen nicht zur Regel werden. Die Verlegung des Verwaltungssitzes in einen anderen Staat reicht dafür jedenfalls nicht aus.

---

292 *VantagePoint Venture Partners 1996 v. Examen, Inc.*, 871 A.2d 1108, 1113 (Del. 2005).

293 *Bendix Autolite corp. v. Midwesco Enterprise*, 486 U.S. 888, 899 (1988).

294 *Kersting*, 28 Brooklyn J.Int'l L. 1, 24 (2002).

295 *McDermott, Inc. v. Lewis,* 531 A.2d 206, 217 (Del. 1987); später zitiert z.B in *Examen, Inc. v. VantagePoint Venture Partners 1996,* 873 A.2d 318, 323 (Del. 2005).

296 *McDermott, Inc. v. Lewis,* 531 A.2d 206, 217 (Del. 1987). Siehe auch *Chalk Line Mfg. v. Frontenac Venture V (In re Chalk Line Mfg.)*, 1994 Bankr. LEXIS 1087 (Bankr. D. Ala. 1994).

c. Einschränkungen durch staatsvertragliches Kollisionsrecht

Schließlich können völkerrechtliche Verträge vom nationalen Kollisionsrecht abweichen.[297] Stellt Artikel XXV Abs. 5 S. 2 des Freundschaftsvertrags eine staatsvertragliche Kollisionsnorm dar, so geht dieser den Regeln des US-amerikanischen internationalen Gesellschaftsrechts vor.

d. Mangelnde gerichtliche Zuständigkeit – forum non conveniens

Die Lehre vom „*forum non conveniens*"[298] begrenzt die Zuständigkeit von Gerichten. Demnach ist das Gericht eines Staates nicht zuständig, wenn das gewählte Forum ernsthaft unangemessen für das Gerichtsverfahren ist und ein anderes angemessenes Forum dem Kläger zu Verfügung steht.[299] Dies soll für Einzelfallgerechtigkeit sorgen, insbesondere sollen die Ungerechtigkeiten ausgeglichen werden, die aus einem *forum shopping* resultieren können.[300] Der *U.S. Supreme Court* hat in der Sache *Roger v. Guaranty Trust Co.*[301] die Lehre des *forum non conveniens* auch im Bereich des internationalen Gesellschaftsrechts angewendet und diese Entscheidung später in dem Fall *Williams v. Green Bay & W. R. Co.*[302] bestätigt. Demnach könne ein Prozess in einem anderen Staat als dem des *domicile* des Beklagten lästig und unterdrückend sein; zufällige Umstände könnten dazu führen, dass ein Gericht über einen Streitfall entscheidet, obwohl die Sache gerechterweise vor einem anderen Gericht hätte verhandelt werden müssen.[303]

---

297 U.S. Const. art. VI clause 2:
„*[A]ll Treaties made, or which shall be made, under the Authority of the United States, shall be the supreme Law of the Land; and the Judges in every State shall be bound thereby [...].*"

298 Gegen die Übernahme der Lehre vom *forum non conveniens* in das deutsche Recht werden wichtige Bedenken geäußert. Die Idee des *forum non conveniens* widerspricht dem deutschen Zuständigkeitssystem, das durch seine festen Anknüpfungsmomente für Rechtsicherheit sorgt. Es besteht die Gefahr eines Missbrauchs und einer Beeinträchtigung der Verfahrensökonomie. Zudem kann bei einem negativen Kompetenzkonflikt das verfassungsmäßige Recht auf den gesetzlichen Richter verletzt werden. Vlg. *Kropholler*, IPR, § 58 VII 2; *Schack*, RabelsZ 58 (1994), 41, 44 ff.

299 *Restatement (second) of Conflict of Laws*, § 84 (1971); *Scoles et al.*, § 11.8, S. 492.

300 *Scoles et al.*, § 11. 8, S. 493.

301 *Rogers v. Guaranty Trust Co.*, 288 U.S. 123, 131 (1933).

302 *Williams v. Green Bay & W. R. Co.*, 326 U.S. 549 (1944).

303 *Williams v. Green Bay & W. R. Co.*, 326 U.S. 549, 554 (1944):
„*Maintenance of a suit away from the domicile of the defendant might be vexatious or oppressive. An advantageous circumstance might land a case in one court when in fairness it should be tried in another.*"

Ein Gericht ist daher nicht für Klagen zuständig, die Ansprüche aus den *internal affairs* einer ausländischen Gesellschaft betreffen, wenn das gewählte Forum unangemessen oder ungerecht für den in Rede stehenden Prozess erscheint und ein anderes angemessenes Forum zu Verfügung steht.[304]

---

304 *Restatement (second) of Conflict of Laws*, § 313 (1971):
„*A court will exercise jurisdiction over an action involving the internal affairs of a foreign corporation unless it is an inappropriate or an inconvenient forum for the trial of the action.*"

C. Hintergrund, Inhalte und Auslegungsgrundsätze des deutsch-US-amerikanischen Freundschafts-, Handels- und Schiffffahrtsvertrags von 1954

Ob und in wie fern im deutsch-US-amerikanischen Verhältnis das nationale Kollisionsrecht durch staatsvertragliches Kollisionsrecht überlagert wird, hängt von der Auslegung des Artikels XXV Abs. 5 S. 2 FHSV ab. Um diese Vorschrift im Sinne der Zielsetzungen des Vertrags sachgerecht auszulegen, werden die Entstehungsgeschichte des Freundschaftsvertrags, sein Inhalt, seine Geltungsdauer, sein Rang und seine Wirkung im nationalen Recht sowie seine Auslegungsregeln an dieser Stelle erörtert.

I. Entstehungsgeschichte

Konrad Adenauer, Bundeskanzler und Bundesminister des Auswärtigen Amts der Bundesrepublik Deutschland, und *John Forster Dulles*, Staatssekretär der Vereinigten Staaten von Amerika, unterzeichneten in Washington (D.C.) am 29. Oktober 1954 den Freundschafts-, Handels- und Schiffffahrtsvertrag zwischen der Bundesrepublik Deutschland und den Vereinigten Staaten von Amerika (*Treaty of Friendship, Commerce and Navigation between the United States of America and the Federal Republic of Germany*). In den Vereinigten Staaten von Amerika wurde der Freundschaftsvertrag am 27. Juli 1955 vom Senat gebilligt[305] und am 30. April 1956 vom US-amerikanischen Präsidenten *Dwight D. Eisenhower* ratifiziert.[306] Der Bundestag stimmte dem Vertrag in Form eines Bundesgesetzes am 07. Mai 1956 zu.[307] Am 28. Juni 1956 wurde im Bundesgesetzblatt bekannt gegeben, dass gemäß Artikel 3 Abs. 2 des Gesetzes vom 07. Mai 1956 der deutsch-US-amerikanische Freundschaftsvertrag aufgrund des am 14. Juni 1956 in Bonn erfolgten Austausches der Ratifikationsurkunden nach seinem Artikel XXIX Abs. II sowie das Protokoll und der Notenwechsel am 14. Juli1956 in Kraft trete.[308]

---

305 *U.S. Congressional Report - Senate*, 1955 (84th *Congress*), S. 11639 ff.

306 7 U.S.T. 1839, T.I.A.S. No 3593.

307 „Gesetz zu dem Freundschafts-, Handels- und Schiffahrtsvertrag vom 29.10.1954 zwischen der Bundesrepublik Deutschland und den Vereinigten Staaten von Amerika", BGBl. 1956 II, 487.

308 BGBl. 1956 II, 763.

Bereits vor dem Abschluss des Freundschaftsvertrags von 1954 bestanden staatsvertragliche Beziehungen zwischen den Vereinigten Staaten von Amerika und Deutschland. Im Jahr 1785, also lange vor der Bildung des Deutschen Reichs und vor der Erklärung der US-amerikanischen Verfassung, wurde ein Freundschafts- und Handelsvertrag zwischen den Vereinigten Staaten und dem preußischen König mit 27 Artikeln abgeschlossen.[309] Im Jahr 1900 schlossen die Vereinigten Staaten von Amerika mit dem Deutschen Reich einen Handelsvertrag, der lediglich Bestimmungen über besondere Zollsätze enthielt.[310] Am 8. Dezember 1923 schlossen die Vereinigten Staaten von Amerika und das Deutsche Reich einen umfassenden Freundschafts-, Handels- und Konsularvertrag ab (*Treaty between the United States and Germany of Friendship, Commerce and Consular rights*).[311] Dieser Freundschaftsvertrag wurde im Jahre 1934 von deutscher Seite gekündigt.[312] Deswegen unterzeichneten die Vereinigten Staaten von Amerika und die Bundesrepublik Deutschland nach dem zweiten Weltkrieg am 03. Juni 1953[313] einen Interimsvertrag mit dem Inhalt, dass der Freundschaftsvertrag von 1923 mit geringen Änderungen wieder in Kraft treten solle. Zugleich nahmen die Vertragsparteien Verhandlungen auf, um einen neuen Freundschaftsvertrag abzuschließen. Der Vertrag von 1923 war dabei Modell für den im darauf folgenden Jahr unterzeichneten deutsch-US-amerikanischen Freundschafts-, Handels- und Schifffahrtsvertrag sowie für eine Reihe weiterer Freundschaftsverträge.[314]

Die Vereinigten Staaten von Amerika standen bei Abschluss des Freundschaftsvertrags von 1954 in einer „Tradition" völkerrechtlicher Freundschafts- und Handelsverträge.[315] Den ersten internationalen Vertrag schlossen die Vereinigten Staaten von Amerika bereits im Jahre 1778 mit Frankreich (*Treaty of*

309 *Treaty of Amity and Commerce, between his Majesty the King of Prussia and the United States of America,* 8 Stat. 84, T.S. No. 292 (1785).

310 *Treaty of Commerce with Germany*, 31 Stat. 1935, T.S. No. 101 (1900).

311 RGBl. 1925 II, 795; *Treaty between the United States and Germany of Friendship, Commerce and Consular Rights*, U.S.-German Empire, Dec. 8, 1923, 44 Stat 2132. Ratifiziert in Deutschland am 20.08.1925, in den USA, am 06.10.1925.

312 http://usa.usembassy.de/dabeziehungen0139.htm (Besucht am 28.09.2006).

313 Gesetz vom 03.08.1954 zu den Abkommen vom 03.06.1953 über den Freundschafts-, Handels- und Konsularvertrag zwischen Deutschland und den Vereinigten Staaten von Amerika vom 08.12.1923 (BGBl. 1945 II, 721) und Bekanntmachung am 20.11.1945 (BGBl. 1945 II, 1051).

314 *U.S. Cong., Rec.* vol. 101, p. 9 at 11645 (July 27, 1955, *statement of Mr. Green*).

315 Vgl. umfassend zu US-amerikanischen Freundschaftsverträgen *Walker*, 50 Am. J. Int'l L. 373 (1956); *ders.*, 41 Minn. L. Rev. 805 (1985); *Wilson*, 50 Am. J. L. 927 (1956).

Amity and Commerce).[316] Diesem folgten in kurzen zeitlichen Abstand Verträge mit den Niederlanden, Schweden, Preußen und Großbritannien.[317] Gleichzeitig mit dem wirtschaftlichen Wachstum der USA – auf nationaler und internationaler Ebene – wuchsen Anzahl und Inhalt der US-amerikanischen Freundschafts- und Handelsverträge.[318] Während die frühen Freundschaftsverträge nur natürlichen Personen handelsrechtliche Vergünstigungen gewährten, regelten die Staatsverträge ab Beginn des 20. Jahrhunderts die Anerkennung des rechtlichen Status juristischer Personen und ihren Zugang zu den Gerichten.[319] Die beiden Weltkriege unterbrachen die Fortentwicklung der Freundschaftsverträge. Nach dem zweiten Weltkrieg nahmen die USA wieder verstärkt internationale Beziehungen auf und erneuerten bestehende Freundschafts- und Handelsverträge oder schlossen neue Verträge ab.[320] Die Freundschaftsverträge der Nachkriegszeit schließlich sicherten Gesellschaften das Recht, sich in anderen Ländern geschäftlich zu betätigen.[321] Der Freundschaftsvertrag mit Deutschland im Jahre 1954 war damit Teil

---

316 8.Stat. 12, T.S. No. 83 (1778). Dieser war bereits vor dem *Treaty of Aliance* mit Frankreich unterzeichnet, auch wenn beide auf den gleichen Tag datiert sind. Vlg. *Walker*, 50 Am. J.Int'l L. 373, 374 (1956).

317 *Treaty with the Netherlands*, 8. Stat. 32, T.S. No. 249 (1782); *Sweden*, 8 Stat. 60, T.S. No. 346 (1783); *Prussia*, 8 Stat. 84, T.S. No. 292 (1785); *Great Britain*, 8 Stat. 116, T.S. No. 105 (1794).

318 Z.B. *Treaty of Commerce and Friendship with Sweden and Norway*, 8 Stat. 232, T.S. No. 347 (1816); *Treaty of Commerce and Navigation with the Netherlands*, 8 Stat. 524, T.S. No. 251 (1839); *Treaty of Commerce and Navigation with Belgium*, 8 Stat. 606, T.S. No. 19 (1845); *Treaty of Commerce and Navigation with Italy*, 17 Stat. 845, T.S. No. 177 (1871); *Treaty of Commerce with Spain*, 23 Stat. 750, T.S. No. 337 (1884); *Treaty of Commerce with Germany*, 31 Stat. 1935, T.S. No. 101 (1900); *Treaty of Commerce with China*, 33 Stat. 2208, T.S. No. 430 (1903).

319 Vgl. *Sumitomo Shoji Am. v. Avagliano*, 457 U.S. 176, 186 (1982); dieses Urteil zitiert *Walker*, 50 Am. J. Int'l L. 373 (1956), vgl. auch *Wilson*, 50 Am. J. L. 927 (1956).

320 Z.B. *Treaty with the Republic of China*, 63 Stat. 1299, T.I.A.S. No. 1871 (1946); *Italy*, 63 Stat. 2255, T.I.A.S. No. 1965 (*Supplemented by Agreement of Sept.* 26, 1951, Sen. Exec. H., 82d Cong., 2d Sess.) (1948); *Ireland*, 1 U.S.T. 785, T.I.A.S. No. 2155 (1950); *Ethiopia*, 4 U.S.T. 550, T.I.A.S. No. 2864 (1951); *Israel*, 5 U.S.T. 550, T.I.A.S. No. 2948 (1951); *Greece*, 5 U.S.T. 1829, T.I.A.S. No. 3057 (1954); *Japan*, 4 U.S.T. 2063, T.I.A.S. No. 2863 (1953); *Iran*, 8 U.S.T. 899, T.I.A.S. No. 3853 (1955); *The Netherlands*, 8 U. S. T. 2043, T.I.A.S. No. 3942 (1957); *Korea*, 8 U.S.T. 2217, T.I.A.S. No. 3947 (1957); *Pakistan*, 12 U.S.T. 110, T.I.A.S. No. 4683 (1961).

321 *Sumitomo Shoji Am. v. Avagliano*, 457 U.S. 176, 186-188 (1982); *Walker*, 50 Am. J. Int'l L. 373, 393 (1956); *ders.*, 41 Minn. L. Rev. 805, 806 (1985).

einer Reihe ähnlicher Verträge. Er war der elfte Nachkriegsvertrag der Vereinigten Staaten von Amerika.[322]

II. Inhalt

Der deutsch-US-amerikanische Freundschaftsvertrag von 1954 beginnt mit einer Präambel. Anschließend folgen die eigentlichen Vorschriften des Vertrags in den Artikeln I bis XXIX. Abgeschlossen wird der Vertrag durch das Protokoll und den Notenwechsel. Der Vertrag regelt in den Artikeln I bis XI die allgemeinen Rechte natürlicher und juristischer Personen, in den Artikeln XII bis XVII den Zahlungs- und Warenverkehr, den Staatshandel sowie die Monopol- und Kartellpolitik und in den Artikeln XVIII bis XXIII die Schifffahrt und den Durchgangsverkehr. Die Artikel XXIV bis XXIX beinhalten im Wesentlichen Übergangs- und Schlussbestimmungen.[323] Der letzte Abschnitt enthält auch die hier zu untersuchende Vorschrift – den Artikel XXV Abs. 5 FHSV. Das Protokoll des Freundschaftsvertrags umfasst Erläuterungen, Definitionen und bindende Auslegungsregeln zu den Vorschriften des Vertrags. Der Notenwechsel ist eine Sammlung von Notizen, die der deutschen Bundeskanzler Dr. Adenauer und der US-amerikanische Staatssekretär John Forster Dulles während der Vertragsverhandlungen austauschten. Der Vertrag und das Protokoll sind in beiden Sprachen verbindlich.[324]

III. Geltungsdauer

Die Geltungsdauer des Freundschaftsvertrags war gemäß Artikel XXIX Abs. 2 FHSV auf zehn Jahre ab dem Tag der Ratifizierung festgelegt. Anschließend sollte der Vertrag solange weiter gelten, bis eine Partei ihn aufkündigt. Nach Artikel XXIX Abs. 3 FHSV kann jede Vertragspartei den Vertrag unter Einhaltung einer einjährigen Kündigungsfrist schriftlich zum Schluss der vorerst zehnjährigen Laufzeit und danach zu jedem Zeitpunkt kündigen. Eine solche Kündigung wurde bis jetzt von keiner Seite ausgesprochen, so dass der Vertrag bis heute in Kraft ist.[325]

---

322 *Senate Executive Rept.* No. 10 p. 1, 84th Congress, 1st Sess., July 21, 1955.

323 Vgl. *Arnold/Hill/Kern*, Beil. BAnz. v. 26.07.1955, Nr. 141, S. 1; *Schwenk*, JZ 1957, 197, 198.

324 Vgl. die Schlussklausel des Vertrags und des Protokolls.

325 Vgl. BGBl. 2006 II, Fundnachweis B, S. 195.

Besonderheiten ergeben sich auf deutscher Seite, da der Freundschaftsertrag mit europarechtlichen Vorgaben vereinbar sein muss. Nach Artikel 307 Abs. 1 (ex-Art. 234) EGV bleiben zwar Rechte und Pflichten aus völkerrechtlichen Übereinkünften, die vor dem 01. Januar 1958 geschlossen wurden – so genannte Altverträge, durch den EG-Vertrag unberührt (*pacta sunt servanda*). Sind die völkerrechtlichen Verträge aber nicht mit dem EG-Vertrag vereinbar, müssen die betroffenen Mitgliedstaaten alle geeigneten Mittel einsetzen, um diese Unvereinbarkeit zu beheben (Art. 307 Abs. 2 EG). Dies kann im Einzelfass sogar die Kündigung bedeuten.[326]

Um den Fortbestand von Altverträgen zu sichern, wurden mehrfach Regelungen getroffen. Zunächst beschloss der Rat der EG am 09. Oktober 1961,[327] dass die Laufzeit der Handelsabkommen zwischen den Mitgliedstaaten und Drittländern die Übergangszeit des Vertrags nicht überschreiten durfte (Art. 1). Nach ihrem Ablauf dürften Abkommen nur fortgesetzt werden, wenn sie eine gemeinschaftliche Vorbehaltsklausel enthielten oder eine längstens einjährige Kündigungsfrist (Art. 2) aufwiesen.

Nach dem Ablauf der Übergangszeit und dem Übergang der Außenhandelskompetenz auf die EG zum 01. Januar 1970 musste eine neue Regelung geschaffen werden. Durch den Übergang der Außenhandelskompetenz, die vor allem die Kompetenz zum Abschluss entsprechender völkerrechtlicher Verträge umschließt, wären viele Bestimmungen in Handelsverträgen zwischen den Mitgliedstaaten und Drittländern mit dem EG-Recht unvereinbar geworden, auch wenn noch keine entgegenstehende Abkommen durch die Gemeinschaft beschlossen waren, da nach Artikel 133 [ex-Art. 113] EGV die handelspolitische Zuständigkeit der europäischen Gemeinschaft von ausschließlicher Natur ist.[328] Daher entschied der Rat in Artikel 3 der „Entscheidung des Rates vom 16. Dezember 1969 über die schrittweise Vereinheitlichung der Abkommen über die Handelsbeziehungen zwischen den Mitgliedstaaten und dritten Ländern und über die Aushandlung gemeinschaftlicher Abkommen“,[329] dass Handelsverträge, die vor Ab-

---

326 *Schmalenbach*, in: Caliess/Ruffert, Art. 307 EG Rn. 11; *Schuster/Stoll*, RIW 1996, 89, 93.

327 Entscheidung des Ministerrates zur Vereinheitlichung der Laufzeit von Handelsabkommen mit dritten Ländern, Abl. Nr. 4 v. 04.11.1961, 1274/61.

328 St. Rspr., vlg, EuGH, Urt. v. 12.07.1973, Rs. 8/73 (*Hauptzollamt Bremerhaven v. Massey-Ferguson*), Slg. 1973, 897 Rn. 3; *Herdegen*, Europarecht, § 24 Rn. 4; *Hahn,*, in: Calliess/Ruffert, Art. 133 Rn. 5 ff.

329 Entscheidung 69/494//EWG des Rates vom 16.12.1969, Abl. L 326/39 vom 29.12.1969. Artikel 3 lautet:
„Soweit nach Abschluss dieser Konsultation festgestellt wird, dass die Bestimmungen der ausdrücklichen oder stillschweigend zu verlängernden Rechtsakte – obgleich sie die gemeinsamen Handelspolitik im Sinn des Artikels 113 betreffen –

lauf der Übergangszeit (01.01.1970) geschlossen worden waren, durch Zustimmung des Rates auf Vorschlag der Kommission verlängert werden konnten. Der Rat ging dabei davon aus, dass diese genehmigten bilateralen Beziehungen zwischen den Mitgliedstaaten und ihren drittstaatlichen Vertragspartnern kein Hindernis für die gemeinsame Handelspolitik darstellten. Seitdem hat der Rat in regelmäßigen Abständen über die „Genehmigung der stillschweigenden Verlängerung oder Aufrechterhaltung der Bestimmungen von Freundschafts- Handels- und Schifffahrtsverträgen sowie Handelsabkommen zwischen den Mitgliedstaaten und dritten Ländern, deren Gegenstand unter die gemeinsame Handelspolitik fällt", entschieden.[330] Von dieser Genehmigung war stets der deutsch-US-amerikanische Freundschaftsvertrag erfasst. Somit wurde bestätigt, dass er nicht im Widerspruch zu der gemeinsamen Handelspolitik der Gemeinschaft steht. Zuletzt hat der Rat der Europäischen Gemeinschaft am 15. November 2001 entschieden, dass Freundschafts-, Handels- und Schifffahrtsverträge, „deren Gegenstand unter die gemeinsame Handelspolitik im Sinne des Artikels 133 EGV fällt, [...] für diejenigen Bereiche, die nicht von Abkommen zwischen der Gemeinschaft und den betreffenden Drittländer erfasst werden, bis zum 30. April 2005 stillschweigend verlängert oder aufrechterhalten werden [können], sofern sie mit den gemeinsamen Politiken vereinbar sind."[331] Diese Verlängerungsfrist ist mittlerweile

---

während des in Aussicht genommenen Verlängerungszeitraumes kein Hindernis für die gemeinsame Handelspolitik darstellen, kann die Kommission dem Rat vorschlagen, in Abweichung von Artikel 1 der Entscheidung des Rates vom 9. Oktober 1961 über die Vereinheitlichung der Laufzeit der Handelsabkommen mit dritten Ländern den oder die betroffenen Mitgliedstaaten zu ermächtigen, die betroffenen Vorschriften [...] der Rechtsakte [...] zu verlängern.[...]."

Diese Artikel (wie die gesamte Entscheidung) nimmt Bezug auf die Entscheidung des Ministerrates zur Vereinheitlichung der Laufzeit von Handelsabkommen mit Drittländern vom 09.10.1961 [Abl. EG Nr. 1274/61 vom 4.11.1961].

330 Vgl. die Entscheidungen des Rates der letzen Jahre: Entscheidung (89/150/EWG) des Rates vom 27.02.1989, Abl. Nr. L 58/63 vom 1.3.1989 (Verlängerung bis 31.12.1989); Entscheidung (90/61/EWG) des Rates vom 12.02.1990 , Abl. Nr. L 42/59 vom 16.12.1990 (Verlängerung bis zum 31.12.1991); Entscheidung (91/167/EWG) des Rates vom 25.03.1991, Abl. Nr. L 82/52 vom 28.3.1991 (Verlängerung bis zum 31.12.1992); Entscheidung (92/234/EWG) des Rates vom 28.04.1992, Abl. Nr. L 120/37 vom 05.05.1992 (Verlängerung bis zum 31.12.1993); Entscheidung (93/679/EWG) des Rates vom 06.12.1993, Abl. Nr. L 317/81 vom 18.12.1993 (Verlängerung bis zum 31.12.1994); Entscheidung (95/133/EG) des Rates vom 19.04.1995, Abl. Nr. L 89/30 vom 21.04.1995 (Verlängerung bis zum 30.4.1996); Entscheidung (97/351/EG) des Rates vom 02.07.1997, Abl. Nr. L 151/24 vom 10.06.1997 (Verlängerung bis zum 30.04.2001).

331 Entscheidung (2001/855/EG) des Rates vom 15.11.2001, Abl. 2001, Nr. L 320/13 vom 05.12.2001 (Verlängerung bis 30.04.2005); vgl. Bundesgesetzblatt 2006 II, Fundnachweis B, S. 195.

abgelaufen und das Bundeswirtschaftsministerium erwartet eine neue Verlängerung der Altverträge durch den Rat. Schritte in diese Richtung haben die Europäische Kommission und der Europäischer Rat jedoch noch nicht unternommen. Das Bundeswirtschaftsministerium möchte an dem deutsch-US-amerikanischen Freundschaftsvertrag unbedingt festhalten, da die Vereinigten Staaten von Amerika einer der wichtigsten Handelspartner Deutschlands sind.[332] Daher wird der Vertrag, auch wenn einige Vorschriften aufgrund gemeinschaftsrechtlicher Vorschriften als „*non operational*" (~ nicht anwendbar) gelten, weiterhin als gültig angesehen.[333] Aus völkerrechtlicher Sicht ist der Vertrag – und damit auch Artikel XXV Abs. 5 S. 2 FHSV – jedenfalls im vollen Umfang gültig, solange er nicht von einer Vertragsseite gekündigt wird. Die weitere Entwicklung in der EU bleibt abzuwarten.

IV. Rang und Wirkung innerhalb des nationalen Rechts

Der Freundschaftsvertrag ist ein unmittelbar anwendbarer bilateraler Staatsvertrag (*self-executing treaty*), aus dem sich nach Übernahme in das nationale Recht unmittelbar – die im Vertrag vorgesehenen – Rechte und Pflichten für den einzelnen Staatsbürger ergeben.[334]

1. Deutsches Recht

In Deutschland wurde der deutsch-US-amerikanische Freundschaftsvertrag gemäß Artikel 59 Abs. 2 GG durch Zustimmungsgesetz vom 07. Mai 1956[335] in innerstaatliches, geltendes deutsches Recht überführt. Er hat damit wie jeder völkerrechtliche Vertrag den Rang eines einfachen förmlichen Bundesgesetzes.[336]

---

332 Telefonat der Verfasserin mit dem Außenhandelsreferat des Bundeswirtschaftsministeriums vom 28.09.2006 und vom 17.07.2007.

333 Artikel XXV Abs. 5 S. 2 FHSV – sollte es sich nicht nur um eine Definitionsnorm sondern um eine gesellschaftsrechtliche Kollisionsnorm handeln – behindert wahrscheinlich nicht die gemeinsame Handelspolitik, und müsste weiterhin nicht als Verstoß gegen EG-Recht angesehen werden. Dies ist an dieser Stelle insofern unerheblich, weil der deutsch-US-amerikanische Freundschaftsvertrag, solange er nicht gekündigt wurde, völkerrechtlich auch bei Verstoß gegen EG-Recht gültig ist.

334 *Bungert*, ZVglWiss 93 (1994), 117, 132; *Restatement (third) of Foreign Relations Law*, § 11 *reporters note* 5 (1986). Allgemein über Rang und Wirkung von Völkerrecht in den USA und in Deutschland, *Bungert,* DÖV, 1994, 797.

335 BGBl. 1956 II, 487.

336 BVerfG 31, 145, 178.

Dies gilt unabhängig von der Streitfrage, ob der Transformationslehre oder der Vollzugs- bzw. Adoptionslehre zu folgen ist.[337] Nach Artikel 3 Abs. 2 S.1 EGBGB geht ein Staatsvertrag dem nationalen Kollisionsrecht vor, auch wenn er älteren Datums ist als die einschlägige kollisionsrechtliche Regelung.

2. US-amerikanisches Recht

In den Vereinigten Staaten von Amerika bilden nach *article VI clause 2* der Verfassung völkerrechtliche Verträge (*treaties*) das höchste Recht im Land und ersetzen abweichendes Recht der Einzelstaaten; Richter sind in jedem Einzelstaat an sie gebunden.[338] Trotz dieser Wertung der Verfassung verlangt der *U.S. Supreme Court*, dass völkerrechtliche Verträge *self-executive* sein müssen oder durch die Legislative in das nationale Recht inkorporiert werden, bevor sie angewendet werden können.[339] Dann, so entschied der *U.S. Supreme Court* in der Sache *Forster v. Neilson*, sei der völkerrechtliche Vertrag äquivalent zu einem Akt der Legislative, habe also den Rang eines Bundesgesetzes.[340] Mit der Kraft eines Bundesgesetzes ausgestattet hebt der Vertrag sowohl das Recht der Einzelstaaten[341] als auch vorheriges kodifiziertes Bundesrecht auf.[342] Die Auslegung

---

337 Zur Unterscheidung von Transformations- und Vollzugslehre siehe *Zulegg,* JA 1983, 1 (6); Sachs/*Streinz*, Art. 59 Rn. 60 ff.

338 U.S. Const. art. VI clause 2:
„[A]ll Treaties made, or which shall be made, under the Authority of the United States, shall be the supreme Law of the Land; and the Judges in every State shall be bound thereby [...].“

339 *Foster v. Neilson*, 27 U.S. 253, 314 (1829):
„In the United States, the constitution declares a treaty to be the law of the land. It is, consequently, to be regarded in courts of justice as equivalent to an act of the legislature, whenever it operates of itself without the aid of any legislative provision. But when the terms of the stipulation import a contract, when either of the parties engages to perform a particular act, the treaty addresses itself to the political, not the judicial department; and the legislature must execute the contract before it can become a rule for the court.“
Siehe ebenfalls *Rhode Island v. Massachusetts*, 37 U.S. 657, 745 (1838); *Edye v. Robertson*, 112 U.S. 580, 598 (1884); *Medellin v. Dretke*, 544 U.S. 660, 686 (2005).

340 *Foster v. Neilson*, 27 U.S. 253, 314 (1829).

341 *Zscherning v. Miller,* 389 U.S. 429, 441 (1986) [*Holding that state law must „bow to ... superior federal policy“ where state law conflicts with a treaty or „has a direct impact upon foreign relations*“]; *Born*, S. 20.

342 *Born*, S. 20; *Scoles, et al.*, § 3.56, S. 223; *Bungert,* DÖV, 1994, 797, 804. N.B. Später kodifiziertes Bundesrecht geht in den USA auch vorherigen völkervertraglichen Regelungen vor. Da es jedoch grundsätzlich keine bundesrechtlichen *choice-*

eines völkerrechtlichen Vertrags durch den *U.S. Supreme Court* bindet die Legislative der Einzelstaaten und deren Gerichte.[343] Der deutsch-US-amerikanische Freundschafts-, Handels-, und Schifffahrtsvertrag ist, wie bereits festgestellt, *self-executive*[344] und wurde durch den Kongress gebilligt. Daher hat er Vorrang gegenüber kollidierendem Recht der Einzelstaaten. Kollisionsrechtliche Regeln des Vertrags haben also ebenfalls Vorrang vor dem einzelstaatlichen Kollisionsrecht.

V. Gerichtliche Durchsetzung der Rechte und Pflichten des Freundschaftsvertrags

Der Einzelne – natürliche Personen und Gesellschaften – kann sich in der Regel nicht unmittelbar auf völkervertragliche Verträge berufen. Erst wenn ein völkerrechtlicher Vertrag im innerstaatlichen Recht Geltung erlangt hat, ist er von den Gerichten der Vertragsstaaten unmittelbar anzuwenden.[345] Da der deutsch-US-amerikanische Freundschaftsvertrag in den Vereinigten Staaten von Amerika und in der Bundesrepublik Deutschland in das innerstaatliche Recht übernommen wurde, können Begünstigte des Freundschaftsvertrags sich vor den Gerichten der Vertragsstaaten auf die Rechte und Pflichten aus dem Freundschaftsvertrag berufen. Missachtet eine Vertragspartei trotz innerstaatlicher Geltung den Freundschaftsvertrag, so kann der Einzelne mangels Völkerrechtssubjektivität nicht selbst vor völkerrechtlichen Gerichten dagegen vorgehen.[346] Der Betroffene ist auf den deutschen oder US-amerikanischen Staat angewiesen, der als Vertragspartner und mit Völkerrechtssubjektivität ausgestattet Rechte und Pflichten aus dem Freundschaftsvertrag vor völkerrechtlichen Gerichten durchzusetzen kann.

VI. Auslegung völkerrechtlicher Verträge

Der deutsch-US-amerikanische Freundschaftsvertrag ist als Vertrag zwischen zwei nationalen Staaten ein völkerrechtlicher Vertrag. Bei der Auslegung völker-

---

of-law Regelungen über die Anerkennung von Gesellschaften in den USA gibt (ggf. mit Ausnahme Kollisionsregeln in anderen Freundschaftsverträgen, die jedoch nur Wirkung gegenüber dem jeweiligen Vertragspartner haben), hat das keine Auswirkungen auf ein kollisionsrechtliches Verständnis des Artikels XXV Abs. 5 S. 2 FHSV.

343 *Restatement (third) of the Foreign Relations Law*, § 112 (2) (1986).

344 Alle US-amerikanischen Freundschaftsverträge sind *self-executive*; vgl. *Spiess v. C. Itho & Company, Inc.*, 643 F.2d 353 (5th Cir. 1981).

345 *Mansel*, in: Leible/Ruffert, S. 89, 105 ff.

346 *Weller*, ZGR 2006, 748, 757.

rechtlicher Verträge hat der Theorienstreit zwischen der Transformationslehre und der Vollzugs- bzw. Adoptionslehre[347] eine gewisse Bedeutung.[348] Nach der Vollzugslehre bleibt das völkervertragliche Recht als solches bestehen. Es wird lediglich ein Vollzugsbefehl des Gesetzgebers benötigt, damit das staatsvertragliche Recht innerstaatlich als Völkervertragsrecht anwendbar ist. Nach der Transformationslehre hingegen ist staatsvertragliches Recht nach seiner Transformation durch den nationalen Gesetzgeber innerstaatliches Recht. Demnach sind zu seiner Auslegung nationale Auslegungsregeln heranzuziehen. Da jedoch der Inhalt des innerstaatlichen Rechts grundsätzlich mit den völkerrechtlichen Vorschriften identisch ist, bleiben die völkerrechtlichen Auslegungsregeln der Auslegungsmaßstab.[349] Daher führen Transformation- und Adoptionslehre letztendlich zum gleichen Ergebnis: Das Völkerrecht ist für die Auslegung des Freundschaftsvertrags maßgeblich.[350]

Nach dem heute herrschenden objektiven Ansatz (*objective or textual approach*) ist im Völkerrecht der Vertragstext und nicht der historische Wille der Parteien (subjektiver Ansatz) die Grundlage der Auslegung.[351] Ziel des objektiven Ansatzes ist die Konkretisierung des fraglichen Begriffs oder der fraglichen Norm aus dem Vertrag heraus. Dafür haben sich gewohnheitsrechtlich folgende Auslegungsmethoden entwickelt:[352] (1) die wörtliche Auslegung (*the „textual" or „ordinary" meaning of the word*), (2) die systematische Auslegung (*meaning from the „context"*) und (3) die teleologische Auslegung (*the „teleological" or „aims and objects" method*). Die erste Methode legt einen Begriff gemäß seiner üblichen Bedeutung aus; dabei ist nicht nur auf den allgemeinen sondern auch auf den fachspezifischen Sprachgebrauch abzustellen. Die systematische Auslegungsmethode erschließt die Bedeutung eines Begriffes oder einer Norm aus dem Zusammenhang mit anderen Begriffen oder Normen, in die sie eingebunden ist. Im Rahmen des „Zusammenhangs" ist auch ein Rückgriff auf die Praxis der Vertragsparteien als völkerrechtliche Auslegungsmethode anerkannt.[353] Die teleologische Methode legt Begriffe eines Vertrags gemäß seinem Ziel (griechisch: *telos*) und Zweck aus. Aus dieser Auslegungsmethode entwickelte sich der völkergewohnheitsrechtliche Effektivitätsgrundsatz (*effet utile*), wonach ein Vertrag so auszulegen ist, dass sein Gestaltungsziel und sein Regelungszweck bestmöglich

347 Zur Unterscheidung von Transformations- und Vollzugslehre siehe z.B. *Zulegg*, JA 1983, 1, 6; Sachs/*Streinz*, Art. 59 Rn. 60 ff.

348 *Mansel*, in: Leible/Ruffert, S. 89, 108.

349 *Mansel*, in: Leible/Ruffert, S. 89, 108.

350 *Jayme*, S. 35.

351 *Ipsen*, § 11 Rn. 4.

352 *Ipsen*, § 11 Rn. 4; *Fitzmaurice*, S. 42; *Shaw*, S. 838.

353 *Ipsen*, § 11 Rn. 143.

erreicht werden.[354] Trotz objektiven Ansatzes soll der übereinstimmende Wille der Parteien – wie er vor allem in den vorbereitenden Vertragsmaterialien *(travaux préparatoires)* zum Ausdruck kommt – nicht gänzlich unberücksichtigt bleiben; im Rahmen einer historischen Auslegung darf er hilfsweise herangezogen werden.[355]

Im Jahre 1969 kodifizierten die Wiener Vertragsrechtskonventionen (WVK) in den Artikeln 31 bis 33 völkerrechtliche Auslegungsmethoden. Sowohl die Vereinigten Staaten von Amerika als auch Deutschland haben diese Konventionen ratifiziert. Die Vorschriften der Wiener Vertragsrechtskonventionen sind gemäß Artikel 4 WVK nur für völkerrechtliche Verträge anwendbar, die nach dem Inkrafttreten der Konventionen im Jahr 1969 abgeschlossen wurden. Demnach muss der deutsch-US-amerikanische Freundschaftsvertrag von 1954 nicht nach den Wiener Vertragsrechtskonventionen, sondern nach dem Völkergewohnheitsrecht ausgelegt werden. Es herrscht allerdings Einigkeit darüber, dass die Auslegungsmethoden der Wiener Vertragsrechtskonventionen im Wesentlichen eine Kodifizierung des Völkergewohnheitsrechts sind.[356] Die Vorschriften der Wiener Vertragsrechtskonventionen sehen Folgendes vor: Nach Artikel 31 ist ein völkerrechtlicher Vertrag „nach Treu und Glauben in Übereinstimmung mit den gewöhnlichen, seiner Bestimmungen in ihrem Zusammenhang zukommenden Bedeutungen und im Lichte seines Zieles und Zwecks auszulegen.“ Nach Artikel 31 Absatz 3 (b) WVK soll die Anwendungspraxis der Vertragsparteien bei einer Auslegung miteinbezogen werden. Artikel 32 WVK bestimmt schließlich als ergänzende Auslegungsmethoden die Einbeziehung der Entstehungsgeschichte und der Vorarbeiten (*traveaux préparatoires*) einschließlich sonstiger Vertragsmaterialien. Daher führt die Auslegung des Freundschaftsvertrags nach dem Völkergewohnheitsrecht letztendlich zum gleichen Ergebnis wie die Auslegung des Freundschaftsvertrags nach den Wiener Vertragsrechtskonventionen.

In den USA ist die Auslegung des Völkerrechts durch den *U.S. Supreme Court* in § 325 der *Restatement (third) of Foreign Relations Law of the United States* von 1987 zusammengefasst.[357] Diese Vorschrift der *Restatement* ent-

---

354 *Ipsen*, § 11 Rn. 16; *Stein/v. Buttlar*, § 4 Rn. 84.

355 *Dammann*, RablesZ 68 (2004), 607, 612 m.w.N.

356 *Sinclair*, S. 8; *Moore*, 42 Va. J. Int'l L. 163, 179 (2001); *Criddle*, 44 Va. Int'l L. 431 (2004).

357 *Restatement (third) of the Foreign Relations Law*, § 325 (1986):
„*(1) An international agreement is to be interpreted in good faith in accordance with the ordinary meaning to be given to its terms in their context and in the light of its object and purpose.*
(2) Any subsequent agreement between the parties regarding the interpretation of the agreement, and subsequent practice between the parties in the application of the agreement, are to be taken into account in its interpretation.“

spricht dem Artikel 31 Absatz 1 und 3 (a), (b) WVK. Eine anschauliche Darstellung der völkerrechtlichen Auslegungsmethoden durch den *U.S. Supreme Court* findet sich zudem in dem Fall *Aktiengesellschaft v. Schlunk:*

„*When interpreting a treaty, a court has to begin with the treaty's text and the context in which the words are used. Other rules of construction may be brought to bear on difficult or ambiguous passages. Treaties are to be construed more liberally than private agreements, and to ascertain their meaning the court may look beyond the written words to the history of the treaty, the negotiations, and the practical construction adopted by the parties.*"[358]

Um der Frage nach dem Inhalt des Artikels XXV Abs. 5 S. 2 FHSVV nachzugehen, wird daher im Folgenden mit Hilfe der wörtlichen, systematischen und teleologischen Auslegungsmethoden diese Vorschrift unter Berücksichtigung der Anwendungspraxis der Vertragsparteien untersucht. Die historische Auslegungsmethode wird ergänzend herangezogen.

358 *Volkswagenwerk Aktiengesellschaft v. Schlunk*, 486 U.S. 694, 699-700 (1988); zitiert *Air France v. Saks*, 470 U.S. 392, 396 (1985).

D. Inhalt der Anerkennung in Artikel XXV Abs. 5 S. 2 FHSV – Kollisionsrecht mit Anknüpfung an den Gründungsort oder Fremdenrecht?

I. Problemstellung

Auch wenn in vielen multilateralen und bilateralen Staatsverträgen die Anerkennung des rechtlichen Status juristischer Personen bestimmt wird, existiert keine allgemeine Auslegungsregel für das Verständnis einer staatsvertraglicher Anerkennung.[359] Vielmehr muss in jedem Staatsvertrag gesondert ermittelt werden, was unter der Anerkennungsnorm zu verstehen ist. In Artikel XXV Abs. 5 S. 2 des deutsch-US-amerikanischen Freundschaftsvertrags wird – in der deutschen bzw. englischen Fassung – Folgendes bestimmt:

„Gesellschaften, die gemäß den Gesetzen und sonstigen Vorschriften des einen Vertragsteils in dessen Gebiet errichtet sind, gelten als Gesellschaften dieses Vertragsteils; ihr rechtlicher Status wird in dem Gebiet des anderen Vertragsteils anerkannt."

„*Companies constituted under the applicable laws and regulations within the territories of either Party shall be deemed companies thereof and shall have their juridical status recognized within the territories of the other Party.*"

359 MüKo-BGB/*Kindler*, IntGesR Rn. 306 ff.

1. Meinungsstand

Nach Auffassung der deutschen Rechtsprechung[360] und eines großen Teils der deutschen[361] und US-amerikanischen[362] Literatur ist die fragliche Vorschrift eine staatsvertragliche Kollisionsnorm. Denn der Begriff der „Anerkennung" bedeute zumindest die Hinnahme der Rechtsfähigkeit der nach ausländischem Recht gegründeten Gesellschaft. Dies sei eine Frage des internationalen Gesellschaftsrechts. Da nach Artikel XXV Abs. 5 S. 2 FHSV, „Gesellschaften, die gemäß den Gesetzen und sonstigen Vorschriften des einen Vertragsteils in dessen Gebiet errichtet sind" anzuerkennen seien, sei das kollisionsrechtlich maßgebliche Anknüpfungsmoment der Gründungsort. Die Norm habe damit konstitutiven Charakter, im deutsch-US-amerikanischen Verhältnis gelte somit die Gründungstheorie. Die in einem Vertragsstaat nach dessen Vorschriften wirksam gegründete Gesellschaft sei daher in dem anderen Vertragsstaat in der Rechtsform anzuerken-

360 BGH, JZ 2005, 298 = IPRax 2005, 340; BGH, NJW-RR 2004, 1618 = IPRax 2005, 339; BGHZ 159, 94 = NJW 2004, 2523, 100; BGHZ 153, 353 = NJW 2003, 1607 = IPRax 2003, 265; BGHZ 78, 31 = NJW-RR 2002, 1359; OLG Zweibrücken, NJW 1987, 2168; OLG Celle, WM 1992,1703, 1706; OLG Düsseldorf, WM 1995, 808, 811 = NJW-RR 1995, 1124; OLG Naumburg, Urt. v. 19.12.1995, 7 U 146/95 – „juris"; BFH, DB 2003, 1200 = RIW, 2003, 627; OLG Koblenz. Urt. v. 16.10.2003 – 2-U 55/99, „juris".

361 AnwaltKo/*Hoffmann*, Anh. zu Art. 12 EGBGB Rn. 145; *Beitzke*, in: FS Luther, S. 1, 10; *Behrens*, IPRax 2003, 193, 206; *Bungert*, DB 2003, 1043; *ders.*, ZVglRWiss 93 (1994), 117; *ders.*, DB, 1995, 963; *ders.*, WM 1995, 2125; *ders.*, Gleichbehandlung, 63 f.; *Dammann*, RabelsZ, 68 (2004), 607; *Ebenroth*, 24 Int'l Law 459 (1990); *ders.*, RIW 1995, Beilage 3, S. 1, 6 f.; *Ebenroth/Auer*, RIW 1992, Beilage 1, Rn. 16 ff.; *Ebenroth/Bippus*, DB 1988, 842; *dies.*, NJW 1988, 2137; *Ebenroth/Kemner/Willburger*, ZIP 1995, 972; *Eidenmüller*, ZIP 2002, 2233, 2244; *Göthel*, RIW, 2006, 41; *Hausmann*, S. 37; *Höft*, S. 48 ff.; *Kindler*, BB 2003, 812; *Kropholler*, IPR, § 55 I 3 d); *Looschelder*, IPR, Anh. Art. 10 EGBGB Rn. 7; *Mankowski*, EWiR 2003, 661; *ders.;* RIW 2004, 481, 484; *Mäsch*, in: Bamberger/Roth, Art. 12 Anh. EGBGB Rn. 4; *Mellert*, BB 2004, 1869; *Merkt*, RIW 2003, 458, 459; MüKo-BGB/*Kindler*, IntGesR Rn. 314; *Nappenbach*, S. 50; *Neumann*, S. 63; *Paefgen*, DZWiR 2003, 441; *ders.*, EWiR 2004, 919; Palandt/*Heldrich*, Anh. Art. 12 EGBGB Rn. 23; *Rauscher*, S. 139; *Rehm*, JZ 2005, 303; *Sandrock*, RIW 2006, 659, 661; *ders.*, in: Probleme, S. 85, 92; *Siehr*, S. 306; *Sonnenberger/Bauer*, RIW 2006, Beilage 1, S. 1, 7; *Stürner*, IPRax 2005, 305, 306; *Thölke*, DNotZ 2005, 142 ff.; *Ulmer*, IPRax 1996, 100 ff.; *Weller*, IPRrax 2003, 324, 329 Fn. 63; *ders.*, ZGR 2006, 757; *Wessel/Ziegenhain*, GmbHR 1988, 323, 431; *Wiedemann*, Gesellschaftsrecht I, § 14 II 2c); kritisch *Ebke*, JZ 2005, 299 ff.; *ders.*, RIW 2004, 740, 742; *ders.*, in: FS Hay, S. 119, 124 ff.; *ders.*, RabelsZ 62 (1998), 195, 211; unklar *Großfeld/Erlinghagen*, JZ 1993, 217, 224.

362 *Scoles et al.*, § 23.1, S. 1221; allgemein für Freundschaftsverträge *Walker*, 50 Am. J. Int' l L. 373, 380 Fn. 35 (1956) („*the usual conflict-of- laws rule*").

nen, in der sie gegründet wurde – unabhängig von dem Ort ihres effektiven Verwaltungssitzes.

Nach anderer Ansicht stellt Artikel XXV Abs. 5 S. 2 des Freundschaftsvertrags lediglich eine fremdenrechtliche Regelung dar.[363] Fremdenrecht ist inländisches Sonderrecht für Ausländer und bestimmt, wann ausländerrechtliche Vorschriften eines Staatsvertrags durchgreifen.[364] Dies Ansicht führt an, das Artikel XXV Abs. 5 S. 2 FHSV als fremdenrechtliche Norm die Anerkennung ausländischer Gesellschafen nicht begründe, sondern die Anerkennung lediglich (deklaratorisch) feststelle. Die Voraussetzungen für die Anerkennung ergäben sich weiterhin aus dem nationalen Kollisionsrecht. Als „anerkannte" Gesellschaft ständen der Gesellschaft der anderen Vertragspartei die vom Vertrag gewährten Rechte zu (wie z.B. Zugang zu Gericht, Artikel VI, oder Niederlassungsfreiheit, Art. VII). Nach dieser Ansicht kann in Deutschland eine Gesellschaft nur anerkannt werden, wenn die Anforderungen der Sitztheorie erfüllt sind. Verlegt also eine nach US-amerikanischen Recht gegründete Gesellschaft ihren Verwaltungssitz nach Deutschland, verliert sie mangels wirksamer (Neu-)Gründung nach deutschem Recht ihre Rechtspersönlichkeit. Nach dieser Auffassung trifft der Freundschaftsvertrag damit keine Aussagen über die Bestimmung des Gesellschaftsstatuts, sondern bestätigt lediglich das nationale Kollisionsrecht.

2. Gang der Untersuchung

Um in diesem Meinungsstreit Stellung zu nehmen, wird Artikel XXV Abs. 5 S. 2 FHSV umfassend nach völkerrechtlichen Grundsätzen ausgelegt. Diese Auslegung wird zeigen, dass Artikel XXV Abs. 5 S. 2 FHSV nicht lediglich eine fremdenrechtliche Bestimmung ist, sondern – wie von der ersten Ansicht vertreten – eine Kollisionsnorm darstellt, die das Gesellschaftsstatut im deutsch-US-amerikanischen Verhältnis an das Recht des Gründungsorts (Gründungstheorie) anknüpft.

---

363 *Berndt,* JZ 1996, 187 ff.; *Debatin,* GmbHR, 1991, 161, 164 u. 168; *Dötsch,* DB 1989, 2296, 2297; *Lehner,* RIW 1988, 201, 208; *Kegel/Schurig,* § 17 II c); Staudinger/*Großfeld,* IntGesR Rn. 210; *Schurig,* in: FS Hay, S. 369, 373 f. *Steiger,* RIW 1999, 169, 175; *Walden,* S. 163 f.; wohl auch *Jestädt,* WuB II N Art. XXV FHSVV 1.03, S. 636, 637. So früher zum Teil in der Rechtsprechung vertreten, vgl. BFH, BStBl. 1992, 263 (aufgegeben durch BFH, DB 2993, 1200 = RIW, 2003, 627); OLG Düsseldorf, 15 U 173/96, „juris;" ebenso, ohne jedoch auf den FHSV einzugehen; OLG Düsseldorf, ZIP 2002, 2132; OLGR Hamm 2003, 9-12 = IPRspr 2003, Nr 10, 28-32 (aufgehoben durch BGHZ 153, 353).

364 *Ebenroth,* 24 Int'l Law 459, 461 (1990); *Ebenroth/Bippus,* NJW 1988, 2137, 2138.

II. Auslegung des Artikels XXV Abs. 5 S. 2 FHSV zur Bestimmung seines Inhalts

1. Wörtliche Auslegung

Die Vertreter eines fremdenrechtlichen Verständnisses des Artikels XXV Abs. 5 FHSV führen an, dass der Begriff der Anerkennung nicht auf das Gebiet des internationalen Gesellschaftsrechts beschränkt sei.[365] Selbst im internationalen Gesellschaftsrecht könnten unter dem Begriff „Anerkennung" auch die Voraussetzungen verstanden werden, nach denen sich eine Gesellschaft im Inland niederlassen und gewerblich betätigen dürfe.[366]

Vertreter eines kollisionsrechtlichen Verständnisses des Artikels XXV Abs. 5 S. 2 FHSV führen hingegen an, dass der Begriff der Anerkennung mit der kollisionsrechtlichen Bestimmung des Gesellschaftsstatuts – insgesamt oder nur für bestimmte Bereiche des Gesellschaftsstatuts – gleichzusetzen sei.[367] Anknüpfungspunkt dieser Kollisionsnorm sei aufgrund des Wortlautes der Gründungsort.

a. Begriff der Anerkennung

(1) Vertragsautonome Auslegung des Anerkennungsbegriffs

Betrachtet man den Wortlaut des Artikels XXV Abs. 5 S. 5 FHSV zunächst autonom, kann die Vorschrift sowohl als fremdenrechtliche als auch als kollisionsrechtliche Norm gesehen werden. Der Wortlaut „ihr rechtlicher Status [...] ist anzuerkennen" kann zum Einen bedeuten, dass lediglich die wirksam nach den Vorschriften des nationalen Rechts eines Vertragspartners gegründeten Gesellschaften im Hinblick auf die im Vertrag gewährten Rechte im Gebiet des anderen Vertragspartners anzuerkennen sind.[368] Die Vorschrift nennt bei einem solchen fremdenrechtlichen Verständnis lediglich die aus dem Vertrag Begünstigen, überlässt die Bestimmung des Gesellschaftsstatuts (als Vorfrage für die Anerkennung) aber weiterhin den Regeln des nationalen Kollisionsrechts. Zum Anderen kann die Anerkennung des rechtlichen Status bedeuten, dass „für eine Gesellschaft, die in dem Gebiet des einen Vertragsteils errichtet worden ist, die Regeln der Rechtsordnung dieses Vertragsteils die Voraussetzungen festlegen, unter de-

365 *Paal*, RIW 2005, 735, 737; *Dammann*, RabelsZ 68 (2004), 607, 614 (obwohl er freilich ein Vertreter der kollisionsrechtlichen Auffassung ist).

366 *Paal,* RIW 2005, 735, 737.

367 *Ebenroth/Bippus*, NJW 1988, 2137, 2138 f.; *Kindler*, BB 2003, 812; MüKo-BGB/*Kindler*, IntGesR Rn. 314.

368 *Dammann*, RabelsZ 68 (2004), 607, 614.

nen die Gesellschaft in dem Gebiet des anderen Vertragsteils als Rechtssubjekt handeln kann.“[369] Demnach wäre die Norm eine staatsvertragliche Kollisionsnorm. Die autonome Auslegung des Artikels XXV FHSV hilft also nicht weiter. Auch das Zusatzprotokoll, das nähere Erläuterungen zu eventuell unklaren Aussagen des Freundschaftsvertrags enthält, äußert sich nicht zum Verständnis des Artikels XXV Abs. 5 S. 2 FHSV.

(2) Der Anerkennungsbegriff nach deutschem und US-amerikanischem Verständnis

Mangels Eindeutigkeit der vertragsautonomen Auslegung des Begriffs der Anerkennung wird hier daher auf das Verständnis von „Anerkennung“ („*recognition*“) des „rechtlichen Status“ („*juridical statuts*“) im deutschen und US-amerikanischen nationalen Recht zurückgegriffen. Bei einer identischen Auffassung des Anerkennungsbegriffs in der deutschen und der US-amerikanischen Rechtsterminologie kann davon ausgegangen werden, dass dem Freundschaftsvertrag diese einheitliche Auffassung zugrunde liegt.

Im bekanntesten US-amerikanischen Rechtswörterbuch, dem *Black's Law Dictionary*, wird *recognition* als „*the formal admission that a person, entity, or thing has a particular status*“ definiert.[370] Allgemein ist die *recognition* also ein förmliches Zugeständnis, dass eine natürliche oder juristische Person einen bestimmten Status genießt. Daneben wird die Bedeutung von *recognition* im Völkerrecht, Steuerrecht, Arbeitsrecht und Verfassungsrecht erklärt.

In der deutschen Rechtsterminologie wird der Begriff der Anerkennung ebenfalls in verschiedenen Rechtsgebieten und mit verschiedenen Bedeutungen gebraucht, wie zum Beispiel im internationalen Gesellschaftsrecht (Anerkennung ausländischer Gesellschaften), im internationalen Zivilprozessrecht (z.B. Anerkennung von Urteilen) oder im Völkerrecht (z.B. Anerkennung als Völkerrechtssubjekt). Der Artikel XXV Abs. 5 S. 2 FHSV spricht jedoch von der Anerkennung („*recognition*“) „ihres rechtlichen Status“ („*their juridical status*“), also der Anerkennung des rechtlichen Status, der nach den Vorschriften des eines Vertragsteils gegründeten Gesellschaft. Bei dieser Wahl der Worte „Anerkennung“ und „rechtlicher Status“ einer Gesellschaft handelt es sich im deutschen Recht um die Sprache des internationalen Gesellschaftsrechts.[371] Diese ist für die Anerkennung von im Ausland gegründeten Gesellschaften zuständig. Auch im US-

369 BGH, Urt. v. 29.01.2003 – VIII ZR 155/02 – BGHZ 153, 353 = NJW 2003, 1607 = IPRax 2003, 265.

370 *Black's Law Dictionary* – „*recognition*“.

371 Z.B. *Behrens*, ZGR 1978, 499.

amerikanischen Recht wird über die *recognition of the legal or juridical status*[372] einer Gesellschaft im *choice of law* gesprochen.[373] Daher ist davon auszugehen, dass auch der deutsch-US-amerikanische Freundschaftsvertrag von der Anerkennung im international-gesellschaftsrechtlichen Sinne spricht.

Im internationalen Gesellschaftsrecht bedeutet „Anerkennung", dass ein Staat „Kenntnis von der rechtlichen Existenz einer Gesellschaft [nimmt], die ihre Rechtspersönlichkeit aus einer fremden Rechtordnung herleitet".[374] Dabei kann die Art der Kenntnisnahme auf verschiedene Weise erfolgen: Klarheit besteht zunächst darüber, dass die „Anerkennung" im Freundschaftsvertrag nicht die Frage eines besonderen (administrativen) Zulassungsakts zum Rechtsverkehr regelt.[375] Denn sowohl im deutschen[376] als auch im US-amerikanischen Recht[377] wird kein gesonderter Rechtsakt für die Anerkennung ausländischer Gesellschaften verlangt. Zum Teil wird daher von einer automatischen Anerkennung (*ipso jure*) gesprochen.[378] Lange Zeit war im der deutschen Literatur jedoch unklar, ob die Anerkennung im internationalen Gesellschaftsrecht durch eine kollisionsrechtliche Anerkennung im Sinne der Hinnahme der durch das ausländische Recht bestimmten Rechtspersönlichkeit oder durch eine fremdenrechtliche Anerkennung im Sinne einer Zulassung zum Gewerbebetrieb geschah.[379] Der unmittelbare Zusammenhang zwischen Hinnahme der Rechtsfähigkeit und Zulassung zum Gewerbebetrieb beruht auf § 12 der „Gewerbeordnung für den Norddeutschen

372 *Spiess v. C. Itoh & Co. (America) Inc.* 643 F.2d 353, 356 (1981): „*Juridical status means legal status.*"

373 *Scoles et al.*, § 23.2, S. 1223.

374 Staudinger/*Großfeld*, IntGesR Rn. 163, m.w.N.

375 *Behrens*, ZGR 1978, 499, 507; *Ebke*, RIW 2004, 740, 741; *Koppensteiner*, S. 107; *Paal*, RIW 2005, 735, 737; Soergel/*Lüderitz*, Anh. Art. 10 Rn. 16. N.B. Bis 1964 konnten in Deutschland gemäß Art. 10 EGBGB rechtsfähige ausländische Vereine nur durch einen Beschluss des Bundesrates im Inland anerkannt werden. Diese Vorschrift zeigt, dass für die Anerkennung rechtfähiger Vereine in Deutschland ein besonderer inländischer Rechtsakt verlangt wurde. Diese Vorschrift wurde jedoch durch § 30 Abs. 1 Nr. 4 VereinsG vom 5.8.1964, BGBl 1964 I, 593 aufgehoben. Für alle anderen Gesellschaftsformen war die „Anerkennung" ohne Zulassungsakt möglich. Vgl. dazu *Behrens*, ZGR 1987, 499, 505.

376 RGZ 83, 367; 92, 73, 76.

377 *Restatement (second) of Conflict of Laws*, § 297, 311 (1971), *Scoles et al.*, § 23.3, S. 1223.

378 Vgl. *Behrens*, ZGR 1987, 508; *Großfeld*, RabelsZ 31 (1967), 8; Staudinger/*Großfeld*, IntGesR Rn. 167.

379 Vgl. *Behrens*, ZGR 1987, 499; *Ebenroth/Bippus*, NJW 1988, 2137; *Ebenroth*, 24 Int'l Law 459, 456 (1990); *Ebenroth/Sura*, RabelsZ 43 (1979), 315, 316; *Ebke*, RIW 2004, 740, 741.

Bund" von 1869.[380] Dass die (kollisionsrechtliche) Hinnahme der Rechtsfähigkeit und die (fremdenrechtliche) Zulassung zum Gewerbebetrieb jedoch völlig unterschiedliche Maßnahmen sind, ist seit dem Beginn des 20. Jahrhunderts unbestritten.[381] Das Verhältnis der fremdenrechtlichen Zulassung und der kollisionsrechtlichen Anerkennung wird heute durch § 15 II GewO abschließend klargestellt.[382] Nach § 15 II GewO ist die Gewerbeausübung durch ausländische Gesellschaften zu untersagen, wenn sie im Inland nicht als rechtsfähig *anerkannt* werden. Die Anerkennung der Rechtsfähigkeit einer Gesellschaft ist damit Voraussetzung (Tatbestand) für die Gewerbeausübung. Sie wird unabhängig und vorrangig durch kollisionsrechtliche Normen bestimmt. Nur eine anerkannte Gesellschaft darf ein Gewerbe rechtmäßig ausüben, aber eine Gewerbeausübung bedeutet nicht zugleich die Anerkennung der Rechtsfähigkeit. Die Frage der Anerkennung ausländischer Gesellschaften richtet sich daher im deutschen internationalen Gesellschaftsrecht allein nach dem Kollisionsrecht.[383]

Zum Teil wird bezweifelt, ob diese Erkenntnis uneingeschränkt auf die Zeit des Abschlusses des Freundschaftsvertrags übertragen werden können.[384] Eine dem heutigen § 15 II GewO vergleichbare Vorschrift existierte damals nicht.[385] Zudem wurde noch bis 1984 von § 12 GewO a.F.[386] bestimmt, dass ausländische juristische Personen, die sich im Inland betätigen wollen, einer generellen Ge-

---

380 § 12 der „Gewerbeordnung für den Norddeutschen Bund" von 1869:
„Die Aufrechterhaltung der Landesgesetze hinsichtlich der Befugnis der juristischen Personen des Bundesauslands zum selbständigen Gewerbebetrieb ist deshalb erforderlich, weil die Bedingungen, an welche in verschiedenen Ländern das Recht der juristischen Persönlichkeit geknüpft ist, verschieden sind, eine Umgehung der einheimischen Bedingungen der Entstehung der juristischen Persönlichkeit also durch Verlegung des Wohnsitzes der juristischen Person nach dem Bundesausland möglich würde. Außerdem genießen auch die juristischen Personen des Bundesgebiets im Ausland nicht einmal überall Rechtsfähigkeit, geschweige denn die Befugnis zum selbständigen Gewebebetrieb, und es ist notwendig, über diese Materien die Möglichkeit von Verträgen, die auf Gegenseitigkeit gegründet sind, offen zu halten."

381 *Behrens*, ZGR 1978, 499, 502; *Ebenroht/Bippus*, NJW 1988, 2137, 2140.

382 In der Fassung vom 22.02.1999, BGBl. 1999 I, 202. Zuletzt geändert durch Gesetz zum Abbau bürokratischer Hemmnisse insbesondere in der mittelständischen Wirtschaft vom 22.08.2006, BGBl. 2006 I, 1970.

383 *Behrens*, ZGR 1978, 499, 501 ff.; *Ebenroth/Bippus*, NJW 1988, 2137, 2138 f.

384 So *Ebke*, RIW 2004, 740, 741; *ders.*, JZ 2005, 299, 301; *Jestädt,* WuB II N, Art. XXV FHSVV, 1.03, 636, 647.

385 Vlg. die GO in der Fassung vom 21.07.1900 (BGBl. 1900, 245 / RGBl. 1900, 971). Die letzte Änderung vor Ratifizierung des Freundschaftsvertrags geschah durch das (dritte) Gesetz zur Änderung der Title I bis IV, VII und X der GO vom 29. September 1953 (BGBl. 1953, I, 1459, ber. 1953 I, 1485 und 1954 I, 292).

386 Letzte Fassung vom 01.01.1978, BGBl. 1978 I, 97.

nehmigungspflicht unterliegen. Anerkennung konnte also die Befreiung von einer solchen Genehmigung bedeuten. Diese Vorschrift wurde erst mit Gesetz vom 25. Juli 1984 ersatzlos gestrichen.[387] Jedoch ergibt sich aus dem Freundschaftsvertrag selbst, dass die Anerkennung des rechtlichen Status im Sinne des Artikels XXV Abs. 5 S. 2 nicht die fremdenrechtliche Zulassung zum Gewebebetrieb bedeuten kann. In Nr. 9 des Zusatzprotokolls wurde vereinbart, dass

> „[d]ie Bestimmungen des Artikels VII [...] die Vertragsteile nicht [verpflichten], Staatsangehörige und Gesellschaften des anderen Vertragsteils zur Ausübung eines Gewerbebetriebes im Inland zuzulassen, wenn diese nicht die nach den gesetzlichen Vorschriften allgemein anwendbaren Anforderungen erfüllen."[388]

Die Bestimmungen des Artikels VII FHSV gewähren Staatsangehörigen und Gesellschaften die Inländerbehandlung und Meistbegünstigung hinsichtlich der Ausübung jeglicher Art von geschäftlicher Tätigkeit.[389] Es führte nun zu einem Widerspruch, wenn die Anerkennung in Artikel XXV Abs. 5 FHSV eine fremdenrechtliche Norm darstellt, die die Zulassung zum Geschäftsbetrieb unbeschränkt gewährleistet, während Nr. 9 des Protokolls eine solche Zulassung gerade – und unter Hinweis auf einen anderen Artikel – begrenzt. Die Anerkennung des rechtlichen Status in Artikel XXV muss also etwas anderes gewähren als die fremdenrechtliche Zulassung zum Gewebebetrieb. Sie regelt die kollisionsrechtliche Anknüpfung des Gesellschaftsstatuts.

Zur gleichen Schlussfolgerung gelangt auch das US-amerikanische Recht. Im US-amerikanischen Recht wird zwischen der *recognition* und der *permission to do business* getrennt. Viele US-amerikanische Einzelstaaten haben *qualification statutes* erlassen, die die Voraussetzungen regeln, unter denen eine ausländische Gesellschaft geschäftlich tätig werden (*doing business*) darf. Die Vorschriften

---

387 BGBl. 1984 I, 1008.

388 Nr. 9 des Zusatzprotokolls, englische Fassung:
„*The provisions of Article VII do not obligate either Party to permit nationals and companies of the other Party to carry on business in its territories without fulfilling the requirements which are generally applicable by law.*"

389 Artikel VII l Abs. 1 FHSV:
„Den Staatsangehörigen und Gesellschaften jedes Vertragsteils wird in dem Gebiet des anderen Vertragsteils Inländerbehandlung hinsichtlich der Ausübung jeder Art von geschäftlicher, industrieller, finanzieller oder sonstiger gegen Entgelt vorgenommener Tätigkeit gewährt. [...]."
„*Nationals and companies of either Party shall be accorded, within the territories of the other Party, national treatment with respect to engaging in all types of commercial, industrial, financial and other activity for gain [...].*"

über die *permission to do business* ist in diesen Gesetzen Fremdenrecht.[390] Im US-amerikanischen Recht wird betont, dass die *recognition* einer ausländischen Gesellschaft nicht gleichzeitig die *permission to do business* der Gesellschaft bedeutet.[391] Dies besagt jedoch zugleich, dass die *recognition* Voraussetzung für die *permission to do business* sein muss. Die *recognition* des US-amerikanischen internationalen Gesellschaftsrechts ist damit ein kollisionsrechtliches Problem.

Im deutschen und US-amerikanischen internationalen Gesellschaftsrecht ist und war bereits bei Abschluss des Freundschaftsvertrags der fremdenrechtliche Anerkennungsbegriff damit „verödet".[392] Die Frage der Anerkennung des rechtlichen Status einer Gesellschaft ist allein ein kollisionsrechtliches Problem des internationalen Gesellschaftsrechts. Das Kollisionsrecht verweist auf die Rechtsordnung, nach der die gesellschaftlichen Verhältnisse bestimmt werden sollen. Dieses Verständnis liegt auch dem Freundschaftsvertrag zugrunde. Dass Artikel XXV Abs. 5 S. 2 FHSV mit den Worten „Anerkennung des rechtlichen Status" die Sprache des internationalen Gesellschaftsrechts wählte, deutet auf ein kollisionsrechtliches Verständnis dieser Norm.

b. Anknüpfung der Anerkennung an das Recht des Gründungsorts

Bei einem solchen kollisionsrechtlichen Verständnis zeigt der Wortlaut des Artikels XXV Abs. 5 S. 2 FHSV, dass die Bestimmung des „rechtlichen Status" einer Gesellschaft sich im deutsch-US-amerikanischen Verhältnis nach dem Ort der Gründung richtet. Denn nach Artikel XXV Abs. 5 S. 2 FHSV ist der rechtliche Status von Gesellschaften, die „gemäß den Gesetzen und sonstigen Vorschriften des einen Vertragsteils in dessen Gebiet errichtet sind", in dem Gebiet des anderen Vertragsteils anzuerkennen. Entscheidend für die Anerkennung des rechtlichen Status der Gesellschaft ist daher die wirksame Gründung nach dem (materiellen) Recht einer Vertragspartei, unabhängig von dem Ort des tatsächlichen Verwaltungssitzes. Damit hat Artikel XXV Abs. 5 S. 2 FHSV nicht nur deklaratorische Bedeutung, sondern bestimmt die Anknüpfung an den Gründungsort.

Berndt hingegen verlangt einen Verwaltungssitz des Unternehmens im Gründungsstaat, da die Gesellschaft nicht nur „gemäß den Gesetzen und sonstigen Vorschriften des einen Vertragsteils" errichtet werden müsse, sondern auch „in

---

390 Der deutsche Begriff „Fremdenrecht" wird im amerikanischen Recht wohl durch den erst seit neuerer Zeit auftauchenden Begriff „*transnational law*" umschrieben.

391 *Boyington v. van Etten*, 62 Ark. 63, 35 S.W. 622 (1896); *Restatement (second) of Conflict of Laws*, § 297, 311 (1971); *Scoles et al.*, § 23.2, S. 1223.

392 *Wiedemann*, Gesellschaftsrecht I, § 14 I 2 a).

dessen Gebiet".[393] Daher sei die Sitztheorie weiterhin maßgeblich. Zunächst ist dieses Argument von *Berndt* als einem Vertreter der fremdenrechtlichen Auffassung des Artikels XXV Abs. 5 S. 2 FHSV insofern erstaunlich, als die Frage nach dem Anknüpfungspunkt erst aufkommt, wenn Artikel XXV Abs. 5 FHSV als Kollisionsnorm verstanden wird. Nach *Berndt* äußert der Freundschaftsvertrag sich jedoch gerade nicht zum Kollisionsrecht; demnach müsse es in Deutschland bei der Anwendung der Sitztheorie und in den USA weitgehend bei der Anwendung der Gründungstheorie bleiben. Wird Artikel XXV Abs. 5 S. 2 FHSV jedoch als Kollisionsnorm gesehen, ist der Gründungsort der Anknüpfungspunkt. Denn auch bei Anwendung der Gründungstheorie muss die Gründung der Gesellschaft sowohl nach den Vorschriften des Gründungsorts als auch im Gründungsort selber in der Regel durch eine Registrierung (des Satzungssitzes bzw. der/des *registered agent/office*) geschehen, unabhängig davon, wo sich der effektive Verwaltungssitz befindet. Der Hinweis auf die Gründung „in dessen Gebiet" in Artikel XXV FHSV ist kein Hinweis auf die Anwendung der Sitztheorie; von der Gründung nach dem Recht des Orts des Verwaltungssitzes spricht Artikel XXV Abs. 5 FHSV gerade nicht. Das Anknüpfungsmoment der staatsvertraglichen Kollisionsnorm ist daher der Gründungsort.[394]

c. Schlussfolgerung

Damit spricht der Wortlaut des Artikels XXV Abs. 5 S. 2 FHSV unter Berücksichtigung des deutschen und US-amerikansichen nationalen Verständnisses von „Anerkennung des rechtlichen Status" einer Gesellschaft für eine Auslegung dieser Vorschrift als Kollisionsnorm mit Anknüpfung an den Gründungsort.

2. Systematische Auslegung

Im Rahmen der systematischen Auslegung wird auf die Stellung des Artikels XXV Abs. 5 S. 2 FHSV im Freundschaftsvertrag, auf die Vorschriften zur Inländerbehandlung und Meistbegünstigung, auf Artikel VI Abs. 1 FHSV, auf das Verhältnis der beiden Halbsätze in Artikel XXV Abs. 5 S. 2 FHSV sowie auf den

---

393 *Berndt*, JZ 1996, 187, 189; ebenso OLGR Hamm 2003, 9-12 = IPRspr 2003, Nr 10, 28-32 (aufgehoben durch BGHZ 153, 353).

394 Vgl. BGHZ 153, 353 = NJW 2003, 1607 = IPRax 2003, 265; *Bungert*, ZVglRWiss 93 (1994), 117, 133; *Dammann*, RabelsZ 43 (2004), 607, 627; *Ebenroth/Bippus*, NJW 1988, 2137; MüKo-BGB/*Kindler*, IntGesR Rn. 314. Was genau unter dem „Gründungsort" zu verstehen ist, wird in Kapitel F V umfassend erläutert.

Zusammenhang zwischen Artikel XXIV Abs. 1 und Artikel XXV Abs. 5 FHSV eingegangen.

a. Stellung der Norm im Freundschaftsvertrag

Befürworter eines fremdenrechtlichen Verständnisses führen zunächst an, dass die Stellung der Vorschrift im gesamten Staatsvertrag gegen ein kollisionsrechtliches Verständnis spreche.[395] Die Vorschrift stehe an einer unauffälligen, fast versteckten Stelle in einem Artikel des Freundschaftsvertrags, der Definitionsnormen enthalte. Diese Auslegung des Artikels XXV FHSV als Definitionsnorm stützt sich insbesondere auf die amtliche Begründung des Staatsvertrags im Bundestag, nach der Artikel XXV „Definitionsnormen und Erläuterungen einiger im Vertrag angewandter Begriffe, wie Inländerbehandlung, Meistbegünstigung und Gesellschaften" enthalte.[396]

Es erscheint in der Tat überraschend, dass die in Deutschland seit dem 19. Jahrhundert verwurzelte Sitztheorie durch einen 2. Halbsatz eines 2. Satzes des 5. Abschnittes einer Vorschrift eines als „Handels-, Freundschafts- und Schifffahrtsvertrag" betitelten Staatsvertrags abgeändert werden soll. Die Stellung der Norm in einer Vorschrift, die in erster Linie Definitionsnormen enthält, schließt jedoch nicht aus, dass Artikel XXV Abs. 5 S. 2 FHSV eine Kollisionsnorm darstellt. Definitionsnorm und Kollisionsnorm sind nicht zwei sich gegenseitig ausschließende Begriffe.[397] Auch bei einer Auslegung des Artikels XXV Abs. 5 S. 2 FHSV als Kollisionsnorm definiert dessen 1. Halbsatz immer noch (und zugleich) den Kreis der aus dem Vertrag Berechtigten. Es erscheint zudem sinnvoll, die Definition von „Gesellschaften" im Sinne des Freundschaftsvertrags (Satz 1), die Bestimmung der aus dem Vertrag begünstigen Gesellschaften (Satz 2, 1. Halbsatz) und die Bestimmung des Gesellschaftsstatuts dieser Gesellschaften (Satz 2 insgesamt) aufgrund des Sachzusammenhangs in einer Vorschrift zu regeln. Damit spricht die Stellung im Vertrag nicht gegen ein kollisionsrechtliches Verständnis.

---

395 OLG Düsseldorf, Urt. v. 01.10.1997 – Az. 15 U 173/96 – „juris" Rn. 61; *Berndt*, JZ 1996, 187, 190; *Ebke*, RIW 2004, 741, 742; dieses Argument akzeptiert auch *Bungert*, ZVglRWiss 93 (2004), 117, 133, auch wenn er ein Vertreter des kollisionsrechtlichen Verständnisses ist.

396 *Berndt*, JZ 1996, 187, 190 unter Hinweis auf BTDrs. 1956 II, S. 22. 24.

397 *Dammann*, RabelsZ 68 (2004), 617, 622.

b. Vorschriften zur Inländerbehandlung und Meistbegünstigung, insbes. Artikel VII Abs. 1 u. 4 FHSV

Kontrovers wird die Frage diskutiert, ob und in wie weit die im Freundschaftsvertrag vorgesehenen Vorschriften zur Meistbegünstigung und zur Inländerbehandlung die kollisionsrechtliche Auslegung des Artikels XXV Abs. 5 S. 2 FHSV stützen. Insbesondere wird dabei Artikel VII Abs. 1 und Abs. 4 FHSV angeführt, der die Niederlassungsfreiheit garantiert.

(1) Inhalt von Inländerbehandlung und Meistbegünstigung

Die Inländerbehandlung und die Meistbegünstigung sind tragende Grundsätze des Freundschaftsvertrags, wie es die Präambel erklärt.[398] Dabei enthält der Freundschaftsvertrag keine allgemeine Pflicht zur Inländerbehandlung und Meistbegünstigung, sondern viele bereichsspezifische Regelungen bestimmen den Inhalt und die Reichweite der Inländerbehandlung und der Meistbegünstigung.[399] Auch die staatsvertragliche Niederlassungsfreiheit in Artikel VII FHSV ist ein bereichsspezifisches Recht auf Inländerbehandlung und Meistbegünstigung. Diese Vorschrift gewährt den Gesellschaften jedes Vertragsteils Inländerbehandlung und Meistbegünstigung hinsichtlich der Ausübung jeglicher Art von geschäftlicher, industrieller, finanzieller oder sonstiger gegen Entgelt vorgenommer Tätigkeiten.

Nach Artikel XXV Abs. 1 FHSV bedeutet Inländerbehandlung „die innerhalb des Gebietes eines Vertragsteils gewährte Behandlung, die nicht weniger günstig ist als diejenige, die dort unter gleichartigen Voraussetzungen den Staatsangehörigen, Gesellschaften […] dieses Vertragsteils gewährt wird."[400] Nach Artikel

---

398 Vgl. auch den *report* des *Committee on Foreign Relations*, der vor der Ratifizierung des Freundschaftsvertrags dem Senat vorgelegt wurde, *U.S. Senate Executive Rept.* No. 10 p.1, 84th *Congress,* 1st Sess., July 21, 1955:
„In general, the pending treaty will assure, on a reciprocal basis, national and most-favored-nation treatment for citizens of Germany and the Untied States respectively, as they engage in normal commercial and industrial pursuits in those countries. The Treaty also contains provisions relating to the nondiscriminatory treatment of trade and shipping, the persons and their property, and the stimulation of private capital investment."

399 *Dammann,* RabelsZ 48 (2004), 607, 625 f.

400 Art. XXV Abs. 1 FHSV, englisch Fassung:
„The term «national treatment» means treatment accorded within the territories of a Party upon terms no less favorable than the treatment accorded therein, in like situations, to nationals, companies, products, vessels or other objects as the case may be of such Party."

XXV Abs. 3 FHSV können deutsche Gesellschaften in den USA jedoch solchen Beschränkungen unterliegen, die auch für US-amerikanische Gesellschaften aus anderen Gliedstaaten gelten.

Nach Artikel XXV Abs. 4 FHSV bedeutet Meistbegünstigung, „die innerhalb des Gebietes eines Vertragsteils gewährte Behandlung, die nicht weniger günstig ist als diejenige, die dort unter gleichartigen Voraussetzungen den Staatsangehörigen, Gesellschaften [...] irgendeines dritten Landes gewährt wird.“[401]

(2) Meinungsstand zu den Auswirkungen der Inländerbehandlungs- und Meistbegünstigungsklauseln auf die Auslegung des Artikels XXV Abs. 5 S. 2 FHSV

Nach einer auch vom BGH vertretenen Ansicht führen die Inländerbehandlungs- und Meistbegünstigungsklauseln, insbesondere die Niederlassungsfreiheit, zu einem kollisionsrechtlichen Verständnis des Artikels XXV Abs. 5 S. 2 FHSV.[402] Denn, so der 8. Zivilsenat des BGH, wenn „Inländerbehandlung, Meistbegünstigung und Niederlassungsfreiheit“ vereinbart seien und eine Gesellschaft demgemäß sich in einem anderen Land geschäftlich betätigen dürfe, könne ihr dort nicht die Rechtspersönlichkeit abgesprochen werden, die ihr nach dem Recht des Staates zustehe, in dem sie errichtet worden sei.[403]

---

401 Artikel XXV Abs. 4 FHSV, englische Fassung:
„The term „most-favored-nation treatment“ means treatment accorded within the territories of a Party upon terms no less favorable than the treatment accorded therein, in like situations, to nationals, companies, products, vessels, or other objects, as the case may be, of any third country.“

402 BGH, Urt. v. 29.01.2003 – VIII ZR 155/02 – BGHZ 153, 353 ff. = NJW 2003, 1607 = IPRax 2003, 265; BGH, Urt. v. 05.07.2004 – II ZR 389/02 – BGH, NJW-RR 2004, 1618 = IPRax 2005, 339; *Stürner,* IPRax 2006, 305, 306. N.B. Zum Teil wird die allgemeine Aussage gemacht, dass völkerrechtliche Verträge, die Inländerbehandlung, Meistbegünstigung oder Niederlassungsfreiheit gebieten oder Diskriminierungsverbote enthalten, ebenfalls zur Anwendung der Gründungstheorie zwingen. Vgl. *Manskowski,* RIW 2004, 481, 485; *Spindler/Berner,* RIW 2003, 949, 956. Diese Aussage bezieht sich jedoch auf Verträge, die keine eigenständige Kollisionsnorm mit Hinwendung zur Gründungstheorie enthalten. Denn eine eigenständige Kollisionsnorm enthebt allen Überlegungen, welche Forderungen man qua Meistbegünstigung, Inländerbehandlung und Diskriminierungsverbot aus den europäischen Entwicklungen zieht (*Mankowski,* in: Probleme, S. 253, 262); vgl. dazu ausführlich Kapitel D III 2.

403 BGH, Urt. v. 29.01.2003 – VIII ZR 155/02 – BGHZ 153, 353 ff. = NJW 2003, 1607 = IPRax 2003, 265; BGH, Urt. v. 05.07.2004 – II ZR 389/02 – BGH, NJW-RR 2004, 1618 = IPRax 2005, 339.

Nach einer zweiten Ansicht haben die Vorschriften über die Inländerbehandlung und Meistbegünstigung keine Auswirkungen auf die Auslegung des Artikels XXV Abs. 5 S. 2 FHSV.[404] Dies wird insbesondere damit begründet, dass die Vorschriften zur Inländerbehandlung und Meistbegünstigung die kollisionsrechtliche Anerkennung zur Voraussetzung hätten, sie aber nicht bewirkten.[405]

Nach einer dritten Ansicht haben die Inländerbehandlungs- und Meistbegünstigungsklauseln ebenfalls keine Auswirkungen auf die Auslegung des Artikels XXV Abs. 5 S. 2 FHSV.[406] Andernfalls würden die bereichsspezifischen Beschränkungen umgangen, denen die Grundsätze der Inländerbehandlung und Meistbegünstigung unterliegen.[407] Es sei aber zu untersuchen, ob aus den einzelnen Klauseln ein eigenständiges Recht auf Anerkennung außerhalb des Artikels XXV FHSV folge, insbesondere aufgrund der neuen europäischen Entwicklungen zur gemeinschaftsrechtlichen Niederlassungsfreiheit.

---

404 *Ebke*, JZ 2005, 299, 301; *Paal*, RIW 2005, 735, 737; nur für Meistbegünstigungsklauseln MüKo-BGB/*Kindler*, IntGesR Rn. 312; *Eidmüller*, ZIP 2002, 2233, 2244 Fn. 73; *Schurig*, in: FS Hay, S. 369, 376 ff. N.B. Nach *Sandrock* haben die Inländerbehandlungsklauseln keine Auswirkungen auf die Auslegung der Anerkennungsregel (Art. XIII) im japanisch-US-amerikanischen Freundschaftsvertrag. Denn Gesellschaften mit Verwaltungssitz in Deutschland bedürften keiner kollisionsrechtlichen Anerkennung in Deutschland; sie entständen *eo ipso*. Ihre kollisionsrechtliche Anerkennung sei sogar ausgeschlossen, weil das Kollisionsrecht nur bei Sachverhalten mit Auslandsbeziehung angewendet wird (Art. 3 Abs. 1 EGBGB). *Sandrock*, in: Probleme, S. 85, 91. Bei dieser Argumentation, die ebenso im deutsch-US-amerikanischen Freundschaftsvertrag geführt werden könnte, wird übersehen, dass eine Auslandsberührung und die Notwendigkeit einer Anerkennung entstehen, wenn eine nach deutschem Recht gegründete Gesellschaft ihren Verwaltungssitz im Ausland belegen hat. Eine solche Gesellschaft muss auch in Deutschland kollisionsrechtlich anerkannt werden.

405 Weitergehend argumentiert *Schurig*, in: FS Hay, S. 369, 376 ff. Er verneint einen Verstoß gegen die Inländerbehandlungsklausel, da die Anwendung inländischer Vorschriften nicht gegen das Gebot der Inländerbehandlung stoßen könne. Daneben lehnt er die Auswirkungen der Meistbegünstigungklauseln auf Art. XXV Abs. 5 S. 2 FHSV mit der Begründung ab, dass das europäische internationale Gesellschaftsrecht, wie es vom EuGH entwickelt worden sei, insgesamt als Vergleichmaßstab ausscheide. Da der EuGH aufgrund übertragener Souveränität für die Mitgliedstaaten eigenständig unmittelbar geltendes Recht schaffen würde, seien Mitgliedstaaten nicht „Drittstaaten" im Sinne der Meistbegünstigungsklauseln. Dem ist nicht ganz zu folgen. Sollte die europarechtliche Gründungstheorie als unmittelbar geltendes Recht verstanden werden, müssten die Inländerbehandlungsklauseln zum Zuge kommen und gegebenefalls die europarechtliche Gründungstheorie als „günstigere" inländische Vorschrift angewendet werden.

406 *Dammann*, RabelsZ 68 (2004), 607, 625, 626 ff.; wohl auch *Mankowski*, RIW 2003, 949, 956; *ders.*, RIW 2004, 481, 484; *ders.*, in Leible/Ruffert, S. 235, 262 f.

407 *Dammann*, RabelsZ 68 (2004), 607, 626.

(3) Kritik und eigene Auffassung

Der Hinweis des 8. Zivilsenats des BGH auf die Niederlassungsfreiheit neben dem Hinweis auf die Inländerbehandlung und die Meistbegünstigung ist nicht weiterführend. Denn die Niederlassungsfreiheit ist nur ein konkretes, bereichsspezifisches Recht der Inländerbehandlung und Meistbegünstigung. Der Hinweis kann daher nur als ein hervorgehobener, für Gesellschaften besonders wichtiger Bereich der Inländerbehandlung und Meistbegünstigung verstanden werden.

Es ist zwar richtig, dass die einzelnen Vorschriften zur Inländerbehandlung und Meistbegünstigung nur Anwendung finden, wenn die betroffene Vertragpartei die Gesellschaft der anderen Vertragspartei kollisionsrechtlich anerkannt hat. Aber die im Vertrag durch bereichsspezifische Vorschriften gewährte Inländerbehandlung und Meistbegünstigung können faktisch verhindert werden, wenn die Voraussetzungen für die kollisionsrechtliche Anerkennung von Gesellschaften der anderen Vertragspartei höher sind als die Voraussetzungen für die kollisionsrechtliche Anerkennung von Gesellschaften der eigenen Vertragspartei oder von Drittstaatengesellschaften.[408] Ist dies der Fall, dann sind die Inländerbehandlungs- und Meistbegünstigungsklauseln „leere Hüllen." Die Gesellschaften der anderen Vertragspartei könnten dann nur unter erschwerten Bedingungen als inländische oder Drittstaaten-Gesellschaften in den Genuss dieser Gewährleistungen gelangen. Insbesondere die nach Artikel VII Abs. 1 u. 4 FHSV erlaubte Errichtung und Unterhaltung von Zweigstellen, Vertretungen, Büros, Fabriken und anderen zur Führung der Geschäfte geeigneten Betrieben würde faktisch unterbunden, wenn die Gesellschaften der anderen Vertragspartei nicht anerkannt wird, sobald der inländische Betrieb oder das inländische Büro als Verwaltungssitz gewertet würde, während inländische oder Drittstaaten-Gesellschaften in den Genuss der Anerkennung gelangten.

Damit können die Inländerbehandlungs- und Meistbegünstigungsklauseln Auswirkungen auf die kollisionsrechtlichen Anerkennungsregeln haben. Die Vorschriften der Inländerbehandlung und Meistbegünstigung können dabei die Anwendung des nationalen Kollisionsrechts der Vertragsparteien beeinflussen. Da es jedoch unklar ist, ob der Staatsvertrag in Artikel XXV Abs. 5 S. 2 FHSV nicht bereits eine eigene Anerkennungsregel anbietet, können die Vorschriften zur Inländerbehandlung und Meistbegünstigung auch unmittelbar auf die Auslegung des Artikels XXV Abs. 5 S. 2 FHSV Einfluss haben. Die Inländerbehandlung

408 Von dem Inländerbehandlungs- und Meistbegünstigungsgrundsatz sind auch mittelbare, faktische Diskriminierungen erfasst, damit der Inländerbehandlungs- und Meistbegünstigungsgrundsatz des Freundschaftsvertrags nicht umgangen werden kann. *Dammann*, RabelsZ 68 (2004), 607, 638.

und die Meistbegünstigung sind tragende Grundsätze des Freundschaftsvertrags[409] und werden in vielen Bereichen gewährt. So haben Gesellschaften neben dem Recht, sich im anderen Vertragsstaat niederzulassen (Art. VII FHSV), zum Beispiel auch das Recht, Eigentum und Räumlichkeit zu besitzen (Art. V Abs. 5) oder Vermögen jeder Art zu veräußern und anderweitig darüber zu verfügen (Art. IX Abs. 4 FHSV). Damit Gesellschaften diese Rechte und Vergünstigungen umfassend wahrnehmen können, ist Artikel XXV Abs. 5 S. 2 FHSV als staatsvertragliche Gesellschaftskollisionsnorm mit Hinwendung zur Gründungstheorie auszulegen.

Darüber hinaus kann die Frage gestellt werden, ob aus den einzelnen Vorschriften auf Inländerbehandlung und Meistbegünstigung, insbesondere der Niederlassungsfreiheit, aufgrund der jüngsten europarechtlichen Entwicklungen ein eigenständiges Recht auf Anerkennung (neben Artikel XXV Abs. 5 S. 2 FHSV) folgt. Dieses Problem ist jedoch unabhängig von der Frage zu klären, was unter der Anerkennungsnorm des Artikels XXV Abs. 5 S. 2 FHSV zu verstehen ist. Darüber wird anschließend, nach der Auslegung des Artikels XXV Abs. 5 S. 2 FHSV, entschieden.[410]

c. Artikel VI Abs. 1 FHSV

Nach *Berndt* spricht weiterhin die Existenz des Artikels VI Abs. 1 FHSV gegen ein kollisionsrechtliches Verständnis des Artikels XXV Abs. 5 S. 2 FHSV.[411] Artikel VI Abs. 1 des Freundschaftsvertrags bestimmt, dass Staatsangehörigen und Gesellschaften des einen Vertragsteils im Gebiet des anderen Vertragsteils Inländerbehandlung hinsichtlich des Zutritts zu Gerichten gewährt wird. *Berndt* führt aus, dass Artikel VI überflüssig sei, wenn bereits Artikel XXV Abs. 5 S. 2 als Kollisionsnorm das gesamte Gesellschaftsstatut nach dem Gründungsrecht bestimme. Ob die kollisionsrechtliche Anerkennung des rechtliches Status im Sinne des Artikels XXV Abs. 5 S. 2 FHSV auch die Anerkennung der Parteifähigkeit erfasst, ist jedoch ein Frage, die erst beantwortet werde kann, wenn Artikel XXV Abs. 5 S. 2 FHSV als Kollisionsnorm ausgelegt wurde. Die Existenz des Artikels XI FHSV an sich widerspricht daher nicht einem kollisionsrechtlichen Verständnis des Artikels XXV Abs. 5 S. 2. FHSV.

---

409 Vgl. die Präambel des Freundschaftsvertrags, wörtlich zitiert in Kapitel D II 3 a.

410 Siehe Kapitel D III.

411 *Berndt,* JZ 1996, 189, 190.

d. Verhältnis von Halbsatz 1 zu Halbsatz 2 des Artikels XXV Abs. 5 S. 2 FHSV

Für ein kollisionsrechtliches Verständnis spricht das Verhältnis zwischen den beiden Halbsätzen des Artikels XXV Abs. 5 S. 2 FHSV. *Dammann* legt überzeugend dar, dass der 2. Halbsatz des Artikels XXV Abs. 5 S. 2 FHSV überflüssig sei, wenn er lediglich eine fremdenrechtliche Norm darstelle.[412] Bereits der 1. Halbsatz, der die aus dem Vertrag Begünstigten nennt, bestimmt, für welche Gesellschaften die ausländerrechtlichen Regeln des Staatsvertrags eingreifen; nämlich für solche Gesellschaften, „die gemäß den Gesetzen und Vorschriften des einen Vertragsteils in dessen Gebiet errichtet sind". Der 1. Halbsatz bestimmt daher bereits die Zugehörigkeit zu der einen oder anderen Vertragspartei für die Zwecke des Freundschaftsvertrags. Daher muss der 2. Halbsatz eine darüber hinausgehende Bedeutung haben. Diese Bedeutung liegt in ihrem kollisionsrechtlichen Inhalt.

e. Artikel XXIV Abs. 1 FHSV

Auch der Zusammenhang mit einer weiteren Vorschrift zeigt, dass Artikel XXV Abs. 5 S. 2 FHSV einen Inhalt haben muss, der über eine fremdenrechtliche Bedeutung hinausgeht. In Artikel XXIV Abs. 1 heißt es:

> „Durch diesen Vertrag bleibt das Recht jedes Vertragsteiles unberührt, Maßnahmen anzuwenden [...] (e) welche solche Gesellschaften, die im Eigentum oder der Kontrolle von Staatsangehörigen eines dritten Landes [...] stehen, von den Vergünstigungen dieses Vertrags auszuschließen; jedoch darf die Anerkennung ihres rechtlichen Status und der Zugang zu den Gerichten nicht eingeschränkt werden."[413]

Diese Vorschrift ergäbe keinen Sinn, wenn die Anerkennung des rechtlichen Status lediglich dazu diente, die Begünstigten des Staatsvertrags zu bestimmen.[414] Bei einem solchen fremdenrechtlichen Verständnis von „Anerkennung des rechtlichen Status" würde nämlich den Vertragsteilen aufgrund des Artikels XXIV Abs. 1 das Recht gewährt, bestimmte Gesellschaften von den Vergünstigungen des Vertrags auszuschließen, zugleich würde das Verbot erteilt, den

---

412 *Dammann,* RabelsZ 68 (2004), 617, 626.

413 Artikel XXIV Abs. 1 FHSV, englische Fassung:
„The present Treaty shall not preclude the application by either Party of measures [...] (e) denying to any company in the ownership or direction of which nationals of any third country or countries have directly or indirectly the controlling interest, the advantages of the present Treaty, except with respect to recognition of juridical status and with respect to access to courts [...]."

414 *Dammann,* RabelsZ 68 (2004), 607, 626.

„Status“ dieser Gesellschaften als die vom Vertrag Begünstigten einzuschränken. Die „Anerkennung des rechtlichen Status“ muss deswegen einen eigenständigen Gehalt gegenüber den sonstigen vom Vertrag gewährten Rechte haben.

f. Schlussfolgerung

Die systematischen Argumente, die für ein fremdenrechtliches Verständnis des Artikels XXV Abs. 5 S. 2 des Freundschaftsvertrags angeführt werden, sind nicht überzeugend. Anders verhält es sich mit den Argumenten, die für ein kollisionsrechtliches Verständnis des Artikels XXV Abs. 5 S. 2 FH anzubringen sind. Daher spricht die systematische Auslegung insgesamt für ein kollisionsrechtliches Verständnis des Artikels XXV Abs. 5 S. 2 des Freundschaftsvertrags.

3. Teleologische Auslegung

Die teleologische Auslegung der Vorschrift scheint zunächst nicht weiterhelfen zu können, da der Sinn und Zweck der Vorschrift gerade Gegenstand der Untersuchung sind.[415] Um einem Vertrag größtmögliche Effektivität zu verschaffen, sind nach der teleologischen Methode jedoch die fraglichen Begriffe gemäß dem Ziel und dem Zweck des gesamten Vertrags auszulegen.[416] Daher wird hier zur Bestimmung des Anerkennungsbegriffs zunächst auf den Sinn und Zweck des Freundschaftsvertrags insgesamt zurückgegriffen. Darüber hinaus stellt sich die Frage, ob Artikel XXV Abs. 5 S. 2 FHSV sowohl bei einem kollisionsrechtlichen als auch bei einem fremdenrechtlichen Verständnis eine sinnvolle, umfassende Bedeutung erlangt.

a. Sinn und Zweck des Freundschaftsvertrags

In der Präambel des deutsch-US-amerikanischen Freundschaftsvertrags werden die Ziele und der Sinn des Freundschaftsvertrags festgelegt:

> „Von dem Wunsch geleitet, die zwischen ihnen bestehenden Bande der Freundschaft zu festigen und engere wirtschaftliche und kulturelle Beziehungen zwischen den beiden Völkern zu fördern sowie in der Überzeugung dass diesen Zielen Vereinbarungen dienen, durch welche zu beiderseitigem Nutzen der Handel zwischen beiden Ländern gefördert wird und Kapitalanlagen angeregt werden sowie gegenseitige Rechte und Vergünstigungen begründet werden, haben die Bundesrepublik Deutschland und die Vereinigten Staa-

415 So *Dammann*, RabelsZ 68 (1004), 607, 615; *Paal*, ZIW 2005, 735, 739.
416 *Ipsen*, § 11 Rn. 19.

ten von Amerika beschlossen, einen Freundschafts-, Handels- und Schiffahrtsvertrag abzuschließen, der im allgemeinen auf den Grundsätzen der gegenseitig gewährten Inländerbehandlung und unbedingten Meistbegünstigung beruht."[417]

Es muss nun festgestellt werden, ob diese Ziele des deutsch-US-amerikanischen Vertrags entweder durch eine kollisionsrechtliche oder durch eine fremdenrechtliche Auslegung des Artikels XXV Abs. 5 S. 2 FHSV bestmöglich erreicht werden (*effet utile*).[418]

(1) Förderung der wirtschaftlichen Beziehungen

Die Präambel nennt als wichtiges Ziel des Freundschaftsvertrags, den Handel zu beiderseitigem Nutzen zu fördern. Gegner einer kollisionsrechtliche Auffassung des Artikels XXV Abs. 5 S. 2 FHSV führen dazu an, dass Sinn und Znweck des deutsch-US-amerikanischen Freundschaftsvertrags nicht der Abschluss eines kollisionsrechtlichen, sondern eines wirtschaft- oder handelspolitischen Vertrags gewesen sei.[419] Damit sei es nicht Sinn und Zweck des Vertrags, eine kollisionsrechtliche Norm zu schaffen.

Zunächst ist der deutsch-US-amerikanische Freundschafts-, Handels- und Schifffahrtsvertrag kein ausschließlich handelspolitischer Vertrag. Es geht um die umfassende Pflege der wirtschaftlichen und *kulturellen* deutsch-US-amerikanischen Beziehungen, wie es die Präambel ausdrücklich erklärt und wie auch aus dem Namen des Vertrags hervorgeht („Freundschaftsvertrag"). Zwar beinhaltet der Vertrag in erster Linie handelsrechtliche Vorschriften, aber daraus kann nicht gefolgert werden, dass er keine kollisionsrechtlichen Regelungen enthalten darf. Das eine schließt das andere nicht aus. Vielmehr fördert es den Handel zu beiderseitigem Nutzen, wenn Gesellschaften der einen Vertragspartei im Gebiet der an-

---

417 Präambel, englische Fassung:
„The United States of America and the Federal Republic of Germany desirous of strengthening the bonds of friendship existing between them and of encouraging closer economic and cultural relations between their peoples, and being cognizant of the contributions which may be made toward these ends by arrangements promoting mutually advantageous commercial intercourse, encouraging mutually beneficial investments, and establishing mutual rights and privileges, have resolved to conclude a Treaty of Friendship, Commerce and Navigation, based in general upon the principles of national and of unconditional most-favored-nation treatment reciprocally accorded."

418 Aufgrund des völkerrechtlichen Effektivitätsprinzips (*effet utile*) ist ein Vertrag so auszulegen, dass seine Gestaltungsziele und sein Regelungszweck bestmöglich erreicht werden. *Ipsen,* § 11 Rn. 16.

419 OLG Düsseldorf, Urt. v. 01.10.1997 – Az. 15 U 173/96 – „juris" Rn. 61; *Berndt,* JZ 1996, 187, 189.

deren Vertragspartei kollisionsrechtlich anerkannt werden, auch wenn sie ihren Verwaltungssitz in dem anderen Vertragsstaat belegen haben. Dadurch wird die Mobilität der Gesellschaften erhöht. Die kollisionsrechtliche Frage der Anknüpfung des Gesellschaftsstatuts ist also ein wichtiger Aspekt, der den Handelsverkehr beeinflusst und in einem Freundschafts-, Handels- und Schifffahrtsvertrag sinnvollerweise mitgeregelt werden darf.

Damit wird die kollisionsrechtliche Auslegung des Artikels XXV Abs. 5 S. 2 FHSV dem Ziel des Freundschaftsvertrags, den Handel zu fördern, besser gerecht.

(2) Gedanke der Gegenseitigkeit

Die Präambel des Freundschaftsvertrags bestimmt weiterhin, dass durch den Vertrag gegenseitige Rechte und Verpflichtungen begründet werden. Es wird nun vorgebracht, dass der im Freundschaftsvertrag verankerte Gedanke der Gegenseitigkeit gegen ein kollisionsrechtliches Verständnis spräche, denn das deutsche Gesellschaftskollisionsrecht würde zugunsten des US-amerikanischen Gesellschaftskollisionsrechts verdrängt.[420]

Zum Einen ist es unrichtig, dass bei einer staatsvertraglichen Anknüpfung des Gesellschaftsstatuts an den Gründungsort nur das deutsche Gesellschaftskollisionsrecht verdrängt wird. Eine staatsvertragliche Kollisionsnorm verdrängt das Gesellschaftskollisionsrecht beider Vertragspartner. Daher werden bei einem kollisionsrechtlichen Verständnis des Artikels XXV Abs. 5 S. 2 FHSV auch einige Bestimmungen des US-amerikanischen Kollisionsrechts nicht angewendet; zum Beispiel werden die durch die Rechtsprechung und durch *statutes* geschaffenen Einschränkungen der US-amerikanischen Gründungstheorie außer Kraft gesetzt.[421] Die Vertragsparteien schaffen also autonomes, staatsvertragliches Kollisionsrecht und bestimmen nicht lediglich das Kollisionsrecht eines Vertragsstaates auch für den anderen Vertragsstaat als maßgeblich.

Zum Anderen bedeutet es keine Verletzung des Gegenseitigkeitsprinzips, wenn in einer Kollisionsnorm das staatsvertragliche Anknüpfungsmoment gewählt wird, das im Wesentlichen in einer Rechtsordnung – hier der der USA – für das nationale Kollisionsrecht vorgesehen war. Wenn eine staatsvertragliche Kollisionsnorm geschaffen werden soll, muss eine mögliche Anknüpfung gewählt werden. Die sinnvollen Anknüpfungsmomente im internationalen Gesellschaftsrecht sind im Wesentlichen auf zwei Möglichkeiten – den Ort des Verwaltungssitzes oder den Gründungsort – beschränkt. Jede der Vertragsparteien –

420 *Berndt*, JZ 1996, 187, 190.
421 Siehe dazu ausführlich in Kapitel F VIII.

Deutschland und die Vereinigten Staaten von Amerika – hatte einen dieser beiden sinnvollen Anknüpfungspunkte im nationalen Kollisionsrecht vorgesehen. Die Wahl des Anknüpfungspunkts, den die USA weitgehend für das nationale Kollisionsrecht vorsehen, stellt dabei keine Verletzung des Gegenseitigkeitsprinzips dar, denn andernfalls wären in gegenseitigen Staatsverträgen niemals Regelungen in solchen Bereichen möglich, in denen das nationale Recht verschiedene Positionen einnimmt und im Staatsvertrag eine Position der anderen weichen muss. Dies wäre nicht sachgerecht.

Das Gegenseitigkeitsprinzip verlangt zwar nicht, erlaubt aber, Artikel XXV Abs. 5 S. 2 FHSV als Kollisionsnorm mit Anknüpfung an den Gründungsort zu verstehen.

b. Bedeutung des Artikels XXV Abs. 5 S. 2 FHSV bei einem fremdenrechtlichen Verständnis

Es ist zu fragen, ob sowohl ein kollisionsrechtliches als auch ein fremdenrechtliches Verständnis der Norm eine sinnvolle Bedeutung geben. Die Bedeutung des Artikels XXV Abs. 5 S. 2 FHSV ist bei einem kollisionsrechtlichen Verständnis offensichtlich. Die Norm sorgt dafür, dass die rechtliche Existenz von Gesellschaften, die nach dem Recht des einen Vertragsteils wirksam gegründet wurden, auch im anderen Vertragsteil ungeschmälert und unbeeinträchtigt durch das Kollisionsrecht der anderen Vertragspartei erhalten bleibt. Damit richtet sich zumindest die Bestimmung der Rechtsfähigkeit nach dem Ort der Gründung, wenn nicht sogar die Bestimmung des gesamten Gesellschaftsstatuts.

Vertreter eines fremdenrechtlichen Verständnisses sehen die Bedeutung der Norm darin, dass sie festlegt, wann ausländerrechtliche Regeln des Staatsvertrags eingreifen.[422] Bei einem solchen fremdenrechtlichen Verständnis nennt Artikel XXV Abs. 5 S. 2 FHSV also lediglich die aus dem Vertrag Begünstigten. Aus dem Vertrag Begünstigte sind nach Artikel XXV Abs. 5 S. 2, 1. Halbsatz FHSV die Gesellschaften, die nach den Vorschriften einer Vertragspartei in dessen Gebiet errichtet wurden. Artikel XXV Abs. 5 S. 2, 2. Halbsatz sicher bei einem solchen Verständnis nur noch deklaratorisch, dass Gesellschaften im Gebiet des anderen Vertragsteils kollisionsrechtlich anerkannt werden, wenn sie den Voraussetzungen des nationalen Kollisionsrechts entsprechen. Bei einem fremdenrechtlichen Verständnis des Artikels XXV Abs. 5 S. 2 FHSV stehen damit wirksam nach deutschem oder US-amerikanischem Recht gegründeten Gesellschaften in dem Gebiet der anderen Vertragspartei die Rechte aus dem Freundschaftsvertrag zu. Wie können jedoch einer solchen Gesellschaft in dem Gebiet des anderen

422 *Kegel/Schurig*, § 17 II c).

Vertragsteils irgendwelche Rechte zustehen, wenn die Gesellschaft mangels kollisionsrechtlicher Anerkennung im anderen Vertragsteil rechtlich nicht existiert?

Eine Entscheidung über die rechtliche Existenz wird erst dann getroffen, wenn die Gesellschaft im kollisionsrechtlichen Sinne anerkannt wurde, also die Rechtsordnung ermittelt wurde, die über die Rechtsfähigkeit der Gesellschaft entscheidet.[423] Die kollisionsrechtliche Anerkennung ist damit zwangsläufig Voraussetzung, um in den Genuss der Rechte des Freundschaftsvertrags zu gelangen. Es widerspricht sich, wenn eine Gesellschaft, die nach den Vorschriften des einen Vertragsteils wirksam errichtet wurde (im Sinne der Gründungstheorie), als Begünstigte des Vertrags bezeichnet wird, aber dieser Gesellschaft die daraus resultierenden Vorteile mangels rechtlicher Existenz im Gebiet des anderen Vertragsteils (aufgrund der Anwendung der Sitztheorie) verweigert wird. Wenn Gesellschaften Begünstigte des Vertrags sind, sobald sie wirksam nach dem Recht eines Vertragsteils gegründet wurden (Gründungstheorie), müssen diese ihre Rechte auch im anderen Vertragsteil geltend machen dürfen, auch wenn ihr Hauptverwaltungssitz nicht im Gründungsstaat liegt. Daher werden nach Artikel XXV Abs. 5 S. 2 2. Halbsatz FHSV solche Gesellschaften im anderen Vertragsstaat kollisionsrechtlich anerkannt. Andernfalls liefe Artikel XXV Abs. 5 S. 2 FHSV leer.

Selbst Vertreter eines fremdenrechtlichen Verständnisses des Artikels XXV Abs. 5 S. 2 FHSV sprechen aufgrund dieser Schwierigkeiten davon, dass die Gesellschaft eines Vertragsteils „als solche" bzw. „als Körperschaft" im anderen Vertragsteil anerkannt werde.[424] Um eine Gesellschaft jedoch als Gesellschaft oder als Körperschaft anzuerkennen, muss die Gesellschaft wiederum irgendeine rechtliche Existenz aufweisen. Und es ist wiederum das Kollisionsrecht, dass darüber entscheidet, ob ein nach ausländischem Recht gegründetes Gebilde rechtliche Wirkungen im Inland entfaltet. Wenn Artikel XXV Abs. 5 S. 2 FHSV also nur die Anerkennung einer Gesellschaft als solche bestimmen soll, muss dies zugleich bedeuten, dass die Gesellschaft nach kollisionsrechtlichen Vorschriften zumindest als rechtliches Gebilde existiert bzw. rechtsfähig ist. Oder, wie es der BGH darstellt, die Anerkennung des Rechtssubjekts „Gesellschaft" bedeutet zugleich, dass es im anderen Staat handeln darf.[425] Damit hat die Vorschrift bereits kollisionsrechtlichen Inhalt.

---

423 MüKo-BGB/*Kindler*, IntGesR Rn. 302.

424 *Walden*, S. 163; *Großfeld/Erlinghagen*, JZ 1993, 217, 224 (bei *Großfeld/Erlinghagen* ist jedoch unklar, ob die Verfasser einem kollisionsrechtlichen Verständnis wenigstens zur Bestimmung der Rechtsfähigkeit folgen).

425 BGH, Urt. vom 29.01.2003 – VIII ZR 155/02 – BGHZ 153, 353 = NJW 2003,1607 = IPRax 2003, 265.

Vertreter eines fremdenrechtlichen Verständnis führen schließlich an, dass die Bedeutung des Artikels XXV Abs. 5 S. 2 FSH darauf reduziert sei, die Gleichbehandlung von solchen in- und ausländischen Gesellschaften zu gewährleisteten, deren Rechtsfähigkeit kollisionsrechtlich anerkannt wurde.[426] Die Gleichbehandlung von in- und ausländischen Gesellschaften wird jedoch nicht durch Artikel XXV Abs. 5 FHSV gewährt, sondern durch zahlreiche spezielle Regelungen über die Inländerbehandlung, wie zum Beispiel in Artikel VII oder IX FHSV. Einen allgemeinen Gleichbehandlungsgrundsatz enthält der Freundschaftsvertrag gerade nicht, und auch Artikel XXV Abs. 5 FHSV spricht nicht von einem solchen.

Wird Artikel XXV Abs. 5 FHSV also ausschließlich als fremdenrechtliche Norm gesehen, hätte die Vorschrift keine widerspruchsfreie rechtliche Bedeutung. Erst ein kollisionsrechtliches Verständnis gibt dem Satz 2 des Artikels XXV Abs. 5 FHSV einen umfassenden Sinn.

c. Schlussfolgerung

Sowohl Sinn und Zweck des Freundschaftsvertrags insgesamt als auch (Un-) Sinn und Zweck der Norm bei einem fremdenrechtlichen Verständnis sprechen dafür, dass es sich bei Artikel XXV Abs. 5 S. 2 FHSV um eine staatsvertragliche Kollisionsnorm handelt. Nur eine solche Auslegung verleiht der Norm eine umfassende Bedeutung.

4. Praktische Anwendung durch die Vertragsparteien

Ein weiteres Indiz dafür, wie die Vertragsparteien Artikel XXV Abs. 5 S. 2 FHSV verstehen und als Recht anwenden wollen, ist die nachfolgenden Praxis der Vertragsdurchführung. Während deutsche Gerichte mehrfach über die Auslegung des Artikels XXV Abs. 5 S. 2 des deutsch-US-amerikanischen Freundschaftsvertrags entschieden, musste die US-amerikanische Rechtsprechung bis jetzt allerdings keine Stellung zur Auslegung dieses Artikels beziehen.

a. Deutsche Rechtsprechung

(1) Zivilgerichte, insbesondere Bundesgerichtshof

Welche Bedeutung Artikel XXV Abs. 5 S. 2 FHSV zukommt, haben zunächst Land- und Oberlandesgerichte entschieden. Während einige Gerichte dabei Arti-

426 *Paal*, RIW 2005, 735, 736.

kel XXV Abs. 5 S. 2 FHSV keine kollisionsrechtliche Bedeutung zumaßen,[427] entschieden andere Gerichte, dass sich aufgrund des Artikels XXV Abs. 5 S. 2 FHSV die Anerkennung von Gesellschaften im deutsch-US-amerikanischen Verhältnis allein nach der Gründungstheorie richte.[428]

Der BGH entschied über die Auslegung des Artikels XXV Abs. 5 S. 2 FHSV erstmals im Jahre 2002. Der 11. Zivilsenat des BGH hatte in einem insolvenzrechtlichen Urteil festzustellen, ob das Berufungsgericht das anzuwendende ausländische Recht ausreichend ermittelt habe.[429] Dabei entschied der 11. Zivilsenat fast nebenbei, dass nach dem deutsch-US-amerikanischen Freundschaftsvertrag „das Recht, nach dem die Gesellschaft gegründet wurde", zur Bestimmung des Personalstatuts maßgeblich sei.[430] Damit fand im deutsch-US-amerikanischen Verhältnis eine erste höchstrichterliche Hinwendung zur Gründungstheorie statt.

Am 29. Januar 2003 fällte der 8. Zivilsenat des BGH ein Grundsatzurteil.[431] Das Gericht musste die Partei- und Prozessfähigkeit einer in den Vereinigten Staaten von Amerika gegründeten Gesellschaft mit Verwaltungssitz in Deutschland feststellen. Die Klägerin, eine als Aktiengesellschaft wirksam nach dem Recht des US-amerikanischen Staates Florida gegründete Gesellschaft, verkaufte durch notariellen Kauf- und Abtretungsvertrag dem Beklagten Geschäftsanteile. Nach der Übertragung der Geschäftanteile verlangte die Klägerin von dem Beklagten die Zahlung des Kaufpreises. Der Beklagte führte jedoch an, dass die Klägerin aufgrund ihres Verwaltungssitzes in Deutschland keine Partei- und Prozessfähigkeit besitze. Das Landgericht gab der Klage statt.[432] Das Oberlandesgericht wies hingegen die Klage als unzulässig ab.[433] Es entschied, dass das Personalstatut der Klägerin sich nach der Sitztheorie richte. Mangels wirksamer Gründung in Deutschland als dem Staat des Verwaltungssitzes sei die Klägerin daher nicht rechtsfähig. Artikel XXV Abs. 5 S. 2 FHSV stehe dem nicht entgegen. Dies ergebe sich aus der am Wortlaut und Sinn und Zweck dieser Regelung orientierten Auslegung.

---

427 OLG Düsseldorf, Urt. v. 01.10.1997, Az. 15 U 173/96 – „juris"; ebenso, ohne jedoch auf den FHSV einzugehen OLG Düsseldorf, ZIP 2002, 2132 und OLG München, ZIP 2002, 2132.

428 OLG Zweibrücken, NJW 1987, 2168; OLG Celle, WM 1992, 1703, 1706; OLG Düsseldorf, WM 1995, 808, 811 = NJW-RR 1995, 1124; OLG Naumburg, Urt. v. 19.12.1995, Az. 7 U 146/95, „juris," OLG Koblenz. Urt. v. 16.10.2003 – 2-U 55/99 – „juris".

429 BGH, Urt. v. 23.04.2002 – XI ZR 136/01 – BGHZ 78, 318 = NJW-RR 2002, 1359.

430 BGH, Urt. v. 23.04.2002 – XI ZR 136/01 – BGHZ 78, 318 = NJW-RR 2002, 1359.

431 BGH, Urt. v. 29.01.2003 – VIII ZR 155/02 – BGHZ 153, 353 ff. = NJW 2003, 1607 = IPRax 2003, 265.

432 LG Hagen (Westfalen), 08.03.2001, Az. 6 O 423/98 – „juris".

433 OLG Hamm, GmbHR 2003, 302= IPRspr 2003, Nr. 10, 28-32.

Dieses Urteil hob der 8. Zivilsenat des BGH auf. Der Senat entschied, dass aufgrund des Artikels XXV Abs. 5 S. 2 FHSV „bezüglich Fragen der Anerkennung der Rechts- und Parteifähigkeit von Gesellschaften [...] zu Recht die Anknüpfung an das Gründungsrecht befürwortet wird".[434] Die im Freundschaftsvertrag vereinbarte Inländerbehandlung, Meistbegünstigung und Niederlassungsfreiheit forderten eine solche Auffassung. Damit war die in den Vereinigten Staaten von Amerika gegründete Gesellschaft mit Verwaltungssitz in Deutschland als partei- und prozessfähig anerkannt.

Der 1., 2. und 11. Zivilsenat des BGH bestätigten im Jahr 2004 die Grundsatzentscheidung des 8. Zivilsenats.[435] Der 2. Zivilsenat entschied am 05.07.2004 unter Berufung auf das Grundsatzurteil des 8. Zivilsenates, dass „die Haftung der Gesellschafter für Verbindlichkeiten einer in den USA nach dortigen Vorschriften gegründeten Gesellschaft (hier einer „Inc.") mit Verwaltungssitz im Gebiet der Bundesrepublik Deutschlands sich jedenfalls dann nach dem Gründungsrecht [richte], wenn die Gesellschaft geschäftliche Aktivitäten in den USA [entfalte]."[436] Die Anwendung der Gründungstheorie folge insbesondere daraus, dass Artikel VII FHSV „ausdrücklich Niederlassungsfreiheit für Gesellschaften jedes Vertragsteils im Gebiet des anderen Vertragsteils gewährt".[437] Der 1. Zivilsenat und der 11. Zivilsenat beriefen sich in ihren Entscheidungen vom 13. Oktober 2004 und vom 04. Mai 2004 ebenfalls auf das Grundsatzurteil des 8. Zivilsenats und gaben im Übrigen keine weiteren Erklärungen für die Hinwendung zur Gründungstheorie ab.

Damit ist es als deutsche Anwendungspraxis zu sehen, dass Artikel XXV Abs. 5 S. 2 FHSV eine staatsvertragliche Kollisionsnorm mit Hinwendung zur Gründungstheorie darstellt.

(2) Bundesfinanzhof

Auch aus steuerrechtlicher Perspektive wurde vorgetragen, dass Artikel XXV Abs. 5 S. 2 FHSV sich lediglich zu der Anerkennung ausländischer Gesellschaf-

434 OLG Hamm, GmbHR 2003, 302= IPRspr 2003, Nr. 10, 28-32.

435 BGH, Urt. v. 13.10.2004 – I ZR 245/01 („GEDIOS") – BGH, JZ 2005, 298 = IPRax 2005, 340; BGH, Urt. v. 05.07.2004 – II ZR 389/02 – BGH, NJW-RR 2004, 1618 = IPRax 2005, 339; BGH, Urt. v. 04.05.2005 – XI ZR 40/03 = BGHZ 159, 94, 100 = NJW 2004, 2523.

436 Leitsatz zu BGH, Urt. v. 05.07.2004 – II ZR 389/02 – BGH, NJW-RR 2004, 1618 = IPRax 2005, 339.

437 BGH, Urt. v. 05.07.2004 – II ZR 389/02 – BGH, NJW-RR 2004, 1618 = IPRax 2005, 339.

ten, nicht jedoch zur Verwaltungssitzverlegung äußere.[438] In diesem Sinne fällte der 1. Senat des Bundesfinanzhofs (BFH) das Urteil vom 13. November 1991.[439] Dort stellte sich die Frage, ob eine US-amerikanische Gesellschaft, die ihre Geschäftsleitung, nicht aber ihren statutarischen Sitz nach Deutschland verlegt hatte, Organträgerin einer inländischen Kapitalgesellschaft im Sinne von § 14 Nr. 3 KStG (1984)[440] sein könne. Der BFH führte dazu aus:

> „Nach Art. XXV Abs. 5 des Freundschaftsvertrags ist nur der rechtliche Status der A-Inc. als eine in den USA wirksam gegründete Kapitalgesellschaft anzuerkennen. Dies bedeutet nur, dass die A-Inc. als ausländisches Rechtsgebilde im Inland anzuerkennen ist. Es besagt jedoch nichts darüber, ob die A-Inc. auch durch Verlegung des Verwaltungssitzes den Status eines inländischen Rechtsgebildes annehmen kann. So gesehen ist Art. XXV Absatz 5 des Freundschaftsvertrags für die Auslegung der §§ 14, 15 KStG 1984 ohne Bedeutung."[441]

Diese Rechtsprechung hat der BFH allerdings am 29. Januar 2003 – am dem Tag, an dem der BGH sein Grundsatzurteil zu der Auslegung des Artikels XXV Abs. 5 S. 2 FHSV fällte, aufgegeben:[442]

> „Eine nach dem Recht des Staates Delaware gegründete US-amerikanische Kapitalgesellschaft mit statutarischen Sitz in den USA, die ihre tatsächliche Geschäftleitung in die Bundesrepublik Deutschland verlegt hat, [kann] Organträgerin einer inländischen Kapitalgesellschaft sein."

Der steuerrechtliche Begriff der Geschäftsleitung entspricht dabei im Wesentlichen dem Begriff des tatsächlichen Verwaltungssitzes im Zivil- und Han-

---

438 *Baranowski*, IWB Deutschland Fach 3 Gruppe 4, S. 331, 333; zustimmend *Dötsch* DB 1989, 2296, 2297; *Debatin*, GmbHR 1991, 164, 168.

439 BFH Beschluss v. 13.11.1991, I R 72/91, BStBl. II 1992, 263.

440 § 14 KStG (1984) (a.F.):
„Verpflichtet sich eine Aktiengesellschaft oder Kommanditgesellschaft auf Aktien mit Geschäftleitung und Sitz im Inland durch Gewinnabführungsvertrag [...] ihren ganzen Gewinn an ein anderes gewerblichen Unternehmen abzuführen, so ist das Einkommen der Organgesellschaft [...] dem Träger des Unternehmens zuzurechnen, wenn die folgenden Vorschriften erfüllt sind: Nr.3. Der Organträger muss eine [...] Körperschaft, Personenvereinigung oder Vermögensmasse [...] mit Sitz und Geschäftsleitung im Inland oder eine Personengesellschaft [...] mit Sitz und Geschäftsleitung im Inland sein. [...]"
In der neuen Fassung des § 14 Nr. 2 KStG ist es ausreichend, dass die Organträgerin lediglich die Geschäftsleitung im Inland hat.

441 BFH Beschluss v. 13.11.1991, I R 72/91 – BStBl. 1992 II, 263, 264 unter II 5.

442 BFH Urt. v. 29.01.2003, I R 6/99 – BStBl. 2004 II, 1043 = RIW 2003, 627 = ZIP 2003, 1340 =DB 2003, 1200 mit Anm. *Thömmes*, DB 2003, 1203; vgl. auch *Sedmund*, DB 2003, 1362.

delsrecht.[443]. Der BFH stützte seine Entscheidung auf den steuerlichen Gleichbehandlungsgrundsatz des Artikels 24 Abs. 4 DBA-USA.[444] Ob sich diese steuerrechtliche Gleichstellung deutscher und US-amerikanischer Gesellschaften auch aus dem Grundsatz der Inländerbehandlung des Artikels XI Abs. 1 des Freundschaftsvertrags herleiten lässt, lies der BFH offen.

Das Gericht führte an späterer Stelle an, dass sich ein anderes Ergebnis auch angesichts des Artikels XXV Abs. 5 S. 2 FHSV verbiete. Die Anerkennung des rechtlichen Status einer nach den Vorschriften des anderen Vertragsteils gegründeten Gesellschaft sei nicht mehr gewährleistet, „wenn die zuziehende Gesellschaft ihren rechtlichen Status infolge der Rechtsordnung des anderen Vertragsstaates verlöre“. Die Bundesrepublik Deutschland sei nicht befugt, „an den Wechsel des Verwaltungssitzes besondere Besteuerungsfolgen zu knüpfen“. Im Ergebnis vollzieht der BFH damit eine Abkehr von der Sitztheorie bei der Verlegung des Verwaltungssitzes von US-amerikanischer Gesellschaften nach Deutschland.

b. US-amerikanische Rechtsprechung

Da die Vereinigten Staaten von Amerika dem System der *stare decisis* folgen, würde eine Entscheidung des *U.S. Supreme Court* über die Auslegung des Artikels XXV Abs. 5 S. 2 FHSV alle US-amerikanischen Gerichte binden. Aber weder der *U.S. Supreme Court* noch sonstige US-amerikanische Bundes- oder einzelstaatlichen Gerichte bekamen bis jetzt Anlass, die fragliche Vorschrift auszulegen. Ein Blick auf die Anwendungspraxis der US-amerikanischen Gerichte hilft damit nicht weiter.

---

443 BFH, Urteil v. 23.06.1992, IX R 182/87 – IPRax 1993, 248; *Dötsch*, DB 1989, 2296.

444 Artikel 24 Abs. 4 DBA-USA [Abkommen zwischen der Bundesrepublik Deutschland und den Vereinigten Staaten von Amerika zur Vermeidung der Doppelbesteuerung und zur Verhinderung der Steuerverkürzung auf dem Gebiet der Steuern vom Einkommen und vom Vermögen und einiger anderer Steuern vom 29. August 1989]. Gleichbehandlung:
„(4) Unternehmen eines Vertragsstaats, deren Kapital ganz oder teilweise unmittelbar oder mittelbar einer im anderen Vertragsstaat ansässigen Person oder mehreren solchen Personen gehört oder ihrer Kontrolle unterliegt, dürfen im erstgenannten Staat keiner Besteuerung oder damit zusammenhängenden Verpflichtung unterworfen werden, die anders oder belastender ist als die Besteuerung und die damit zusammenhängenden Verpflichtungen, denen andere ähnliche Unternehmen des erstgenannten Staates unterworfen sind oder unterworfen werden können.“

c. Schlussfolgerung

Auch wenn in der US-amerikanischen Rechtsprechung keine Hinweise zur Auslegung des Artikels XXV Abs. 5 S. 2 FHSV vorliegen, kann aufgrund der Rechtsprechung des BGH und des BFH zumindest als gefestigte deutsche Rechtsprechung festgestellt werden, dass Artikel XXV Abs. 5 S. 2 FHSV eine Kollisionsnorm mit Hinwendung zur Gründungstheorie darstellt.

5. Historische Auslegung

Die historische Auslegung völkerrechtlicher Verträge wird – wie bereits erörtert – nur hilfsweise als Auslegungsmethode herangezogen. Der Vollständigkeit halber wird sie an dieser Stelle ebenfalls beachtet. Im Rahmen der historischen Auslegung sind vor allem die vorbereitenden Vertragsmaterialien (*traveaux préparatoires*) sowie die Umstände des Abschlusses des Vertrags zu berücksichtigen.[445] Doch unmittelbar vorbereitende deutsch-US-amerikanische Vertragsmaterialien, die Rückschlüsse auf die Auslegung des Artikels XXV Abs. 5 S. 2 FHSV zulassen, sind nicht vorhanden. Auch aus dem US-amerikanischen *Senate Executive Report* zum deutsch-US-amerikanischen Freundschaftsvertrag[446] ist nicht zu entnehmen, ob die Vertragsparteien eine fremdenrechtliche oder eine kollisionsrechtliche Norm schaffen wollten.

An dieser Stelle wird daher als historisches Hilfsmittel auf die entstehungegeschichtliche Literatur eingegangen. Zudem wird der Freundschaftsvertrag von 1954 mit seinem Vorgänger und Modell, dem Freundschafts-, Handels- und Konsularvertrag zwischen den Vereinigten Staaten und dem Deutschen Reich vom 08. Dezember 1923, verglichen. Unter Berüchsichtigung dieser historischen Gesichtspunkte wird ebenfalls als Ergebnis festzustellen sein, dass Artikels XXV Abs. 5 S. 2 FHSV als eine kollisionsrechtliche Norm zu verstehen ist.

a. Entstehungsgeschichtliche Literatur

Von Vertretern des fremdenrechtlichen Verständnisses des Artikels XXV Abs. 5 S. 2 FHSV wird angeführt, dass sich in der Zeit der Entstehung des Freundschaftsvertrags verfassten deutschen[447] und US-amerikanischen[448] Literatur keine

---

445 *Ipsen*, § 11 Rn. 18.

446 vgl. *U.S. Senate Executive Report*, No. 10, 84th Congress, 1st Sess., July 21, 1955.

447 *Schwenk*, JZ 1957, 197; *Arnold/Hill/Kern*, Beil. BAnz. v. 26.07.1955, Nr. 141.

448 *Walker*, 41 Minn. L. Rev. 805 (1958); *ders.*, 50 Am. J. Int'l L. 373 (1956); *Wilson*, 50 Am. J. L. 927 (1956).

Ausführungen zu einem kollisionsrechtlichen Verständnis des Artikels XXV Abs. 5 S. 2 FHSV fänden.[449] Auch die amtliche Begründung des Bundestages und der *Congressional Report* des Senates im Rahmen der Ratifizierung des Freundschaftsvertrags gehen nicht weiter auf die fragliche Norm ein.

Zwar wird in den wenigen Stellungnahmen der deutschen Literatur, die sich unmittelbar nach dem Abschluss des deutsch-US-amerikanischen Freundschaftsvertrags mit diesem beschäftigen, Artikel XXV als Definitionsnorm und nicht als Kollisionsnorm bezeichnet.[450] Aber es wurde bereits festgestellt, dass Definitionsnormen und Kollisionsnormen sich nicht gegenseitig ausschließen.[451] Bei der Untersuchung der entstehungsgeschichtlichen Literatur wird zudem eine, wenn auch nur in einer Fußnote verfasste Bemerkung des US-amerikanischen Juristen *Walker* übersehen.[452] *Walker* beschäftigte sich intensiv mit der Entwicklung und den Inhalten US-amerikanischer Freundschaftsverträge. In einem Aufsatz aus dem Jahr 1956 erklärt *Walker*, dass die US-amerikanischen Freundschaftsverträge die Anerkennung von Gesellschaften regeln. In einer Fußnote fügte er hinzu:

> „*U.S. Treaties follow the usual* conflict-of-law rule[453] *to the effect that the law of the place of creation determines, whether a given association [...] enjoys the attribute of legal personality.*“[454]

Für *Walker* erscheint es demnach selbstverständlich, dass es sich bei den Vorschriften über die Anerkennung von Gesellschaften in US-amerikanischen Freundschaftsverträgen um kollisionsrechtliche Vorschriften („*conflict-of-laws rule*“) handelt, die der Gründungstheorie („*the law of the place of creation determines wether [...]*“) folgen. Auch wenn dies nur eine Stellungnahme zu US-amerikanischen Freundschaftsverträgen insgesamt ist, stammt sie von einem bedeutenden US-amerikanischen Wissenschaftler im Bereich der Freundschafts-

449 *Paal*, RIW, 2005, 735, 737; *Bungert*, ZVglRWiss, 93 (1994), 117, 143 (der freilich ein Vertreter des kollisionsrechtlichen Verständnisses ist).

450 *Schwenk*, JZ 1957, 197, 204:
„Ferner enthält der Vertrag Bestimmungen, die die Ausdrücke „Inländerbehandlung“, „Meistbegünstigung“ und „Gesellschaften“ definieren und der Feststellung der deutschen bzw. amerikanischen Staatsangehörigkeit dienen (Art. XXV, Protokoll Ziff. 22).“
Arnold / Hill / Kern, Beil. BAnz. v. 26.07.1955, Nr. 141:
„In diesem Artikel [Art. XXV] werden Begriffe definiert, die im Vertrag wiederholt verwendet werden.“

451 Siehe Kapitel D II 2 a.

452 *Walker*, 50 J. Int' l L. 373 (1956).

453 Hervorgehoben durch die Verfasserin.

454 *Walker*, 50 J. Int' l L. 373, Fn. 35 (1956).

verträge. Von einem allgemeinen Schweigen in der entstehungsgeschichtlichen Literatur kann jedenfalls nicht gesprochen werden. Vielmehr erscheint es aus US-amerikanischer Sicht selbstverständlich, dass es sich bei den Anerkennungsregeln in Freundschaftsverträgen um Kollisionsnormen mit Anknüpfung an den Gründungsort handelt. Aus deutscher Sicht wurden wahrscheinlich die mit Artikel XXV Abs. 5 FHSV verbundenen Auslegungsschwierigkeiten einfach übersehen.

Hervorgehoben werden soll in diesem Zusammenhang, dass die Notwendigkeit, die Anerkennung von Gesellschaften in Staatsverträgen sicherzustellen, auf der Vorstellung beruhte, dass eine Gesellschaft keine Existenz habe außer der, die ihr im Gründungsstaat verliehen wurde.[455] Damit auch andere Staaten die Existenz einer ausländischen Gesellschaft akzeptierten, wurde die Anerkennung staatsvertraglich abgesichert. Nach heutiger Kollisionsrechtsdogmatik entscheidet allein das Kollisionsrecht über die Existenz einer ausländischen Gesellschaft im Inland.[456] Damit ist die Anerkennung allein ein kollisionsrechtliches Problem. So beschreibt es auch *Walker*. Im Rahmen der wörtlichen Auslegung wurde bereits berücksichtigt, dass dieses Verständnis der Anerkennung bereits bei Abschluss des Freundschaftsvertrags galt.

b. Der deutsch-US-amerikanische Freundschafts-, Handels- und Konsularsvertrag von 1923

Vorgänger und Modell des deutsch-US-amerikanische Freundschafts-, Handels- und Schifffahrtsvertrags von 1954 ist der Freundschafts-, Handels- und Konsularvertrag zwischen den Vereinigten Staaten und dem Deutschen Reich vom 08. Dezember 1923 (*Treaty between the United States and Germany of friendship, commerce and consular rights*).[457] Für die Anerkennung von Gesellschaften sorgte in diesem Vorgängervertrag Artikel XII:

> „Juristische Personen des Privatrechts […] welche gemäß und unter dem [Recht] eines Vertragsteils gegründet worden sind oder gegründet werden und welche innerhalb seiner Gebiete eine Hauptniederlassung haben, sollen als juristische Personen durch den anderen Vertragsteil anerkannt werden, vorausgesetzt, daß sie innerhalb seiner Gebiete keine seinen Gesetzen widersprechenden Zwecke verfolgen. Sie sollen sowohl zur Verfolgung als auch zur Verteidigung ihres Rechts […] freien Zutritt zu den Gerichten haben. Das Recht so anerkannter juristischer Personen eines Vertragsteils, sich in dem Gebiet des anderen niederzulassen, Zweigniederlassungen zu erreichten und ihre Tätigkeit dort aus-

---

455 Vgl. *Beitzke*, in: FS Luther, S. 1.

456 Vgl. *Beitzke*, in: FS Luther, S. 1.

457 RGBl. 1925 II, 795; *Treaty between the United States and Germany of friendship, commerce and consular rights, U.S.-German Empire, Dec.* 8, 1923, 44 Stat 2132; ratifiziert in Deutschland am 20.08.1925, in den USA am 06.10.1925.

zuüben, soll von den Zustimmungen dieses Teils, wie sie in dessen [Gesetzen] zum Ausdruck kommt, abhängen."[458]

In der deutschen Literatur wird angeführt, dass es sich bereits bei dieser Vorschrift aus dem Jahr 1923 um eine Kollisionsnorm gehandelt habe, und zwar mit Hinwendung zur Sitztheorie, da auf die Hauptniederlassung verwiesen werde.[459] Diese Wertung habe der Gesetzgeber auch im neuen Freundschaftsvertrag übernommen. Da jedoch nicht mehr auf die Hauptniederlassung verwiesen worden sei, sei die Gründungstheorie maßgeblich.

Ungeklärt bleibt dabei, woher dieses Wissen über die Bedeutung von „Anerkennung" im alten Freundschaftsvertrag stammt. Ob der Begriff der Anerkennung bereits im Jahre 1923 lediglich im kollisionsrechtlichen Sinne gebraucht wurde, bedürfte einer Untersuchung, wie sie hier gerade für den neuen Freundschaftsvertrag durchgeführt wird. Diese Schlussfolgerung ist damit ein Zirkelschluss.

Bungert verweist zur Begründung auf ein Urteil des Reichsgerichts,[460] das über den Namen- und Firmenschutz einer Gesellschaft aus Delaware zu entscheiden hatte.[461] Zwar beurteilte das Gericht das Gesellschaftsstatut der US-amerikanischen Gesellschaft nach der Sitztheorie, nahm dabei aber nicht Bezug auf den deutsch-US-amerikanischen Freundschaftsvertrag. Dies räumt selbst *Bungert* ein. Die Sitztheorie wurde in dem fraglichen Urteil dem deutschen autonomen Kollisionsrecht entnommen. Es kann nur gemutmaßt werden, ob das Gericht den Freundschaftsvertrag (fälschlicherweise) übersehen hatte oder ob es davon ausging, dass dieser kein Kollisionsrecht beinhalte. Dieses Urteil hilft hier jedenfalls nicht weiter.

Der zweite Teil der Vorschrift des Freundschaftsvertrags von 1923 war unzweifelhaft eine fremdenrechtliche Regelung, da sie bestimmte, unter welchen

---

458 Artikel XII, englische Fassung:
„Limited liability and other corporations and associations [...] which have been or may hereafter be organized in accordance with and under the laws, national, state or provincial, of either high contracting party and maintain a central office within the territories thereof, shall have their juridical status recognized by the other high contracting party provided that they pursue no aims within its territories contrary to is law. They shall enjoy free access to the courts [...]."
The right of such corporations and associations of either High Contracting Party by the other to establish themselves within its territories [...] shall depend upon, and be governed solely by, the consent of such Party [...]."

459 *Bungert*, ZVglRWiss 93 (1994), 117, 135 f.; *Ebenroth/Bippus*, NJW 1988, 2137, 2144; MüKo-BGB/*Kindler*, IntGesR Rn. 316.

460 *Eskimo Pie Corporation*, RGZ 117, 215, 217 f.

461 *Bungert*, ZVglRWiss 93 (1994), 117, 135 f.

Bedingungen sich Gesellschaften im anderen Vertragsteil niederlassen durften.[462] Die Vorschrift bezieht sich auf „so“ – also nach Satz 1 der Vorschrift – „anerkannte“ Gesellschaften. Dieser zweite Abschnitt der Vorschrift kann mit der heutigen Gewerbeordnung verglichen werden, dessen § 15 II eine kollisionsrechtliche „Anerkennung der Rechtsfähigkeit“ zur rechtmäßigen Betriebsausübung voraussetzt. Parallel dazu könnte das „so anerkannt“ im Abschnitt 2 des alten Freundschaftsvertrags eine kollisionsrechtliche Anerkennung voraussetzen, die durch Abschnitt 1 des Freundschaftsvertrags von 1923 geregelt wurde. Ein solches Verständnis des Artikels XII des alten Freundschaftsvertrags ist jedoch nicht zwingend, vor allem da es sich in Artikel XII um die „so anerkannte juristische Person“ handelt und in der Gewerbeordnung um die „Anerkennung der Rechtsfähigkeit.“ Die „anerkannte juristische Person“ muss nicht eine kollisionsrechtlich anerkannte Person sein, sie kann auch lediglich eine Person sein, die als aus dem Vertrag Berechtigte anerkannt wurde.

Unabhängig von der Bedeutung von „Anerkennung“ im Freundschaftsvertrag von 1923 zeigt ein Vergleich beider Verträge jedoch, dass ein Wechsel in den für die Anerkennung nötigen Kriterien stattfand. Während im alten Vertrag eine Gesellschaft „anerkannt“ wurde, wenn sie nach den Vorschriften eines Vertragsteils gegründet wurde *und* innerhalb dessen Gebiet einen Hauptniederlassung hatte, genügt für die Anerkennung nach dem neuen Freundschaftsvertrag, dass die Gesellschaft lediglich nach den Vorschriften eines Vertragsteils in dessen Gebiet gegründet wurde. Eine Hauptniederlassung (Verwaltungssitz) im Gründungsstaat wird im neuen Vertrag nicht mehr verlangt. Nach dem hier vertretenen kollisionsrechtlichen Verständnis von Anerkennung in Artikel XXV FHSV ist damit das kollisionsrechtliche Anknüpfungsmerkmal allein der Gründungsort, der Ort des Verwaltungssitzes ist nicht erheblich.

c. Schlussfolgerung

Aus amerikanischer Sicht wurde bereits zur Entstehungszeit der Freundschaftsverträge davon ausgegangen, dass die Anerkennung von Gesellschaften ein kollisionsrechtliches Problem ist. Außerdem zeigt ein historischer Vergleich, dass sich die staatsvertragliche Anerkennung nach der Gründungstheorie richtet, wenn Artikel XXV Abs. 5 S. 2 FHSV als Kollisionsnorm verstanden wird.

462 Z.B. *Ebenroth/Bippus*, NJW 1988, 2137, 2144.

6. *Weitere Argumente*

Außerhalb der klassischen Auslegungsmethoden werden weitere Argumente gesucht, um den kollisionsrechtlichen oder fremdenrechtlichen Inhalt des Artikels XXV Abs. 5 S. 2 FHSV zu begründen. Dafür wird Artikel XXV Abs. 5 S. 2 FHSV vor allem mit Anerkennungsnormen anderer Freundschaftsverträge verglichen. Außerdem wird die verfassungsrechtliche Kompetenz des US-amerikanischen Kongresses im Bereich des Kollisionsrechts bezweifelt. Im Ergebnis bringt jedoch keines dieser Argumente neue, überzeugende Gesichtspunkte für das eine oder andere Verständnis des Artikels XXV Abs. 5 S. 2 FHSV hervor.

a. *Keine verfassungsrechtliche Kompetenz des US-amerikanischen Kongresses im Bereich des Kollisionsrechts?*

Ebke und *Jestädt* bezweifeln, dass in den Vereinigten Staaten von Amerika der Kongress verfassungsrechtlich ermächtigt sei, kollisionsrechtliche Vereinbarungen in völkerrechtlichen Verträgen zu beschließen.[463] Das Kollisionsrecht sei Sache der Einzelstaaten. Dem ist zu widersprechen. Die Gesetzgebungskompetenzen des Bundes sind weitgehend in *article I section 8* der US-amerikanischen Verfassung aufgezählt. Da das *choice of law*, das Gesetzeskonflikte zwischen den Einzelstaaten regelt, davon nicht erfasst ist, besteht zunächst keine Bundesgesetzgebungskompetenz. Die Regeln des *choice of law* wurden daher auch, wie bereits erörtert, als *common law* von den US-amerikanischen Staaten entwickelt. Dennoch kann der Bund aufgrund der verfassungsrechtlich abgesicherten Kompetenz, völkerrechtliche Verträge zu unterzeichnen (*treaty-making power*),[464] auch völkervertragliches Kollisionsrecht schaffen. Der *U.S. Supreme Court* entschied in der Sache *Missouri v. Holland* ausdrücklich, dass die *federal treaty-making power* weitreichender sei als die durch *article I section 8* der *U.S. Consitution* begrenzte Gesetzgebungskompetenz des Bundes.[465] Da völkerrechtliche Verträge nach *article VI section 3 „supreme Law of the Land*" sind, geht völkervertragliches Kollisionsrecht dem kollidierenden einzelstaatlichen Kollisionsrecht vor. Die Gesetzgebungskompetenz des Bundes steht einer Auslegung des Artikels XXV Abs. 5 FHSV als Kollisionsrecht daher nicht entgegen.

---

463 *Ebke*, RIW 2004, 740, 742; *ders.*, JZ 2005, 299, 301 f.; *Jestädt*, WuB II N, Art. XXV FHSVV, 1.03, 636, 637.

464 U.S. Const. art. VI clause 2.

465 *State of Missouri v. Holland*, 252 U.S. 416, 432 (1920).

b. Der japanisch-US-amerikanische Freundschaftsvertrag

Artikel XXII Abs. 3 S. 2 des japanisch-US-amerikanischen Freundschafts-, Schifffahrts- und Handelsvertrags von 1953[466] ist wortgleich mit der englischen Fassung des Artikels XXV Abs. 5 S. 2 des deutsch-US-amerikanischen Freundschaftsvertrags.[467] Diese Vorschrift war in einer Reihe von Entscheidungen US-amerikanischer Gerichte Gegenstand der Auslegung.[468] Die Gerichte mussten darüber urteilen, ob US-amerikanische Tochtergesellschaften (*subsidiary*) japanischer Gesellschaften (*parents*) *companies of either Party* im Sinne des Artikels XXII Abs. 3 sind und damit auch gegenüber den Vereinigten Staaten von Amerika Rechte aus dem japanisch-US-amerikanischen Freundschaftsvertrag geltend machen konnten.

Die deutsche Literatur bewertet diese US-amerikanischen Entscheidungen unterschiedlich. *Berndt* führt an, dass die US-amerikanischen Gerichte die Norm lediglich als Definitionsnorm einstufen.[469] *Großfeld* versteht die Entscheidungen so, dass Staatsverträge das nationale Recht, also auch das Kollisionsrecht, nicht abändern könnten.[470] *Bungert* sieht seine Auffassung bestätigt, dass der Freundschaftsvertrag eine Kollisionsnorm enthalte, die lediglich das Außenverhältnis der Gesellschaft regelte.[471] *Dammann* zweifelt an einer Stellungnahme der Gerichte über die kollisionsrechtliche Relevanz des Artikels XXII Abs. 3.[472] Diese Zweifel sind im Ergebnis berechtigt.

Bevor jedoch auf die hier interessierenden Entscheidungen selbst eingegangen werden kann, muss geklärt werden, ob eine Auslegung des Artikels XXII Abs. 3 des japanisch-US-amerikanischen Freundschaftsvertrags durch US-amerikanische Gerichte überhaupt auf die Auslegung des deutsch-US-amerikanischen Freundschaftsvertrags übertragbar ist. Der *U.S. Supreme Court* erklärte aus-

---

466 *Treaty of Friendship, Commerce and Navigation between the United States and Japan from October*, 1953, 4 U. S. T. 2063, T. I. A. S. No. 2863.

467 „*Companies constituted under the applicable laws and regulations within the territories of either Party shall be deemed companies thereof and shall have their juridical status recognized within the territories of the other Party.*"

468 Vgl. *United States v. R.P. Oldham Co.*, 152 F. Supp. 818, 823 (N.D. Cal. 1957); *Porto v. Canon, U.S.A., Inc.*, 1981 U.S. Dist. LEXIS 17611 (D. Ill. 1981); *Spiess v. C. Itoh & Co. (America), Inc.*, 643 F.2d 353, 358 (1981); *certiatori granted and vacated in* 456 U.S. 1128 (1982); *Avigliano v. Sumitomo Shoji America, Inc.*, 638 F.2d 552 (2nd Cir. 1981), *vacated and remanded in Sumitomo Shoji Am. v. Avagliano*, 457 U.S. 176 (1982).

469 *Berndt*, JZ 1996, 187, 190.

470 *Großfeld/Staudinger*, IntGesR Rn. 213.

471 *Bungert*, ZVglRWiss 93 (1994), 117, 142.

472 *Dammann*, RabelsZ 68 (2004) 607, 616 ff.

drücklich im Fall *Sumitomo Shoji Am. v. Avagliano*, dass jeder Freundschafts-, Handels- und Schifffahrtsvertrag, auch wenn er ähnlich laute, eine unterschiedliche Entstehungsgeschichte habe und daher verschieden ausgelegt werden müsse.[473] Hier sind jedoch die beiden fraglichen Vorschriften in der englischen Fassung völlig wortgleich. Auch der *report of the Committee of Foreign Relations*, der vor der Ratifizierung des deutsch-US-amerikanischen Freundschaftsvertrags dem Senat übermittelt wurde,[474] und eine Stellungnahme des Senators *Green* am Tag der Ratifizierung des deutsch-US-amerikanischen Freundschaftsvertrags[475] sprechen für eine Vergleichbarkeit beider Verträge. Demnach sei der Vertrag mit Deutschland *„substantial similar"* mit dem Vertrag mit Japan. Der *report* des *Committee on Foreign Relations* endet zudem mit einer Tabelle, die die vergleichbaren Artikel beider Verträge auflistet. Diese Tabelle ist *„designed as an aid to the comparative analysis of the texts."*[476] In ihr wird Artikel XXII Abs. 3 des japanisch-US-amerikanischen Vertrags mit Artikel XXV Abs. 5 des deutsch-US-amerikanischen Vertrags gleichgestellt.[477] Deswegen ist vor dem Hintergrund der Aussage des *Supreme Court* hier ein Vergleich beider Vorschriften möglich, selbst wenn diese mit einer gewissen Vorsicht erfolgen sollte.

Die US-amerikanischen Gerichte hatten nun zu entscheiden, ob Artikel XXII Abs. 3 des japanisch-US-amerikanischen Freundschaftsvertrags (abschließend) den Kreis der aus dem Vertrag Berechtigten bestimmt. Der *Fifth Circuit Court,* der sich auf eine Entscheidung des *Second Circuit Court* in der Sache *Avigliano v. Sumitomo Shoji America, Inc.* berief,[478] entschied in der Sache *Spiess v. C. Itoh & Co.*, dass Artikel XXII weder ausdrücklich eine Definition des Begriffs *„company of either party"* noch des Begriffs *„nationality of either Party"* enthalte.[479] Deswegen könne entgegen dem Wortlaut der Vorschrift auch eine New Yorker Gesellschaft, die völlig im Eigentum einer japanischen Gesellschaft stehe, alle Rechte des Freundschaftsvertrags gegenüber den Vereinigten Staaten von Amerika in Anspruch nehmen. Aus dieser Auffassung könnte man schließen, dass Artikel XXII nicht dazu dienen soll, den Kreis der aus dem Vertrag Berechtigen zu bestimmen, also keine fremdenrechtliche, sondern eine kollisionsrechtliche Regelung ist. Eine solche Schlussfolgerung ist jedoch zu weitgehend. Das Gericht wollte lediglich feststellen, dass Artikel XXII Abs. 3 nicht abschließend den Kreis der Begünstigten regelt, sondern vielmehr sicherstellt, dass *„unfamiliar or-*

473 *Sumitomo Shoji Am. v. Avagliano,* 457 U.S. 176, 185 (1982).
474 *U.S. Senate Executive Report,* No. 10, p. 2, 84th Congress, 1st Sess., July 21, 1955.
475 *U.S. Cong. Rec.*, vol. 101, pt. 9 at 11645 (July 27, 1955, statement of Mr. *Green*).
476 *U.S. Senate Executive Report,* No. 10, p. 5, 84th Congress, 1st Sess., July 21, 1955.
477 *U.S. Senate Executive Report,* No. 10, p. 7, 84th Congress, 1st Sess., July 21, 1955.
478 *Avigliano v. Sumitomo Shoji America, Inc.*, 638 F.2d 552 (2nd Cir. 1981).
479 *Spiess v. C. Itoh & Co. (America), Inc.*, 643 F.2d 353, 358 (1981).

ganisations would be recognized as ‚companies' by the legal institution of the respective countries."[480] Um dies zu belegen, zitiert das Gericht sowohl diverse Stellen aus einem Memorandum des *State Departement*, das während der Vertragsverhandlungen abgefasst wurde, als auch Stellungnahmen von *Walker*, einer „*FCN*[481] *authority*". Das Gericht kommt zu dem Ergebnis, dass

> „*article XXII (3) merely guarantees legal recognition to diverse forms of legal entities and does not determine which of those entities can assert treaty rights.*"

Demnach ist es die einzige Absicht des Artikels XXII Abs. 3 festzustellen, dass auch dem Vertragspartner unbekannte Gesellschaftsformen als Gesellschaft „anerkannt" werden.[482] Ob diese Anerkennung nun kollisionsrechtlichen Inhalts ist oder nicht, und ob das Recht des Gründungsorts oder des Verwaltungssitzes über eine kollisionsrechtliche Anerkennung entscheidet, stellt das Urteil nicht fest. Damit kann eine Aussage über eine mögliche kollisionsrechtliche Relevanz der Vorschrift aus den Entscheidungsgründen der *majority opinion* in *Spiess v. C. Itoh & Co.* nicht entnommen werden.

Jugde Reavley schrieb für diese Entscheidung einen ausführlichen *dissent* (abweichende Meinung). Er führt an, dass der Wortteil „*shall be deemed companies thereof*" völlig überflüssig sei, wenn Artikels XXII Abs. 3 lediglich bestimme, wann eine Organisation als eine „Gesellschaft" existiere. Anschließend fragte er berechtigterweise:

> „*What is the meaning of this phrase [articel XXII sentence 3] if not to determine corporate nationality for the purpose of the treaty?*"[483]

Auch nach der Entscheidung des erstinstanzlichen Gerichts (*District Court, S.D. Houston*) im Fall *Spiess v. C. Itoh & Co* bestimmt Artikel XXII Abs. 3 die „*nationality of a corporation*"[484] Dieser Auffassung schloss sich später der *District Court for the Northern District of Illinois* im Fall *Porto v. Canon U.S.A. Inc.* an.[485] Demnach sei es (auch) Ziel des Artikels XXII, die *nationality* (Staatszugehörigkeit) einer juristischen Person zu bestimmen.

---

480 *Spiess v. C. Itoh & Co. (America), Inc.*, 643 F.2d 353, 356 (1981).

481 Englische Abkürzung für „*Treaty of Friendship, Commerce and Navigation.*"

482 *Dammann*, RablesZ 68 (2004), 607, 618.

483 *Spiess v. C. Itoh & Co. (America), Inc.*, 643 F.2d 353, 364 (1981).

484 *Spiess v. C. Itoh & Co., (America), Inc.* 469 F.Supp. 1, 6. (S.D. 1979): „*Article XXII (3) unequivocally states that for the purpose of the Treaty, the nationality of the corporation is determined by the place of incorporation.*"

485 *Porto v. Canon, U.S.A.*, Inc., 1981 U.S. Dist. LEXIS 17611 (D. Ill. 1981) („*A company for purpose of the treaty should be determined by its place of incorporation.*").

Die Frage nach der Staatszugehörigkeit (*nationality*) ist grundsätzlich ein völkerrechtliches Problem. Da das Völkerrecht jedoch keine allgemeinverbindlichen Regeln zur Bestimmung der Staatszugehörigkeit juristischer Personen enthält,[486] bestimmt sich die Staatszugehörigkeit juristischer Personen (ebenso wie die Staatsangehörigkeit natürlicher Personen) nach dem nationalen Recht des Staates, dessen Staatszugehörigkeit in Frage steht.[487] Im deutschen Recht wurde kein Staatszugehörigkeitsrecht juristischer Personen oder Gesellschaften kodifiziert, aber nach herrschender Meinung ist der Anknüpfungspunkt zur Bestimmung der Staatszugehörigkeit der Hauptverwaltungssitz der Gesellschaft (Sitztheorie).[488] Damit wird nach der herrschenden Meinung die Staatszugehörigkeit einer Gesellschaft nach den gleichen Kriterien wie das Gesellschaftsstatut – also nach der Sitztheorie – bestimmt. Die USA hingegen bestimmen die Staatszugehörigkeit genauso wie das Gesellschaftsstatut nach der Gründungstheorie.[489] Die US-amerikanischen Gerichte gehen nun davon aus, dass durch Artikel XXII Abs. 3 die Staatszugehörigkeit juristischer Personen staatsvertraglich bestimmt wird. Demnach würde sich die *nationality of a corporation* im deutsch-US-amerikanischen Verhältnis nach der Gründungstheorie richten. Daraus kann man folgern, dass der Staatsvertrag auch das Kollisionsrecht zugunsten der Gründungstheorie abändert, denn im deutschen Recht war die gleiche Lösung zur Bestimmung des kollisionsrechtlichen Gesellschaftsstatuts (Sitztheorie) wie zur völkerrechtlichen Bestimmung der Staatangehörigkeit (Sitztheorie) gewählt worden. Diese Schlussfolgerung ist jedoch nicht zwingend, wenn nicht sogar falsch. Selbst wenn es Ziel des Artikels XXII Abs. 3 ist, die Kriterien zur Bestimmung der Staatszugehörigkeit staatsvertraglich festzulegen, muss dies keine Auswirkungen auf das nationale Kollisionsrecht haben. Die Lösung ähnlicher Probleme des Völker- und Kollisionsrechts nach ähnlichen Rechtsätzen bedeutet keine Identität dieser.[490] Es könnte nun unterstellt werden, dass die Gerichte mit der Suche nach der *nationality of a corporation* eigentlich der Frage der Bestimmung des Gesellschaftsstatuts nachgehen wollten. So wird zum Beispiel im französischen Recht im Zusammenhang mit der Anerkennung eine Gesellschaft oft von dessen „Nationalität" gesprochen.[491] Doch das US-amerikanische Recht weiß genauso wie das deutsche Recht grundsätzlich zwischen beiden zu trennen: In der

486 *Kley-Struller*, SZIER 2/91, 162, 165.
487 *Heilbronner*, in: Vitzthum, 3. Abschnitt Rn. 109.
488 *Heilbronner*, in: Vitzthum, 3. Abschnitt Rn. 109; *Herdegen*, Völkerrecht, § 25 Rn. 9.
489 *Restatement (third) of Foreign Relations Law*, § 213 (1986); *Slomanson*, S. 195.
490 *Mansel*, in: Leible/Ruffert, S. 90, 103; vgl. zur Beziehung von Völkerrecht und staatlichem Recht *Wengler*, S. 77 (er spricht von „parallelen Normen").
491 *Student note*, 74 Harv. L.Rev. 1429; *Großfeld*, RabelsZ 31 (967), 1, 4.

Restatement of Conflicts of Law, die die Regeln des internationalen Privat- und Verfahrensrechts beinhaltet, finden sich nur Vorschriften über die *recognition* von Gesellschaften.[492] Und in der *Restatement of Foreign Relations Law*, die völkerrechtliche Regelungen beinhaltet, findet sich nur eine Vorschrift für die Bestimmung der *nationality* einer Gesellschaft.[493] Es ist von dem dieser Vorschrift folgenden korrekten Sprachgebrauch der US-amerikanischen Gerichte auszugehen. Korrekterweise – und konsequenterweise – darf im internationalen Gesellschaftsrecht auch nicht von einer „ausländischen" (*alien, foreign*)[494] Gesellschaft gesprochen werden, – denn das Kollisionsrecht geht gerade nicht der Frage der Staatszugehörigkeit nach, sondern der nach einer „nach ausländischem Recht gegründeten" Gesellschaft.[495] Es bleibt also dabei, dass die völkerrechtliche Bestimmung der Staatszugehörigkeit (ein öffentlich-rechtliches Problem) nicht parallel zu der kollisionsrechtlichen Bestimmung des Gesellschaftsstatuts (ein privatrechtliches Problem) verlaufen muss. Die Gerichte haben daher nur eine Aussage über die Bestimmung der Staatszugehörigkeit von Gesellschaften, aber keine Aussage über die Bestimmung des Gesellschaftsstatuts getroffen. Nach Ansicht einiger Gerichte bestimmt Artikel XXII Abs. 3 des japanisch-US-amerikanischen Freundschaftsvertrags also die Staatszugehörigkeit der Gesellschaften. Nur Staatszugehörige der anderen Vertragspartei sind nach dem Vertrag Berechtigte. Damit hat die Norm eine fremdenrechtliche Bedeutung. Ob dies die einzige Bedeutung der Norm ist, wird nicht (abschließend) geklärt.

Jegliche mögliche Aussagekraft der genannten Entscheidungen zur hier interessierenden Problematik wird schließlich dadurch gemindert, dass der *U.S. Supreme Court* ein abschließendes Urteil über die Auslegung des Artikels XXII Abs. 3 des japanisch-US-amerikanischen Freundschaftsvertrags im Fall *Sumitomo Shoji Am. v. Avagliano*[496] fällte. Der *U.S. Supreme Court* wies die Entscheidungen des *Second* und *Fifth Circuit Court* zurück und entschied, dass aufgrund des eindeutigen Wortlauts des Artikels XXII Abs. 3 eine US-amerikanische Tochtergesellschaft einer japanischen Mutter eine US-amerikanische Gesellschaft im Sinne des Vertrags sei. Zunächst erklärte das Gericht, dass Artikel XXII

492 *Restatement (second) of Conflict of Laws*, §§ 279 ff. (1971).

493 *Restatement (third) of Foreign Relations Laws,* § 312 (1986).

494 Im amerikanischen Recht wird der Begriff „*foreign corporation*" für Gesellschaft aus anderen US-amerikanischen Staaten benutzt, „*alien corporation*" hingegen sind Gesellschaften anderer Nationalstaaten. Im *Choice of Law* wird grundsätzlich von „*foreign corporations*" gesprochen, ist dieses gerade auf Konflikte zwischen den US-amerikanischen Staaten konzipiert und wird lediglich auf Konflikte mit anderen Nationalstaaten übertragen.

495 *Großfeld*, RabelsZ 31 (1967), 1, 4.

496 *Sumitomo Shoji Am. v. Avagliano*, 457 U.S. 176 (1982).

grundsätzlich Definitionen enthalte. Eine Absicht des Gerichts, den Abs. 3 der Norm damit lediglich als Definitionsnorm einzustufen – so *Berndt*[497] – ist jedoch nicht erkennbar. Weiterhin erklärte das Gericht, dass das Ziel des Vertrags, die Gleichbehandlung von Gesellschaften des anderen Vertragsteils, einer solchen Interpretation nicht im Weg stehe. Das Gericht entschied jedoch nicht, welche (weiteren) Bedeutungen – neben der Bestimmung der aus dem Vertrag Begünstigten – Artikel XXII Abs. 3 hat.

Großfeld schließt aus diesem *U.S. Supreme Court* Fall (*Sumitomo Shoji Am. v. Avagliano*)[498] und zwei weiteren US-amerikanischen Fällen,[499] dass Staatsverträge das nationale US-amerikanische Recht nicht abändern, also auch nicht das internationale Gesellschaftsrecht.[500] Dem kann jedoch nicht gefolgt werden. Zum Einen war bereits der Anwendungsbereich der thematisierten Verträge in den Entscheidungen nicht eröffnet, so dass auf nationales Recht zurückgegriffen werden musste. Zum Anderen widerspricht *Großfelds* Schlussfolgerung der US-amerikanischen Verfassung. In *article 6 clause 3* heißt es:

> „*Treaties made [...] under the Authority of the United States, shall be the supreme Law of the Land; and the Judges in every State shall be bound thereby.*"[501]

Völkerrechtliche Verträge haben damit als „*supreme Law of the Land*" den Rang eines einfachen Bundesgesetzes und gehen so einzelstaatlichem Recht und älterem kollidierenden Bundesrecht vor.[502] Damit können Verträge das interne Recht der USA abändern.

Es bleibt also dabei, dass keine eindeutige Stellungnahme der US-amerikanischen Rechtsprechung zu der Auslegung des Artikels XXII Abs. 3 des japanisch-US-amerikanischen Freundschaftsvertrags zu der hier interessierenden Problematik zu erkennen ist. Um den Inhalt des Artikels XXV Abs. 5 S. 2 des deutsch-US-amerikanischen Freundschaftsvertrags zu bestimmen, hilft ein Vergleich mit Artikel XXII Abs. 3 des japanisch-US-amerikanischen Freundschafts-

---

497 *Berndt*, JZ 1995, 187, 190.

498 *Sumitomo Shoji Am. v. Avagliano*, 457 U.S. 176, 185 (1982).

499 *Sociéte Nationale Industrielle Aerospatiale v. United States District Court for the Southern District of Iowa*, 482, U.S. 522 (1987); *Volkswagenwerk Aktiengesellschaft v. Schlunk*, 482 U.S. 522 (1987).

500 *Großfeld/Erlinghagen*, JZ 1993, 217, 224; Staudinger/*Großfeld*, IntGesR Rn. 213.

501 U.S. Const. art VI clause 2.

502 *Restatement (third) of Foreign Relations Law*, § 111 comment c, d (1986); siehe auch *Spiess v. C. Itoh & Co. (America), Inc.*, 643 F.2d 353, 355 (1981) („*Treaties, such as friendship, commerce and navigation treaties are the supreme law of the land and supersede inconsistent state law.*").

vertrags und dessen Auslegung durch die US-amerikanische Rechtsprechung demnach nicht weiter.

c. Der deutsch-japanische Handels- und Schifffahrtsvertrag

In Artikel XIII des deutsch-japanischen Handels- und Schifffahrtsvertrag von 1927[503] heißt es:

> „Aktiengesellschaften und andere kommerzielle, industrielle oder finanzielle Gesellschaften mit Einschluss der Versicherungsgesellschaften, die in dem Gebiet des einen vertragsschließenden Staates ihren Sitz haben und nach dessen Gesetzen zu Recht bestehen, werden auch in dem Gebiet des anderen Staates als gesetzlich bestehend anerkannt und sollen befugt sein, daselbst sei es als Kläger, sei es als Beklagte, nach den Gesetzen dieses anderen Staates vor Gericht aufzutreten."

Sandrock vertritt die Auffassung, dass diese Norm trotz des ausdrücklichen Wortlauts auch solche Gesellschaften kollisionsrechtlich anerkennt, die ihren Verwaltungssitz nicht im Gründungsland haben.[504] Denn die Norm regele nicht die „Maximalstandards" sondern lediglich die „Minimalstandards," so dass es japanischen Gesellschaften erlaubt sei, den Hauptverwaltungssitz außerhalb Japans zu führen, ohne die Rechts- und Parteifähigkeit in Deutschland zu verlieren. Dafür sprächen insbesondere der Sinn des deutsch-japanischen Handels- und Schifffahrtsvertrags, das Gegenseitigkeitsprinzip und die Meistbegünstigungsklauseln.

Es fällt jedoch schwer, aus *Sandrocks* Auslegung dieses Vertrags Rückschlüsse auf die Auslegung des deutsch-US-amerikanischen Freundschaftsvertrags zu ziehen. Denn *Sandrock* beruft sich zur Begründung seiner Auffassung insbesondere auf die kollisionsrechtliche Auslegung des Artikels XXV Abs. 5 S. 2 des deutsch-US-amerikanischen Freundschaftsvertrags.[505] Sich nun an dieser Stelle auf die Auslegung des deutsch-japanischen Freundschaftsvertrags zu berufen, wäre damit ein Zirkelschluss. Des Weiteren ist der deutsch-japanische Freundschaftsvertrag 27 Jahre älter und kann daher anders auszulegen sein. Im Übrigen bestimmt Artikel XIII des deutsch-japanischen Freundschaftsvertrags im Wortlaut die Notwendigkeit eines Sitzes im Gründungsort, womit der Vertrag zumindest ursprünglich die Sitztheorie vorgeschrieben hat. Dies führt *Sandrock* selbst aus.[506]

---

503 RGBl. II 1088.
504 *Sandrock*, in: Probleme, S. 85, 88 ff.
505 *Sandrock*, in: Probleme, S. 85, 92 f.
506 *Sandrock*, in: Probleme, S. 85, 96 Fn. 39.

Aus *Sandrocks* Auslegung des deutsch-japanischen Freundschaftsvertrags lassen sich damit keine Rückschlüsse auf die Auslegung des Artikels XXV Abs. 5 S. 2 FHSV ziehen.

d. Der deutsch-spanische Niederlassungsvertrag

Artikel XV Abs. 2 des deutsch-spanischen Niederlassungsvertrags vom 23. April 1997 bestimmt, dass „der rechtliche Status der Gesellschaften der einen Vertragspartei [...] im Hoheitsgebiet der anderen Vertragspartei anerkannt [wird]".[507] Gesellschaften im Sinne des Vertrags sind dabei nach Artikel XV Abs. 1 Handelsgesellschaften sowie alle anderen Gesellschaften und juristische Personen, „sofern sie nach dem in dem Hoheitsgebiet einer Vertragspartei geltenden Recht errichtet worden sind."

Ob diese Norm eine staatsvertragliche Kollisionsnorm darstellt, ist umstritten.[508] Zweifel rühren zunächst daher, dass dem spanischen Kollisionsrecht nicht klar zu entnehmen ist, ob es der Sitztheorie oder der Gründungstheorie folgt.[509] Falls Spanien genauso wie Deutschland der Sitztheorie folge, so wird vorgebracht, bestände kein Anlass auf völkervertragsrechtlicher Ebene, die Gründungstheorie vorzuschreiben.[510] Des Weiteren wird auf das Verständnis des Artikels XV Abs. 2 des deutsch-spanischen Freundschaftsvertrags aus spanischer Sicht verwiesen. Demnach regele der deutsch-spanische Freundschaftsvertrag zwar die Anerkennung, treffe aber keine Aussagen zur Sitzverlegung.[511] Daher werde das nationale Kollisionsrecht nicht durch den Freundschaftsvertrag abgeändert.

Nach anderer Ansicht handelt es sich hingegen auch bei dieser Vorschrift des deutsch-spanischen Niederlassungsvertrags um eine kollisionsrechtliche Norm

---

507 Gesetz v. 07.09.1972 zu dem Niederlassungsvertrag vom 23.04.1970 zwischen der Bundesrepublik Deutschland und dem Spanischen Staat, BGBl. 1972 II, 1041, in Kraft seit dem 26.11.1972.

508 Vgl. zum Meinungsstand, *Steiger,* RIW 1999, 169, 171.

509 *Steiger,* RIW 1999, 169, 170 spricht unter Hinweis auf Artikel 5 *Ley de Sociedades Anónimas* von einer grundsätzlichen Geltung der Gründungstheorie, die aber durch die zusätzliche Anknüpfung an den inländischen Verwaltungssitz der Sitztheorie angenähert wird. Vlg. ebenfalls *Steiger,* RIW 1998, 695, 697. Das OLG Naumburg, Urt. v. 19.12.1995 – Az. U 146/ 95 – „juris" Rn. 32 und *Ebenroth/Bippus,* DB 1988, 842, 843, führen an, dass Spanien der Gründungstheorie folge. Anderer Ansicht ist *Mäsch,* in: Bamberger/Roth, Art. 12 Anh. EGBGB Rn. 4, demnach folge Spanien der Sitztheorie.

510 *Bungert,* ZVglRWiss 93 (1994), 117, 136; *Siehr,* § 40, S. 307; wohl auch *v. Bar,* IPR II, Rn. 629.

511 *Steiger,* RIW 1999, 169, 171; *ders.*, RIW 1998, 695, 698.

mit Hinwendung zur Gründungstheorie, da der Begriff der Anerkennung allein kollisionsrechtlich zu verstehen sei.[512]

Mangels einheitlicher Auffassung zum Inhalt des Artikels XV Abs. 1 des deutsch-spanischen Niederlassungsvertrags hilft ein Vergleich mit dieser Vorschrift für die Auslegung des Artikels XXV Abs. 5 S. 2 FHSV nicht weiter. Im Übrigen wurde der deutsch-spanische Niederlassungsvertrag mehr als 15 Jahre später als der deutsch-amerikanische Freundschaftsvertrag abgeschlossen. Das Verständnis der Anerkennungsnormen beruht daher auf verschiedenen rechtshistorischen Hintergründen.

Im Ergebnis hat der Streit um die Auslegung des Artikels XV Abs. 2 des deutsch-spanischen Niederlassungsvertrags mittlerweile an Bedeutung verloren, da beide Vertragspartner Mitglieder der EU sind und unter der gemeinschaftsrechtlichen Niederlassungsfreiheit die Verwaltungssitzverlegung in einen anderen Mitgliedstaat nicht zum Verlust der Rechtspersönlichkeit führen darf.[513] Damit gilt im deutsch-spanischen Verhältnis weitgehend die (europarechtliche) Gründungstheorie, selbst wenn der deutsch-spanische Niederlassungsvertrag dies nicht ausdrücklich vorsieht.[514]

e. Der deutsch-italienische und der deutsch-französiche Freundschaftsvertrag

Artikel XXXIII Abs. 1 des deutsch-italienischen Freundschafts-, Handels- und Schifffahrtsvertrags vom 21. November 1957[515] definiert in Absatz 1 als Gesellschaft im Sinne des Vertrags alle Gesellschaften „die im Gebiet des einen Vertragsstaates *ihren Sitz*[516] haben und nach dessen Gesetzen zu Rechts bestehen [...]“. Absatz 2 bestimmt, dass der rechtliche Status der Gesellschaften des einen Vertragsstaates im Gebiet des anderen Vertragsstaates anerkannt wird. Ähnlich lautet Artikel VI Abs. 1 des deutsch-französischen Niederlassungs- und Schifffahrtsabkommens vom 27. Oktober 1956,[517] nach dem „Gesellschaften, die im

512 OLG Naumburg, Urt. v. 19.12.1995 – Az. U 146/ 95 – „juris“ Rn. 32; *Ebenroth/ Bippus*, NJW 1988, 2137, 2144 f.; *dies.*, DB 1988, 842, 843 f.; *Ebenroth/Kemner/ Willburger*, ZIP 1995, 972, 975; MüKo-BGB/*Kindler*, IntGesR Rn. 308; *Sandrock*, RIW 2006, 658, 661; *ders.*, in: Probleme, S. 85, 93.

513 EuGH, Urt. v. 05.11.2002, Rs. C-208/00 (*Überseering BV v. Nordic Construction Company Baumanagement GmbH)*, Slg. 2002 I, 9919 – NJW 2002, 3614 = IPRax 2003, 65.

514 Ausführlich *Sandrock*, RIW 2006 658, 662.

515 Freundschafts-, Handels- und Schifffahrtsvertrag zwischen der Bundesrepublik Deutschland und der italienischen Republik vom 21.11.1957, BGBl. 1959 II, S. 949; BGBl. 1961 II, S. 1662.

516 Hervorgehoben durch die Verfasserin.

517 BGBl. 1957 II, 1662.

Gebiet einer Vertragspartei *ihren Sitz*[518] haben und nach den Gesetzen dieser Vertragspartei ordnungsgemäß errichtet sind, [...] von der anderen Vertragspartei als zu Recht bestehend anerkannt [werden] [...]".

Anders als der deutsch-US-amerikanische Freundschaftsvertrag bestimmen der deutsch-italienische Freundschaftsvertrag und das deutsch-französische Niederlassungs- und Schifffahrtsabkommen damit, dass der Sitz einer Gesellschaft im Gründungsstaat liegen muss, um in den Genuss der Anerkennung durch die andere Vertragspartei zu gelangen. Damit enthalten diese Staatsverträge, falls es sich um Kollisionsnormen handelt, aus deutscher Sicht nur deklaratorische Wirkung.[519] Staatsvertraglich wurde die in Deutschland bereits herrschende Sitztheorie festgeschrieben. Diese staatsvertraglichen Kollisionsnormen dürften jedoch mittlerweile aufgrund der europarechtlichen Gründungstheorie ebenfalls an Bedeutung verloren haben.

f. Die französisch-US-amerikanische Establishment Convention

Die französisch-US-amerikanische *Establishment Convention* von 1959 enthält in Artikel XIV Abs. 1 eine dem Artikel XXV Abs. 5 S. 2 des deutsch-US-amerikanischen Freundschaftsvertrags in der englischen Fassung wörtlich entsprechende Vorschrift.[520] In der deutschen Literatur wird eine US-amerikanische *student note*[521] aus dem Jahr 1961 zu diesem Vertrag als Beleg dafür herangezogen, dass der französisch-US-amerikanische Vertrag keine Kollisionsnorm enthalte. Dies solle ebenfalls für den deutsch-US-amerikanischen Freundschaftsvertrag gelten.[522]. In der *student note* heißt es:

> „*But this convention, like the Treaty of Rome, does not purport to deal with conflict-of-laws questions, and hence it too may fail to prevent French courts from recognizing*

---

518 Hervorgehoben durch die Verfasserin.

519 Soergel/*Lüderitz,* Anh. Art. 10 EGBGB Rn. 12; vlg. auch *Steiger,* RIW 1999, 169, 175, der aus Artikel XXXIII Abs. 1 des deutsch-italienischen Freundschaftsvertrags die Schlussfolgerung zieht, dass sich der deutsch-spanische Niederlassungsvertrag nicht zur Sitzverlegung äußere; vgl. zum deutsch-französichen Freundschaftsvertrag *Hoffmann,* NZW 1999, 1077, 1080.

520 T.I.A.S. No. 4625, 11 U.S.T. 2398. Dessen Artikel XIV Abs. 5 lautet: „*Companies constituted under the applicable laws and regulations within the territories of either High Contracting Party shall be deemed companies thereof and shall have their juridical status recognized within the territories of the other High Contracting Party.*"

521 *Student note*, 74 Harv. L. Rev. 1429 (1961). Eine *student note* ist die Besprechung eines Urteils durch einen US-amerikanischen Jurastudenten.

522 *Berndt*, JZ 1996, 187, 189; Staudinger/*Großfeld*, IntGesR Rn. 213.

and then nullifying corporations for failure to incorporate under French law when their head offices are located in France.“[523]

Aus dieser *student note* können jedoch weder Rückschlüsse auf eine bindende Auslegung des französich-US-amerikanischen Vertrags noch auf die Auslegung des deutsch-US-amerikanischen Freundschaftsvertrags gezogen werden. Zunächst lässt diese *student note* offen, ob die fragliche Vorschrift tatsächlich keine Kollisionsnorm darstellt. Der Autor stellt lediglich fest, dass die Vorschrift eine solche Auslegung nicht vorgibt (*purport*), fällt aber kein abschließendes Urteil.[524] Außerdem fehlt der Stellungnahme jegliche Begründung und enthält keinen Verweis auf Literatur oder Rechtsprechung. Daher sollte die Stellungnahme als einzelne Ansicht, aber nicht als allgemeinverbindlich aufgefasst werden.[525] Des Weiteren sind Aussagen, die über die französisch-US-amerikanische *Convention* getroffen werden, nur begrenzt auf den deutsch-US-amerikanischen Vertrag übertragbar. Die Situation ist anders als diejenige beim japanisch-US-amerikanischen Freundschaftsvertrag. Dieser wurde vor dem deutsch-US-amerikanischen Freundschaftsvertrag geschlossen und auf ihn wurde in den Materialien des Senats bei der Ratifizierung des deutsch-US-amerikanischen Freundschaftsvertrags ausdrücklich Bezug genommen. Der französisch-US-amerikanische Freundschaftsvertrag wurde hingegen erst nach dem deutsch-US-amerikanischen Vertrag geschlossen, so dass dessen Auslegung bei der Ratifizierung des deutsch-US-amerikanischen Freundschaftsvertrags nicht maßgeblich gewesen sein kann. Ein Vergleich mit der französisch-US-amerikanischen *Convention of Establishment* hilft damit nicht weiter.

7. Ergebnis der Auslegung

Die umfassende Auslegung des Artikel XXV Abs. 5 S. 2 des Freundschaftsvertrags spricht insgesamt dafür, dass diese Norm eine Kollisionsnorm bildet. Zu einem solchen Ergebnis führen sowohl die die wörtliche, die teleologische als auch die systematische Auslegung dieses Artikels. Auch die deutsche höchstrichterliche Rechtsprechung versteht Artikel XXV Abs. 5 FHSV in diesem kollisionsrechtlichen Sinne; US-amerikanische Gerichte haben sich noch nicht zum Verständnis des Artikels XXV Abs. 5 FHSV geäußert.

Da die Gesellschaft „gemäß den Gesetzen und Vorschriften des einen Vertragsteils“ errichtet werden muss, ist der kollisionsrechtliche Anknüpfungspunkt

523 *Student note*, 74 Harv. L. Rev. 1429, 1450 (1961).
524 *Dammann*, RabelsZ 68 (2004), 607, 620.
525 *Dammann*, RabelsZ 68 (2004), 607, 620.

der Ort der Gründung. Dies ergibt sich sowohl aus dem Wortlaut als auch aus einem historischen Vergleich mit dem deutsch-US-amerikanischen Freundschaftsvertrag von 1923 und der deutschen Anwendungspraxis. Damit wird im deutsch-US-amerikanischen Verhältnis aufgrund des Artikels XXV Abs. 5 S. 2 des Freundschaftsvertrags der rechtliche Status einer Gesellschaft nach der Gründungstheorie bestimmt. Dies bedeutet, dass zumindest die Rechtsfähigkeit einer nach den Vorschriften des Gründungsorts wirksam gegründeten Gesellschaft anerkannt werden muss.

III. Inländerbehandlungs- und Meistbegünstigungsklauseln als eigenständiges Recht auf Anerkennung einer Gesellschaft

Als Grundlage eines Rechts auf Anerkennung von Gesellschaften der anderen Vertragspartei kommen neben Artikel XXV Abs. 5 S. 2 FHSV auch die im Freundschaftsvertrag vorgesehenen Vorschriften über die Inländerbehandlung und Meistbegünstigung in Betracht.[526] Aufgrund der jüngsten europarechtlichen Entwicklungen im internationalen Gesellschaftsrecht stellt sich insbesondere die Frage, ob US-amerikanische Gesellschaften aufgrund der im Freundschaftsvertrag verankerten staatsvertraglichen Niederlassungsfreiheit im gleichen Umfang wie EU-ausländische Gesellschaften in Deutschland anerkannt werden müssen.

1. Meinungsstand

Der BGH äußerte sich nicht eindeutig zu dieser Frage. Der 8. Zivilsenat des BGH erklärte in seinem Grundsatzurteil vom 29. Januar 2003, dass insbesondere die Niederlassungsfreiheit die volle Anerkennung der Rechts- und Parteifähigkeit mit zum Inhalt habe. Anschließend verwies er in Klammern auf die *Überseering*-Entscheidung des EuGH.[527] Der 2. Zivilsenat des BGH erklärte, dass für die im

---

526 Nach Artikel XXV Abs. 1 [bzw. Abs. 4] bedeutet Inländerbehandlung [bzw. Meistbegünstigung] „die innerhalb des Gebietes eines Vertragsteils gewährte Behandlung, die nicht weniger günstig ist als diejenige, die dort unter gleichartigen Voraussetzungen den Staatsangehörigen, Gesellschaften [...] dieses Vertragsteils [bzw. den Staatsangehörigen, Gesellschaften irgendeines dritten Landes] gewährt werden."

527 BGH, Urt. v. 29.01.2003 – VIII ZR 155/02 – BGHZ 153, 353 ff. = NJW 2003, 1607 = IPRax 2003, 265:
„Insbesondere die Niederlassungsfreiheit hat die volle Anerkennung der Rechts- und Parteifähigkeit mit zum Inhalt (vgl. [...] nunmehr auch EuGH, NJW 2002, 3614 [...] – *Überseering*, zum Vorlagebeschl. des BGH, NZG 2000, 926)."

deutsch-US-amerikanischen Freundschaftsvertrag verankerte Niederlassungsfreiheit „ähnliches" gelten müsse wie für die gemeinschaftsrechtliche Niederlassungsfreiheit.[528]

Nach einer Ansicht in der deutschen Literatur müssen US-amerikanische Gesellschaften nicht aufgrund der Meistbegünstigungsklauseln im deutschen Recht ebenso (gut) wie europäische Gesellschaften behandelt werden.[529] Denn das vom EuGH entwickelte Verständnis der gemeinschaftsrechtlichen Niederlassungsfreiheit lasse sich nicht ohne Weiteres auf einen bilateralen Staatsvertrag übertragen, der bereits vor der Gründung des EWR zwischen Deutschland und den USA abgeschlossen worden sei. Die EU sähe sich als Wertegemeinschaft, woran es im deutsch-US-amerikanischen Verhältnis fehle. Daher lägen keine „gleichartigen Voraussetzungen" im Sinne der Meistbegünstigungsklauseln (Art. XXV Abs. 4 FHSV) für US-amerikanische und europäische Gesellschaften vor.

Nach der gegenläufigen Auffassung dürfen Gesellschaften US-amerikanischen Rechts in Deutschland nicht schlechter gestellt werden als EU-ausländische Gesellschaften.[530] Denn was für Gesellschaften aus der Gemeinschaft gelte, sei nach dem Prinzip der Meistbegünstigung auch US-amerikanischen Gesellschaften zu gewähren. *Dammann* schränkt diese Auffassung ein und gewährt einer US-amerikanischen Gesellschaft nur dann einen Anspruch auf Anerkennung, wenn das einzelstaatliche Gründungsrecht der US-amerikanischen Gesellschaften dem Gründungsrecht einer deutschen bzw. Drittstaaten-Gesellschaft (insbesondere EU-ausländische Gesellschaften), der Rechtsfähigkeit zuerkannt wird, inhaltlich im Wesentlichen entspricht.[531]

---

528 BGH, Urt. v. 29.01.2003 – VIII ZR 155/02 – BGHZ 153, 353 ff. = NJW 2003, 1607 = IPRax 2003, 265.

529 *Ebke*, RIW 2004, 740, 742; *ders.*, JZ 2005, 299, 301; ders., in: FS Hay, S. 119, 131 ff.; *Neumann,* S. 136. (auch wenn *Neumann* die deutsch-US-amerikanische Gründungstheorie nach den gleichen Maßstäben wie die europäische Gründungstheorie/ Überlagerungstheorie einschränken möchte).

530 *Dammann,* RabelsZ 48 (2004), 607, 627 ff.; *Jüttner,* S. 136; *Schanz/Jüttner*, AG 2003, 30, 36; wohl auch *Sedmund,* BB 2003, 1362 f. (aus steuerrechtlicher Perspektive); offen gelassen *Sandrock*, in: Probleme, S. 85, 102 Fn. 62; ausführlich *Mankowski,* in: Leible/Ruffert, S. 235, 262 ff., nach dem die europäische Gründungstheorie qua Meistbegünstigung auf Gesellschaften der andere Vertragspartei zu erstrecken ist, wenn und soweit die Meistbegünstigungsklauseln den Bereich des Gesellschaftskollisionsrechts sachlich erfassen. Dies sei der Fall, wenn Niederlassungsfragen und der freie Verkehr von Kapital und Personen in den Meistbegünstigungsklauseln vorgesehen seien. *Mankowksi* führt jedoch an, dass diese Überlegungen für das deutsch-US-amerikanische Verhältnis irrelevant seien, da der deutsch-US-amerikanische Freundschaftsvertrag eine eigenständige Kollisionsnorm enthalte.

531 *Dammann,* RabelsZ 48 (2004), 607, 627 ff.

2. *Kritik und eigene Auffassung*

Die Hinweiss des 2. und des 8. Zivilsenats des BGH auf die gemeinschaftsrechtliche Niederlassungsfreiheit können nicht als Gleichstellung der staatsvertraglichen und der gemeinschaftsrechtlichen Niederlassungsfreiheit oder als Gleichstellung von US-amerikanischer Gesellschaften mit EU-ausländischen Gesellschaften verstanden werden.[532] Denn der Hinweis auf die *Überseering*-Entscheidung im Urteilstext des 8. Zivilsenats erfolgte nur in Klammern, also mehr als *obiter dictum*, und der 2. Zivilsenat sprach nur davon, dass „ähnliches" gelten solle. Der 1. Zivilsenat verzichtete in seinem Urteil vom 13. Oktober 2004 schließlich gänzlich auf die Erwähnung der gemeinschaftsrechtlichen Niederlassungsfreiheit.[533] Des Weiteren hätte der BGH sich mit dem Hinweis auf die jüngste Rechtsprechung zur Niederlassungsfreiheit jegliche weiteren Argumente für die Hinwendung zur Gründungstheorie im deutsch-US-amerikanischen Verhältnis ersparen können. Dies geschah jedoch nicht. Außerdem verwiesen der 2. und der 8. Zivilsenat des BGH auf die staatsvertragliche und gemeinschaftsrechtliche Niederlassungsfreiheit nur, um die Auslegung des Artikels XXV Abs. 5 S. 2 FHSV als eigenständige Kollisionsnorm mit Hinwendung zur Gründungstheorie zu begründen. Ob aus den Meistbegünstigungsklauseln ein eigenständiges Recht auf Niederlassungsfreiheit folgt, erwähnte er nicht. Der Verweis des BGH auf die gemeinschaftsrechtliche Niederlassungsfreiheit ist daher nur dahingehend zu verstehen, dass die Abwendung von der Sitztheorie nicht nur im deutsch-US-amerikanischen Verhältnis erfolgt, sondern auch durch die jüngste EuGH-Rechtsprechung zur gemeinschaftsrechtlichen Niederlassungsfreiheit.

Damit besteht weiterhin die Frage, ob der Inhalt der gemeinschaftsrechtlichen und der staatsvertraglichen Niederlassungsfreiheit übereinstimmen. Denn nur in diesem Fall können die Vergünstigungen aus der gemeinschaftsrechtlichen Niederlassungsfreiheit über die Meistbegünstigungsklauseln an US-amerikanische Gesellschaften weitergegeben werden. Sollte der Inhalt beider Niederlassungsfreiheiten tatsächlich gleich sein, stellt sich die Frage, ob Dritte von den Vergünstigungen der EU – in diesem Fall von der europarechtlichen Gründungstheorie als Ausfluss der gemeinschaftsrechtlichen Niederlassungsfreiheit – über die Meistbegünstigung profitieren dürfen: Können die Vereinigten Staaten von Amerika in den Genuss der Vorteile der EU gelangen, ohne Mitgliedstaat zu sein?

---

532 So auch *Stürmer*, IPRax 2005, 305, 306; *Jestädt*, WuB II N, Art. XXV FHSVV, 1.03, 636 ff.; *Ebke*, JZ 2003, 927, 930; *ders.*, JZ 2005, 299, 301 f.; eine Gleichstellung sieht hingegen *Goette*, DStR 2004, 2115; wohl auch *Paefgen*, DZWiR, 2003, 441, 445; *ders.*, EWiR 2004, 919, 920.

533 BGH, Urt. v. 13.10.2004 – I ZR 245/01 („GEDIOS") = BGH, JZ 2005, 298 = IPRax 2005, 340.

Gegen eine Vergleichbarkeit der staatsvertraglichen und der gemeinschaftsrechtlichen Niederlassungsfreiheit und damit gegen eine Erlaubnis, die Vorteile der EU an die USA weiterzugeben, spricht, dass die EU-Mitglieder sich ihre Vorteile durch eigene Gegenleistungen „erwerben" müssen und kein Interesse daran haben, diese Vorteile „kostenlos" Dritten weiterzugeben.[534] Rechtlich ist diese Frage, wenn auch verklauselt formuliert, in Artikel 307 Abs. 3 EGV[535] verankert. Demnach sind die Mitgliedstaaten gehalten, die spezifischen Vorteile und Präferenzen des Gemeinschaftsrechts nicht an ihre Vertragsstaaten über Gleichbehandlung- und Meistbegünstigungsklauseln weiterzugeben.[536] Dies gilt dem Wortlaut nach allerdings nur für solche Vorteile der EU, die im „untrennbaren Zusammenhang mit der Schaffung gemeinsamer Organe" und „der Übertragung von Zuständigkeiten auf diese" stehen (Artikel 307 Abs. 3 EGV). Ein solcher Vorteil wird in der Zollunion gesehen, die ohne die besonderen Organe und Strukturen der EU nicht denkbar wäre.[537] Daher ist es den EU-Mitgliedstaaten verboten, die Vorteile der Zollunion an Dritte weiterzugeben. Dies wird auch nicht als Verstoß gegen den Vertrag mit dem Drittstaat gesehen, da die Zollunion stillschweigend oder ausdrücklich in den Staatsverträgen von der Meistbegünstigung ausgenommen sein soll.[538] Im Umkehrschluss ist es den EU-Mitgliedstaaten erlaubt, die Vorteile auf Drittstaaten zu erstrecken, die auf den von besonderen Strukturen und Organen unabhängigen Diskriminierungsverboten wie der Niederlassungsfreiheit beruhen. Aus Artikel 307 EGV ergibt sich also kein Verbot, die europarechtliche Gründungstheorie, die ein Ausfluss der gemeinschaftsrechtlichen Niederlassungsfreiheit ist, auch an Drittstaaten weiterzugeben.

Auch aus der gemeinschaftsrechtlichen Niederlassungsfreiheit an sich folgt kein Verbot, dass anderen Staaten nicht gleiche Rechte wie den Marktbürgern eingeräumt werden dürfen.[539] Die Niederlassungsfreiheit soll etwas Positives für die EU-Marktbürger bewirken, verbiete es aber nicht, dass auch die Personen an-

---

534 *Mankowski,* GRUR 1995, 539, 547.

535 „Bei Anwendung der in Absatz 1 bezeichneten Übereinkünfte tragen die Mitgliedstaaten dem Umstand Rechnung, daß die in diesem Vertrag von jedem Mitgliedstaat gewährten Vorteile Bestandteil der Errichtung der Gemeinschaft sind und daher in untrennbarem Zusammenhang stehen mit der Schaffung gemeinsamer Organe, der Übertragung von Zuständigkeiten auf diese und der Gewährung der gleichen Vorteile durch alle anderen Mitgliedstaaten."

536 *Mankowski,* in: Leible/Ruffert, S. 235, 246; *Schmalenbach,* in: Calieff/Ruffert, Art. 307 EG Rn. 16.

537 *Geiger,* Art. 307 EG Rn. 6; *Mankowski,* in: Leible/Ruffert, S. 235, 250; *ders.,* GRUR 1995, 539, 548.

538 *Geiger,* Art. 307 EG Rn. 6.

539 *Mankowski,* in: Leible/Ruffert, S. 235, 264 f.

derer Staaten von ihr profitieren.[540] Aus dem EG-Recht folgt demnach kein Verbot der Weitergabe von Vergünstigungen aufgrund der gemeinschaftsrechtlichen Niederlassungsfreiheit. Im Übrigen hätte ein dahingehendes europarechtliches Verbot keine Auswirkungen auf den deutsch-US-amerikanischen Freundschaftsvertrag, der als völkerrechtlicher Vertrag nicht an dem Europarecht zu messen ist.

Unerheblich ist es ebenfalls, dass die Vergünstigungen für EU-ausländische Gesellschaften aufgrund der gemeinschaftsrechtlichen Niederlassungsfreiheit erst lange nach der Ratifizierung des Freundschaftsvertrags hervortraten. Die Vertragsparteien waren sich bei Vertragsschluss im Jahre 1954 der fortschreitenden Integration durch die europäische Gemeinschaft bewusst und haben sich mit der einjährigen Kündigungsfrist nach Ablauf der ersten 10 Jahre die Möglichkeit vorbehalten, die Verhältnisse gerade solchen (tatsächlichen und rechtlichen) Änderungen anzupassen.[541]

Ein Vergleich der staatsvertraglichen und der gemeinschaftsrechtlichen Niederlassungsfreiheit fällt allerdings aufgrund der unterschiedlichen Hintergründe beider Vorschriften schwer. Die EU versteht sich als Wertegemeinschaft[542] und hat ein grundsätzliches Vertrauen in die Rechtsordnung der Mitgliedstaaten.[543] Die gemeinschaftsrechtliche Niederlassungsfreiheit zielt dabei auf die Integration und Verwirklichung des Binnenmarkts.[544] Ein solches umfassendes Verständnis liegt dem deutsch-US-amerikanischen Freundschaftsvertrag nicht zugrunde. Die unterschiedlichen Hintergründe des EG-Vertrags und des deutsch-US-amerikanischen Freundschaftsvertrags schließen es jedoch nicht aus, dass der Inhalt und die Reichweite der Niederlassungsfreiheiten übereinstimmen. Beide Vorschriften bestimmen schließlich, dass die Beschränkungen der freien Niederlassung von Gesellschaften eines Mitglieds- bzw. Vertragsstaates im Hoheitsgebiet eines anderen Mitgliedstaates bzw. des anderen Vertragsstaates verboten sind. Es wird der freie Verkehr von Kapital und Personen gewährleistet.

Insgesamt spricht damit vieles dafür, dass der Inhalt der gemeinschaftsrechtlichen Niederlassungsfreiheit sich über die Meistbegünstigungsklauseln auch auf den Inhalt der staatsvertraglichen Meistbegünstigung erstreckt.[545]

---

540 *Mankowski,* in: Leible/Ruffert, S. 235, 263.
541 *Dammann,* RabelsZ 68 (2004), 607, 630.
542 *Sandrock,* DB 2004, 897 , 898.
543 *Döner,* LMK 2005, 48; *Stürner,* IPRax 2005, 305, 306.
544 Vlg. Art. 2 EG; *Mankowski,* EWiR 2003, 661, 662; *Stürner,* IPRax 2005, 305, 306.
545 Die bereits erwähnte Auffassung von *Dammann* (RabelsZ 48 (2004), 607, 627 ff.) ist dabei abzulehnen. Nach Dammann hat eine US-amerikanischen Gesellschaft nur dann einen Anspruch auf Anerkennung, wenn das einzelstaatliche Gründungsrecht der US-amerikanischer Gesellschaften dem Gründungsrecht einer deutschen bzw.

Eine abschließende Aussage über die Vergleichbarkeit der gemeinschaftsrechtlichen und staatsvertraglichen Niederlassungsfreiheit ist an dieser Stelle jedoch nicht notwendig. Da der Freundschaftsvertrag in Artikel XXV Abs. 5 S. 2 FHSV nach der hier vertretenen Auffassung eine eigenständige Kollisionsnorm mit Anknüpfung an den Gründungsort beinhaltet, ist es im deutsch-US-amerikanischen Verhältnis grundsätzlich irrelevant, ob sich die Anwendung der Gründungstheorie auch über die Vorschriften zur Inländerbehandlung oder Meistbegünstigung aus den jüngsten europarechtlichen Entwicklungen ergibt. Die Inländerbehandlungs- und Meistbegünstigungsklauseln schaffen nämlich keinesfalls staatsvertragliches Kollisionsrecht sondern haben allenfalls Auswirkungen auf die Anwendung des nationalen Kollisionsrechts. Eine staatsvertragliche Kodifizierung der Gründungstheorie wie in Artikel XXV Abs. 5 S. 2 FHSV erübrigt solche Überlegungen, da die staatsvertragliche Kollisionsnorm dem nationalen Kollisionsrecht in jedem Fall vorgeht.[546]

Bei der nun folgenden Betrachtung des Umfangs der Anerkennung nach Artikel XXV Abs. 5 S. 2 FHSV sowie der Untersuchung der Auswirkungen und der Grenzen dieser staatsvertraglichen Kollisionsnorm werden die neuen europarechtlichen Entwicklungen allerdings weiterhin berücksichtigt, da sie dem deutschen Gesellschaftskollisionsrecht neue Impulse gegeben haben, die bis in den Freundschaftsvertrag hineinwirken könnten.

Drittstaaten-Gesellschaft (insbes. EU-ausländische Gesellschaften), der Rechtsfähigkeit zuerkannt wird, inhaltlich im Wesentlichen entspricht. Es bedarf jedoch umfangreicher Nachforschung und einiger (nicht zu bewältigender) Auslegungskunst, um die Voraussetzungen an die Gründung einer Gesellschaft nach deutschem Recht oder nach dem Recht eines Drittstaates, insbesonders eines der 26 weiteren EU-Staaten und die Voraussetzugnen an die Gründung einer Gesellschaft nach dem Recht eines der 50 US-amerikanischen Staaten als gleichartig einzustufen. Im Übrigen könnte es zu einer unterschiedlichen Anerkennungspraxis von Gesellschaften aus verschiedenen Einzelstaaten kommen, je nach dem ob das Gesellschaftsrecht eine bestimmen Einzelstaates inhaltlich im Wesentlichen mit deutschem oder Drittstaaten (EU)-Recht vergleichbar ist. Dies kann nicht beabsichtigt sein.

546 *Mankowski*, in: Leible/Ruffert, S. 235, 262.

E. Anknüpfungsgegenstand der Anerkennung in Artikel XXV Abs. 5 S. 2 FHSV

Nachdem Artikel XXV Abs. 5 S. 2 FHSV als eine Norm kollisionsrechtlichen Inhalts eingestuft wurde, gilt es festzustellen, welche Bereiche des Gesellschaftsstatuts nach der Gründungstheorie anerkannt werden. Es könnte sowohl das ausländische Gesellschaftsrecht insgesamt herangezogen werden, als auch die Anerkennung auf bestimmte Bereiche des Gesellschaftsstatuts beschränkt werden. Artikel XXV Abs. 5 S. 2 FHSV erklärt nämlich lediglich, dass der „rechtlichen Status" der ausländischen Gesellschaft anzuerkennen ist.

I. Problemstellung

1. Meinungsstand

Nach einer (engen) Ansicht umfasst die Anerkennung in Artikel XXV Abs. 5 S. 2 FHSV lediglich die Anerkennung der Rechts-, Geschäfts- und Handlungsfähigkeit der nach ausländischem Recht gegründeten Gesellschaft.[547] *Großmann* bezeichnet dies als das „Rechtsfähigkeitsstatut".[548] Das Rechtsfähigkeitsstatut würde eigenständig aufgrund des Freundschaftsvertrags nach der Gründungstheorie ermittelt, während das übrige Gesellschaftsstatut weiterhin den Regeln des autonomen internationalen Gesellschaftsrechts unterläge.

Bungert hingegen bevorzugt eine „Spaltenlösung" oder „staatsvertragliche Überlagerungstheorie".[549] Er führt aus, dass die Anerkennung des Freundschaftsvertrags alle Fragen des Außenverhältnisses einer Gesellschaft erfasse wie ihre Gründung, ihre Rechtsfähigkeit, ihre Satzungs- oder effektive Verwaltungssitzverlegung, ihre Durchgriffshaftung und organschaftliche Vertretung. Fragen des

---

547 *Berndt*, JZ 1996, 187, 191; *Dammann*, RabelsZ 68 (2004), 607, 632 ff.; *Großfeld/Erlinghagen*, JZ 1993, 217, 224; *Schurig*, in: FS Hay, S. 369, 375. Staudinger/*Großfeld*, IntGesR Rn. 169 und 217 f.;.wohl auch *v. Bar*, IPR II, Rn. 629; *Großfeld* (in: Staudinger), *Berndt* und *Schurig* gehen dabei freilich davon aus, dass Artikel XXV Abs. 5 S. 2 FHSV keine Kollisionsnorm ist und nehmen zu diesem Problem nur hilfsweise Stellung.

548 Staudinger/*Großfeld*, IntGesR Rn. 169.

549 *Bungert*, ZVglRWiss 94 (1993), 117, 137 ff.; *ders.*, DB 2003, 1043, 1045; *ders.*, WM 1995, 2125, 2131.

gesellschaftlichen Innenverhältnisses seien hingegen nach dieser Auffassung weiterhin nach nationalem Kollisionsrecht zu bestimmen.

Nach einer dritten (weiten) Ansicht umfasst die Anerkennung in Artikel XXV Abs. 5 S. 2 des Freundschaftsvertrags das gesamte Gesellschaftsstatut.[550] Demnach werden alle Fragen des Gesellschaftsstatuts im deutsch-US-amerikanischen Verhältnis einheitlich an das Recht des Gründungsorts angeknüpft.

2. *Weitere Problembereiche*

In der Diskussion über den Gegenstand der Anerkennung des Artikels XXV Abs. 5 S. 2 FHSV wird in der deutschen Literatur (zum Teil unausgesprochen) der Streit um die Funktion der kollisionsrechtlichen Anerkennung relevant. Nach der insbesondere von *Großmann* vertretenen Anerkennungslehre kommen der Anerkennung der Rechtsfähigkeit und der Anerkennung des übrigen Gesellschaftsstatuts jeweils eigenständige Bedeutungen zu.[551] Daher könne das Rechtsfähigkeitsstatut eigenständig staatsvertraglich bestimmt werden. *Großmann* begründet seine Auffassung unter anderem mit einem Verweis auf die Bedeutung von Anerkennung im romanischen Rechtskreis.[552] Im romanischen Rechtskreis – wie in Frankreich, Italien oder Beligen – muss eine Gesellschaft zunächst im Ausland wirksam gegründet worden sein (Vorfrage), bevor sie im Forumstaat anerkannt werden kann.[553] Denn nur ein existierendes Rechtsgebilde könne anerkannt werden. Die Anerkennungsnorm selbst verweist also für die Entscheidung über die Vorfrage der wirksamen Gesellschaftsgründung auf die anzuwendene (ausländische) Rechtsordnung.

Nach der herrschenden Ansicht hingegen sind die Anerkennung einer ausländischen Gesellschaft und die Anwendungen der Kollisionsnorm zur Bestimmung ihres Personalstatuts identisch.[554] Demzufolge käme der Anerkennung keine eigene Funktion zu.

---

550 *Ebenroth/Bippus*, NJW 1988, 2137, 2142; *dies*., DB 1988, 842, 844; *Furtak, S.* 95; *Höft*, S. 60; MüKo-BGB/*Kindler*, IntGesR Rn. 318; *Neumann*, S. 54; *Paefgen*, DZWiR 2003, 441, 442; *Rehm*, JZ 2005, 304, 305; *Stürner*, IPRax, 2005, 304, 306; *Scoles et al.*, § 23.1, S. 1221; wohl auch *Beitzke*, in: FS Luther, S. 1, 10. Dieser Ansicht folgt wohl auch der BGH, vgl. dazu Kapitel E III 4.

551 *Grasmann*, Rn. 63; *Großfeld*, RabelsZ 31 (1967), 1 ff.; *Großfeld/Erlinghagen*, JZ 1993, 217, 224; Staudinger/*Großfeld*, IntGesR Rn. 169 und 217 f.; *Steiger*, RIW 1999, 169, 172.

552 Staudinger/*Großfeld*, IntGesR Rn. 181.

553 Vgl. ausführlich dazu *Brödermann* in: Brödermann/Iversen, Rn. 133.

554 AnwaltKo/*Hoffmann*, Anh. zu Art. 12 EGBGB Rn. 4; *Behrens*, ZGR 1987, 499, 511; *ders*., IPRax 2003, 193, 205; *Bungert*, ZVglRWiss 93 (1994), 117, 137; *Drob-*

Zugleich spielt hier die Frage eine Rolle, ob das Gesellschaftsstatut einheitlich angeknüpft werden muss („Einheitslehre“)[555] oder ob eine Spaltung in verschiedene Rechtsordnungen möglich ist („Differenzierungslehre“).[556]

3. Gang der Untersuchung

Um diese miteinander verbundenen Meinungsstreite zum Thema der Anerkennung unter dem deutsch-US-amerikanischen Freundschaftsvertrag zu entscheiden, ist eine Auslegung des Artikels XXV Abs. 5 S. 2 FHSV erforderlich (unter III). Diese wird zeigen, dass das Gesellschaftsstatut einheitlich anzuknüpfen ist, womit der weiten Ansicht zuzustimmen ist. Der Anerkennung kommt im Freundschaftsvertrag keine eigenständige Funktion außerhalb der Bestimmung des Gesellschaftsstatuts zu.

Bevor Artikel XXV Abs. 5 S. 2 FHSV jedoch ausgelegt wird, ist festzustellen, welche Fragen des Gesellschaftsrechts unter dem Freundschaftsvertrag zu dem gesamten Gesellschaftsstatut, welche zu dem Rechtsfähigkeitsstatut und welche zu dem Innen- bzw. Außenverhältnis einer Gesellschaft zählen (unter II.). Da bereits im deutschen und US-amerikanischen internationalen Gesellschaftsrecht unklar ist, ob die prozessualen Fragen der Partei- und Prozessfähigkeit bzw. *capacity to sue and be sued* ebenfalls von der Verweisung auf das Gesellschaftsstatut umfasst werden oder ob sich die Bestimmung dieser Fähigkeiten nach der *lex fori* richtet, wird dieses Problem gesondert unter Berücksichtigung des Freundschaftsvertrags behandelt (unter IV.).

Ebenfalls unklar ist, ob die Fälle der Durchgriffshaftung, im Besonderen die Existenzvernichtungshaftung, zu dem Gesellschaftsstatut zu zählen sind. Dieses Problem wird im Hinblick auf den Freundschaftsvertrag ebenfalls gesondert behandelt (unter V.).

---

nig, ZGH 129 (1967), 93, 110 ff.; *Ebenroth*, Vermögenszuwendung, S. 336; *Ebenroth/Sura*, RablelsZ 43 (1979), 315, 317 ff.; Müko-BGB/*Kindler*, IntGesR Rn. 298; Soergel/*Lüderitz*, Anh. Art. 10 EGBGB Rn. 16; *Wiedemann*, Gesellschaftsrecht I, § 14 I 2 b), etwas unklar *Beitzke*, in: FS Luther, S. 1, 12.

555 BGHZ 25, 134, 144; BGH, EuZW 2000, 412; RGZ 153, 200, 205; *Kroppensteiner*, S. 113; MüKo-BGB/*Kindler*, IntGesR Rn. 520; Staudinger/*Großfeld*, IntGesR Rn. 249.

556 Insbesondere *Grasmann*, Rn. 615 ff.; *Nappenbach*, S. 82 ff.; speziell zu dem deutsch-US-amerikanischen Freundschaftsvertrag *Bungert*, ZRVglWiss 93 (1994), 117, 139.

II. Die Zuordnung gesellschaftsrechtlicher Fragen zum Gesellschaftsstatut – Qualifikation

Unabhängig davon, ob nach Artikel XXV Abs. 5 S. 2 FHSV das gesamte Gesellschaftsstatut einheitlich nach dem Gründungsort bestimmt wird oder eine differenzierte Anknüpfung für verschiedene Teilbereiche des Gesellschaftsstatuts vorgenommen wird, ist zu klären, welche gesellschaftsrechtlichen Fragen dem einheitlichen Gesellschaftsstatut und welche Fragen bestimmten Bereichen des Gesellschaftsstatuts wie dem Rechtsfähigkeitsstatut oder dem Außenverhältnis zugeordnet werden. Dies ist eine Frage der Qualifikation. Bei der Qualifikation wird entschieden, ob eine rechtliche Frage unter den Tatbestand einer Kollisionsnorm zu subsumieren ist.[557]

Zu Beginn jeder Qualifikation muss die Rechtsordnung ermittelt werden, die für die Qualifikation maßgeblich ist (Qualifikationsstatut). Da jede Rechtsordnung in erster Linie selbständig über ihre Auslegung befindet, gilt der Grundsatz der *lex fori*.[558] Daher ist der Maßstab für die Qualifikation grundsätzlich derjenigen Rechtsordnung zu entnehmen, unter deren Kollisionsnormen einer Rechtsfrage zu subsumieren ist. Nicht entscheidend ist hingegen die Einordnung des möglicherweise erst über die betreffende Kollisionsnorm zu berufenden Rechts (sog. *lex causae*).[559]

Bei der Qualifikation nach der *lex fori* ist von der Autonomie des Kollisionsrechts auszugehen. Daher müssen Begriffe des materiellen Rechts nicht notwendigerweise mit den kollisionsrechtlichen Begriffen derselben Rechtsordnung übereinstimmen (autonome Qualifikation).[560] Zudem wird die Qualifikation nach der *lex fori* durch die teleologische oder funktionale Qualifikation ergänzt,[561] um auch dem inländischen Recht unbekannte Rechtsinstitute kollisionsrechtlich würdigen zu können. Bei der funktionlen oder teleologischen Qualifikation erfolgt die Zuweisung einer Sachnorm zu einer bestimmten Kollisionsnorm durch Auslegung der Kollisionsnorm anhand der funktionalen Betrachtungsweise. Die Funktion oder der Zweck des in der Kollisionsnorm gewählten Verweisungsbegriffs wird mit der Funktion oder dem Zweck des fraglichen materiellen Rechtsinstituts verglichen.[562] Im Ergebnis wird dann die Kollisionsnorm angewendet, die einen mit dem ausländischen Institut funktionell vergleichbaren Inhalt hat.

---

557 *Kropholler,* IPR, § 15 I 1; *Rauscher*, S. 95.
558 *Kropholler,* IPR, § 16 I ; *Rauscher,* S. 100.
559 AnwaltKo/*Freitag*, Art. 3 EGBGB Rn. 19; *Rauscher,* S. 101.
560 *V. Bar/Mankowski*, IPR I, Rn. 173 (§ 7 II 4); *Kropholler,* IPR, § 16 II 2.
561 *V. Hoffmann/Thorn*, § 6 Rn. 27; vgl. auch BGHZ 29, 137, 139.
562 *Kropholler,* IPR, § 17 I.

Eine Ausnahme von der funktionalen Qualifikation nach der *lex fori* ergibt sich bei internationalen Vereinheitlichungen, insbesondere bei staatsvertraglichen Kollisionsnormen. Wenn unter einer staatsvertraglichen Kollisionsnorm eine Qualifikation nach der *lex fori* vorgenommen würde, könnte dies zu unterschiedlichen Ergebnissen in den Rechtsordnungen der Vertragsparteien führen. Dadurch würde das Ziel einer staatsvertraglichen Kollisionsnorm verfehlt, das Kollisionsrecht in einem bestimmten Bereich zu vereinheitlichen. Der Sinn und Zweck eines Staatsvertrags gebietet es daher, die Qualifikation nicht von einer bestimmten Rechtsordnung abhängig zu machen, sondern autonom und rechtsvergleichend vorzugehen.[563]

In Artikel XXV Abs. 5 S. 2 FHSV muss damit aufgrund einer deutsch-US-amerikanischen rechtsvergleichenden Betrachtungsweise bestimmt werden, welcher Bereich des Gesellschaftsrechts zu dem gesamten Gesellschaftsstatut, welcher Bereich zu dem Rechtsfähigkeitsstatut und welcher Bereich zu den Außenverhältnis einer Gesellschaft im Sinne des deutsch-US-amerikanischen Freundschaftsvertrags gehört.

1. Einheitliches Gesellschaftsstatut

Sowohl im deutschen als auch im US-amerikanischen Gesellschaftskollisionsrecht – zumindest im Kollisionsrecht der *corporations* – zählen diejenigen Fragen zum Gesellschaftsstatut, die gesellschaftsspezifische Bereiche erfassen. Die gleichen Regeln sollten daher auch für die Bestimmung des Umfangs des „gesamten" Gesellschaftsstatuts unter dem deutsch- US-amerikanischen Freundschaftsvertrag gelten. Das Gesellschaftsstatut im Sinne des Freundschaftsvertrags bestimmt daher insbesondere Folgendes:[564]

- Die Voraussetzungen für eine wirksame Gesellschaftsgründung,
- die Rechtsnatur der Gesellschaft und die daran anknüpfende Art der Rechtsfähigkeit der Gesellschaft und ihr Umfang,
- die Geschäftsfähigkeit der Gesellschaft, wozu die Frage nach der Erlangung und Beendigung der Organstellung und die Frage, welche Organe die Gesell-

563 *V. Bar/Mankowski*, IPR I, Rn. 171 (§ 7 II 2 h); *v. Hoffmann/Thorn*, § 6 Rn. 16; *Kropholler*, IPR, § 16 II 3; *Rauscher*, S. 103.

564 Vgl. Art. 155 des Schweizer IPRG; vgl. auch Artikel 3 des „Vorschlag[es] des Deutschen Rates für Internationales Privatrecht für eine Regelung des Internationalen Gesellschaftsrechts auf europäischer/nationaler Regelung" in *Sonnenberger/Bauer*, RIW 2006, Beilage 1, S. 1,3 oder *Sonnenberger/Bauer*, in: Sonnenberger, S. 7.

schaft auf welche Weise und in welchem Umfang zur Vertretung berechtigt sind, zählen,[565]

- der Name und die Firma der Gesellschaft,
- das interne Organisationsrecht, namentlich die unternehmerische Mitbestimmung und die Finanzverfassung (u.a. also auch die Höhe des Mindestkapitals),
- die internen Beziehungen der Gesellschaft (internal affairs), namentlich diejenigen zwischen der Gesellschaft und ihren Mitgliedern,
- der Erwerb, der Verlust und die Übertragung von Anteilen und der Mitgliederwechsel sowie die damit verbundenen Rechte und Pflichten,
- die Haftung der Gesellschaft, der Mitglieder der Organe und der Gesellschafter für Geschäftsverbindlichkeiten,
- die Haftung wegen Verletzung gesellschaftsrechtlicher Vorschriften,
- die Pflicht zu handelsrechtlicher Rechnungslegung und Bilanzierung,
- sowie die Umwandlung, Auflösung, Abwicklung und Beendigung der Gesellschaft.

Nicht von dem Gesellschaftsstatut erfasst sind insbesondere das Deliktsrecht, das Insolvenzrecht, das Vertragsrecht oder das Erbrecht. Diese Verhältnisse richten sich nach dem jeweiligen Delikts-, Insolvenz-, Vertrags- oder Erbstatut des Forumstaates. Fragen nach der rechtsgeschäftlichen Vertretungsmacht (Vollmacht), insbesondere Prokura und Handlungsvollmacht richten sich nach dem Vollmachtstatut. Die Form sowie Änderungen des Gesellschaftsvertrags richten sich nach den Kollisionsregeln über die Form von Rechtsgeschäften.

Zum Teil ist es schwierig zu entscheiden, ob eine bestimmte Norm dem Gesellschaftsstatut, dem Deliktsstatut oder dem Insolvenzstatut zuzuordnen ist (wie zum Beispiel bei Fragen der Durchgriffshaftung).[566] In einem Zweifellsfall sollte von einem weiten Umfang des Gesellschaftsstatuts ausgegangen werden. So wird der Anerkennung in Artikel XXV Abs. 5 S. 2 FHSV umfassend Geltung verschafft und die staatsvertragliche Liberalität ernst genommen.

2. Rechtsfähigkeitsstatut und übriges Gesellschaftsstatut

Nach der Bestimmung des gesamten Gesellschaftsstatuts bereitet es keine Schwierigkeiten, das Rechtsfähigkeitsstatut von dem übrigen Gesellschaftsstatut

565 Begrenzt wird die Hinnahme der ausländischen Rechts-, Geschäfts- und Handlungsfähigkeit in Deutschland durch Artikel 12 EGBGB, der für Gesellschaften nach h.M. analog gilt. Vgl. Kapitel B I 4.

566 Zu den Fragen der Durchgriffshaftung bzw. des *piercing the corporate veil* siehe Kapitel E V 2.

zu unterscheiden. Zu dem Rechtsfähigkeitsstatut gehört die Frage nach der Rechtsfähigkeit und der damit verbundenen Handlungs- und Geschäftsfähigkeit der Gesellschaft. Alle anderen gesellschaftsspezifischen Fragen zählen zu dem übrigen Gesellschaftsstatut.

3. Innen- und Außenverhältnis einer Gesellschaft

Zur Abgrenzung zwischen dem Innen- und Außenverhältnis einer Gesellschaft wird vorgeschlagen, darauf abzustellen, ob die Interessen des mit der Gesellschaft verkehrenden Publikums berührt werden oder nicht.[567] Demnach zählen zum Innenverhältnis alle Fragen, die die Beziehungen der Gesellschafter untereinander, zu der Gesellschaft und zu den Gesellschaftsorganen betreffen (insbesondere die Bestellung und Abberufung der Verwaltungsorgane, ihre Aufgaben und ihre Haftung), die Rechte der Gesellschafter, die Rechte der Minderheitsgesellschafter sowie ihre Durchsetzung, die Vorgänge im Zusammenhang mit der Kapitalstruktur der Gesellschaft, die Rechte ausscheidender Gesellschafter und die Übertragbarkeit der Gesellschaftsanteile.[568] Der deutsche Begriff des Innenverhältnisses entspricht dabei dem Begriff der *internal affairs* einer Gesellschaft im US-amerikanischen Recht.[569]

Zum Außenverhältnis zählen alle Rechtsbeziehungen der Gesellschaft gegenüber Dritten. Das sind insbesondere der Name und das Firmenschutzrecht, die Rechts-, Handlungs- und Geschäftsfähigkeit der Gesellschaft, die Befugnisse (insbesondere Vertretungsmacht) der Gesellschaftsorgane und die Haftung der Gesellschaft sowie ihrer Organe aus rechtsgeschäftlichem oder unerlaubtem Handeln.[570]

Anhand dieser Kriterien ist eine eindeutige Zuordnung der gesellschaftsrechtlichen Fragen zum Innen- oder Außenverhältnis möglich.[571] Daran schließt sich die Frage, ob eine Trennung in ein Innen- und ein Außenverhältnis oder in ein Rechtsfähigkeitstatut und ein übriges Gesellschaftsstatut durch den Freundschaftsvertrag tatsächlich sachgerecht ist. Dies wird im Rahmen der Auslegung des Artikels XXV Abs. 5 S. 2 FHSV untersucht.

---

567 *Nappenbach,* S. 79.
568 *Bungert,* ZVglRWiss 93 (1994), 117, 158 m.w.N.
569 Siehe dazu Kapitel B II 4 a.
570 *Bungert,* ZVglRWiss 93 (1994), 117, 158 m.w.N.; *Nappenbach,* S. 79.
571 So grundsätzlich auch *Beitzke,* Juristische Personen, S. 80 ff.

III. Auslegung des Artikels XXV Abs. 5 S. 2 FHSV zur Bestimmung des Anknüpfungsgegenstandes der Anerkennung

Mit Hilfe einer umfassenden Auslegung des Artikels XXV Abs. 5 S. 2 FHSV wird nunmehr der Anknüpfungsgegenstand dieser Norm festgestellt. Dafür wird untersucht, welche gesellschaftsrechtlichen Fragen von der Anerkennung des „rechtlichen Status“ von Gesellschaften der anderen Vertragspartei umfasst werden.

1. Wörtliche Auslegung

Eine vertragsautonome Auslegung des Wortlauts von Artikel XXV Abs. 5 S. 2 FHSV hilft an dieser Stelle nicht weiter. Denn aus dem Vertragswortlaut selbst ergibt sich nicht, was unter „rechtlichen Status“ zu verstehen ist. Daher kann hier nur die Bedeutung des Begriffs „rechtlicher Status“ bzw. „*juridical status*“ in der deutschen und US-amerikanischen Rechtsterminilogie untersucht werden. Dies führt zu dem Ergebnis, dass die Anerkennung des rechtlichen Status sowohl aus Sicht der deutschen als auch aus der US-amerikanischen Rechtssprache mehr als nur die Anerkennung der Rechtsfähigkeit und der damit verbundenen Handlungs- und Geschäftsfähigkeit umfasst.

a. Deutscher Wortlaut

Artikel XXV Abs. 5 S. 2 FHSV spricht in der deutschen Fassung von der Anerkennung des „rechtlichen Status“ der ausländischen Gesellschaft. Vertreter der engen Auffassung einer Anerkennung in Artikel XXV FHSV führen an, dass dieser deutsche Wortlaut kein eindeutiges Ergebnis zulasse.[572] Es sei offen, was unter dem rechtlichen Status zu verstehen sei. Vertreter der weiten Auffassung sind dagegen der Ansicht, dass der Begriff des „rechtlichen Status“ gerade für eine umfassende Anerkennung des Gesellschaftsstatuts spreche.[573] Der rechtliche Status einer Gesellschaft betreffe die gesamte rechtliche Ausgestaltung einer Gesellschaft im Außen- und Innenverhältnis und nicht nur die Frage, ob die Gesellschaft ein rechtsfähiges Subjekt sein könne.[574]

572 *Dammann,* RabelsZ 68 (2004), 607, 633.

573 *Beitzke*, in: FS Luther, S. 1, 10; *Ebenroth/Bippus,* NJW 1988, 2137, 2142; MüKo-BGB/*Kindler*, IntGesR Rn. 318; *Wiedemann*, Gesellschaftsrecht I, § 14 II 2 c).

574 *Ebenroth/Bippus,* NJW 1988, 2137, 2142.

Der Begriff des „rechtlichen Status" ist kein Fachbegriff der deutschen Rechtsterminologie. Der Artikel XXV Abs. 5 S. 2 FHSV spricht nicht von der Anerkennung der *Rechtsfähigkeit*, sondern von der Anerkennung des *rechtlichen Status*. Damit unterscheidet sich Artikel XXV FHSV von anderen Normen, die ausdrücklich nur von der Anerkennung der Rechtsfähigkeit sprechen wie § 15 GewO. Das deutsche Recht kennt also die bloße Anerkennung der Rechtsfähigkeit, benutzt diesen Begriff aber nicht im Freundschaftsvertrag. Der deutsche Wortlaut der Anerkennungsnorm des Freundschaftsvertrags („rechtlicher Status") spricht daher dafür, dass jedenfalls mehr als nur die Rechtsfähigkeit und damit die bei rechtsfähigen Gesellschaften verbundene Handlungs- und Geschäftsfähigkeit anerkannt werden soll. Die Auffassung, dass der Begriff des rechtlichen Status lediglich das Außenverhältnis einer Gesellschaft umfasse, lässt sich zwar mit dem Wortlaut des Artikel XXV Abs. 5 S. 2 FHSV vereinbaren, ist aber in keiner Weise daraus zwingend abzuleiten.

b. Englischer Wortlaut

Zu dem gleichen Ergebnis gelangt die Auslegung des englischen Wortlauts. Die englische Fassung des Artikels XXV Abs. 5 S. 2 FHSV spricht von der Anerkennung des *„juridical status*". Da der Begriff des *juridical status* im US-amerikanischen Recht ebenfalls kein Fachbegriff (*term of art*) ist, stellt sich zunächst die Frage, welche Begriffe für Rechts-, Geschäfts- und Handlungsfähigkeit in der US-amerikanischen Rechtsterminologie benutzt werden.

(1) Rechts-, Geschäfts- und Handlungsfähigkeit in der US-amerikanischen Rechtsterminologie

Die klare deutsche Begrifflichkeit und Unterscheidung von Rechts-, Geschäfts- und Handlungsfähigkeit findet sich in der US-amerikanischen Rechtsterminologie nicht wieder. Dies zeigt bereits ein Blick in ein deutsch-englisches Wörterbuch. Dort wird der Begriff der Rechtsfähigkeit mit *legal capacity* oder *capacity to act* übersetzt.[575] Die Geschäftsfähigkeit wird ebenfalls mit *legal capacity* oder *capacity to act* übersetzt.[576] Als Übersetzung für Handlungsfähigkeit wird wiederum *capacity to act* vorgeschlagen.[577]

575 Online Wörterbuch „leo" www.leo.org – „Rechtsfähigkeit" (Besucht am 01.09. 2007).

576 Online Wörterbuch „leo" www.leo.org – „Geschäftsfähigkeit" (Besucht am 01.09. 2007).

577 Online Wörterbuch „leo" www.leo.org – „Handlungsfähigkeit" (Besucht am 01.09. 2007).

Ein Blick in US-amerikanische Rechtswörterbücher und in die US-amerikanische Rechtsprechung ist ein wenig aufschlussreicher. Demnach kommt dem Begriff der Rechtsfähigkeit (wahrscheinlich) der Begriff der *(legal) personality* am nächsten. Dies ist „*the legal status of one regarded by the law as a person*" oder „*the legal conception by which the law regards a human being or an artificial entity as a person.*"[578] Die Rechtsprechung benutzt diesen Begriff jedenfalls, um ein rechtliches (künstliches) Gebilde als Zuordnungsobjekt von Rechten und Pflichten anzuerkennen.[579] Von der Rechtsprechung wird ebenfalls der Begriff der *(legal) entity* benutzt, um ein rechtsfähiges Gebilde zu beschreiben.[580] Nur Gebilde, die eine *(legal) entity* besitzen, können Zuordnungsobjekt eigener Rechte und Pflichten sein.

Ein anderer wichtiger Begriff der US-amerikanischen Rechtsterminologie ist der bereits genannte Begriff der *capacity. Capacity* ist „*the legal power to enter into binding obligation or to enjoy the privileges of a legal status.*"[581] Der Begriff der *capacity* kommt damit dem deutschen Begriff der Rechtsfähigkeit nahe, er wird aber nicht in einer solchen „allgemeinen" Weise gebraucht.[582] Vielmehr handelt es sich je nach Zusammenhang oder Umschreibung um eine konkrete rechtliche Fähigkeit (*capacity*). Als Beispiele für *capacities* werden in englischen Rechtswörterbüchern die *capacity to sue and to be sued* (~ aktive und passive Parteifähigkeit, Prozessfähigkeit), die (*contractual) capacity* (~ Vertragsfähigkeit, Geschäftsfähigkeit), die *capacity to bind a corporation with a signature* (~ Fähigkeit, eine Gesellschaft rechtlich zu vertreten), *matrial capacity* (~ Ehefähigkeit) oder die *testamentary capacity* (~ Testierfähigkeit) genannt.[583] Daneben existieren die *capacity for wrongs* „*for acts involving civil liability for infringement of rights in rem*" (~ Deliktsfähigkeit), und die *capacity for crimes* („ *for breaches of absolute duties for which the law provides penal consequences* ").[584]

578 *Black's Law Dictionary* – „*personality*".

579 *Motta v. Samuel Weiser, Inc.*, 598 F. Supp. 941, 948 f. (D.C. Me., 1984); *Ponce v. Roman Catholic Apostolic Church*, 210 U.S. 296, 311, 323 (1908); *Sugar Corp. of Puerto Rico v. Environeering, Inc.*, 530 F. Supp. 996, 999 (D.C. Puerto Rico, 1981).

580 Vlg. z.B. *A.D.S. Developers, Inc v. Tucker,* 263 F. Supp. 968, 987 (D.C. Pa 1967); *Anderson v. Hall*, 755 F. Supp. 2 (D.D.C., 1991); *Motta v. Samuel Weiser, Inc.*, 598 F. Supp. 941, 948 f. (D.C. Me., 1984); *Western Mut. Fire Ins. Co. v. Lamson Bros. & Co.* 42 F. Supp. 1007, 1011 (D.C. Ia. 1994).

581 *Radin*, Law Dictionary – „*capacity.*"

582 Vgl. *Motta v. Samuel Weiser, Inc.*, 598 F.Supp. 941, 948 (D.C.Me., 1984): „*Capacity, as normally used, connotes capacity to engage in legal transactions or to obtain judicial relief.*"

583 *Black's Law Dictionary* – „ *capacity*"; *Radin*, Law Dictionary – „*capacity*".

584 *Motta v. Samuel Weiser, Inc.*, 598 F.Supp. 941, 948 (D.C.Me., 1984).

Je nach Art der *capacity* müssen bestimmte Bedingungen wie Alter oder Verstandesreife erfüllt sein. Die wichtigste *capacity* ist dabei die Geschäftsfähigkeit, denn unter dem *age of capacity* wird das Alter verstanden, ab dem man bindende Willenserklärungen abgeben kann.[585]

Da im Freundschaftsvertrag keine der bis jetzt genannten Begriffe gewählt wurden, stellt sich die Frage, wann im US-amerikanischen Recht der Begriff des *juridical status* benutzt wird.

(2) Der Begriff des „juridical status" in der US-amerikanischen Rechtsprechung

Die US-amerikanische Rechtsprechung benutzt den Begriff des *juridical status* dann, wenn sie die Eigenständigkeit eines rechtlichen Gebildes betonen will. So entschied der *U.S. Supreme Court* im Fall *First Nat'l City Bank v. Banco Para El Comercio Exterior De Cuba*, dass auch ein bereits aufgelöstes kubanisches Kreditinstitut einen *separate juridical status* habe, also ein eigenständiges rechtliches Gebilde sei.[586] Im Fall *N.L.R.B. v. Nash-Finch Co.* erklärte der *U.S. Supreme Court*, dass der *juridical status* eines *board* (~Ausschuss), der kraft Gesetzes zur Untersuchung von *unfair labor practice* gebildet worden war, nicht identisch mit dem *status* der USA sei, auch wenn der Ausschuss eine Art „Behörde" der USA darstelle.[587] In dem Fall *National Council of Resistance of Iran v. Department of State* entschied das Gericht, dass „*government instrumentalities established as juridical entities distinct and independent from their sovereign should normally be treated as such,*" aber „*the normally separate juridical status had to be set aside where the Cuban government was the real party in interest.*"[588] *Juridical status* bedeutet damit, dass ein rechtlicher Status besteht bzw. dass das in Rede stehende Gebilde in irgendeiner Weise eigenständig existiert.

Eigenständige Existenz bedeutet zunächst, rechtsfähig zu sein. Denn nur wer rechtsfähig ist, kann eigenständiger Träger von Rechten und Pflichten sein. Wenn ein Gebilde jedoch eigenständig existiert, bedeutet dies zugleich, dass das Gebil-

---

585 *Motta v. Samuel Weiser, Inc.*, 598 F.Supp. 941, 948 (D.C.Me., 1984): „*The age, usually defined by statute as 18 years, at which a person is legally capable of agreeing to a contract, maintaining a lawsuit, or the like.*"

586 *First Nat'l City Bank v. Banco Para El Comercio Exterior De Cuba*, 462 U.S. 611, 632 (1983) („*[G]iving effect to the juridical status of the Cuban credit institution, even though it had long been dissolved [...].*").

587 *N.L.R.B. v. Nash-Finch Co.*, 404 U.S. 138, 150 (1971). („*The juridical status of the Board is not perfectly congruent with that of the United States.*").

588 *National Council of Resistance of Iran v. Department of State*, 362 U.S. App. D.C. 143, 148, 373 F.3d 152, 157 (D.C.Cir., 2004) („ [...]; *the normally separate juridical status had to be set aside where the Cuban government was the real party in interest behind BPECE's letter of credit claim* [...].").

de aufgrund seiner Organisation existiert. Seine Organisation ergibt sich aus den Regeln des Innenverhältnisses und hat Wirkungen auf das Außenverhältnis. Ob jedoch ein solches „weites“ Verständnis von *juridical status* von der Rechtsprechung beabsichtigt ist, ist offen. Die Betrachtung des Begriffs des *juridical status* in der US-amerikanischen Rechtsprechung hilft daher nur bedingt weiter.

(3) Der Begriff des „status“ in US-amerikanischen Rechtswörterbüchern

Der Begriff des *status* wird in *Black's Law Dictionary* – dem wichtigsten US-amerikanischen Rechtswörterbuch – als die Summe aller oder gesondert zu betrachtender Rechte und Pflichten einer Person definiert: „*a person's legal condition* „ oder „*the sum total of a person's legal rights, duties, liabilities, and other legal relations, or any particular group of them separately considered*“.[589] Daneben kann der *status* auch bestimmte Bereiche umfassen wie den Bereich der schuldrechtlichen (*personal*) im Gegensatz zu den sachenrechtlichen (*proprietary*) Rechten und Pflichten oder den Bereich der freiwillig erworbenen im Gegensatz zu den gesetzlich auferlegten Rechten und Pflichten.[590] Ebenfalls kann unter *status* die *person's capacities* und *incapacities* als Gegensätze zu anderen Bereichen des *personal status* verstanden werden.[591]

Mit dieser Definition ist es vereinbar, unter dem *status* einer Gesellschaft die Stellung der Gesellschaft als *corporation*, als *general* oder *limited partnership* oder als sonstige Gesellschaftsform mit allen gesellschaftsspezifischen Rechten und Pflichten im Innen- und Außenverhältnis zu verstehen, also von einem einheitlichen Gesellschaftsstatut auszugehen.

Dammann vertritt hingegen die Ansicht, dass der Begriff des *status* in Artikel XXV FHSV im letzteren Sinn, also im Sinn von *capacities* zu verstehen sei.[592] *Capacities* seien „rechtliche Fähigkeiten“ und daher umfasse Artikel XXV Abs. 5 S. 2 FHSV nur die Anerkennung der Rechts-, Handlungs- und Geschäftsfähigkeit. *Dammann* begründet die Wahl dieser von ihm als enges Verständnis bezeichneten Auffassung von *status* damit, dass die Rechtsprechung den Begriff des *juridical status* typischerweise als Synonym für die Rechtsfähigkeit im Sinn der Eigenständigkeit als rechtliches Zuordnungsobjekt verwende. Zudem führe es zu einem absurden Ergebnis, wenn man unter *juridical status* die Gesamtheit der Rechte und Pflichten einer Gesellschaft verstehe. Denn dann müsste das Recht des Gründungsorts nicht nur die Rechte und Pflichten, die dem Gesellschaftssta-

589 *Black's Law Dictionary* – „ *status*“.
590 *Black's Law Dictionary* – „ *status*“.
591 *Black's Law Dictionary* – „ *status*“.
592 *Dammann*, RabelsZ 68 (1994), 607, 634 f.

tut zugeordnet werden, sondern alle Rechte und Pflichten der Gesellschaft nach außen bestimmen. Zugleich würden die Rechte und Pflichten der Gesellschafter untereinander von der Norm nicht mehr erfasst.

Dieser Argumentation liegt jedoch ein ungenaues Verständnis von *capacities* und *juridical status* zugrunde. Der Begriff des *juridical status* wird – wie festgestellt – in der US-amerikanischen Rechtsprechung im Sinn der Eigenständigkeit eines rechtlichen Gebildes benutzt. Ob die Eigenständigkeit lediglich die Rechtsfähigkeit des Gebildes ausmacht oder die gesamte Organisation des Gebildes umschließt, ist unklar. Auch der Begriff der *legal capacity* ist – wie festgestellt – nicht auf eine Bedeutung festgelegt. Unter *capacities* lediglich die Rechts-, Handlungs- und Geschäftsfähigkeit zu verstehen, ist zwar möglich, aber im Grunde eine willkürliche Festlegung.

Selbst wenn man unter *capacities* nur die Rechts-, Handlungs- und Geschäftsfähigkeit verstände, ist kein Grund ersichtlich, dass der Begriff des *status* in *Dammanns* Sinne von *capacities* für die Auslegung des Artikels XXV Abs. 5 S. 2 des Freundschaftsvertrags maßgeblich ist. Bei dem von *Dammann* als „extensiv“[593] bezeichneten Verständnis von *juridical status* müssen nicht alle beliebigen Rechte und Pflichten einer Gesellschaft umfasst sein, sondern nur solche Rechte und Pflichten, die zum Gesellschaftsstatut zählen. In der Definition des *Black's law dicitonrary* von *juridical status* wird jedenfalls betont, dass nur bestimmte Bereiche der Rechte und Pflichten einer Person, die speziell bestimmt werden, von dem *status* umfasst werden können („[…] or *any particular group of [person's rights, duties and liabilities] separately considered*).“[594] Da Artikel XXV Abs. 5 S. 2 FHSV als Kollisionsnorm verstanden wird, gehören nur die zum Gesellschaftsstatut zählenden Rechte und Pflichten einer Gesellschaft zum „*status*.“ Mit dem Begriff des *legal status* ist es also vereinbar, dass davon nicht nur die Rechts-, Geschäfts- und Handlungsfähigkeit umfasst werden, sondern dazu alle dem Gesellschaftsstatut zuzuordnenden Rechte und Pflichten und damit auch die Rechte und Pflichten zwischen den Gesellschaftern zählen.

Sollte der Freundschaftsvertrag allein die Anerkennung der Rechts-, Geschäfts- und Handlungsfähigkeit beinhalten, hätten die Vertragsparteien sicherlich eindeutige Begriffe wie (*legal*) *capacity to act* oder *legal personaliy* gewählt und nicht den schillernden Begriff des *juridical status* verwendet.[595]

593 *Dammann,* RabelsZ 68 (1994), 607, 634.

594 *Black's Law Dictionary* – „*status*“.

595 N.B. Auch die Bezeichnung als „*person*“, sei es als eine *natural* oder *artificicial person* beinhaltet i.d.R. die Aussage, dass Rechtsfähigkeit besteht. Vgl. *Radin*, Law Dictionary – „*person*“.

(4) Vergleich mit der Restatement (second) of Conflict of Laws (1971)

Ein Vergleich mit der *Restatement (second) of Conflict of Laws (1971)* führt schließlich zu einem eindeutigen Ergebnis. Nach dessen § 297 gilt für die Anerkennung von Gesellschaften aus anderen Gliedstaaten: *„Incorporation by one state will be recognized by other states.*“[596] In dem diese Vorschrift erläuternden Kommentar wird ausgeführt, dass der *corporate status* überall anerkannt wird. Um klar zu stellen, was zu dem *corporate status* zählt, führt der Kommentar die wichtigsten Effekte der Anerkennung des *corporate status* an. Zu diesen werden die *capacity to sue and be sued* der Gesellschaft, Haftungsbegrenzungen der Gesellschafterhaftung und *„ultra vires*“ Wirkungen einer Handlung gezählt. Eine solche Aufzählung ist notwendig, da es im US-amerikanischen Recht keinen dem deutschen „Gesellschaftsstatut“ vergleichbaren Begriff gibt. Der Begriff des *status* wird in der *Restatement (second) of Conflicts of Law* jedenfalls nicht auf die Anerkennung der Rechts- Geschäfts- und Handlungsfähigkeit beschränkt. Die Aufzählung führt mehrere zum Außenverhältnis einer Gesellschaft zählende Bereiche als anerkennungspflichtig an. Das Innenverhältnis einer Gesellschaft wird zwar nicht als Beispiel aufgeführt, aber deren Anerkennung ist aufgrund der herrschenden *internal affairs doctrine* als selbstverständlich vorauszusetzen. Die Aufzählung ist nur beispielhaft.

Damit umfasst im Kollisionsrecht der Begriff der *recognition of the legal status* jedenfalls eine weitgehende Anerkennung gesellschaftsrechtlicher Fragen. Ein gleiches Verständnis von *status* sollte daher auch für Artikel XXV Abs. 5 S. 2 FHSV gelten, der demselben Zweck dient.

c. Schlussfolgerung

Im Ergebnis bleibt damit festzuhalten, dass sowohl in der deutschen als auch in der US-amerikanischen Rechtsterminologie unter Anerkennung des rechtlichen Status mehr als nur die Anerkennung der Rechts-, Handlung- und Geschäftsfähigkeit zu verstehen ist. Es ist folglich davon auszugehen, dass der Anerkennung des „rechtlichen Status“ in Artikel XXV Abs. 5 S. 2 FHSV eine identische Bedeutung zugrunde liegt. Die Benutzung des Begriffs *status* im US-amerikanischen Kollisionsrecht lässt sogar eine Tendenz dazu erkennen, dass es sich bei Artikel XXV Abs. 5 S. 2 FHSV um eine umfassende Kollisionsnorm handelt.

---

596 *Restatement (second) of Conflict of Laws*, § 297 comment a - f (1971).

2. *Systematische Auslegung*

Die systematische Auslegung des Artikels XXV Abs. 5 S. 2 FHSV hilft nicht weiter, um den Anknüpfungsgegenstand dieser Kollisionsnorm zu bestimmen.

a. Stellung der Norm im Vertrag

Vertreter eines engen Anerkennungsbegriffes greifen im Rahmen der systematischen Auslegung erneut auf das Argument zurück, dass die fragliche Vorschrift eine versteckte Stellung im Freundschaftsvertrag einnehme.[597] Es sei zwar möglich, dass in einem Unterabsatz eines handelspolitischen Vertrags die Rechtsfähigkeit oder das Außenverhältnis der Gesellschaft geregelt werde, doch sei es unwahrscheinlich, dass an solch einer Stelle eine umfassende Kollisionsnorm zu finden sei. Umfassende Kollisionsnormen seien der Inhalt von Staatsverträgen, die hauptsächlich der Klärung kollisionsrechtlicher Fragen dienten.

Zugegebenermaßen ist die Stellung der fraglichen Vorschrift bei einem Verständnis als umfassende Kollisionsnorm ungewöhnlich. Begründen lässt sich diese Stellung damit, dass die Anerkennung des rechtlichen Status einer Gesellschaft im Sachzusammenhang mit den übrigen Vorschriften des Artikels XXV Abs. 5 FHSV steht. Bei einer solchen Betrachtung erscheint die Stellung der Vorschrift nicht unangebracht. Es ist ebenfalls nicht unpassend, eine umfassende Kollisionsnorm in einen handelspolitischen Vertrag einzufügen, da die (umfassende) Anerkennung von Gesellschaften große Bedeutung für den Handelsverkehr hat.

b. Artikel XXIV

Dammann führt im Rahmen der systematischen Auslegung Artikel XXIV Abs. 1 (e) FHSV[598] an.[599] Mit dieser Vorschrift sei es nicht vereinbar, Artikel XXV

---

597 *Dammann*, RabelsZ 68 (2004), 607, 635. *Bungert*, ZVglRWiss 93 (1994), 117, 141. Vgl. zu diesem Argument bereits Kapitel D II 2 a.

598 Art. XXIV Abs. 1 (e) FHSV, deutsche Fassung:
„Durch diesen Vertrag bleibt das Recht jedes Vertragsteiles unberührt, Maßnahmen anzuwenden […] (e) welche solche Gesellschaften, die im Eigentum oder der Kontrolle von Staatsangehörigen eines dritten Landes […] stehen, von den Vergünstigungen diese Vertrags auszuschließen; jedoch darf die Anerkennung ihres rechtlichen Statuts und der Zugang zu den Gerichten nicht eingeschränkt werden."
Art. XXIV Abs. 1 (e) FHSV, englische Fassung:
„The present Treaty shall not preclude the application by either Party of measures […] (e) denying to any company in the ownership or direction of which nationals of any third country or countries have directly or indirectly the controlling interest, the advantages of the present Treaty, except with respect to recognition of juridical status and with respect to access to courts […].“

599 *Dammann*, RabelsZ 68 (2004), 607, 636.

Abs. 5 S. 2 FHSV als umfassende Kollisionsnorm einzustufen. Wäre Artikel XXV Abs. 5 S. 2 FHSV eine umfassende Kollisionsnorm, dann hätten die Vertragsparteien auch die Pflicht zur umfassenden Anerkennung von Gesellschaften, die unter der Kontrolle oder im Eigentum von Drittstaaten ständen. *Dammann* lässt hierbei unbegründet, warum solche Gesellschaften nicht in den Genuss der umfassenden Anerkennung gelangen dürfen. Ein Grund dafür ist auch nicht ersichtlich. Der Freundschaftsvertrag enthält neben der kollisionsrechtlichen Anerkennung weitere Vergünstigungen für Gesellschaften der anderen Vertragspartei (insbesondere die Niederlassungsfreiheit), von denen die in Artikel XXIV Abs. 1 (e) FHSV genannten Gesellschaften ausgeschlossen werden können. Artikel XXIV FHSV steht damit nicht der hier vertretenen Auffassung entgegen.

c. *Vorschriften zur Inländerbehandlung und Meistbegünstigung, insbes. Art. VII FHSV*

Die Vorschriften zur Meistbegünstigung und Inländerbehandlung, insbesondere die in Artikel VII FHSV gewährte Niederlassungsfreiheit, lassen keine Rückschlüsse auf die Auslegung des Artikels XXV Abs. 5 S. 2 FHSV zu. Es kann zwar daran gedacht werden die im deutschen Kollisionsrecht angelegten europarechtlichen Maßstäbe, die Ausfluss der gemeinschaftsrechtlichen Niederlassungsfreiheit sind, über die Meistbegünstigung auch im deutsch-US-amerikanischen Verhältnis anzuwenden. Denn der BGH hält auch nach den EuGH-Entscheidungen zur gemeinschaftsrechtlichen Niederlassungsfreiheit grundsätzlich an einem einheitlichen Gesellschaftsstatut fest.[600] Allerdings ist im Freundschaftsvertrag kein allgemeines Recht auf Inländerbehandlung und Meistbegünstigung verankert, sondern diese Grundsätze werden nur in bereichsspezifischen Vorschriften gewährleistet. Um die Vergünstigungen der Vorschriften zur Inländerbehandlung und Meistbegünstigung umfassend wahrnehmen zu können, ist die Auslegung des Artikel XXV Abs. 5 S. 2 FHSV als umfassende Kollisionsnorm zwar sachgerecht, aber es wäre auch ausreichend, eine umfassende Anerkennung nur dann zu

600 Da der Streitpunkt im Fall *Überseering* (EuGH, Urt. v. 05.11.2002, Rs. C-208/00, Slg. 2002 I, 9919 – NJW 2002, 3614 = IPRax 2003, 65) lediglich die Anknüpfung der Rechts- und Parteifähigkeit einer niederländischen Gesellschaft mit Verwaltungssitz in Deutschland war, musste nicht entschieden werden, ob auch das übrige Gesellschaftsstatut aufgrund der gemeinschaftsrechtlichen Niederlassungsfreiheit der Gründungstheorie unterliegt. Dennoch hat der BGH das nach der Gründungstheorie ermittelte Recht als das „dargestellte Personalstatut" bezeichnet. Vlg. *Leible/Hoffmann*, ZIP 2005, 925, 929; *Zimmer*, NJW 2003, 3585, 3591.

gewähren, wenn eine konkrete Vorschrift der Inländerbehandlung- oder Meistbegünstigung einschlägig wäre.[601]

3. Teleologische Auslegung

Die teleologische Auslegung zeigt schließlich, dass Artikel XXV Abs. 5 S. 2 FHSV eine umfassende Kollisionsnorm darstellt.

a. Sinn und Zweck der Vorschrift für nicht rechtsfähige Gesellschaften

Wenn Artikel XXV Abs. 5 S. 2 FHSV nur die Anerkennung der Rechts-, Geschäfts- und Handlungsfähigkeit beinhaltete, hätte die Vorschrift keine Bedeutung für Gesellschaften, die nicht rechtsfähig sind.

---

601 Darüber hinaus ist der Inländerbehandlungsgrundsatz jedenfalls nicht dadurch verletzt, dass Gesellschaften US-amerikanischen Rechts mit Verwaltungssitz in Deutschland nach deutschem Recht einem gespaltenen Gesellschaftsstatut unterliegen, weil das Gesellschaftsstatut teilweise nach der Gründungstheorie, teilweise nach der Sitztheorie bestimmt wird. Da deutsche und US-amerikanische Gesellschaften mit Sitz in Deutschland gerade unabhängig von dem Ort ihrer Gründung den gleichen kollisionsrechtlichen Bestimmungen unterliegen, kommt keine unmittelbare Diskriminierung in Betracht. Das Rechtsfähigkeitsstatut oder – je nach Ansicht – das gesamte Außenverhältnis richtet sich für deutsche und US-amerikanische Gesellschaften nach dem Recht des Gründungsorts, das übrige Gesellschaftsstatut nach dem Recht des effektiven Verwaltungssitzes. Eine mittelbare Diskriminierung liegt in der Regel ebenfalls nicht vor, da die Anwendung des deutschen Rechts US-amerikanische Gesellschaften mit Sitz in Deutschland nicht härter trifft als deutsche Gesellschaften mit Sitz in Deutschland (*Dammann*, RabelsZ 68 (2004), 607, 638). Unklar wird die Situation, wenn das Gesellschaftsstatut US-amerikanischer Gesellschaften mit Verwaltungssitz in Deutschland in zwei unterschiedliche Rechtsordnungen zerfällt und das Zusammenwirken der beiden Rechtsordnungen zu einer zusätzlichen Belastung der Gesellschaft führt. Der Inländerbehandlungsgrundsatz schützt US-amerikanische Gesellschaften allerdings nur vor einer Schlechterstellung gegenüber deutschen Gesellschaften durch Deutschland als Vertragspartei. Nicht erfasst ist eine Schlechterstellung, die durch die Unterschiede in den Rechtsordnungen der Vertragsparteien entsteht. Andernfalls wäre die Anknüpfung an den Gründungsort an sich eine Diskriminierung, sobald das Gesellschaftsrecht einer Vertragspartei, „härter“ ausgestaltet ist als das der anderen. Unterschiede, die erst durch die Anwendung der nationalen (materiellen) Rechtsordnungen entstehen, können nur durch eigene staatsvertragliche Regelungen behoben werden. Artikel XXV Abs. 5 S. 2 FHSV dient nur der Hinnahme der ausländischen Gesellschaft, wie sie sich aus dem ausländischen Recht ergibt, und nicht der Angleichung des nationalen (materiellen) Gesellschaftsrechts. Die eventuelle zusätzliche Belastung US-amerikanischer Gesellschaften durch die Anwendung zweier Rechtsordnungen ist damit nicht durch die Inländerbehandlungsklauseln geschützt.

Im deutschen Recht wurde die Gesellschaft bürgerlichen Rechts (GbR) zunächst nicht als rechtsfähig angesehen. Erst seit der Entscheidung des BGH vom 29. Januar 2003 ist anerkannt, dass die (Außen-)Gesellschaft bürgerlichen Rechts eine eigene Rechtsfähigkeit besitzt, soweit sie durch die Teilnahme am Rechtsverkehr eigene Rechte und Pflichten begründet.[602] Die reine Innen-Gesellschaft bürgerlichen Rechts besitzt weiterhin keine eigene Rechtsfähigkeit. Strittig ist, ob der nichtrechtsfähige Verein Rechtsfähigkeit besitzt.[603] Dafür spricht die Verweisung in § 54 S. 1 BGB auf die Vorschriften der nunmehr rechtsfähigen (Außen-) Gesellschaft sowie die Nähe des nichtrechtsfähigen Vereins zu einer juristischen Person.[604].

Im US-amerikanischen *common law* wird die *general partnership* nicht als *legal entity* angesehen. Anderes gilt nach dem *Uniform Partnership Act* von 1997. Hiernach ist eine *partnership* eine *legal entity*, unabhängig von ihren Partnern.[605] Diese Regelung übernahmen viele US-amerikanische Bundesstaaten in ihre *statutes*. Ob ein *business trust* eine *legal entity* darstellt, ist in der Rechtsprechung bis heute umstritten.[606]

Artikel XXV Abs. 5 S. 2 FHSV erkennt nun den rechtlichen Status von „Gesellschaften" an. Gesellschaften im Sinne dieser Vorschrift sind nach Artikel XXV Abs. 5 S. 1 FHSV „Handelsgesellschaften, Teilhaberschaften sowie sonstige Gesellschaften, Vereinigungen und juristische Personen; dabei ist es unerheblich, ob ihre Haftung beschränkt oder nicht beschränkt und ob ihre Tätigkeit auf Gewinn oder nicht auf Gewinn gerichtet ist."[607] Damit sind Gesellschaften im Sinne des Artikels XXV Abs. 5 S. 1 FHSV auch solche Gesellschaftsformen, die keine Rechtsfähigkeit besitzen.[608]

Umfasst die Anerkennung in Artikel XXV FHSV nun nur die Hinnahme der sich aus ausländischem Recht ergebenden Rechts-, Geschäfts- und Handlungsfähigkeit der ausländischen Gesellschaft, dann hätte die Vorschrift keine Bedeutung für Gesellschaften ohne Rechtsfähigkeit. Da Artikel XXV Abs. 5 S. 2 FHSV

---

602 BGH, Urt. v. 29.01.2003 – VIII ZR 155/02 – BGHZ 153, 353 = NJW 2003, 1607 = IPRax 2003, 265.

603 Zum Meinungsstand MüKo-HGB/*Reuter*, § 54 HGB Rn. 15 ff.

604 Vgl. *Schmidt*, Gesellschaftsrecht, § 25 II, S. 736 ff.

605 U.P.A. § 201 (a) (1997): „*A partnership is an entity distinct from its partners.*" Diese Regelung wurde in vielen US-amerikanischen Staaten übernommen, vgl. z.B. 6 Del.Code, § 15-201 (1997); Fl. Statutes, title XXXVI, section 620.8201 (1997); Minn. Statutes, chapter 323A. section 323A. 0201 (1994).

606 13 Am. Jur. 2d „*Business Trusts*" § 4 m.w.N.

607 „*As used in the present Treaty, the term «companies» means corporations, partnerships, companies and other associations, whether or not with limited liability and whether or not for pecuniary profit.*"

608 *Walker*, 50 Am. J. Int.'l L. 373, 380 Fn. 35 (1956).

jedoch auch deren Status anerkennt, bedeutet dies, dass es sich nicht nur um die Anerkennung der Rechts-, Handlungs- und Geschäftsfähigkeit handeln kann. Vielmehr sollen alle gesellschaftsrechtlichen Verhältnisse einer Gesellschaft nach der Rechtsordnung bestimmt werden, nach der sie gegründet wurden. Es mag darüber zwar nachgedacht werden, ob Artikel XXV Abs. 5 S. 2 FHSV nicht für alle Gesellschaftsformen anwendbar sein muss. Es ist aber kein Grund ersichtlich, dass nichtrechtsfähige Gesellschaften nicht von der Anerkennung profitieren dürfen. Artikel XXV Abs. 5 S. 2 FHSV macht daher nur Sinn für alle Gesellschaftsformen, wenn jedenfalls mehr als die Rechtsfähigkeit anerkannt wird.

b. Sinn und Zweck des Kollisionsrechts

Um den Anknüpfungsgegenstand des Artikels XXV Abs. 5 S. 2 FHSV bestimmen zu können, ist es im Rahmen der teleologischen Auslegungsmethode weiterführend, nicht nur Artikel XXV Abs. 5 S. 2 FHSV gemäß seines Sinnes und Zwecks auszulegen, sondern den Sinn und Zweck einer Kollisionsnorm an sich zu untersuchen. Dies ist notwendig für die sachgerechte Auslegung einer Kollisionsnorm.

Sinn und Zweck des Kollisionsrechts ist es, für jeden Sachverhalt eine angemessene Rechtsordnung zu finden.[609] Dafür werden Kollisionsnormen geschaffen, die an einen bestimmten Tatbestand die Anwendung einer bestimmten Rechtsordnung knüpfen. Dabei sollen solche Tatbestände geschaffen werden, die funktional zusammenhängende Gefüge oder Vorgänge einheitlich einer einzigen Rechtsordnung zuordnen. Somit stellt sich die Frage, ob im internationalen Gesellschaftsrecht nur ein Anknüpfungsmoment zu wählen ist (Einheitslehre) oder ob auch eine differenzierte Anknüpfung (Rechtsfähigkeitstatut und übriges Gesellschaftsstatut bzw. Innen- und Außenverhältnis) sachgerecht ist.

(1) Getrennte Behandlung des Rechtsfähigkeitsstatuts vom übrigen Gesellschaftsstatut als sachwidrig

Nach Auffassung der Befürworter einer Abspaltung des Rechtsfähigkeitsstatuts von dem übrigen Gesellschaftsstatut ist die Rechtsfähigkeit ein Punkt, an dem die innere Organisation der Gesellschaft in spezieller Weise Außenwirkung entfaltet, und daher ein gesonderter, eigenständig zu behandelnder Bereich[610] Diese möglicherweise besondere Stellung der Rechtsfähigkeit innerhalb der Gesellschaftsorganisation rechtfertigt jedoch keine differenzierte Anknüpfung gesellschafts-

609 *Kropholler*, IPR, § 31 I.
610 *Großfeld*, RabelsZ 31 (1967), 1, 3.

rechtlicher Fragen. Die Rechtsfähigkeit einer Gesellschaft kann nicht gesondert von ihrer rechtlichen Ausgestaltung beurteilt werden.[611] Eine Gesellschaft ist nicht abstrakt rechtsfähig, sondern rechtsfähig zum Beispiel als Gesellschaft mit beschränkter Haftung (GmbH), als Aktiengesellschaft (AG), als offene Handelsgesellschaft (OHG), als Gesellschaft bürgerlichen Rechts (GbR), als *business corporation*, als *limited liability company* oder als *limited partnership*. Zwischen der Rechtsfähigkeit einer Gesellschaft und anderen gesellschaftsrechtlichen Regelungsbereichen besteht daher ein „funktionaler Zusammenhang:“[612]

> „Die Zuweisung eigener Rechtspersönlichkeit ist untrennbar mit einer bestimmten Vermögens- und Haftungsverfassung verbunden; diese wiederum stellt bestimmte Anforderungen an Umfang, Aufbringung und Erhaltung des haftenden Kapitals, ermöglicht es jedoch außerdem den Kapitalanlegern, die Geschäftsführung vorzuenthalten, und beeinflusst damit die Verbandsverfassung.
> Dieser Zusammenhang zwischen den Regelungsgegenständen des Unternehmens- und Gesellschaftsrechts lässt es nicht sachgerecht erscheinen, die Rechtsfähigkeit von übrigen Fragen abgelöst und gesondert zu betrachten.“[613]

Die Rechtsfähigkeit einer Gesellschaft ist erkennbar gebunden an ihre Gesellschaftsform. Damit das einheitlich zu betrachtende Gefüge einer Gesellschaft erhalten bleibt, ist es daher sachgerecht, die Frage nach der Rechtsfähigkeit zusammen mit der Frage nach dem übrigen Gesellschaftsstatut zu beantworten.

(2) Getrennte Behandlung des Innen- und Außenverhältnisses als sachwidrig

Gegen eine Aufspaltung des Gesellschaftsstatuts in ein Innen- und ein Außenverhältnis spricht aus deutscher Sicht folgendes Beispiel:

> „Eine Kapitalerhöhung etwa kann im Innenverhältnis zwischen den Gesellschaftern zur Erweiterung des Mitgliederkreises oder zu einer Kräfteverschiebung zwischen den Mitgliedern führen, im Außenverhältnis zu einer Erhöhung des haftenden Garantiekapitals oder zu einer zusätzlichen persönlichen Haftung des neuen Kapitalgebers, aus der Sicht des Unternehmens schließlich stellt sich die Kapitalerhöhung als eine Finanzierungsmaßnahme – sei es zu Sanierungs-, sei es zu Erweiterungszwecken – dar.“[614]

Auch der BGH betont, dass die gesellschaftlichen Regeln des Innen- und Außenverhältnisses „erst im Zusammenspiel ein sinnvolles Ganzes [ergeben]; die

---

611 *Ebenroth/Bippus*, NJW 1988, 2137, 2142.
612 *Wiedemann*, in: FS Kegel, S. 187, 198; der BGH spricht von einem „sachlichen Zusammenhang“ in BHG, EuZW 2000, 412, 413.
613 *Wiedemann*, in: FS Kegel, S. 187, 198.
614 *Wiedemann*, in: FS Kegel, S. 187, 199.

Bedeutung etwa des Gesellschaftskapitals hängt unter anderen von den Anforderungen ab, die an einen Haftungsdurchgriff auf die Gesellschafter gestellt werden.“[615]

Dem US-amerikanischen Gesellschaftskollisionsrecht ist eine Trennung des Gesellschaftsstatuts in ein Innen- und Außenverhältnis bekannt. Das Kollisionsrecht der *general partnerhsip* unterscheidet bei seiner Anknüpfung zum Teil noch zwischen dem Innen- und dem Außenverhältnis der *partnership*.[616] Auch die Anwendung der *outreach statuts* einiger US-amerikanischer Einzelstaaten führt dazu, dass bestimmte Bereiche des Gesellschaftsrechts, insbesondere die *internal affairs* einer *corporation* oder einer anderen registrierten Gesellschaft, einer anderen Rechtsordnung als die sonstigen gesellschaftsrechtlichen Verhältnisse unterworfen werden.

Eine differenzierte Anknüpfung im Bereich des US-amerikanischen Kollisionsrechts ist aber nur deswegen sachgerecht, weil die materiellen Gesellschaftsrechte der Einzelstaaten in ihrer Herkunft und Anlage gleichartig sind.[617] In diesen Fällen entstehen daher keine Anpassungsschwierigkeiten durch die Unterschiede in der Struktur und der Organisation der Gesellschaft. Für solche – innerstaatlichen – Kollisionsfälle ist das Gesellschaftskollisionsrecht der Einzelstaaten angelegt worden. An eine Trennung des Gesellschaftsstatuts in US-amerikanisches und ausländisches Recht hat man bei der Konzeption des Kollisionsrechts nicht gedacht. Doch gerade in solchen Kollisionsfällen entstehen durch eine differenzierte Anknüpfung Schwierigkeiten, da das deutsche und das US-amerikanische materielle Gesellschaftsrecht unterschiedliche Herkunft und Struktur besitzen und unterschiedliche Gesellschaftsformen regeln. Die im US-amerikanischen Kollisionsrecht beheimatete Trennung zwischen *internal affairs* und sonstigen gesellschaftsrechtlichen Fragen kann damit nicht auf die Anerkennungsregel des Freundschaftsvertrags übertragen werden.

Im Übrigen ist im US-amerikanischen Gesellschaftskollisionsrecht eine Tendenz dahingehend zu erkennen, das Gesellschaftsstatut auch von *partnerships* einheitlich zu beurteilen. Der *U.S. Supreme Court* betont außerdem, dass eine *corporation* grundsätzlich nur unter dem Recht eines einzigen Staates organisiert sei und ihre Rechtsverhältnisse grundsätzlich nur dieser Rechtsordnung unterlägen.[618]

---

615 BGH, EuZW 2000, 412, 413.
616 Siehe Kapitel B II 5 b (1) u. (2).
617 *Höft*, S. 60.
618 *CTS Corp. v. Dynamics Corp. of America*, 481 U.S. 69, 90 (1987): „*[A] corporation – except in the rarest situations – is organized under, and governed by, the law of a single jurisdiction, traditionally the corporate law of the State of its incorporation.*“

(3) Schlussfolgerung

Eine Trennung des Rechtsfähigkeitsstatuts von dem übrigen Gesellschaftsstatut oder eine Trennung des Innenverhältnisses von dem Außenverhältnis ist nicht sachgerecht, weil hierdurch ein funktional zusammenhängendes Gefüge zwei Tatbeständen zugeordent wird. Dies kann nicht das Ziel einer Kollisionsnorm sein. Es ist daher an dem einheitlichen Gesellschaftsstatut im deutsch-US-amerikanischen Freundschaftsvertrag festzuhalten.

c. Sinn und Zweck der Anerkennung im Gesellschaftskollisionsrecht

Sinn und Zweck der kollisionsrechtlichen Anerkennung ist die Hinnahme des ausländischen Gebildes so, wie es sich aus der Anwendung ausländischen Rechts ergibt.[619] Dem widerspricht es, das Gesellschaftsstatut in ein Rechtsfähigkeitsstatut und ein übriges Gesellschaftsstatut oder in ein Innen- und ein Außenverhältnis zu unterteilen.

Eine Trennung des Gesellschaftsstatus in ein Rechtsfähigkeitsstatut und ein übriges Gesellschaftsstatut oder in ein Innen- und ein Außenverhältnis führt im deutsch-US-amerikanischen Verhältnis zu einer differenzierten Anknüpfung gesellschaftsrechtlicher Fragen, sobald der Verwaltungssitz einer nach US-amerikanischen Recht gegründeten Gesellschaft in Deutschland belegen ist. Aus deutscher Sicht würde in diesem Falle die Frage nach der Rechtsfähigkeit bzw. Fragen des Außenverhältnisses an das US-amerikanische Recht als den Gründungsort und die übrigen Fragen des Gesellschaftsrechts an das deutsche Recht als den Ort des effektiven Verwaltungssitzes angeknüpft. Es erscheint mehr als zweifelhaft, ob eine solche differenzierte Anknüpfung dem Ziel der *Hinnahme* des ausländischen Gebildes noch gerecht wird.

Schwierigkeiten bereitet bei einer solchen differenzierten Anknüpfung zunächst die Frage, welches deutsche materielle Gesellschaftsrecht auf die Innenverhältnisse solcher nach US-amerikanischem Recht wirksam entstandenen Gesellschaften anwendbar ist. Welche deutschen Gesellschaftsform (und damit dessen Normen) ist als Vorbild für eine nach US-amerikanischen Recht gegründete Gesellschaft geeignet? Eine US-amerikanische *corporation* wird zwar als Grundform einer deutschen Kapitalgesellschaft verstanden und eine *general partnerhsip* als Grundform einer deutschen Personenhandelsgesellschaft gesehen, aber welche Vorschriften einer deutschen Gesellschaftsform sachgerecht anzuwenden sind, ist offen. Schwierigkeiten ergeben sich insbesondere für einen US-ameri-

619 MüKo-BGB/*Kindler*, IntGesR Rn. 298.

kanischen *business trust*. Eine solche Gesellschaftsform ist dem deutschen Gesellschaftsrecht unbekannt.

Selbst wenn eine deutsche Rechtsform als Vorbild für eine US-amerikanische Gesellschaft gefunden werden könnte, ergäben sich weitere Schwierigkeiten, wenn die deutschen gesellschaftsrechtlichen Regeln, die für diese Gesellschaft im Innenverhältnis gelten, den US-amerikanischen Regeln, die auf das Außenverhältnis anzuwenden sind, widersprächen oder Lücken aufwürfen.[620] Es entstände ein fragwürdiger „Normenmix".[621]

Bungert sieht diese Schwierigkeiten bei seiner staatsvertraglichen „Spaltenlösung" nicht als hinderlich an.[622] Die Innenverhältnisse einer Gesellschaft seien weitgehend durch den Gesellschaftsvertrag oder durch Gesellschaftsvereinbarungen geregelt und daher unabhängig von der Anwendung einer bestimmten Rechtsordnung. Verbleibende Schwierigkeiten könnten durch Anpassung und Angleichung gelöst werden. Jedoch selbst wenn durch Gesellschaftsvertrag oder Satzungen das Innenverhältnis der Gesellschaft organisiert ist, gibt es im deutschen Recht viele zwingende Vorschriften, von denen in der Satzung nicht abgewichen werden darf (vgl. § 23 Abs. 5 AktG). Ob diese zwingenden Vorschriften auch für US-amerikanische Gesellschaften gelten, ergibt sich erst, wenn das Recht einer deutschen Gesellschaftsform bestimmt ist. Und selbst dann erscheint es fraglich, ob zum Beispiel das deutsche Mitbestimmungsrecht nachträglich einer US-amerikanischen *corporation* „übergestülpt" werden kann. Außerdem kann nicht davon ausgegangen werden, dass alle Gesellschaften umfassende Regelungen geschaffen haben, um dem unerwünschten „Überstülpen" einer ausländischen Rechtsordnung für ihre innere Organisation zu entgehen.

Es wäre also eine Anpassung nötig, um die Schwierigkeiten zu überwinden, die mit der Suche nach einer passenden deutschen Gesellschaftsform und daraus resultierenden Normenwidersprüchen verbunden sind. Die Aufgabe der Anpassung oder Angleichung verbliebe notwendigerweise bei dem Richter, der durch das Gebot, eine widerspruchsfreie Entscheidung zu erlassen, dazu legitimiert ist.[623] Dennoch steht der Anpassung die Voraussehbarkeit der Entscheidung entgegen, handelt es sich doch gerade um eine Einzelfallrechtsprechung. Aus diesem Grund sollte die Anpassung ein Hilfsmittel für besondere Fälle bleiben und die Konzeption einer Norm nicht darauf ausgerichtet sein.

Schließlich könnte die Anpassung dazu führen, dass das Recht einer Gesellschaft im Einzellfall sogar so weit verändert werden müsste, dass die Gesellschaft

---

620 *Bungert*, ZVglRWiss 93 (1994), 117, 159 erörtert dieses Problem für die Frage von Geschäftsführungsbefugnis und Vertretung.

621 Staudinger/*Großfeld*, IntGesR Rn. 64.

622 *Bungert*, ZVglRWiss 93 (1994), 117, 146.

623 *Kropholler*, IPR, § 34 II 1.

nicht mehr eine Gesellschaft des Typs wäre, nach dem sie gegründet wurde. Vielmehr entstünde eine neue, deutsch-US-amerikanische Gesellschaftsform. Diese Gesellschaftsform könnte so weit von der ursprünglich gegründeten US-amerikanischen Gesellschaftsform entfernt sein, dass man nicht mehr von einer Gesellschaft US-amerikanischen Rechts sprechen könnte. Die Gesellschaft würde ihre gesellschaftstypische Ausgestaltung verlieren. „Die Gesellschaft wäre *de facto* vernichtet.“[624]

Die bei einer differenzierten Anknüpfung notwendige Anpassung bewirkte damit nicht mehr die Hinnahme der Gesellschaft, so wie sie sich aus dem ausländischen Recht ergibt, sondern die Schaffung einer neuen Gesellschaftsform. Dies widerspricht dem Sinn und Zweck der Anerkennung.

4. Praktische Anwendung durch die Vertragsparteien

Eine nachfolgende Praxis der Vertragsdurchführung – als Indiz für das Verständnis der Vertragsparteien von „rechtlichen Status“ in Artikel XXV Abs. 5 S. 2 FHSV – ist wiederum nur aus deutscher Sicht vorhanden. Der BGH hat sich dabei zwar nicht ausdrücklich zur Frage geäußert, welche gesellschaftsrechtlichen Bereiche durch Artikel XXV Abs. 5 S. 2 FHSV anerkannt werden. Aus den Formulierungen der BGH-Entscheidungen ist aber zu schließen, dass die Anerkennung in Artikel XXV Abs. 5 S. 2 FHSV die Anerkennung des gesamten Gesellschaftsstatuts umfasst:

In dem insolvenzrechtlichen Urteil vom 23. April 2002 entschied der 11. Zivilsenat des BGH, „dass sich das *Personalstatut* der Gesellschaft und damit auch die persönliche Haftung“ der Gesellschafter nach dem Ort der Gründung richte.[625] In dem späteren Grundsatzurteil des 1. Zivilsenats des BGH vom 13. Oktober 2004 wurde festgestellt, dass die Rechts- und Parteifähigkeit sich nach dem Gründungsrecht richte.[626] Ob noch weitere Bereiche des Gesellschaftsstatuts von der Anerkennung umfasst sind, war nicht entscheidungsrelevant und wurde vom BGH nicht thematisiert. Der 2. Zivilsenat des BGH berief sich in seiner Entscheidung vom 05. Juli 2004 auf diese Entscheidung und erklärte darüber hinaus, dass aufgrund des Artikels XXV Abs. 5 S. 2 des Freundschaftsvertrags „das *Personalstatut* einer Gesellschaft grundsätzlich nicht an das Recht ihres Verwaltungssitzes, sondern an das am Ort ihrer Gründung geltende Recht angeknüpft“

---

624 *Ebenroth/Bippus*, NJW 1988, 2137, 3142; siehe auch BGH, EuZW 2000, 412, 413, der von „unlösbaren Anpassungsprobleme[n]“ spricht.

625 BGH, Urt. v. 23.04.2002 – XI ZR 136/01 – BGHZ 78, 318 = NJW-RR 2002, 1359.

626 BGH, Urt. v. 29.01.2003 – VIII ZR 155/02 – BGHZ 153, 353 = NJW 2003, 1607 = IPRax 2003, 265.

werde.[627] Das Gericht führte weiterhin an, dass die Anknüpfung an den Gründungsort „sowohl hinsichtlich der Frage der Rechts- und Parteifähigkeit der Gesellschaft als auch in Bezug auf die ebenfalls nach dem *Personalstatut* zu entscheidende Frage einer Haftung der Gesellschafter für die Gesellschaftsverbindlichkeiten" gelte. Der 1. Zivilsenat des BGH erklärte in seinem Urteil vom 13. Oktober 2004 ebenfalls, dass „das *Personalstatut (Gesellschaftstatut)* einer juristischen Person [...] im Verhältnis zwischen der Bundesrepublik Deutschland und den Vereinigten Staaten von Amerika [...] sich grundsätzlich nach dem Recht des Staates, in dem die juristische Person gegründet wurde", richte.[628]

Die Senate des BGH sprechen grundsätzlich von dem Personalstatut oder dem Gesellschaftsstatut, auch wenn sie nur über die Partei- und Prozessfähigkeit oder die Haftung einer Gesellschaft zu entscheiden hatten. Dies spricht dafür, dass die Senate des BGH einem weiten Verständnis des Begriffs der Anerkennung folgen. Die Anerkennung des Freundschaftsvertrags umfasst alle Fragen des Personalstatuts, also sowohl alle Fragen des Innen- als auch des Außenverhältnisses der ausländischen Gesellschaft. Nach der deutschen Rechtsprechung ist Artikel XXV Abs. 5 S. 2 FHSV als umfassende Kollisionsnorm zu verstehen.

Die US-amerikanische Rechtsprechung hat sich bis jetzt noch nicht mit dieser Frage auseinandergesetzt.

5. Historische Auslegung

An dieser Stelle mangelt es erneut an unmittelbaren Vertragsmaterialien, die historische Hinweise auf das Verständnis von Artikel XXV Abs. 5 S. 2 FHSV geben könnten. Hier kann allerdings auf weitergehende historische Gesichtspunkte zurückgegriffen werden. Diese sprechen insgesamt dafür, dass es sich bei Artikel XXV Abs. 5 S. 2 FHSV um eine umfassende Kollisionsnorm handelt.

a. Artikel XXV Abs. 5 S. 2 FHSV als aufgezwungene Norm

Gegen ein Verständnis als umfassende Kollisionsnorm spricht nach *Bungert*, dass der Freundschaftsvertrag der Bundesrepublik Deutschland von den USA aufgezwungen worden sei.[629] Dem Freundschaftsvertrag liege ein US-amerikanischer Mustervertrag zugrunde, der auch vielen weiteren US-amerikanischen Verträgen

---

627 BGH, Urt. v. 05.07.2004 – II ZR 389/02 – BGH, NJW-RR 2004, 1618 = IPRax 2005, 339.

628 BGH, Urt. v. 13.10.2004 – I ZR 245/01 („GEDIOS") – BGH, JZ 2005, 298 = IPRax 2005, 340.

629 *Bungert,* ZVglRWiss 93 (1994), 117, 143 f.

als Modell gedient habe. Von einem bewussten Aushandeln einer Kollisionsnorm könne daher nicht gesprochen werden und eine „aufgezwungene“ Norm solle eng ausgelegt werden. Daher sei keinesfalls von einer umfassenden Kollisionsnorm auszugehen; lediglich das gesellschaftliche Außenverhältnis sei von der Anerkennung erfasst.

Für die Auslegung des Freundschaftsvertrags ist es jedoch unerheblich, dass der Vertrag auf einem US-amerikanischen Mustervertrag beruht und (wohl) mehr von der US-amerikanischer Seite beeinflusst wurde als von der deutschen Seite. Auch wenn die USA im Jahre 1954 die wirtschaftlich und politisch stärkere Macht waren, stand es Deutschland während der Vertragsverhandlungen grundsätzlich frei, einzelne Vorschriften des Mustervertrags abzuändern oder abzulehnen. Diskussionen darüber, ob Artikel XXV Abs. 5 S. 2 FHSV übernommen werden sollte, sind in den Vertragsverhandlungen oder den Zustimmungen durch die nationalen Gesetzgeber nicht zu finden.

b. Rückgriff auf das Memorandum des State Departement

Bungert stützt seine „Überlagerungstheorie“ entstehungsgeschichtlich auf ein Memorandum des *State Department.*[630] Dieses Memorandum wurde vor dem Abschluss des japanisch-US-amerikanischen Freundschaftsvertrags abgefasst. In dem Memorandum heißt es:

> „*[J]uridical status meant legal status, the legal position of an organization in, or with respect to, the rest of the community. The recognition, mentioned in the second sentence of paragraph three [...] meant merely the recognition by either Party of the existence and legal status of judicial persons organized under the law of the other Party.*“[631]

Bungert erklärt dabei nicht, warum dieser Ausschnitt aus dem Memorandum dafür spricht, dass unter *juridical status* nur das Außenverhältnis einer Gesellschaft zu verstehen sei.

Tatsächlich hilft dieses Memorandum nur bedingt weiter, um den Umfang der Anerkennung des *juridical status* zu bestimmen. Zunächst wird darin erklärt, dass der *juridical status* die rechtliche Position ist, die eine Organisation in und gegenüber der Gemeinschaft einnimmt. Diese Aussage ist für die hier interessante Frage bedeutungslos: Ergibt sich die rechtliche Position nur aus den Außenbeziehungen der Gesellschaft oder auch aus den Innenbeziehungen? Weiterhin führt das Memorandum aus, dass *recognition* die Anerkennung der Existenz der Ge-

---

630 *Bungert*, ZVglRWiss 93 (1994), 117, 142 f.

631 *Spiess v. C. Itoh & Co. (America), Inc.*, 643 F.2d 353, 356 (5th Cir 1981).

sellschaft *und* deren Status bedeute. Eine Entscheidung über die Existenz einer Gesellschaft kann aber erst getätigt werden, wenn die Rechtsordnung ermittelt wurde, die über die Rechtspersönlichkeit der Gesellschaft entscheidet.[632] Damit bedeutet Anerkennung der Existenz die Anerkennung der Rechtspersönlichkeit. Daneben soll aber auch der *legal status* anerkannt werden. Da diese Anerkennung zusätzlich aufgelistet wurde, muss sie mehr sein als nur die Anerkennung der Rechtspersönlichkeit. Ob darunter nur die Außenbeziehungen der Gesellschaft in *Bungerts* Sinne zu verstehen sind, wird nicht deutlich. Das Memorandum spricht sich jedenfalls nicht für eine enge Auffassung von Anerkennung aus.

Schließlicht handelt es sich bei dem zitierten Abschnitt um einen Ausschnitt aus einem Memorandum, das vor Abschluss des japanisch-US-amerikanischen Freundschaftsvertrags verfasst wurde. Zwar steht der japanisch-US-amerikanische Vertrag dem deutsch-US-amerikanischen Freundschaftsvertrag zeitlich und inhaltlich sehr nahe. Deswegen können über diesen Vertrag gefällte US-amerikanische Entscheidungen auf den deutsch-US-amerikanischen Freundschaftsvertrag in der Regel übertragen werden. Bei entstehungsgeschichtlichen Texten sind aber andere Maßstäbe anzuwenden. Der hier zitierte Ausschnitt aus dem Memorandum beruht ganz speziell auf begrifflichen Verständnisschwierigkeiten zwischen beiden Vertragspartnern in der Entstehungszeit. Als entscheidende Auslegungshilfe kann der Memorandumsausschnitt daher nicht gewertet werden.

c. Der deutsch-US-amerikanische Freundschaftsvertrag von 1923

Auch *Dammann* lehnt unter Berufung auf die Entstehungsgeschichte eine weite Auslegung des Artikels XXV Abs. 5 S. 2 FHSV ab.[633] Seine Argumentation beruht auf einem Vergleich mit Artikel XII Abs. 1 des deutsch-US-amerikanischen Freundschaftsvertrags von 1923, der lautete: „Juristische Personen des Privatrechts […] sollen als juristische Personen durch den anderen Vertragsteil anerkannt werden […].“[634] *Damann* führt an, dass unter der Anerkennung der „juristischen Person“ in Artikel XII traditionell nur die Anerkennung der Rechts-, Geschäfts- und Handlungsfähigkeit verstanden werde. Damit liege dem früheren Freundschaftsvertrag ein enges Verständnis von Anerkennung zugrunde. In der englischen Fassung des Vertrags von 1923 sei bereits von der *„recognition of the*

632 MüKo-BGB/*Kindler*, IntGesR Rn. 302.
633 *Dammann,* RabelsZ 68 (2004), 607, 637 f.
634 RGBl. 1925 II, 795; *Treaty between the United States and Germany of friendship, commerce and consular rights, U.S.-German Empire*, Dec. 8, 1923, 44 Stat 2132. Ratifiziert in Deutschland am 20.08.1925, in den USA am 06.10.1925. Englische Fassung: *„Limited liability and other corporations and associations […] shall have their juridical status recognized […].“*

juridical status" gesprochen worden. Da diese Wendung in den neuen Vertrag übernommen worden sei, dürfe man von einem identischen Verständnis ausgehen. Die Änderung des Wortlauts in der deutschen Fassung sei nötig gewesen, damit die neue Vorschrift nicht mehr nur die Anerkennung von juristischen Personen sondern von allen Gesellschaften im Sinne des Freundschaftsvertrags regeln konnte.

Auf den ersten Blick spricht die alte Fassung der Anerkennungsnorm des deutsch-US-amerikanischen Freundschaftsvertrags für ein enges Verständnis, da lediglich die „juristische Person" anerkannt wurde. Die Eigenschaften, die eine juristische Person charakterisieren, sind typischerweise die von den Gesellschaftern losgelöste Rechts-, Handlungs- und Geschäftsfähigkeit.[635] Andererseits ergeben sich diese Attribute erst aus der Organisation der Gesellschaft, so dass unter Anerkennung der juristischen Person bereits eine umfassende Anerkennung in allen rechtlichen Beziehungen verstanden werden konnte.

Selbst wenn man der Auffassung von *Dammann* inhaltlich folgt, spricht dies dennoch nicht für ein enges Verständnis von Anerkennung in dem neuen Freundschaftsvertrag. Wollten die Parteien nämlich dieses Verständnis in den neuen Vertrag übernehmen, so hätten sie in der deutschen Fassung von der Anerkennung der „Gesellschaft" sprechen müssen und nicht von der Anerkennung „ihres rechtlichen Status". Dann wäre auch heute nur von der Anerkennung der Rechts-, Handlungs- und Geschäftsfähigkeit auszugehen. Die bewusste Wahl der Worte „rechtlicher Status" zeigt hingegen einen Wandel im Verständnis der Norm. Nicht mehr nur die Gesellschaft an sich sollte anerkannt werden sondern umfassend ihr rechtlicher Status. Ein Wortwechsel in der englischen Fassung war nicht nötig, da unter *juridical status* sowohl nur die Anerkennung des Rechtsfähigkeitsstatuts als auch des gesamten Gesellschaftsstatuts verstanden werden kann.

Damit spricht ein Vergleich mit dem deutsch-US-amerikanischen Freundschaftsvertrag von 1923 für eine Auslegung des Artikels XXV Abs. 5 S. 2 FHSV als eine umfassende Kollisionsnorm.

6. Weitere Argumente

Weitere Argumente, die außerhalb der klassischen Auslegungsmethoden angeführt werden, helfen für die Bestimmung des Umfangs der Anerkennung in Artikel XXV FHSV nicht weiter.

---

635 *Dammann*, RabelsZ 68 (2004), 607, 637 f.

a. Das EWG-Übereinkommen über die gegenseitige Anerkennung von Gesellschaften und juristische Personen

Die Trennung von Rechtsfähigkeitsstatut und übrigem Gesellschaftsstatut wird von Vertretern der Anerkennungslehre auf das EWG-Übereinkommen[636] über die gegenseitige Anerkennung von Gesellschaften und juristischen Personen vom 29. Februar 1968 auf der Grundlage des Artikels 293 (ex Art. 220) EGV gestützt.[637] Dieses Übereinkommen, so wird angeführt, trenne zwischen Anerkennung der Rechts-, Geschäfts- und Handlungsfähigkeit und der Anerkennung des übrigen Gesellschaftsstatuts.

Das Übereinkommen gilt jedoch als gescheitert.[638] Da eine Ratifizierung durch die Niederlande nicht mehr zu erwarten ist und mit den neu beigetretenen EU-Staaten Verhandlungen über das Abkommen gar nicht erst aufgenommen wurden, wird das Abkommen wahrscheinlich nie in Kraft treten. Daher sollte diesem Übereinkommen keine grundsätzliche rechtsdogmatische Bedeutung zugemessen werden. Das Übereinkommen wurde sogar oft als verfehlt kritisiert, weil es sachwidrig das einheitlich nach einer Rechtsordnung zu bestimmende Personalstatut einer Gesellschaft auseinander reiße.[639]

b. Sondercharakter des Rechtsfähigkeitsstatuts

Vertreter der Anerkennungslehre führen weiterhin an, dass in einigen Rechtsgebieten wie im Völkerrecht oder im Steuerrecht die Anerkennung der Rechtsfähigkeit gesondert erörtert werde und damit einen Sondercharakter einnehme.[640] Dieser Sondercharakter ginge verloren, wenn die Anerkennung einer Gesellschaft identisch mit der kollisionsrechtlichen Bestimmung des Gesellschaftsstatuts sei.

Zwar spricht die Sonderstellung der Anerkennung der Rechtsfähigkeit in anderen Rechtsgebieten dafür, dass die Anerkennung der Rechtsfähigkeit eine möglicherweise gesonderte Stellung hat; aber für die Anerkennung im internationalen Gesellschaftsrecht ist die Bedeutung der Anerkennung in anderen Rechtsgebieten nicht maßgeblich. Außerdem spricht der Freundschaftsvertrag gerade von der Anerkennung des rechtlichen Status und nicht von der Anerkennung der Rechtsfähigkeit. Damit genügt der mögliche Sondercharakter des Rechtsfähig-

---

636 Ratifikation in Deutschland durch Gesetz vom 18.05.1972, BGBl. 1972 II, 369.

637 *Großfeld,* RabelsZ 41 (1977), 401; *Steiger,* RIW 1999, 169, 173; Staudinger/*Großfeld,* IntGesR Rn. 117, 166, 177 ff.

638 MüKo-BGB/*Kindler,* IntGesR Rn. 84, m.w.N.

639 *Ebenroth,* Vermögenszuwendung, S. 340; *Ebenroth/Sura,* RabelsZ 43 (1979), 315, 318.

640 Staudinger/*Großfeld,* IntGesR Rn. 177.

keitsstatuts nicht, um eine Trennung des Rechtsfähigkeitsstatuts und des übrigen Gesellschaftsstatuts für die Auslegung des deutsch-US-amerikanischen Freundschaftsvertrags zu begründen.

c. *Notwendigkeit einer Korrektur durch den ordre public Vorbehalt und das genuine link Kriterium bei einem weiten Anerkennungsbegriff*

Bungert sieht es als Vorteil seiner „Spaltenlösung" an, dass diese ohne Korrekturen (*ordre public* Vorbehalt, *genuine link* Kriterium) auskomme.[641] Bei einer umfassenden staatsvertraglichen Anerkennung müssten Korrekturen zur Einschränkung der unter Umständen zu weitreichenden Konsequenzen vorgenommen werden. Ob und inwiefern Korrekturen bei einer weiten Auslegung der Anerkennung möglich oder nötig sind, ist an dieser Stelle nicht zu entscheiden. Selbst wenn solche Korrekturen möglich oder nötig wären, ständen diese nicht grundsätzlich einer weiten Auslegung entgegen, sondern sorgten für ein gerechtes Ergebnis im Einzelfall.

d. *Vergleich mit der Anknüpfung im nationalen Gesellschaftskollisionsrecht*

Im deutschen Gesellschaftskollisionsrecht herrscht die Lehre von der Einheitlichkeit des Gesellschaftsstatuts (Einheitslehre) vor.[642] Auch das US-amerikanische Recht verlangt weitgehend ein einheitliches Gesellschaftsstatut.[643]

Befürworter einer differenzierten Anknüpfung im Rahmen des Freundschaftsvertrags führen an, dass diese einheitliche Anknüpfung im autonomen Kollisionsrecht nicht für die Auslegung des deutsch-US-amerikanischen Staatsvertrags maßgeblich sei.[644] Dies ist im Grundsatz zwar richtig, aber wenn Unsicherheiten über die Auslegung einer Norm bestehen, ist eine Auslegung nahe liegend, die den nationalen Rechtsvorschriften beider Vertragsparteien entspricht. Die im nationalen Recht für eine einheitliche Anknüpfung vorgebrachten Argumente (Vermeidung eines „Normenmix", Funktionszusammenhang der gesellschaftsrechtlichen Normen) haben schließlich auch bei staatsvertraglichen Normen Be-

---

641 *Bungert*, ZVglRWiss 93 (1994), 117, 148, 151 ff.

642 BGHZ 25, 134, 144; BGH, EuZW 2000, 412; RGZ 152, 200; *Kroppensteiner*, S. 113; MüKo-BGB/*Kindler*, IntGesR Rn. 520; Staudinger/*Großfeld*, IntGesR Rn. 249; a.A. *Grasmann*, Rn. 615 ff. *Nappenbach*, S. 82 ff.

643 *CTS Corp. v. Dynamics Corp. of America*, 481 U.S. 69, 90 (1987): *„[...] [A] corporation – exepted in the rarest situations – is organized under, and governed by the law of a single jurisdiction, tradiaionally the corporate law of the State of its incorporation."*

644 *Bungert*, ZVglRWiss 93 (1994), 117, 139; Staudinger/*Großfeld*, IntGesR Rn. 219.

deutung. Diese Argumente wurden hier bereits weitgehend in der teleologischen Auslegung berücksichtigt; ein völlig neues Argument ergibt sich daher an dieser Stelle nicht mehr.

7. Ergebnis der Auslegung

Auch wenn die Systematik und die US-amerikanische Rechtsprechung keine Schlussfolgerungen über den Umfang der Anerkennung in Artikel XXV Abs. 5 S. 2 FHSV zulassen und die wörtliche Auslegung lediglich die Beschränkung der Anerkennung auf das Rechtsfähigkeitsstatut ausschließt, sprechen die teleologische und die historische Auslegung sowie die deutsche Rechtsprechung als Anwendungspraxis deutlich dafür, Artikel XXV Abs. 5 S. 2 FHSV als umfassende Kollisionsnorm einzustufen. Damit ist die Anerkennung in Artikel XXV Abs. 5 S. 2 FHSV identisch mit der kollisionsrechtlichen Bestimmung des Gesellschaftsstatuts.

IV. Anerkennung der Partei- und Prozessfähigkeit bzw. der *capacity to sue and be sued* durch Artikel XXV Abs. 5 S. 2 FHSV

Die Bestimmung der Partei- und Prozessfähigkeit bzw. der *capacity to sue and be sued* einer Gesellschaft ist eine Frage des Prozessrechts.[645] Prozessuale Fragen werden grundsätzlich nach der *lex fori* beurteilt, also nach den nationalen Prozessregeln.[646] Diese Regel gilt aber nicht ausnahmslos; durch kodifizierte oder ungeschriebene Kollisionsnormen kann eine andere Rechtsordnung auch für prozessuale Fragen maßgeblich sein. Fraglich ist daher, ob Artikel XXV Abs. 5 S. 2 FHSV auch als Kollisionsnorm für die Frage nach den prozessualen Fähigkeiten ausländischer Gesellschaften anzusehen ist, oder ob es bei der *lex fori* Regel bleibt.

Nach einer Auffassung in der Literatur ergibt sich aus Artikel XXV Abs. 5 S. 2 FHSV nicht die Pflicht, die Partei- und Prozessfähigkeit bzw. die *capacity to sue and be sued* von Gesellschaften der anderen Vertragspartei anzuerkennen.[647]

645 *Saunders v. Adams Exp. Co.*, 42 Vroom 270, 57 A. 899, 900 (N.J.Sup. 1904) („*The question of the party to be sued is one of procedure, and is regulated by the lex fori.*"); *Kropholler,* IPR § 56 IV.

646 *Furtak*, S. 67 ff.; *Kropholler,* IPR, § 56 IV; *McDouglas/Felix/Whitten,* § 110, S. 403 ff.; MüKo-BGB/*Sonnenberger*, Einl. IPR Rn. 442; *Pagenstecher*, ZZP 64 (1951), 249, 259; *Wagner*, ZZP 117 (2004), 305, 362 f.

647 *Dammann,* RabelsZ 68 (2004), 607, 641

Nach einer gegenläufigen, auch in der deutschen Rechtsprechung vertretenen Auffassung zählen auch diese Bereiche zum Gesellschaftsstatut und sind von der Anerkennung in Artikel XXV Abs. 5 S. 2 FHSV umfasst.[648]

Um Klarheit in dieser Frage zu erhalten, wird zunächst untersucht, nach welchen Regeln die Partei- und Prozessfähigkeit von Gesellschaften nach deutschem Prozessrecht und die *capacity to sue and be sued* von Gesellschaften nach US-amerikanischen Prozessrecht bestimmt werden. Die Qualifikation der Partei- und Prozessfähigkeit bzw. der *capacity to sue and be* sued nach der *lex fori* ist dabei nur ein Anhaltspunkt für die autonome, rechtsvergleichende Qualifikation unter Artikel XXV Abs. 5 S. 2 FHSV. Um eine solche Qualifikation zu ermöglichen, ist eine Auslegung des Artikels XXV Abs. 5 S. 2 FHSV nötig. Diese wird zeigen, dass Artikel XXV Abs. 5 S. 2 FHSV auch die Anerkennung prozessualer Fähigkeiten umfassen muss.

1. Bestimmung der Partei und- Prozessfähigkeit bzw. der capacity to sue and be sued nach deutschem und US-amerikanischem Recht

Die Bestimmung der Partei- und Prozessfähigkeit bzw. die *capacity to sue and be sued* von Gesellschaften erfolgt im nationalen Recht der Vertragsparteien folgendermaßen:

a. Deutsches Recht

(1) Inländische Gesellschaften

Für inländische natürliche Personen und „künstliche" rechtliche Gebilde, insbesondere Gesellschaften, bestimmen in erster Linie die Vorschriften der ZPO die Prozess- und Parteifähigkeit. Nach § 50 Abs. 1 ZPO ist derjenige parteifähig, der rechtsfähig ist. Damit haben natürliche (§ 1 BGB) und juristische Personen die Fähigkeit, als Partei im Prozess aufzutreten. Darüber hinaus sind auch die OHG und die KG (§§ 124 Abs. 1, 161 Abs. 2 HGB) sowie die (Außen-)Gesellschaften des bürgerlichen Rechts, soweit sie durch die Teilnahme am Rechtsverkehr eigene Rechte und Pflichten begründen und insoweit auch Rechtfähigkeit besitzen,

648 BGH, Urt. v. 29.01.2003 – VIII ZR 155/02 – BGHZ 153, 353 = NJW 2003, 1607 = IPRax 2003, 265; BGH, Urt. v. 05.07.2004 – II ZR 389/02 – BGH, NJW-RR 2004, 1618 = IPRax 2005, 339; OLG Zweibrücken, NJW 1987, 2168; MüKo-BGB/*Kindler*, IntGesR Rn. 318; *Nagel/Gottwald*, § 4 Rn. 19; Palandt/*Heldrich*, Anh. Art. 12 EGBGB Rn. 23; *Tölke*, DNotZ 2005, 142, 143.

parteifähig.[649] Nichtrechtsfähige Vereine sind nach § 50 Abs. 2 ZPO lediglich passiv parteifähig. Da jedoch der (Außen-)Gesellschaft mittlerweile die umfassende Parteifähigkeit zuerkannt wird, ist nach herrschender Meinung auch der nichtrechtsfähige Verein umfassend parteifähig.[650]

Die Prozessfähigkeit – die Fähigkeit, einen Rechtsstreit vor Gericht selbst zu führen oder durch einen bestellten Vertreter führen zu lassen (§ 51 ZPO)[651] – wird nach § 52 ZPO der Fähigkeit gleichgestellt, sich durch Verträge verpflichten zu können (Geschäftsfähigkeit). Juristische Personen handeln durch ihre berufenen Organe, zum Beispiel die Geschäftsführer bei der GmbH (§ 35 GmbHG) und der Vorstand der Aktiengesellschaft (§ 78 AktG) und besitzen so diese Fähigkeiten.

(2) Ausländische Gesellschaften

Für die Bestimmung der Partei- und Prozessfähigkeit ausländischer Gesellschaften bieten sich zwei Möglichkeiten an. Zum Einen könnten nach dem *lex fori* Grundsatz die §§ 50 ff. ZPO zur Bestimmung der Prozess- und Parteifähigkeit ausländischer Gesellschaften herangezogen werden und damit die Parteifähigkeit anhand der Kollisionsnorm über die Rechtsfähigkeit und die Prozessfähigkeit anhand der Kollisionsnorm über die Geschäftsfähigkeit bestimmt werden.[652] Zum Anderen könnten die Partei- und Prozessfähigkeit ausländischer Gesellschaften unmittelbar nach dem Gesellschaftsstatut bestimmt werden.[653]

Wenn die Partei- und Prozessfähigkeit für ein inländisches Verfahren ermittelt werden muss, ist zunächst von ihrer Funktion im deutschen Verfahrensrecht auszugehen. Auf diesem Gedanken beruht der Grundsatz, dass prozessuale Fragen nach der *lex fori* zu beurteilen sind. Die Ermittlung der Partei- und Prozessfähigkeit nach deutschem Verfahrensrecht als *lex fori* führt in der Regel zu sachgerechten Ergebnissen, stimmen doch Rechts- und Parteifähigkeit sowie Prozess- und Geschäftsfähigkeit meistens auch in dem ausländischen Recht überein. Schwierigkeiten ergeben sich jedoch, wenn Rechts- und Parteifähigkeit oder Prozess- und Geschäftsfähigkeit im ausländischen Recht auseinanderfallen. Würde die Parteifähigkeit von ausländischen Gesellschaften ausschließlich nach § 50

649 BGHZ 146, 341 = NJW 2001, 1056; BGH, NJW 2002, 120.

650 MüKo-BGB/*Kindler*, § 54 BGB Rn. 18; *Schmidt*, Gesellschaftsrecht, S. 752.

651 *Musielak*, Rn. 118.

652 So BGH, NJW 1965, 1666, 1667; BGH, NJW 2002, 3539; BGH, NJW 2003, 1461; RGZ 117, 215, 217; *Dammann*, RabelsZ 68 (2004), 607, 641.

653 So BGHZ 51, 27, 28; 153, 353, 358; BGH, IPRax 2000, 21; OLG Köln, WM 1961, 183; für die Parteifähigkeit *Wagner*, ZZP 117 (1994), 305, 363; grundlegend *Pagenstecher*, ZZP 64 (1951), 249 ff.

ZPO ermittelt, wäre ein nicht rechtsfähiges Gebilde selbst dann in Deutschland nicht parteifähig, wenn es nach seinem Gesellschaftsstatut parteifähig wäre. Auch die §§ 51, 52 ZPO sind in denjenigen Fällen nicht ausreichend, in denen die Geschäfts- und Prozessfähigkeit nach dem Recht des Gesellschaftsstatuts auseinanderfallen.

Eine besondere Regelung zur Erlangung der Prozessfähigkeit für „Ausländer" findet sich in § 55 ZPO. Demnach kann ein Ausländer, dem es an der Prozessfähigkeit nach dem Recht seines Landes mangelt, die Prozessfähigkeit erlangen, wenn sie ihm nach dem Recht des Landes des Prozessgerichtes (*lex fori*) zusteht. Daraus ergibt sich das Vorhandensein einer ungeschriebenen prozessualen Kollisionsnorm, nach der sich die Prozessfähigkeit ausländischer Gesellschaften unmittelbar nach ihrem Gesellschaftsstatut richtet.[654] Einer solchen ungeschriebenen Kollisionsnorm liegt der Gedanke zugrunde, dass die Prozessfähigkeit das prozessuale Gegenstück zur Geschäftsfähigkeit ist und beide Fähigkeiten unmittelbar und einheitlich dem Gesellschaftsstatut entnommen werden sollen. Da Partei- und Prozessfähigkeit eng zusammengehören und grundsätzlich der gleichen Rechtsordnung entnommen werden sollen, sollte diese Regel über die Prozessfähigkeit ebenfalls für die Parteifähigkeit gelten. Daher gilt als zweite ungeschriebene prozessuale Kollisionsnorm, dass die Parteifähigkeit genauso wie die Rechtsfähigkeit unmittelbar nach dem Gesellschaftsstatut ermittelt werden kann.[655] Die Bestimmung der Parteifähigkeit nach dem Gesellschaftsstatut führt zudem zu einer erleichterten Durchsetzung des Urteils im Heimatstaat der ausländischen Gesellschaft, da das Urteil aus der Sicht des Heimatrechts bereits die richtige Partei bezeichnet.[656]

Daneben ist die Bestimmung der Parteifähigkeit nach § 50 ZPO weiterhin möglich und ausreichend.[657] Denn zu Beginn eines Prozesses steht oft nicht fest, ob für den Gläubiger auch inländische Vollstreckungsmöglichkeiten gegen die ausländische Gesellschaft bestehen. Daher reicht auch die (nur) nach der *lex fori* gegebene Parteifähigkeit aus. Daneben sind nach den §§ 52, 55 ZPO ausländische Gebilde auch dann prozessfähig, soweit sie nach dem Recht ihres Gesell-

---

654 Grundlegend *Pagenstecher*, ZZP 64 (1951), 249, 276 ff.; so heute h.L., vgl. MüKo-BGB/*Kindler*, IntGesR Rn. 563; MüKo-BGB/*Sonnenberger*, Einl. IPR Rn. 459; *Schack*, IZVR, Rn. 535 ff.; Staudinger/*Großfeld*, IntGesR, Rn. 295.

655 MüKo-BGB/*Kindler*, IntGesR Rn. 562; *Pagenstecher*, ZZP 64 (1951), 249, 251; *Schack*, IZVR, Rn. 530; Staudinger/*Großfeld*, IntGesR Rn. 292.

656 MüKo-BGB/*Kindler*, IntGesR Rn. 562.

657 *Kropholler*, § 56 IV Fn. 32; MüKo-BGB/*Kindler*, IntGesR Rn. 562; Soergel/*Lüderitz*, Anh. Art. 10 EGBGB Rn. 29.

schaftsstatuts durch ihre Organe verpflichtet werden können (Geschäftsfähigkeit).[658]

Schließlich ergibt sich aus § 50 II ZPO der allgemeine Rechtsgedanke, dass ausländische Gebilde ohne Rechtspersönlichkeit, die im Rechtsverkehr wie juristische Personen auftreten, parteifähig sind, wenn es die Erfordernisse des redlichen Geschäftsverkehrs verlangen.[659] Damit ist eine ausländische Gesellschaft allgemein oder nur passiv parteifähig, wenn sie nach ihrem Gesellschaftsstatut so organisiert ist wie eine inländische Gesellschaft, die allgemeine oder passive Parteifähigkeit genießt.[660] Dieses Ergebnis lässt sich darüber hinaus mittels einer Analogie zu Artikel 12 EGBGB begründen.[661]

Der gleiche Gedanke gilt für die Prozessfähigkeit. Nach § 55 ZPO ist eine ausländische Gesellschaft auch dann prozessfähig, wenn sie einem inländischen prozessfähigen Gebilde in ihrer Organisation entspricht.[662] Gegebenenfalls muss ein Prozesspfleger nach § 57 ZPO bestellt werden.[663] § 55 ZPO ist im Rahmen der Prozessfähigkeit *lex specialis* zu Artikel 12 EGBGB.[664]

Damit ist in einem Verfahren vor deutschen Gerichten diejenige ausländische Gesellschaft parteifähig, die nach ihrem Gesellschaftsstatut rechts- oder parteifähig ist oder die wie ein parteifähiges inländisches Gebilde organisiert ist. Eine ausländische Gesellschaft ist in einem deutschen Verfahren prozessfähig, wenn sie nach ihrem Gesellschaftsstatut prozess- oder geschäftsfähig ist oder wie ein prozessfähiges inländisches Gebilde organisiert ist.[665]

---

658 AnwaltKo/*Hoffmann,* Anh. zu Art. 12 EGBGB Rn. 18; Soergel/*Lüderitz*, Anh. Art. 10 EGBGB Rn. 35.

659 BGH, NJW 1960, 1204; *Nagel/Gottwald,* § 4 Rn. 25.

660 MüKo-ZPO/*Lindacher,* § 50 ZPO Rn. 67; *Schack,* IZVR, Rn. 531; Soergel/*Lüderitz,* Anh. Art. 10 EGBGB Rn. 29; Staudinger/*Großfeld,* IntGesR Rn. 293; nur für passive Parteifähigkeit *Wagner*, ZZP 117 (2004), 305, 363.

661 MüKo-BGB/*Kindler,* IntGesR Rn. 562; Staudinger/*Großfeld*, IntGesR Rn. 293.

662 AnwaltKo/*Hoffmann,* Anh. zu Art. 12 EGBGB Rn. 18; MüKo-BGB/*Kindler*, IntGesR Rn. 563; Soergel/*Lüderitz*, Anh. Art. 10 EGBGB Rn. 35; Staudinger/*Großfeld*, IntGesR Rn. 296.

663 Staudinger/*Großfeld*, IntGesR Rn. 296.

664 Staudinger/*Hausmann*, Art. 12 EGBGB Rn. 39.

665 So h.M., z. T. mit leichten Abweichungen, vgl. AnwaltKo/*Hoffmann,* Anh. zu Art. 12 EGBGB Rn. 18; *Kropholler*, IPR, § 55 II 1 u. § 56 IV Fn. 32; MüKo-BGB/*Kindler*, IntGesR Rn. 562 f.; MüKo-BGB/*Sonnenberger*, Einl. IPR Rn. 458 ff.; MüKo-ZPO/*Lindacher,* § 50 ZPO Rn. 67; *Nagel/Gottwald*, § 4 Rn. 25; *Schack,* IZVR, Rn. 529; Soergel/*Lüderitz,* Anh. Art. 10 EGBGB Rn. 28 ff.; Staudinger/*Großfeld*, IntGesR Rn. 289 ff.; für Parteifähigkeit *Furtak*, S. 152 ff.;

b. US-amerikanisches Recht

Das US-amerikanische Prozessrecht kennt die *capacity to sue or be sued.* Diese wird definiert als „*an individual's ability to represent her interest in a lawsuit without the assistance of another.*“[666]

(1) Inländische Gesellschaften

Bei den Bundesgerichten, vor denen aufgrund ihrer Zuständigkeit in *diversity* grundsätzlich Fälle mit Parteien aus verschiedenen US-amerikanischen Staaten oder Nationalstaaten verhandelt werden, wird nach der *Rule* 17 (b) der *Federal Rules of Civil Procedure* die *capacity to sue or be sued* einer *corporation* nach dem Recht ihres Gründungsorts bestimmt.[667] Für alle anderen Gesellschaftsformen bestimmt sich nach *Rule* 17 (b) die *capacity to sue and be sued* nach dem Recht des US-amerikanischen Einzelstaates, in dem das Gericht seinen Sitz hat (Forumstaat).[668] Ausnahmsweise können nach dieser Vorschrift *partnerships* und *unincorporated associations*, denen nach dem Recht des Forumstaates keine *capacity* zusteht, in einem verfassungs- oder bundesrechtlichen Fall *(federal question case)* im Namen der Gesellschaft (*common name)* klagen.

Im einzelstaatlichen Gesellschaftsrecht gilt nun, dass eine *corporation* als *legal person* oder *legal entity* allgemein die *capacitiy to sue und be sued* besitzt und daher im eigenen Namen klagen und verklagt werden kann.[669] Konflikte entstehen, wenn der Gründungsstaat die *capacity* vorsieht, der Forumstaat diese hingegen vorenthält.[670] So wird die aktive Parteifähigkeit einer ausländischen *corporation* zum Beispiel dann vorenthalten, wenn ein *qualification statute* des Forumstaates dies als Sanktion für eine unqualifizierte Gesellschaft vorsieht.[671] Um einen solchen Konflikt zwischen dem Recht des Gründungsstaates und dem des

---

666 *Friedenthal et al.*, § 6.3.

667 So für Bundesgerichte in Fed. R. Civ. P. 17 (b):
„*The capacity of a corporation to sue or be sued shall be determined by the law under which it was organized.*“

668 Fed. R. Civ. P. 17 (b):
„[...] *In all other cases capacity to sue or be sued shall be determined by the law of the state in which the district court is held, except (1) that a partnership or other unincorporated association, which has no such capacity by the law of such state, may sue or be sued in its common name for the purpose of enforcing for or against it a substantive right existing under the Constitution or laws of the United States [...]*“

669 Vgl. z.B. für Pennsylvania Pa. R. C.P. No. 2177 (1975); *Freer*, § 12.2.

670 Z.B. *Woods v. Interstate Realty Co.* 337 U.S. 535 (1949).

671 Rev. Mod. Bus. Corp. Act § 15.02 (2002).

Forumsstaates zu vermeiden, wird in der US-amerikanischen Literatur vorgeschlagen, dass in den Fällen, in denen der Forumstaat ein besonderes Interesse an der Bestimmung der *capacity* hat, eine *corporation* erst vor Gericht auftreten kann, wenn die *capacity* sowohl nach dem Gründungsort als auch nach dem Forumstaat vorliegt.[672]. Da jedoch bundesgerichtlich die *Federal Rules of Civil Procedure* vorrangig angewendet werden müssen,[673] bleibt es nach *Rule* 17 (b) grundsätzlich dabei, dass das Gründungsrecht und nicht das Recht des Forumstaates über die *capacity to sue and be sued* entscheidet. Um jegliche Unsicherheiten zu verhindern, kann eine nachträgliche Qualifikation die mangelnde *capacity* nach dem Recht des Forumstaates jedenfalls heilen.

Andere, der *corporation* ähnliche, registrierte Gesellschaftsformen (*similar entities*) [674] besitzen nach einzelstaatlichem Recht in der Regel ebenfalls die *capacity to sue or be sued.*[675]

Partnerships und andere *unincorporate associations* haben unter dem *common law* keine *capacity to sue or be sued*, sie sind also unter ihrem Namen nicht partei- und prozessfähig.[676] Dennoch sehen die einzelstaatlichen *statutes* in der Regel vor, dass eine *partnership* die *capacity to sue and be sued* vor Gericht hat.[677] Die Regeln über die *capacity to sue and be sued* für andere nicht registrierte *associations* sind je nach Einzelstaat unterschiedlich ausgestaltet, zum Teil besitzen nicht registrierte Gesellschaften im eigenen Namen die *capacity to sue and be sued*,[678] zum Teil können sie nur im Namen des *president* oder *treasurer* der Gesellschaft klagen und verklagt werden,[679] zum Teil kann eine solche Gesellschaft gar nicht im eigenen Namen verklagt werden.[680]

---

672 *Friedenthal et al.*, § 6.3.

673 *Hanna v. Plumer*, 380 U.S. 460 (1965).

674 Zur Definition von *similar entities* vgl. Pa. R. C. P. No. 2152 (1975).

675 Vgl. z.B. für Pennsylvania Pa. R. C. P. No. 2177 (1975).

676 *D'Ippolito v. Cities Service Co.*, 374 F. 2d 643, 647 (C.A.N.Y. 1967); *Crane/Bromberg*, sec. 57 (b), S. 331.

677 Vgl. U.P.A. § 307 (1997): „*A partnership may sue and be sued in the name of the partnership.*" Vlg. für den Staat New York CPLR § 1025 (1997); für California Cal C. C. P. § 369.5 (1992); für Pennsylvania Pa. R. C. P. No. 2127, 21278 (1975) (in Pennsylvania müssen die Namen der Partner i.d.R. zusätzlich neben dem Namen der *partnership* genannt werden).

678 Für California Cal. C. C. P. § 369.5 (1992).

679 Für New York CPLR § 1025 (1997).

680 Für aktive Parteifähigkeit in Pennsylvania Pa. R. C. P. No. 2152 (1975); für passive Parteifähigkeit in Pennsylvania (hier kann die nicht registrierte Gesellschaft hingegen unter ihrem Namen verklagt werden) Pa. R. C. P. No. 2153 (1975).

(2) Ausländische Gesellschaften

Diese Regeln gelten nicht nur für US-amerikanische sondern auch für ausländische Gesellschaften. Im US-amerikanischen internationalen Prozessrecht gilt nämlich, dass die *lex fori* über die Verfahrensbeteiligten und dessen *capacity to sue and be sued* entscheidet.[681] Ist nun US-amerikanisches Prozessrecht als *lex fori* anwendbar, wird die *capacity to sue and be sued* von ausländischen *corporations* und anderen registrierte Gesellschaftsformen nach dem Gründungsrecht bestimmt. Die Bestimmung der *capacity to sue and be sued* von nicht registrierten Gesellschaften ist den einzelstaatlichen Rechtsordnungen vorbehalten.

c. Zusammenfassende Wertung der Ergebnisse und Auswirkungen dieser auf den Umfang der Anerkennung in Artikel XXV Abs. 5 S. 2 FHSV

Die Partei- und Prozessfähigkeit bzw. die *capacity to sue and be sued* gehören weder im deutschen noch im US-amerikanischen Recht originär zu dem Gesellschaftsstatut. Im deutschen Recht wird die Partei- und Prozessfähigkeit von Gesellschaften durch eine ungeschriebene prozessuale Kollisionsnorm dem Gesellschaftsstatut zugeordnet. Durch einen kollisionsrechtlichen Verweis auf das Gesellschaftsstatut darf das auf die Gesellschaft anzuwendende Recht ebenfalls über die prozessualen Fähigkeiten entscheiden. Die prozessualen Fähigkeiten sind daher von der Anerkennung in Artikel XXV Abs. 5 S. 2 FHSV erfasst, solange der Freundschaftsvertrag dies nicht ausdrücklich verbietet.

US-amerikanische registrierte Gesellschaften erlangen ihre *capacity to sue and be sued* durch eine prozessuale Kollisionsnorm, die im Gleichlauf mit dem

681 *McCrary v. U.S. Fidelity & Guaranty Co.,* 110 F.Supp. 545, 547 (D.C.S.C. 1953); *Welch v. Welch,* 208 Miss. 726, 722; 45 So.2d 353, 354 (Miss. 1950) m.w.N.:
„*The law of the forum generally governs in determining the capacity of a party to sue or be sued, and an incapacity to sue imposed by a foreign law usually will not be recognized.*"
Restatement (second) of Conflict of Laws, § 125 (1971):
„*The local law of the forum determines who may and who must be parties to a proceeding unless the substantial rights and duties of the parties would be affected by the determination of this issue.*"
Unter dem comment *a* heißt es dazu:
„*The local law of the forum determines such questions as whether [...] an action can be maintained by or against a partnership or whether the partners must be named as parties [...]. The local law of the forum will also be applied to determine what persons may, or must, be joined as parties plaintiff or defendant in the action.*"
Siehe auch 16 Am. Jur. 2d „*Conflict of Laws*" § 160.

nationalen Gesellschaftskollisionsrecht auf das Gründungsrecht verweist. Dadurch entspricht die auf das Gesellschaftsstatut anzuwendende Rechtsordnung derjenigen Rechtsordnung, die die prozessualen Fähigkeiten bestimmt. Die *capacity to sue and be sued* wird damit im Ergebnis ein Teil des Gesellschaftsstatuts. Dieses Verständnis liegt auch der *Restatement (second) of Conflicts of Laws* zugrunde, nach der die *capacity to sue and be sued* zum *corporate status* zählt.[682] Ob Artikel XXV Abs. 5 S. 2 FHSV ebenfalls die *capacity to sue and be sued* anerkennt oder nicht, hat für registrierte US-amerikanische Gesellschaften aufgrund dieser US-amerikanischen Regelung keine Auswirkungen. Um den Gleichlauf der prozessualen Kollisionsnorm und der gesellschaftsrechtlichen Kollisionsnorm auch unter der Gründungstheorie des Freundschaftsvertrags zu sichern, muss sich der Gründungsort im Sinne des nationalen Prozessrechts lediglich im Einklang mit dem Gründungsort im Sinne des Freundschaftsvertrags befinden.

Die Bestimmung der *capacity to sue and be sued* unregistrierter Gesellschaftsformen verbleibt im US-amerikanischen Recht ausschließlich bei dem nationalen Gesellschaftsrecht des Forums. Ein Verweis auf das Gesellschaftsstatut ist nicht vorgesehen. Dies ist darauf zurückzuführen, dass das Gesellschaftsstatut unregistrierter US-amerikanischer Gesellschaftsformen, insbesondere der *gerneral partnership* in der Regel nicht nach einem einheitlichen Gesellschaftsstatut bestimmt wird, auch wenn in letzter Zeit Tendenzen in diese Richtung erkennbar geworden sind.[683] Da ein einheitliches Gesellschaftsstatut nicht registrierter Gesellschaften im US-amerikanischen Recht nicht notwendigerweise besteht, kann das nationale Prozessrecht zur Bestimmung der *capacity to sue and be sued* nicht auf das Gesellschaftsstatut verweisen. Auch eine eigene bundesstaatliche prozessuale Kollisionsregel würde aufgrund der unterschiedlichen einzelstaatlichen Kollisionsregeln für nicht registrierte Gesellschaften keine Klarheit schaffen. Würde man nun die prozessualen Fähigkeiten als zum Gesellschaftsstatut im Sinne des Artikels XXV Abs. 5 S. 2 FHSV gehörend anerkennen, würde eine neue prozessuale Kollisionsnorm geschaffen, nachder sich die *capacity to sue and be sued* auch dieser Gesellschaften nach dem Gründungsrecht richtet. Wäre dies nicht der Fall, bliebe es bei den prozessualen Regeln des jeweiligen Forums.

---

682 *Restatement (second) of Conflict of Laws*, § 297 comment a, b (1971).
683 Vgl. dazu Kapitel B II 3 a.

2. *Auslegung des Artikels XXV Abs. 5 S. 2 FHSV in Hinsicht auf die Anerkennung der Partei- und Prozessfähigkeit bzw. capacity to sue and be sued*

Aufgrund der im deutschen und US-amerikanischen Prozessrecht bestehenden Regelungen zur Partei- und Prozessfähigkeit bzw. *capacity to sue and be sued* ergeben sich drei mögliche Ergebnisse der Auslegung des Artikels XXV Abs. 5 S. 2 FHSV:

1. Die Anerkennung in Artikel XXV Abs. 5 S. 2 FHSV schließt ausdrücklich die sich aus dem Gründungsrecht ergebende Partei- und Prozessfähigkeit bzw. *capacity to sue and be sued* aus.
2. Die Anerkennung in Artikel XXV Abs. 5 S. 2 FHSV umfasst ausdrücklich die sich aus dem Gründungsrecht ergebende Partei- und Prozessfähigkeit bzw. *capacity to sue and be sued.*
3. Artikel XXV Abs. 5 S. 2 FHSV äußert sich nicht zu dieser Frage. Es bleibt bei der *lex fori* Regel und der nationale Gesetzgeber kann selbst entscheiden, ob er die prozessualen Fähigkeiten durch eigenständige Kollisionsnormen dem Gesellschaftsstatut zuordnet oder nicht.

a. Wörtliche Auslegung

Der Wortlaut des Artikels XXV Abs. 5 S. 2 FHSV selbst gibt keinen eindeutigen Hinweis. Er erlaubt es grundsätzlich, auch die Prozess- und Parteifähigkeit bzw. die *capacity to sue and be sued* dem „rechtlichen Status" bzw. „*juridical status*" zuzuordnen.[684]

Etwas weiterführend als die rein vertragsautonome Auslegung ist es jedoch, die US-amerikansiche Rechtsterminologie zu betrachten. So zählt zum Beispiel nach der *Restatement (second) of Conflict of Laws* die *capacity to sue and be sued* von *corporations* zum *corporate status.*[685] Dies spricht grundsätzlich dafür, dass die prozessualen Fähigkeiten nach US-amerikanischen Verständnis auch zum *juridical status* im Sinne des Freundschaftsvertrags zählen sollten. Zu Bedenken ist allerdings, dass die Zuordnung der *capacity to sue and be sued* zum *corporate status* sich bereits aus dem US-amerikanischen Prozessrecht ergibt und dies von der *Restatement* nur aufgegriffen worden sein kann.

Die Partei- und Prozessfähigkeit können daher zum rechtlichen Statuts einer Gesellschaft und die *capacity to sue and be sued* kann zum *juridical status* einer *company* gezählt werden. Eine Notwendigkeit hierzu besteht aber nicht.

---

684 So für Parteifähigkeit *Dammann,* RabelsZ 68 (2004), 607, 641.

685 *Restatement (second) of Conflict of Laws,* § 297 comment a (1971).

b. Systematische Auslegung

Auch aus der Systematik ergibt sich nicht, ob Artikel XXV Abs. 5 S. 2 FHSV die Anerkennung prozessualer Fähigkeiten ein- oder ausschließt. In der deutschen Literatur wird in diesem Zusammenhang auf die Artikel VI Abs. 1 und XXIV Abs. 1 (e) FHSV hingewiesen.

(1) Artikel VI Abs. 1 FHSV (Inländerbehandlung)

Artikel VI Abs. 1 des Freundschaftsvertrags gewährt „Gesellschaften des einen Vertragsteils [...] in dem Gebiet des anderen Vertragsteils hinsichtlich des Zugangs zu Gerichten [...] für die Verfolgung als auch die Verteidigung ihrer Rechte Inländerbehandlung [...].“[686] Um sowohl die Verfolgung als auch Verteidigung der Rechte einer Gesellschaft wahrnehmen zu können, muss die Gesellschaft sowohl parteifähig als auch prozessfähig sein bzw. die *capacity to sue and be sued* besitzen. *Berndt* vertritt dazu die Ansicht, dass diese Vorschrift überflüssig sei, wenn bereits Artikel XXV Abs. 5 S. 2 FHSV für das einheitliche Gesellschaftsstatut auf die Gründungstheorie verweise.[687]

Inländerbehandlung bezüglich des Zugangs zu Gericht bedeutet jedoch nur, dass ausländische Gesellschaften in dem Gebiet des anderen Teils unter gleichartigen Voraussetzungen wie inländische Gesellschaften zu allen Prozesshandlungen, Rechtsbehelfen und Rechtshandlungen zuzulassen sind. Wie bereits festgestellt wurde, kann die Partei- und Prozessfähigkeit bzw. die *capacity to sue and be sued* ausländischer Gesellschaften sowohl im deutschen als auch im US-amerikanischen Recht nach der *lex fori* ermittelt werden. Da die *lex fori* ebenfalls die Partei- und Prozessfähigkeit inländischer Gesellschaften bestimmt, gelten damit für ausländische Gesellschaften die gleichen Vorschriften wie für inländische Gesellschaften. Soweit also einer inländischen Gesellschaft nach der *lex fori* keine Partei- oder Prozessfähigkeit gewährt wird, kann auch eine ausländische Gesellschaft diese nicht beanspruchen. Mehr verlangt die Inländerbehandlung

---

686 Art. VI Abs. 1 FHSV, deutsche Fassung:
„Den Staatsangehörigen und Gesellschaften des einen Vertragsteils wird im Gebiet des anderen Vertragsteils hinsichtlich des Zutritts zu den Gerichten [...] für die die Verfolgung als auch die Verteidigung ihrer Rechte Inländergleichbehandlung gewährt.“
Art. VI Abs. 1 FHSV, englische Fassung:
„*Nationals and companies of either Party shall be accorded national treatment with respect to access to the courts of justice and to administrative tribunals and agencies within the territories of the other Party, in all degree of jurisdiction, both in pursuit and defense of their rights.*“

687 *Berndt*, JZ 1996, 187, 190.

nicht. Artikel VI Abs. 1 FHSV bestimmt damit einen Rechtszustand, der nach nationalem Prozessrecht bereits besteht.[688] Diese im deutsch-US-amerikanischen Verhältnis eigentlich überflüssige Vorschrift sichert dabei, dass das nationale Prozessrecht nicht dahingehend geändert werden kann, Gesellschaft der anderen Vertragspartei unterschiedlichen prozessualen Vorschriften als eigenen Gesellschaften zu unterwerfen.[689]

Würde die Anerkennung nach Artikel XXV Abs. 5 S. 2 FHSV auch die nach ausländischem Recht vorhandene Partei- und Prozessfähigkeit bzw. die *capacity to sue and be sued* umfassen, ginge diese Vorschrift über Artikel VI Abs. 1 FHSV hinaus. Die Partei- und Prozessfähigkeit bzw. die *capacity to sue and be sued* könnten dann nämlich nicht nur nach der *lex fori* sondern auch nach dem Gründungsrecht als Gesellschaftsstatut ermittelt werden. Artikel VI FHSV stünde damit der Anerkennung der Partei- und Prozessfähigkeit nach Artikel XXV Abs. 5 S. 2 FHSV nicht entgegen; vielmehr würden die Möglichkeiten zur Bestimmung der Partei- und Prozessfähigkeit durch Artikel XXV FHSV erweitert, wenn dieser Artikel auch die Anerkennung der prozessualen Fähigkeiten einer ausländischen Gesellschaft umfasste.

(2) Artikel XXIV Abs. 1 (e) FHSV

Artikel XXIV Abs. 1 (e) FHSV[690] spricht ebenfalls von dem Zugang zu Gericht. Demnach dürfen die Vertragsparteien bestimmte Gesellschaften von den Vergünstigungen des Freundschaftsvertrags ausschließen, jedoch die Anerkennung

---

688 *Arnold/Hill/Kern,* Beil. BAnz. Nr. 141 vom 26.07.1955, S.1, 3.

689 Eine solche Norm ist in vielen US-amerikansichen Freundschaftsverträgen vorgesehen z.B. Art. 4 Abs. 1 des japanisch-US-amerikanischen Freundschaftsvertrags, 4 U.S.T. 2063, T.I.A.S. No. 2863 (1953); Art. 3 Abs. 2 des iranisch-US-amerikanischen Freundschaftsvertrags, 8 U.S.T. 899, T.I.A.S. No. 3853 (1955); Art. 4 Abs. 1 des nordkoreanisch-US-amerikanischen Freundschaftsvertrags, 8 U.S.T. 2217, T.I.A.S. No. 3947 (1957).

690 Art. XXIV Abs. 1 (e) FHSV, deutsche Fassung:
„Durch diesen Vertrag bleibt das Recht jedes Vertragsteiles unberührt, Maßnahmen anzuwenden [...] (e) welche solche Gesellschaften, die im Eigentum oder der Kontrolle von Staatsangehörigen eines dritten Landes [...] stehen, von den Vergünstigungen diese Vertrags auszuschließen; jedoch darf die Anerkennung ihres rechtlichen Statuts und der Zugang zu den Gerichten nicht eingeschränkt werden."
Art. XXIV Abs. 1 (e) FHSV, englische Fassung:
„The present Treaty shall not preclude the application by either Party of measures [...] (e) denying to any company in the ownership or direction of which nationals of any third country or countries have directly or indirectly the controlling interest, the advantages of the present Treaty, except with respect to recognition of juridical status and with respect to access to courts [...]."

ihres rechtlichen Status *und* dessen Zugang zu den Gerichten nicht einschränken. Es wird angeführt, dass die Rechtsfähigkeit dem ersten, die Parteifähigkeit dem zweiten dieser beiden Rechte zuzuordnen sei.[691] Damit umfasse die Anerkennung des rechtlichen Status in Artikel XXV Abs. 5 S. 2 FHSV nicht die Anerkennung der Parteifähigkeit. Hier gilt im Grunde das bereits im Rahmen der Inländerbehandlung Gesagte. Die Gewährung des Zugangs zu den Gerichten bezieht sich auf das nationale Prozessrecht. Dieses muss den Zugang zu Gericht ermöglichen. Daneben kann im Rahmen der Anerkennung des rechtlichen Status die Partei- und Prozessfähigkeit anerkannt werden. Anerkennung des rechtlichen Status (inklusive der Anerkennung der Partei- und Prozessfähigkeit) und Zugang zu Gericht stehen also nicht einander entgegen sondern ergänzen sich.

(3) Meistbegünstigung

Eine ausdrückliche Meistbegünstigungsklausel für den Zugang zu Gericht sieht der Freundschaftsvertrag nicht vor. Dennoch gelten die in anderen Vorschriften vorgesehenen Meistbegünstigungsklauseln, insbesondere die Meistbegünstigung mit Blick auf die Vornahme entgeltlicher Tätigkeiten (Artikel VII Abs. 4 FHSV). Ob sich aus diesen Vorschriften ein Recht auf Anerkennung der Partei- und Prozessfähigkeit, insbesondere aufgrund der jüngsten europarechtlichen Entwicklungen ergibt, ist hier nicht zu entscheiden. Denn ein solches Recht würde sich direkt aus den konkreten Meistbegünstigungsklauseln und nicht aus Artikel XXV Abs. 5 S. 2 FHSV ergeben.

c. Teleologische Auslegung

Die teleologische Auslegung des Artikels XXV Abs. 5 S. 2 FHSV führt schließlich zu dem Ergebnis, dass Artikel XXV Abs. 5 S. 2 FHSV die Anerkennung der Partei- und Prozessfähigkeit bzw. *capacity to sue and be sued* umfasst. Dafür sind der Sinn und Zweck des Freundschaftsvertrags insgesamt sowie die Folgen einer kollisionsrechtlichen Anerkennung exklusiv der Partei- und Prozessfähigkeit bzw. der *capacity to sue and be sued* zu berücksichtigen.

(1) Sinn und Zweck des Freundschaftsvertrags insgesamt

Der Freundschaftsvertrag soll seiner Präambel nach als Handelsvertrag den zwischenstaatlichen Handel fördern. Darum sollten die Privilierungsnormen des Vertrags gesellschaftsfreundlich ausgelegt werden. Daher sollte die der Gesell-

---

691 *Dammann*, RabelsZ 68 (2004), 607, 642.

schaft nach dem Recht des Gründungsstaates zustehende Partei- und Prozessfähigkeit bzw. *capacity to sue and be sued* auch vor den Gerichten des anderen Vertragsteils erhalten bleiben. Der Förderung des Handels dient es ebenfalls, wenn Urteile im Gebiet des Gründungsstaates leicht durchzusetzen sind. Dafür sorgt die Bestimmung der Partei- und Prozessfähigkeit anhand des Gründungsrechts, da das Urteil aus der Sicht des Gründungsrechts bereits die richtige Partei bezeichnet. Der Sinn und Zweck des Freundschaftsvertrags spricht daher dafür, dass die Anerkennung in Artikel XXV Abs. 5 S. 2 FHSV auch die im Gründungsrecht bestehende Partei- und Prozessfähigkeit bzw. *capacity to sue and be sued* erfasst.

(2) Folgen einer Anerkennung ausschließlich der Partei- und Prozessfähigkeit bzw. capacity to sue and be sued

Bei der teleologischen Auslegungsmethode ist in erster Linie der Sinn und Zweck des Freundschaftsvertrags der Auslegungsmaßstab. Darüber hinausgehend stellt sich die Frage, ob die Anerkennung einer Gesellschaft ohne Rücksicht auf ihre im Gründungsort vorhandenen Partei- und Prozessfähigkeit bzw. *capacity to sue and be sued* den Anforderungen einer kollisionsrechtlichen Anerkennung gerecht wird. Ziel der kollisionsrechtlichen Anerkennung in Artikel XXV Abs. 5 S. 2 FHSV ist es, Gesellschaften der einen Vertragspartei in Gebiet der anderen Vertragspartei als rechtlich existent zu betrachten und ihre gesellschaftsrechtlichen Verhältnisse nach den Regeln des Gründungsortes zu bestimmen. Würden die Partei- und Prozessfähigkeit bzw. *capacity to sue and be sued* nicht zum Gesellschaftsstatut zählen, sondern ausschließlich nach der *lex fori* bestimmt, könnte dies dazu führen, dass eine Gesellschaft der einen Vertragspartei zwar im Gebiet der anderen Vertragspartei umfassend kollisionsrechtlich anerkannt würde, aber mangels Prozess- oder Parteifähigkeit nicht vor den Gerichten der anderen Vertragspartei als Gesellschaft auftreten könnte, also ihre Rechte nicht gerichtlich durchzusetzen könnte. Da das deutschen Prozessrecht weitgehende Möglichkeiten vorsieht, die Partei- und Prozessfähigkeit ausländischer Gesellschaften zu ermitteln, ist ein solches Ergebnis aus deutscher Sicht zur Zeit nicht vorstellbar. Sollten jedoch die nationalen Regelungen über die Anknüpfungen der Partei- und Prozessfähigkeit durch den Gesetzgeber geändert oder eingeschränkt werden, könnten die gerichtlichen Durchsetzungsmöglichkeiten der staatsvertraglich eingeräumten Rechte gegebenenfalls behindert werden. Es kann jedoch nicht dem nationalen Gesetzgeber überlassen bleiben, die Wirkungen eines Staatsvertrags – wie die gerichtlichen Durchsetzungsmöglichkeiten staatsvertraglicher Rechte – einseitig festzulegen. Wenn also eine Gesellschaft der einen Vertragspartei in dem anderen Vertragsstaat umfassend anerkannt worden ist, muss damit zugleich ihre Möglichkeit einhergehen, vor den Gerichten der anderen Vertragspartei auftreten zu können, solange sie dies auch nach dem Recht ihres Gründungsortes vermag. Nur bei einer solchen Betrachtung wird den Gesellschaften der einen Vertragspartei der gebührende Zugang zu Gerichten im Gebiet der anderen Vertragspartei ermöglicht. Um dem Ziel einer umfassenden kollisionsrechtlichen Anerkennung gerecht zu werden, muss die Anerkennung des rechtlichen Status in Artikel XXV Abs. 5 S. 2 FHSV daher auch die Anerkennung der Partei- und Prozessfähigkeit bzw. der *capacity to sue and be sued* umfassen.

(3) Schlussfolgerung

Damit spricht die teleologische Auslegung dafür, dass die Anerkennung in Artikel XXV Abs. 5 S. 2 FHSV auch die Anerkennung prozessualer Fähigkeiten ausländischer Gesellschaften umfasst.

d. Praktische Anwendung durch die Vertragsparteien

Mangels US-amerikanischer Rechtsprechung zur Auslegung des Artikels XXV Abs. 5 S. 2 des deutsch US-amerikanischen Freundschaftsvertrags kann nur auf die deutsche Rechtsprechung zurückgegriffen werden. Zunächst entschied im Jahr 1986 das OLG Zweibrücken, dass sich die Parteifähigkeit einer US-amerikanischen Rechtsanwaltssozietät aufgrund des Artikels XXV Abs. 5 S. 2 FHSV nicht nach deutschem Recht sondern nach dem Recht des Staates New York richte.[692] Später entschied der 8. Zivilsenat des BGH in dem Grundsatzurteil vom 29. Januar 2003 ebenfalls, dass „bezüglich der Frage der Anerkennung der Rechts- und Parteifähigkeit von Gesellschaften […] zu Recht die Anknüpfung an das Gründungsrecht befürwortet" wird.[693] Das Gericht knüpfte damit die prozessuale Frage der Parteifähigkeit unmittelbar an das durch den Freundschaftsvertrag ermittelte Gesellschaftsstatut an. Dieser Auffassung schloss sich der 2. Zivilsenat des BGH in seinem Urteil vom 05. Juli 2004 an.[694] Der 11. Zivilsenat des BGH entschied hingegen in seinem Urteil vom 04. Mai 2005, dass „die Rechtsfähigkeit und die *daran anknüpfende* Parteifähigkeit (§ 50 ZPO)" sich nach Artikel XXV Abs. 5 S. 2 des Freundschaftsvertrags nach dem Gründungsort richten.[695] Damit ging das Gericht davon aus, dass die Parteifähigkeit sich nach

692 OLG Zweibrücken, NJW 1987, 2168.
693 BGH, Urt. v. 29.01.2003 – VIII ZR 155/02 – BGHZ 153, 353 = NJW 2003, 1607 = IPRax 2003, 265.
694 BGH, Urt. v. 05.07.2004 – II ZR 389/02 – BGH, NJW-RR 2004, 1618 = IPRax 2005, 339.
695 BGH, Urt. v. 04.05.2005 – BGHZ 159, 94, 100 = NJW 2004, 2523.

§ 50 ZPO als *lex fori* aus der Rechtsfähigkeit und nicht unmittelbar aus dem Gesellschaftsstatut ergibt.

Diese Urteile verdeutlichen, dass im deutschen Recht die Parteifähigkeit entweder nach § 50 ZPO als *lex fori* mit Hilfe der Kollisionsnorm über die Rechtsfähigkeit oder unmittelbar nach dem Gesellschaftsstatut ermittelt werden kann. Gleiches sollte für die Prozessfähigkeit gelten. Damit spricht die deutsche Anwendungspraxis dafür, dass die Anerkennung in Artikel XXV Abs. 5 S. 2 FHSV auch die Anerkennung der Partei- und Prozessfähigkeit umfasst.

e. Historische Auslegung

Mangels deutsch-US-amerikanischer Vertragsmaterialien zur Auslegung des Artikels XXV Abs. 5 S. 2 FHSV kann im Rahmen der historischen Auslegung erneut nur auf mittelbare historische Materialien zurückgegriffen werden. Hier hilft ein Vergleich mit dem deutsch-US-amerikanischen Freundschaftsvertrag von 1923 weiter. Dieser verfügte in seinem Artikel XII Abs. 1, dass juristische Personen des anderen Vertragsteils neben der Anerkennung auch freien Zugang zu den Gerichten haben:

> „Sie sollen sowohl zur Verfolgung als auch zur Verteidigung ihrer Rechte in allen gesetzlich vorgeschriebenen Instanzen gemäß den auf den Fall anwendbaren Gesetzen freien Zutritt zu den Gerichten haben.“[696]

Anerkannte juristische Personen waren demnach partei- und prozessfähig.[697] Der freie Zutritt zu Gericht wurde im alten Freundschaftsvertrag in einem eigenen Satz (zusätzlich) neben der Anerkennung der juristischen Person geregelt. Damit umfasste die Anerkennung der juristischen Person an sich nicht zugleich die Anerkennung der Partei- und Prozessfähigkeit. Der neue Freundschaftsvertrag verzichtet in seinem die Anerkennung zusichernden Artikel XXV auf die Gewährung des freien Zutritts zu Gericht. Der Zugang zu den Gerichten ist nun im Rahmen der Inländerbehandlung vorgesehen. Es wurde bereits festgestellt, dass der Zugang zu Gericht im Rahmen der Inländerbehandlung nicht zugleich die Anerkennung der Partei- und Prozessfähigkeit beinhaltet. Offen bleibt, ob die Vertragsparteien die Anerkennung der Partei- und Prozessfähigkeit im neuen

---

696 Art. XII Abs. 1 des deutsch-US-amerikanischen Freundschaftsvertrags von 1923, englische Fassung:
„They shall enjoy free access to the courts of law and equity, on conforming to the laws regulating the matter, as well for the prosecution as for the defense of rights in all the degrees of jurisdiction established by law.“

697 *Bungert*, ZVglRWiss 93 (1994), 107, 136.

Freundschaftsvertrag bewusst weggelassen haben, weil sie sich bereits aus der Anerkennung des rechtlichen Status ergibt, oder ob sie die Bestimmung der Partei- und Prozessfähigkeit der *lex fori* überlassen wollten.[698]

f. Ergebnis der Auslegung

Die wörtliche, systematische und historische Auslegung lassen offen, ob Artikel XXV Abs. 5 S. 2 FHSV die Anerkennung der Partei- und Prozessfähigkeit bzw. der *capacity to sue and be sued* ein- oder ausschließt. Nach der deutschen Rechtsprechung umfasst die Anerkennung in Artikel XXV Abs. 5 S. 2 FHSV hingegen auch die Anerkennung der Partei- und Prozessfähigkeit. Die entsprechenden Entscheidungen sind dabei unter anderem auf die deutsche prozessuale Regelung zurückzuführen, die die Partei- und Prozessfähigkeit dem Gesellschaftsstatut zuordnet. Eine Pflicht, dass das US-amerikanische Recht im gleichen Sinne verfährt, kann daraus noch nicht abgeleitet werden. Aber die teleologischen Argumente, die für eine Anerkennung der Partei- und Prozessfähigkeit bzw. der *capacity to sue and be sued* sprechen, sind so überzeugend, dass die *lex fori* Regel teilweise einzuschränken ist. Artikel XXV Abs. 5 S. 2 FHSV gebietet es daher, die Partei- und Prozessfähigkeit bzw. die *capacity to sue and be sued* zum Gesellschaftsstatut zu zählen und als von der Anerkennung umfasst anzusehen.

Darüber hinaus darf im deutsch-US-amerikanischen Verhältnis die Bestimmung der Partei- und Prozessfähigkeit bzw. die *capacity to sue and be sued* von Gesellschaften weiterhin auch nach den nationalen Prozessregeln des Forumstaates (*lex fori*) vorgenommen werden. Dies ist keine Einschränkung der Anerkennung; vielmehr ist nur so eine möglichst umfassende Absicherung dahingehend gegeben, dass Gesellschaften der einen Vertragspartei vor den Gerichten der anderen Vertragspartei wirksam auftreten und ihre staatsvertraglichen Rechte durchsetzen können.

---

698 In der US-amerikanischen Entscheidung, *Federal Republic of Germany v. Elicofon* [358 F. Supp. 747, 757 (D.N.Y. 1970)], wird Artikel XII des alten Freundschaftsvertrags angesprochen. Das Gericht hatte zu entscheiden, ob eine von der Regierung der DDR geschaffene Kunststiftung aufgrund des Artikels XII des alten Freundschaftsvertrags in den USA Zugang zu Gericht hat. Es stellte sich dabei die Frage, ob der alte Freundschaftsvertrag zwischen der DDR und den USA überhaupt (noch) Geltung hat. Das Gericht erklärte dazu, dass die USA eine von einer Regierung geschaffene Kunststiftung nicht anerkennen könne, wenn die USA die Regierung an sich (die DDR) nicht anerkenne. Sonst könne die DDR ihre Nicht-Anerkennung in den USA dadurch umgehen, dass sie öffentliche juristische Personen schaffe. Für die Auslegung des Artikels XXV Abs. 5 S. 2 des neuen Freundschaftsvertrags hilft diese Entscheidung jedoch nicht weiter.

Im deutschen Recht besitzen US-amerikanische Gesellschaften daher Partei- und Prozessfähigkeit, wenn sie entweder nach dem US-amerikanischen Gründungsrecht diese Fähigkeiten haben (Artikel XXV Abs. 5 S. 2 FHSV) oder nach dem Gründungsrecht rechts- bzw. geschäftsfähig sind (§§ 50, 53 ZPO). Aus US-amerikanischen Sicht bestimmt sich die *capacity to sue and be sued* von Gesellschaften deutschen Rechts gemäß Artikel XXV Abs. 5 S. 2 FHSV nach dem Gründungsrecht. Dies gilt einheitlich für alle Gesellschaftsformen. Darüber hinaus ist es ausreichend, wenn das nationale Prozessrecht des Forumstaates einer vergleichbaren US-amerikanischen Gesellschaft die *capacity to sue and be sued* zuspricht.

V. Kollisionsrechtliche Behandlung der Durchgriffshaftung unter Artikel XXV Abs. 5 S. 2 FHSV

Im Kapitalgesellschaftsrecht haftet eine Gesellschaft grundsätzlich nur mit ihrem Gesellschaftsvermögen.[699] Die Gesellschafter selbst haften in der Regel nur in Höhe der noch nicht gezahlten Einlagen und sind im Übrigen von einer persönlichen Haftung befreit. Da der Haftungsausschluss der Gesellschafter in manchen Fällen, insbesondere im Insolvenzfall, als unzureichend empfunden wird, besteht in bestimmten Situationen ausnahmsweise eine direkte Haftung der Gesellschafter (sog. Durchgriffshaftung). Unklar ist dabei, ob die Durchgriffshaftung zum Gesellschaftsstatut im Sinne des Artikels XXV Abs. 5 S. 2 FHSV zählt. Um diese Frage beantworten zu können, ist eine rechtsvergleichende Qualifikation notwendig. Dafür werden zunächst die materiellrechtlichen Voraussetzungen der Durchgriffshaftung im deutschen und im US-amerikanischen Recht erklärt und anschließend die Anknüpfung dieser Fragen nach nationalem Kollisionsrecht untersucht.

1. Durchgriffshaftung im deutschen Recht

Eine Durchgriffshaftung auf das Vermögen der Gesellschafter kommt im deutschen Gesellschaftsrecht nur in wenigen Fällen unter engen Voraussetzungen in Betracht. Ein einheitliches Rechtsinstitut des Durchgriffs besteht nicht. In der Literatur und Rechtssprechung haben sich insbesondere folgende Fallgruppen herausgebildet:

---

699 Vgl. im deutschen Recht die §§ 1 Abs. 1 AktG, 13 Abs. 2 GmbHG; vgl. im US-amerikanischen Recht Rev. Mod. Bus. Corp. Act § 6. 22 (2002).

a. Fallgruppen

Eine Fallgruppe der Durchgriffshaftung bildet die Vermögens- oder Sphärenvermischung zwischen der Gesellschaft und den Gesellschaftern.[700] Die Gesellschafter riskieren ihr Haftungsprivileg, wenn sie das Vermögen der juristischen Person nicht getrennt von ihrem sonstigen Vermögen führen. Notwendig und ausreichend ist für die Annahme einer Vermögensmischung ist, dass eine undurchsichtige Buchführung oder eine anderweitige Verschleierung die Kontrolle darüber verhindert, ob die Kapitalerhaltungsvorschriften beachtet worden sind.[701] Dies kann insbesondere bei Einmanngesellschaften auftreten.

Eine zweite Fallgruppe der Durchgriffshaftung wird im Fall der (qualifiziert materiellen) Unterkapitalisierung diskutiert.[702] Eine Unterkapitalisierung liegt vor, wenn eine juristische Person ihrer Verpflichtung zur materiell angemessenen Kapitalausstattung nicht nachkommt. Zum Teil wird erst ein extremer Fall der Unterkapitalisierung als Auslöser der Durchgriffshaftung angesehen. Dieser soll dann vorliegen, wenn „eine eindeutige und für Insider klar erkennbare unzureichende Eigenkapitalausstattung vorliegt, die einen Misserfolg zu Lasten der Gläubiger bei normalen Geschäftsverlauf mit hoher, das gewöhnliche Geschäftsrisiko deutlich übersteigender Wahrscheinlichkeit erwarten läst."[703] In der Rechtsprechung hat sich diese Fallgruppe bis jetzt noch nicht durchgesetzt[704] und wird daher in der Literatur nur vorsichtig akzeptiert.[705]

Als weiterer Fall der Duchgriffshaftung wurde die Haftung aufgrund qualifizierter faktischer Konzernierung diskutiert.[706] Ausgangspunkt ist die Annahme einer Verlustausgleichspflicht des beherrschenden Unternehmens in einem qualifiziert faktischen Konzern. Die beherrschende Stellung gebe dem Unternehmer die Möglichkeit, durch Weisungen die Leitung der abhängigen Gesellschaften zu bestimmen, wozu auch die Vornahme nachteiliger Einflussnahmen zugunsten des

---

700 BGHZ 125, 366; *Altmeppen*, in: Altmeppen/Roth, § 13 GmbhG Rn. 112 ff.; *Grunewald*, 2.E. Rn. 150 ff.; *Hirte*, Kapitalgesellschaftsrecht, § 5 Rn. 5.165 ff.; *Hueck/Fastrich*, in: Baumbach/Hueck, § 13 GmbHG Rn. 14 f.; *Schmidt*, Gesellschaftsrecht, § 9 IV, S. 234 ff.

701 BGHZ 125, 366.

702 Vgl. *Altmeppen*, in: Altmeppen/Roth, § 13 GmbHG Rn. 116 ff.; *Grunewald*, 2.E. Rn. 145 ff.; *Hirte*, Kapitalgesellschaftsrecht, § 5 Rn. 5.167 ff.; *Hueck/Fastrich*, in: Baumbach/Hueck, § 13 GmbHG Rn. 16 f.; *Schmidt*, Gesellschaftsrecht, § 9 IV, S. 240 ff.

703 *Grunewald*, 2.E. Rn. 145 ff.

704 *Altmeppen*, in: Altmeppen/Roth, § 13 GmbHG Rn. 117 ff. m.w.N.

705 *Hueck/Windbichler*, § 36 Rn. 35.

706 BGHZ 95, 330; („Autokran"); 107, 7 („Tiefbau"); 115, 187 („Video"); *Hirte*, Kapitalgesellschaftsrecht, § 5 Rn. 5.176 ff; *Wahl*, S. 77.

beherrschenden Unternehmens gerechnet wird. Die Rechtsprechung zur Verlustausgleichpflicht im qualifiziert faktischen Konzern wurde allerdings durch die Rechtsprechung zu dem existenzvernichtenden Eingriff (Existenzvernichtungshaftung) aufgegeben.[707]

b. Insbesondere zur Existenzvernichtungshaftung

Viel diskutiert wird in jüngster Zeit die so genannte Existenzvernichtungshaftung als Fall der Durchgriffshaftung.[708] Diese Haftungsfigur wurde insbesondere durch zwei Entscheidungen des BGH geprägt.

(1) BGH, Urteil vom 17. September 2001 („Bremer Vulkan")

Die Lehre von der Existenzvernichtungshaftung entwickelte der BGH zunächst in seiner Entscheidung in der Sache *Bremer Vulkan.*[709] Nach dieser Lehre müssen ein Alleingesellschafter oder die einvernehmlich handelnde Gesellschaftergesamtheit einer GmbH, die der Gesellschaft Vermögen entziehen, das die Gesellschaft zur Erfüllung ihrer Verbindlichkeiten benötigt, persönlich für die Nachteile einstehen, die den Gesellschaftsgläubigern dadurch in der nunmehr insolventen Gesellschaft erwachsen. Damit wurde eine Durchgriffshaftung auf das persönliche Vermögen der Gesellschafter begründet. Der BGH erklärte diesen Haftungsdurchgriff damit, dass die Respektierung der Zweckbindung des Gesellschaftsvermögens zur vorrangigen Befriedigung der Gesellschaftsgläubiger die Voraussetzung für die Inanspruchnahme der Haftungsprivilegierung der Gesell-

---

707 *Hirte*, Kapitalgesellschaftsrecht, § 5 Rn. 5.180; *Hueck/Fastrich,* in: Baumbach/ Hueck, § 13 GmbHG Rn. 18.

708 Zum Teil geäußerte Zweifel an der Legitimität der Existenzvernichtungshaftung werden durch das MoMiG („Entwurf eines Gesetzes zur Modernisierung des GmbH-Rechts und zur Bekämpfung von Missbrauch", von der Bundesregierung am 23.05.2007 beschlossen) beseitigt. Denn in der Entwurfsbegründung nennt der Gesetzgeber die Rechtssprechung über die Existenzvernichtungshaftung als ergänzende Gläubigerschutzmaßnahme neben dem Deliktsrecht und der Vorschrift des § 30 GmbHG. Die Begründung zum Regierungsentwurf des MoMiG überlässt die Ausgestaltung der Existenzvernichtungshaftung dabei ausdrücklich den Gerichten. Siehe RegE MoMiG, www.bmj.de/files/-/2109/RegE%20MoMiG.pdf S. 94, 106 (Besucht am 01.08.2007); vlg. auch *Weller,* DStR 2007, 1166, 1167 m.w.N.

709 BGH, Urt. v. 17.09.2001 – II ZR 178/99 – BGHZ 149, 10 („*Bremer Vulkan*"); BGH, Urt. v. 25.02.2002 – II ZR 196/00 – BGH, ZIP 2002, 848; BGH, Urt. v. 24.06.2002 – II ZR – BGHZ 151, 181 = JZ 2002, 1057 („*KBV*"), mit Anmerkung von *Ulmer*; vgl. zu diesen Urteilen auch *Schmidt*, NJW 2001, 3577; *Willhelm*, NJW 2003, 175 m.w.N.; ausführlich *Weller,* Rechtsformwahlfreiheit, S. 123 ff.

schafter (§ 13 Abs. 2 GmbHG) bilde.[710] Es stelle daher einen Missbrauch dieser Gesellschaftsform dar, der zum Verlust des Haftungsprivilegs führe, wenn ein Gesellschafter auf das Gesellschaftsvermögen ohne Rücksichtsnahme auf die Zweckbindung zugreife. Die exakte Rechtsgrundlage dieser Duchgriffshaftung legte der BGH nicht offen; die Literatur konstruierte teilweise eine Anspruchsgrundlage aus einer Anlehnung an §§ 128 HGB unter teleologischer Reduktion des § 13 Abs. 2 HGB.[711]

Als Fallgruppen der Existenzvernichtungshaftung werden unter anderem die Existenzvernichtung durch Vermögensabzug zu Gunsten von Gesellschaftern oder diesen zuzurechnenden Personen, die Auferlegung existenzvernichtender Risiken wie etwa durch einen *cash pool* mit wirtschaftlich gefährdeten Gesellschaftern oder der Entzug von überlebenswichtigen Geschäftschancen, Lizenzen oder Produktionslinien diskutiert.[712] Uneinigkeit besteht darüber, ob auch bei einer erheblichen Unterkapitalisierung ein Fall der Existenzvernichtungshaftung vorliegt.[713]

(2) BGH, Urteil vom 16. Juli 2007 („Trihotel“)

In seinem Urteil vom 16. Juli 2007 („*Trihotel*“) [714] änderte der 2. Zivilsenat BGH seine Rechtsprechung zur Existenzvernichtungshaftung. In dieser Entscheidung erklärte der Senat, dass „an dem Erfordernis einer als «Existenzvernichtungshaftung» bezeichneten Haftung des Gesellschafters für missbräuchliche, zu Insolvenz der GmbH führende oder diese vertiefende kompensationslose Eingriffe in das der Zweckbindung zur vorrangigen Befriedigung der Gesellschaftsgläubiger dienende Gesellschaftsvermögen“ festgehalten werde.[715] Aber die bisherige Annahme einer eigenständigen Haftungsfigur, die an den Missbrauch der Rechtsform anknüpft und als Durchgriffs(außen)haftung der Gläubiger gegenüber den Gesellschaftern ausgestattet ist, gab der Senat auf. Nunmehr knüpfte der Senat die Existenzvernichtungshaftung an die „missbräuchliche Schädigung des im Gläubigerinteresse zweckgebundene Gesellschaftsvermögens“ an und ordnet die Existenzvernichtungshaftung ausschließlich in § 826 BGB als eine besondere

---

710 Vgl. 1. Leitsatz des BGH, Urt. v. 24.06.2002 – II ZR – BGHZ 151, 181.

711 *Eisenhardt,* Rn. 770 e; *Ulmer,* JZ 2002, 1049.

712 Vgl. *Hueck/Fastrich,* in: Baumbach/Hueck, § 13 GmbHG Rn. 20.; *Wahl,* S. 184 ff.

713 Bejahend: *Ihrig,* DStR 2007, 1170; 1173; verneinend: *Wahl,* S. 196.

714 BGH, Urt. v. 16.07.2007 – Az. ZR II 3/04 („*Trihotel*“) – „juris“; siehe auch die Pressemitteilung v. 16.07.2007, Nr. 99/07 http://juris.bundesgerichtshof.de/cgi-bin/rechtsprechung/document.py?Gericht=bgh&Art=pm&Datum=2007&Sort=3&nr=40407&pos=3&anz=102 (Besucht am 18.07.2007).

715 1. Leitsatz des BGH, Urt. v. 16.07.2007 – Az. ZR II 3/04 („*Trihotel*“) – „juris“.

Fallgruppe der sittenwidrigen vorsätzlichen Schädigung ein.[716] Der Verstoß gegen die guten Sitten ist in einem Zugriff der GmbH-Gesellschafter auf das GmbH-Vermögen zu sehen, der geeignet ist, die Insolvenz der Gesellschaft herbeizuführen. Damit ist die Existenzvernichtungshaftung nach der Ansicht des 2. Zivilsenats nun eine schadensersatzrechtliche Innenhaftung der Gesellschafter gegenüber der Gesellschaft. Gesellschaftsgläubiger müssen damit ihre Ansprüche im (Um-)Wege der Pfändung des Anspruchs der (insolventen) Gesellschaft gegen ihre Gesellschafter aus § 826 BGB durchsetzen. Sämtliche gegen die Gesellschafter gerichtete Schadensersatzansprüche können dabei einheitlich durch den Insolvenzverwalter geltend gemacht werden,[717] der für eine gleichmäßige Erfüllung der Verbindlichkeiten sorgt und dadurch einen „Wettlauf der Gläubiger" verhindern soll.[718]

Der BGH erklärt außerdem, dass die Schadensersatzansprüche aus der Existenzvernichtungshafung nach § 826 BGB in Anspruchskonkurenz zu Erstattungsansprüchen nach den §§ 31, 30 GmbHG stehen.[719]

c. Qualifikation der Durchgriffshaftung nach deutschem Kollisionsrecht

Die Anknüpfung der Durchgriffshaftung ist im deutschen Kollisionsrecht nicht abschließend geklärt. Grundsätzlich wird die persönliche Haftung der Gesellschafter zum Gesellschaftsstatut gezählt, also gesellschaftsrechtliche qualifiziert.[720] Keine Klarheit besteht allerdings über die die Qualifikation der Existenzvernichtungshaftung.

Nach der *Bremer Vulkan*-Entscheidung des BGH im Jahre 2001 wurde diskutiert, ob die in dieser Entscheidung entwickelte Existenzvernichtungshaftung an das Gesellschaftsstatut, das Deliktstatut oder das Insolvenzstatut anzuknüpfen war.[721] Eine gesellschaftsrechtliche Qualifikation konnte damit begründet werden, dass die Existenzvernichtungshaftung (nach dem *Bremer Vulkan*-Fall) aus der Sonder- bzw. Treueverbindung der Gesellschafter zu ihrer Gesellschaft abzuleiten war[722] oder dass es sich bei der Existenzvernichtungshaftung um eine

---

716 Vgl. 2. Leitsatz des BGH, Urt. v. 16.07.2007 – Az. ZR II 3/04 („*Trihotel*") – „juris".

717 BGH, Urt. v. 16.07.2007 – Az. ZR II 3/04 („*Trihotel*") – „juris" Rn. 34.

718 *Rubner,* F.A.Z. v. 01.08.2007, S. 21; kritisch zur Existenzvernichtungshaftung als Innenhaftung siehe *Weller,* DStR 2007, S. 1166, 1167.

719 3. Leitsatz des BGH, Urt. v. 16.07.2007 – Az. ZR II 3/04 („*Trihotel*") – „juris".

720 AnwaltKo/*Hoffmann*, Anh. zu Art. 12 EGBGB Rn. 112; *Kropholler*, IPR, § 55 II 2.

721 Umfassend *Weller,* Rechtsformwahlfreiheit, S. 235 ff.

722 *Spindler/Berner*, RIW 2004, 7, 11; *Ulmer,* JZ 2002, 1049; *Altmeppen,* ZIP 2002, 961.

Haftung der Gesellschafter als Quasi-Geschäftsführer analog § 43 GmbHG handelte.[723] Für eine gesellschaftsrechtliche Qualifikation sprach zudem die Rechtsfolgenseite der Haftung, da die Existenzvernichtungshaftung (nach dem *Bremer Vulkan*-Fall) einen GmbH-spezifischen echten Durchgriffstatbestand darstellte.[724] Eine deliktische Einordnung wäre möglich gewesen, wenn man unter dem Bestandsinteresse der Gesellschaft ein absolutes Recht im Sinne von § 823 BGB erblickt[725] oder wenn man die Existenzvernichtungshaftung (nach dem *Bremer Vulkan*-Fall) als Unterfall der allgemeinen zivilrechtlicher Haftung Dritter für die Vereitelung von Forderungsrechten nach § 826 BGB einordnet.[726] Für eine insolvenzrechtliche Anknüpfung sprach, dass die Existenzvernichtungshaftung (nach dem *Bremer Vulkan*-Fall) teilweise funktionsäquivalent zu den insolvenzrechtlichen Anfechtungsvorschriften behandelt wurde.[727]

Die neue rechtliche Einordnung der Existenzvernichtungshaftung durch den BGH im Juli 2007 im Fall *Trihotel* lässt die Qualifikation dieser Haftungsfigur weiterhin offen. *Schanze* denkt an eine gesellschaftsrechtliche Qualifikation, da die Existenzvernichtungshaftung auf dem spezifsichen Verhältnis zwischen der Gesellschaft und der GmbH beruhe.[728] *Weller* schlägt vor, die neue Existenzvernichtungshaftung aufgrund der Einordnung in das materielle Deliktsrecht durch den BGH im Kollisionsrecht dem das Deliktsstatut (Art. 40 EGBGB) zuzuordnen.[729] Allerdings sei im Rahmen der Prüfung des § 826 BGB die ungeschriebene Anwendungsvoraussetzung eines Defizits im gesellschaftsrechtlichen Gläubigerschutzes kollisionsrechtlich als materiellrechtliche Vorfrage[730] selbständig an-

723 *Wilhelm*, NJW 2003, 175, 178.

724 *Eidenmüller*, in: Sonnenberger, S. 479 f.: *Altmeppen/Wilhelm*, DB 2004, 1083, 1086; *Ulmer*, NJW 2004, 1201, 1207 (er spricht von einem Durchgriffstatbestand im Umfeld des § 31 GmbHG); *ders.*, JZ 2002, 1049 (spricht von einer Haftung in Analogie zu §§ 105, 128 HGB), ebenso *Eisenhardt*, Rn. 770 e; *Weller*, Rechtsformwahlfreiheit, S. 246 f. (stützt sich allgemein auf die Tatsache, dass es sich um eine echte Durchgriffshaftung handelt); ohne exakte Begründung AnwaltKo/*Hoffmann*, Anh. zu Art. 12 EGBGB Rn. 112.

725 Angedacht von *Weller*, IPRax 2003, 207, 210, unter Hinweis auf *Westermann*, NZG 2002, 1129, 1135; in diese Richtung ebenfalls *Zimmer*, NJW 2003, 3585, 3588.

726 So *Weller*, DStR 2007, 1166, 1169.

727 *Mankowski*, RIW 2004, 481, 486 m.w.N.; *Weller*, IPRax, 2003, 207, 210; *ders,*. DStR 2007, 116, 118; *ders.*, Rechtsformwahlfreiheit, S. 282.

728 *Schanze*, NZG 2007, 681, 685; auch *Göthel*, F.A.Z. vom 30.01.2008, S. 25 denkt an eine gesellschaftsrechtliche Qualifikation, da die Durchgriffshaftung ihren Schwerpunkt im anwendbaren Gesellschaftsrechte habe.

729 *Weller*, ZIP 2007, 1681, 1688.

730 Eine Vorfrage ist im IPR eine präjudizielle Frage, die sich nach vollzogener kollisionsrechtlicher Anknüpfung der Hauptfrage, also bei der Anwendung des für diese

zuknüpfen. Dadurch könne die Existenzvernichtungshaftung nicht ohne Weiteres auf in Deutschland handelnde ausländische Gesellschaften angewendet werden.

2. Durchgriffshaftung im US-amerikanischen Recht

a. Fallgruppen

Im Gesellschaftsrecht der US-amerikanischen Einzelstaaten haben Fragen des Haftungsdurchgriffs (*piercing the corporate veil*) größere Bedeutungen als im deutschen Recht. Die Durchgriffshaftung ist dabei – mit Ausnahme im Recht von Texas – eine Rechtsfigur des *common law*.[731] Eine Durchgriffshaftung kommt dann in Betracht, wenn die körperschaftliche Form der Gesellschaft (*open* oder *close corporation)* durch die hinter ihr stehenden Personen missbraucht wird, um bestehenden Verbindlichkeiten auszuweichen, eine gesetzliche Bestimmung zu umgehen, eine Täuschung oder ein Delikt zu begehen oder allgemein ungerecht zu handeln oder einen unfairen Vorteil zu erlangen.[732] Es bestehen jedoch keine exakten Tatbestandsvoraussetzungen für die Durchgriffshaftung im US-amerikanischen Recht. Die Voraussetzungen der Durchgriffshaftung werden dann als erfüllt angesehen, wenn eine bestimmte Anzahl von Faktoren erfüllt ist.[733] Als Faktoren gelten dabei insbesondere die Vermögensvermischung, die Nutzung des Gesellschaftsvermögens für private Zwecke, die Nichtbeachtung von Form- und Verfahrensvorschriften, die Erweckung des Anscheins einer persönlichen Haftung, die Unterkapitalisierung oder die Gründung der Gesellschaft, um die Verbindlichkeit einer anderen Gesellschaft zu übernehmen.[734] Ein Haftungsdurch-

---

maßgebenden materiellen Rechts stellt. Die Vorfrage wird kollisionsrechtlich nach h.M. selbständig angeknüpft. Vgl. *Kropholler*, IPR, § 32 IV.

731 Tex. Bus. Corp. Act § 2.21 (1997).

732 *United States v. Milwaukee Refigerator Transit Company,* 142 F. 247, 255 (E.D.Wiss. 1905); *Walkosvks v. Carlton,* 18 N.Y.2d 414, 276 N.Y.S. 2d 585, 223 N.E.2d 6 (N.Y. 1966); *Fuller,* 51 Harv. L.Rev. 1373, 1402 (1938).

733 *Hamilton,* S. 153.

734 *Laya v. Erin Homes, Inc.*, 352 S. E.2d 93, 98; 77 W.Va. 343, 347 f. (W.Va. 1986): *„Some of the factors to be considered in deciding whether to pierce the corporate veil are:*
(1) commingling of funds and other assets of the corporation with those of the individual shareholders;
(2) diversion of the corporation's funds or assets to noncorporate uses (to the personal uses of the corporation's shareholders);
(3) failure to maintain the corporate formalities necessary for the issuance of or subscription to the corporation's stock, such as formal approval of the stock issue by the board of directors;

griff auf die Gesellschafter kommt sowohl für die vertraglichen als auch für die deliktischen Gläubiger in Betracht.[735] Ein Haftungsdurchgriff ist auch möglich, wenn das Ziel des Durchgriffs eine juristische Person ist, die als Gesellschafter beteiligt ist.

---

(4) *an individual shareholder representing to persons outside the corporation that he or she is personally liable for the debts or other obligations of the corporation;*

(5) *failure to maintain corporate minutes or adequate corporate records;*

(6) *identical equitable ownership in two entities;*

(7) *identity of the directors and officers of two entities who are responsible for supervision and management (a partnership or sole proprietorship and a corporation owned and managed by the same parties);*

(8) *failure to adequately capitalize a corporation for the reasonable risks of the corporate undertaking;*

(9) *absence of separately held corporate assets;*

(10) *use of a corporation as a mere shell or conduit to operate a single venture or some particular aspect of the business of an individual or another corporation;*

(11) *sole ownership of all the stock by one individual or members of a single family;*

(12) *use of the same office or business location by the corporation and its individual shareholder(s);*

(13) *employment of the same employees or attorney by the corporation and its shareholder(s);*

(14) *concealment or misrepresentation of the identity of the ownership, management or financial interests in the corporation, and concealment of personal business activities of the shareholders (sole shareholders do not reveal the association with a corporation, which makes loans to them without adequate security);*

(15) *disregard of legal formalities and failure to maintain proper arm's length relationships among related entities;*

(16) *use of a corporate entity as a conduit to procure labor, services or merchandise for another person or entity;*

(17) *diversion of corporate assets from the corporation by or to a stockholder or other person or entity to the detriment of **99 creditors, or the manipulation of assets and liabilities between entities to concentrate the assets in one and the liabilities in another;*

(18) *contracting by the corporation with another person with the intent to avoid the risk of nonperformance by use of the corporate entity; or the use of a corporation as a subterfuge for illegal transactions;*

(19) *the formation and use of the corporation to assume the existing liabilities of another person or entity.*

735 *Merkt/Göthel*, Rn. 387 ff. Eine empirische Studie zur Durchgriffshaftung, die auch untersucht, ob die US-amerikanischen Gerichte eine Durchgriffshaftung öfters bei einer deliktischen oder bei einer vertraglichen Klage zulassen, findet sich in *Thompson*, 76 Cornell Law Review 1036 (1991).

b. Qualifikation der Durchgriffshaftung nach US-amerikanischen Kollisionsrecht

Im US-amerikanischen Kollisionsrecht ist die Anknüpfung der Durchgriffshaftung ebenfalls ungeklärt. Da es bis circa 1980 keine signifikanten Rechtsprechungsunterschiede zwischen den US-amerikanischen Einzelstaaten im Bereich des *piercing the corporate veil* gab, schien die Beantwortung dieser Frage überflüssig.[736] In jüngerer Zeit zeigten sich jedoch unterschiedliche Tendenzen in der Rechtsprechung ab. Einige Einzelstaaten entwickelten eine liberalere Praxis als andere, einige Staaten differenzieren zwischen vertraglicher und deliktischer Haftung; zum Teil wird der Nachweis betrügerischer Absichten verlangt.[737] Aufgrund dieser Unterschiede in der Rechtsprechung der Einzelstaaten und des Zuzugs von Gesellschaften ausländischen Rechts (*alien corporations*) ist die Frage nach der Anknüpfung zu entscheiden. Zum Teil wird die Durchgriffshaftung dem Gründungsrecht zugeordnet, da der Umfang der Haftung zu den *internal affairs* zu zählen scheint.[738] Zum Teil wird die Durchgriffshaftung – insbesondere bei der deliktischer Durchgriffshaftung – an das Recht des Orts angeknüpft, zu dem die Gesellschaft die engste Verbindung hat (*most significant relationship*).[739] In der Praxis scheinen die Gerichte die kollisionsrechtlichen Probleme oft einfach zu ignorieren oder zu übersehen und wenden ohne weitere Erörterung die *lex fori* an.[740]

3. Autonome, rechtsvergleichende Qualifikation

Ob Fragen der Durchgriffsaußen- oder Durchgriffsinnenhaftung, insbesondere die Existenzvernichtungshaftung an das Delikts-, Insolvenz- oder Gesellschaftsstatut anzuknüpfen sind, ist damit sowohl im deutschen als auch im US-ameri-

---

736 *Hamilton*, S. 152.

737 *Hamilton*, S. 152 f.

738 So für das Recht von Texas in Tex. Bus. Corp. Act § 8.01 (A) (1997); *Realmark Inv. Co. v. American Financial* Corp. 171 B.R. 692, 694 f. (N.D. Ga 1994); für das Recht von New York vgl. *Kalb, Voorhis & Co. American Financia Corp.*, 8 F. 3d 130 (C.A. 2 (N.Y.) 1993); allgemein für US-Recht siehe *Bungert*, Gleichbehandlung, S. 83; angedacht von *Hamilton*, S. 153. Nach der *Restatement (second) of Conflict of Laws*, § 307 (1971) ist die Haftung der *shareholders* grundsätzlich an das Gründungsrechts anzuknüpfen; nach dem comment a scheint sich diese Regel zwar in erster Linie auf die Haftung wegen unvollständiger Erbringung der Einlagen zu beziehen, aber in den *Reporter note's* werden auch Fälle der Durchgriffshaftung zitiert.

739 Vgl. *Hamilton*, S. 153 f.; wohl auch *Haar*, RabelsZ 64 (2000) 537, 559.

740 *Kieninger*, S. 109.

kanischen nationalen Kollisionsrecht unklar. Wenn die Fälle der Durchgriffshaftung an das Deliktsstatut oder das Insolvenzstatut angeknüpft würden, könnten diese Regeln auch auf in Deutschland tätige US-amerikanische Gesellschaften angewendet werden. Eine Auslegung des Artikels XXV Abs. 5 S. 2 FHSV an sich hilft an dieser Stelle nicht weiter. Daher ist allein auf die Herkunft und Funktion der Durchgriffshaftung abzustellen.

Die Fallgruppen der Duchgriffsaußenhaftung sind grundsätzlich eng mit den gesellschaftsspezifischen Vorschriften über die Haftung der Gesellschafter gegenüber der Gesellschaft sowie über die Vorschriften zur Kapitalaufbringung und Kapitalerhaltung verbunden. Dies sind Kernbereiche des Gesellschaftsstatuts. Die Durchgriffsaußenhaftung ist zudem ein Eingriff in das Trennungsprinzip, nach dem eine Gesellschaft nur mit dem Gesellschaftsvermögen haftet. Die Nichtanwendung dieses Trennungsprinzips ist ein einschneidender Eingriff in die gesellschaftsrechtliche Struktur. Die Voraussetzungen für einen solchen Eingriff, sollen daher dem Gründungsrecht unterliegen, das auch alle anderen gesellschaftsspezifischen Fragen regelt. Wegen der Besonderheit der Durchgriffshaftung und ihrer engen Verflechtung mit anderen gesellschaftsrechtlichen Fragen soll die Durchgriffshaftung daher zum Gesellschaftsstatut gezählt werden. Die Anknüpfung dieser Haftungsfragen an den Gründungsort entspricht den Erwartungen der Gesellschafter und sorgt für eine Gleichbehandlung aller Gesellschafter.[741] Im Übrigen wurde schon anfangs festgestellt, dass im Zweifel von einem weiten Gesellschaftsstatuts auszugehen ist, um die staatsvertragliche Liberalität ernst zu nehmen.

Eine gesellschaftsrechtliche Qualifikation ist auch für den besonderen Fall der Existenzvernichtungshaftung nach dem Urteil des BGH vom 16. Juli 2007 angemessen, auch wenn diese nunmehr eine Durchgriffsinnenhaftung darstellt.

Die Existenzvernichtungshaftung wird zwar durch einen insolvenzrechtlichen Vorfall ausgelöst. Doch ist die Frage nach der Insolvenz der Gesellschaft eine Vorfrage, die selbständig anzuknüpfen ist[742] und die daher nicht für eine insolvenzrechtliche Qualifikation des Haftungsdurchgriffs spricht. Auch eine mögliche Parallele der Existenzvernichtungshaftung zur Insolvenzanfechtung (§§ 129 ff. InsO) reicht nicht aus, um eine insolvenzrechtliche Qualifikation zu begründen.

Für eine deliktische Qualifikation der Existenzvernichtunghaftung spricht ihre rechtliche Grundlage, die nach der neuen Rechtssprechung des BGH im (materiellen) Deliktsrecht (§ 826 BGB) zu finden ist. Die materiellrechtliche Einord-

---

741 *Restatement (second) of Conflict of Laws*, § 307 (1971); vgl. auch *Kalb, Voorhis & Co. American Financia Corp.*, 8 F. 3d 130 (C.A. 2 (N.Y.) 1993).

742 *Weller*, Rechtsformwahlfreiheit, S. 219.

nung einer Rechtsfigur ist für die kollisionsrechtliche Qualifikation allerdings nicht entscheidend, es besteht eine Autonomie des internationalen Privatrechts.[743]

Gegen eine deliktische Anknüpfung spricht zunächst, dass das Deliktsrecht grundsätzlich Verstöße gegen allgemein, jedermann treffendes Verhaltensnormen umfasst. Die Existenzvernichtungshaftun beruht allerdings auf Erfordernissen, die sich aus dem spezifischen Verhältnis zwischen den Gesellschaftern und der Gesellschaft ergeben.[744]

Weller führt als Argument für eine deliktische Qualifikation an, dass der 2. Senat des BGH mehrfach die deliktsiche Einordnung des neuen Konzepts der Existenzvernichtungshaftung in Abgrenzung zu den „gesellschaftsrechtlichen Schutznormen der §§ 30, 31 GmbH" betone.[745] Der 2. Senat des BGH grenzt das neue Konzept der Existenzvernichtungshaftung als Fallgrupppe der allgemeinen deliktischen Anspruchsnorm nach § 826 BGB jedoch nicht grundsätzlich von gesellschafsrechtlichen Normen ab, sondern erklärt vielmehr, dass die Existenzvernichtungshaftung „im Gleichlauf mit dem gesellschaftsrechtlichen Schutznormen der §§ 30, 31 GmbHG – als Innenhaftung des Gesellschafters gegenüber der Gesellschaft" stehe.[746] Die Gläubigerschutz ergibt sich daher aus einem Zusammenspiel von den unzweifelhaft gesellschaftsrechtlich zu qualifizierenden §§ 30, 31 GmbHG sowie der Existenzvernichtungshaftung nach § 826 BGB. Um diese Verbundenheit zwischen beiden Schutznormen zu bewahren, ist es sachgerecht, auch die Existenzvernichtungshaftung gesellschaftsrechtlich zu qualifizieren.

Auch die weitere Begründung des BGH für das neue Konzept der Existenzvernichtungshaftung spricht für eine gesellschaftsrechtliche Qualifikation dieser Frage. Die Gesellschafter haben „die Pflicht zur Respektierung der Zweckbindung des Gesellschaftsvermögens zur vorrangigen Befriedigung der Gesellschaftsgläubiger während der Lebensdauer der GmbH".[747] Ein Verstoß gegen diese Pflicht führt zur Existenzvernichtungshaftung. Die Existenzvernichtungshaftung ist damit eine rechtsformspezifische Gläubigerschutzregel, die auf der Besonderheit der Zweckbindung des Gesellschaftsvermögens beruht.[748] Wie der 2. Zivilsenat des BGH betonte, geht es um die „missbräuchliche Schädigung des im Gläubigerinteresse zweckgebundenen Gesellschaftsvermögens".[749] Die

---

743 *Kropholler,* IPR, § 16 II 2.

744 *Schanze,* NZG 2007, 681, 685.

745 *Weller,* ZIP 2007, 1681, 1688, unter Hinweis auf BGH, ZIP 2007 1552, RZ. 23, 29 („*Trihotel*").

746 BGH, Urt. v. 16.07.2007 – Az. ZR II 3/04 („*Trihotel*") – „juris" Rn. 23.

747 BGH, Urt. v. 16.07.2007 – Az. ZR II 3/04 („*Trihotel*") „juris" Rn. 25.

748 *Weller,* Rechtsformwahlfreiheit, S. 245.

749 2. Leitsatz des BGH, Urt. v. 16.07.2007 – Az. ZR II 3/04 („*Trihotel*") – „juris" Rn. 25.

Existenzvernichtungshaftung soll dabei „wie eine das gesetzliche Kapitalerhaltungssystem ergänzende, aber deutlich darüber hinausgehende «Entnahmesperre» wirken".[750] Damit berüht die Existenzvernichtungshaftung Angelegenheit (Zweckbindung des Gesellschaftsvermögens, «Entnahmesperre») die originär im Gesellschaftsrecht wurzeln.

Die Einordnung der Existenzvernichtungshaftung als reine Innenhaftung, die eine Verletzung der Pflichten der Gesellschafter gegenüber der Gesellschaft betrifft und die auf der Besonderheit der Zweckbindung des Gesellschaftsvermögens beruht, spricht daher insgesamt für eine gesellschaftsrechtliche Qualifikation dieser Durchgriffsinnenhaftung.[751]

4. Ergebnis der Qualifikation

Fragen der Durchgriffshaftung im Gesellschaftsrecht, im Besonderen die Existenzvernichtung sind im deutsch-US-amerikanischen Verhältnis grundsätzlich gesellschaftsrechtlich zu qualifizieren und zählen damit zum Gesellschaftsstatut im Sinne des Artikels XXV Abs. 5 S. 2 FHSV.

VI. Ergebnis zu Kapitel E

Artikel XXV Abs. 5 S. 2 FHSV ist eine umfassende Kollisionsnorm zur Bestimmung des Gesellschaftsstatus mit Anknüpfung an den Gründungsort. Daher bestimmt das Recht des Gründungsorts im deutsch-US-amerikanischen Verhältnis das gesamte Gesellschaftsstatut, also alle Fragen sowohl des Innen- als auch des Außenverhältnisses einer Gesellschaft. Ob eine gesellschaftsrechtlichen Fragen zum Gesellschaftsstatut zählen, ist im Wege einer autonomen, rechtsvergleichenden Qualifikation zu ermitteln. Allgemein gehören zum Gesellschaftsstatut alle

---

750 BGH, Urt. v. 16.07.2007 – Az. ZR II 3/04 *(„Trihotel")* – „juris" Rn. 28.

751 Selbst wenn das neue Konzept der Existenzvernichtungshaftung deliktisch nach Artikel 40 EGBGB qualifiziert würde, wäre diese Haftung nicht ohne Weiteres auf Scheinauslandsgesellschaften anwendbar. Denn dann müsste, so erklärt *Weller*, als selbständig, gesellschaftsrechtlich anzuknüpfende Vorfrage die ungeschriebene Anwendungsvoraussetzung geprüft werden, ob ein Deifizit des gesellschaftsrechtlichen Gläubigerschutzes besteht. Erst dann besteht die Notwendigkeit der Existenzvernichtungshaftung. Diese Notwendigkeit wurde bisher nur von der deutschen Rechtsprechung bejaht. Da das US-amerikaniche Recht umfassend, eigene Fallgruppen der Durchgriffshaftung herausgebildet hat, bestehen in der Regel keine Schutzlücken, die durch die Existenzvernichtungshaftung nach deutschem Recht zu schließen sind.

gesellschaftsspezifischen Bereiche, insbesondere auch Fragen der Durchgriffshaftung sowie die Frage nach der Partei- und Prozessfähigkeit bzw. *capacity to sue and be sued.* Zur Bestimmung der Partei- und Prozessfähigkeit bzw. *capacity to sue and be sued* einer Gesellschaft kann dabei (hilfsweise) auch das Prozessrecht des Forumstaates (*lex fori)* herangezogen werden, um den Zugang zu Gericht weitgehend sicher zu stellen. Nicht umfasst von der Anerkennung sind insbesondere das Erbrecht, das Deliktsrecht, das Vertragsrecht und das Insolvenzrecht. Diese Fragen unterliegen weiterhin den Regeln des nationalen Kollisionsrechts.

F. Auswirkungen der Auslegung des Artikels XXV Abs. 5 S. 2 FHSV

Wie dargelegt richtet sich das gesamte Gesellschaftsstatut im deutsch-US-amerikanischen Verhältnis gemäß Artikel XXV Abs. 5 S. 2 FHSV nach dem Recht des Gründungsorts. Das Gründungsrecht entscheidet, unter welchen Voraussetzungen eine Gesellschaft „entsteht, lebt und untergeht." Der Ort des effektiven Verwaltungssitzes hingegen ist unerheblich. Diese Auslegung des Artikels XXV Abs. 5 S. 2 FHSV hat weitreichende Auswirkungen auf das deutsche und US-amerikanische Recht.[752]

I. Einheitliches Anknüpfungskriterium für alle Gesellschaftsformen

Artikel XXV Abs. 5 S. 2 FHSV ist eine einheitliche Kollisionsnorm für alle Gesellschaftsformen mit Ausnahme der reinen Innengesellschaft. Eine reine Innengesellschaft begründet lediglich Rechte und Pflichten zwischen den Gesellschaftern, sie verfügt aber weder über eine nach außen erkennbare Organisation noch nimmt sie am Rechtsverkehr als Gesellschaft teil. Mangels Teilnahme am Rechtsverkehr bedarf eine solche Gesellschaft nicht der Anerkennung im Gebiet der anderen Vertragspartei. Reine Innengesellschaften sind damit nicht vom Anwendungsbereich des Artikels XXV Abs. 5 S. 1 FHSV erfasst. Ihr Statut richtet sich sowohl im deutschen als auch im US-amerikanischen Recht weitgehend nach den Regeln des internationalen Vertragsrechts.[753]

Im Übrigen sind unter Gesellschaften im Sinne des Artikels XXV Abs. 5 S. 1 FHSV alle Gesellschaftsformen zu verstehen (Artikel XXV Abs. 5 S. 1 FHSV).[754] Damit legt Artikel XXV Abs. 5 S. 2 FHSV eine einheitliche kolli-

752 Die steuerrechtlichen Auswirkungen werden im Rahmen dieser Arbeit nicht berücksichtigt.

753 Vgl. Kapitel B I 3 und B II 3 a.

754 Art. XXV Abs. 5 S. 1 FHSV, deutsche Fassung:
„Handelsgesellschaften, Teilhaberschaften sowie sonstige Gesellschaften, Vereinigungen und juristische Personen; dabei ist es unerheblich, ob ihre Haftung beschränkt oder nicht beschränkt und ob ihre Tätigkeit auf Gewinn oder nicht auf Gewinn gerichtet ist."
Art. XXV Abs. 5 S. 1 FHSV, englische Fassung:

sionsrechtliche Anknüpfung für alle Gesellschaftsformen fest. Die im US-amerikanischen Recht vorgenommene kollisionsrechtliche Differenzierung zwischen *general partnerships*, *corporations* und anderen Gesellschaftsformen ist daher im Geltungsbereich des Freundschaftsvertrags irrelevant.[755] Das Gesellschaftsstatut aller deutschen und US-amerikanischen Gesellschaftsformen (mit Ausnahme der reinen Innengesellschaft) richtet sich im deutsch-US-amerikanischen Verhältnis nach dem Gründungsort.

II. Artikel XXV Abs. 5 S. 2 FHSV als Sachverweisung

Zu klären ist, ob Artikel XXV Abs. 5 S. 2 FHSV eine Sach- oder eine Gesamtverweisung darstellt. Nach der Theorie der Gesamtverweisung ist bei einer Verweisung auf das Recht eines anderen Staates auch das internationale Privatrecht des anderen Staates anzuwenden, wodurch dessen Rück- und Weiterverweisungen (*renvoi*) grundsätzlich zu beachten sind.[756] Nach der Theorie der Sachverweisung hingegen verweist das Kollisionsrecht eines Staates direkt auf das materielle Recht (Sachrecht) des anderen Staates.[757]

1. Regeln des deutschen Kollisionsrechts

Nach Artikel 4 Abs. 1 EGBGB sind im deutschen internationalen Privatrecht nationale Kollisionsnormen Gesamtverweisungen. Der Grundsatz der Gesamtverweisung gilt jedoch nicht uneingeschränkt. Eine Sachnormverweisung liegt ausnahmsweise dann vor, wenn das Kollisionsrecht ausdrücklich auf die Sachvorschriften eines anderen Landes verweist (z.B. Art. 12 oder 18 EGBGB), wenn eine Rechtsordnung durch Parteiautonomie bestimmt wurde (Art. 4 Abs. 2 EGBGB), im gesamten Schuldvertragsrecht (Art. 35 I EGBGB) oder aufgrund des Sinns einer Verweisung (z.B. wenn auf die „engste Verbindung“ abgestellt wird oder bei alternativen Verweisungen).[758] Da das deutsche internationale Ge-

---

„As used in the present Treaty, the term «companies» means corporations, partnerships, companies and other associations, whether or not with limited liability and whether or not for pecuniary profit.“

755 Vereinzelt wird aber eine solche differenzierte Anknüpfung für die Gesellschaftsformen des deutschen (autonomen) Rechts vorgeschlagen, vgl. statt aller *Walden*, S. 155 ff.

756 *Kropholler*, IPR, § 24 I.

757 *Kropholler*, IPR, § 24 I.

758 Vgl. dazu *Kropholler*, IPR, § 24 II.

sellschaftsrecht keine dieser Ausnahmen erfüllt, handelt es sich bei dessen Verweisungen um Gesamtverweisungen.[759] Artikel 4 EGBGB findet als Norm des nationalen Rechts jedoch keine Anwendung auf staatsvertragliche Kollisionsregeln, da es dem nationalen Gesetzgeber versperrt ist, einseitig den Inhalt zwischenstaatlicher Verträge zu bestimmen. Der staatsvertraglichen Kollisionsnorm ist vielmehr selbst zu entnehmen, ob sie eine Sachverweisung oder eine Gesamtverweisung darstellt.[760] Im Regelfall sind staatsvertragliche Kollisionsnormen Sachverweisungen, die *renvoi*feindlich sind.[761] Denn die Vertragsparteien erstreben gerade durch ein staatsvertragliches Anknüpfungselement die Vereinheitlichung des Kollisionsrechts und die Beseitigung von Verweisungsdisharmonien.[762]

2. Regeln des US-amerikanischen Kollisionsrechts

Anders als die deutschen Regeln gehen die US-amerikanischen *choice-of-law* Regeln grundsätzlich von einer Sachverweisung aus.[763] US-amerikanische Kollisionsregeln verweisen auf das materielle Recht des anderen Staates. Damit soll ein möglicher *renvoi* vermieden werden. Lediglich in Ausnahmefällen, in denen ein besonderes Interesse daran besteht, das Recht des Forums anzuwenden, wird eine Rückverweisung hingenommen und von einer Gesamtverweisung ausgegangen. Eine Gesamtverweisung liegt zudem vor, wenn in einer Kollisionsnorm ausdrücklich auf das internationale Privatrecht des anderen Staates verwiesen wird.[764] Dies ist im US-amerikanischen internationalen Gesellschaftsrecht nicht der Fall; es existieren keine entsprechenden Vorschriften in den Einzelstaaten. In der US-amerikanischen Literatur wird diese Vorgehensweise zum Teil kritisiert, da dadurch ein Entscheidungsgleichklang verhindert wird.[765]

---

759 AnwaltKo/*Hoffmann*, Anh. zu Art. 12 EGBGB Rn. 47.

760 MüKo-BGB/*Sonnenberger*, Art. 4. EGBGB Rn. 65.

761 *Kropholler*, in: FS Henrich, S. 393 f.; *Kropholler*, IPR, § 24 III, MüKo-BGB/*Sonnenberger*, Art. 4 EGBGB Rn. 65; Staudinger/*Hausmann,* Art. 4 EGBGB Rn. 112 ff.

762 MüKo-BGB/*Sonnenbergerr*, Art. 4 EGBGB Rn. 65.

763 16 Am. Jur. 2d „*Conflict of Laws*", § 5; *Restatement (second) of Conflict of Laws*, § 8 (1) (1971).

764 Vgl. *Restatement (second) of Conflict of Laws*, § 8 (2), (3), siehe auch die comments (1971). Nach comment c handelt es sich in der Regel um eine Gesamtverweisung bei folgenden Fragen: *Determining the validity and effect of a transfer of interests in land (see § 223); the validity and effect of a transfer of interests in a chattel (see § 245); and succession to interests in movables (see §§ 260, 263).*

765 *Scoles et al.*, § 3.13, S. 138.

Mangels anderweitiger Bestimmungen für staatsvertragliche Kollisionsnormen gilt jedoch für das staatsvertragliche Kollisionsrecht die gleiche Regelung: Bei einer staatsvertraglichen Kollisionsnorm handelt es sich grundsätzlich um eine Sachverweisung.

3. Regelung in Artikel XXV Abs. 5 S. 2 FHSV

Eine staatsvertragliche Kollisionsnorm ist damit sowohl aus Sicht des deutschen als auch Sicht des US-amerikanischen Rechts eine Sachverweisung. Diese Auffassung ist auch für Artikel XXV Abs. 5 S. 2 FHSV sachgerecht. Zunächst schreibt der Freundschaftsvertrag nicht ausdrücklich vor, dass ein *renvoi* beachtlich sein soll. Weiterhin soll Artikel XXV Abs. 5 S. 2 FHSV die Anerkennung von Gesellschaften der anderen Vertragspartei sicherstellen. Dafür wurde eine staatsvertragliche Kollisionsnorm geschaffen und das Anknüpfungselement vereinheitlicht (Gründungsort). Würde man das nationale Kollisionsrecht neben dem staatsvertraglichen anwenden, würde das Ziel der Vereinheitlichung unter Umständen nicht erreicht. Dieses Ziel kann nur erreicht werden, wenn die einheitliche staatsvertragliche Kollisionsnorm das nationale Kollisionsrecht verdrängt, dieses im deutsch-US-amerikanischen Verhältnis also unbeachtlich ist. Die staatsvertragliche Kollisionsnorm verweist daher direkt auf das nationale Sachrecht. Ferner würde die Zulassung eines *renvoi* gerade im speziellen Fall des FHSV den Entscheidungseinklang unter den Vertragsstaaten gefährden, weil das US-amerikanische Recht anders als das deutsche Recht einen *renvoi* grundsätzlich nicht zulässt.

Daher folgt Artikel XXV Abs. 5 S. 2 FHSV dem Grundsatz der Sachverweisung. Eine mögliche Rück- oder Weiterverweisung durch deutsches oder US-amerikanisches innerstaatliches Kollisionsrecht ist im Anwendungsbereich des Freundschaftsvertrags unbeachtlich.[766]

III. Interlokaler Durchgriff im US-amerikanischen Recht

Da es sich bei den Vereinigten Staaten von Amerika um einen Mehrrechtsstaat handelt, muss neben der allgemeinen kollisionsrechtlichen Anknüpfung an das US-amerikanische Sachrecht eine interlokale Unteranknüpfung an das (materielle) Recht eines Einzelstaates vorgenommen werden. Im autonomen deutschen

766 *Bungert*, ZVglWiss 94 (1993), 117, 147; MüKo-BGB/*Kindler*, IntGesR Rn. 317; *Mäsch,* in: Bamberger/Roth, Art. 12 Anh. EGBGB Rn. 7.

internationalen Privatrecht regelt Artikel 4 Abs. 3 EGBGB den interlokalen Durchgriff. Wenn auf einen Staat mit mehreren Teilrechtordnungen verwiesen wird, ohne die maßgebende Rechtordnung zu bestimmen, dann bestimmt das Recht des Staates selbst, welche Teilrechtsordnung anzuwenden ist (Art. 4 Abs. 3 S. 1 EGBGB). Bei Staaten ohne einheitliches interlokales Recht – wie insbesondere den USA – ist die Teilrechtsordnung anzuwenden, mit welcher der Sachverhalt am engsten verbunden ist (Art. 4 Abs. 3 S.2 EGBGB).

Fraglich ist, ob diese Vorschrift aufgrund des Artikels 3 Abs. 2 EGBGB[767] für staatsvertragliche Kollisionsnormen Anwendung findet.[768] Im deutsch-US-amerikanischen Freundschaftsvertrag kann dies dahin gestellt bleiben. Das Gesellschaftsrecht gehört in den Vereinigten Staaten von Amerika zum Regelungsbereich der Einzelstaaten. Eine Gesellschaft ist also immer nach dem Recht eines Einzelstaates gegründet. Da Artikel XXV Abs. 5 S. 2 FHSV von „Gesellschaften, die gemäß den Gesetzen und sonstigen Vorschriften des einen Vertragsteils in dessen Gebiet errichtet sind" spricht, verweist die Vorschrift direkt auf die Rechtsordnung des Einzelstaates, nach dem die Gesellschaft gegründet wurde. Das Recht dieses Einzelstaates ist für alle gesellschaftlichen Fragen anwendbar. Damit nimmt der Freundschaftsvertrag direkt eine interlokale Unteranknüpfung vor.[769] Nach Artikel XXV Abs. 5 S. 2 des Freundschaftsvertrags richtet sich das Gesellschaftsstatut also nach dem Recht des US-amerikanischen Einzelstaates, nach dem die Gesellschaft wirksam gegründet wurde.

IV. Keine (deutsche) Sitztheorie und dessen Beweislastregeln

Die deutsche Sitztheorie ist im deutsch-US-amerikanischen Verhältnis abbedungen; der Ort des effektiven Verwaltungssitzes hat keine kollisionsrechtliche Bedeutung.

Unter der deutschen Sitztheorie wurde in einigen Entscheidungen von der Rechtsprechung eine Vermutungsregel dahingehend aufgestellt, dass eine nach ausländischem Recht gegründete Gesellschaft ihren effektiven Verwaltungssitz in

767 Art. 3 Abs. 2 EGBGB:
„Regelungen in völkerrechtlichen Vereinbarungen gehen, soweit sie unmittelbar anwendbares innerstaatliches Recht geworden sind, den Vorschriften dieses Gesetzes vor. Regelungen in Rechtsakten der Europäischen Gemeinschaften bleiben unberührt."

768 Verneinend *Bungert*, ZVglRWiss 94 (1993), 117, 151; wohl bejahend im Gutachten zum Verfahren des OLG Koblenz (Az. 5 U 1353/02), IPG 2003/2004 Nr. 43 Rn. 5.

769 *Bungert*, ZVglRWiss 94 (1993), 117, 151.

dem Staat habe, nach dessen Recht sie erkennbar organisiert sei.[770] Damit hat in einem Rechtsstreit über die Existenz einer nach ausländischem Recht gegründeten Gesellschaft diejenige Partei die Darlegung- und Beweislast, die sich darauf beruft, dass der Ort des tatsächlichen Verwaltungssitzes der ausländischen Gesellschaft nicht identisch sei mit dem Ort des statutarischen Sitzes. Diese Beweislastregelung soll die Feststellung des Orts des Verwaltungssitzes erleichtern.

Eine solche Beweislastregel ist unter der Gründungstheorie nicht erforderlich, da der Ort des Verwaltungssitzes unerheblich ist. Unter der Gründungstheorie des Freundschaftsvertrags kann es daher bei den allgemeinen Beweislastregeln bleiben:[771] Es gilt der Grundsatz, dass jede Partei die Beweislast für die ihr günstigen Tatsachen trägt.[772]

V. Das Anknüpfungsmoment der deutsch-US-amerikanischen Gründungstheorie

Nach der Gründungstheorie ist diejenige Rechtsordnung auf eine Gesellschaft anzuwenden, nach deren Recht die Gesellschaft gegründet wurde.[773] Diese Formulierung beschreibt das Anknüpfungsmoment der Gründungstheorie (Gründungsort) jedoch nicht ganz exakt, da der Begriff der „Gründung“ nicht klar definiert ist. Als Anknüpfungsmoment der Gründungstheorie werden daher der Ort des Gründungsgeschäftes (1.), der Ort des statutarischen Sitzes (2.), der Ort der Registereintragung bzw. des Registersitzes (3), der von den Gründern frei gewählte Ort (freie Rechtswahl) (4.), der Ort, nach dessen Recht die Gesellschaft organisiert ist (5), oder der Ort der Rechtsfähigkeitsverleihung (6) vorgeschlagen.

Artikel XXV Abs. 5 S. 2 FHSV spricht lediglich von der Anerkennung von Gesellschaften, „die gemäß den Gesetzen und sonstigen Vorschriften des einen Vertragsteils in dessen Gebiet errichtet“ wurden. Im Folgenden ist deshalb zu untersuchen, welche genaue Formulierung für die Anwendung der Gründungstheorie unter dem deutsch-US-amerikanischen Freundschaftsvertrag sachgerecht und zweckmäßig ist.

---

770 BGHZ 97, 269 = NJW 1986, 2184; OLG München, RIW 1986, 820 , 821; OLG Oldenburg, NJW 1990, 1422; vgl. auch *Kropholler*, IPR, § 55 I 3a) m.w.N.

771 So auch *Bungert*, DB 1995, 963, 966, *ders.*, WM 1995, 2125, 2132.

772 Vgl. zur allgemeinen Besweislastregelung z.B. BGHZ 101, 172, 179; 113, 222, 224; *Musielak*, Rn. 476.

773 Vgl. z.B. *Beitzke*, Juristische Personen, S. 92; *Kegel/Schurig*, § 17 II 1; Staudinger/*Großfeld*, IntGesR Rn. 21; Soergel/*Lüderitz*, Anh. Art. 10 Rn. 5.

1. Ort des Gründungsgeschäfts/Inkorporation

Als Anknüpfungsmoment der Gründungstheorie kommt der Ort in Betracht, an dem der Gründungsprozess oder das Gründungsgeschäft stattfand.[774] Eine Tendenz zur Anknüpfung an das Recht des Gründungsgeschäfts ist auch in der *Restatement (second) of Conflict of Laws* für das US-amerikanische Kollisionsrecht der *corporations* und ähnlicher Gesellschaftsformen zu erkennen. In § 296 der *Restatement* heißt es: „*In order to incorporate validly, a business corporation must comply with the requirements of the state in which incorporation occurs* [...].“ Unter „*incorporation*“ wird dabei „*the process of forming a corporation*“ verstanden.[775] Nach der *Restatement* sind weder ein Satzungssitz noch ein *registered office* oder ein *registered agent* erforderlich. Auch für die *general partnership* – zumindest für die Rechte zwischen den Gesellschaftern – wird die Anknüpfung an den Ort des Abschlusses des Gesellschaftsvertrags vorgeschlagen.[776]

Den Ort des Gründungsprozesses einer Gesellschaft als Anknüpfungsmoment zu wählen, bereitet jedoch Probleme. Zunächst muss der Ort der Gründung einer Gesellschaft auch von Dritten festgestellt werden können. Dritte können praktisch oft nur auf den Ort der Registrierung – falls vorhanden – zurückgreifen, da dies der nach außen tretende Akt des Gründungsvorgangs ist.[777]

Weitere Schwierigkeiten bei der Anknüpfung an den Ort der Gesellschaftsgründung ergeben sich, wenn zur Gründung einer Gesellschaft mehrere Handlungen erforderlich sind und diese in verschiedenen Staaten vorgenommen wurden. In einem solchen Fall ist unklar, welche Gründungshandlung über das auf die Gesellschaft anwendbare Recht entscheidet.[778] In solchen Fällen ist es denkbar, auf die den Gründungsvorgang abschließende Handlung abzustellen. Dies ist bei deutschen Kapitalgesellschaften die Eintragung in das Handelsregister,[779] bei US-amerikanischen *corporations* – je nach Einzelstaat – die Markierung der *articles of incorporation* vom *secretary of state* als „*filed*“[780] oder die Aushändigung der *certification of incorporation* von dem *secretary of state*,[781] bei sonsti-

774 OLG Hamburg, NJW 1986, 2199; LG Köln, GmbHR 1986, 314, 315; wohl auch *Rauscher*, S. 138.

775 *Restatement (second) of Conflict of Law,* § 296 comment a (1971).

776 59A Am.Jur. 2d „*partnership*“ § 28.

777 So geschieht es im britischen Recht. Vgl. AnwaltKo/*Hoffmann*, Anh. zu Art. 12 EGBGB Rn. 37.

778 *Walden,* S. 111.

779 §§ 41 Abs. 1 S. 1 AktG, 11 Abs. 1 GmbHG.

780 Vgl. Rev. Mod. Bus. Corp. Act § 2.03 (a) (2002), Cal. Corp. Code § 200 (c) (2004).

781 Vgl. z.B. 8 Del. C. § 106 (2002).

gen beim *secretary of state* anzumeldenden US-amerikanischen Gesellschaften ebenfalls die Antragstellung beim *secretary of state*[782] und bei deutschen Personengesellschaften und US-amerikanischen *general partnerships* oder *joint venture* der Abschluss des (formfreien) Gesellschaftsvertrags.

Die Anknüpfung an den Ort des Abschlusses des Gründungsgeschäfts kann jedoch insbesondere bei deutschen Personengesellschaften und US-amerikanischen *general partnerships* oder *joint venture* zu sachwidrigen Lösungen führen, da der Ort des Vertragsschlusses als Akt der letzten Gründungshandlung rein zufällig sein kann und möglicherweise keine Beziehung zu dem abgeschlossenen Rechtsgeschäft aufweist.[783] Die Gründer einer Gesellschaft können den Ort des Vertragsschlusses lediglich aus praktischen Gründen (Wohnsitz eines Gründers) gewählt haben, ohne damit kollisionsrechtliche Konsequenzen beabsichtigt zu haben. Auf den Ort abzustellen, an dem die letze Gründungshandlung stattfand, ist daher für Personengesellschaften keine sichere Methode, um die Rechtsordnung zu ermitteln, nach der eine Gesellschaft tatsächlich gegründet wurde.[784]

Für deutsche Kapitalgesellschaften stellt sich zudem die Frage, welche Rechtsordnung auf die Vorgesellschaft angewendet werden soll. Die Vorgesellschaft entsteht mit Feststellung der Satzung bzw. dem Abschluss des Gesellschaftsvertrags seitens der Gründer oder des Gründers einer künftigen Kapitalgesellschaft (§ 2 AktG, § 1 GmbHG).[785] Die Satzung bedarf notarieller Beurkundung (§ 23 Abs. 1 AktG, § 2 Abs. 1 S. 1 GmbHG). Diese kann unter bestimmten Voraussetzungen auch im Ausland stattfinden.[786] In einem solchen Fall wäre ausländisches Recht auf die nach deutschen Vorschriften gegründete Vorgesellschaft anwendbar. Entsteht die Kapitalgesellschaft schließlich durch Eintragung in das Handelsregister in Deutschland, unterlägen Vorgesellschaft und endgültige Gesellschaft ebenfalls verschiedenen Rechtsordnungen. Ein solches Ergebnis ist nicht sachgerecht.

Damit ist die Anknüpfung an den Ort des Gründungsgeschäftes keine geeignete Konkretisierung der Gründungstheorie.

782 Vgl. für die *limited partnership* U.L.P.A. § 201 (a) (2001).

783 *Grasmann*, Rn. 90 ff.; *Nappenbach*, S. 17.

784 *Nappenbach*, S.17; *Walden*, S. 111.

785 *Hirte*, Kapitalgesellschaftsrecht, § 2 Rn. 2.7.

786 Dies ist ein Substitutionsproblem: Wenn die Beurkundung eines ausländischen Notars eine funktional vergleichbare Funktion hat wie die eines deutschen Notars, ist ein ausländischer Notar ausreichend. Vgl. Staudinger/*Großfeld,* IntGesR Rn. 471 m.w.N.

2. *Ort des Satzungssitzes bzw. statutarischen Sitzes*

Nach einer anderen Ansicht soll der Gründungsort einer Gesellschaft der Ort sein, den die Gesellschaftssatzung als Sitz der Gesellschaft (Satzungssitz) bestimmt.[787] Um zu entscheiden, ob der Satzungssitz sich als Anknüpfungsmerkmal eignet, sind die (materiellrechtlichen) Anforderungen an den Satzungssitz aufzuzeigen.

a. Satzungssitz deutscher Kapitalgesellschaften

Im deutschen Gesellschaftsrecht muss jede Kapitalgesellschaft in ihrer Satzung einen Satzungssitz bestimmen (§§ 23 AktG, 8 GmbHG).[788] Als Satzungssitz muss ein inländischer Ort gewählt werden,[789] da der Satzungssitz bestimmt, welches Registergericht für die konstitutive Eintragung der Kapitalgesellschaft in das Handelsregister zuständig ist (§§ 14, 36 AktG, 7 Abs. 1 GmbHG). Eine Eintragung in ein ausländisches Register ist dabei nach den ausländischen Rechtsordnungen in der Regel nicht möglich und aus deutscher Sicht auch nicht ausreichend.[790] Der inländische Satzungssitz ist erforderlich, damit das materielle Gesellschaftsrecht durch inländische Behörden und Gerichte durchgesetzt werden kann.[791] Die Notwendigkeit eines inländischen Satzungssitzes wird nach der Re-

---

787 *Behrens,* EuZW 1992, 550; *Hoffmann,* ZIP 2007, 1581, 1588 (nur für juristische Personen); *Knobbe-Keuk,* ZHR, 154 (1990), 325, 340; *Mülvert/Schmolke,* ZVglRWiss 100 (2001), 233, 263; *Neumayer,* ZVglRWiss 83 (1984), 129, 169; *Weller,* DStR 2004, 1218; wohl auch *Kroppensteiner,* S. 105 [„Praktisch dürft diese Ansicht (Gründungstheorie) fast immer auf dasselbe hinauslaufen wie die Anknüpfung an den Satzungssitz der Gesellschaft."].

788 Als wichtigste Formen der Kapitalgesellschaften werden hier die AG und die GmbH ausführlich berücksichtigt.

789 BGHZ 19, 103, 105; Michalski/*Michalski,* § 4a GmbHG Rn. 6; MüKo-HGB/*Krafka,* § 13 HGB Rn. 30; Staudinger/*Großfeld,* IntGesR Rn. 243, *Kroppensteiner,* S 97.

790 BGHZ 19, 102, 105 f.; 29, 320, 328 (jeweils für AG); BayObLG, NJW-RR 1988, 96, 97 (für GmbH).

791 Der Satzungssitz bestimmt den allgemeinen Gerichtsstand einer Gesellschaft und damit zugleich die internationale Zuständigkeit (vgl. §§ 12, 17, 22 ZPO, 14 AktG) Der Satzungssitz ist der ausschließliche Gerichtsstand für eine Anfechtungs- Nichtigkeits- und Auflösungsklage (vgl. Vgl.. §§ 246 Abs. 3 Satz 1, 249 Abs. 1 Satz 1, 251 Abs. 3, 254 Abs. 2 Satz 1, 255 Abs. 3, 257 Abs. 2, 275 Abs. 4, 396 Abs. 1 Satz 2 AktG.) (analog für GmbH) und der Gerichtsstand ist in registerrechtlichen Angelegenheiten und sonstigen Angelegenheiten der freiwilligen Gerichtsbarkeit (vgl. §§ 14, 142 ff. FGG). Neben diesen verfahrungsrechtlichen Vorschriften knüpfen auch Organisationsregelungen des Gesellschaftsrechts an den Satzungssitz an, so soll zum Beispiel die Hauptversammlung einer Aktiengesellschaft am Sitz der Ge-

form des GmbH-Rechts im Gesetzt ausdrücklich klargestellt sein. Im „Entwurf des Gesetzes zur Modernisierung des GmbH-Rechts und zur Bekämpfung von Missbrauch (MoMiG)"[792] – beschlossen von der Bundesregierung am 23. Mai 2007 – ist vorgesehen, in Absatz 1 des § 4 a GmbHG sowie des § 5 AktG nach dem Wort „Ort" die Wörter „im Inland" einzufügen.[793]

Die Verlegung des Satzungssitzes stellt eine Satzungsänderung dar und kann nur durch einen Beschluss der Hauptversammlung bzw. Gesellschafterversammlung vorgenommen werden (§§ 179 AktG, 53 GmbHG). Eine solcherart vorgenommene Satzungssitzverlegung bedarf darüber hinaus der Eintragung in das Handelsregister am Ort des neuen Satzungssitzes (§§ 181 AktG, 54 GmbHG). Deshalb ist auch eine Verlegung des Satzungssitzes in das Ausland nicht möglich. Es fehlt an der Zuständigkeit eines deutschen Registergerichtes und damit an einer Eintragung in ein deutsches Handelsregister.[794]

Schwierigkeiten bereitet die Anknüpfung an den Satzungssitz, wenn eine Kapitalgesellschaft einen Doppel- oder Mehrfachsitz vorweist, also einen Satzungssitz an mehr als zwei Orten hat. Ob ein solcher Mehrfachsitz rechtlich zulässig ist, ist umstritten.[795] Bei der kollisionsrechtlichen Anknüpfung an den Satzungssitz bereitet ein inländischer Mehrfachsitz keine Schwierigkeiten, führen doch beide Satzungssitze zur deutschen Rechtsordnung. Sollte in Ausnahmefällen der zweite Satzungssitz einer Gesellschaft allerdings im Ausland liegen dürfen,[796]

---

sellschaft stattfinden, sofern die Satzung nichts anderes bestimmt (§ 131 Abs. 5 AktG). Steuerrechtliche Vorschriften knüpfen ebenfalls an den Satzungssitz an (vgl. §§ 11 AO, 1 KStG).

Registerrechtliche Sonderregelungen bestehen nur für Zweigniederlassungen von Gesellschaften mit Sitz oder Hauptniederlassung im Ausland nach §§ 13 d ff. HGB. Demnach müssen Gesellschaften, deren Sitz oder Hauptniederlassung im Ausland belegen ist, und die gleichzeitig über eine Zweigniederlassung im Inland verfügen, sich bei dem Registergericht, in dessen Bezirk sich die Zweigniederlassung befindet, anmelden. Diese Vorschriften haben rein fremdenrechtlichen Charakter; sie gelten nur für nach ausländischem Recht gegründete Gesellschaften.

792 RegE MoMiG www.bmj.de/files/-/2109/RegE%20MoMiG.pdf (Besucht am 24.07.2007).

793 Vgl. Artikel 1 und 5 MoIMG. Zu möglichen kollisionsrechtlichen Auswirkungen durch diese Änderungen vgl. *Hoffmann,* ZIP 2007, 1581.

794 OLG Düsseldorf, NJW 2001, 2184; BayOblGZ 1992, 113 = DB 1992 = ZIP 1992, 842, 1400; BayObLG, DStR 2004, 1125; Müko-BGB/*Kindler*, IntGesR Rn. 510. Streitig ist, ob ein solcher Gesellschaftsbeschluss, den Satzungssitz in das Ausland zu verlegen, lediglich nichtig ist oder sogar zur Auflösung der Gesellschaft führt; siehe dazu Kapitel F VII 1 a.

795 Zum. Meinungsstand MüKo-AktG/*Heider,* § 5 AktG Rn. 44 f.; *Hüffer*, § 5 AktG Rn. 10 m.w.N.

796 Bejahend MüKo-AktG/*Heider,* § 5 AktG Rn. 47, *Hüffer*, § 5 AktG Rn. 10; verneinend Staudinger/*Großfeld,* IntGesR Rn. 246. m.w.N.

reicht die Anknüpfung des Gesellschaftsstatuts allein an den Satzungssitz nicht unbedingt aus.

Damit ist die Anknüpfung an den Satzungssitz einer Kapitalgesellschaft dann ein einfach zu handhabendes Kriterium, wenn die deutsche Kapitalgesellschaft dem Regelfall entsprechend nur einen (zwingenden) inländischen Satzungssitz hat. Probleme entstehen bei der Anknüpfung von Vorgesellschaften mit fehlender oder unzulässiger Satzungssitzbestimmung im Ausland.

b. Statutarischer Sitz deutscher Personengesellschaften

Die Bestimmung des „Satzungssitzes" von Personengesellschaften bereitet Schwierigkeiten.[797] Eine Personengesellschaft entsteht durch den Abschluss eines Gesellschaftsvertrags. Der Begriff der Satzung ist hingegen Körperschaften (wie zum Beispiel Kapitalgesellschaften) vorbehalten. Satzungen haben typischerweise Normcharakter, sie sind für einen unbestimmten Personenkreis geschaffen. Dies entspricht den Anforderungen an eine Kapitalgesellschaft, sind doch ihre Geschäftsanteile grundsätzlich frei übertragbar. Damit hat eine Personengesellschaft keinen Satzungssitz im wörtlichen Sinne. Satzung und Gesellschaftsvertrag sind jedoch rechtsdogmatisch vergleichbar.[798] Beide entstehen durch Abgabe einer Willenserklärung der Gründer. Auch im GmbH-Gesetz wird in den §§ 2, 3 trotz des Körperschaftscharakters der GmbH von einem Gesellschaftsvertrag gesprochen. Als Oberbegriff für Satzung und Gesellschaftsvertrag wird daher der Begriff des „Organisationsvertrags" oder des „Statuts" vorgeschlagen.[799] Bei Personengesellschaften ist daher nicht vom Satzungssitz sondern vom statutarischen Sitz zu sprechen.

(1) GbR

Zur Gründung einer GbR bedarf es mangels gesetzlicher Vorschrift keiner Bestimmung eines statutarischen Sitzes im Gesellschaftsvertrag. Zwar steht es den Gründern frei, einen solchen festzulegen, aber der statutarische Sitz hat keine (materiell-)rechtliche Bedeutung: Der Gerichtsstand der GbR bleibt von einer solchen Vereinbarung unbeeinflusst, und für steuerrechtliche oder gewerberechtliche Zwecke ist allein der effektive Verwaltungssitz maßgeblich.[800]

797 Als Personengesellschaften werden hier die GbR, die KG und die OHG ausführlich berücksichtigt.
798 *Walden*, S. 114.
799 *Walden*, S. 114.
800 *Walden*, S. 114.

(2) Personenhandelsgesellschaften

Auch bei Personenhandelsgesellschaften (OHG, KG) gehört der statutarische Sitz nicht zum gesetzlichen Mindestinhalt des Gesellschaftsvertrags. Eine Personenhandelsgesellschaft muss nach § 106 Abs. 2 Nr. 2 HGB lediglich bei ihrer Anmeldung zum Handelsregister den Ort angeben, an dem sie ihren „Sitz" hat. Unklar ist, was unter „Sitz" im Sinne des § 105 HGB zu verstehen ist. Nach herrschender Meinung ist unter dem Sitz im Sinne von § 106 HGB unabhängig von statutarischen Bestimmungen stets der tatsächliche Verwaltungssitz zu verstehen.[801] Nach einer Mindermeinung ist unter § 106 HGB hingegen vorzugsweise der durch den Gesellschaftsvertrag bestimmte statutarische Sitz zu verstehen.[802]

Dieser Meinungsstreit muss hier nicht entscheiden werden. Denn solange eine Gesellschaft ein Gewerbe im Sinne des § 1 HGB ausübt, ist die Registereintragung lediglich deklaratorischer Natur.[803] Solche Personenhandelsgesellschaften können gemäß § 123 Abs. 2 HGB ohne Anmeldung und Eintragung schlicht durch Geschäftsbeginn entstehen.[804] Die Eintragung dient nur der Registerpublizität. Damit kann eine Personenhandelsgesellschaft genauso wie eine GbR entstehen, ohne dass ein Sitz im Sinne des § 106 HGB überhaupt angegeben werden muss.

Bei Personenhandelsgesellschaften, die lediglich durch Geschäftsbeginn entstehen, kann es daher bereits an der Grundlage zur Feststellung eines statutarischen Sitzes fehlen. Die Anknüpfung an den statutarischen Sitz ist folglich kein hilfreiches Kriterium für Personenhandelsgesellschaften. Es steht allein im Ermessen der Gesellschafter, einen statutarischen Sitz im Gesellschaftsvertrag zu vereinbaren. Aufgrund der zweifelhaften oder sogar mangelnden materiellrechtlichen und kollisionsrechtlichen Bedeutung dürfte eine solche Angabe von den Gesellschaftern oft als überflüssig angesehen werden.

---

801 BGH, WM 1957, 999, 1000; KG, WM 1967, 148, 149; *Baumbach/Hopt*, § 106 HGB Rn. 8; *Boujong*, in: Boujong/Ebenroth/Joost, § 106 Rn. 13; *Jungherr*, S. 51 f.; *Köller*, in: Köller/Roth/Morck, § 106 HGB Rn. 2; Schlegelberger/*Martens*, § 106 HGB Rn. 12; MüKo-HGB/*Langhein*, § 106 HGB Rn. 26; Staudinger/*Großfeld*, IntGesR Rn.753.

802 LG Köln, NJW 1950, 871; *Grasmann*, Rn. 1168, Staub/*Ulmer*, § 106 HGB Rn. 19 f.; *Walden*, S. 128 ff.

803 *Grunewald*, 1 B Rn. 5. Bei Gesellschaften, die ein Gewerbe nach §§ 2, 3 HGB ausüben wollen, ist die Eintragung wie beim Kann-Kaufmann konstitutiv, § 105 Abs. 2 HGB. Bis zur Eintragung in das Handelsregister ist eine solche Gesellschaft eine GbR, auf die allerdings bereits die Vorschriften der §§ 105 ff. HGB ergänzend herangezogen Anwendung finden. Vgl. *Eisenhardt*, Rn. 219.

804 Das gilt auch für die KG, arg. ex. 176 HGB.

Damit ergeben sich aus Sicht des deutschen Rechts Bedenken gegen eine Anknüpfung an den statutarischen Sitz bzw. Satzungssitz für Personengesellschaften. Darüber hinaus entstehen Schwierigkeiten, wenn das ausländische Recht einen Satzungssitz im deutschen Sinne nicht kennt. Dies ist der Fall im US-amerikanischen Recht.

c. Registered office bzw. registered agent US-amerikanischer corporations

Zur wirksamen Gründung einer US-amerikanischen *corporation* müssen die *articles of incorporation* ein *registered office* und einen *registered agent* beinhalten.[805] Dabei sind *registered office* und *registered agent* weder mit dem deutschen Satzungssitz bzw. statutarischen Sitz noch mit dem Verwaltungssitz vergleichbar. Diese englischen Begriffe können sinngemäß mit „eingetragener Gesellschaftssitz" und „eingetragener Bevollmächtigter" übersetzt werden.[806] Ein *registered office* stellt sicher, dass der betroffene Staat die Gerichtsbarkeit über die Gesellschaft hat und die Gesellschaft für Zwecke der Zustellung von Prozessunterlagen, Steuerbescheiden und sonstigen Verwaltungsschreiben erreichbar ist. Daher ist es ausreichend, wenn ein Anwalt der *registered agent* der Gesellschaft und seine Kanzlei das *registered office* ist.[807] Im Staat Delaware übernehmen sogar sogenannte *service corporations* für eine Vielzahl von Gesellschaften die Funktion als *registerd office* und *registered agent.*[808]

Der Ort des *registered office* kann – anders als der deutsche Satzungssitz – ohne Änderung der Gesellschaftssatzung innerstaatlich verlegt werden.[809] Lediglich der *secretary of state* ist über solche Vorgänge zu informieren.[810] Die Gesellschaft muss jedoch immer ein *registered office* und einen *registered agent* im Gründungsstaat haben. Fehlen diese, ist ein Grund für eine administrative Auflösung gegeben.[811]

---

805 Model Bus. Corp. Act § 5.01 (2002). Daneben müssen die *articles of incorporation* den Namen der Gesellschaft, den Namen der Gründer und die Anzahl der Anteile beinhalten. Die weitere Organisation der Gesellschaft kann (muss aber nicht) darin festgelegt werden, im Übrigen wird die Organisation bzw. der Geschäftsablauf der Gesellschaft in *bylaws* geregelt. Vgl. Rev. Mod. Bus. Corp. Act § 2.06 (2002). Im Konfliktfall gehen die *articles of incorporation* vor. Vgl. z.B. *Paulek v. Isgar,* 551 P.2d 213 (1976).

806 So *Merkt/Göthel,* Rn. 322.

807 *Bungert,* ZVglRWiss 93 (1994) 117, 173.

808 Vgl. *Henn/Alexander,* S. 300 (§ 129).

809 *Henn/Alexander*, S. 300 (§ 129).

810 Rev. Mod. Bus. Corp. Act §§ 5.01, 5.02 (2002); Cal. Corp. Code §§ 1502 - 1595 (2004), 8 Del. Code §§ 131 - 134 (2006), N.J. Stat. § 14A.4-1 (2006).

811 Rev. Mod. Bus. Corp. Act § 14.20 (3) (2002).

Eine *corporation* kann neben einem notwendigen *registered office* und einem notwendigen *registered agent* im Gründungsstaat zusätzlich eine *registered office* und einen *registered agent* in anderen US-amerikanischen Staaten haben. Ein *registered office* und ein *registered agent* in einem anderen Einzelstaat als dem des Gründungsstaats sind in der Regel erforderlich, wenn die Gesellschaft eine *qualification to do business* in einem anderen US-amerikanischen Staat beantragt. Um eine solche *qualification* zu erlangen, muss die Gesellschaft grundsätzlich ein *registered office* und einen *registered agent* in dem Staat angeben, in dem sie die *qualification* erstrebt.[812] In einem solchen Fall sind *registered office* und *registered agent* nicht mehr ausschließlich im Gründungsstaat vorzufinden und verlieren deshalb ihre Eindeutigkeit als Anknüpfungskriterium.

d. Sonstige US-amerikanische Gesellschaftsformen

Ähnliche Schwierigkeiten wie bei der Anknüpfung an das *registered office* und den *registered agent* einer *corporation* ergeben sich ebenfalls bei dem Versuch, einen statutarischen Sitz im deutschen Sinne für andere US-amerikanische Gesellschaftsformen zu bestimmen. Eine dem deutschen Satzungssitz vergleichbare Institution findet sich in den *Uniform Acts* ebenfalls nicht:

(1) General partnership

Die Gründung einer *general partnership* unterliegt keinen zwingenden Formvorschriften. Dennoch kann eine *general partnership* dem *secretary of state* ein *statement of authority* einreichen. Dieses *statement* muss die Namen der Partner und ihre Adressen oder Namen und die Adresse eines *agent* enthalten, der diese Informationen gegebenenfalls zur Verfügung stellen kann.[813] Das *statement* soll die Adresse des Verwaltungssitzes der *partnership* und eines Büros in diesem Staat beinhalten, falls diese in dem Gründungsstaat existiert.[814] Selbst bei der formellen Gründung einer *general partnership* hat diese damit keinen eingetragenen statutarischen Sitz im deutschen Sinne.

(2) Limited partnership, limited liability partnership, limited liability company

Eine *general partnership* wird zu einer *limited partnership*, wenn die Gesellschafter dem *secretary of state* ein *certificate of limited partnership* überrei-

812 Rev. Mod. Bus. Corp. Act § 15.03 (a) (5) (2002).
813 U.P.A. § 303 (a) (a) (iii), (b) (1997).
814 U.P.A. § 303 (a) (a) (ii) (1997).

chen.[815] Diese Gründungsurkunde muss die Adresse der *designated office* und den Name und die Adresse des *agent for service of process* beinhalten.[816] Ein solches *office* und ein solcher *agent* müssen fortwährend bestehen.[817] Die Adresse des *office* und die Adresse oder der Name des *agent* können jedoch jederzeit durch eine bloße Mitteilung beim *secretary of state* geändert werden.[818]

Um eine *limited liability partnership* zu gründen, müssen die *partner* beim *secretary of state* ein *statement of qualification* einreichen.[819] Dieses *statement* muss die Adresse des Verwaltungssitzes der Gesellschaft (*chief executive office*) oder die Adresse eines sonstigen Büros im Gründungsstaat benennen.[820] Besteht ein solches nicht, genügt es, den Namen und die Adresse des *agent for service of process* zu benennen.[821] Die gleichen Angaben muss der jährlich abzuliefernde *report* der *limited liability partnership* enthalten.[822] Erfüllt eine Gesellschaft diese Voraussetzungen nicht, gehen der Status als *limited liability partnership* und die damit verbundenen Haftungsbegrenzungen verloren; die *partnership* an sich wird jedoch nicht aufgelöst.[823]

Eine *limited liability company* muss für ihre wirksame Gründung im Gründungsstaat dauerhaft ein *office* haben, das nicht am Verwaltungssitz angesiedelt sein muss, und einen *agent for service of process*.[824] Ein Wechsel dieses sogenannten *designated office* oder dieses sogenannten *designated agent* einer *limited liability company* muss dem *secretary of state* bekannt gegeben werden.[825] Wenn eine Gesellschaft keinen *agent for service of process* ernennt, dann erfüllt der *secretary of state* vorübergehend diese Aufgabe.[826]

Möchte eine *limited partnership*,[827] eine *limited liability partnership*[828] oder eine *limited liability company*[829] in einem anderen Einzelstaat als dem Gründungsstaat geschäftlich tätig werden (*doing business*), muss die Gesellschaft in der Regel ein *office* und einen *agent (for service of process)* in dem Einzelstaat

815 U.L.P.A. § 201 (2001).
816 U.L.P.A. § 201 (a) (2) (2001).
817 U.L.P.A. § 114 (a) (2001).
818 U.L.P.A. § 115 (2001).
819 U.P.A. § 1001 (1997).
820 U.P.A. § 1001 (c) (2) (1997).
821 U.P.A. § 1001 (c) (3), (d) (1997).
822 U.P.A. § 1103 (a) (1997).
823 U.P.A. § 1103 (d) (1997).
824 U.L.L.C.A. § 108 (a) (1995).
825 U.L.L.C.A. § 109 (1995).
826 U.L.L.C.A. § 111 (1995).
827 U.L.P.A. § 902 (a) (4); § 112 (b) (2001).
828 U.P.A. § 1102 (a), (b) (1997).
829 U.L.L.C.A. § 1002 (4), (5) (1995).

vorweisen, in dem sie eine *qualification to do business* erhalten möchte. Damit wird die Erreichbarkeit für prozessuale Zwecke gesichert.

Das (*designated) office* und der *agent (for service of process)* bestehen damit – falls benötigt – nicht immer ausschließlich im Gründungsstaat. (*Designated/ registered*) *office* und *agent* entsprechen weder dem deutschen statutarischen Sitz noch sind sie als Anknüpfungskriterien geeignet.

e. Schlussfolgerung

Damit ist das Anknüpfungsmoment des Satzungssitzes im deutschen Sinne für deutsche und US-amerikanische Gesellschaften weitgehend ungeeignet. Personengesellschaften des deutschen Rechts brauchen (weitgehend) keinen statutarischen Sitz, um wirksam zu entstehen. US-amerikanische Gesellschaften haben keine dem deutschen Satzungssitz vergleichbare Einrichtung. Deren *registered/ designated office* und (*registered) agent (for service of process)* sind keine eindeutigen Anknüpfungsmerkmale.

3. Ort der Registrierung

Als weitere Möglichkeit der Anknüpfung nach der Gründungstheorie könnte das Recht desjenigen Orts herangezogen werden, in dem die Gesellschaft in das Register eingetragen ist (Registrierungsort).[830] Durch die Wahl des Registrierungsorts wählten die Gründer damit zugleich das Gründungsrecht aus.

a. Registrierungsort deutscher Kapitalgesellschaften

Kapitalgesellschaften müssen ihren Satzungssitz in das Register eintragen (§ 39 Abs 1 AktG, § 10 Abs. 1 GmbHG). Der eingetragene Sitz ist zugleich der Registersitz. Aus dem Satzungssitz ergibt sich ebenfalls das zuständige Registergericht. Damit stimmen bei Kapitalgesellschaften Registrierungsort (zumindest der

830 *V. Bar*, IPR II, Rn. 618 (*v. Bar* spricht von der „mindestens registrierenden Mitwirkung eines Staates“); Müko-BGB/*Kindler,* IntGesR Rn. 314 („da das Land der Inkorporation durch die Gründungsdokument und ihre Registrierung leicht feststellbar ist.“); *Werlauff,* ZIP 1999, 867, 874, (diese Anknüpfung gilt nach *Werlauff* in Dänemark), nur für juristische Personen: AnwaltKo/*Hoffmann,* Anh. zu Art. 12 EGBGB Rn. 76.

Gerichtsbezirk), Registersitz und Satzungssitz überein.[831] Während die Anknüpfung an den Registrierungsort für Kapitalgesellschaften zunächst eindeutig und einfach erscheint,[832] ergeben sich Schwierigkeiten für Vorgesellschaften. Diese sind gerade nicht registriert. Eine Anknüpfung an den Registrierungsort scheidet für Vorgesellschaften damit aus. Schwierigkeiten ergeben sich außerdem, wenn ausnahmsweise ein Mehrfachsitz zugelassen wird. In einem solchen Fall sind in der Regel zwei Registrierungen erforderlich.[833]

b. Registrierungsort der deutschen GbR

Eine GbR ist nicht registerfähig. Mithin kann auch ihr Sitz nicht in das Handelsregister eingetragen werde. Mangels Registrierung und Registersitz einer GbR stellt sich die Heranziehung des Registrierungsorts bzw. des Registersitzes für die GbR damit als gegenstandlos dar.

c. Registrierungsort deutscher Personenhandelsgesellschaften

Personenhandelsgesellschaften sind in das Handelsregister einzutragen (§§ 106, 162 HGB). Der einzutragende Sitz, der nach herrschender Meinung der Verwaltungssitz sein muss, ist zugleich der so genannte Registersitz. Die Registereintragung ist für alle Gesellschaften, die ein Gewerbe im Sinne des § 1 HGB betreiben – wie bereits festgestellt – nicht konstitutiv. Eine Personenhandelsgesellschaft kann also ohne Handelsregistereintragung existieren. In solchen Fällen ist die Anknüpfung an die Registereintragung nicht möglich.

Schwierigkeiten können sich ebenfalls dann ergeben, wenn der Sitz der Gesellschaft im Sinne des § 106 HGB verlegt wird. Eine Sitzverlegung ist ebenfalls bei dem Handelsregister anzumelden. Wird der Sitz im Sinne des § 106 HGB tatsächlich verlegt, dies bei der das Handelsregister führenden Stelle jedoch nicht angemeldet, besteht die Gesellschaft zwar weiter, aber es existiert eine Diskrepanz zwischen dem Sitz im Sinne des § 106 HGB und dem Registersitz. Materiellrechtlich ist dabei aber der tatsächliche Sitz entscheidend.[834]

---

831 Der Verwaltungssitz kann jedoch anderswo belegen sein, da der Satzungssitz nicht notwendigerweise der Verwaltungssitz sein muss, vgl. §§ 5 Abs. 2 AktG, 4 a Abs. 2 GmbHG.

832 Daran ändert sich auch nichts, wenn eine Zweigniederlassung nach § 13 HGB eingetragen wird. Eine Zweigniederlassung ist nämlich als solche gekennzeichnet.

833 Zur registerrechtlichen Behandlung MüKo-AktG/*Heider*, § 5 AktG Rn. 49 ff; Staub/*Hüffer*,Vor. § 13 HGB Rn. 28.

834 BGH, WM 1957, 999, 1000; KG, WM 1955, 892, 893; KG, OLGRspr. 22, 2; KG, WM 1958, 226, 227; Schlegelberger/*Martens*, § 106 HGB Rn. 13.

Bei fehlender Registereintragung oder bei unterlassener Änderung der Registereintragung ist das zuständige Registergericht, sobald es glaubhaft Kenntnis von der Nichtbeachtung der Anmeldepflicht erlangt, nach §§ 14 HGB, 132 ff. FGG berechtigt und verpflichtet, ein Zwangsgeld anzudrohen und gegebenenfalls festzusetzen, um die Anmeldung zu erzwingen. Eine Eintragung ohne Anmeldung (von Amts wegen) ist nicht möglich.[835] Das Registergericht kann lediglich das Zwangsgeldverfahren wiederholen. Auch wenn kein Grund ersichtlich ist, aus dem eine Gesellschaft die Registereintragung trotz Zwangsgeld vermeiden möchte, kann rechtlich, insbesondere für kurze Zeit, eine Personanhandelsgesellschaft ohne Registrierungsort existieren.

Für Personenhandelsgesellschaften ist die Anknüpfung an den Registrierungsort dann nicht zielführend, wenn diese noch nicht oder falsch in das Handelsregister eingetragen sind. Zudem kann eine Anknüpfung an den Registrierungsort auch zu einem anderen Ort als dem Gründungsort führen, wenn die tatsächlichen Verhältnisse von dem eingetragenen Sitz abweichen.

d. Registrierungsort US-amerikanischer formell zu gründender Gesellschaften, insbesondere der corporation

(1) Bei wirksamer Gründung

Alle formell zu gründenden US-amerikanischen Gesellschaftsformen wie *corporations, limited liability partnerships, limited partnerships, limited liability companies* bedürfen der Anmeldung (durch die *filing of articles of incorporation*) beim *secretary of state.*[836] *Der secretary of state* erfüllt damit eine ähnliche Funktion wie in Deutschland das Registergericht.[837] Jeder Einzelstaat hat nur einen *secretary of state*. Die Anmeldung bei dem *secretary of state* führt damit nicht zu einer Anmeldung in einem bestimmten Gerichtsbezirk (*county)* sondern zu einer Anmeldung in einem Einzelstaat. Dies ist für die kollisionsrechtliche Anknüpfung ausreichend. Nach der Einreichung der *articles of incorporation* oder der Gründungsurkunde ist die Gesellschaft *de jure* wirksam gegründet, es sei denn der *secretary of state* widerruft die Gründung ausdrücklich.[838] Damit ist die Anknüpfung an den Einzelstaat, in dem die Gesellschaft sich zur Gründung bei dem *secretary of state* angemeldet hat, für alle formell zu gründenden Gesellschaften als Anknüpfungsmerkmal zunächst geeignet.

---

835 Staub/*Hüffer*, § 14 HGB Rn. 10.

836 Vgl. z.B. für *corporations* den Rev. Mod. Bus. Corp. Act § 2.03 (a) (2002); Cal. Corp. Code § 200 (c) (2004).

837 Ein Handelsregister im deutschen Sinne existiert jedoch nicht.

838 Rev. Mod. Bus. Corp. Act § 2.03 (b) (2002).

Dies gilt auch in den Fällen, in denen eine Gesellschaft in einem anderen Einzelstaat eine *qualification* bzw. *authority to do business* erlangt hat. US-amerikanische Gesellschaften müssen sich neben dem Gründungsstaat in der Regel auch in dem Einzelstaat bei dem *secretary of state* anmelden, in dem sie eine *qualification* bzw. *authority to do business* erhalten möchten. Bei dieser Registrierung muss jedoch der Gründungsstaat angegeben werden, womit die ausländische Herkunft erkennbar bleibt.[839]

(2) Bei fehlerhafter Gründung

Schwierigkeiten bereitet die Anknüpfung an den Registrierungsort für fehlerhaft gegründete US-amerikanische *corporations*. Das US-amerikanische Recht unterscheidet im Bereich der fehlerhaften *corporations* zwischen den Rechtsfiguren der *de jure corporation*, der *de facto corporation* und der *corporation by estoppel*.

Eine *de jure corporation* entsteht, wenn eine *corporation* alle Muss-Vorschriften (*mandatory conditions*) – im Gegensatz zu den Soll-Vorschriften (*directive conditions)* – des Gründungsrechts erfüllt hat, und damit als eigenständige Rechtspersönlichkeit entstanden ist.[840] Welche Vorschriften einer Rechtsordnung als Soll-Vorschriften einzustufen sind, ist jeweils im konkreten Fall durch Auslegung (Fallrechtsprechung) zu ermitteln.[841] Zu beachten ist, dass eine *de jure corporation* jedenfalls beim *secretary of state* als *filed* gelten muss und die Anknüpfung an den Registrierungsort dadurch möglich bleibt. Anders verhält es sich bei *de facto corporations* oder *corporation by estoppel*.

Eine *de facto corporation* ist eine Gesellschaft, die bei der Gründung wesentliche Vorschriften des Gründungsrechts missachtet hat, aber diese Fehler nicht so schwerwiegend sind, dass ein Verlust der Rechtspersönlichkeit gegenüber Dritten gerechtfertigt zu sein scheint.[842] Sie entsteht, wenn (1) eine Rechtsordnung existiert, deren Beachtung zu einer rechtswirksamen Inkorporation geführt hätte, (2) ein gutgläubiger Versuch unternommen wurde (*good faith attempt*), den Vorschriften des Gründungsrechts zu entsprechen und (3) ein tatsächlicher Gebrauch

839 Vgl. z.B. für *corporations* den Rev. Mod. Bus. Corp. Act § 15.03 (a) (2) (2002).

840 *Robertson v. Levy*, 197 A.2d 443, 445 (D.C.App. 1964).

841 Vgl. *People v. Ford*, 138 N.E. 479 (Ill. 1920). Hier entschied der *Supreme Court of Illinois*, dass das Fehlen eines Geschäftssiegels auf den *articles of incorporations* lediglich eine Soll-Vorschrift darstelle.

842 *Animazing Entertainment, Inc. v. Louis Lofredo Associates, Inc.*, 88 F.Supp.2d 265, 269 (S.D.N.Y., 2000); *Robertson v. Levy*, 197 A.2d 443, 445 (D.C.App. 1964).

von der vermeintlichen Rechtspersönlichkeit vorliegt (*good faith actual use*).[843] Gegenüber Dritten gilt eine *de facto corporation* als selbständige juristische Person, nicht jedoch gegenüber dem Gründungstaat, der die Auflösung betreiben kann.[844]

Eine *corporation by estoppel* ist eine fingierte Gesellschaft, die besonders schweren Gründungsfehlern unterliegt. Dritte oder die Gesellschaft selbst sind daran gehindert, die fehlerhafte Gründung geltend zu machen, wenn sie trotz Bewusstseins der fehlerhaften Gründung mit der Gesellschaft selbst einen Vertrag geschlossen haben. Dieser Lehre liegt der römischrechtliche Grundsatz des *venire contra factum proprium* zugrunde. Im Unterschied zur *de facto corporation*, die gegenüber allen Privatpersonen wirksam besteht, existiert eine *corporation by estoppel* nur jeweils in Bezug auf ein konkretes Rechtsgeschäft.[845]

Die Geltung der Lehren von der *de jure*, *de facto corporation* und der *corporation by estoppel* sind durch den *Model Business Corporation Act* und durch moderne einzelstaatliche *corporation statutes* in Frage gestellt worden.[846] Zum einen wird nach § 2.03 (b) des *Model Business Corporation Act* (2002)[847] die Eintragung beim *secretary of state* als schlüssiger Beweis für eine wirksame Gesellschaftsgründung gesehen. Zum anderen gilt nach dessen § 2.04,[848] dass Gesellschafter einer noch nicht inkorporierten *corporation*, die vorgeben, für diese zu handeln, persönlich und gesamtschuldnerisch haften, wenn und soweit sie die Fehlerhaftigkeit kennen.[849] Manche Gerichte gehen davon aus, dass vor Einreichung der *articles of incorporation* keine *corporation*, weder *de jure* noch *de*

843 *Tulare Irrigation Dist. v. Shepard*, 185 U.S. 1 (1902); zitiert z.B. von *Robertson v. Levy*, 197 A.2d 443, 445 (D.C.App. 1964).

844 *Bungert*, Gesellschaftsrecht in den USA, S. 34.

845 18 Am. Jur. 2d „*corporations*“ § 209.

846 Vgl. 18 Am. Jur. 2d „*corporations*“ § 191.

847 Rev. Mod. Bus. Corp. Act § 2.03(2002):
„*The secretary of state' filing of the articles of incorporation is conclusive proof that the incorporators satisfied all conditions precedent to incorporation except in a proceeding by the state to cancel or revoke the incorporation or involuntary dissolve the corporation.*“

848 Rev. Mod. Bus. Corp. Act § 2.04 (2002):
„*All persons acting as or on behalf of a corporation, knowing that there was no incorporation under this Act, are jointly and severally liable for all liabilities creating while so acted.*“

849 Diese Bestimmungen haben zum Teil wörtlich übernommen: Alabama, Arizona, Arkansas, Connecticut, Florida, Georgia, Idaho, Indiana, Iowa, Kentucky, Mississippi, Missouri, Nebraska, New Hampshire, Oregon, South Carolina, Tennessee, Utah, Vermont, Virginia, Washington, Wyoming. Das Recht von Delaware sieht sogar vor, dass nach 8 D.Cod. § 329 (2006) weder die *corporation* noch Dritte Gründungsfehler zur Verteidigung vor Gericht geltend machen können.

facto oder *by estoppel* entstanden ist.[850] Andere Gerichte wenden die Lehre von der *de facto corporation* und der *corporation by estoppel* weiterhin an, jedenfalls bis zur Einreichung der *articles of incorporation.*[851] In der Literatur wird vorgeschlagen, dass nach § 2.04 des *Model Business Corporation Act* sich jedenfalls gutgläubige Gesellschafter weiterhin auf die *estoppel* Lehre berufen können.[852]

An dieser Stelle ist entscheidend, dass die Lehre von der *de facto corporation* und der *corporation by estoppel* in der Rechtsprechung nicht (vollständig) aufgegeben wurde. Nach diesen Lehren existieren im US-amerikanischen Recht Gesellschaften, die trotz fehlender Registrierung Rechtspersönlichkeit als *corporation* besitzen können. Eine Anknüpfung an den Registrierungsort ist daher bei solchen fehlerhaften *corporations* gegebenenfalls nicht möglich.

e. Registrierungsort US-amerikanischer nicht zu registrierender Gesellschaften

Eine US-amerikanische *general partnership* ist zwar registerfähig, aber nicht registerpflichtig. Den Gründern einer *general partnership* steht es frei, ein *statement of authority* beim *secretary of state* einzureichen.[853] Die Gründung der *partnership* ist auch ohne ein solches *statement* rechtswirksam. Mangelt es an einem solchen *statement,* ist eine Anknüpfung an den Registrierungsort für die *general partnership* nicht sachgerecht.

Ein *joint ventuer* ist nicht beim *secretary of state* anzumelden. Eine Anknüpfung an den Registrierungsort ist damit nie möglich.

f. Schlussfolgerung

Auch die Anknüpfung an den Registrierungsort erweist sich nicht durchgehend als geeignete Konkretisierung der Gründungstheorie. Während der Registrierungsort zwar für alle tatsächlich und richtig registrierten deutschen oder US-amerikanischen Gesellschaften ein geeignetes Anknüpfungsmerkmal darstellt, er-

---

850 *Robertson v. Levy*, 197 A.2d 443, 446 (D.C.App. 1964) (mit Verweis auf das Gesellschaftsecht von Delaware9; *Timberline Equipment Co., Inc. v. Davenport*, 514 P.2d 1109, 1111 (Or. 1973) [Das Gericht verneinte nur ausdrücklich die Lehre der *de facto corporation*).

851 Für *de facto corporations* vgl. *Animazing Entertainment, Inc. v. Louis Lofredo Associates, Inc.*, 88 F.Supp.2d 265, 269 (S.D.N.Y., 2000); *Montana Ass'n of Underwriters v. State, By and Through Dept. of Administration*, 172 Mont. 211, 217, 563, 581 P.2d 577 (Mont. 1977); *Cantor v. Sunshine Greenery Inc*. 398 A.2d 571 (N.J.Super.A.D., 1979); für *corporations by estoppel* vgl. *Cranson v. International Business Machines Corp.* 234 Md. 477, 484 f., 200 A.2d 33, 36 f. (Md. 1964).

852 *Merkt/Göthel*, Rn. 330.

853 U.P.A. § 303 (a) (1997).

geben sich Schwierigkeiten für (noch) nicht oder falsch registrierte deutsche Personenhandelsgesellschaften, Vorgesellschaften, US-amerikanische *corporations* und US-amerikanische *general partnerships*. Die deutsche GbR ist zudem gar nicht registerfähig.

4. Freie Rechtswahl

Nach einer Ansicht wird die Gründungstheorie so verstanden, dass das auf eine Gesellschaft anzuwendende Recht allein vom Willen der Gesellschaftsgründer abhängig sei.[854] Im internationalen Gesellschaftsrecht gelte die gleiche Parteiautonomie wie im internationalen Vertragsrecht.[855] Demnach könnte durch die Wahl einer neuen Rechtsordnung das Gesellschaftsstatut jederzeit geändert werden. Demgegenüber verneint die gegenläufige Ansicht die Möglichkeit einer unmittelbaren Anknüpfung an den Parteiwillen; die Gesellschafter könnten lediglich die Rechtsordnung auswählen, deren Gründungsvoraussetzungen sie zu erfüllen bereit seien.[856] Dadurch bestimmen die Gesellschafter lediglich mittelbar das Gesellschaftsstatut.

Die erstgenannte Ansicht bewertet den Abschluss eines Gesellschaftsvertrags oder einer Satzung als einen „gewöhnlichen" schuldrechtlichen Vertragsabschluss und folgt damit den Regeln des internationalen Vertragsrechts. Der Abschluss eines Gesellschaftsvertrags ist allerdings nicht mit dem Abschluss eines einfachen Vertrags zu vergleichen. Ein gewöhnlicher (entgeltlicher) Vertrag beruht auf einem Austauschverhältnis, bei einem unentgeltlichen Vertrag ist zumindest eine Partei zu einer eigenen Leistung verpflichtet. Ein Gesellschaftsvertrag dient hingegen in erster Linie der Verfolgung eines *gemeinsamen* Zweckes.[857] Außerdem findet nach Abschluss eines gesellschaftsrechtlichen Vertrags anders als nach dem Abschluss eines schuldrechtlichen Vertrags eine rechtliche Verselbständigung der Gesellschaft gegenüber ihren Gründern und – falls vorhanden –

---

854 OLG Hamburg, Zwischenurteil v. 30.03.2007, Az. 11 U 231/04 – „juris" Rn. 24; *Grasmann*, Rn. 512 ff., *Kropholler*, IPR, § 55 I 4 a) („unter dem Vorbehalt der Sonderanknüpfung von Eingriffsnormen"); Staudinger/*Großfeld*, IntGesR, Rn. 18; *Terlau*, S. 188 f., 191; für die *general partnership* nur für das Innenverhältnis *official comment* zu U.P.A. (1997) § 106; 59A Am. Jur. 2d *„partnership"* § 30. AnwaltKo/*Hoffmann*, Anh. zu Art. 12 EGBGB Rn. 154 schlägt für Personengesellschaften eine Anknüpfung nach vertragrechtlichen Grundsätzen und die damit verbundene Rechtswahlfreiheit als Alternative zur Gründungstheorie vor.

855 *Grasmann*, Rn. 512, *Terlau*, S. 189, *Zimmer*, IntGesR, S. 222 f., [er spricht von einer „prinzipiellen" Übereinstimmung].

856 *V. Bar*, IPR II, Rn. 617 f., *Beitzke*, Juristische Personen, S. 67 ff.; *Walden*, S. 120 f.

857 *V. Bar*, IPR II, Rn. 617.

Mitgliedern statt.[858] Ein neues Rechtsgebilde entsteht. Der Gesellschaftsvertragsabschluss und der Schuldrechtsvertragsabschluss sind daher nicht gleichzusetzen.

Auch im deutschen Kollisionsrecht wird die Gleichstellung eines schuldrechtlichen Vertrags mit einem gesellschaftsrechtlichen Vertrag durch die Vorschrift des Artikels 37 Nr. 2 EGBGB vermieden. Nach dieser Vorschrift sind die Regeln des internationalen Vertragsrechts (Art. 27 ff. EGBGB) nicht auf gesellschaftsrechtliche Fragen anwendbar. Der Hintergrund dieser Regelung ist, dass der Gesetzgeber die zur Zeit der IPR-Reform anstehende Entwicklung auf europäischer Ebene in Form des bis heute nicht in Kraft getretenen „Brüsseler EWG-Übereinkommens über die gegenseitige Anerkennung von Gesellschaften und juristische Personen" abwarten wollte.[859] Der Gesetzgeber entschied damit zugleich, dass die Regeln des internationalen Gesellschaftsrechts eigenständig – frei von den vertragsrechtlichen Vorgaben des EGBGB – zu entwickeln sind. Freilich ist im Rahmen des deutsch-US-amerikanischen Freundschaftsvertrags eine andere Bewertung möglich, die dargelegten Gründe gegen eine Gleichstellung von schuldrechtlichem Vertrag und Gesellschaftsvertrag sind jedoch nicht von der Hand zu weisen.

Des Weiteren kann die Parteiautonomie des internationalen Vertragsrechts nur bedingt mit der unter der Gründungstheorie gewährten Rechtswahlfreiheit verglichen werden.[860] Bei einer freien Rechtswahl unter der Gründungstheorie des internationalen Gesellschaftsrechts könnten die Gesellschaftsgründer ihre Gesellschaft inhaltlich nach den Vorschriften eines Staates organisieren, aber zugleich im Gesellschaftsvertrag das Recht eines anderen Staates als anwendbar erklären. Ein solches Gebilde würde jedoch von der gewählten Rechtsordnung nicht als Gesellschaft dieser Rechtsordnung behandelt. Die Anwendung einer gewählten Rechtsordnung scheitert daran, dass die Gründungsvoraussetzungen, insbesondere die Formerfordernisse der gewählten Rechtsordnung, nicht eingehalten wurden. Daher können die Gründer lediglich die Rechtsordnung wählen, deren Voraussetzungen sie einhalten wollen, nicht jedoch unmittelbar das auf die Gesellschaft anzuwendende Recht.[861]

Befürworter einer freien Rechtwahl im internationalen Gesellschaftsrecht führen an, dass auch dann von einer freien Rechtswahl gesprochen werden könne, wenn die gewählte Rechtsordnung die Wirksamkeit eines Vertrags von der Erfüllung bestimmter Voraussetzungen wie zum Beispiel von der Wahrung der Schriftform, öffentlicher Beurkundung oder Eintragung in dafür vorgesehene Re-

858 *V. Bar*, IPR II, Rn. 617.
859 BTDrs. 10/504, S. 29.
860 *V. Bar*, IPR II, Rn. 618; *Beitzke*, Juristische Personen, S. 68, *Walden*, S. 120 („zumindest missverständlich").
861 So auch *V. Bar*, IPR II, Rn. 618; *Walden*, S. 122.

gister abhängig mache.[862] Sonst könne auch bei Schenkungs-, Grundstücks- und Mietverträgen, bei welchen nach deutschem Recht besondere Formvorschriften eingehalten werden müssen, nicht mehr von Parteiautonomie geredet werden.[863]

Bei dieser Argumentation wird übersehen, dass die Erfüllung von Formvoraussetzungen im Schuldrecht eine ganz andere Bedeutung hat als die Erfüllung der Gründungsvoraussetzungen im Gesellschaftsrecht. Im deutschen Recht sind die Vorschriften des Bürgerlichen Gesetzbuchs über einzelne schuldrechtliche Verträge keine abschließende Aufzählung zulässiger Schuldverhältnisse.[864] Auch solche schuldrechtlichen Verträge sind zulässig, die nicht den gesetzlichen Leitbildern (Kauf, Miete etc.) entsprechen. Die Möglichkeit, schuldrechtliche Verträge zu schaffen, ist daher in der Grundkonzeption nicht von der Erfüllung von Formvorschriften abhängig. Ähnliches gilt weitgehend im Gesellschaftsrecht auf rein schuldrechtlicher (innenrechtlicher) Ebene.[865] Möchte eine Gesellschaft jedoch diese Ebene verlassen und am Rechtsverkehr teilnehmen, herrscht Rechtsformzwang. Eine Gesellschaft muss die gesetzlichen Mindestvoraussetzungen erfüllen, um nach außen wirksam zu werden. Die rechtliche Existenz einer (Außen-)Gesellschaft hängt nämlich allein von der Rechtsordnung eines Staates ab. Diese Gebundenheit an eine Rechtsordnung zeigt sich im deutschen Recht durch den *numerus clausus* des Gesellschaftsrechts. Demnach können nur solche Gesellschaften gegründet werden, deren Rechtsform der Gesetzgeber zur Verfügung stellt.[866] Dabei können die Gründer zwischen den verschiedenen vorgegeben Rechtsformen wählen, ein „Phantasiegebilde" darf dem Rechtsverkehr jedoch nicht vorgesetzt werden.[867] Dies sind andere Maßstäbe als im Schuldrecht.

Die im internationalen Vertragsrecht gewährte Parteiautonomie kann daher im internationalen Gesellschaftsrecht nicht im gleichen Maße Anwendung finden.

Eine freie Rechtswahl im internationalen Gesellschaftsrecht zu erlauben, widerspräche außerdem den Bedürfnissen des internationalen Rechtsverkehrs. Bei der hier vertretenen einheitlichen Bestimmung des gesamten Gesellschaftsstatuts entfaltet die Gründung einer Gesellschaft nicht nur Rechte und Pflichten unter den Gesellschaftern selbst, sondern entsteht bei Abschluss eines Gesellschaftsvertrags auch ein eigenes rechtliches Gebilde, das Außenwirkung hat. Dies ist anders als bei einem schuldrechtlicher Vertrag, der lediglich Rechte und Pflichten zwischen den Parteien hervorbringt. Daher besteht im internationalen Gesellschaftsrecht ein Allgemeininteresse daran, dass die anzuwendende Rechtsord-

862 *Grasmann, Rn.* 516.
863 *Grasmann, Rn.* 516.
864 *Brox/Walker,* Rn. 76; *Schmidt,* Gesellschaftsrecht, § 5 II, S. 96.
865 *Schmidt,* Gesellschaftsrecht, § 5 II, S. 96.
866 *Schmidt,* Gesellschaftsrecht, § 5 II, S. 96.
867 *Schmidt,* Gesellschaftsrecht, § 5 II, S. 96.

nung auch von außen erkennbar ist. Erst wenn die Unterwerfung unter eine Rechtsordnung infolge der Wahrung von Formvorschriften nach außen tritt, wie zum Beispiel durch die Registrierung, wird ein Rückschluss auf die Wahl der Rechtsordnung ermöglicht. Ein solcher Rückschluss scheitert allerdings, wenn die Gesellschaft trotz Registrierung in einem Staat im Gesellschaftsvertrag (rechtswidrig) die Rechtsordnung eines anderen Staates gewählt hat.[868] Um diese Schwierigkeiten zu vermeiden, schränken selbst Befürworter der Parteiautonomie im internationalen Gesellschaftsrecht die Wahlmöglichkeiten der Gründer ein. Nach der *Restatement (second) of Conflict of Laws* kann für die *general partnership* nicht eine solche Rechtsordnung gewählt werden, die mit dem Sachverhalt in keinerlei Beziehungen steht.[869] *Nappenbacher* schlägt vor, dass in Anlehnung an Artikel 27 Abs. 3 EGBGB bei Sachverhalten, die nur mit einem Staat verbunden seien, trotz Wahl des ausländischen Rechts die zwingenden Bestimmungen des mit dem Sachverhalt am engsten verbundenen Rechts anwendbar seien.[870] *Grasmann* verneint die Möglichkeit einer freien Rechtswahl gänzlich für die Außenverhältnisse einer Gesellschaft.[871]

Die Anknüpfung an das von den Gründern gewählte Recht scheitert außerdem dann, wenn tatsächlich keine Rechtswahl vorgenommen wurde. In diesem Fall sind andere Anknüpfungsmerkmale heranzuziehen. In der deutschen Literatur wird – in Anlehnung an Artikel 28 EGBGB – vorgeschlagen, an das Recht, zu dem die Gesellschaft die engste Verbindung hat, anzuknüpfen.[872] Dafür müssen die typischen Parteiinteressen der Gesellschafter ermittelt werden. Auch die *Restatement (second) of Conflict of Laws* ermittelt in Abwesenheit einer effektiven Rechtswahl das Recht einer *partnership* nach der Rechtsordnung, mit der die *partnership* die *most significant relationship* aufweist.[873]

Schließlich widerspricht eine freie Rechtwahl dem Wortlaut des Artikels XXV Abs. 5 S. 2 FHSV. Bei einer freien Rechtswahl im internationalen Gesellschaftsrecht sind die Gründungsvoraussetzungen einer Rechtsordnung wie die Einzahlung des Gesellschaftskapitals und die Eintragung in ein Register nicht Voraussetzungen für die Bestimmung des anwendbaren Rechts, sondern allein das gewählte Recht bestimmt, welche Folgen das Vorhandensein oder Fehlen von

868 Eine solche Gesellschaft muss ggf. aus dem Register gelöscht werden, könnte aber vorübergehend existieren.
869 *Restatement (second) of Conflict of Laws*, § 187 (2) (1971).
870 *Nappenbach*, S. 106., die jedoch *Grasmanns* Differenzierungslehre unterstützt.
871 *Grasmann,* Rn. 613 f.
872 *Terlau*, S. 194.
873 *Restatement (second) of Conflict of Laws*, § 294, 295 comment d (1971). Die *Restatement* knüpft zwar grundsätzlich in § 294 an das Merkmal der engsten Verbindung an, aber eine Rechtswahl hat Vorrang vor dieser Anknüpfung.

Gründungsvoraussetzungen hat.[874] Nach Artikel XXV Abs. 5 S. 2 FHSV werden jedoch nur solche Gesellschaften anerkannt, „die gemäß den Gesetzen und sonstigen Vorschriften des einen Vertragsteils in dessen Gebiet *errichtet sind.*“ Voraussetzung für die Anerkennung ist also die objektive Errichtung, das heißt die Erfüllung der Gründungsvoraussetzungen der deutschen oder US-amerikanischen Rechtsordnung (daher auch „*Gründungs*theorie“). Eine Anknüpfung an die Rechtsordnung, nach der sich die Gesellschafter gründen bzw. errichten *wollten* (freie Rechtswahl), ist hingegen nicht vorgesehen. Den Gesellschaftern steht es daher zwar frei, eine Rechtsordnung auszuwählen, deren Gründungsvoraussetzungen sie erfüllen wollen, die Folge einer solchen Gründung hängt jedoch nicht mehr von der Rechtswahl der Gründer ab. Eine Gesellschaft ist unabänderlich eine Gesellschaft der Rechtsordnung, deren Gründungsvoraussetzungen sie erfüllt oder – bei einer fehlerhaften Gründung – zu erfüllen suchte. So ordnet es Artikel XXV Abs. 5 S. 2 FHSV an.

Eine rein subjektive Anknüpfung an den Willen der Gesellschafter scheidet daher im Rahmen des Freundschaftsvertrags aus.

5. Gesellschaftsorganisation

Anknüpfungsmerkmal der Gründungstheorie könnte auch das Recht des Orts sein, nach dem die Gesellschaft organisiert ist.[875] So ist in dem US-amerikanischen *Uniform Limited Partnership Act* (2001) und dem *Uniform Limited Liability Company Act* von (1995) vorgesehen, das Recht des Staates für *limited partnerships* bzw. *limited liability companies* anzuwenden, „*under which a foreign limited partnership [limited liability company] is organized.*“[876]

Eine solche Anknüpfung ist für formfrei zu gründende Gesellschaften möglich. Bei einer deutschen GbR oder einer US-amerikanischen *general partnership* oder einem US-amerikanischen *joint venture* entscheidet allein die von den Gesellschaftern gewählte Gesellschaftsorganisation darüber, nach welchem Recht die Gesellschaft lebt. Für formell zu gründende Gesellschaften ist jedoch die Organisation einer Gesellschaft nach einer bestimmten Rechtsordnung nicht ausrei-

---

874 *Terlau*, S. 190.

875 *Beitzke*, Juristische Personen, S. 95 („[...]dass letzten Endes doch nur eine Verweisung auf die Rechtsordnung sinnvoll ist, welche die Organisation der j.P. bei ihrem Entstehen bestimmt hat [...].“). Die Anknüpfung an das Recht unter der eine Gesellschaft organisiert ist, wird zum Teil nicht als Unterform der Gründungstheorie sondern als eigene kollisionsrechtliche Theorie (Organisationstheorie) eingeordnet, vgl. *Hoffmann*, ZRVglWiss 101 (2002), 283, 306.

876 U.L.P.A. § 901 (a) (2001), U.L.L.C.A. § 1001 (1995).

chend, um als rechtliches Gebilde dieser Rechtsordnung wirksam entstanden zu sein. Die Organisation ist in solchen Fällen lediglich das Substrat,[877] zusätzlich müssen Formerfordernisse wie die Registrierung erfüllt werden. Daher wechselt zum Beispiel das schweizerische Recht, das grundsätzlich an das Recht der Gesellschaftsorganisation anknüpft, bei registerpflichtigen Gesellschaften zur einer Anknüpfung an den Registrierungsort.[878]

Damit ist die Anknüpfung an das Recht, nachdem eine Gesellschaft sich organisiert hat, für förmlich zu gründende Gesellschaften nicht ausreichend. Im Übrigen ist der Gedanke, an das Organisationsrecht anzuknüpfen, sachgerecht.

6. Rechtsfähigkeitsverleihung

Schließlich wird vorgeschlagen, eine Gesellschaft an die Rechtsordnung anzuknüpfen, die der Gesellschaft bei ihrer Gründung die Rechtsfähigkeit verliehen hat.[879] Diese Formulierung ist jedoch nur für rechtsfähige Gesellschaften aussagekräftig. Erst wenn der Begriff der Rechtsfähigkeit durch „rechtliche Existenz" oder „Rechtsstellung"[880] ausgetauscht wird, ist der Gedanke dieser Anknüpfung verallgemeinerungsfähig. Schwierigkeiten entstehen jedoch, wenn mehrere Rechtsordnungen gleiche oder ähnliche Voraussetzungen an die Gründung einer Gesellschaft stellen wie z.B. an die Gründung einer deutsche GbR oder OHG und einer US-amerikanischen *general partnership*. Dann könnten mehrere Rechtsordnungen einer Gesellschaft „rechtliche Existenz" verleihen und die Anknüpfung ist nicht mehr eindeutig.

877 *Grasmann,* Rn. 419.

878 Anwendbar ist nach Artikel 154 IPRG auf Gesellschaften das „Recht des Staates, nach dessen Vorschriften sie organisiert sind, wenn sie die darin vorgeschriebenen Publizitäts- oder Registrierungsvorschriften diese Rechts erfüllen oder, falls solche Vorschriften nicht bestehen, wenn sie sich nach dem Recht diese Staates organisiert haben."

879 *Beitzke*, Juristische Personen, S. 92; GroßKoAktG/*Brändle*, § 5 AktG Rn. 46.

880 Den Begriff der „Rechtsstellung" benutzt *Grasmann*, Rn. 414.

7. *Vorschlag zur Konkretisierung der Gründungstheorie unter dem deutsch-US-amerikanischen Freundschaftsvertrag und ihre Anwendung auf deutsche und US-amerikanische Gesellschaften*

a. *Vorschlag zur Konkretisierung der Gründungstheorie unter dem deutsch-US-amerikanischen Freundschaftsvertrag*

Keine der aufgezählten Möglichkeiten gestattet allein, das Anknüpfungsmoment der Gründungstheorie (des Freundschaftsvertrags) zu konkretisieren. Daher gibt es neben den genannten Varianten der Gründungstheorie weitere Varianten, die verschiedene der aufgezählten Merkmale verknüpfen.[881] Der Referentenentwurf für ein Gesetz zum internationalen Gesellschaftsrecht, der im Wesentlichen auf dem „Vorschlag des Deutschen Rates für Internationales Privatrecht für eine Regelung des Internationalen Gesellschaftsrechts auf europäischer/nationaler Ebene"[882] beruht, sieht zum Beispiel eine zweistufige Anknüpfung vor. Gesellschaften werden zunächst an das Recht des Staates angeknüpft, in dem sie in ein öffentliches Register eingetragen sind; mangelt es daran, unterliegen sie dem Recht des Staates, nach dem sie organisiert sind.[883]

---

881 Vgl. dazu *Grasmann*, Rn. 413 ff., *v. Hoffmann*, ZVglRWiss 101 (2002), 283; *Mäsch*, in: Bamberger/Roth, Art. 12 Anh. EGBGB Rn. 28 („Nach der Gründungstheorie ist das Gesellschaftsstatut anhand des Willen der Gesellschafgründer zu bestimmen: maßgeblich ist, das Recht, nach dessen Vorschriften sie die Gesellschaft organisiert und ihre Rechtsform bestimmt haben. Dies zeigt sich insbesondere in der Einhaltung der Publizitäts- und Registrierungsvorschriften dieses Rechts; hilfsweise entscheidet der bei der Gründung in der Satzung angegebene Sitz (Satzungssitz) [...].").

882 „Vorschlag der Spezialkommission für die Neugestaltung des Internationalen Gesellschaftsrechts auf europäischer/deutscher Ebene" in *Sonnenberger/Bauer*, in: Sonnenberger, S. 7 ff oder *Sonnenberger/Bauer*, RIW 2006 Beilage 1, S. 1, 2. Dieser Vorschlag sieht in Art. 2 eine dreistufige Anknüpfung vor: Grundsätzlich wird das Gesellschaftsstatut an den Registrierungsort anknüpft, hilfsweise an das Recht, nach dem sie organisiert ist, und hilfsweise finden die Kollisionsnormen über vertragliche Schuldverhältnisse Anwendung. Vgl. dazu auch den Sitzungsbericht des deutschen Rates für Inernationales Privatrecht von *Zimmer*, in: Sonnenberger, S. 205 ff.

883 Vgl. Art. 1 des Referentenwurfs für ein „Gesetz zum Internationalen Privatrecht der Gesellschaften, Vereine und juristischen Personen" vom 7.1.2008, zu finden online unter http://www.bmj.bund.de/files/-/2751/RefE%20Gesetz%20zum%20Internationalen%20Privatrecht%20der%20Gesellschaften,%20Vereine%20und%20juristischen%20Personen.pdf (Besucht am 13.1.2008). Gesellschaften, bei denen weder eine Registrierung noch eine Organisation festzustellen ist, unterliegen – so heißt es in der Begründung S. 9 – den Regeln über vertragliche Schuldverhältnisse.

Um den Gründungsort für jede mögliche Gesellschaftsform konkret zu bestimmen, ist eine solche mehrstufige Anknüpfung aufgrund der Schwierigkeiten der hier jetzt einzeln betrachteten Anknüpfungsmomente tatsächlich nötig. Dem Kern der Gründungstheorie kommen dabei die drei hier zuletzt untersuchten Anknüpfungen (freie Rechtswahl, Gesellschaftsorganisation und Ort der Rechtsfähigkeitsverleihung) sehr nahe. Die Entstehung einer Gesellschaft bedarf einer Rechtsordnung, die ihr Rechtsfähigkeit bzw. rechtliche Existenz verleiht. Um dies zu erreichen, müssen die Gründer die Gründungsvoraussetzungen – sowohl durch die Ausgestaltung des Gesellschaftsvertrags als auch durch Einhaltung von Formerfordernissen – erfüllen. Dabei können die Gesellschaftsgründer frei diejenige Rechtordnung wählen, deren Gründungsvoraussetzungen sie erfüllen wollen. Führen diese Kriterien nicht zu einer eindeutigen Bestimmung des Gründungsrechts, ist auf das internationalprivatrechtliche allgemeine Prinzip der engsten Verbindung zurückzugreifen.[884] Dadurch wird diejenige Rechtsordnung ermittelt, die der fraglichen Gesellschaft am „nächsten" steht. Insgesamt eignet sich daher zur Konkretisierung der Gründungstheorie des Freundschaftsvertrags folgender abstrakter Grundsatz:

> Auf eine Gesellschaft ist diejenige Rechtsordnung anzuwenden, die nach dem Willen der Gesellschaftsgründer durch Erfüllung der Gründungsvoraussetzungen der Gesellschaft ihre rechtliche Existenz verliehen hat oder verleihen sollte.[885]
>
> Mangelt es an einem erkennbaren Willen der Gesellschafter, die Gründungsvoraussetzungen einer *bestimmten* Rechtsordnung zu erfüllen, ist auf die Gesellschaft diejenige Rechtsordnung anzuwenden, zu der die Gesellschaft die engste Verbindung (*most significant relationship*) aufweist. [886]

Der erste Satz dieser Konkretisierung der Gründungstheorie bezieht sich auf solche Gesellschaften, bei denen die Rechtsordnung, deren Gründungsvoraussetzungen die Gesellschafter erfüllen wollen, durch eine Registrierung oder Anmeldung oder durch die Organisation der Gesellschaft erkennbar ist. Der zweite Teil

---

884 Vgl. zum internationalprivatrechtlichen „Prinzip der engsten Verbindung" *Kropholler*, IPR, § 4 II.

885 Ähnlich *Walden*, 123 („Auf eine Gesellschaft findet dasjenige – von den Gründern frei wählbare – Recht Anwendung, das der in Frage stehenden Gesellschaft ihre Existenz vermittelt."); *Timme/Hülke*, JuS 1999, 1055 („nach einer fremden Rechtsordnung *wirksam* gegründete ausländische Gesellschaft").

886 Vgl. *Restatement (second) of Conflict of Laws* § 294 *comment* d, § 295 i.V.m. § 292 (1971) Demnach wird in Abwesenheit einer effektiven Rechtswahl das Innenrecht einer *general partnership* nach der Rechtsordnung ermittelt, mit der die *general partnership* die *most significant relationship* aufweist. Vgl. zu den Kriterien, die in einer Gesamtschau berücksichtigt werden, um den Ort der engsten Verbindung festzustellen Kapitel G V 7 e.

der Vorschrift bezieht sich auf nicht zu registrierende oder nicht erkennbar nach einer bestimmten Rechtsordnung organisierte Gesellschaften.

In concreto bestimmt sich bei einem solchen Verständnis der Gründungstheorie des Freundschaftsvertrags das Gesellschaftsstatut deutscher und US-amerikanischer Gesellschaften folgendermaßen:

b. Anwendung der Gründungstheorie auf deutsche Kapitalgesellschaften

Gesellschaftsgründer, die die Gründung einer deutschen Kapitalgesellschaft anstreben, müssen die Voraussetzungen des deutschen (materiellen) Kapitalgesellschaftsrechts erfüllen. Letzter Entstehungsakt ist die (konstitutive) Eintragung in das Handelsregister. Bei der Anmeldung zur Eintragung in das Handelsregister ist – wie bereits festgestellt – ein inländischer Satzungssitz im Sinne von §§ 4 a GmbHG, 5 AktG anzugeben (§§ 39 AktG, 10 GmbHG).[887] Der inländische Satzungssitz ist damit eine notwendige materiellrechtliche Gründungsvoraussetzung bei Kapitalgesellschaften.

(1) Keine Notwendigkeit eines inländischen Verwaltungssitzes

Umstritten ist es, ob zu der wirksamen Gründung einer deutschen Kapitalgesellschaft neben einem inländischen Satzungssitz auch ein inländischer Verwaltungssitz nötig ist. In der noch geltenden Fassung des GmbHG bzw. AktG ist als Satzungssitz nach Absatz 2 der §§ 4 a GmbGH, 5 AktG in der Regel nur der Ort zugelassen, an dem die Gesellschaft einen Betrieb hat, an dem sich die Geschäftsleitung befindet oder die Verwaltung geführt wird.

Nach einer Ansicht ist daher zur wirksamen Gründung einer Kapitalgesellschaft lediglich ein Satzungssitz im Sinne einer der Wahlmöglichkeiten der §§ 4 a Abs. 2 GmbH, 5 Abs. 2 AktG erforderlich. Da das Gesetz den Gesellschaftsgründern ausdrücklich die Wahlmöglichkeiten zur Verfügung stelle, genüge selbst ein „Betrieb“ im Inland als Satzungssitz, ein inländischer Verwaltungssitz sei nicht nötig.[888]

Nach der gegenläufigen, (noch) herrschenden Ansicht kann eine Gesellschaft mit ausländischem Verwaltungssitz nicht wirksam nach deutschem Recht ge-

---

887 Die Notwendigkeit eines Satzungssitz im Inland wird im „Entwurf des Gesetzes zur Modernisierung des GmbH-Rechts und zur Bekämpfung von Missbrauch (MoMiG)“, beschlossen in der Bundesregierung am 23.05.2007, in den §§ 4 a GmbHG. 5 AktG ausdrücklich klargestellt. Vgl. RegE MoMiG www.bmj.de/files/-/2109/RegE%20MoMiG.pdf (Besucht am 24.07.2007).

888 AnwaltKo/*Hoffmann*, Anh. zu Art. 10 EGBGB Rn. 136, 137; *Kroppensteiner*, S. 97; *Mäsch*, in: Bamberger/Roth, Art. 12 Anh. EGBGB Rn. 50.

gründet werden.[889] Die Anwendung deutschen Rechts sei gemindert und die Gerichtsaufsicht beschränkt, wenn die Gesellschaft ihren Verwaltungssitz im Ausland habe.[890] Ein unter Umständen lediglich kleiner geführter „Betrieb" im Inland, der als Satzungssitz angegeben sei, reiche für die Durchsetzung gerichtlicher oder behördlicher Akte oft nicht aus.[891]

Die Frage, ob ein ausländischer Verwaltungssitz für eine deutsche Kapitalgesellschaft möglich und ausreichend ist, wird nach Abschluss der zurzeit anstehenden Reform des GmbH-Gesetzes durch den Gesetzgeber geklärt sein. Um die Rechtsform der GmbH besser gegen Missbrauch zu schützen und ihre Attraktivität gegenüber konkurrierenden ausländischen Gesellschaftsformen zu erhöhen, wurde der „Entwurf eines Gesetzes zur Modernisierung des GmbH-Rechts und zur Bekämpfung von Missbrauch (MoMiG)"[892] am 29. Mai 2006 erarbeitet. Dieser Entwurf wurde am 23. Mai 2007 von der Bundesregierung beschlossen. Demnach soll Absatz 2 des § 4 a GmbHG sowie des § 5 AktG gestrichen werden.[893] In der Begründung des Gesetzesentwurfes heißt es dazu:

> „Durch die Streichung von § 4 a Abs. 2 GmbHG und der älteren Parallelnorm § 5 Abs. 2 AktG [...] soll es deutschen Gesellschaften ermöglicht werden, einen Verwaltungssitz zu wählen, der nicht notwendigerweise mit dem Satzungssitz übereinstimmt. Damit soll der Spielraum deutscher Gesellschaften erhöht werden, ihr Geschäftstätigkeit auch ausschließlich im Rahmen einer (Zweig-)Niederlassung, die alle Geschäftsaktivitäten erfasst, außerhalb des Hoheitsgebiets zu entfalten."[894]

Die Streichung des Absatzes 2 der §§ 4 a GmbHG, 5 AktG ist eine Folge der Rechtsprechung zur gemeinschaftsrechtlichen Niederlassungsfreiheit. Deutsche Gesellschaften sollen die gleiche Mobilität und die gleichen Ausgangsbedingungen wie andere EU-Gesellschaften besitzen.[895]

Die vorgesehene Klarstellung des Gesetzgebers, nach der auch ein ausländischer Verwaltungssitz für eine nach deutschem Recht gegründete Gesellschaft

---

889 MüKo-BGB/*Kindler*, IntGesR Rn. 495; Staudinger/*Großfeld*, IntGesR Rn. 86 u. 264.

890 Staudinger/*Großfeld*, IntGesR Rn. 89.

891 Staudinger/*Großfeld*, IntGesR Rn. 90.

892 RegE MoMiG www.bmj.de/files/-/2109/RegE%20MoMiG.pdf (Besucht am 24.07.2007); Synopse zum MoMiG www.lexisnexis.de/rechtsnews/index.php?p=produkt&aid=96163 (Besucht am 07.07.2007).

893 Vgl. Art. 1 und 5 RegE MoMiG www.bmj.de/files/-/2109/RegE%20MoMiG.pdf (Besucht am 24.07.2007).

894 RegE MoMiG www.bmj.de/files/-/2109/RegE%20MoMiG.pdf S. 65 (Begründung – Besondere Teil), (Besucht am 24.07.2007).

895 RegE MoMiG www.bmj.de/files/-/2109/RegE%20MoMiG.pdf S. 63 (Begründung – Besondere Teil), (Besucht am 24.07.2007).

ausreichend ist, ist begrüßenswert. Durch die Streichung der §§ 4 a Abs. 2 GmbH und 5 Abs. 2 AktG wird allerdings auch einem rein fiktiven Satzungssitz im Sinne eines „Briefkastensitzes" einer Scheinauslandsgesellschaft Tür und Tor geöffnet.[896] Vor dieser Gefahr sollten die §§ 4 a Abs. 2 GmbHG, 5 Abs. 2 AktG gerade schützen.[897] Insgesamt wird der Satzungssitz stärker der Funktion eines *registered office* des US-amerikanischen Rechts angeglichen. Ob die Rechtsprechung sich dahingehend äußert oder einschränkende Voraussetzungen aufstellt, bleibt abzuwarten. Zu begrüßen wäre die Klarstellung, dass der Satzungssitz nicht rechtsmissbräuchlich oder ohne jegliche Beziehung der Gesellschaft zu diesem Standpunkt gewählt werden darf. Dies war bereits vor der Einführung des § 4 a GmbHG im Jahre 1998[898] herrschende Meinung im GmbH-Recht.[899]

Nach der Reform des GmbH-Rechts ist ein inländischer Verwaltungssitz für Kapitalgesellschaften damit nicht mehr erforderlich. Freilich bleibt es auch nach dem Reformentwurf dabei, dass deutsche Gesellschaften eine Geschäftsanschrift im Inland im Register eintragen und aufrechterhalten müssen.[900]

(2) Problem des Doppelsitzes

Eine Kapitalgesellschaft verfügt über einen Doppelsitz, wenn sie in ihrer Satzung zwei (oder mehr) Orte zum Satzungssitz der Gesellschaft bestimmt hat. Ob und in welchen Fällen eine Kapitalgesellschaft einen Doppelsitz haben kann, ist umstritten. Der Wortlaut der §§ 5 AktG, 4 a GmbHG enthält weder ein Verbot noch eine ausdrückliche Gestattung.[901]

Für Aktiengesellschaften wurden aufgrund der besonderen Verhältnisse in der Zeit nach 1945 (als Folge der deutschen Teilung) Doppelsitze zugelassen.[902] Heute erlaubt die herrschende Meinung in der Rechtsprechung und Literatur einen Doppelsitz nur in (seltenen) Ausnahmefällen, weil ein solcher insbesondere für registerrechtliche Probleme sorge.[903] Es müsse ein unabdingbares Bedürfnis

896 Vgl. auch *Kindler*, Der Konzern, 2006, 811, 815 f.

897 OLG Hamm, ZIP 1997, 1696; AnwaltKo/*Hoffmann*, Anh. zu Art. 12 EGBGB Rn. 137.

898 § 4 a GmbHG wurde durch Reformgesetz vom 22.06.1998 (BGBl. 1998 I, 1474) eingeführt.

899 Vgl. *Michalsik/Michalski*, § 4 a GmbHG Rn. 1.

900 RegE MoMiG www.bmj.de/files/-/2109/RegE%20MoMiG.pdf S. 65 (Begründung – Besondere Teil), (Besucht am 24.07.2007).

901 KölnerKo/*Kraft*, § 5 AktG Rn. 21 ff.; MüKo-AktG/*Heider*, § 5 AktG Rn. 46 m.w.N.

902 BayOLGZ 1962,107, 111 f = NJW 1962, 1014; LG Köln, NJW 1950, 352 und 871.

903 Für die AG GroßKoAktG/*Brändel*, § 5 AktG Rn. 30 ff.; *Hüffer*, § 5 AktG Rn. 10; MüKo-AktG/*Heider*, § 5 AktG Rn. 44 ff.; MüKo-HGB/*Krafka*, § 13 HGB Rn. 34; für die GmbH Michalski/*Michalski*, § 4 a GmbHG Rn. 16 (Ausnahmen sind für die

der Gesellschaft an der Innehabung zweier statutarischer Sitze in der Weise bestehen, dass die Gesellschaft durch die Nichtzulassung einen nicht nur unerheblichen wirtschaftlichen Schaden erleide oder gar ihre Existenz gefährdet sei.[904] Die gleichen, wenn nicht noch strengere Maßstäbe gelten nach einer Ansicht in der Literatur, wenn eine Gesellschaft ihren zweiten Satzungssitz im Ausland begründen möchte.[905] Da bei einem zweiten Satzungssitz im Ausland die registerrechtlichen Schwierigkeiten noch größer seien, und da sich die internationale Zuständigkeit aus deutscher Sicht vervielfältigen würde, lehnt ein Teil der Literatur einen ausländischen zweiten Satzungssitz gänzlich ab.[906]

Entscheidend für die kollisionsrechtliche Beurteilung ist, dass ein zweiter Satzungssitz – würde dieser materiellrechtlich zugelassen – weder zum Entstehen mehrerer Rechtsträger führt noch gar – sofern ein im Ausland liegender Ort zum zweiten Sitz bestimmt wird – zu der Anwendbarkeit zweier unterschiedlicher Gesellschaftsstatute.[907] Nach Auffassung der Vertreter der Gründungstheorie ist allein die Rechtsordnung anwendbar, die der Gesellschaft ihre rechtliche Existenz verliehen hat. Wird einer nach deutschem Recht gegründeten Kapitalgesellschaft ein zweiter Satzungssitz im Ausnahmefall erlaubt, bleibt die Gesellschaft eine Gesellschaft deutschen Rechts.

(3) Schlussfolgerung

Zur wirksamen Gründung einer deutschen Kapitalgesellschaft ist zwar ein inländischer Satzungssitz, jedoch kein inländischer Verwaltungssitz erforderlich. Das Gesellschaftsstatut einer nach deutschem Recht gegründeten und daher auch in das deutsche Handelsregister eingetragenen Gesellschaft richtet sich nach deutschem Recht.

Entspricht der Satzungssitz nicht den Erfordernissen der §§ 5 AktG, 4 a GmbHG, hat das Registergericht die Eintragung gemäß §§ 38 AktG, 9 c GmbHG abzulehnen.[908] Wird eine Kapitalgesellschaft dennoch (versehentlich) in ein Handelsregister eingetragen, ist die Gesellschaft vollwirksam entstanden. Es ist jedoch ein Amtsauflösungsverfahren nach §§ 144 a FGG, 262 Abs. 1 Nr. 5 AktG

GmbH „in aller Regel nicht gerechtfertigt."); für Handelsgesellschaften allgemein Staub/*Hüffer,* Vor. § 13 HGB Rn. 26; MüKo-HGB/*Krafka*, § 13 HGB Rn. 33.

904 MüKo-AktG/*Heider*, § 5 AktG, Rn. 46.

905 MüKo-AktG/*Heider*, § 5 AktG, Rn. 47; Staub/*Hüffer,* Vor. § 13 HGB Rn. 27.

906 *Beitzke*, Juristische Personen, S. 87; Staudinger/*Großfeld*, IntGesR Rn. 246; KölnerKo/*Kraft*, § 5 AktG Rn. 26, eine Ausnahme gilt demnach nur, wenn Staatsverträge andere Vorgaben machen.

907 MüKo-AktG/*Heider*, § 5 AktG Rn. 42.

908 MüKo-AktG/*Heider*, § 5 AktG Rn. 60.

einzuleiten.[909] Erst dann verliert die Gesellschaft ihren Status als deutsche Gesellschaft.

Vorgesellschaften müssen lediglich eine dem deutschen Recht entsprechende Satzung feststellen, um wirksam als deutsche Vorgesellschaft gegründet worden sein.

c. Anwendung der Gründungstheorie auf deutsche Personenhandelsgesellschaften

Um nach der hier vertretenen Gründungstheorie eine deutsche Personenhandelsgesellschaft rechtswirksam zu gründen, müssen von den Gesellschaftsgründern die Voraussetzungen erfüllt werden, die an die wirksame Gründung einer solchen Gesellschaft im deutschen Recht gestellt werden. Dafür ist zum Einen der Abschluss eines (grundsätzlich formfreien) Gesellschaftsvertrags, der zumindest die gegenseitigen Verpflichtungen der Gesellschafter beinhaltet, nötig. Zum Anderen ist für Gesellschaften, die ein Gewerbe im Sinne der §§ 1 ff. HGB betreiben, grundsätzlich nur der Geschäftsbeginn gemäß § 123 HGB erforderlich. Die Registrierung der Gesellschaft nach § 106 HGB ist, wie bereits festgestellt, bei solchen Gesellschaften, nur deklaratorisch.[910] Die Eintragung dient der Handelsregisterpublizität, nicht aber der Herbeiführung einer materiellen Rechtsänderung. Für alle anderen Gesellschaften, die kein Handelsgewerbe betreiben oder die nur eigenes Vermögen verwaltet, ist die Eintragung im Handelsregister konstitutiv (§ 105 Abs. 2 HGB).

(1) Notwendigkeit eines innerdeutschen Sitzes i.S.v. § 106 HGB

Eine Personenhandelsgesellschaft muss bei ihrer Eintragung in das Handelsregister einen Sitz nach § 106 HGB angeben. Nach der herrschender Meinung in der Literatur und Rechtsprechung ist unter dem Sitz im Sinne des § 106 HGB allein der effektive Verwaltungssitz zu verstehen.[911] Da ein vom Verwaltungssitz abweichender statutarischer Sitz weder im Gesellschaftsvertrag enthalten sein müsse, noch eine solche Vereinbarung in das Handelsregister einzutragen sei, habe ein fiktiver statutarischer Sitz keine materiellrechtliche Bedeutung.

---

909 Müko-HGB/*Krafka*, § 13 HGB Rn. 31; MüKo-AktG/*Heider*, § 5 AktG Rn. 61.

910 *Grunewald*, 1 B Rn. 5.

911 BGH, WM 1957, 999, 1000; KG, WM 1955, 892, 893, KG, OLGRspr 22, 2; KG, WM 1967, 148, 149; *Baumbach/Hopt*, § 106 HGB Rn. 8; *Boujoung*, in: Boujong/Ebenroth/Joost, § 106 Rn. 13; Staub/*Hüffer*, Vor. § 13 HGB Rn. 22; *Jungherr*, S. 51 f.; MüKo-HGB/*Krafka*, § 13 HGB Rn. 27; MüKo-HGB/*Langhein*, § 106 HGB Rn. 26; Schlegelberger/*Martens*, § 106 HGB Rn. 12; Staudinger/*Großfeld*, IntGesR Rn. 753.

Nach der gegenläufigen Mindermeinung ist unter § 106 HGB hingegen vorzugsweise der durch den Gesellschaftsvertrag bestimmte statutarische Sitz zu verstehen, da der Sitz einer Gesellschaft zu ihrer Identitätsausstattung gehöre und dessen Festlegung Sache der Gesellschafter im Rahmen der Privatautonomie sei.[912] Nach beiden Ansichten muss der einzutragende Sitz im Sinne von § 106 sich jedenfalls im Inland befinden, da sich aus dem Sitz das zuständige Handelsregister ergebe und nur die Eintragung in ein deutsches Handelsregister ausreichend sei.

Schwierigkeiten entstehen daher, wenn sich eine Personenhandelsgesellschaft laut Gesellschaftsvertrag nach deutschen Vorschriften gründet und mit ihrem Geschäftsbetrieb nach § 123 HGB beginnt, ihr Sitz im Sinne des § 106 HGB sich aber im Ausland befindet. Einer solchen Gesellschaft mangelt es an der Zuständigkeit eines deutschen Registergerichts und eine – wenn auch nur deklaratorische – Eintragung in ein deutsches Register kann nicht erfolgen. Wird unter dem Sitz im Sinne von § 106 HGB der Verwaltungssitz verstanden, folgt daraus, dass der Verwaltungssitz einer Personenhandelsgesellschaft zwar nach materiellem deutschen Recht in Deutschland liegen muss; liegt er aber im Ausland, hat das auf die Entstehung der Gesellschaft scheinbar keine Auswirkungen. Zum gleichen Ergebnis gelangt auch die gegenläufige Mindermeinung. Denn wenn der statutarische Sitz im Ausland liegt, mangelt es ebenfalls an der Zuständigkeit eines deutschen Registergerichts, aber die Gesellschaft ist nach § 123 HGB rechtswirksam entstanden. Ein solches widersprüchliches Ergebnis kann nicht von der Rechtsordnung beabsichtigt sein.

Es stellt sich daher die Frage, ob das Vorhandensein eines inländischen Sitzes im Sinne von. § 106 HGB notwendige (materiellrechtliche) Voraussetzung zur Gründung einer Personenhandelsgesellschaft nach deutschem Recht ist. In der deutschen Literatur wird die Beantwortung dieser Frage in der Regel dadurch umgangen, dass unter dem Sitz im Sinne von § 106 HGB der Verwaltungssitz verstanden wird und auf eine Gesellschaft mit Verwaltungssitz im Ausland unter der (herrschenden) deutschen Sitztheorie nicht das deutsche Recht anwendbar ist. Diese kollisionsrechtliche Lösung ist unter der Gründungstheorie des Freundschaftsvertrags nicht möglich. Das Problem muss hier bereits auf materiellrechtlicher Ebene angegangen werden. Dazu gibt es nur vereinzelte Stellungnahmen. *Jungherr* erhebt den inländischen Verwaltungssitz zur zwingenden, materiellrechtlichen Voraussetzung für die Gründung einer deutschen Personenhandelsgesellschaft.[913] *Walden* lässt es ausreichen, dass bei der Gründung einer Personen-

912 *LG Köln*, NJW 1950, 871; *Grasmann,* Rn. 1168, Staub/*Ulmer*, § 106 Rn. 19 f.; *Walden*, S. 1230.

913 *Jungherr*, S. 51.

handelsgesellschaft nach deutschem Recht entweder der Verwaltungssitz oder der statutarische Sitz in Deutschland belegen ist.[914]

Um eine sachgerechte Lösung für das hier entstandene Problem zu finden, ist zunächst die Frage zu klären, was unter dem Sitz im Sinne von § 106 HGB zu verstehen ist. Erst danach kann untersucht werden, ob dieser Sitz eine zwingende, materiellrechtliche Gründungsvoraussetzung ist.

(i) Statutarischer Sitz als Sitz i.S.v. § 106 HGB

Anders als im Aktiengesetz (§ 5 AktG) und im GmbH- Recht (§ 4 a GmbHG) trifft das Personengesellschaftsrecht keine Aussagen darüber, wie der Begriff des Sitzes auszufüllen ist. Daraus kann allerdings nicht geschlossen werden, dass ein statutarischer Sitz bei Personengesellschaften gesetzlich nicht zugelassen ist.[915] Gegen ein solches Verständnis spricht bereits die Tatsache, dass der Inhalt des Gesellschaftsvertrags einer Personengesellschaft dem Grundsatz der Vertragsfreiheit unterliegt.[916] Daher steht es den Gesellschaftern frei, auch bei Fehlen einer ausdrücklichen gesetzlichen Zuweisung Bestimmungen über den statutarischen Sitz vorzunehmen. Der Gesellschaftsvertrag soll sogar möglichst die Gesamtheit der tatsächlichen und rechtlichen Verhältnisse der Gesellschaft regeln, wozu ein statutarischer Sitz zweifelsfrei zählt.[917] Außerdem soll der zulässige Inhalt eines Gesellschaftsvertrags zugunsten der Vertragsfreiheit bestimmt werden und nicht bei mangelnden gesetzlichen Vorgaben durch Umkehrschlüsse begrenzt werden.[918] Die gegenläufige (herrschende) Ansicht, die unter Sitz im Sinne des § 106 HGB den Verwaltungssitz versteht, sieht es als ausreichend an, dass die Wahl des tatsächlichen Tätigkeitsschwerpunktes der Gesellschaft im privatautonomen Belieben der Gesellschafter stehe.[919] Die Bestimmung des Verwaltungssitzes geschieht jedoch durch das Schaffen tatsächlicher Verhältnisse, allein die Festlegung eines Orts als Verwaltungssitz genügt gerade nicht. Diese (herrschende) Auffassung wird der Vertragsfreiheit daher nicht gerecht.

Die fehlende Regelung im Personengesellschaftsrecht über einen zwingenden statutarischen Sitzes spricht also nur dafür, dass das Gesetz diesen nicht für notwendig erachtet, nicht aber, dass dieser unzulässig ist.[920]

---

914 *Walden,* S. 139.
915 So jedoch Schlegelberger/*Martens*, § 106 HGB Rn. 12.
916 LG Köln, NJW 1950, 871; Staub/*Ulmer*, § 106 HGB Rn. 20.
917 LG Köln, NJW 1950, 871.
918 *Walden,* S. 128.
919 Schlegelberger/*Martens*, § 106 HGB Rn. 12.
920 LG Köln, NJW 1950, 871.

Dieses Ergebnis wird von § 17 ZPO getragen. Demnach ist der allgemeine Gerichtsstand von juristischen Personen und Personengesellschaften am „Sitz“ der Gesellschaft. Nach § 17 Abs. 1 S. 2 ZPO ist „Sitz“ im Sinne dieser Vorschrift, nur *wenn nichts anderes bestimmt ist*, der Ort, an dem die Hauptverwaltung geführt wird. Unter „Sitz“ ist in § 17 ZPO also vorrangig der satzungsmäßig bestimmte Sitz zu verstehen. Nur wenn es an einer Bestimmung fehlt, wird auf den Verwaltungssitz zurückgegriffen.[921] Im gleichen Sinne ist § 24 BGB[922] formuliert. Daher sollte auch in § 106 HGB unter „Sitz“ vorrangig der statutarische Sitz verstanden werden.[923]

Weiterhin weisen das Recht der Personengesellschaften und das Recht der Kapitalgesellschaften Ähnlichkeiten auf.[924] Eine Personengesellschaft nimmt wie eine Kapitalgesellschaft selbständig am Rechtsverkehr teil; sie tritt unter ihrer Firma – auch im Prozess – auf. Der bedeutendste Unterschied zwischen beiden Gesellschaftsformen liegt darin, dass eine Personengesellschaft auf dem persönlichen Wirken und der persönlichen Haftung der Gesellschafter beruht, während in einer Kapitalgesellschaft die Gesellschafter nur aufgrund ihres Kapitals beteiligt sind und die Haftung auf das Gesellschaftsvermögen beschränkt ist. Diese Unterschiede rechtfertigen es jedoch nicht, einer Personengesellschaft einen statutarischen Sitz abzusprechen und sie einem Einzelkaufmann gleichzustellen.[925] Dieser muss sich nämlich am „Ort der Hauptniederlassung“ anmelden (§ 29 HGB). § 106 HGB spricht jedoch von der Anmeldung am „Sitz“ der Gesellschaft. Unter „Sitz“ sollte daher in erster Linie der statutarische Sitz zu verstehen sein.

Es kann auch nicht vorgebracht werden, dass bei Personenhandelsgesellschaften anders als bei Kapitalgesellschaften ein Interesse an einer engen räumlichen Verbindung zwischen der Verwaltung der Gesellschaft und der Tätigkeit der nach dem Sitz zuständigen Gerichte und Behörden bestehe.[926] Kapitalgesellschaften beeinflussen die Gesamtwirtschaft – aufgrund ihrer grundsätzlich größeren Ausrichtung – erheblich stärker und gefährden infolge der Haftungsbeschränkungen die Gesellschaftsgläubiger mehr als Personenhandelsgesellschaften.[927] Wenn nun Kapitalgesellschaften, bei denen ein größeres Bedürfnis zur Überwa-

921 MüKo-ZPO/*Patzina*, § 17 ZPO Rn. 13.
922 § 24 BGB: Als Sitz eines Vereins gilt, wenn nicht ein anderes bestimmt ist, der Ort, an welchem die Verwaltung geführt wird.
923 *Walden*, S. 129.
924 LG Köln, NJW 1950, 871.
925 LG Köln, NJW 1950, 871.
926 So aber *Baumbach/Hopt*, § 106 HGB Rn. 8.
927 *Grasmann*, Rn. 1170.

chung besteht, durch Gesetz ein Satzungssitz zugestanden wird, muss dies für Personenhandelsgesellschaften erst recht gelten.[928]

Die herrschende Meinung führt weiterhin an, dass ihr Verständnis von „Sitz“ in § 106 HGB dem Schutz des Rechtsverkehrs diene.[929] Ein Gesellschaftsvertrag könne – anders als die Satzung einer Kapitalgesellschaft – formlos abgeschlossen werden und sei bei der Anmeldung im Handelsregister nicht vorzulegen. Der Gesellschaftsvertrag könne ebenfalls formlos – auch ohne Eintragung in das Handelsregister – jederzeit geändert werden. Daher bestehe über die an die Sitzbestimmungen anknüpfenden Rechtsfolgen im Außenverhältnis keine ausreichende Klarheit. Die Anknüpfung an den Verwaltungssitz sei hingegen ein für den Rechtsverkehr erkennbares Kriterium.

So eindeutig und von außen erkennbar ist die die Anknüpfung an den Verwaltungssitzes jedoch nicht. Bereits bei der praktischen Feststellung kann die Anknüpfung an den Verwaltungssitz für Schwierigkeiten sorgen. Der Verwaltungssitz ist der Ort, von dem aus die tatsächlichen Geschäfte geleiten werden und wo sich der Schwerpunkt der geschäftlichen Tätigkeiten befindet.[930] Die Bestimmung des Verwaltungssitzes bedarf damit der Berücksichtigung der tatsächlichen Verhältnisse. Diese sind für den Rechtsverkehr nicht immer eindeutig zu erkennen und auch für ein Gericht gegebenenfalls schwer zu ermitteln. Dies gilt insbesondere bei modernen multinationalen Unternehmensgruppen oder bei internationalen Anwaltssozietäten mit womöglich variablem Mehrfachsitz.

Auch die Tatsache, dass ein Verwaltungssitz als Sitz in das Handelsregister eingetragen ist, reicht nicht aus, um für rechtliche Klarheit zu sorgen. Bei einer Diskrepanz zwischen dem tatsächlichem Sitz und der Eintragung in das Handelsregister ist nach herrschender Meinung nämlich der tatsächliche Sitz maßgebend.[931] Außerdem überprüft das Registergericht bei der Anmeldung die von der anmeldepflichtigen Person gemachten Angaben im Rahmen seiner Prüfungspflicht lediglich auf ihre Plausibilität hin, das heißt auf die Schlüssigkeit des Dargelegten und auf seine Glaubwürdigkeit nach der allgemeinen Lebens- und Geschäftserfahrung.[932] Es kann daher leicht – bewusst oder unbewusst – umgangen werden, dass der eingetragene Sitz tatsächlich der effektive Verwaltungssitz ist.

---

928 *Grasmann*, Rn. 1170.

929 Schlegelberger/*Martens*, § 106 HGB Rn. 12; MüKo-HGB/*Langhein*, § 106 HGB Rn. 28.

930 MüKo-HGB/*Langenhein*, § 106 HGB Rn. 26; *Boujong*, in: Boujoung/Ebenroth/Joost, § 106 HGB Rn. 13.

931 BGH, WM 1957, 999, 1000; KG, WM 1955, 892, 893; KG, WM 1958, 226, 227; Schlegelberger/*Martens*, § 106 HGB Rn. 13.

932 Staub/*Ulmer*, § 106 HGB Rn. 28.

Der statutarische Sitz ist hingegen, selbst wenn er für den Rechtsverkehr nicht unmittelbar erkennbar sein sollte, jedenfalls im Ergebnis ermittelbar.[933] Die Ermittelbarkeit des statutarischen Sitzes wird außerdem durch die Vorschrift des § 125 a HGB gesichert, die bei der Handelsrechtsreform im Jahre 1998 eingefügt wurde. Nach § 125 a Abs. 1 HGB muss auf allen Geschäftsbriefen der Gesellschaft der „Sitz" der Gesellschaft angegeben werden. Dies sichert die Offenkundigkeit eines statutarischen Sitzes.[934]

Unter Berücksichtigung des § 125 a HGB ist auch das Argument der herrschenden Meinung nicht mehr haltbar, dass die Registerkontrolle wesentlich erschwert sei, wenn man ausschließlich auf den statutarischen Sitz abstelle.[935]. Auch bei einem statutarischen Sitz ist die Erreichbarkeit der Gesellschaft durch das Gericht gesichert. Die Gefahr, dass der statutarische Sitz nicht den tatsächlichen Verhältnissen entspricht, besteht jedenfalls im gleichen Maße wie bei der Eintragung eines Verwaltungssitzes.

Die hinreichende Klarheit über die Bestimmung des „Sitzes" einer Personenhandelsgesellschaft leidet auch nicht darunter, dass ein statutarischer Sitz durch (formlose) Änderung des Gesellschaftsvertrags, der nicht dem Handelsregister vorzulegen ist, wegverlegt werden kann.[936] Die Anknüpfung an den Verwaltungssitz unterliegt der Gefahr einer „formlosen Sitzverlegung" in gleichem, wenn nicht sogar in höherem Maße wie die Anknüpfung an den statutarischen Sitz. Bei einer Diskrepanz zwischen tatsächlichem Sitz und der Eintragung in das Handelsregister ist nach herrschender Meinung der tatsächliche Sitz maßgebend.[937] Die Verlegung des Sitzes im Sinne von § 106 HGB geschieht in diesem Fall allein durch die tatsächliche Verlegung des effektiven Verwaltungssitzes; ein besonderer Gesellschafterbeschluss ist nicht nötig.[938] Die tatsächliche (formlose) Verlegung des Verwaltungssitzes führt also ebenso wie die formlose Änderung des Gesellschaftsvertrags zur Verlegung des rechtlich maßgeblichen Sitzes. Zwar muss jede Verlegung des Sitzes in das Handelsregister eingetragen werden (§§ 13 h, 107 HGB); diese Eintragung ist jedoch rein deklaratorisch.[939]

---

933 *Grasmann*, Rn. 207.
934 *Walden*, S. 129.
935 Schlegelberger/*Martens*, § 106 HGB Rn. 13; MüKo-HGB/*Langhein*, § 106 HGB Rn. 28.
936 So aber MüKo-HGB/*Langhein*, § 106 HGB Rn. 28.
937 BGH, WM 1957, 999, 1000; KG, WM 1955, 892, 893; KG, WM 1958, 226, 227; Schlegelberger/*Martens*, § 106 HGB Rn. 13.
938 KG, WM 1967, 148, 149; *Baumbach/Hopt*, § 106 HGB Rn. 10; Schlegelberger/*Martens*, § 106 HGB Rn. 13, MüKo-HGB/*Langhein*, § 106 HGB Rn. 29.
939 *Baumbach/Hopt*, § 106 HGB Rn. 10.

Auf Grund dieser Argumente wird überzeugend nachgewiesen, dass der einzutragende „Sitz" einer Personenhandelsgesellschaft im Sinne von § 106 HGB vorrangig der im Gesellschaftsvertrag bestimmte, also der statutarische Sitz ist. Natürlich steht es den Gesellschaftern frei, ihren Verwaltungssitz zugleich als statutarischen Sitz zu bestimmen.

Welche materiellrechtlichen Anforderungen an den statutarischen Sitz gestellt werden, muss an dieser Stelle nicht entschieden werden. Der statutarische Sitz muss zumindest die postalische Erreichbarkeit sichern. Daher könnte bereits ein Briefkasten am Ort des statutarischen Sitzes, der tatsächlich von der Gesellschaft geleert wird, als ausreichend angesehen werden, wenn die Sitzbestimmung im Übrigen nicht rechtsmissbräuchlich ist.[940] Es könnte auch an eine analoge Anwendung der §§ 5 Abs. 2 AktG, 4 a Abs. 2 GmbHG gedacht werden.[941] Da diese Vorschriften jedoch im Zuge der Reform des GmbH-Rechts wegfallen werden, bleibt abzuwarten, welche Anforderungen an den statutarischen Sitz des Kapitalgesellschaftsrechts in Zukunft gestellt werden und ob diese Maßstäbe auch für Personenhandelsgesellschaften sachgerecht sind.

(ii) Rechtsfolgen bei fehlendem oder unzulässigem (inländischen) statutarischen Sitz – hilfsweise Heranziehung des Verwaltungssitzes

Versteht man unter dem Sitz im Sinne des § 106 HGB den statutarischen Sitz, muss dieser notwendigerweise im Inland belegen sein, um die Eintragung in ein deutsches Handelsregister zu ermöglichen. Andernfalls ließe sich kein zuständiges deutsches Gericht ermitteln. Erfolgt dennoch (irrtümlicherweise) die Eintragung eines ausländischen statutarischen Sitzes, ist diese Eintragung durch das Registergericht von Amts wegen nach § 142 FGG zu löschen. Die Löschung einer Eintragung hat jedoch in der Regel auf die rechtliche Stellung der Gesellschaft keine Auswirkungen, denn die (korrekte) Eintragung einer Personenhandelsgesellschaft in das Handelsregister ist nur deklaratorisch.[942] Damit stellt sich die Frage, welche Folgen es hat, wenn eine Personenhandelsgesellschaft einen ausländischen oder einen aus anderen Gründen unzulässigen statutarischen Sitz wählt oder gar keine Bestimmung des statutarischen Sitzes vornimmt.

Im Recht der Kapitalgesellschaften ist die Bestimmung eines inländischen Satzungssitzes eine konstitutive Entstehungsvoraussetzung des materiellen Rechts. Auch wenn die Eintragung eines statutarischen Sitzes für Personengesell-

---

940 Staub/*Ulmer*, § 106 HGB Rn. 20.

941 So wohl *Wiedemann*, Gesellschaftsrecht I, § 14 II 2.

942 Solange die Gesellschaft ein Handelsgewerbe nach § 1 ff. HGB betreibt, sonst ist die Eintragung konstitutiv, vgl. § 105 Abs. 2 HGB.

schaften wegen § 123 HGB keine konstitutive Gründungsvoraussetzung ist, könnte für die wirksame Gründung einer Personenhandelsgesellschaft deutschen Rechts in Anlehnung an das Kapitalgesellschaftsrecht zumindest die Bestimmung (nicht die Eintragung) eines inländischen statutarischen Sitzes notwendig sein. Denn nur dann ist eine Eintragung der Personenhandelsgesellschaft in ein deutsches Handelsregister (zukünftig) möglich.

Da es nach dem Gesetz zur wirksamen Gründung einer deutschen Personenhandelsgesellschaft keines Sitzes im Sinne von § 106 HGB bedarf und der statutarische Sitz damit nicht zwingender Bestandteil des Gesellschaftsvertrags sein muss, darf einer Gesellschaft ihre Eigenschaft als deutsche Personengesellschaft nicht bereits dann verweigert werden, wenn (bewusst oder unbewusst) kein oder nur ein unzulässiger statutarischer Sitz im Gesellschaftsvertrag bestimmt wurde. Vielmehr sollte es für die Gründung einer Personenhandelsgesellschaft deutschen Rechts ausreichen, wenn die Gesellschafter trotz fehlender oder unzulässiger Bestimmung eines statutarischen Sitzes zumindest in tatsächlicher Hinsicht einen Ort geschaffen haben, der die Funktionen des statutarischen Sitzes übernimmt. Damit stellt sich die Frage, wann in Fällen einer unzulässigen oder fehlenden (statutarischen) Sitzbestimmung ein anderer Ort die Funktionen des statutarischen Sitzes übernehmen kann. In Betracht kommt, hierfür einen inländischen Verwaltungssitz – so schlägt es *Walden* vor[943] – oder eine inländische Zweigniederlassung oder Produktionsstätte heranzuziehen.

Ein inländischer statutarischer Sitz dient zum Einen dazu, die Zuständigkeit eines deutschen Registergerichts zu bewirken. Das Registergericht ist zuständig für die Eintragung der Gesellschaft und bei fehlender Registereintragung oder bei fehlender Änderung der Registereintragung nach §§ 14 HGB, 132 ff. FGG berechtigt und verpflichtet, ein Zwangsgeld anzudrohen und gegebenenfalls festzusetzen, um die Anmeldung zu erzwingen. Eine Eintragung von Amts wegen ist nicht möglich. Die Möglichkeit des Registergerichts, eine Eintragung der Gesellschaft zu erreichen, dient den Interessen, die hinter der Registerpublizität stehen, insbesondere dem mit der Auskunftsfunktion verbundenen Verkehrs- und Vertrauensschutz.[944] Um diese Zwecke zu erreichen, kann bei fehlendem oder unzulässigem statutarischen Sitz ein inländischer Verwaltungssitz herangezogen werden. Während jede Gesellschaft nur einen Verwaltungssitz hat, steht es den Gesellschaftern aber frei, unbegrenzt viele inländische Zweigniederlassungen oder Produktionsstätte zu errichten. So könnte es bei der hilfsweisen Heranziehung einer inländischen Zweigniederlassung oder Produktionsstätte dazu kommen, dass sich mehrere zuständige Registergerichte ermitteln lassen. Den fehlenden oder

943 *Walden*, S. 131 ff.

944 *Schmidt*, Handelsrecht, § 13 U 1, S. 376.

unzulässigen statutarischen Sitz durch eine inländische Zweigniederlassung oder Produktionsstädte zu ersetzen, bereitet daher Probleme.

Ein inländischer statutarischer Sitz sichert zum Anderen, dass die Zuständigkeit deutscher Gerichte gewahrt ist. Nach § 17 ZPO ergibt sich der allgemeine Gerichtsstand von Personengesellschaften aus dem Sitz der Gesellschaft, der, wenn keine anderweitigen Abreden getroffen wurden, der Verwaltungssitz ist. Der Verwaltungssitz im Sinne einer Hauptniederlassung ist also im Gesetz bereits dafür vorgesehen, zur Bestimmung des allgemeinen Gerichtsstands hilfsweise herangezogen zu werden, falls es an einem eindeutigen, inländischen statutarischen Sitz fehlt.[945] Nach § 17 ZPO befindet sich der Gerichtsstand daher entweder am statutarischen Sitz oder am Verwaltungssitz, inländische Zweigniederlassungen oder Produktionsstätte können hingegen keinen allgemeinen inländischen Gerichtsstand begründen.[946] Außerdem besitzen inländische Zweigniederlassungen oder Produktionsstätte keine eigene Rechts- und Parteifähigkeit und können daher nicht eigenständig Partei eines Rechtsstreits sein[947] Der Wortlaut des § 17 ZPO setzt jedoch zumindest die passive Parteifähigkeit voraus.[948]

Ohne einen Sitz – Verwaltungssitz bzw. statutarischen Sitz – besteht also keine allgemeine Zuständigkeit deutscher Gerichte. Ein Kläger kann in diesem Fall zwar gegebenenfalls auf besondere Gerichtsstände zurückgreifen,[949] um die Gesellschaft in Deutschland verklagen zu können, aber der allgemeine Gerichtsstand befindet sich im Ausland. Für Klagen der Mitgesellschafter untereinander kann schließlich u.U. überhaupt kein Gerichtsstand in Deutschland ausgemacht werden, denn der Gerichtsstand der Mitgliedschaft findet sich nach § 22 ZPO am Ort des allgemeinen Gerichtsstands. Eine nach deutschem Recht gegründete Gesellschaft könnte sich damit deutschen Gerichten entziehen, wenn es zu ihrer Gründung weder eines Verwaltungssitzes noch eines statutarischen Sitzes in Deutschland bedürfte.

Wenn es also an einem zulässigen statutarischen Sitz fehlt, kann ein inländischer Verwaltungssitz sachgerecht die Funktionen des statutarischen Sitzes er-

945 MüKo-ZPO/*Patzina*, § 17 ZPO Rn. 13; Zöller/*Vollkommer*, § 17 ZPO Rn. 10.

946 MüKo-ZPO/*Patzina*, § 17 ZPO Rn. 13.

947 MüKo-HGB/*Krafka*, § 13 HGB Rn. 19. Der fakultative Gerichtsstand der Niederlassung nach § 21 ZPO kommmt nur in Betracht, wenn die Klage einen Bezug zum Geschäftsbetrieb der Filiale hat. Aus § 29 ZPO i.V.m. § 269 Abs. 2 BGB kann sich ausnahmsweise auch für den Aktivprozess der Gesellschaft die örtliche Zuständigkeit des Gerichts der Zweigniederlassung ergeben.

948 MüKo-ZPO/*Patzina*, § 17 ZPO Rn. 4; Zöller/*Volkommmer*, § 17 ZPO Rn. 5; *Walden*, S. 135.

949 Z.B. Gerichtsstand der Niederlassung, § 21 ZPO; Gerichtsstand des Vermögens und des Streitgegenstandes, § 23 ZPO; Gerichtsstand des Erfüllungsort, § 29 ZPO; Gerichtsstand der Vermögensverwaltung, § 31 ZPO.

füllen. Die Vorschrift des § 17 ZPO spricht sogar dafür, dass der Verwaltungssitz einer Gesellschaft herangezogen werden soll, falls es an einem inländischen statutarischen Sitz fehlt.[950] Daher ist unter Sitz im Sinne des § 106 HGB nur *vorrangig* der statutarische Sitz zu verstehen. Mangelt es daran, ist der Verwaltungssitz hilfsweise heranzuziehen.

(iii) Rechtsfolgen bei fehlendem oder unzulässigem statutarischen Sitz und fehlendem inländischen Verwaltungssitz

Soll eine Gesellschaft gegründet werden, die weder einen zulässigen inländischen statutarischen Sitz noch einen inländischen Verwaltungssitz hat, so ist eine Gründung als Gesellschaft deutschen Rechts nicht möglich. Dafür sprechen folgende Aspekte:

Die hilfsweise Heranziehung einer inländischen Produktionsstätte oder Zweigniederlassung reicht, wie gerade festgestellt wurde, nicht aus, um den Funktionen eines Sitzes im Sinne von § 106 HGB gerecht zu werden. Auch aus § 13 d HGB folgt, dass eine inländische Zweigniederlassung oder Produktionsstätte eine Gesellschaft nicht bereits zu einer Personengesellschaft deutschen Rechts machen. Nach § 13 d HGB müssen nach ausländischem Recht gegründete Gesellschaften Zweigniederlassungen in Deutschland anmelden. Die Gründung einer Zweigniederlassung in Deutschland führt jedoch nicht dazu, dass die Gesellschaft eine deutsche Gesellschaft wird; andernfalls könnte es keine ausländischen Gesellschaften mit inländischen Zweigniederlassungen mehr geben.[951]

Die Gründer einer Gesellschaft, die weder ihren statutarischen Sitz noch ihren Verwaltungssitz in Deutschland hat, entziehen sich gerade bewusst der registerrechtlichen Kontrolle und der allgemeinen Zuständigkeit deutscher Gerichte. Daher soll eine solche Gesellschaft auch keine Gesellschaft deutschen Rechts sein, da jegliche charakteristische Beziehung zu der Rechtsordnung, der sie eigentlich ihre Existenz zu verdanken hätte, verweigert wird.[952]

Eine Gesellschaft ohne inländischen statutarischen Sitz oder inländischen Verwaltungssitz ist auch nicht (auffangsweise) eine deutsche GbR.[953] Im deut-

950 *Walden*, S. 133, verweist auch auf die parallele Wertung im Steuerrecht hin. Nach § 1 Abs. 1 KStG besteht eine Körperschaftssteuerpflicht dann, wenn sich die Geschäftleitung (§ 10 KStG) oder der (statutarische) Sitz (§ 11 KStG) im Inland befindet. Das Steuerrecht hat jedoch allein das Ziel, möglichst viele Gesellschaften der Körperschaftssteuer zu unterwerfen. Dies ist mit der Lage im materiellen Gesellschaftsrecht nicht vergleichbar, wie *Walden* selbst anführt.

951 *Walden*, S. 137 f.

952 *Walden*, S. 136.

953 Vgl. *Walden*, S. 126 f.

schen Gesellschaftsrecht entsteht in der Regel dann eine GbR, wenn es der Gesellschaft an den (zusätzlichen) Gründungsvoraussetzungen zum Entstehen einer OHG oder KG mangelt. Eine GbR, die ein vollkaufmännisches Gewerbe ausübt, ist dem deutschen Gesellschaftsrecht allerdings nicht bekannt. Da aber im deutschen Gesellschaftsrecht der *numerus clausus* herrscht, können dem Gesellschaftsrecht unbekannte Gesellschaftsformen nicht als deutsche Gesellschaften entstehen.

(iv) Ergebnis: Notwendigkeit eines innerdeutschen statutarischen Sitzes oder Verwaltungssitzes

Zur Gründung einer Personenhandelsgesellschaft deutschen Rechts ist entweder ein inländischer statutarischer Sitz oder ein inländischer Verwaltungssitz nötig, damit die Zuständigkeit eines deutschen Registergerichts gesichert ist und zugleich ein allgemeiner Gerichtstand in Deutschland begründet wird.[954]

(2) Problem des Doppelsitzes

Nach der herrschenden Meinung, die unter dem einzutragenden Sitz im Sinne des § 106 HGB allein den Verwaltungssitz versteht, ist ein Doppelsitz bei Personenhandelsgesellschaften nicht möglich; es soll gerade nur einen tatsächlichen Verwaltungssitz geben.[955]

Wenn unter Sitz im Sinne des § 106 HGB, wie hier vertreten wird, vorrangig der statutarische Sitz zu verstehen ist, ist ein Doppelsitz in denjenigen Ausnahmefällen zu erlauben, in denen auch eine Kapitalgesellschaft einen solchen begründen darf.[956] Demnach ist ein Doppelsitz nur dann zulässig wenn überragende wirtschaftliche, politische oder währungsrechtliche Gründe diesen erfordern.[957] In der Regel sollte es jedoch aufgrund der aus einem Doppelsitz resultierenden registerrechtlichen Schwierigkeiten bei einem einzigen statutarischen Sitz bleiben. Ist einer Personenhandelsgesellschaft deutschen Rechts ausnahmsweise sogar erlaubt, den zweiten statutarischen Sitz im Ausland zu begründen, ist und bleibt die Gesellschaft dennoch eine Gesellschaft deutschen Rechts.[958] Dies aber nur dann, wenn das deutsche Recht als Gründungsrecht anwendbar ist, das heißt

954 *Walden,* S. 139.
955 *Baumbach/Hopt* § 106 HGB Rn. 9; Schlegelberger/*Martens*, § 106 HGB Rn. 14.
956 Staub/*Ulmer*, § 106 HGB Rn. 22.
957 GroßKoAktG/*Brändle*, § 5 AkG Rn. 36.
958 Die herrschende Meinung hält einen zweiten statutarischen Sitz von Kapitalgesellschaften für ausgeschlossen. Vgl. dazu Staub/*Hüffer*, Vor. § 13 HGB Rn. 27. Siehe zum Doppelsitz von Kapitalgesellschaften auch Kapitel F V 7 b (2).

der Gesellschaftsvertrag entsprechend ausgestaltet ist, zum Beispiel durch einen ausdrücklichen Verweis auf das deutsche Recht.

(3) Schlussfolgerung

Eine Gesellschaft ist eine deutsche Personenhandelgesellschaft unter folgenden Voraussetzungen: Zum einen müssen die Gesellschaftsgründer einen (formfreien) Gesellschaftsvertrag abgeschlossen haben, der zumindest die gegenseitigen Verpflichtungen der Gesellschafter beinhaltet. Zum anderen müssen Gesellschaften, die ein Gewerbe im Sinne des § 1 HGB betreiben, entweder im Handelsregister am Ort ihres statutarischen Sitzes eingetragen sein oder zumindest mit dem Geschäftsbetrieb beginnen (§ 123 HGB) und bei Geschäftsbeginn einen inländischen statutarischen Sitz oder zumindest einen inländischen Verwaltungssitz haben. Personenhandelsgesellschaften, die kein Gewerbe betreiben, bedürfen hingegen der Eintragung in ein deutsches Handelsregister am Sitz der Gesellschaft im Sinne von § 106 HGB, um als Personenhandelsgesellschaft deutschen Rechts zu entstehen. Die Eintragung einer solchen Gesellschaft stellt sicher, dass alle (materiellrechtlichen) Gründungsvoraussetzungen erfüllt wurden.

d. Anwendung der Gründungstheorie auf US-amerikanische corporations und andere US-amerikanische, registrierte Gesellschaftsformen

Das Recht eines US-amerikanischen Einzelstaates ist dann auf eine *corporation* oder andere registrierte Gesellschaften anwendbar, wenn die fragliche Gesellschaft die Gründungsvoraussetzungen der gewählten US-amerikanischen Rechtsordnung erfüllt hat. Wie bereits festgestellt, ist die abschließende Voraussetzung der Gründung einer US-amerikanischen *corporation, limited partnership, limited liability partnership* und *limited liability company* die Anmeldung beim *secretary of state.* Diese müssen insbesondere den (innerstaatlichen) Ort eines *registered office* und eines *registered agent*, der als *service of process* dient, beinhalten. Das Recht des Gründungsorts ist damit die Rechtsordnung des US-amerikanischen Einzelstaates, in dem die Gesellschaft ursprünglich ihre Gründungsurkunde oder *article of incorportion* eingereicht hat. Eine spätere *domestication* der Gesellschaft in einem anderen US-amerikanischen Einzelstaat oder eine Anmeldung der Gesellschaft zur *qualification to do business* beim *secretary of state* eines anderen Einzelstaates hat keinen Einfluss auf die Bestimmung des Gründungsorts. Ein inländischer Verwaltungssitz oder ein inländischer Satzungssitz im deutschen Sinne sind für die Gründung nach US-amerikanischen Recht nicht erforderlich.

Bei fehlerhaft gegründeten *corporations* ist das Recht anzuwenden, in dessen Staat die *corporation* sich beim *secretary of state* zu registrieren erstrebte. Nicht registrierte *limited liabiliy partnerships* und *limited partnerships* werden materiellrechtlich als *general partnerships* behandelt. Eine solche Betrachtung ist auch auf kollisionsrechtlicher Ebene sachgerecht.

e. *Anwendung der Gründungstheorie auf deutsche und US-amerikanische nicht zu registrierende Gesellschaften*

Für die Gründung nicht zu registrierender Gesellschaften, also einer deutschen GbR, einer US-amerikanischen *general partnership* und eines US-amerikanischen *joint venture* ist es ausreichend, dass der (formfreie) Gesellschaftsvertrag nach der gewünschten (deutschen oder US-amerikanischen) Rechtsordnung ausgestaltet ist. Das Gesellschaftsstatut richtet sich dann nach derjenigen Rechtsordnung, nach der der Gesellschaftsvertrag inhaltlich ausgestaltet ist und die Gesellschaft damit erkennbar organisiert ist. Diese Rechtsordnung verleiht der Gesellschaft ihre rechtliche Existenz.

Da das deutsche und das US-amerikanische Recht ähnliche Voraussetzungen an die Gründung einer nicht zu registrierenden Gesellschaft stellen, kann es jedoch schwer fallen, die inhaltliche Ausgestaltung des Gesellschaftsvertrags oder die Organisation der Gesellschaft einer bestimmten Rechtsordnung zuzuordnen. Keine Schwierigkeiten ergeben sich, wenn eine US-amerikanische *general partnership* sich (ausnahmsweise) beim *secretary of state* angemeldet hat.[959] Das Gründungsrecht ist in diesem Fall das Recht des Anmeldungsorts. Keine Schwierigkeiten bei der Bestimmung des Gründungsrechts ergeben sich darüber hinaus, wenn die Gesellschaftsgründer eine ausdrückliche Rechtwahl getroffen haben oder der Gesellschaftsvertrag sonstige Formulierungen enthält, die auf eine konkludente Rechtswahl schließen lassen.

Sind diese Kriterien jedoch nicht erfüllt, ist eine Gesamtschau notwendig, um diejenige Rechtsordnung zu ermitteln, nach der der Gesellschaftsvertrag ausgestaltet und die Gesellschaft organisiert ist. Zur Bestimmung des Gründungsrechts ist in dieser Gesamtschau insbesondere auf die Kriterien zurückzugreifen, die als mögliche Konkretisierung der Gründungstheorie untersucht wurden. Das Ziel ist es dabei, die Gesellschaft derjenigen Rechtsordnung zuzuweisen, die die engste Verbindung (*most significant relationship*) zu der Gesellschaft vorweist. Folgende Kriterien sind dabei primär in einer Gesamtschau zu berücksichtigen:

- der im Gesellschaftsvertrag bestimmte statutarische Sitz,
- der Ort des Gesellschaftsvertrags,

959 Vgl. U.P.A. § 303 (1997).

- der Verwaltungssitz[960]
- die Bezeichnung der Gesellschaftsform durch die Gründer.

Wenn diese primär zu berücksichtigenden Kriterien zu keinem eindeutigen Ergebnis führen, muss auf weitere Kriterien zurückgegriffen werden. Dies ist insbesondere der Fall, wenn der Inhalt des Gesellschaftsvertrags auf das Notwendige beschränkt ist und nur die Festlegung des Gesellschaftszwecks enthält.[961] Das ist ausreichend für die wirksame Gründung einer GbR, eines *joint venture* oder einer *general parternship*.[962] Wird eine solche Gesellschaft gegründet, erfüllen die Gesellschaftsgründer die Gründungsvoraussetzungen mehrerer Rechtsordnungen und mehrere Rechtsordnungen könnten der Gesellschaft ihre rechtliche Existenz verleihen. Ziel ist es auch in diesen Fällen, die Gesellschaft derjenigen Rechtsordnung zu unterstellen, die die engste Verbindung (*most significant relationship*) zur Gesellschaft vorweist. Um diesem Ziel gerecht zu werden, ist daher auf folgende sekundär zu beachtenden Kriterien zurückzugreifen:
- der Ort des wirtschaftlichen Schwerpunkts,
- die Staatsangehörigkeit der Gesellschafter,
- die Sprache des Gesellschaftsvertrags und der Gesellschafter.

Im Ergebnis gilt für die Bestimmung des Gründungsrechts von nicht zu registrierende Gesellschaften also Folgendes: Das Gründungsrecht richtet sich nach derjenigen Rechtsordnung, nach der der Gesellschaftsvertrag ausgestaltet ist und die Gesellschaft organisiert ist. Um die inhaltliche Ausgestaltung des Gesellschaftsvertrags und die Organisation der Gesellschaft einer bestimmten Rechtsordnung zuzuordnen, ist in der Regel eine Gesamtbetrachtung notwendig. Dabei ist in erster Linie auf eine mögliche Registrierung der Gesellschaft nach US-amerikanischen Recht und den ausdrücklich oder konkluden geäußerten Willen der Gesellschafter abzustellen, um das Gründungsrecht zu bestimmten. Mangelt es an einer Registrierung oder einer Rechtswahl, ist auf die hier genannten primär und sekundär zu berücksichtigenden Kriterien abzustellen, um im Ergebnis die Gesellschaft derjenigen Rechtsordnung zu unterstellen, mit der sie am engsten Verbun-

960 Dies ist nicht als Rückgriff auf die Sitztheorie zu sehen, der Verwaltungssitz wird vielmehr in die Gesamtschau miteinbezogen, aber nicht als alleinige Anknüpfung genommen, wie es die Sitztheorie vorsieht.

961 Hier wird insbesondere an die Fälle gedacht, in denen sich Gesellschaftsgründer keine Gedanken über die Gründung ihrer Gesellschaft gemacht haben, z.B. wenn mehrere natürliche Personen einen gemeinsamen, privaten Zweck (wie einer Urlaubsreise) organisieren und dafür (unbewusst) eine GbR gründen.

962 Bei einer *general partnership* muss der Zweck dabei „*to carry on business*“ sein, U.P.A. § 202.(1997).

den ist.[963] Das Kriterium der engsten Verbindung kann dabei allerdings nicht zu einer Rechtsordnung führen, deren Gründungsvoraussetzungen unerfüllt blieben, wenn die Gesellschaft nach anderen Rechten als existent zu behandeln ist.

f. Zusammenfassung

Im Einzelfall erfordert die Bestimmung des Gründungsorts nach der hier vertretenen Gründungstheorie eine genaue Prüfung des Sachverhalts. Grundsätzlich ist auf eine Gesellschaft diejenige Rechtsordnung anzuwenden, die nach dem Willen der Gesellschaftsgründer durch Erfüllung der Gründungsvoraussetzungen der Gesellschaft ihre rechtliche Existenz verliehen hat.

Das Gesellschaftsstatut zu registrierender Gesellschaften richtet sich mithin in der Regel nach dem Recht des Orts, an dem die Gesellschaft erstmals (ursprünglich) in ein Handelsregister eingetragen oder beim *secretary of state* angemeldet wurde. Die Eintragung bzw. Anmeldung als letzter Gründungsakt zeigt grundsätzlich, dass die Gründungsvoraussetzungen des Rechts dieses Staates erfüllt wurden. Falls eine Gesellschaft, die grundsätzlich einzutragen oder anzumelden ist, nach dem Recht eines Staates trotz mangelnder Eintragung oder Anmeldung entstehen kann, richtet sich ihr Gesellschaftsstatut nach dem Recht des Orts, das eine solche Gesellschaft trotz mangelnder Eintragung oder Anmeldung rechtlich existieren lässt.[964]

Auf nicht zu registrierende Gesellschaften ist diejenige Rechtsordnung anzuwenden, nach der der Gesellschaftsvertrag ausgestaltet und die Gesellschaft damit organisiert ist. Um diese Rechtsordnung zu bestimmten, ist aufgrund der Ähnlichkeiten im deutschen und US-amerikanischen Recht der nicht zu registrierenden Gesellschaften in der Regel eine Gesamtbetrachtung notwendig. Dabei wird diejenige Rechtsordnung ermittelt, die die engste Verbindung zur fraglichen Gesellschaft aufweist.

---

963 Die Anknüpfung des Gesellschaftsstatuts nicht zu registrierender Gesellschaften hat damit Ähnlichkeit zur Anknüpfung im internationalen Vertragsrecht. Im internationalen Vertragsrecht gilt der Vorrang der Parteiautonomie (Art. 27 EGBGB) und als Generalklausel der Grundsatz der engsten Verbindung (Art. 28 Abs. 1 S. 1 EGBGB). Da nicht zu registrierende Gesellschaften allein durch den Abschluss eines (Gesellschafts-)vertrags entstehen, ist die Ahnlehung an die Anknüpfung des Vertragsrechts für diese Gesellschaften sachgerecht. N.B. Eine Gleichsstellung des internationalen Gesellschaftsrechts nicht registrierter Gesellschaften mit dem internationalen Vertragsrecht ist hier jedoch nicht beabsichtigt. Dies ist aus den in Kapitel F V 4 genannten Gründen nicht möglich.

964 Hier wird vor allem an die deutsche OHG gedacht, die auch vor der Handelsregistereintragung mit Geschäftsbeginn entstehen kann und an US-amerikanische *corporations by estoppel* und *de facto*.

Im Ergebnis läuft der hier abstrakt entwickelte Grundsatz zur Bestimmung des Gründungsrechts im deutsch-US-amerikanischen Verhältnis *in concreto* auf folgende dreistufige Anknüpfungsprüfung hinaus:

Eine Gesellschaft unterliegt dem Recht des Staates, in dem sie sich erstmalig registriert oder angemeldet hat; hilfsweise dem Recht des Staates, nach dem sie sich organisiert hat, hilfsweise dem Recht des Staates, zu dem sie die engste Verbindung aufweist.

VI. Statutenwechsel

1. Unter der Gründungstheorie des Freundschaftsvertrags

Die Anknüpfung aller gesellschaftsrechtlichen Verhältnisse an den Gründungsort ist ein unabänderliches Moment und steht einer nachträglichen Änderung des Gesellschaftsstatuts entgegen.[965] Daher wird durch die hier vertretene Gründungstheorie des Freundschaftsvertrags ein Statutenwechsel grundsätzlich verhindert.

Dies entspricht auch der US-amerikanischen Gründungstheorie. In dem Fall *Bank of Augusta v. Earle* entschied der *U.S. Supreme Court*: „*[A corporation] must dwell in the place of its creation, and cannot migrate to another sovereignty.*“[966] Diesen Grundsatz bestätigte die US-amerikanische Rechtsprechung daraufhin vielfach.[967]

Gegen einen Statutenwechsel im deutsch-US-amerikanischen Verhältnis sprechen vor allem die potenziell beeinträchtigten Interessen der Gläubiger, der Minderheitsgesellschafter und des Staates, da der Schutz dieser Gruppen (insbesondere Haftungsfragen) in einem anderen Rechtssystem anderen Maßstäben unterliegt. Der Wechsel des Gesellschaftsstatuts und damit auch der Rechtsform erfordert einen gewissen Mindestschutz dieser Personengruppen, wie ihn zum Beispiel das Umwandlungsgesetz[968] oder die SE-VO[969] und das dazugehörige

---

965 Allgemein gegen einen Statutenwechsel unter der Gründungstheorie ist *v. Hoffmann*, ZVglRWiss 101 (2002), 283, 284; AnwaltKo/*Hoffmann*, Anh. zu Art. 12 EGBGB Rn. 44.

966 *Bank of Augusta v. Earle*, 38 U.S. 519 (1839).

967 Vgl. *Cream of Wheat Co. v. Grand Forks Country*, 253 U.S. 325, 328 (1920); *Fairbanks Steam Shovel Co. v. Willis*, 240 U.S. 642, 648 (1916); *Ex Parte Shaw*, 145 U.S. 444, 450 (1892); *Canada Southern Ry. Co v. Gebhard*, 109 U.S. 527, 537 (1883); *Ex Parte Schollenberger*, 96 U.S. 369, 377 (1877) („*A corporation cannot change its residence or its citizenship.*“).

968 Vgl. insb. §§ 204, 22, 23 und 207 UmwG.

969 Verordnung (EG) Nr. 2157/2001 des Rates v. 08. 10. 2001 über das Statut der Europäischen Gesellschaft (SE) – (SE-Ausführungsgesetz – SEAG). Vgl. insbesondere Art. 8 Abs. 7 SE-VO, der einen Statutenwechsel nur erlaubt, wenn die Interessen

Gesetz zur Einführung der Europäischen Gesellschaft (SEEG) vom 22. Dezember 2004[970] statuieren. Eine gesetzlich geregelte Sicherung dieser Personengruppen ist somit die Voraussetzung für einen Statutenwechsel.[971]

Daher können die Gründer im deutsch-US-amerikanischen Verhältnis nur bis zur Vollendung des Gründungsvorgangs die Rechtsordnung wählen, unter der sie ihre Gesellschaft gründen wollen und können. Nach dessen Vollendung kann das Gesellschaftsstatut lediglich durch Auflösung der Gesellschaft im Gründungsstaat und Neugründung in einem anderen Staat „gewechselt" werden.

Die Gründungstheorie ermöglicht damit zwar die tatsächliche, nicht jedoch die rechtliche Mobilität[972] zwischen der Bundesrepublik Deutschland und den Vereinigten Staaten von Amerika.

2. *US-amerikanische domestication*

Auch die *domestication*, die in der Rechtsordnung mancher US-amerikanischer Staaten vorgesehen ist, bedeutet keinen Statutenwechsel. Eine *domestication* wird nach dem Recht von Pennsylvania beispielsweise folgendermaßen definiert:

> *„Any qualified foreign business corporation may become a domestic business corporation by filing in the Department of State articles of domestication [...] and it shall thereafter continue as a corporation which shall be a domestic business corporation subject to this subpart.*"[973]

Ähnliche Vorschriften finden sich zum Beispiel im Recht von *Delaware*, welches die *domestication* jedoch ausschließlich für nicht US-amerikanische Gesellschaften vorsieht.[974] Der *Model Business Corporation Act* erlaubt eine *domestication* nur, wenn das Gründungsland der Gesellschaft es zulässt.[975] Dies ge-

---

der Gläubiger und sonstiger Forderungsberechtiger nachweislich ausreichend geschützt sind.

970 Vgl. z.B. §§ 12, 13 SEEG [Gesetz zur Einführung der Europäischen Gesellschaft (SEEG) vom 22. Dezember 2004 zur Ausführung der Verordnung (EG) Nr. 2157/2001 des Rates v. 08.10.2001 über das Statut der Europäischen Gesellschaft (SE) – (SE-Ausführungsgesetz – SEAG), BGBl. 2004 I Nr. 74 v. 28.12.2004]. § 12 SEEG sieht bei einem innerstaatlichen Rechtsformwechsel ein Abfindungsangebot zu Gunsten der einer Sitzverlegung widersprechenden Aktionäre Vor. § 13 SEAG bestimmt ein Recht zur Sicherheitsleistungen zu Gunsten der Gläubiger.

971 *Weller*, DStR 2004, 1218, 1219.

972 AnwaltKo/*Hoffmann*, Anh. zu Art. 12 EGBGB Rn. 44 f.

973 15 Pa.C.S.A § 4161 (2001).

974 8 Del. C. § 388 (2006).

975 Rev. Mod. Bus. Corp. Act § 9.20 (2002).

stattet zum Beispiel das Recht von *Delaware* für heimische Gesellschaften ausdrücklich.[976] Als Folge der *domestication* hat eine ausländische Gesellschaft alle Rechte und Pflichten, die das einheimische Recht den nach inländischem Recht gegründeten Gesellschaften verleiht.[977] Die *domestication* hat dabei nur lokale Bedeutung, außerhalb des *domestication*-Staates wird die Gesellschaft weiterhin als Gesellschaft der Rechtsordnung betrachtet, nach der sie ursprünglich gegründet wurde.[978]

Abzugrenzen ist die *domestication* von einer *qualification*, die für die Aufnahme von Geschäftstätigkeiten in den meisten US-amerikanischen Einzelstaaten erforderlich ist und von *outreach statutes*, die zu einer Überlagerung durch das heimische Gesellschaftsrecht bei ausländischen Gesellschaften führen können. Kollisionsrechtlich entscheidend ist, dass die *domestication* nicht zum Statutenwechsel, also nicht zum Untergang der ursprünglichen Rechtspersönlichkeit oder zur Gründung einer zweiten Gesellschaft führt. Die Gesellschaft erhält lediglich eine weitere Rechtspersönlichkeit.[979] In New York und Kalifornien als wichtige Gründungsstaaten US-amerikanischer Gesellschaften ist die *domestication* nicht vorgesehen.

VII. Folgen einer Verlegung des Satzungssitzes bzw. des *registered office* und des *agent* oder des Verwaltungssitzes einer Gesellschaft in das Ausland

In wie weit unter der hier vertretenen kollisionsrechtlichen Auslegung des Artikels XXV Abs. 5 S. 2 FHSV eine Verlegung des Satzungssitzes oder des Verwaltungssitzes einer deutschen Gesellschaft in die USA und die Verlegung des *registered office* und *agent* und/oder des Verwaltungssitzes einer US-amerikanischen Gesellschaft nach Deutschland möglich ist, ergibt sich aus dem Zusammenspiel von Kollisionsrecht und Sachrecht. Artikel XXV Abs. 5 S. 2 FHSV be-

976 8 Del. C. § 390 (2006).

977 15 Pa.C.S.A § 4162 (2001):
„*As a domestic business corporation, the domesticated corporation shall no longer be a foreign business corporation for the purposes of this subpart and shall, instead, be a domestic business corporation with all the powers and privileges and all the duties and limitations granted and imposed upon domestic business corporations. In all other respects, the domesticated corporation shall be deemed to be the same corporation as it was prior to the domestication without any change in or effect on its existence [...].*“

978 Ausdrücklich 8 Del. C. § 388 (f) (2006); vgl auch *McDougal/Relix/Whitten*, § 241.

979 *V. Hoffmann*, ZVglRWiss 101 (2002), 283, 299, vgl. auch *Bungert*, DB 1994, 1457, 1459 f.

stimmt umfassend die Gründungstheorie zur Bestimmung des Gesellschaftsstatuts. Kollisionsrechtlich führt die Verlegung des Satzungssitzes bzw. des *registered office* und *agent* oder des Verwaltungssitzes daher nur dann nicht mehr zur Anerkennung der Gesellschaft durch die andere Vertragspartei, wenn die Gesellschaft durch ihre Sitzverlegung nicht mehr den materiellrechtlichen Anforderungen des Gründungsstaates genügt. Daher wird im Folgenden der Frage nachgegangen, welche materiellrechtlichen Auswirkungen die Verlegung des Satzungs- oder Verwaltungssitzes bzw. des *registered office* und *agent* auf den Bestand der Gesellschaft haben.

1. Deutsche Kapitalgesellschaften

a. Verlegung des Satzungssitzes in das Ausland

Ein inländischer Satzungssitz im Sinne von. §§ 4 a GmbHG, 5 AktG ist eine zwingende (materiellrechtliche) Voraussetzung für die Gründung einer Gesellschaft nach deutschem Recht (§§ 39 AktG, 10 GmbHG).[980] Eine Veränderung des Satzungssitzes ist eine Satzungsänderung und kann nur durch einen Beschluss der Gesellschafterversammlung erfolgen (§§ 179, 45 AktG, 53 GmbHG). Die beschlossene Satzungssitzverlegung bedarf der Eintragung in das Handelsregister am Ort des neuen Satzungssitzes (§§ 54 GmbHG, 45, 181 AktG). Eine innerdeutsche Satzungssitzverlegung ist damit jederzeit möglich, aber eine Verlegung des Satzungssitzes in das Ausland wird dadurch verhindert, denn es fehlt an der Zuständigkeit eines deutschen Registergerichtes und damit an einer (konstitutiven) Eintragung in ein deutsches Handelsregister. Fraglich ist jedoch, wie dieses Ergebnis rechtlich abgesichert wird, also welche Konsequenzen eine trotzdem durchgeführte Sitzverlegung hat.

(1) Folgen eines Beschlusses über die Verlegung des Satzungssitzes in das Ausland

Die herrschende Ansicht wertet den Beschluss über die Verlegung des Satzungssitzes in das Ausland als Auflösungsbeschluss im Sinne des § 262 AktG – auch bei entgegenstehendem Willen der Gesellschafter.[981] Nach anderer Ansicht ist

---

980 BGHZ 19, 103, 105; MüKo-HGB/*Krafka,* § 13 HGB Rn. 30; Staudinger/*Großfeld,* IntGesR Rn. 243; *Kroppensteiner*, S 97.

981 BayObIGZ 1992, 113 = DB 1992, 1400 = ZIP 1992, 842; *Ebenroth*, RIW 1995, Beilage 3, S. 1, 2; *Ebenroth/Auer,* RIW 1992, Beilage 1, Rn. 12; *Mäsch*, in: Bamberger/Roth, Art. 12 Anh. EGBGB Rn. 51.

der Beschluss über die Satzungssitzverlegung lediglich nichtig im Sinne von § 241 Nr. 3 AktG.[982] Nach einer dritten Ansicht ist ein solcher Beschluss nur dann wirksam, wenn schutzbedürftige Personen, insbesondere Gläubiger und Minderheitsgesellschafter durch die Satzungssitzverlegung nicht geschädigt werden.[983] Allein der Aufnahmestaat entscheide, ob er den Fortbestand der Kapitalgesellschaft zulasse.

Die zuletzt genannte Ansicht widerspricht den Vorgaben des deutschen Gesellschaftsrechts. Das deutsche Gesellschaftsrecht verlangt einen inländischen Satzungssitz. Dies wird durch die geplante Neuformulierung der §§ 4 a GmbHG, 5 AktG („im Inland") noch deutlicher. Könnte eine Gesellschaft ihren Satzungssitz folgenlos in das Ausland verlagern, so könnte sie sich von der Rechtsordnung lösen, die sie normativ hervorgebracht hat und prozessual absichert. Daher ist diese Ansicht abzulehnen.

Die herrschende Auffassung leidet darunter, dass nicht klar zwischen der Verlegung des Verwaltungssitzes und der Verlegung des Satzungssitzes getrennt wird. Zumeist wird davon gesprochen, dass der Satzungssitz und der Verwaltungssitz zugleich in das Ausland verlegt werden.[984] Werden der Satzungssitz und der Verwaltungssitz zugleich in das Ausland verlegt, tritt nach der deutschen Sitztheorie ein Verlust des deutschen Gesellschaftsstatuts ein. Die Folge des Verlustes des Gesellschaftsstatuts ist nach deutschem Recht die Auflösung der Gesellschaft.[985] Um dieses Ergebnis dogmatisch zu begründen, wird der Verlegungsbeschluss als Auflösungsbeschluss im Sinne von § 262 AktG gewertet. Diese dogmatische Begründung mag bei der Verlegung des Verwaltungssitzes unter der deutschen Sitztheorie sachgerecht sein, aber die alleinige Verlegung des Satzungssitzes hat unter der Sitztheorie genauso wenig kollisionsrechtliche Bedeutung wie unter der Gründungstheorie. Unter Anwendung der Gründungstheorie ist es ausreichend, wenn die Voraussetzungen erfüllt werden, die das deutsche materielle Recht an den Satzungssitz stellt. Erst wenn die materiellrechtlichen Voraussetzungen nicht mehr erfüllt sind, ist die Gesellschaft nicht mehr wirksam nach deutschem Recht gegründet und es tritt ein Verlust des deutschen Gesellschaftsstatuts ein. Welche materiellrechtlichen Auswirkungen der Beschluss, den Satzungssitz in das Ausland zu verlegen, hat, ist aber gerade festzustellen.

---

982 GroßKoAktG/*Brändle*, § 5 AktG Rn. 4; *Hüffer*, § 5 AktG Rn. 12; *Kindler*, Der Konzern 2006, 811, 817; KölnerKo/*Kraft*, § 262 AktG Rn. 76; MüKo-BGB/ *Kindler*, IntGesR Rn. 510; MüKo-AktG/*Hüffer*, § 262 AktG Rn. 36; MüKo-AktG/*Heider*, § 5 AktG Rn. 65; *Nussbaum*, S. 204.

983 KölnerKo/*Kraft*, § 46 AktG Rn. 24; zustimmend *Bungert*, ZVglRWiss 93 (1994), 117, 175.

984 Vgl. BayOblGZ 1992, 113 = DB 1992, 1400 = ZIP 1992, 842.

985 BGHZ 25, 134.

Damit ein Beschluss der Hauptversammlung als nichtig zu qualifizieren ist, muss ein Nichtigkeitsgrund vorliegen. Bei dem Beschluss, den Satzungssitz in das Ausland zu verlegen, kommt allein eine Nichtigkeit nach § 241 Nr. 3 AktG in Betracht.[986] Demnach ist ein Beschluss nichtig, wenn er mit dem Wesen der Aktiengesellschaft nicht zu vereinbaren ist oder durch seinen Inhalt Vorschriften verletzt, die ausschließlich oder überwiegend dem Schutz der Gläubiger der Gesellschaft dient oder sonst im öffentlichen Interesse liegen.

Wird der Satzungssitz im Ausland festgelegt, liegt ein Verstoß gegen die zwingende Vorschrift des § 5 AktG bzw. § 4 a. GmbHG vor, wonach der Satzungssitz im Inland liegen muss.[987] Dies sichert, dass die Gesellschaft im Inland physisch präsent ist, Zustellungen vorgenommen werden können und ein Grundbestand an Zugriffsmasse vorliegt. Damit schützen die §§ 4 a GmbH, 5 AktG die Interessen der Gläubiger.

Daneben zielt der Beschluss, den Satzungssitz in das Ausland zu legen, auf etwas rechtlich Unmögliches ab.[988] Denn die Eintragung einer Satzungsänderung ist Wirksamkeitsvoraussetzung für die Satzungsänderung, §§ 181 Abs. 3 AktG, 54 Abs. 3 GmbHG. Die Eintragung eines ausländischen Satzungssitzes oder einer Sitzverlegung in das Ausland ist aber in einem deutschen Handelsregister nicht möglich[989] und eine (versehentlich) fehlerhaft vorgenommene Eintragung eines ausländischen Satzungssitzes ist gemäß § 144 a FGG rückgängig zu machen.[990] Damit kann eine solche Satzungsänderung nicht wirksam werden. Daher ist der Beschluss, den Satzungssitz in das Ausland zu verlegen, jedenfalls nach § 241 Nr. 3 AktG nichtig.

Der Versuch, den Beschluss über die Verlegung des Satzungssitzes in das Ausland in einen Auflösungsbeschluss im Sinne von § 262 Abs. 1 Nr. 2 AktG umzudeuten, ist hingegen problematisch. Voraussetzung für eine Umdeutung nach § 140 BGB ist, dass ein nichtiges Rechtsgeschäft den Erfordernissen eines anderen Rechtsgeschäfts entspricht, dessen Geltung bei der Kenntnis der Nichtigkeit gewollt sein würde. Ein Beschluss der Hauptversammlung, den Satzungssitz in das Ausland zu legen, ist – wie festgestellt – nach § 241 Nr. 3 AktG nichtig. Der Beschluss der Hauptversammlung, die Gesellschaft aufzulösen, wäre

---

986 Diese Regeln gelten nach h.M. entsprechend für die GmbH, vgl. *Grunewald*, 2.F. Rn. 93, 94, *Hirte*, Kapitalgesellschaftsrecht, § 3 Rn. 3.300 m.w.N.

987 Dies wird nach der Reform des GmbH-Recht (MoMiG) noch verdeutlicht durch die Anfügung der Worte „im Inland“ in §§ 4 a GmbHG, 5 AktG, siehe Art. 1 u. 5 RegE MoMiG www.bmj.de/files/-/2109/RegE%20MoMiG.pdf (Besucht am 24.07.2007).

988 MüKo-AktG/*Hüffer* § 262 AktG Rn. 36.

989 OLG Düsseldorf, NJW 2001, 2184; BayOblGZ 1992, 113 = DB 1992, 1400 = ZIP 1992, 842; BayObLG, DStR 2004, 1125; Müko-BGB/*Kindler*, IntGesR Rn. 510.

990 Müko-BGB/*Kindler*, IntGesR Rn. 510.

hingegen wirksam. Es kann jedoch nicht davon ausgegangen werden, dass die Beschlussfassenden bei Kenntnis von der Nichtigkeit des Verlegungsbeschlusses eine Auflösung der Gesellschaft gewollt hätten. Durch den Beschluss über die Verlegung des Satzungssitzes bringen die Beschlussfassenden gerade den Willen zum Ausdruck, die Geschäftstätigkeit fortsetzen zu wollen.[991] Die Auslegung des Verlegungsbeschlusses als Auflösungsbeschluss würde daher dem Willen der Beschlussfassenden zuwiderlaufen. Streben die Beschlussfassenden tatsächlich eine Auflösung der Gesellschaft nach deutschem Recht und eine Neugründung nach ausländischem Recht an, steht es ihnen frei, einen solchen Beschluss eigenständig zu fassen.[992]

Daher ist es zu weitgehend, bereits an den Beschluss über die Satzungssitzverlegung die Rechtsfolge der Auflösung der Gesellschaft zu knüpfen. Es ist ausreichend, diesen Beschluss für nichtig im Sinne von § 241 Nr. 3 AktG (analog im Falle einer GmbH) zu erklären. Damit ist der zweiten Ansicht zu folgen.

Nichtige Beschlüsse sind *ipso jure* rechtsungültig und dürfen von den Gesellschaftsorganen nicht ausgeführt werden.[993] Das Registergericht darf nichtige Beschlüsse nicht in das Handelsregister eintragen.[994] Damit kann die angestrebte Satzungsänderung nicht erfolgen. Sofern ein nichtiger Beschluss dennoch in das Handelsregister eingetragen wird, kann nach § 242 AktG Heilung eintreten. Eine Löschung des nichtigen Beschlusses von Amts wegen bleibt nach § 144 Abs. 2 FGG jedoch unbeschränkt möglich (§ 242 Abs. 2 S. 3 AktG) und nötig. Außerdem kann die Nichtigkeit durch Nichtigkeitsklage nach §§ 259, 248 AktG geltend gemacht werden[995] In jedem Fall gilt der alte Satzungssitz als ordnungsgemäßer Sitz weiter.[996]

(2) Folgen einer „faktischen" Satzungssitzverlegung

Eine Gesellschaft hat ihren Satzungssitz faktisch verlegt, wenn sie ihre als Satzungssitz bezeichneten Geschäftsräume durch Tätigkeitsverlagerung (faktisch) an einen anderen (ausländischen) Ort verlagert. Eine solche Diskrepanz zwischen dem Satzungssitz und dem (nachträglich verlagertem) Tätigkeitsort entsteht insbesondere, wenn der als Satzungssitz bezeichnete Ort aufgrund der faktischen

---

991 MüKo-AktG/*Heider*, § 5 AktG Rn. 65.
992 MüKo-AktG/*Hüffer*, § 262 AktG Rn. 36.
993 KölnerKo/*Zöllner*, § 241 AktG Rn. 32; *Schmidt*, Gesellschaftsrecht, § 15 II, S. 442.
994 *Grunewald*, 2. F, Rn. 95.
995 Als besondere Nichtigkeitsklage gilt die Nichtigkeitsklage des Aktionärs nach § 249 AktG.
996 KölnerKo/*Kraft*, § 5 AktG Rn. 31.

Verlagerung nicht mehr die Voraussetzungen der §§ 4 a Abs. 2 GmbHG, 5 Abs. 2 AktG erfüllt.

Wegen der voraussichtlichen Aufhebung des Absatzes 2 der §§ 4 a GmbHG, 5 AktG nach der Reform des GmbH-Rechts (MoMiG)[997] wird diese Situation in Zukunft deutlich weniger häufig auftauchen. Zukünftig wird es ausreichen, dass am Satzungssitz irgendwelche Geschäftsräume (also nicht notwendig ein Betrieb oder der Ort der Verwaltung oder Geschäftsleitung) vorhanden sind; selbst ein Briefkasten könnte ausreichend sein. Erst wenn selbst diese Geschäftsräume verlegt werden (z.B. durch Abhängen des Briefkastens), ist ein Auseinanderfallen von eingetragenem Satzungssitz und faktischem Satzungssitz denkbar. In einem solchen Fall entzieht sich eine Gesellschaft dem Zugriff ihrer Gläubiger und eine Zustellung von Seiten des Registergerichtes wird nur – wenn überhaupt – nach aufwändigen Recherchen möglich sein.

Daher schlägt die herrschende Ansicht in der Literatur vor, in einem solchen Fall ein Amtsauflösungsverfahren nach §§ 262 Abs. 1 Nr. 5 AktG, 144 a (analog) FGG durchzuführen.[998] Nach einer anderen Ansicht in der Literatur und Rechtsprechung wird der nunmehr bestehende Zustand hingenommen.[999]

Ein Verfahren nach § 144 a FGG setzt die Nichtigkeit einer Satzungsbestimmung voraus. Ein Rechtsgeschäft ist nichtig, wenn es bei seiner Vornahme gegen ein Verbotsgesetz im Sinne von § 134 BGB verstößt oder gegen sonstiges zwingendes Recht. Eine nachträgliche Nichtigkeit eines Rechtsgeschäfts kommt nur dann in Betracht, wenn während des Bestehens des Rechtsgeschäfts ein Verbotsgesetz oder sonstiges zwingendes Recht mit verfassungskonformem Geltungsanspruch auch für Altfälle erlassen wird. Die nachträgliche Veränderung von tatsächlichen Umständen ändert hingegen nichts an einer wirksamen rechtsgeschäftlichen Regelung.[1000] Entspricht der eingetragene Satzungssitz also nicht dem faktischen Satzungssitz, führt dies nicht zur Nichtigkeit der Satzung. Denn der rechtlich maßgebliche Satzungssitz ist der eingetragene Satzungssitz und dieser entspricht den Voraussetzungen, ist also wirksam. Die Satzungssitzbestim-

---

997 RegE MoMiG http://bmj.de/files/-/2109/RegE%20MoMiG.pdf (Besucht am 24.07.2007).

998 GroßKoAktG/*Brändle*, § 5 AktG Rn. 43; *Hüffer* § 5 AktG Rn. 11; Jansen/*Steder*, § 144 a FGG Rn. 12; MüKo-AktG/*Heider*, § 5 AktG Rn. 67, MüKo-HGB/*Krafka*, § 13 HGB Rn. 32; *Ulmer*, in: FS Raiser, S. 441; *Wessel*, BB 1984, 1057, 1059.

999 BayObIG, DB 2002, 940 = BB 2002, 907 = ZIP 2002, 1400, KölnerKo/*Kraft*, § 262 AktG Rn. 76.

1000 *Ulmer*, in: FS Raiser, S. 441, 446.

mung wird im Zeitpunkt des Auseinanderfallens von Satzungssitz und tatsächlichen Verhältnissen damit nicht nichtig.[1001]

Daher ist lediglich an eine analoge Anwendung von § 144 a FGG zu denken. Im Ergebnis kann die Sachlage nicht anders beurteilt werden, als dass eine Gesellschaft von Anfang an keinen Satzungssitz hat eintragen lassen (und damit § 144 a FGG anwendbar ist) oder dass dieser nachträglich tatsächlich aufgegeben wird. Denn es besteht ein berechtigtes Interesse daran, dass die reale Lage mit den rechtlichen, eingetragenen Verhältnissen übereinstimmt. Eine Gesellschaft darf sich nicht faktisch den Zugriffsmöglichkeiten des Registergerichts und den Gläubigern der Gesellschaft entziehen. In der Praxis wäre es unbefriedigend, wenn dem Registergericht in solchen Fällen keine Möglichkeiten zum Einschreiten zuständen. Daher ist es sachgerecht, dem Gericht ein Verfahren nach § 144 a FGG (analog) zu ermöglichen.[1002]

Das Gericht muss danach der Gesellschaft zunächst eine Frist setzen, den Mangel der Satzungsbestimmung durch Satzungsänderung in einer angemessener Zeit zu beheben (§ 144 a FGG). Erst wenn die Gesellschaft dieser Pflicht zur Satzungsänderung nicht nachkommt, kann das Gericht den Mangel der Satzung förmlich feststellen (§ 144 a II FGG) und eine Auflösung nach § 262 Abs. 1 Nr. 5 AktG in die Wege leiten. Die Gesellschaft hat daher die Pflicht zur förmlichen Satzungsänderung, zur Anpassung der Satzung an die tatsächlichen Verhältnisse. Bei einer faktischen Verlegung des Satzungssitzes in das Ausland können die Gesellschafter ihrer Pflicht zu Satzungsänderung jedoch nicht nachkommen; daher ist eine solche Satzungsänderung nach der hier vertretenen Ansicht nichtig.[1003] Auch die Ansicht, die den Beschluss zur Verlegung des Satzungssitzes in das Ausland als einen Auflösungsbeschluss der Gesellschaft versteht, hilft hier nicht weiter. Daher ist im Fall einer faktischen Verlegung des Verwaltungssitzes eine Aufforderung dahingehend nötig, den faktischen Satzungssitz wieder dem eingetragenen Satzungssitz anzupassen. Geschieht dies nicht innerhalb der gesetzten Frist, ist ein Auflösungsverfahren nach § 144 a FGG (analog), 262 Abs. 1 Nr. 5 AktG durchzuführen – dann natürlich ohne weitere Fristsetzung.

1001 Von der Nichtigkeit des Satzungssitzes gehen jedoch aus Jansen/*Steder*, § 144 a FGG Rn. 12; Michalski/*Michalski*, § 4 a GmbHG Rn. 767; MüKo-AktG/*Heider*, § 5 AktG Rn. 67.

1002 So *Ulmer*, in: FS Raiser, 444, 446 f.; *Wessel*, BB 1984, 1057, 1059.

1003 Siehe Kapitel F VII 1 a (3).

(3) Schlussfolgerung zur Verlegung des Satzungssitzes in das Ausland

Eine deutsche Kapitalgesellschaft kann daher weder durch einen Satzungsbeschluss noch durch die Veränderung der tatsächlichen Verhältnisse ihren Satzungssitz in das Ausland verlegen.

b. Verlegung des Verwaltungssitzes in das Ausland

Da durch die Reform des GmbH-Rechts Absatz 2 der §§ 5 AktG, 4 a GmbHG aufgehoben wird und damit bereits bei der ursprünglichen Gründung einer Kapitalgesellschaft materiellrechtlich kein Verwaltungssitz in Deutschland gefordert wird, ist auch die nachträgliche Verlegung des Verwaltungssitzes in das Ausland materiellrechtlich ohne Konsequenzen.[1004] Unter der Gründungstheorie des Freundschaftsvertrags hat dies ebenfalls keine kollisionsrechtlichen Auswirkungen, denn das Gesellschaftsstatut wird gerade nicht an den Ort des Verwaltungssitzes angeknüpft.[1005] Daher ist die Verlegung des effektiven Verwaltungssitzes einer deutschen Gesellschaft in die Vereinigten Staaten von Amerika ohne nachteilige Folgen möglich, solange der Satzungssitz in Deutschland belegen bleibt.[1006]

1004 So *Kindler*, Der Konzern 2006, 811, 813 im Hinblick auf die europarechtliche Gründungstheorie.

1005 Unter der deutschen Sitztheorie sieht die h.M. in der Verlegung eines Verwaltungssitzes in das Ausland einen (ungeschriebenen) Auflösungsgrund. Zum Teil ist dabei bereits der Beschluss der Hauptversammlung, den Verwaltungssitz zu verlegen, ein Auflösungsgrund, zum Teil erst die tatsächliche Verlegung. Denn die Verlegung des Verwaltungssitzes führe zugleich zur Veränderung des Personalstatuts und daher sei die Gesellschaft nach deutschem Recht aufzulösen. Ein Statutenwechsel ist unter der Gründungstheorie jedoch nicht möglich. Daher entfällt die kollisionsrechtliche Argumentation bei der Anknüpfung an den Gründungsort völlig. Vgl. zur h.M. BGHZ 25, 134, 144; RGZ 88, 53; 107, 94; BayOblGZ 1992, 113, 116; OLG Hamm, NZG 2001, 562; OLG Düsseldorf, NZG 2001, 506; AnwaltKo/*Hoffmann,* Anh. zu Art. 12 EGBGB Rn. 54; *Hirte,* Kapitalgesellschaftsrecht, § 7 Rn. 7.13; KölnerKo/*Kraft*, § 262 AktG Rn. 36; MüKo-BGB/*Kindler*, IntGesR Rn. 503 ff. (nur wenn Zuzugsstaat der Sitztheorie folgt); MüKo-AktG/*Hüffer*, § 262 AktG Rn. 35, 36; Staudinger/*Großfeld*, IntGesR Rn. 608 ff.

1006 So im Ergebnis *Ebke*, in: Sandrock/Wetzler, S. 101, 113, mit der Begründung, dass die Sanktionierung des Wegzugs eine nicht zu rechtfertigende Versagung der Niederlassungsfreiheit darstellt. Es ist jedoch streitig, ob die Niederlassungsfreiheit überhaupt Auswirkungen auf Wegzugsfälle hat. Zudem ist die Grundlage der deutsch-US-amerikanischen Gründungstheorie eine staatsvertragliche Kollisionsnorm und nicht die Niederlassungsfreiheit.

c. Ergebnis

Da die Verlegung des Satzungssitzes einer deutschen Kapitalgesellschaft in das Ausland nach deutschem materiellen Recht nicht rechtswirksam ist, führt eine Verlegung des Satzungssitzes kollisionsrechtlich zum Verlust des deutschen Gesellschaftsstatuts. Damit können deutsche Kapitalgesellschaften auch unter Artikel XXV Abs. 5 Satz 2 FHSV ihren Satzungssitz nicht in die USA verlegen.
Der Ort des Verwaltungssitzes ist im deutschen materiellen Gesellschaftsrecht jedoch unerheblich. Somit kann der Verwaltungssitz ohne kollisionsrechtliche Folgen, also ohne Verlust der Rechtspersönlichkeit unter der Gründungstheorie des Artikels XXV Abs. 5 Satz 2 FHSV, in die USA verlegt werden.

2. Deutsche Personenhandelsgesellschaften

Die Verlegung des Sitzes einer Personengesellschaft (OHG, KG) im Sinne von § 106 HGB ist in das Handelsregister einzutragen (§ 107 HGB). Ob eine Personenhandelsgesellschaft ihren statutarischen Sitz oder ihren Verwaltungssitz in die Vereinigten Staaten von Amerika verlegen kann, ohne ihre Persönlichkeit als Gesellschaft deutschen Rechts zu verlieren, hängt von dem Verständnis des Sitzes im Sinne von § 106 HGB ab. Denn die Verlegung dieses Sitzes hat unter der Gründungstheorie nur dann kollisionsrechtliche Auswirkungen, wenn durch die Verlegung dieses Sitzes die Voraussetzungen nicht mehr erfüllt werden, die das deutsche (materielle) Recht an das Ent- und Fortbestehen einer Personenhandelsgesellschaft stellt.

a. Personenhandelsgesellschaften, die ein Gewerbe nach § 1 HGB ausüben

Personengesellschaften, die ein Gewerbe nach § 1 HGB ausüben, ent- und bestehen nach dem hier vertretenen Verständnis von Sitz im Sinne des § 106 HGB als Gesellschaften deutschen Rechts, wenn bei Geschäftsbeginn der statutarische Sitz oder der Verwaltungssitz in Deutschland belegen ist. Daher kann der statutarische Sitz einer Personenhandelsgesellschaft deutschen Rechts dann ohne Verlust der Rechtspersönlichkeit in das Ausland verlegt werden, wenn in Deutschland ein Verwaltungssitz besteht oder bestehen bleibt. Anderseits kann der Verwaltungssitz einer Personenhandelsgesellschaft nur dann in das Ausland verlegt werden, wenn ein inländischer (zulässiger) statutarischer Sitz aufrecht erhalten bleibt.

Andernfalls würde die Gesellschaft nicht mehr wirksam als Personenhandelsgesellschaft deutschen Rechts fortbestehen.[1007]

(1) Verlegung des statutarischen Sitzes in das Ausland

Die Verlegung des statutarischen Sitzes stellt eine Änderung der Grundlagen der Gesellschaft dar, die wie sonstige grundlegende Änderungen die Zustimmung sämtlicher Gesellschafter voraussetzt.[1008] Beschließt eine Personengesellschaft, die ein Gewerbe nach § 1 HGB ausübt, ihren statutarischen Sitz in das Ausland zu legen, ohne einen inländischen Verwaltungssitz aufrecht zu erhalten, ist dieser Beschluss nichtig. Die Eintragung eines solchen unzulässigen Satzungssitzes ist von dem Registergericht abzulehnen und bei irrtümlicher Eintragung nach § 142 FGG zu löschen.[1009] Nicht in Betracht kommt hier – genau so wenig wie im Kapitalgesellschaftsrecht – einen solchen Beschluss in einen Auflösungsbeschluss nach § 131 Nr. 2 HGB umzudeuten (§ 140 BGB). Denn die Gesellschafter beabsichtigen gerade nicht, die Gesellschaft aufzulösen, sondern wollten sie weiterführen.

Wird der als statutarischer Sitz bezeichnete Ort trotz nichtigen Gesellschafterbeschlusses faktisch (zum Beispiel durch Abhängen des Briefkastens, falls dies als Sitz ausreicht) in das Ausland verlegt, muss dieser Vorgang als ein ungeschriebener Auflösungsgrund im Sinne von § 131 HGB gewertet werden.[1010] Denn eine Amtsauflösung, wie sie nach § 144 a FGG für Kapitalgesellschaften besteht, ist für Personenhandelsgesellschaften nicht vorgesehen. Es kommt allein

---

1007 Wird unter dem Sitz im Sinne des § 106 HGB nach der herrschenden Meinung allein der tatsächliche Verwaltungssitz verstanden, müsste gefragt werden, ob zum Ent- und Bestehen einer Personengesellschaft deutschen Rechts bei fehlendem inländischen Verwaltungssitz auch ein inländischer statutarischer Sitz ausreicht. Dies dürfte wohl zu bejahen sein, da er die registerrechtliche Kontrolle sichert und die allgemeine Zuständigkeit deutscher Gerichte begründet. Dann würde es ausreichen, dass entweder der Verwaltungssitz oder der statutarische Sitz in Deutschland liegen, und die Sitzverlegung wäre unter den gleichen Bedingungen wie unter der hier vertretenen Ansicht möglich.

1008 Staub/*Ulmer*, § 107 HGB Rn. 5 HGB.

1009 Eine Löschung nach § 142 FGG ist dann zulässig, wenn die Eintragung wegen Mangels einer wesentlichen Voraussetzung unzulässig war. Wenn eine Gesellschaft an einem anderen Gericht als dem ihres Sitzes im Sinne von § 106 HGB angemeldet wird (dies ist der Fall bei einem ausländischen Satzungssitz), ist dies als solcher Mangel zu bewerten. Vgl. Jansen/*Steder*, § 142 FGG Rn. 19, die die Eintragung bei einem anderen Gericht als dem der Hauptniederlassung (§ 29 HGB) als Löschungsgrund sehen.

1010 Vgl. zu den materiellrechtlichen Anforderungen an einen statutarischen Sitz im Sinne von § 106 HGB das Kapitel F V 7 d (1) (i).

eine Löschung von Amts wegen nach § 142 FGG (analog)[1011] in Betracht. Diese sorgt allerdings nur dafür, dass die Eintragung gelöscht wird, die bei den hier betrachteten Gesellschaften nur deklaratorisch ist.[1012] Auch die Verhängung von Zwangsgeld nach §§ 107, 14 HGB, 132 FGG führt nicht unbedingt dazu, dass die Gesellschaft ihren statutarischen Sitz (oder wenigstens ihren Verwaltungssitz) in das Inland zurückverlegt. Daher führt die tatsächliche Verlegung des als statutarischen Sitz bestimmten Orts dazu, dass die Gesellschaft sich auflöst, wenn zugleich der Verwaltungssitz im Ausland liegt.

(2) Verlegung des Verwaltungssitzes in das Ausland

Ob für eine Verlegung des Verwaltungssitzes allein die Veränderung der tatsächlichen Verhältnisse ausreichend ist[1013] oder ob zusätzlich ein dahingehender Wille der Gesellschafter nötig ist,[1014] ist streitig. Die Bestimmung des Verwaltungssitzes richtet sich anders als die Bestimmung des statutarischen Sitzes allein nach tatsächlichen Verhältnissen. Der alleinige Wille der Gesellschafter, einen anderen Ort als Verwaltungssitz zu bestimmen als den Ort, von dem aus die tatsächlichen Geschäfte geleitet werden und wo sich der Schwerpunkt der geschäftlichen Tätigkeiten befindet, ist unerheblich. Zu dem Zeitpunkt aber, in dem eine Personenhandelsgesellschaft, die ein Gewerbe nach § 1 HGB ausübt, ihren Verwaltungssitz tatsächlich in das Ausland verlegt, und dort bereits den statutarischen Sitz begründet hat, muss daher ebenfalls ein ungeschriebener Auflösungsgrund nach § 131 HGB greifen.

Damit haben die Gesellschaften unter der Gründungstheorie des deutsch-US-amerikanischen Freundschaftsvertrags und dem hier vertretenen Sitzverständnis eine große tatsächliche, aber nicht unbegrenzte Mobilität.

b. Personenhandelsgesellschaften, die kein Gewerbe nach § 1 HGB ausüben

Für Personenhandelsgesellschaften, die kein Gewerbe nach § 1 HGB ausüben, ist die Eintragung nach § 106 HGB notwendige Gründungsvoraussetzung. Die Ein-

---

1011 Es kann nur an eine analoge Anwendung des § 142 FGG gedacht werden, da sich bei § 142 FGG dem Wortlaut nach nur um anfänglich unzulässige Eintragungen und nicht um eine nachträglich unzulässige Eintragung, die rein durch tatsächliche Änderungen der Umstände entsteht, handelt. Vgl. Staub/*Ulmer*, § 106 HGB Rn. 35; *Brumiller/Winkler*, § 142 FGG Rn. 12; *Winkler*, in: Keidel/Kuntz/Winkler, § 142 FGG Rn. 10.

1012 *Baumbach/Hopt*, § 106 HGB Rn. 10; Schlegelberger/*Martens*, § 107 HGB Rn. 2.

1013 BGH, WM 1957, 999, 1000.

1014 *Jungherr*, S. 211 f.

tragung muss nach dem hier vertretenen Verständnis von Sitz im Sinne des § 106 HGB am Ort des statutarischen Sitzes erfolgen. Möchte eine Gesellschaft ihren statutarischen Sitz verlegen, ist nach § 107 HGB die Eintragung in das Handelsregister am Ort des neuen statutarischen Sitzes nötig. Damit eine Eintragung in ein (deutsches) Handelsregister möglich ist, kann der statutarische Sitz auch nicht später in das Ausland verlegt werden. Eine (irrtümlich) erfolgte Eintragung eines ausländischen statutarischen Sitzes in das (deutsche) Handelsregister ist nach § 142 FGG von Amts wegen zu löschen.

Daher ist der Beschluss der Gesellschafter, den statutarischen Sitz in das Ausland zu verlegen, unabhängig vom Ort des Verwaltungssitzes, immer nichtig.[1015] Verlegt die Gesellschaft trotzdem faktisch den als statutarischen Sitz bestimmten Ort in das Ausland (zum Beispiel durch Abhängen des Briefkastens), führt dies zu einer Amtslöschung nach § 141 HGB analog,[1016] wodurch die Gesellschaft ihren Status als Personenhandelsgesellschaft verliert. Ob die Gesellschaft weiterhin als GbR existiert, da sie kein Gewerbe ausübt, bedarf der kollisionsrechtlichen Gesamtbetrachtung.

Der Ort des Verwaltungssitzes ist für Personenhandelsgesellschaften, die kein Gewerbe im Sinne von. § 1 HGB betreiben, nach der hier vertretenen Ansicht hingegen unerheblich. Der Verwaltungssitz kann daher jederzeit in das Ausland verlegt werden.

3. US-amerikanische registrierte Gesellschaften

a. Verlegung des registered office und des registered agent in das Ausland

US-amerikanische registrierte Gesellschaften haben – wie bereits festgestellt – keinen Satzungssitz im deutschen Sinne, sondern lediglich ein *registered office* und einen *registered agent.* Natürlich steht es den Gesellschaftern frei, einen

1015 In Betracht käme es auch, einen solchen Beschluss in einen Auflösebeschluss nach § 131 Abs. 1 Nr. 1 HGB umzudeuten (§ 140 BGB). Eine Umdeutung scheitert jedoch daran, dass die Gesellschafter gerade den Willen haben, die Gesellschaft weiter zu führen. Vgl. dazu das bereits im Rahmen der Untersuchung von Kapitalgesellschaften gesagte, Kapitel F VII 1 a (1).

1016 Es kann nur an eine analoge Anwendung des § 141 FGG gedacht werden, da sich bei § 141 FGG dem Wortlaut nach nur um anfänglich unzulässige Eintragungen und nicht um eine nachträglich unzulässige Eintragung, die rein durch tatsächliche Änderungen der Umstände entsteht, handelt. Für die analoge Anwendung sprechen die gleichen Argumente, die für die analoge Anwendung des § 144 a FGG bei Kapitalgesellschaften angebracht wurden, vlg. Kapitel F VII 1 a (2). Vgl. auch Staub/*Ulmer*, § 108 HGB Rn. 35.

statutarischen Sitz in die *articles of incorporations* oder die *bylaws*[1017] der Gesellschaft aufzunehmen. Mangelt es aber an einem solchen oder wird der Ort in einem anderen Staat als dem Gründungsstaat errichtet, hat dies keine materiellrechtlichen und damit kollisionsrechtlichen Konsequenzen.

Anderes gilt für den Ort des *registered office* und des *registered agent.* Der Ort des *registered office* und des *registered agent* kann zwar ohne Änderung der Gesellschaftssatzung lediglich durch die Information des *secretary of state* innerstaatlich verlegt werden, aber eine Verlegung in das Ausland führt zur administrativen Auflösung.[1018] Die so aufgelöste Gesellschaft verliert nicht ihre rechtliche Existenz, sie kann aber nur noch solche Geschäfte tätigen, die zur Abwicklung der Gesellschaft notwendig sind (das sogenannte *winding up*).[1019] Auch eine Wiedereinsetzung (*reinstatement*) der Gesellschaft ist möglich, wenn innerhalb einer Frist die versäumten Handlungen – in diesem Fall also die Verlegung des *registered office* und des *registered agent* – nachgeholt werden. Die Wiedereinsetzung wirkt auf den Auflösungstag zurück. Damit kann die Gesellschaft ihre Geschäfte so fortsetzen, als sei sie nie aufgelöst worden.[1020]

Grundsätzlich bleiben ein inländisches *registered office* und ein *registered agent* zwingend notwendig, um als US-amerikanische Gesellschaft zu existieren. Mangelt es an der Existenz der Gesellschaft nach US-amerikanischen Recht, ist auch eine kollisionsrechtliche Anerkennung im Sinne des Artikels XXV Abs. 5 S. 2 FHSV in Deutschland nicht mehr möglich.

b. Verlegung des Verwaltungssitzes in das Ausland

Wie bereits festgestellt, fordert das materielle Gesellschaftsrecht der US-amerikanischen Einzelstaaten nicht, dass bei der Gesellschaftsgründung der effektive Verwaltungssitz im Gründungsstaat liegen muss.[1021] Daher ist auch eine spätere Verlegung des Verwaltungssitzes in das Ausland möglich, ohne gegen materielles Recht zu verstoßen. Artikel XXV Abs. 5 S. 2 FHSV ermöglicht es zudem, dass US-amerikanische Gesellschaften ihren effektiven Verwaltungssitz aus dem

---

1017 Die *bylaws* ähneln der Geschäftsordnung des Vorstands (und Aufsichtsrats) einer deutschen AG. Sie sind meist ausführlicher als die *articles of incorporation* und einfacher als diese zu ändern, da sie nicht beim *secretary of state* eingereicht werden müssen. Die *articles of incorporation* sind daher vergleichbar mit der Satzung einer Kapitalgesellschaft, sie sind sowohl bei der Gründung der Gesellschaft als auch bei späteren Änderungen dem *secretary of state* einzureichen. Im Konfliktfall gehen die *articles of incorporation* den *bylaws* vor.

1018 Z.B. Rev. Mod. Bus. Corp. Act § 14.20 (3) (2002).

1019 Z.B. Rev. Mod. Bus. Corp. Act § 14.21 (c) (2002).

1020 Z.B. Rev. Mod. Bus. Corp. Act § 14.2 (a), (c) (2002).

1021 *Bungert,* ZVglRWiss 93 (1994), 117, 171.

Gründungsstaat nach Deutschland verlegen können, ohne dass das Gesellschaftsstatut sich ändert.

c. Schlussfolgerung

Solange im US-amerikanischen Grünungsstaat ein *registered agent* und ein *registered office* bestehen, kann eine Gesellschaft ihren Verwaltungssitz nach Deutschland verlegen, ohne ihre rechtliche Existenz in dem Gründungsstaat zu verlieren. Diese Gesellschaft wird nach Artikel XXV Abs. 5 S. 2 FHSV ebenfalls in Deutschland anerkannt.

4. Nicht-registrierte deutsche und US-amerikanische Gesellschaften

Da zur Gründung einer nicht registrierten deutschen oder US-amerikanischen Gesellschaft (GbR, *general partnership, joint venture*) weder ein statutarischer Sitz noch ein Verwaltungssitz notwendige materiellrechtliche Voraussetzung sind, ist der Ort des statutarischen Sitzes bzw. des Verwaltungssitzes unerheblich und kann materiellrechtlich auch im Ausland belegen sein oder dorthin verlegt werden.

Ob eine solche unregistrierte Gesellschaft, die sowohl ihren statutarischen Sitz als auch ihren Verwaltungssitz nicht (mehr) in dem Staat liegen hat, nach dessen Recht sie sich ursprünglich gegründet hat bzw. gründen wollte, aus kollisionsrechtlicher Sicht noch als eine Gesellschaft des „angeblichen" Gründungsstaates betrachtet werden kann, ist im Wege einer Gesamtbetrachtung zu ermitteln.[1022] In der Praxis wird sich eine solche Frage kaum stellen, da kleine Unternehmen in Form einer GbR oder einer *general partnership* oder eines *joint ventures* in den allermeisten Fällen nur in einem Staat in Erscheinung treten, und dadurch dort zugleich ihren Verwaltungssitz haben.[1023] Verlegt eine nicht-registrierte Gesellschaft dennoch ihren Verwaltungssitz und ihren statutarischen Sitz in das Ausland, spricht dies in der Regel dafür, dass die Gesellschaft nun ihre (geringen) geschäftlichen Tätigkeiten im Ausland abwickeln möchte und damit zugleich die Gesellschaft aus kollisionsrechtlicher Sicht im Wege einer Gesamtbetrachtung als Gesellschaft ausländischen Rechts zu bewerten ist.[1024]

1022 Zu den Kriterien, die in einer Gesamtbetrachtung zu berücksichtigen sind, vlg. Kapitel F V 7 c.

1023 *Borgers,* RIW 2000, 167, 171.

1024 Wenn eine Gesellschaft, die sich als deutsche GbR gegründet hat, weder ihren Verwaltungssitz noch ihren statutarischen Sitz in Deutschland belegen hat, hat diese Gesellschaft keinen allgemeinen Gerichtsstand nach § 17 ZPO in Deutschland. Das

VIII. Geltung der US-amerikanischen *qualification statutes* und *outreach statutes* unter dem Freundschaftsvertrag?

Die Einschränkungen der Gründungstheorie des US-amerikanischen internationalen Gesellschaftsrechts gelten nur teilweise im Rahmen des Freundschaftsvertrags.

Fehlen eines alllgemeinen Gerichtsstands in Deutschland führt aber nicht dazu, dass eine solche Gesellschaft nicht als deutsche GbR existieren kann. Denn hier geht es anders als bei Personenhandelsgesellschaften, die aus materiellrechtlicher Sicht einen inländischen statutarischen Sitz oder einen inländischen Verwaltungssitz aufgrund von § 106 HGB vorweisen müssen, um die Frage, ob sich die kollisionsrechtliche Anknüpfung bei nicht-registrierten Gesellschaften, die materiellrechtlich keinen inländischen Verwaltungssitz oder statutarischen Sitz haben müssen, nach dem Recht diese Staates richtet. Auf kollisionsrechtlicher Ebene erfolgt nach der hier vertretenen Gründungstheorie eine Gesamtbetrachtung bei nicht registrierten Gesellschaften, um das anwendbare Recht zu bestimmen. Dabei wird das Fehlen eines allgemeines Gerichtsstands im Gründungsstaat nicht besonders gewichtet.

Aus Sicht des US-amerikanischen Rechts dürften sich keine solchen Probleme ergeben. Damit ein US-amerikanisches Gericht für eine Klage zuständig ist, muss der Staat *jurisdiction* haben. Dabei vermittelt die *in personam jurisdiction* dem Gericht im Gegensatz zur *in rem jurisdiction* oder *quasi in rem jurisdiction* die allgemeine Zuständigkeit. Die Voraussetzungen für die *in personam jurisdiction* einer *general partnership* oder einer andere *unicorporate association* richten sich im US-amerikanischen *common law* nach den Regeln über die *jurisdiction* natürlicher Personen [*Restatement (second) of Conflict of Laws*, § 40 (1971)]. Daher ist es ausreichend, wenn die Gesellschaft in dem Staat, der die Gerichtsbarkeit ausüben soll, in irgendeiner Weise „*presence*" hat, sei es aufgrund der Anwesenheit aller Gesellschafter, aufgrund geschäftlichen Tätigkeiten, aufgrund des *domicil* (darunter ist bei Gesellschaften wohl der Verwaltungssitz zu verstehen) oder aufgrund sonstiger Gründe, die die Ausübung der *jurisdiction* vernünftig erscheinen lassen (vgl. *Restatement (second) of Conflict of Laws*, §§ 40, 27 (1971)]. Neben dem *common law* existieren zudem so genannten *long arm statutes*, die einem Staat unter bestimmen Voraussetzungen *jurisdiction* über *nonresident persons* erlauben (vgl. zu *long-arm-statutes McDouglas/Felix/Whitten*, § 27). Die allgemeine Zuständigkeit eines US-amerikanischen Gerichts ist damit unter laxen Voraussetzungen (ohne Notwendigkeit eines Verwaltungssitzes oder statutarischen Sitzes) zu erreichen, jedoch kann jedes Gericht die Annahme einer Klage mit Hilfe der *forum non convenions* Lehre verhindern. N.B. Bei inkorporierten Gesellschaften hat der Gründungsstaat allein aufgrund der *incorporation* die *jurisdiction* [*Restatement (second) of Conflict of Laws*, § 41 (1971)].

1. Qualification statutes

Qualification statutes – Gesetze, die eine amtliche Befugnis einer ausländischen Gesellschaft fordern, bevor diese geschäftlich im Einzelstaat tätig werden darf – sind aufgrund von Nr. 9 des Zusatzprotokolls zum Freundschaftsvertrag weiterhin auch für deutsche Gesellschaften gültig.[1025] Nach Nr. 9 des Zusatzprotokolls sind die Vertragsteile nicht verpflichtet, Gesellschaften des anderen Vertragsteils zur Ausübung eines Gewerbebetriebes im Inland zuzulassen, wenn diese nicht die nach den gesetzlichen Vorschriften allgemein anwendbaren Anforderungen erfüllen. Die *qualification statutes* sind solche allgemeinen Anforderungen. Sie schränken die Anerkennung der ausländischen Gesellschaft an sich nicht ein, sondern begrenzen lediglich die Möglichkeit, geschäftlich tätig zu werden.[1026] Allerdings sind deutsche Gesellschaften nach Artikel VI Abs. 1 S. 2 FHSV auch ohne eine *qualification* befugt, eine Klage zu erheben.[1027]

2. Outreach statutes

Anderes hingegen gilt für *outreach statutes. Outreach statutes* unterwerfen bestimmte gesellschaftsrechtliche Fragen von *pseudo-foreign corporations* – insbesondere Fragen der *internal affairs* – ausnahmsweise dem Recht des Forumstaates. Diese Einschränkung der Gründungstheorie widerspricht zwar nicht dem in vielen Vorschriften verankerten Grundsatz der Inländerbehandlung. Nach Artikel XXV Abs. 3 FHSV verlangt die Inländerbehandlung nur, dass deutsche Gesellschaften genauso behandelt werden, wie Gesellschaften eines anderen US-amerikanischen Staates.[1028] Einschränkungen, denen auch US-amerikanische Gesell-

---

1025 So auch, jedoch ohne Begründung *Ebke*, in: Sandrock/Wetzler, S. 101, 113.

1026 So auch *Bungert*, DB 1994, 1457, 1461.

1027 In der englischen Fassung des Artikels VI Abs. 1, S. 1 FHSV heißt es:
„*It is understood that companies of either Party not engaged in activities within the territories of the other Party shall enjoy such access [to the courts of justice and to administrative tribunals and agencies] therein without any requirements of registration or domestication.*"
„*Registration*" und „*domestication*" wird nicht ganz passend in der deutschen Fassung mit Registrierung und Niederlassung wiedergegeben.

1028 Art. XXV Abs. 3 FHSV, deutsche Fassung:
„Als Inländerbehandlung wie sie gemäß den Bestimmungen diese Vertrags den Gesellschaften der Bundesrepublik Deutschland in einem Staat, einem Territorium oder einer Besitzung der Vereinigten Staaten von Amerika gewährt wird, gilt die Behandlung, die dort den in anderen Staaten, Territorien und Besitzungen der Vereinigten Staaten von Amerika errichteten Gesellschaften gewährt wird."

schaften in anderen Einzelstaaten unterliegen, können daher auch deutsche Gesellschaften unterworfen werden. Da gerade US-amerikanische Gesellschaften anderer Einzelstaaten den *outreach statutes* unterliegen, ist der Grundsatz der Inländerbehandlung durch die Anwendung der *outreach statutes* für deutsche Gesellschaften nicht verletzt.

Die *outreach statutes* sind aber nicht mit der Anerkennung in Artikel XXV Abs. 5 S. 2 FHSV vereinbar. Artikel XXV Abs. 5 S. 2 FHSV wurde als Sachverweisung eingestuft.[1029] Daher wird im Geltungsbereich des deutsch-US-amerikanischen Freundschaftsvertrags das nationale Kollisionsrecht nicht angewendet. Diese staatsvertragliche Kollisionsnorm verdrängt nationale Kollisionsnormen und damit ebenfalls die (kollisionsrechtlichen) Einschränkungen nationaler Kollisionsnormen. Wurde eine Gesellschaft nach deutschem Recht wirksam gegründet, ist sie unbeachtlich anderweitigem nationalen Kollisionsrecht eines US-amerikanischen Einzelstaates dort umfassend anzuerkennen.

Deutsche Gesellschaften sind damit von *outreach statutes* nicht betroffen. Ob die Anerkennung durch den deutsch-US-amerikanischen Freundschaftsvertrags jedoch eigene Einschränkungen der Gründungstheorie vorsieht, ist eine andere Frage, der an späterer Stelle nachgegangen wird.[1030]

IX. Registerrechtliche Behandlung US-amerikanischer Gesellschaften in Deutschland

1. Eintragung von Zweigniederlassungen US-amerikanischer Gesellschaft in das deutsche Handelsregister

Nach §§ 13 d ff. HGB müssen sich inländische Zweigniederlassungen ausländischer Einzelkaufleute, juristischer Personen oder Handelsgesellschaften im Gerichtsbezirk der Zweigniederlassung im Handelsregister eintragen lassen. Diese Vorschrift ist eine fremdenrechtliche Vorschrift. Dies ergibt sich aus der Formulierung des § 13 d Abs. 3 HGB („soweit nicht das ausländische Recht Abweichungen nötig macht.") und aus der 11. gesellschaftsrechtlichen Richtlinie über

---

Art. XXV Abs. 3 FHSV, englische Fassung:
„National Treatment accorded under the provision of the present Treaty to companies of the Federal Republic of Germany shall, any State, Territory, or possession of the United States of America, be the treatment accorded therein to companies created or organized in other States, Territories , and possession of the United States of America."

1029 Kapitel F II 3.

1030 Siehe umfassend Kapitel G.

die Offenlegungspflicht von Zweigniederlassungen (Zweigniederlassungsrichtlinie), bei deren Umsetzung § 13 d HGB geschaffen wurde.[1031] Zweigniederlassungen haben keine eigene Rechtspersönlichkeit; sie müssen jedoch in der Weise organisiert sein, dass sie aufgrund ihres Geschäftsbetriebs beim Wegfall der Hauptniederlassung als eigene Handelsniederlassung fortbestehen können.[1032]

Die Errichtung einer Zweigniederlassung ist ein rein tatsächlicher Vorgang, daher hat die Eintragung in das Handelsregister nur deklaratorische Wirkung.[1033] Die Eintragung sichert in erster Linie die Publizitätsfunktion des Handelsregisters. Verstößt eine ausländische Gesellschaft gegen die Eintragungspflicht, wird sie vom zuständigen Registergericht durch Zwangsgeld zur Eintragung angehalten (§§ 14 HGB, 132 FGG).

a. Begriff der „Hauptniederlassung" oder des „Sitzes" im Ausland i.S.d. §§ 13 d ff. HGB

Voraussetzung der Eintragung einer Zweigniederlassung nach § 13 d HGB ist, dass sich die „Hauptniederlassung der juristischen Person" oder der „Sitz der Handelsgesellschaft" im Ausland befinden. Fraglich ist, was hier unter „Sitz" oder „Hauptniederlassung" zu verstehen ist. Zunächst könnte daran gedacht werden, dass unter „Sitz" und „Hauptniederlassung" der effektive Verwaltungssitz einer Gesellschaft verstanden wird.[1034] Eine solche Auslegung wäre jedoch nicht richtlinienkonform. Gegenstand der Zweigniederlassungsrichtlinie sind „Zweigniederlassungen, die in einem anderen Mitgliedstaat von Gesellschaften bestimmter Rechtsformen errichtet wurden, die dem Recht eines anderen Mitgliedstaates unterliegen."[1035] Demnach soll durch die Bestimmung in § 13 d HGB, dass der „Sitz" oder die „Hauptniederlassung" der Gesellschaft im Ausland belegen sein soll, lediglich sichergestellt werden, dass die Vorschrift keine inländi-

---

1031 11. RiLi vom 21. Dezember 1989 (Zweigniederlassungsrichtline) (89/666/EWG). Im Titel der Richtlinie heißt es: „über die Offenlegung von Zweigniederlassungen, die in einem Mitgliedstaat von Gesellschaften bestimmter Rechtsformen errichtet wurden, die dem Recht eines anderen Staates unterliegen." Vgl. auch. MüKo-HGB/*Krafka*, § 13 d HGB Rn. 2.

1032 MüKo-HGB/*Krafka*, § 13 d HGB Rn. 10.

1033 MüKo-BGB/*Kindler*, IntGesR Rn. 954; MüKo-HGB/*Krafka*, § 13 d HGB Rn. 10 u. 24. (Eine konstitutive Wirkung der Eintragung kann sich aber aus der Kaufmannseigenschaft der ausländischen Gesellschaft ergeben.).

1034 So *Kindler*, NJW 1993, 3301, 3304 (unter Hinweis auf die in Deutschland zu diesem Zeitpunkt noch umfassend herrschende Sitztheorie, auch für EU-ausländischen Gesellschaften).

1035 So der Titel der 11. RiLi v. 21.12.1989 (Zweigniederlassungsrichtlinie) (89/666/EWG).

schen Gesellschaften umfasst.[1036] Für inländische Gesellschaften gelten nämlich die §§ 13 ff. HGB. In den §§ 13 d ff. HGB geht es also um die Frage, ob eine Gesellschaft inländisch oder ausländisch im Sinne des Zivilrechts ist. Ob eine Gesellschaft inländisch oder ausländisch im Sine des §§ 13 d ff. HGB (also im Sinne des Zivilrechts) ist, beurteilt sich nach dem internationalen Gesellschaftsrecht. Solange der Ort des Verwaltungssitzes kollisionsrechtlich keine Bedeutung hat, kann damit auch nach den §§ 13 d ff. HGB nicht verlangt werden, dass der Verwaltungssitz der nach ausländischem Recht gegründeten Gesellschaft im Ausland belegen ist. Daher sind unter Gesellschaften mit „Sitz" bzw. „Hauptniederlassung" im Ausland solche Gesellschaften zu verstehen, deren Gesellschaftsstatut ausländischem Recht unterliegt. § 13 d HGB gilt damit für nach ausländischem Recht gegründete Gesellschaften, die in Deutschland (kollisionsrechtlich) anerkannt wurden.

So verstand bereits das OLG Zweibrücken die Vorschrift des § 13 d HGB, allerdings unter Berücksichtigung der europarechtlichen Gründungstheorie.[1037] Das Gericht stellte als Folge der *Überseering*-Entscheidung fest, dass die Zweigniederlassung einer englischen *limited company*, die sich in England nicht wirtschaftlich betätigte und die ihren Verwaltungssitz in Deutschland hatte, in das Handelsregister eingetragen werden könne. Die §§ 13 d ff. HGB seien gemeinschaftsrechtlich auszulegen und die Eintragung einer Zweigniederlassung setze nicht das Bestehen einer Hauptniederlassung voraus.[1038]

Gleiches gilt unter der Gründungstheorie des deutsch-US-amerikanischen Freundschaftsvertrags.[1039] Da der Ort des Verwaltungssitzes unter der Gründungstheorie des deutsch-US-amerikanischen Freundschaftsvertrags keine kollisionsrechtliche Bedeutung hat, ist es für §§ 13 d ff. HGB unerheblich, ob die nach ausländischem Recht gegründete Gesellschaft ihren Verwaltungssitz im Gründungsstaat belegen hat oder nicht.[1040] Eine US-amerikanische Gesellschaft hat daher einen ausländischen „Sitz" im Sinne des §§ 13 d ff. HGB, wenn sie wirksam nach US-amerikanischen Recht gegründet wurde. Dies ist durch Vorlage der Gründungsurkunde beim Registergericht nach § 13 e Abs. 2 S. 2 HGB nachzuweisen. US-amerikanische Zweigniederlassungen sind damit in das deutsche Handelsregister nach §§ 13 d ff. HGB einzutragen, auch wenn der effektive Ver-

---

1036 *Walden*, S. 138.

1037 OLG Zweibrücken, BB 2003, 864 ff; in Abweichung von BayObLG, 26.081998, 3 ZBR 78/98, BayObLGZ 1998, 195.

1038 Zustimmend *Haack*, MDR 2003, 1363; *Schmahl*, WuB II N. § 43 EG 3.03; AnwaltKo/*Hoffmann*, Anh. Art. 12 EGBGB Rn. 99.

1039 *Paefgen*, DZWiR 2003, 442, 445.

1040 MüKo-BGB/*Kindler*, IntGesR Rn. 898; MüKo-HGB/*Krafka*, § 13 d HGB Rn. 7; *Paefgen*, DZWiR 2003, 442, 445.

waltungssitz in Deutschland oder einem anderen Staat belegen ist, und selbst wenn gar keine Hauptniederlassung im Sinne eines Verwaltungssitzes besteht.

b. Begriff der „Zweigniederlassung" i.S.d. § 13 d HGB

Dem Wortlaut nach umfassen die §§ 13 d ff. HGB nur die Eintragung von Zweigniederlassungen ausländischer Gesellschaften. Offen ist, welche registerrechtliche Behandlung ein in Deutschland belegener Verwaltungssitz (im Sinne einer Hauptniederlassung) ausländischer Gesellschaften erfährt. Diese registerrechtlichen Schwierigkeiten sind in der deutschen Literatur kaum thematisiert worden, da sie nach der in Deutschland bislang herrschenden Sitztheorie nicht auftauchten. Unter der Sitztheorie wird eine nach ausländischem Recht gegründete Gesellschaft mit Verwaltungssitz in Deutschland von der deutschen Rechtsordnung (kollisionsrechtlich) nicht anerkannt, so dass eine Handelsregistereintragung des inländischen Verwaltungssitzes nicht möglich ist.

Im Anwendungsbereich der Gründungstheorie muss hingegen eine (materiellrechtliche) Lösung für die registerrechtliche Behandlung eines inländischen Verwaltungssitzes von ausländischen Gesellschaften gefunden werden. Auch hier besteht nämlich wie bei Zweigniederlassungen ein schützenswertes Bedürfnis des Rechtsverkehrs nach Offenlegung der Verhältnisse ausländischer Gesellschaften. Im Ergebnis ist man sich daher einig, dass auch der inländische Verwaltungssitz ausländischer Gesellschaften im Register einzutragen ist. Um dies zu erreichen schlägt eine Ansicht vor, die Vorschriften über die Eintragung inländischer Zweigniederlassungen ausländischer Gesellschaften nach §§ 13 d ff. HGB (früher §§ 13 b HGB, 44 AktG) entsprechend für den inländischen Verwaltungssitz ausländischer Gesellschaften anzuwenden.[1041] Nach anderer Ansicht soll auf die Auffangvorschrift des § 33 HGB zurückgegriffen werden. Nach dieser Vorschrift ist eine juristische Person einzutragen, deren Eintragung in das Handelsregister nicht bereits durch andere Vorschriften gewährleistet ist, die aber wegen des Betriebs eines Handelsgewebes im Sinne des § 1 HGB den Regeln des Handelsgesetzbuches unterliegt und daher einzutragen ist.[1042]

Die Vorschrift des § 33 HGB dient dazu, die vollständige Auskunft (Publizität) des Handelsregisters über alle Rechtsträger zu sichern, die ein Handelsgewerbe betreiben.[1043] § 33 HGB ist damit ein Auffangtatbestand und greift nur,

---

1041 *Hausmann*, S. 37 in Fn. 113; zustimmend *Bungert*, ZVglRWiss 93 (1994), 117, 175; wohl auch in diesem Sinne für EU-ausländische Gesellschaften *Baumbach/Hopt*, § 13 d HGB, Rn. 1; *Kindler*, NJW 2003, 1073, 1078.

1042 *Höft*, S. 61; wohl auch *Zimmer*, in: Boujong/Ebenroth/Joost, § 33 HGB Rn. 1.

1043 *Baumbach/Hopt*, § 33 HGB Rn. 1; *Zimmer*, in: Boujong/Ebenroth//Joost, § 33 HGB Rn. 1.

wenn andere Vorschriften die Eintragung des Rechtsträgers nicht bereits sicherstellen.[1044] Daher ist vorrangig zu prüfen, ob nicht bereits § 13 d HGB die Eintragung des Verwaltungssitzes einer US-amerikanischen Gesellschaft verlangt.

Dem Wortlaut nach gelten die §§ 13 d ff. HGB nur für die Eintragung von Zweigniederlassungen ausländischer Gesellschaften. Wie bereits festgestellt wurde, ist es für den Anwendungsbereich der §§ 13 d ff. HGB jedoch unerheblich, wo sich der Verwaltungssitz der Gesellschaft ausländischen Rechts befindet, oder ob überhaupt ein Verwaltungssitz im Sinne einer Hauptniederlassung existiert.[1045] Wird für die Anwendung der §§ 13 d ff HGB nun keine Hauptniederlassung mehr gefordert, kann begrifflich nicht mehr von einer „Zweigniederlassung" gesprochen werden. Denn eine „Zweigniederlassung" setzt dem Wortlaut nach eine Hauptniederlassung voraus. Besteht keine Hauptniederlassung, so sind alle Niederlassungen einer Gesellschaft einfach nur „Niederlassungen". Damit gilt § 13 d HGB bereits entgegen seinem Wortlaut für alle inländischen „Niederlassungen" ausländischer Gesellschaften.[1046] Als Niederlassung von Gesellschaften ausländischen Rechts zählt dabei auch der Verwaltungssitz im Sinne einer Hauptniederlassung.

Diese Auslegung der Zweigniederlassungsrichtlinie entspricht der Auslegung des EuGH. Der EuGH hielt in der *Inspire Art*-Entscheidung die Zweigniederlassungsrichtlinie offenbar sowohl dann für anwendbar, wenn die Gründung einer Niederlassung die Eröffnung einer Zweigniederlassung darstellt, als auch dann, wenn die Gründung auf der Verlegung des Verwaltungssitzes beruht.[1047] Demnach gilt die Zweigniederlassungsrichtlinie für alle Fälle einer Niederlassung in einem anderen als dem Gründungsstaat, unabhängig von der Bezeichnung der

---

1044 § 33 HGB findet zum Beispiel Anwendung auf den Idealverein (§ 21 BGB) mit wirtschaftlicher Nebentätigkeit, beim wirtschaftlichen Verein (§ 22 BGB), bei der Stiftung (§ 80 BGB) oder bei juristischen Personen des öffentlichen Rechts (im Sinne des § 89 BGB), wenn von diesen ein Handelsgewerbe betrieben wird. Vgl. *Baumbach/Hopt,* § 33 HGB Rn. 1.

1045 Vgl. Kapitel F IX 1 a, OLG Zweibrücken, BB 2003, 864 ff.: „Dieser [der gemeinschaftsrechtlichen Begriff der Zweigniederlassung] setzt, wie dem *Centros*-Urteil des EuGH zu entnehmen ist, das Bestehen einer Hauptniederlassung nicht voraus."

1046 So auch AnwaltKo/*Hoffmann*, Anh. zu Art. 12 EGBGB Rn. 100; *Klein,* S. 512, 513; *Süß*, DNotzZ 2003, 180, 181, für die Niederlassungen englischer *Limited Companies*. *Süß* führt an, dass es für das Handelsregister ohne Bedeutung sei, wenn die inländische „Zweigniederlassung" tatsächlich die Hauptniederlassung darstelle.

1047 EuGH, Urt. v. 30.09.2003, Rs. C-167/01 (*Kramer van Koopandel en Fabrieken voor Amsterdam v. Inspire Art Ltd.*), Slg. 2003 I, 10155 = NJW 2003, 3331 = IPRax 2004, 46.

Niederlassung als Zweig- oder Hauptniederlassung.[1048] § 13 HGB beruht auf der Zweigniederlassungsrichtlinie und ist im gleichen Sinne auszulegen.

Dieses Verständnis des § 13 d HGB ist die registerrechtliche Konsequenz, die sich aus der Anwendung der Gründungstheorie ergibt. Denn mangels kollisionsrechtlicher Bedeutung des Orts des Verwaltungssitzes dürfen auch die registerrechtlichen Vorschriften nicht danach unterscheiden, um welche Art von Niederlassung der Gesellschaft ausländischen Rechts es sich handelt. Für diese Verständnis der §§ 13 d ff. HGB spricht außerdem, dass es in tatsächlicher Hinsicht oft schwer feststellbar ist, ob eine inländische Niederlassung eine Zweig- oder eine Hauptniederlassung (Verwaltungssitz) ist.

Damit gelten die §§ 13 d ff. HGB entsprechend für die Eintragung eines inländischen Verwaltungssitzes einer Gesellschaft ausländischen Rechts, wenn die Gesellschaft in Deutschland anerkannt ist.[1049] Ein Rückgriff auf den subsidiär anzuwendenden § 33 HGB erübrigt sich.

2. Einzelne Offenlegungspflichten US-amerikanischer Kapitalgesellschaften

Für die Eintragung der (Zweig-)Niederlassung US-amerikanischer Kapitalgesellschaften gelten die §§ 13 e ff. HGB ergänzend zu § 13 d HGB. Demnach muss die Anmeldung der Gesellschaft durch die Vorstandsmitglieder/Geschäftsführer in vertretungsberechtigter Zahl erfolgen (§ 13 e Abs. 2 S. 1 HGB). Die gleichen Vertretungsregeln gelten für die Eintragung von Änderungen des Gesellschaftsvertrags (§ 13 g Abs. 5 HGB) bzw. der Satzung (§ 13 f Abs. 5 HGB).

Bei der Anmeldung der (Zweig-)Niederlassung zur Eintragung müssen die Anschrift und der Gegenstand der Zweigniederlassung angegeben werden (§ 13 e Abs. 2 S. 3 HGB). Eingetragen wird allerdings nur der Ort der Zweigniederlassung (§ 13 d Abs. 2 HGB). In der Anmeldung anzugeben sind ferner die Rechtsform der Gesellschaft, die vertretungsbefugten Personen und das Recht des Staates, dem die Gesellschaft unterliegt (§ 13 e Abs. 2 S. 3 HGB). Die Angabe einer Registereintragung und Registernummer (§ 13 e Abs. 2 S. 3 Nr. 1 HGB) ist mangels Bestehen eines Handelsregisters für US-amerikanische Kapitalgesellschaften nicht nötig. Die gemachten Angaben sind einzutragen (§ 13 f Abs. 3 bzw. § 13 g Abs. 3 HGB). Außerdem ist der Anmeldung eine beglaubigte Übersetzung der Satzung bzw. des Gesellschaftsvertrags der ausländischen Kapitalgesellschaft in deutscher Sprache beizufügen (§§ 13 f Abs. 2 S. 1 und 13 g Abs. 2 S. 1 HGB).

1048 *Klein*, S. 512; *Leible/Hoffmann*, EuZG 2005, 677, 680; *Ziemons*, ZIP 2003, 1913, 1914.

1049 Die Eintragung des Verwaltungssitzes ist damit ebenfalls rein deklaratorischer Natur.

Eine eingetragene (Zweig-)Niederlassung einer ausländischer Gesellschaft muss auf Geschäftsbriefen und Bestellscheinen, die von ihr benutzt werden, das Register und die Registernummer der (Zweig-)Niederlassung angeben (§§ 35 a Abs. 4 GmbHG, 80 Abs. 4 GmbHG).

Wird die inländische (Zweig-)Niederlassung aufgelöst, ist die (deklaratorische) Eintragung der Niederlassung im Handelsregister entsprechend den Vorschriften über die Eintragung rückgängig zu machen (§ 13 g Abs. 7 HGB). Demgemäß müssen die vertretungsberechtigten Personen eine Anmeldung der Auflösung in beglaubigter Form dem Handelsregister vorlegen.[1050]

Verstoßen ausländische Gesellschaften gegen die Offenlegungspflichten, so wird in der Literatur teilweise eine Handelndenhaftung analog § 11 Abs. 2 GmbHG angenommen.[1051]

3. Kollisionsrechtliche Behandlung der inländischen Niederlassung einer Gesellschaft US-amerikanischen Rechts, insbesondere Prüfung durch das Registergericht

Da eine inländische (Zweig-)Niederlassung keine eigenständige Rechtspersönlichkeit hat, richten sich ihre materiellen Rechtsverhältnisse nach dem Gesellschaftsstatut.[1052] Im deutsch-US-amerikanischen Verhältnis ist also das Gesellschaftsrecht des Gründungsorts der Gesellschaft maßgeblich.

Bestimmte Bereiche zählen jedoch nicht zum Gesellschaftsstatut und unterliegen somit deutschem Recht: So entscheidet das deutsches Recht über die Eigenschaft als Handelsgesellschaft im Sinne von § 6 HGB.[1053] Auch die Buchführungs- und Bilanzierungsspflicht der Zweigniederlassung bestimmt sich nach deutschem Recht.[1054]

Insbesondere unterliegt die registerrechtliche Behandlung ausländischer (Zweig-)Niederlassungen deutschem Registerrecht, soweit nicht das ausländische Recht Abweichungen erfordert (§ 13 d Abs. 3 HGB).[1055] Denn die inländische

---

1050 *Süß*, DNotZ, 2005, 180, 188 m.w.N. Nach a.A. (vgl. z.B. *Kindler*, NJW 1993, 3301, 3306) wird ein Liquidationsverfahren für die Zweigniederlassung verlangt. Eine Liquidation kann jedoch nicht stattfinden, da die Zweigniederlassung keinen eigener Rechtsträger und damit keine liquidationsfähige Einheit darstellt.

1051 AnwaltKo/*Hoffmann*, Anh. Art. 12 EGBGB Rn. 101.

1052 Staub/*Hüffer*, § 13 b HGB Rn. 13; MüKo-HGB/*Krafka*, § 13 d HGB Rn. 11.

1053 MüKo-HGB/*Krafka*, § 13 d HGB Rn. 13.

1054 Staub/*Hüffer*, § 13 b HGB Rn. 15; MüKo-HGB/*Krafka*, § 13 d HGB Rn. 14.

1055 *Baumbach/Hopt*, § 13 d HGB Rn. 2; Staub/*Hüffer*, § 13 b HGB Rn. 18; MüKo-HGB/*Krafka*, § 13 d HGB Rn. 13.

(Zweig-)Niederlassung ist wie eine (deutsche) Hauptniederlassung zu behandeln (§ 13 d Abs. 3 HGB).

Daher hat das Registergericht das unbeschränkte Prüfungsrecht hinsichtlich der formellen und materiellen Eintragungsvoraussetzungen. Insbesondere wird geprüft, ob die ausländische Gesellschaft besteht (§ 13 e Abs. 2 S. 2 HGB) und ob die inländische (Zweig-)Niederlassung tatsächlich errichtet wurde. Vereinfacht wird die Überprüfung, wenn die US-amerikanische Gesellschaft ein *certificate of existence* vorlegt;[1056] dies ist eine Bestätigung des Gründungsstaates darüber, dass die Gesellschaft nach dem Recht des US-amerikanischen Gründungsstaates nach wie vor besteht.

Des Weiteren hat das Registergericht die Firma der ausländischen Gesellschaft dahingehend zu überprüfen, ob die nach ausländischem Recht zulässige Firma nach den Regeln des inländischen Firmenrechts für die Zweigniederlassung benutzt werden kann.[1057] Dabei darf die Firma unter anderem namentlich nicht verwechslungsfähig sein und zwingenden deutschen Vorschriften nicht zuwiderlaufen.[1058] Die gilt unabhängig davon, dass die Firma als Handelsname grundsätzlich dem Gesellschaftsstatut unterfällt,[1059] da die inländische Niederlassung wie eine Hauptniederlassung behandelt wird (§ 13 d Abs. 3 HGB).[1060] Die umfassende Anerkennung in Artikel XXV Abs. 5 S. 2 FHSV und die im deutsch-US-amerikanischen Freundschaftsvertrag verankerte Niederlassungsfreiheit (Art. VII Abs. 1 FHSV) verlangen dabei grundsätzlich die unveränderte Übernahme ausländischer Firmen. Das Registergericht kann jedoch einen aussagekräftigen Rechtsformzusatz verlangen, der zum Ausdruck bringt, unter welcher Rechtsordnung die Gesellschaft lebt. Dies ist besonders bei in Deutschland unbekannten Rechtsformen nötig, um für den Rechtsverkehr die ausländische Herkunft offen zu legen.[1061]

Ungeklärt ist die Eintragungsfähigkeit oder sogar -pflichtigkeit solcher (gesellschaftsvertraglicher) Vereinbarungen ausländischer Gesellschaften, die vom deutschen Recht abweichende Bestimmungen insbesondere über die Rechtsfähigkeit der Gesellschaft, die Vertretungsorgane oder die Haftung beinhalten. Zum

---

1056 Vgl. Rev. Mod. Bus. Corp. Act § 1.28 (2002).

1057 *Kindler*, NJW 2003, 1087; *MüKo.HGB/Krafka*, § 13 d HGB Rn. 18.

1058 *Baumbach/Hopt*, § 13 d HGB Rn. 4.

1059 *Leible/Hoffmann*, EuZW 2003, 677, 680; MüKo-HGB/*Krafka*, § 13 d HGB Rn. 16 ff.; *Süß*, DNotZ 2005, 180, 187.

1060 Es gilt hierbei zwischen der Vorfrage nach der Firma der Hauptniederlassung und dem Firmenrecht zu unterscheiden. Die Vorfrage nach der Firma unterfällt dem Gesellschaftsstatut. Das Firmenrecht hingegen ist Ordnungsrecht und unterliegt dem deutschen Recht.

1061 So unter der gemeinschaftsrechtlichen Niederlassungsfreiheit *Leible/Hoffmann*, EuZW, 2003, 677, 681; MüKo-HGB/*Krafka*, § 13 d HGB Rn. 18.

Teil wird vorgebracht, dass wegen des Grundsatzes der festen Begrenzung der einzutragenden Tatsachen nur dasjenige eingetragen werden könne, was das deutsche Recht zulasse.[1062] Die Regelung der in das Handelsregister eintragungsfähigen Tatsachen sei abschließend.[1063] Dieser Auffassung ist entgegenzutreten.[1064] Denn für die Rechtsverhältnisse und die Verfassung einer ausländischen Gesellschaft ist das ausländische Recht maßgeblich. Registerrechtliche Bestimmungen dürfen nicht zu einer Anpassung der ausländischen Gesellschaft an das deutsche Gesellschaftsrecht führen und damit die kollisionsrechtliche Anerkennung – zumindest teilweise – zurücknehmen.[1065] Die Struktur des ausländischen Gebildes darf gerade nicht beeinflusst werden. Die Eintragung darf deswegen nicht deshalb verweigert werden, weil die Satzung oder der Gesellschaftsvertrag der ausländischen Gesellschaft von dem deutschen Recht abweicht oder sogar nach deutschem Recht unzulässig ist.

Bei der Eintragung muss das Registergericht entscheiden, in welcher Registerabteilung die Gesellschaft zu registrieren ist. Ob die ausländische Gesellschaft in die Abteilung A (Einzelkaufleute, juristische Personen nach § 33 HGB, OHG, KG) oder in die Abteilung B (AG, Kommanditgesellschaft auf Aktien, SE, GmbH, Versicherungsverein auf Gegenseitigkeit) des Handelsregister eingetragen wird, hängt von der Vergleichbarkeit der ausländischen Gesellschaftsform mit inländischen Gesellschaftsformen ab.[1066]

Auch die Bekanntmachung der Eintragung unterliegt deutschem Registerrecht.[1067]

X. Grundbuchfähigkeit (nach deutschem Grundbuchrecht)

1. Grundbuchfähigkeit von Gesellschaften deutschen Rechts

Im deutschen Recht sind juristische Personen, Handels- und Partnerschaftsgesellschaften unter ihrem Namen oder unter ihrer Firma mit ihrem Sitz in das Grundbuch einzutragen [§ 15 Abs. 1 b) GBV]. Juristische Personen, Handels- und Partnerschaftsgesellschaften sind damit grundbuchfähig.

1062 OLG Frankfurt, IPRspr. 1976 Nr. 18; vlg. zu diesem Grundsatz auch: RGZ 132, 138; OLG Hamm, MDR 1952, 549.

1063 *Nußbaum,* S. 212.

1064 H.M., vgl. KG, IPRspr. 1929 Nr. 21; *Beitzke,* Juristische Personen, S. 121; MüKo-BGB/*Kindler,* IntGesR Rn. 952 m.w.N.

1065 Staub/*Hüffer,* § 13 b HGB Rn. 20.

1066 MüKo-HGB/*Krafka,* § 13 d HGB Rn. 9.

1067 MüKo-HGB/*Krafka,* § 13 d HGB Rn. 24.

Ob bei der (Außen-)Gesellschaft bürgerlichen Rechts[1068] die Gesellschaft selbst oder nur unter dem Namen der Gesellschafter (§ 47 GBO) als Eigentümerin in das Grundbuch eingetragen werden kann, ist seit der Anerkennung der Rechtsfähigkeit der (Außen-)GbR umstritten.[1069]

2. Grundbuchfähigkeit von Gesellschaften ausländischen Rechts

Ausländische Gesellschaften sind grundbuchfähig, wenn sie in Deutschland als rechtsfähige Gesellschaft anerkannt sind.[1070] Denn dann können sie im deutschen Rechtsverkehr wirksam unter ihrem Namen auftreten und unter ihrem Namen ebenfalls im das Grundbuch eingetragen werden (vgl. § 15 Abs. 1 b) GBV). Aufgrund der Gründungstheorie des deutsch-US-amerikanischen Freundschaftsvertrags sind US-amerikanische Gesellschaften in Deutschland grundsätzlich grundbuchfähig, wenn sie nach dem Recht ihres US-amerikanischen Gründungsstaates

1068 BGHZ 146, 341.

1069 Offen gelassen BGH, NJW 2006, 3716 m.w.N.; bejahend, sehr ausführlich OLG Stuttgart (8. Zivilsenat), Beschluss v. 09.01.2007, Az. 8 W 223/06 – „juris"; *Pohlmann,* EWiR 2003, 107, 108; verneinend BayObLG, NJW 2003, 70; m.w.N.; BayObLG, NJW-RR 2004, 810, OLG Celle, NJW 2006, 2194, *Keil,* DZWiR 2003, 120. Gegner der Grundbuchfähigkeit der GbR führen an, dass der Grundbuchfähigkeit der BGB-Gesellschaft die Besonderheiten des Grundbuchrechts und die Eigenart dinglicher Rechtspositionen entgegenstünden. Die Anerkennung der Rechtsfähigkeit einer Gesellschaft bürgerlichen Rechts führe daher nicht zugleich zur Bejahung ihrer Grundbuchfähigkeit. (BayObLG, NJW 2003, 70). Nach anderer Ansicht stehen die §§ 47 GBO und 15 GBV der Eintragung einer GbR in das Grundbuch nicht entgegen, weil sie keine ausdrückliche Regelung über ihre Eintragung treffen. Andernfalls könne eine GbR keine Grundstücke und Rechte an Gründstücken im Namen der GbR erwerben, denn ein solcher Erweb setze die Eintragung des Erwerbers in das Grundbruch (§ 873 BGB) voraus [OLG Stuttgart (8. Zivilsenat), Beschluss v. 09.01.2007, Az. 8 W 223/06 – „juris"]. Der BGH erklärte in seinem Urteil vom 25.09.2006, dass die GbR selbst Eigentümerin eines Grundstücks sein könne (BGH, BB 2006, 2490 = ZIP 2006, 2128 = WM 2006, 2135). Offengelassen hat der BGH dabei, welche Regeln für die Eintragung der GbR zu beachten sind, insbesondere ob die GbR allein unter ihrem eigenen Namen eingetragen werden kann oder ob die Namen der Gesellschafter (als GbR) hinzuzufügen sind. Doch wenn die Außengesellschaft bürgerlichen Rechts Eigentümerin eines Grundstücks sein kann, sollten diese Eigentumsverhältnisse zutreffend im Grundbuch dokumentiert werden können. Daher sollte die GbR unter ihrem Namen in das Grundbuch als Eigentümerin eingetragen werden können, wenn sie einen eigenen unterscheidungskräftigen Namen führt. [Vgl. OLG Stuttgart (8. Zivilsenat), Beschluss v. 09.01.2007, Az. 8 W 223/06 –"juris"].

1070 BayObLG, ZIP 2003, 398 = IPRax 2003, 59 = DStR 2003, 653 mit Anmerkung *Schaub*, DStR 2003. 654.

rechtsfähig sind. Der Ort des Verwaltungssitzes ist für die Bestimmung der Rechts- und daran anschließenden Grundbuchfähigkeit damit unerheblich.[1071] Wenn im deutschen Recht sogar die Grundbuchfähigkeit der GbR bejaht wird, würde es für die Grundbuchfähigkeit ausländischer Gesellschaften außerdem ausreichen, dass diese als deutsche GbR eingestuft werden könnten.

Diese Konsequenzen der Gründungstheorie für die Grundbuchpraxis zog bereits das BayObLG, allerding in Bezug auf die europarechtliche Gründungstheorie.[1072] Das BayObLG hielt eine englische *private limited partnership* mit Verwaltungssitz in Deutschland für grundbuchfähig. Die Vorinstanzen hatten die Grundbuchfähigkeit der Gesellschaft mangels Anerkennung ihrer Rechtsfähigkeit verneint und darauf hingewiesen, dass auch die Qualifikation der ausländischen Gesellschaft als GbR nicht zur Grundbuchfähigkeit führe.[1073] Das BayObLG hob diese Entscheidungen auf und verwies zu Begründung auf die gemeinschaftsrechtliche Niederlassungsfreiheit (Art. 43, 48 EG) und dessen Auslegung durch den EuGH im *Überseering*-Urteil.[1074]

Die gleichen Grundsätze gelten im deutsch-US-amerikanischen Verhältnis, auch wenn sich die Pflicht zur Anerkennung US-amerikanischer Gesellschaften aus Artikel XXV Abs. 5 S. 2 FHSV und nicht erst aus der Niederlassungsfreiheit des Artikels VII FHSV ergibt. Daher sind US-amerikanische rechtsfähige Gesellschaften, auch wenn sie ihren Verwaltungssitz in Deutschland haben, grundbuchfähig.

XI. Grundrechtsfähigkeit

1. Grundrechtsfähigkeit von Gesellschaften nach dem deutschen Grundgesetz

Nach Artikel 19 Abs. 3 GG sind *inländische* juristische Personen grundrechtsfähig, wenn die Grundrechte ihrem Wesen nach auf diese anwendbar sind. Die Begrenzung des Artikels 19 Abs. 3 GG auf inländische juristische Personen ist darauf zurückzuführen, dass die Grundrechtsfähigkeit eine enge Nationalitätsbindung – ähnlich der Staatsangehörigkeit natürlicher Personen – zwischen der

---

1071 *Paefgen*, DZWiR 2003, 441, 445.

1072 BayObLG, IPRax 2003, 59 = ZIP 2003, 398.

1073 LG München I, Beschluss v. 03.01.2002; AG (Grundbuchamt) München, Beschluss v. 13.08.2001.

1074 *Paefgen*, DZWiR, 2003, 441, 445 und *Behrens*, IPRax, 2003, 193, 204, kritisieren, dass das BayObLG die Niederlassungsfreiheit lediglich als ein Diskriminierungsverbot und nicht auch als ein Beschränkungsverbot verstanden hat.

Bundesrepublik Deutschland und der betroffenen Gesellschaft voraussetzt.[1075] Eine Erweiterung der Vorschrift auch auf ausländische juristische Personen verbieten der Wortlaut und der Sinn der Vorschrift.[1076]

a. „Inländische juristische Person" i.S.d. Artikels 19 Abs. 3 GG

Voraussetzung des Grundrechtsschutzes ist damit vor allem, dass es sich bei dem rechtlichen Gebilde um eine inländische juristische Person handelt. Was unter einer"inländischen juristischen Person" in Artikel 19 Abs. 3 GG zu verstehen ist, bestimmt sich aufgrund des Ranges der Verfassung allein nach dem Zweck dieses Artikels – ungeachtet der Bestimmungen dieses Begriffes in anderen Rechtsgebieten.[1077]

Unter „juristischen Personen" im Sinne des Artikels 19 Abs. 3 GG sind – anders als im Zivilrecht – alle Personenmehrheiten zu verstehen, die voll- oder teilrechtsfähig sind.[1078] Unter welchen Voraussetzungen eine juristische Person „inländisch" im Sinne des Artikels 19 Abs. 3 GG ist, ist jedoch unklar.[1079]

(1) „Inländisch" nicht durch international-privatrechtliche Anerkennung

Einigkeit besteht darüber, dass die bloße international-privatrechtliche Anerkennung einer ausländischen Gesellschaft im Inland nicht ihre Grundrechtsfähigkeit im Sinne des Artikels 19 Abs. 3 GG begründet (sog. Anerkennungstheorie).[1080] Die Anerkennungstheorie wurde in der älteren Literatur vertreten, findet aber heute keine Befürworter mehr.[1081] Hierdurch hätte es der nationale Gesetzgeber in der Hand, durch die Schaffung von Kollisionsregeln über die Grundrechts-

---

1075 Staudinger/*Großfeld*, IntGesR Rn. 1041.

1076 BVerfGE 21, 207, 208; *Meessen*, JZ 1970, 602, 603; sehr kritisch dazu *Rupp v. Brünneck*, in: FS Arndt, S. 349, 381 f.

1077 *Stern*, Staatsrecht III/1, § 17 VI 3 β).

1078 Staudinger/*Großfeld*, IntGesR Rn. 1047; *Pieroth/Schlink*, Rn. 147.

1079 Streitig, aber für den deutsch-US-amerikanischen Freundschaftsvertrag unerheblich, ist, ob und inwieweit EU-ausländische Gesellschaften aufgrund des Diskriminierungsverbot des EG-Vertrags (Art. 12 EG) inländische juristische Personen im Sinne des Artikels 19 Abs. 3 GG sind. Vgl. zum Diskussionsstand Dreier/*Dreier*, Art. 19 III GG Rn. 83 ff.; *Huber*, in: Mangold/Klein/Starck, Art. 19 Abs. 3 GG Rn. 308 ff.

1080 Dreier/*Dreier*, Art. 19 III GG, Rn. 78; *Ebenroth/Bippus*, NJW 1988, 2137, 2145; *Meessen*, JZ 1970, 602, 604; *Niessen*, NJW 1968, 1017, 1019; Staudinger/*Großfeld*, IntGesR Rn. 1042.

1081 Vgl. Nachweise in: *Meessen*, JZ 1970, 602, 604.

trägerschaft zu disponieren.[1082] Zudem würde der Begriff „inländisch“ in Artikel 19 Abs. 3 GG wegen der „automatischen“ international-privatrechtlichen Anerkennung ausländischer Gesellschaften praktisch überflüssig.[1083] Insoweit hat die Auslegung des Artikels XXV Abs. 5 S. 2 FHSV keine Auswirkungen auf die Bestimmung der Inländer- oder Ausländereigenschaft im Sinne des Artikels 19 Abs. 3 GG.

(2) „Inländisch“ nicht durch Inländerbehandlungsklauseln

Fraglich ist, ob die zahlreichen Vorschriften des deutsch-US-amerikanischen Freundschaftsvertrags, die die Inländerbehandlung von Gesellschaften der anderen Vertragspartei bestimmen, insbesondere die Inländerbehandlung für den Zutritt zu Gericht (Art. VI FHSV), auch gewährleisten, dass die Gesellschaften US-amerikanischen Rechts die Grundrechte für sich in Anspruch zu nehmen. *Niessen* bejaht diese Frage, da die Inländerbehandlung für den Zugang zu Gericht eine völlige Gleichstellung mit inländischen juristischen Personen bewirke und damit ausländische juristische Personen als „inländisch“ im Sinne des Artikels 19 Abs. 2 GG angesehen werden müssten.[1084] Diese Auffassung ist abzulehnen.[1085] Der Freundschaftsvertrag hat als völkerrechtlicher Vertrag nur den Rang eines einfachen Bundesgesetzes. Solche haben keinen Einfluss auf die Auslegung des Verfassungsrechts. Andernfalls könnte der einfache Gesetzgeber durch Zustimmungen zu völkerrechtlichen Verträgen, die Inländerklauseln beinhalten, dass Verfassungsrecht erweitern oder einschränken. Die Inländerbehandlungsklauseln des Freundschaftsvertrags gestatten damit Gesellschaften US-amerikanischen Rechts nicht, sich auf die Grundrechte nach deutschem Verfassungsrecht zu berufen.

(3) „Inländisch“ aufgrund eines inländischen Verwaltungssitzes

Um als inländische juristische Person im Sinne von Art. 19 Abs. 3 GG angesehen zu werden, muss eine Gesellschaft ihren effektiven Verwaltungssitz, das heißt ihr tatsächliches Aktionszentrum, in Deutschland haben.[1086] Ein inländischer Ver-

1082 *Huber*, in: Mangold/Klein/Starck, Art. 19 Abs. 3 Rn. 300.
1083 Staudinger/*Großfeld*, IntGesR Rn. 1042.
1084 *Niessen*, NJW 1968, 1017, 1019.
1085 H.M. BGHZ 76, 387, 390 f., 395 f.; *Meessen*, JZ 1970, 603, 605; *Pieroth/Schlink*, Rn. 148; Sachs/*Sachs*, Art. 19 GG Rn. 52.
1086 BVerfGE 21, 207, 209; 23, 229, 236; Dreier/*Dreier*, Art. 19 III GG Rn. 78; *Huber*, in: Mangold/Klein/Starck, Art. 19 Abs. 3 GG Rn. 299; *Isensee*, HStR V § 118 Rn. 44; *Meessen*, JZ 1970, 602, 604; *Pieroth/Schlink*, Rn. 148; *Quaritsch*, HStR V

waltungssitz ist Ausdruck einer besonders engen effektiven Verbindung zum Geltungsbereich des Grundgesetzes, da der deutsche Staat aufgrund seiner Gebietshoheit weitgehende Einwirkungsmöglichkeiten auf solche Gesellschaften hat.[1087] Eine Gesellschaft mit inländischem Verwaltungssitz befindet sich in einem gesteigerten „Subjektionsverhältnis" gegenüber dem deutschen Staat.[1088]

Umstritten ist, ob eine Gesellschaft darüber hinaus auch nach deutschem Recht gegründet sein muss, um inländisch im Sinne des Artikels 19 Abs. 3 GG zu sein.[1089]

Eine Ansicht bejaht dies und bewertet die Gründung nach deutschem Privatrecht ebenfalls als ein wesentliches Merkmal der Inlandsverknüpfung im Rahmen des Artikels 19 Abs. 3 GG.[1090] Eine Gesellschaft, die ihre Existenz allein einer ausländischen Rechtsordnung verdanke, könne nicht als inländische juristische Person eingeordnet werden.[1091] Demnach wären Gesellschaften US-amerikanischen Rechts mit Verwaltungssitz in Deutschland nicht grundrechtsfähig.

Nach anderer Ansicht hingegen ist eine Gründung der juristischen Person nach der deutschen Rechtsordnung nicht erforderlich.[1092] Es reiche aus, wenn die jeweilige Organisationseinheit mindestens Zuordnungsobjekt eines (deutschen) Rechtssatzes sei. Demnach genössen US-amerikanische Gesellschaften mit Verwaltungssitz in Deutschland den Schutz der Grundrechte nach Artikel 19 Abs. 3 GG.

Durch Artikel 19 Abs. 3 GG soll sichergestellt werden, dass nur solche rechtlichen Gebilde, die einen hinreichenden tatsächlichen Bezug zur deutschen Verfassung aufweisen, den Schutz durch die deutschen Grundrechte beanspruchen können. Da sich eine Gesellschaft mit einem inländischen Verwaltungssitz bereits in einem gesteigerten „Subjektionsverhältnis" gegenüber dem deutschen Staat be-

---

§ 130 Rn. 48; Sachs/*Sachs,* Art. 19 GG Rn. 54; Staudinger/*Großfeld*, IntGesR Rn. 1043; *Stern,* Staatsrecht III/1, § 71 VI 3, S. 1129.

1087 *Stern*, Staatsrecht III/1, § 71 VI 4, S. 1142.

1088 BonnerKo/*v. Mutius*, Art. 19 Abs. 3 GG Rn. 54; *Schmidt*, Grundrechte und Nationalität juristischer Personen, S. 84 ff.

1089 Dieser Fall, dass eine Gesellschaft mit inländischem Verwaltungssitz wirksam nach ausländischem Recht gegründet wurde, tritt nur ein, wenn kollisionsrechtlich die Gründungstheorie angewendet wird. Unter der Sitztheorie wird auf eine Gesellschaft mit deutschem Verwaltungssitz immer deutsches materielles Recht angewendet.

1090 *Ebenroth,* 24 Int'l Law 459, 484, *Ebenroth/Bippus,* NJW 1988, 2137, 2146; *Schmidt,* Grundrechte und Nationalität juristischer Personen, S. 93 f.; Staudinger/*Großfeld*, IntGesR Rn. 1043.

1091 *Ebenroth/Bippus,* NJW 1988, 2137, 2146.

1092 BonnerKo/*v. Mutius,* Art. 19 Abs. 3 GG Rn. 55; *Meessen,* JZ 1970, 602, 604 Fn. 24; *Stern,* Staatsrecht III/1, § 71 VI 4 Fn. 301.

findet, ist die durch den inländischen Verwaltungssitz begründete Verbindung zum deutschen Staat ausreichend, um die Anwendung deutscher Grundrechte zu rechtfertigen. Zwar unterliegt eine nach US-amerikanischen Recht gegründete Gesellschaft dem materiellen Recht des US-amerikanischen Gründungsstaates, aber durch die Errichtung eines Verwaltungssitzes in Deutschland und den damit verbundenen registerrechtlichen Regelungen besteht ein hinreichender Bezug zur deutschen Rechtsordnung.

Wird eine nach ausländischem Recht gegründete Gesellschaft mit Verwaltungssitz in Deutschland als inländische Gesellschaft im Sinne des Artikel 19 Abs. 3 GG verstanden, besteht keine Kongruenz zwischen den Anknüpfungskriterien des Verfassungsrechts und denen des einfachen Rechts (des internationalen Gesellschaftsrechts). Diese Kongruenz wird zwar vielfach betont,[1093] aber Artikel 19 Abs. 3 GG ist als Verfassungsnorm autonom auszulegen und nicht an die Regeln des einfachen Gesetzes gebunden.

Damit sind Gesellschaften inländische juristische Personen im Sinne des Artikel 19 Abs. 3 GG, sobald ihr Verwaltungssitz in Deutschland belegen ist, unabhängig davon, welcher Rechtsordnung ihr Gesellschaftsstatut unterliegt.

(4) „Inländisch" aufgrund einer Gründung nach deutschem Recht, aber mit ausländischem Verwaltungssitz

Fraglich ist weiterhin, ob eine nach deutschem Recht gegründete Gesellschaft mit Verwaltungssitz im Ausland Grundrechtsschutz unter Artikel 19 Abs. 3 GG genießt. Dies wird größtenteils verneint, da die umfassende Unterwerfung unter die inländische Staatsgewalt und die Inlandsverknüpfung fehle.[1094] *Stern* hält es für sachgerecht, Gesellschaften mit Verwaltungssitz im Ausland dann Grundrechtsschutz zu gewähren, wenn die juristische Person von Deutschen beherrscht sei.[1095]

Wird eine Gesellschaft nach deutschem materiellen Gesellschaftsrecht gegründet, so zeigt sie durch die Gründung ihre Verbundenheit mit der deutschen Rechtsordnung. Diese Gesellschaft ist von der deutschen Rechtsordnung geprägt; sie unterliegt dem materiellen deutschen Gesellschaftsrecht, das durch deutsche Gerichte aufgrund der internationalen Zuständigkeit durchgesetzt werden kann. Diese Verbundenheit mit der deutschen Rechtsordnung wird durch die Verlegung des tatsächlichen Aktionszentrums im Sinne eines effektiven Verwaltungssitzes

1093 BonnerKo/*V. Mutius* , Art. 19 Abs. 3 GG Rn. 54; *Meessen*, JZ 1970, 602, 604.

1094 *Dreie/Dreier*, Art. 19 III GG Rn. 81; *Huber*, in: v. Mangold/Klein/Starck, Art. 19 Abs. 3 GG Rn. 305; *Schmidt*, Grundrechte und Nationalität juristischer Personen, S. 93 f.; Staudinger/*Großfeld*, IntGesR, Rn. 1046.

1095 *Stern*, Staatsrecht III/ 1, § 71 VI 4, S. 1143.

ins Ausland nicht so weit verändert, dass es an einem hinreichenden Bezug zum deutschen Staat fehlte. Die Situation dieser Gesellschaft ist vielmehr vergleichbar mit im Ausland lebenden Deutschen. Diese können sich trotz des Wechsels ihres Aufenthaltsorts weiterhin auf deutsche Grundrechte berufen.[1096]

Nach diesen Gedanken genießt eine nach deutschem Recht gegründete Gesellschaft – auch wenn das tatsächliche Aktionszentrum in das Ausland verlegt wird – Grundrechtsschutz, solange sie nach deutschem Recht existiert, das heißt solange kollisionsrechtlich die Gründungstheorie auf sie angewendet wird.[1097]

(5) „Inländisch" aufgrund der Beherrschung der Gesellschaft ausländischen Rechts durch Deutsche?

Umstritten ist ebenfalls, ob eine juristische Person, die nach den bisher festgelegten Kriterien zwar eine ausländische Person im Sinne des Artikel 19 Abs. 3 ist, aber überwiegend oder ausschließlich von Deutschen beherrscht ist, den Schutz der Grundrechte genießt.[1098] Der Grundrechtsschutz des Artikel 19 Abs. 3 GG bezieht sich auf die juristischen Personen, die kraft ihrer Verselbständigung mehr als nur die Interessen der deutschen Gesellschafter repräsentieren.[1099] Daher werden von Deutschen beherrschte ausländische juristische Personen nicht vom Schutz der deutschen Grundrechte erfasst. Es steht den deutschen Gesellschafter natürlich frei, ihre individuelle Grundrechtsverletzung geltend zu machen.

(6) Schlussfolgerung

Im Ergebnis ist eine Gesellschaft dann eine inländische juristische Person im Sinne des Artikel 19 Abs. 3 GG, wenn ihr Verwaltungssitz in Deutschland belegen ist oder wenn sie nach deutschem Recht gegründet wurde. Dieser weite Inländerbegriff ist angesichts der zunehmenden internationalen Verflechtung wirtschaftlicher Interessen sachgerecht. Damit genießen Gesellschaften deutschen

---

1096 *Stern,* Staatsrecht III/ 1, § 71 VI 4, S. 1143.

1097 In diese Richtung *Meessen*, JZ 1970, 602, 603: „Sollte also die Sitztheorie durch eine völkerrechtliche Konvention [...] näher ausgestalte oder modifiziert werden, so gilt dies auch für Art. 19 Abs. 3 GG."

1098 Verneinend Dreier/*Dreier*, Art. 19 III Rn. 81; *Huber,* in: Mangold/Klein/Starck, Art. 19 Abs. 3 GG Rn. 305; *Pieroth/Schlink*, Rn. 148; Staudinger/*Großfeld*, IntGesR Rn. 1046; bejahend *Stern,* Staatsrecht III/1, § 71 VI 4, S. 1143, der von Deutschen beherrschten juristischen Personen dem Grundrechtschutz gewähren möchte; vgl. auch *Quartisch,* HStR V § 120 Rn. 63 in Bezug auf Art. 9 GG.

1099 Staudinger/*Großfeld*, IntGesR Rn. 1046.

Rechts immer dann Grundrechtsschutz, solange sie kollisionsrechtlich als deutsche Gesellschaften existieren. Dies ist auch der Fall bei einer Verlegung des Verwaltungssitzes in die Vereinigten Staaten von Amerika. US-amerikanische Gesellschaften genießen nur dann Grundrechtsschutz in Deutschland, wenn ihr Verwaltungssitz in Deutschland belegen ist.[1100]

b. Verfassungsrechtliche Verfahrens- und Prozessrechte

Ausländische juristische Personen im Sinne des Artikels 19 Abs. 3 GG können sich vor deutschen Gerichten und Behörden immer auf die im Grundgesetz verankerten Verfahrens- und Prozessrechte nach den Artikeln 17, 19 Abs. 4, 101 Abs. 1 und 103 GG berufen.[1101] Zudem schützt der Gehalt des Rechtstaatsprinzips auch ausländische juristische Personen. Es dürfen insbesondere die Rechtsgebundenheit der Verwaltung, das Übermaßverbot und die Wahrung der Prinzipien des öffentlich-rechtlichen Entschädigungsanspruchs nicht missachtet werden.[1102]

US-amerikanische Gesellschaften können sich daher vor deutschen Gerichten immer auf die verfassungsrechtlichen Verfahrens- und Prozessrechte sowie das Rechtsstaatsprinzip berufen.

2. Grundrechtsfähigkeit von Gesellschaften nach der US-amerikanischen Verfassung

Anders als das deutsche Grundgesetz enthält die US-amerikanische Verfassung in ihrer „*Bill of Rights*“ keine Vorgaben für die Grundrechtsberechtigung von in- oder ausländischen Gesellschaften. Der *Supreme Court* entschied in der Sache

---

1100 Strittig, aber im Rahmen dieser international-privatrechtlichen Arbeit nicht entscheidend ist, ob eine inländische juristische Person i.S.d. Artikels 19 Abs. 3 GG, nur die Jedermann-Grundrechte oder auch die Deutschen-Grundrechte (Art. 8, 9, 11, 12 GG) geltend machen kann, wenn sie sich überwiegend oder ausschließlich in den Händen von Ausländern befindet. Nur für die Anwendung von Jedermann-Grundrechten *Huber,* in: Mangold/Klein/Starck, Art. 19 Abs. 3 GG Rn. 303; *Großfeld/Staudinger*, IntGesR Rn. 1045. Für die Anwendung aller Grundrechte BVerfG, NVwZ 2000, 1281, 1282; Dreier/*Dreier*, Art. 19 III GG Rn. 80; *Stern*, Staatsrecht III/ 1, § 71 VI 7, S. 1148. Differenziert *Quaritsch,* HStR V § 120 Rn. 51 ff.; Sachs/*Sachs*, Art. 19 GG Rn. 56.

1101 BVerfGE 12, 16; 21, 362, 272; 64 1, 11; *Isensee,* HStR V § 118 Rn. 47; *Pieroth/ Schlink*, Rn. 149; *Quaritsch,* HStR V § 120 Rn. 41ff.; Sachs/*Sachs,* Art. 19 GG Rn. 49 f.; *Stern*, Staatsrecht III/1, § 71 VI 6, S. 1147.

1102 *Stern,* Staatsrecht III/1, § 71 VI 6, S. 1147.

Santa Clara County v. Southern Pacific R. Co., dass *corporations* jedenfalls *persons* im Sinne der *Equal Protection Clause*[1103] seien.[1104] Juristische Personen des Privatrechts können sich daher ebenfalls auf den verfahrensrechtlichen Schutz der *due process clause*[1105] berufen.[1106] Die in Artikel IV § 2 der US-amerikanischen Verfassung verankerte *privileges and immunities clause*[1107] gilt hingegen nicht für Gesellschaften.[1108] Im Fall *First National Bank of Boston vs. Belloti*[1109] entschied der *Supreme Court*, dass auch das erste *Amendment* der US-Verfassung[1110] für Gesellschaften gilt. Demnach haben Gesellschaften das Recht der freien Meinungsäußerung, unabhängig davon, ob der Inhalt der Meinungsäußerung mit der geschäftlichen Tätigkeit der Gesellschaft verbunden ist oder nicht.[1111] Auch wenn der *Supreme Court* es sich bis jetzt vorbehalten hat, die Frage der Grundrechtsfähigkeit von Gesellschaften für andere Grundrechte zu beantworten, gelten aufgrund dieser Entscheidungen die anderen US-amerikanischen Grundrechte wahrscheinlich weitgehend auch für Gesellschaften.

Da weder die US-Verfassung noch der *Supreme Court* in seinen Entscheidungen über den Grundrechtsschutz von Gesellschaften zwischen inländischen und

1103 U.S. Const. amend. XIV section 1:
„... nor deny to any person within its jurisdiction the equal protection of the laws"

1104 *Santa Clara County v. Southern Pacific R. Co.*, 118 U.S. 394 (1886). Mr. Chief Justice *Waite* erklärt:
„The court does not wish to hear argument on the question whether the provision in the Fourteenth Amendment to the Constitution, which forbids a State to deny to any person within its jurisdiction the equal protection of the laws, applies to these corporations. We are all of opinion that it does."

1105 Für die *federal government* gilt U.S. Const. amend. V:
„... nor be deprived of life, liberty, or property, without due process of law."
Für die *state* und *local governments* gilt U.S. Const. amend. XIV section 1:
„Nor shall any State deprive any person of life, liberty or property, without due process of law; [...]"

1106 *Cohen/Varat*, S.500.

1107 U.S. Const. art. IV section 2:
„The citizen of each state shall be entitled to all privileges and immunities of citizens in the several states."

1108 *Bank of Augusta v. Earl*, 38 U.S. 519, 589 (1839); *Paul v. Virginia*, 75 U.S. 168, 177 (1868).

1109 *National Bank of Boston vs. Belloti*, 435 U.S. 765 (1978).

1110 US. Const. amend. I:
„Congress shall make no law respecting an establishment of religion, or prohibiting the free exercise thereof; or abridging the freedom of speech, or of the press; or the right of people peaceably to assemble, and to petition the Government for a redress of grievances."

1111 Das Minderheitsvotum wollte Handelsgesellschaften allerdings keinen Verfassungsschutz hinsichtlich der politischen Meinungsbildung zugestehen.

ausländischen Gesellschaften trennt, haben ausländische Gesellschaften den gleichen Grundrechtsschutz wie US-amerikanische Gesellschaften. Deutsche Gesellschaften können sich also in den USA auf die für Gesellschaften anwendbaren Grundrechte berufen.

XII. Erstreckung der deutsch-US-amerikanischen Gründungstheorie auf Drittstaatengesellschaften durch Meistbegünstigungsklauseln?

Unklar ist, ob die Anwendung der Gründungstheorie im deutsch-US-amerikanischen Verhältnis Auswirkungen auf die Anerkennung von Drittstaatengesellschaften hat, die in ihren Handels- und Freundschaftsverträgen mit Deutschland oder den Vereinigten Staaten von Amerika eine Meistbegünstigung, insbesondere hinsichtlich ihres Niederlassungsrechts, vorsehen.

Nach *Sandrock* sorgen die Meistbegünstigungsklauseln im deutsch-japanischen Handels- und Schifffahrtsvertrag von 1927 dafür, dass japanische Gesellschaften nach den Regeln der Gründungstheorie anerkannt werden, obwohl der die Anerkennung regelnde Artikel XIII dieses Vertrags[1112] dem Wortlaut nach nur solche Gesellschaften umfasst, deren Sitz im Gründungsstaat belegen ist.[1113] Japanische Gesellschaften genössen daher in Deutschland die gleiche Rechtsstellung wie US-amerikanische Gesellschaften.

Nach *Kindler* kommt die internationalgemeinschaftsrechtliche Gründungsanknüpfung kraft Meistbegünstigungsklauseln nicht in Betracht, wenn ein Staatsvertrag ausdrücklich die Anerkennungspflicht auf Gesellschaften mit tatsächlichem Verwaltungssitz im Vertragsstaat beschränke.[1114] Eine solche Regelung ginge als *lex specialis* den Meistbegünstigungsklauseln vor.

Ebenso argumentieren *Ebenroth* und *Bippus* mit Blick auf bilaterale Investitionsförderungsabkommen.[1115] Demnach verstoße es gegen den Grundsatz des Verbotes widersprüchlichen Verhaltens, wenn sich eine Vertragspartei nach Vertragsschluss auf die Meistbegünstigungsklausel beriefe, obwohl im Vertrag kollisionsrechtlich die Anknüpfung an den Verwaltungssitz vorgesehen sei.

Weiterhin wird vertreten, dass die Meistbegünstigungsklauseln die Anerkennung voraussetzten, sie aber nicht bewirkten. Daher bezögen sich die Meistbe-

1112 Vgl. zu diesem Artikel des deutsch-japanischen Freundschaftsvertrags auch Kapitel D II 6 c.
1113 *Sandrock*, in: Probleme, S. 85, 91 ff.
1114 MüKo-BGB/*Kindler*, IntGesR Rn. 312.
1115 *Ebenroth/Bippus*, RIW 1988, 336, 342.

günstigungsklauseln nur auf bereits kollisionsrechtlich anerkannte Gesellschaften und hätten keine Auswirkung auf die Anerkennungsregeln.[1116]

Eine abschließende, allgemeingültige Aussage darüber, ob die deutsch-US-amerikanische Gründungstheorie durch die Meistbegünstigungsklauseln anderer Staatsverträge Auswirkungen auf die Anerkennungsregeln von Gesellschaften aus diesen Vertragsstaaten hat, lässt sich an dieser Stelle nicht treffen. Denn jeder Staatsvertrag enthält anders ausgestaltete Meistbegünstigungsklauseln oder Anerkennungsnormen, die gesondert untersucht werden müssen. Hingewiesen wird an dieser Stelle nur auf folgenden Gesichtspunkt: Meistbegünstigungsklauseln sorgen dafür, dass Gesellschaften aus dem Gebiet des Vertragspartners in *bestimmten Bereichen* mindestens die gleichen Rechte und Befugnisse eingeräumt werden, welche die jeweiligen Vertragsparteien Gesellschaften aus Drittstaaten gewähren. Zwar enthalten Handels- und Freundschaftsverträge zwischen Deutschland oder den USA und Drittstaaten oft eine Meistbegünstigungsklausel im Bereich der Niederlassungsfreiheit, aber diese übertragen an sich nicht die deutsch-US-amerikanische Gründungstheorie auf Gesellschaften der jeweiligen Vertragspartner. Denn die deutsch-amerikanische Gründungstheorie ist nicht (lediglich) ein Ausfluss der deutsch-US-amerikanischen Niederlassungsfreiheit, sondern beruht auf einer eigenen, staatsvertraglichen Kollisionsnorm. Meistbegünstigung für die Regeln der kollisionsrechtlichen Anerkennung sehen Staatsverträge hingegen grundsätzlich nicht vor. Daher ist die Ausweitung der deutsch-US-amerikanischen Gründungstheorie auf Gesellschaften aus anderen, dritten Vertragsstaaten (ohne eigenständige Kollisionsnormen mit Hinwendung zur Gründungstheorie) eher mit Zurückhaltung zu sehen.

1116 *Ebke,* JZ 2005, 299, 301; *Eidmüller*, ZIP 2002, 2233, 2244 Fn. 73; MüKo-BGB/*Kindler*, IntGesR Rn. 312; *Paal*, RIW 2005, 735, 737.

G. Grenzen der Anerkennung

Schließlich stellt sich die Frage, ob, wodurch und inwieweit die Anerkennung von Gesellschaften der anderen Vertragspartei unter Artikel XXV Abs. 5 S. 2 FHSV eingeschränkt werden kann.

I. Problemstellung

Nach der hier vertretenen Auslegung des Artikels XXV Abs. 5 S. 2 FHSV brauchen Gesellschaften, die die Gründungsvoraussetzungen des deutschen oder des US-amerikanischen materiellen Gesellschaftsrechts erfüllt haben, keine weiteren tatsächlichen Beziehungen zu dem Gründungsort vorzuweisen, um in der Rechtsordnung der anderen Vertragspartei umfassend anerkannt zu werden. Dadurch ist der Gründung von Scheinauslandsgesellschaften[1117] bzw. *pseudo-foreign corporations* grundsätzlich Tür und Tor geöffnet.

1. Risiken in Zusammenhang mit Scheinauslandsgesellschaften

Die Gründung und Geschäftstätigkeit von Scheinauslandsgesellschaften löst zahlreiche Befürchtungen aus. In der deutschen Literatur wird dabei insbesondere an folgende Risiken gedacht:

Zunächst unterliegen Unternehmensleiter von ausländischen Gesellschaften wegen des strafrechtlichen Grundsatzes *nulla poena sine lege* nicht den inländischen rechtsformspezifischen Strafvorschriften, also den Strafvorschriften, die auf eine bestimmte Gesellschaftsform zugeschnitten sind, zum Beispiel der strafbewehrten Insolvenzantragspflicht nach den §§ 84 GmbHG bzw. 401 AktG, da dort als Täter nur der „Geschäftsführer", nicht jedoch der „*director*" einer US-

---

1117 Der Begriff der Scheinauslandsgesellschaft wird in dieser Arbeit als Synonym für den englischen Begriff der *pseudo-foreign corporation* verwendet. Scheinauslandsgesellschaften sind damit Gesellschaften, die ihre geschäftlichen Tätigkeiten schwerpunktmäßig in einem anderen Staat als den Gründungsstaat ausüben. In der deutschen Literatur wird zum Teil auch der Begriff der „Briefkastengesellschaft" dafür verwendet.

amerikanischen Gesellschaft in Betracht kommt.[1118] Die auf die ausländische Gesellschaft zugeschnittenen ausländischen Strafbestimmungen können von der deutschen Strafverfolgung nicht angewandt werden.[1119]

Auch administrative Gläubigerschutzmaßnahmen des Gründungsstaates können wegen des völkerrechtlichen Territorialtitätsprinzips im Staat des Verwaltungssitzes nicht angewendet werden.[1120]

Weiterhin können aus der Verschiedenheit der Gläubigerschutzsysteme im US-amerikanischen und im deutschen Recht Normenmängel oder Normenwidersprüche entstehen, wenn der Gründungsort und der Verwaltungssitz als Haupthandlungsort einer Gesellschaft auseinander fallen. Denn bestimmte Schutzvorschriften sehen den Gründungsort als Anknüpfungspunkt vor (so alle gesellschaftsrechtlich zu qualifizierenden Fragen); andere Schutzvorschriften sind hingegen an den Handlungsort im weiten Sinne anzuknüpfen (so zum Beispiel insolvenzrechtlich oder deliktisch zu qualifizierende Fragen).[1121]

Darüber hinaus können sich praktische Schwierigkeiten bei der Ermittlung ausländischer Rechtsinstitute ergeben.[1122] Ausländisches Recht ist zum Teil mühsam festzustellen, es fehlt an Ausbildung und Erfahrung, so dass ein Heimwärtstreben der Gerichte verständlich erscheint.[1123] Ermittlungs- und Rechtsanwendungsschwierigkeiten ergeben sich insbesondere, wenn das Recht eines Staates mit einem *case law* System wie dem der USA herangezogen werden muss.[1124]

Insgesamt wird befürchtet, dass die Anwendung der Gründungstheorie einen „Wettbewerb der Rechtsordnungen" eröffnet, bei der gerade die Rechtsordnung mit dem schwächsten Schutz dritter Interessen sich durchsetzen werde („*race to the bottom*").[1125]

1118 *Horn*, NJW 2004, 893, 899; *Spindler/Berner*, RIW 2004, 7, 15; *Weller*, IPRax 2003, 207, 208 f.

1119 *Horn*, NJW 2004, 893, 899; so auch im US-amerikanischen Recht, siehe *The Antelope*, 23 U.S. (10 Wheat) 66, 123 6.L.Ed. 268 (1825) (*slave trade): „The courts of no country execute the penal law of another [...]."*

1120 *Horn*, NJW 2004, 893, 899; *Weller*, IPRax 2003, 207, 209.

1121 *Weller*, Rechtsformwahlfreiheit, S. 104 ff.; *ders.*, IPRax 2003, 207, 209.

1122 *Weller*, Rechtsformwahlfreiheit, S. 119.

1123 *Kegel/Schurig*, § 2 II 3 d).

1124 *Weller*, Rechtsformwahlfreiheit, S. 119.

1125 Vorabentscheidungsuntersuchung des BGH in der Sache *Überseering* BGH, IPRax, 2000, 423; *Borgers*, RIW 2000, 167, 176; MüKo-BGB/*Kindler*, IntGesR Rn. 348.

2. Weiterer Gang der Untersuchung

Aufgrund dieser Risiken im Zusammenhang mit Scheinauslandsgesellschaften stellt sich die Frage, ob der Anerkennung von (Scheinauslands-)Gesellschaften unter bestimmten Voraussetzungen Grenzen zu setzen sind. Da es sich bei Artikel XXV Abs. 5 S. 2 FHSV um eine staatsvertragliche Kollisionsnorm handelt, können Einschränkungen der Anerkennung von Gesellschaften der anderen Vertragspartei nicht durch das nationale Recht entwickelt werden, ohne die Verpflichtungen aus dem Freundschaftsvertrag zu verletzen. Begrenzungen der Anerkennung können sich nur aus dem Vertrag selbst oder aus völkerrechtlichen Grundsätzen ergeben.

In der Rechtsprechung und im Schrifttum werden zur Begrenzung der Anerkennung von (Scheinauslands-)Gesellschaften insbesondere die Heranziehung eines *genuine link* Kriteriums als völkerrechtlicher Grundsatz oder die Anwendung eines *ordre public* Vorbehalts „auf niedrigster Stufe" diskutiert. Ebenfalls vorgeschlagen wird, die US-amerikanische Gründungstheorie mit all ihren Einschränkungen oder die in der deutschen Rechtsprechung und Literatur entwickelte europarechtliche Gründungstheorie als Kollisionsregel unter Artikel XXV Abs. 5 S. 2 FHSV anzuwenden.

II. Das genuine link Kriterium als Grenze der Anerkennung

Die deutsche Literatur und Rechtsprechung diskutieren ausführlich, ob ein völkerrechtliches *genuine link* (~ effektive Verbindung) Kriterium herangezogen werden kann, bei dessen Fehlen die Anerkennung von Gesellschaften der anderen Vertragspartei unter Artikel XXV Abs. 5 S. 2 FHSV zu verweigern ist.

1. Meinungsstand und Gang der Untersuchung des genuine link Kriteriums

Nach einer insbesondere von *Ebenroth* und *Kindler* entwickelten Auffassung kommen Gesellschaften der anderen Vertragspartei nur dann in den Genuss der Anerkennung nach Artikel XXV Abs. 5 S. 2 FHSV, wenn sie eine tatsächliche und effektive Bindung (*genuine link*) zu dem Gründungsstaat aufwiesen, die über das formale Band der Gründung hinausreiche.[1126] Ausreichend hierfür sei, dass

1126 *Ebenroth*, 24 Int'l Law 459, 474 (1990), *Ebenroth/Bippus*, DB 1988, 842, 844 ff.; *Ebenroth/Kemner/Willburger*, ZIP 1995, 972, 974; *Höft*, S. 52; MüKo-BGB/

die Gesellschaft irgendwelche (geschäftlichen) Aktivitäten in den Vereinigten Staaten von Amerika – nicht unbedingt in dem US-amerikanischen Gründungsstaat selbst – entfalte. Diese Auffassung wird insbesondere auf die Rechtsprechung des Internationalen Gerichtshofs in dem Fall *Nottebohm*[1127] gestützt.

Die gegenläufige Auffassung in der Literatur lehnt die Einschränkung der Anerkennung durch das *genuine link* Kriterium aus verschiedenen Gründen ab; insbesondere sei das *genuine link* Kriterium nicht als allgemeine Regel des Völkerrechts zu werten; es sei nicht in den deutsch-US-amerikanischen Freundschaftsvertrag hineinzulesen und inhaltlich unklar.[1128]

In der oberlandesgerichtlichen Rechtsprechung schlossen sich das OLG Düsseldorf[1129] und das OLG Naumburg[1130] den Befürwortern eines *genuine link* Kriteriums unter Artikel XXV Abs. 5 S. 2 FHSV an und forderten eine tatsächliche, effektive Beziehung der in Frage stehenden US-amerikanischer Gesellschaften mit Verwaltungssitz in Deutschland zum Gründungsstaat. Das OLG Celle[1131] und das OLG Zweibrücken[1132] äußerten sich zu dieser Frage in ihren Entscheidungen zu Artikel XXV Abs. 5 S. 2 FHSV nicht. Das OLG Koblenz erklärte, dass das auf der Grundlage des Artikels XXV Abs. 5 S. 2 FHSV „im Vergleich zu den USA geltende Gründungsrecht [...] von dem sog. *genuine-link*-Erfordernis nicht überlagert [werde].“[1133]

Kindler, IntGesR Rn. 322 ff.; *Mankowski*, EWiR 2003, 661, 663; *Paefgen*, DZWiR 2003, 441, 443.

1127 *Nottebohm Fall* (Liechtenstein v. Guatemala), I.C.J. 1955, 4.

1128 AnwaltKo/*Hoffmann*, Anh. zu Art. 12 EGBGB Rn. 145; *Bungert*, ZVglRWiss 93 (1994), 117, 151 ff.; *ders.*, WM 1995, 2125, 2128; *ders.*, DB 2003, 1043, 1044; *ders.*, DB 1995, 963, 966; *Dammann*, RabelsZ 68 (2004), 607, 645; *Döner*, LMK 2005, 48; *Ebke*, JZ 2005, 299, 302 f.; *ders.*, RIW 2004, 740, 743; *ders.*, in: FS Hay, S. 119, 136; *Jüttner*, S. 137; *Klein*, S. 241; *Mäsch*, in: Bamberger/Roth, Art. 12 Anh. EGBGB Rn. 3; *Kleinert*, GmbHR 2005, 56; *Krohopller*, IPR, § 55 I 3 d); *Mansel*, in: Leible/Ruffert, S. 89, 125; *Merkt*, RIW 2003, 458, 459; *Neumann*, S. 60 ff. u. 178; *Paal*, RIW 2005, 735, 739 f.; Palandt/*Heldrich*, Anh. zu Art. 12 EGBGB Rn. 23; *Rehm*, JZ 2005, 303, 305; *Schurig*, in: Leible/Ruffert, S. 55, 66; *Sinewe*, EWiR 2005, 115, 116; *Spahlinger/Wegen*, Rn. 243; *Stürner*, IPRax 2005, 305, 307; *Ulmer*, IPRax 1996, 100, 101 ff; *Wessel/Ziegenhain*, GmbHR 1988, 423, 431.

1129 OLG Düsseldorf, WM 1995, 808, 811; ebenfalls OLG Düsseldorf, Urt. v. 01.10.1997 – 15 U 173/96 – „juris“ Rn. 64 ff., doch in diesem Urteil folgt das Gericht der Sitztheorie auch im deutsch-US-amerikanischen Verhältnis und nimmt zu dem Problem des *genuine link* nur hilfsweise Stellung.

1130 OLG Naumburg, Urt. v. 19.12.1994, Az. 7 U 146/95 – „juris“ Rn. 46 ff.

1131 OLG Celle, WM 1992, 1703, 1706.

1132 OLG Zweibrücken, NJW 1987, 2168.

1133 OLG Koblenz, Urt. v. 16.10.2003 – Az. 2-U 55/99 – „juris“.

Der BGH hat sich zu der Notwendigkeit eines *genuine link* im Anwendungsbereich des Artikels XXV Abs. 5 S. 2 FHSV nicht abschließend geäußert. Während der 8. Zivilsenat in seiner Entscheidung von 29. Januar 2003[1134] und der 11. Zivilsenat in seinen Entscheidungen vom 23. April 2002[1135] und 04. Mai 2004[1136] nicht zu dem Problem des *genuine link* Kriteriums Stellung nahmen, ließen der 2. Zivilsenat in seiner Entscheidung vom 05. Juli 2005[1137] und der 1. Zivilsenat in seiner Entscheidung vom 13. Oktober 2004[1138] es ausdrücklich offen, ob ein *genuine link* notwendige Voraussetzung der Anerkennung nach Artikel XXV Abs. 5 S. 2 FHSV sei. Der 2. bzw. 1. Zivilsenat des BGH sah es jedenfalls als ausreichend für die Erfüllung des *genuine link* Kriterium durch die Gesellschaft im Verhältnis zum Gründungsstaat an, dass im Streitfall die US-amerikanische Gesellschaft einen Broker-Vertrag mit einem US-amerikanischen Partner abgeschlossen hatte bzw. einen Telefonanschluss in den Vereinigten Staaten von Amerika eingerichtet und einen Vertrag über Software für ein Datenbankentwicklungstool in den Vereinigten Staaten abgeschlossen hatte.

US-amerikanische Gerichte mussten sich bisher zu dieser Fragestellung noch nicht äußern.

Um zu entscheiden, ob die Anerkennung von Gesellschaften unter Artikel XXV Abs. 5 S. 2 FHSV bei Fehlen eines *genuine link* der Gesellschaft zum Gründungsstaat zu versagen ist, ist zu untersuchen, ob das *genuine link* Kriterium zur Begrenzung der Anerkennung von Gesellschaften ein Grundsatz des Völkerrecht ist, der auch im deutsch-US-amerikanischen Freundschaftsvertrag anzuwenden ist. Außerdem müssen die inhaltlichen Anforderungen an ein *genuine link* unter dem deutsch-US-amerikanischen Freundschaftsvertrag konkretisiert werden.

2. *Völkerrechtlicher Rang des genuine link Kriteriums zur Begrenzung der Anerkennung von Gesellschaften*

Zu den Primärquellen des Völkerrechts zählen nach Artikel 38 Abs. 1 des Statuts des Internationalen Gerichtshofs (IGH-Statut) völkerrechtliche Verträge (*inter-*

1134 BGH, Urt. v. 29.01.2003 – VIII ZR 155/02 – BGHZ 153, 353 = NJW 2003, 1607 = IPRax 2003, 265.

1135 BGH, Urt. v. 23.04.2002 – XI ZR 136/01 – BGHZ 78, 318 = NJW-RR 2002, 1359.

1136 BGH, Urt. v. 04.05.2005 – XI ZR 40/03 – BGHZ 159, 94 = NJW 2004, 2523.

1137 BGH, Urt. v. 05.07.2004 – II ZR 389/02 – BGH, NJW-RR 2004, 1618 = IPRax 2005, 339.

1138 BGH, Urt. v. 13.10.2004 – I ZR 245/01 („GEDIOS") – BGH, JZ 2005, 298 = IPRax 2005, 340.

national agreements), Völkergewohnheitsrecht (*international customs*) und allgemeine Rechtsgrundsätze (*general principles*). Es wird nun vorgeschlagen, das *genuine link* Kriterium zur Begrenzung der Anerkennung von Gesellschaften entweder als Völkergewohnheitsrecht im Sinne des Artikels 38 Abs. 1 lit. b) IGH-Statut[1139] oder als anerkannten allgemeinen Rechtsgrundsatz im Sinne des Artikels 38 Abs. 1 lit. c) IGH-Statut[1140] einzustufen, damit es auch im deutsch-US-amerikanischen Freundschaftsvertrag Anwendung finde.

Völkergewohnheitsrecht wird dabei definiert als eine allgemein als Recht anerkannte Staatenpraxis (*opinio juris sive necessitatis*).[1141]

Eine allgemeingültige Definition des Begriffs „allgemeiner Rechtsgrundsatz" gibt es nicht. Die Aufnahme der „allgemeinen Rechtsgrundsätze" in Artikel 38 IGH-Statut erlaubt es den Gerichten, Prinzipien außerhalb der anerkannten völkerrechtlichen Regeln zu berücksichtigen. Allgemeine Rechtsgrundsätze sind daher Prinzipien, die in den verschiedenen nationalen Rechtsordnungen beheimatet sind und deren Existenz auch ohne eine Kodifikation auf die Geltung eines universell gütigen Rechtsprinzips schließen lassen.[1142]

a. Herleitung aus dem Nottebohm-Fall

Befürworter eines *genuine link* im Rahmen des Artikels XXV Abs. 5 S. 2 FHSV leiten das *genuine link* Kriterium als Völkergewohnheitsrecht insbesondere aus dem *Nottebohm*-Fall des Internationalen Gerichtshofs ab.[1143]

1139 *Heilbronner*, in: *Vitzthum*, 3. Abschnitt Rn. 112; MüKo-BGB/*Kindler*, InterGesR Rn. 252; *Ebenroth/Bippus*, DB 1988, 842, 845 (die es offen gelassen haben, ob es sich um einen allgemeiner Rechtsgrundsatz oder Völkergewohnheitsrecht handelt).

1140 *Ebenroth*, 24 Int'l Law 459, 464 (1990). Oft wird nur von dem „Grundsatz" des *genuine link* gesprochen, vgl. OLG Düsseldorf, WM 1995, 808, 811; OLG Naumburg, Urt. v. 19.12.1995, Az. 7 U 146/95 – „juris" Rn. 46.

1141 *Hobe/Kimminich*, S. 184; *Vitzthum* in: Vitzthum, 1. Abschnitt Rn. 131; *Dixon/Mc Corquodale*, S. 28; *Restatement (third) of the Foreign Relations Law*, § 102 (2) (1986) („*if state „practice is uniform, consistent and general, and if it is coupled with a belief that the practice is obligatory rather than habitual.*").

1142 Ebenso *Hobe/Kimminich*, S. 191. Dazu zählen zum Beispiel das Prinzip das derjenige, der für eine Schaden verantwortlich ist, ihn wieder gut zu machen hat, der Grundsatz der Verpflichtung nach Treu und Glauben und Rechtsinstitute wie die Verjährung, Verwirkung oder der Rechtsverlust durch Zeitablauf.

1143 *Ebenroth/Bippus*, DB 1988, 842, 844.

(1) Der Nottebohm-Fall – Begrenzung des diplomatischen Schutzes für natürliche Personen

In dem Fall *Nottebohm*[1144] sah der Internationale Gerichtshof es als nicht zulässig an, dass das Fürstentum Liechtenstein dem liechtensteinischen Staatsbürger Nottebohm diplomatischen Schutz gegenüber Guatemala gewährte. Denn zwischen Nottebohm und Liechtenstein bestehe nur eine formale Bindung der Staatsangehörigkeit, die durch keine tatsächlichen, persönlichen Bindungen gefestigt worden sei.

Nottebohm war ein deutscher Staatsangehöriger, der in Guatemala lebte. Während des zweiten Weltkrieges reiste er nach Liechtenstein, um die liechtensteinische Staatsbürgerschaft quasi durch Geldleistung zu „erkaufen", um anschießend direkt wieder nach Guatemala zurückzukehren. Nachdem Guatemala im Jahre 1943 dem Krieg gegen Deutschland beigetreten war, wurde Nottebohm verhaftet und in die Vereinigten Staaten von Amerika gebracht. Sein Eigentum wurde von der Regierung beschlagnahmt. Daraufhin klagte Liechtenstein gegen Guatemala beim Internationalen Gerichtshof auf Rückgabe des Eigentums an Nottebohm. Der Internationale Gerichthof erklärte, dass Guatemala nicht verpflichtet sei, die „erkaufte" liechtensteinische Staatsbürgerschaft anzuerkennen. Demnach darf der diplomatische Schutz nur dann gewährt werden, wenn der Betroffenen eine effektive Verbindung (*genuine link)* zu dem Staat hat, dessen Schutz er beansprucht.

Es bestehen in mehrere Hinsicht Zweifel, ob das in diesem Urteil herangezogene *genuine link* Kriterium als völkergewohnheitsrechtliche Grundlage zur Begrenzung der Anerkennung ausländischer Gesellschaften herangezogen werden kann.

1144 *Nottebohm Fall* (Liechtenstein v. Guatemala), I.C.J. 1955, 4.
„[A]ccording to the practice of States, to arbitral and judicial decisions and to the opinions of writers, nationality is a legal bond having as its basis a social fact of attachment, a genuine connection of existence, interests and sentiments, together with the existence of reciprocal rights and duties. It may be said to constitute the juridical expression of the fact that the individual upon whom it is conferred, either directly by the law or as the result of an act of the authorities, is in fact more closely connected with the population of the State conferring nationality than with that of any other State. Conferred by a State, it only entitles that State to exercise protection vis-à-vis another State, if it constitutes a translation into juridical terms of the individual's connection with the State which has made him its national."

(2) Notwendigkeit eines genuine link zur Ausübung des diplomatischen Schutzes von Gesellschaften

Zunächst ist unklar, ob das *genuine link* Kriterium, das im *Nottebohm*-Fall den diplomatischen Schutz einer natürlichen Person begrenzte, ebenfalls eine Voraussetzung für die Gewährung diplomatischen Schutzes von Gesellschaften ist. Eine Gesellschaft besitzt im Völkerrecht zwar keine Staatsangehörigkeit im eigentlichen Sinne, aber einer Staatszugehörigkeit.[1145] Die Staatszugehörigkeit einer Gesellschaft bildet das Anknüpfungsmoment für die Ausübung nationaler Regelungsgewalt.[1146]

Die Notwendigkeit eines *genuine link* für den diplomatischen Schutz von Gesellschaften wurde in der Literatur vereinzelt nach der *Nottebohm*-Entscheidung verneint.[1147] Der Internationale Gerichtshof betonte im Fall *Barcelona Traction*, dass die Regeln, die für den diplomatischen Schutz von natürlichen Personen entwickelt wurden, nur mit Vorsicht auf den diplomatischen Schutz von Gesellschaften übertragbar seien.[1148] Dennoch will die wohl überwiegende Ansicht das für natürliche Personen aufgestellte *genuine link* Kriterium des *Nottebohm*-Falls auch im Falle des diplomatischen Schutzes von Gesellschaften anwenden.[1149] Dafür spricht, dass die *genuine link* Lehre zur Begrenzung des Personenkreises entwickelt wurde, für den ein Staat diplomatischen Schutz geltend machen kann, und eine Begrenzung des Kreises der zu schützenden Gesellschaften gleicherma-

---

1145 *Herdegen,* Völkerrecht, § 25 Rn. 9, *Hobe/Kimminich*, S. 9; *Slomanson*, S. 194.

1146 Zur Bestimmung der Staatszugehörigkeit werden in den Rechtsordnungen der einzelnen Staaten unterschiedliche Kriterien herangezogen, namentlich geht es um die Anwendung der Gründungstheorie, der Sitztheorie oder der Kontrolltheorie. Im Deutschen Recht wird für völkerrechtliche Fragen der Sitztheorie (h.M.) gefolgt, während im US-amerikanischen Recht die Gründungstheorie angewendet wird, vgl. *Restatement (third) of Foreign Relations Law*, § 212 (1986), *Ipsen*, § 24 Rn. 21. Im deutsch-US-amerikanischen Verhältnis ist die Staatszugehörigkeit durch Artikel XXV Abs. 5 S. 2 Hs. 1. FHSV auf die Gründungstheorie festgelegt, vgl. *Restatement (third) of the Foreign Relations Law*, § 213, *reporter's note* 4 (1986).

1147 *Harris,* 18 I.C.L.Q. 275, 285 (1969).

1148 *Barcelona Traction, Light and Power Company, Limited* (*Belgium v. Spain*), I.C.J.1970, 3, 42:
„In allocating corporate entities to States for purposes of diplomatic protection, international law is based, but only to a limited extent, on an analogy with the rules governing the nationality of individuals.

1149 *Ebenroth,* 24 Int'l Law 459, 474 (1990); *Großfeld*, RIW 1972, 537, 539; MüKo-BGB/*Kindler*, IntGesR Rn. 323; Richter *Jesupp* (*separate opinion*) im Fall *Barcelona Traction, Light and Power Company, Limited* (*Belgium v. Spain*), I.C.J.1970, 3, 170 f.; *Restatement (third) of the Foreign Relations Law*, § 213, comment c, *reporter note* 2 (1986); *Wengler*, NJW 1970, 1473,1477.

ßen nötig ist. Damit ist die Interessenlage in beiden Fällen – sowohl beim diplomatischen Schutz von natürlichen Personen als auch von Gesellschaften – identisch. Das *genuine link* Kriterium erreicht in beiden Fällen, dass eine konkrete materielle Interessenverknüpfung zwischen den Schutzbefohlenen und einem bestimmten Staat ermittelt wird.

(3) Der Nottebohm-Fall als Grundlage für die Schaffung von Völkergewohnheitsrecht zur Begrenzung des diplomatischen Schutzes

Das *genuine link* Kriterium begrenzt jedoch nur dann die Gewährung diplomatischen Schutzes von natürlichen Personen und Gesellschaften, wenn in der Kernaussage des *Nottebohm*-Falls das *genuine link* Kriterium zu Völkergewohnheitsrecht erhoben worden ist. Die Völkerrechtsliteratur lehnte die vom Internationalen Gerichtshof im *Nottebohm*-Fall entwickelte Theorie des *genuine link* als Voraussetzung für diplomatischen Schutz vielfach ab.[1150] Der Begriff der Staatsangehörigkeit sei ein rein formaler Begriff, der weder mit ethnischen, biologischen oder emotionalen Inhalten gefüllt werden dürfe.[1151] Ein Staat sei daher befugt, seine Staatsanghörigkeit auch an Personen zu verleihen, zu denen nur ein lockerer Anknüpfungspunkt bestehe. Die *genuine link* Theorie des Internationalen Gerichtshofs bewirke zudem, dass die Verleihung der Staatangehörigkeit nicht zugleich zu der Befugnis führe, den eigenen Staatsangehörigen diplomatischen Schutz zu gewähren Dadurch entstehe eine „hinkende" Staatsanghörigkeit,[1152] wodurch die betroffene Person unter Umständen bei der Frage nach diplomatischem Schutz als staatenlos eingestuft werden müsse. Dies sei sachwidrig. Außerdem sei das *genuine link* Kriterium zu unbestimmt.[1153]

Dieser Kritik ist zuzustimmen. Der *Nottebohm*-Fall ist aus dem historischen Kontext heraus zu bewerten. Er ist von den Folgen des 2. Weltkrieges beeinflusst. Außerdem lässt sich eine allgemein als Recht anerkannte Staatenpraxis aus einem einzelnen Fall nicht herleiten. Ein völkerrechtlicher Grundsatz des *genuine link* zur Begrenzung des diplomatischen Schutzes lässt sich aus dem *Nottebohm*-Fall nicht herleiten.

Diese Auffassung wird im Übrigen durch die Entscheidung des Internationalen Gerichtshofs in dem Fall *Barcelona Traction* gestützt – soweit es um die Ge-

---

1150 *Hobe/Kimminich,* S. 89; *Heilbronner*, in: Vitzthum, 3. Abschnitt Rn. 112; *Mangoldt,* EPIL III (1997), 698, 699; *Ress*, in: Seidle-Hohenveldern, S. 70, 71.

1151 *Hobe/Kimminich,* S. 89.

1152 *Heilbronner*, in: Vitzthum, 3. Abschnitt Rn. 112.

1153 *Mangoldt*, EPIL III (1997), 698, 670.

währung diplomatischen Schutzes von Gesellschaften geht.[1154] In diesem Fall verlangte Belgien von Spanien Schadensersatz, weil eine nach kanadischem Recht gegründete Gesellschaft, die *Barcelona Traction Light and Gas company,* die zu 80% im Besitz belgischer Aktionäre war, durch spanische Behörden und Gerichte einen erheblichen wirtschaftlichen Schaden erlitten habe. Das Gericht hielt die Klage im Ergebnis für unzulässig, da die Gesellschaft *formal* Kanada zugehörig sei. Eine tatsächliche oder effektive Staatszugehörigkeit (*genuine link*) sei dabei nicht erforderlich, eine Analogie zu dem *Nottebohm*-Fall nicht möglich. Das Gericht erklärte vielmehr, dass *„in the particular field of the diplomatic protection of corporate entities, no absolute test of the ‚genuine connection' has found general acceptance.“*[1155] Ein allgemeiner völkerrechtlicher Grundsatz des *genuine link* hinsichtlich der Gewährung diplomatischen Schutzes von Gesellschaften existiert daher nicht.

(4) Übertragung des genuine link Kriteriums zur Begrenzung des diplomatischen Schutzes auf die Begrenzung des Gesellschaftsstatuts

Schließlich kann das für die Gewährung diplomatischen Schutzes entwickelte *genuine link* Kriterium nicht die Anerkennung ausländischer Gesellschaften begrenzen.[1156] Denn das *Nottebohm*-Urteil trifft keine generelle Aussage zu der kollisionsrechtlichen Frage des Personalstatuts einer Gesellschaft.[1157]

Dieser Auffassung wird zum Teil widersprochen, da die Gewährung diplomatischen Schutzes auch bei der Verletzung der Anerkennung in Artikel XXV Abs. 5 S. 2 FHSV für Gesellschaften der Vertragsparteien in Betracht komme.[1158] Wenn einer Gesellschaft die Anerkennung versagt werde, könne jeder Vertragsstaat gemäß Artikel 27 FHSV i.V.m. Nr. 24 des Protokolls zu diesem Vertrag nach erfolgloser diplomatischer Konsultation den internationalen Gerichthof anrufen und der staatszugehörigen Gesellschaft diplomatischen Schutz gewähren.

Zwar kann eine Vertragspartei den staatszugehörigen Gesellschaften diplomatischen Schutz bei Verletzung der im deutsch-US-amerikanischen Freundschaftsvertrag gesicherten Rechte gewähren, wie zum Beispiel bei Versagung der

---

1154 *Barcelona Traction, Light and Power Company, Limited* (*Belgium v. Spain*), I.C.J. Report 1970, 3.

1155 *Barcelona Traction, Light and Power Company, Limited* (*Belgium v. Spain*), I.C.J. Report 1970, 3, 42.

1156 *Bungert,* ZVglRWiss 93 (1994), 117, 153; zustimmend *Neumann,* S. 69 f.

1157 *Bungert,* ZVglRWiss 93 (1994), 117, 153.

1158 MüKo-BGB/*Kindler,* IntGesR Rn. 323, zustimmend *Dammann,* RabelsZ 68 (2004), 607, 645 Fn. 139.

Anerkennung einer Gesellschaft. Die Gewährung diplomatischen Schutzes kann sogar, sollte das *genuine link* Kriterium als Regel des Völkerrechts für anwendbar gehalten werden, bei Fehlen eines *genuine links* zu dem Staat, dessen Staatszugehörigkeit die Gesellschaft besitzt, verweigert werden. Aber die Frage, unter welchen Bedingungen einer Gesellschaft diplomatischer Schutz zu gewähren ist, muss von der Frage nach den Kriterien zur Bestimmung des Gesellschaftsstatuts streng getrennt werden. Diplomatischer Schutz wird Staatsangehörigen natürlichen Personen bzw. staatszugehörigen Gesellschaften gewährt. Die Frage nach der Staatsangehörigkeit bzw. Staatszugehörigkeit ist eine öffentlich-rechtliche Frage. Die Frage nach dem Gesellschaftsstatut ist hingegen privatrechtlicher Natur. Selbst wenn also einer Gesellschaft kein diplomatischer Schutz gewährt wird, weil sie kein *genuine link* zum dem Staat vorweist, dessen Staatszugehörigkeit sie besitzt, kann sich ihr Gesellschaftsstatut dennoch nach dem Recht des Staats richten, nach dem sie gegründet wurde, auch wenn kein *genuine link* zu diesem Gründungsstaat besteht.

Die Anwendung des *genuine link* Kriteriums im Rahmen des Artikels XXV Abs. 5 S. 2 FHSV scheitert damit daran, dass dieses Kriterium lediglich für die Ausübung diplomatischen Schutzes natürlicher Personen und ggf. auch von Gesellschaften entwickelt wurde, nicht jedoch zur Begrenzung des Gesellschaftsstatuts.[1159]

(5) Schlussfolgerung

Das *genuine link* Kriterium hat der Internationale Gerichtshofs im Fall *Nottebohm* zur Begrenzung des diplomatischen Schutzes natürlicher Personen herangezogen. Der *Nottebohm*-Fall bietet jedoch keine Grundlage für die Annahme eines Völkergewohnheitsrechts zur Begrenzung des diplomatischen Schutzes, erst recht nicht zur Begrenzung der Anerkennung ausländischer Gesellschaften.

b. Herleitung aus dem völkerrechtlichen Einmischungs- und Interventionsverbot

Das *genuine link* Kriterium wird im Völkerrecht (auch) aus dem Einmischungs- und Interventionsverbot hergeleitet. Im Völkerrecht herrscht der Grundsatz der souveränen Gleichheit aller Staaten.[1160] Daraus folgt, dass alle Staaten ungeachtet ihrer Größe und Macht die gleichen völkerrechtlichen Rechte und Pflichten ha-

1159 So *Bungert,* ZVglRWiss 93 (1994), 1107, 153; zustimmend *Neumann*, S. 69 f.

1160 Im US-amerikanischen Recht siehe *The Antelope*, 23 U.S. (10 Wheat) 66, 123 6.L.Ed. 268 (1825) (*slave trade): „No principle of general law is more universally acknowledged, than the perfect equality of nations."*; im deutschen Rechts siehe *Ipsen,* § 26 Rn. 7.

ben. Dieser Grundsatz beschränkt zugleich das Recht eines jeden Staates zur extraterritorialen Hoheitsausübung. Kein Staat ist befugt, seine Macht beliebig weit in andere Staaten hinein auszudehnen.[1161] Andernfalls würde das Recht auf aktive Selbstbestimmung leer laufen.[1162] In diesem Zusammenhang wird auch von einem Einmischungs- und Interventionsverbot gesprochen.[1163] Dabei stellt sich die Frage, wo die Grenzlinie zwischen zulässiger Hoheitsausübung und einer Verletzung des Einmischungs- und Interventionsverbotes zu ziehen ist. Es wird vorgeschlagen, dass die Ausübung exterritorialer Hoheitsgewalt dann völkerrechtlich zu begrenzen sei, wenn es an einem *genuine link* bzw. einem sinnvollen Anknüpfungspunkt zu dem Regelungsgegenstand fehle.[1164] Dies sei anhand einer Interessenabwägung im Einzelfall unter Betrachtung der Völkerrechtsordnung und des materiellen Gehalts staatlicher Souveränität zu ermitteln.[1165] In der Rechtsprechung und Staatenpraxis ist daher anerkannt, dass zwischen dem Regelungsstaat und dem geregelten Sachverhalt ein Mindestmaß an Verbundenheit, ein *genuine link* bestehen muss, um völkerrechtlichen Bestand zu haben.[1166]

Das Einmischungs- und Interventionsverbot wird allerdings nicht verletzt, wenn die Gründungstheorie uneingeschränkt im deutsch-US-amerikanischen Verhältnis angewendet wird. Die Anknüpfung des Gesellschaftsstatuts an das Recht des Gründungsorts führt nur dazu, dass ein Vertragsteil das (fremde) Recht des anderen Vertragsteils auf solche Gesellschaften anwenden muss, die nach dem Recht des anderen Vertragsteils gegründet sind, aber ihren Tätigkeitsschwerpunkt in ihrem Hoheitsgebiet haben. Es geht jedoch nicht darum, dass eine Vertragspartei seine Hoheitsgewalt ausüben und die Anwendung eigener Rechte im Gebiet des anderen Vertragsteils durchsetzen will.[1167]

Die Herleitung eines *genuine link Kriterium* zur Begrenzung der Anerkennung von Gesellschaften kann daher nicht auf das völkerrechtliche Einmischungs- und Interventionsverbot gestützt werden.

1161 *The Antelope*, 23 U.S. (10 Wheat) 66, 123 6.L.Ed. 268 (1825) (*slave trade): „It results from this equality [of nations], that no one can rightfully impose a rule on another.“*

1162 *Ziegenhain*, S. 31.

1163 Zur Abgrenzung der Begriffe des Einmischungs- und Interventionsverbots siehe *Ziegenhain*, S. 31.

1164 *Ziegenhain*, S. 46 ff.

1165 *Ziegenhain*, S. 52.

1166 *Mansel,* in: Leible/Ruffert, S. 89, 117 m.w.N. aus Rechtsprechung und Literatur.

1167 *Neumann*, S. 72.

c. Herleitung aus dem völkerrechtlichen Verbot des Rechtsmissbrauchs

Das *genuine link* Kriterium wird im Völkerrecht zum Teil auch auf das Verbot des Rechtsmissbrauchs gestützt.[1168] Ob und inwieweit das Völkerrecht das Verbot des Rechtsmissbrauchs als besonderen Begründungstatbestand völkerrechtlicher Verantwortlichkeit kennt, ist jedoch umstritten.[1169] Es besteht Unklarheit darüber, ob das Verbot des Rechtsmissbrauchs bereits ein allgemeiner Rechtsgrundsatz nach Artikel 38 Abs. 1 lit. c IGH-Statut ist. Dagegen spricht, dass sich ein derartiges Verbot nicht in allen Rechtsordnung finden lässt.[1170] Darüber hinaus wird der Inhalt des völkerrechtlichen Rechtsmissbrauchs unterschiedlich konkretisiert, zum Teil wird auf die unzulässige Ausübung eines Rechts durch den Rechtsträger abgestellt; zusätzlich werden der Ermesssensmissbrauch und die Kompetenzüberschreitung miteinbezogen. Gegen die Heranziehung eines völkerrechtlichen Verbots des Rechtsmissbrauchs spreche neben der inhaltlichen Unklarheit auch, dass es eines solchen nicht bedürfe, weil sich die entsprechenden Rechtsfolgen schon aus der Anwendung anderer Rechtssätze ergäben.[1171]

An dieser Stelle ist eine Entscheidung über die Existenz eines völkerrechtlichen Rechtsmissbrauchsverbotes nicht erforderlich. Selbst wenn ein solches Verbot existierte, fände es allein zwischen den Völkerrechtssubjekten wie den Nationalstaaten Anwendung. Natürliche Personen sowie Gesellschaften sind keine originären Völkerrechtssubjekte, sondern allenfalls Träger bestimmter, ihnen zugeordneter Rechte oder Pflichten allein in Beziehung zu den Staaten, die diese Zuordnung vorgenommen haben.[1172] Die Bundesrepublik Deutschland oder die Vereinigten Staaten von Amerika als Völkerrechtssubjekte begehen durch die staatsvertragliche Festlegung der Gründungstheorie keinen Rechtsmissbrauch, da es sich dabei um eine sinnvolle Anknüpfung zum Regelungsobjekt handelt.[1173] Gesellschaften, die die staatsvertraglich vorgesehene Anknüpfung an den Gründungsort nutzen, verletzen daher ebenfalls nicht ein eventuell bestehendes völkerrechtliches Rechtsmissbrauchsverbot, selbst wenn in Einzelfällen die Gründungstheorie zu privaten Umgehungszwecken ausgenutzt wird.[1174]

1168 *Ziegenhain*, S. 47 m.w.N.

1169 Vgl. zum Meinungsstand *Bleckmann*, S. 25 ff.; *Ipsen*, § 39 Rn. 44 ff.

1170 *Ipsen*, § 39 Rn. 46.

1171 Vgl. Nachweise in *Ipsen*, § 39 Rn. 45.

1172 *Ipsen*, § 7 Rn. 1 ff.

1173 *Bungert*, WM 1995, 2125, 2131; *Neumann*, S. 72.

1174 *Bungert*, ZVglRWiss, 93 (1994), 117, 156; *ders.*, WM 1995, 2125, 2130; *Neumann*, S. 72.

Damit kann aus dem Rechtsmissbrauchsverbot, selbst wenn es Teil des Völkerrechts sein sollte, die Notwendigkeit eines *genuine link* im internationalen Gesellschaftsrecht nicht hergeleitet werden.

d. Herleitung aus der US-amerikanischen Rechtsprechung zum genuine link im Seerecht

In der deutschen Literatur wird das *genuine link* Kriterium zur Begrenzung der Anerkennung ausländischer Gesellschaften auch aus der US-amerikanischen Rechtsprechung zum *genuine link* im Seerecht hergeleitet.[1175] US-amerikanische Gerichte haben mehrmals zum Erfordernis des *genuine link* im Seerecht (Artikel 5 Abs. 1 der Konvention über die Hohe See[1176]) Stellung genommen. Sie versagten dabei grundsätzlich eine Anerkennung der Staatszugehörigkeit für ein Schiff, wenn keine Verbindung zwischen dem Schiff und dem Staat besteht, in dem es registriert ist.[1177]

Aus diesen Entscheidungen kann nicht gefolgert werden, dass auch Gesellschaften nur dann anerkannt werden, wenn sie zu dem Gründungsstaat einen *genuine link* haben, der über die formale Gründung hinausgeht. US-amerikanische Gerichte haben sich bis jetzt zu dieser Frage – wohl mangels Notwendigkeit eines *genuine link* – nicht geäußert. Falls eine ausdrückliche Stellungnahme nötig würde, darf mit einer ablehnenden Haltung der Gerichte gerechnet werden. Denn unter der weitgehenden Geltung der Gründungstheorie im US-amerikanischen Kollisionsrecht sind US-amerikanische Gerichte nicht veranlasst, außer der notwendigen formalen Verbindung der Gesellschaft zum Gründungsstaat (durch den Gründungsakt) weiteren Kontakte zum Gründungsstaat zu verlangen. So sieht es jedenfalls die *Restatement (second) of Conflict of Laws* vor, nach dem eine Gesellschaft sich auch in einem Staat inkorporieren kann, in dem sie weder geschäftlich tätig noch einer ihrer Leiter oder Anteilseigner (*director*, *officer* oder

---

1175 *Ebenroth/Kemner/Willburger,* ZIP 1995, 972; OLG Naumburg, Urt. v. 19.12.1994, Az.. 7 U 146/95 – „juris“ Rn. 48 ff.

1176 Art. 5 Abs. 1 der Konvention über die Hohe See lautet:
„Jeder Staat legt die Bedingungen fest, zu denen er Schiffen seine Staatszugehörigkeit gewährt, sie in seinem Hoheitsgebiet in das Schiffsregister einträgt und ihnen das Recht einräumt, seine Flagge zu führen. Schiffe besitzen die Staatszugehörigkeit des Staates, dessen Flagge zu führen sie berechtigt sind. Zwischen dem Staat und dem Schiff muß eine echte Verbindung bestehen; der Staat muß insbesondere seine Gerichtsbarkeit und Aufsicht in Verwaltungs-, technischen und sozialen Angelegenheiten über Schiffe, die unter seiner Flagge fahren, tatsächlich ausüben.“

1177 *E.E.O.C. v. Bermuda Star Line, Inc.,* 744 F. Supp. 1109, 1112 (M.D. Fla 1990); *Restatement (third) of the Foreign Relations Law,* § 501 comment b (1987); *Ebenroth/Kemner/Willburger,* ZIP 1995, 972, 973 m.w.N.

shareholder) beheimatet ist.[1178] Damit liegt der *genuine link* einer Gesellschaft zu einem Staat darin, dass die Gründungsvoraussetzungen der Rechtsordnung des Gründungsstaates erfüllt werden. Diese Voraussetzung ist im Anwendungsbereich der Gründungstheorie stets erfüllt und das (besondere) *genuine link* Kriterium damit funktionslos und überflüssig.[1179]

e. Herleitung aus der französischen Rechtsprechung

In der Literatur zur Herleitung eines *genuine link* im internationalen Gesellschaftsrecht wird weiterhin auf die Auslegung der Parallelnorm des französich-US-amerikanischen Niederlassungsabkommens (Art. 14. Abs. 5) verwiesen.[1180] Allein aus dem Umstand, dass die französische Rechtsprechung die Gründungstheorie unter den Vorbehalt des *genuine link* stellt,[1181] entsteht kein bindendes Völkergewohnheitsrecht.[1182] Außerdem ist es zweifelhaft, ob die Vereinigten Staaten von Amerika eine solche Auslegung dieser Norm des französisch-US-amerikanischen Vertrags teilen, da dadurch die in den USA weitgehend vertretene Gründungstheorie umgangen werden könnte.

f. Herleitung aus anderen völkerrechtlichen Anwendungsgebieten des genuine link

Es kann weiterhin daran gedacht werden, das *genuine link* Kriterium aufgrund der Anwendung in anderen Rechtsgebieten als allgemeines völkerrechtliches Kriterium einzustufen, das auch im internationalen Gesellschaftsrecht Anwendung finden kann.

Das *genuine link* Kriterium ist allerdings kein allgemeines Kriterium. Es hat sich in der Staatspraxis in verschiedenen Teilgebieten bei jeweils verschiedenem Hintergrund entwickelt.[1183] Das *genuine link* Kriterium findet Anwendung bei der Beurteilung der Nationalität eines Schiffes, bei der Doppelstaatsangehörig-

---

1178 *Restatement (second) of Conflict of Laws* § 296 comment d (1971): *„Incorporation can take place in a state where the corporation conducts no business and where none of the directors, officers or shareholders are domiciled provided that this is permitted by the local law of that state. If the requirements of the state of incorporation have been met, the fact of incorporation will be recognized in other states.“*

1179 *Mansel*, in: Leible/Ruffert, S. 89, 127.

1180 So *Mankowski*, EWiR 2003, 661, 662 m.w.N.

1181 Nachweise auf die französiche Rechtsprechung in: *Mankowski*, EWiR 2003, 661, 662.

1182 *Mansel*, in: Leible/Ruffert, S. 89, 127.

1183 *Mansel*, in: Leible/Ruffert, S. 89, 127.

keit, im Rahmen der internationalen Zuständigkeit nach § 23 ZPO, im internationalen Strafrecht und im Steuerrecht.[1184] Im *Nottebohm*-Fall diente das *genuine link* Kriterium zur Begrenzung des diplomatischen Schutzes natürlicher Personen. Daher ist es verfehlt, von einem allgemeinen *genuine link* Kriterium als Völkergewohnheitsrecht oder allgemeinem Rechtsgrundsatz zu sprechen, das in allen Rechtsgebieten Anwendung finde.[1185] In diesem Sinne verstehen sich auch die Entscheidungen des BGH, in denen das das *genuine link* Kriterium zur Begrenzung der Anerkennung von Gesellschaften sehr verhalten und „unsicher" angewendet wird.[1186]

g. Schlussfolgerung

Insgesamt lässt sich also weder eine allgemeine als Recht anerkannte Staatenpraxis hinsichtlich des *genuine link* Kriteriums im internationalen Gesellschaftsrecht feststellen noch ist das *genuine link* Kriterium in den unterschiedlichen nationalen Gesellschaftskollisionsrechten beheimatet. Vielmehr ist zur Zeit davon auszugehen, dass das US-amerikanische Kollisionsrecht unter der (überwiegenden) Geltung der Gründungstheorie eine solche Beschränkung in die nationalen Rechtsordnungen gerade nicht aufnehmen möchte. Das *genuine link* Kriterium kann daher nicht zur Begrenzung der Anerkennung ausländischer Gesellschaften herangezogen werden.[1187]

3. Anwendbarkeit des genuine link Kriteriums unter Artikel XXV Abs. 5 S. 2 FHSV

Selbst wenn man unterstellt, dass das *genuine link* Kriterium den Rang eines völkerrechtlichen Grundsatzes hat, welcher die Anerkennung von Gesellschaften beschränken könnte, fände dieses Kriterium keine Anwendung unter Artikel XXV Abs. 5 S. 2 FHSV. Denn in diesem Falle wäre das *genuine link* Kriterium durch den völkervertragsrechtlichen Artikel XXV Abs. 5 S. 2 FHSV abbedungen.[1188]

1184 Siehe *Neumann*, S. 73 ff.

1185 *Neumann*, S. 75.

1186 BGH, Urt. v. 05.07.2004 – II ZR 389/02 – BGH, NJW-RR 2004, 1618 = IPRax 2005, 339.

1187 *Mansel*, in: Leible/Ruffert, S. 89, 127; *Schurig*, in: Leible/Ruffert, S. 55, 66.

1188 *Bungert*, ZVglRWiss 93 (1994), 117, 154 f.; *ders.*, DB 2003, 1043, 1044; *Dammann*, RabelsZ 68 (2004), 607, 645; *Mansel*, in: Leibel/Ruffert, S. 55, 66; *Neumann*, S. 77 f.; *Schurig*, in: Leible/Ruffert, S. 55, 66.

Zunächst ist zwar von der Gleichwertigkeit der völkerrechtlichen Primärquellen (Völkergewohnheitsrecht, völkerrechtliche Verträge und allgemeine Rechtsgrundsätze, Artikel 38 Abs. 1 lit b) IGH-Statut) auszugehen, aber völkerrechtliche Verträge haben als *lex specialis* gegenüber Völkergewohnheitsrecht und allgemeinen Rechtsgrundsätzen Vorrang.[1189] Nur die völkerrechtlichen Regeln, die zum *ius cogens* zählen, gehen völkervertraglichen Vereinbarungen vor.[1190] Es besteht keine allgemeine Einigkeit darüber, welcher Normen Teil des *ius cogens* sind, jedoch werden grundsätzlich das Gewaltverbot und das Einmischungs- und Interventionsverbot sowie die Achtung der grundlegenden Menschenrechte, wie sie in der Pönalisierung konkreter internationaler Verbrechenstatbestände hervortreten (Völkermord, Verstöße gegen des humanitäre Völkerrecht, Verbrechen gegen die Menschlichkeit), zu dem gegenwärtigen *ius cogens* gezählt.[1191]

Da das *genuine link* Kriterium jedenfalls nicht zum *ius cogens* zählt, ist von einem Vorrang des Artikels XXV Abs. 5 S. 2 FHSV gegenüber dem *genuine link* Kriterium auszugehen, solange Artikel XXV Abs. 5 S. 2 FHSV eine abschließende Regelung darstellt. Der abschließende Charakter des Artikels XXV Abs. 5 S. 2 FHSV wird zum Teil verneint.[1192] Es wird angeführt, dass sich in Artikel XXV Abs. 5 S. 2 FHSV weder eine ausdrückliche Regelung des Inhalts finde, dass das Gründungsrecht auch bei fehlendem Bezug zur Rechtsordnung des Gründungsorte maßgeblich sein solle, noch ließe sich eine solche im Wege der ergänzenden Auslegung finden.

Dieser Auslegung des Artikels XXV Abs. 5 S. 2 FHSV ist unrichtig. Der Wortlaut ist eindeutig; ein *genuine link* der Gesellschaft zum Gründungsstaat wird nicht gefordert. Zudem ist kein Grund ersichtlich, warum die Vertragsparteien ein Interesse daran gehabt haben könnten, in Artikel XXV Abs. 5 S. 2 FHSV eine nicht abschließende Regelung zu schaffen. Im Übrigen erschwert die Notwendigkeit eines *genuine link* den zwischenstaatlichen Handel, anstatt ihn zu vereinfachen, was der Freundschaftsvertrag gerade bezwecken möchte.[1193] Schließlich würde eine solche Regelung sachwidrige Konsequenzen nach sich ziehen. Gesellschaften würden dazu angehalten, unnötige Ausgaben zu tätigen,

---

1189 *Dixon/McCorquodale*, S. 93; *Ipsen*, § 20 I Rn. 1; *Restatement (third) of the Foreign Relations Law*, § 102 comment l (1986); *Stein/v. Buttlar*, 2. Abschn. § 2 Rn. 154. Im Übrigen gilt auch die *lex posterior* Regelung.

1190 *Dixon/McCorquoudale*, S. 93; *Restatement (third) of the Foreign Relations Law*, § 102 comment k (1986).

1191 *Dixon/McCorquoudale*, S. 93; *Hobe/Kimminich*, S. 174; *Hobe/Kimminich*, S. 174; *Restatement (third) of the Foreign Relations Law*, § 102 comment k (1986).

1192 MüKo-BGB/*Kindler*, IntGesR Rn. 324.

1193 Siehe Präambel des Freundschaftsvertrags.

nur um eine effektive Verbindung zu dem Gründungsstaat herzustellen, damit die Anerkennung von Gesellschaften der anderen Vertragspartei gesichert ist.[1194]

Somit ist Artikel XXV Abs. 5 S. 2 FHSV als eine abschließende völkerrechtliche Regelung über die Anerkennung von Gesellschaften der anderen Vertragspartei zu werten.[1195] Das *genuine link* Kriterium findet damit, selbst wenn es zum Völkerrecht zählte, keine Anwendung unter Artikel XXV Abs. 5 S. 2 FHSV des deutsch-US-amerikanischen Freundschaftsvertrags.

4. Inhaltliche Anforderungen an das genuine link Kriterium zur Begrenzung der Anerkennung

Schließlich scheitert die Heranziehung des *genuine link* Kriteriums unter Artikel XXV Abs. 5 S. 2 FHSV auch daran, dass dieses Kriterium inhaltlich nicht hinreichend zu konkretisieren ist.

a. Notwendigkeit einer mehr als rein formalen Verbindung zum Gründungsstaat

Befürworter des *genuine link* Kriteriums bewerten es in negativer Hinsicht als nicht ausreichende Verbindung zum Gründungsstaat, wenn außer dem formalen Akt der Gründung und einem statutarischen – aber insoweit fiktiven – Sitz keine realen Bindungen zum Gründungsstaat bestehe.[1196] Auch die Bestellung eines Zustellungsbeauftragten (*registered agent*) begründe allein keine effektive Verbindung zu den USA.[1197] In positiver Hinsicht soll eine Verbindung zum Gründungsstaat nur dann effektiv im Sinne eines *genuine link* sein, wenn die Gesellschaft in die soziale Struktur des Gründungsstaates eingebettet sei [1198] oder wenn ein Mitgesellschafter aus dem Gründungsstaat stamme oder wenn die Gesellschaft in organisatorischer Hinsicht in den Vereinigten Staaten von Amerika präsent sei wie etwa durch die Aufrechterhaltung einer Niederlassung oder wenn die Gesellschaft nur geringfügige geschäftliche Aktivitäten in den USA entfalte[1199]

1194 *Dammann*, RabelsZ 68 (2004), 607, 647.

1195 So auch *Dammann*, RabelsZ 68 (2004), 607, 647, *Mansel*, in: Leible/Ruffert, S. 89, 127, *Neumann*, S. 82; *Wessel/Ziegenhain*, GmbHR 1988, 423, 431.

1196 OLG Düsseldorf, WM 1995, 808, 811; *Ebenroth*, 24 Int'l Law 459, 474 (1990); *Mankowski*, EWiR 2003, 661, 662; MüKo-BGB/*Kindler*, IntGesR Rn. 325.

1197 OLG Naumburg, Urt. v. 19.12.1994, Az. 7 U 146/95 – „juris“ Rn. 59.

1198 *Ebenroth/Bippus*, DB 1988, 842, 846.

1199 *Höft*, S. 54; MüKo-BGB/*Kindler*, IntGesR Rn. 325.

wie etwa durch geschäftliche Vertragsabschlüsse[1200] oder das Halten eines Telefonanschlusses.[1201]

Diese inhaltlichen Anforderungen an ein *genuine link* zum Gründungsstaat sind sehr unklar. Bereits ein einzelner Vertragsschluss in dem Gründungsstaat kann anscheinend den Anforderungen des *genuine link* Kriteriums gerecht werden. Da ein solche „Hürde“ eine Gesellschaft leicht erfüllen kann, stellen diese Anforderungen keine wirkliche Begrenzung der Anerkennung dar. Verschärft man die Anforderungen, werden Gesellschaften dazu angehalten, unnötige Kosten aufzuwenden, um eine effektive Verbindung zum Gründungsstaat herzustellen.[1202] Da größeren Gesellschaften regelmäßig mehr finanzielle Mittel zur Verfügung stehen als kleineren Gesellschaften, dürfte diesen die Erfüllung des *genuine link* Kriteriums leichter fallen und sie damit unzugedachte Vorteile erlangen.

Im Übrigen bewirkt die Gründung nach den Rechtsvorschriften eines Staates bereits mehr als eine rein formale Verbindung zum Gründungsstaat. Denn deutsche Gesellschaften müssen in der Regel einen statutarischen Sitz im Inland aufrechterhalten und sind im Handelsregister registriert, US-amerikanische Gesellschaften haben ein *registered office* und einen *registered agent* im Gründungsstaat.

b. Verhinderung von missbräuchlichen Umgehungsgründungen (Missbrauchskontrolle)

Im Ergebnis wird von Befürwortern des *genuine link* Kriteriums betont, dass das *genuine link* Kriterium (lediglich) eine Missbrauchskontrolle darstelle und daher nur in extrem gelagerten Ausnahmefällen zur Korrektur der staatsvertraglichen Anerkennung heranzuziehen sei.[1203] Ausreichend sei es, wenn der Gründungsakt und der Satzungssitz auf eine bestimmte Rechtsordnung hindeuteten, sofern diese Anknüpfungstatsachen nicht rein fiktiv und zu Umgehungszwecken geschaffen worden seien.[1204]

1200 BGH, Urt. v. 05.07.2004 – II ZR 389/02 – BGH, NJW-RR 2004, 1618 = IPRax 2005, 339.

1201 BGH, Urt. v. 13.10.2004 – I ZR 245/01 („GEDIOS“) – BGH, JZ 2005, 298 = IPRax 2005, 340.

1202 *Paal,* RIW 1995, 735, 739.

1203 *Höft,* S. 52 ff ; MüKo-BGB/*Kindler*, IntGesR Rn. 325; *Paefgen,* DZWiR 2003, 441, 443; vgl. auch BGH, Urt. v. 13.10.2004 (1. Zivilsenat) – BGH, JZ 2005, 289 = IPRax 2005, 340.

1204 MüKo-BGB/*Kindler*, IntGesR Rn. 325.

Es stellt allerdings keinen Missbrauch dar, eine Gesellschaft nach der Rechtsordnung des Staates zu gründen, dessen Gründungsvoraussetzungen für die konkrete Gesellschaftsgründung am Besten geeignet sind. Dies ist lediglich die Folge der Anwendung der Gründungstheorie. Daher ist in den USA, in denen die Gründungstheorie seit Jahrhunderten vorherrscht, der Gedanke, eine Gesellschaft in einem Staat zu gründen, allein um in den Genuss dessen Gesellschaftsrechts zu kommen, verbreitet und akzeptiert.[1205] Zwar haben einige US-amerikanische Gesellschaften *outreach statutes* für *pseudo-foreign corporations* entwickelt, doch darin ist keine Rechtsmissbrauchskontrolle zu sehen. Denn nur einige US-amerikanische Staaten haben solche Gesetze erlassen, die nur unter bestimmten Bedingungen anwendbar sind. Der Grundsatz bleibt die freie Gesellschaftsrechtswahl. Zudem ist die Verfassungsmäßigkeit solcher Gesetze fraglich.[1206] Schließlich verhindern *outreach statutes* nicht die Anerkennung von ausländischen Gesellschaften, sondern unterwerfen die Gesellschaft lediglich in bestimmten Bereichen dem eigenen materiellen Gesellschaftsrecht. Aus US-amerikanischer Sicht sind *pseudo-foreign corporations* somit nicht rechtsmissbräuchlich mit der Folge der Verweigerung der Anerkennung der Gesellschaft.

Außer den so genannten formalen Bindungen benötigt eine Gesellschaft im Anwendungsbereich der Gründungstheorie gerade keine weiteren Beziehungen zum Gründungsstaat, ohne damit dem Vorwurf des Rechtsmissbrauchs zu unterliegen.

Wenn es sich bei dem *genuine link* Kriterium allein um eine Missbrauchskontrolle handelte, ergäben sich zudem Beweisschwierigkeiten. Bei einer Missbrauchskontrolle muss eine Umgehungs- oder Erschleichungsabsicht nachgewiesen werden. Eine solche Absicht ist allerdings im Einzelfall regelmäßig nur schwer nachzuweisen. Zudem ist unklar, bei wem die Umgehungsabsicht nachgewiesen werden müsste. Die Gesellschaft ist ein fiktives Gebilde, das keine Absichten haben kann. Es kann also nur daran gedacht werden, auf die Gesellschafter oder die Geschäftsführer abzustellen. Dabei ist fraglich, ob bei nur einem Geschäftsführer bzw. einem Gesellschafter oder ob bei allen Geschäftsführern bzw. allen Gesellschaftern, die an der Gründung beteiligt sind, eine solche Absicht nachgewiesen werden müsste. Unklar ist auch, zu welchem Zeitpunkt die Missbrauchsabsicht vorliegen müsste. Müsste die Umgehungsabsicht bereits bei der Gründung der Gesellschaft vorliegen oder ist auch eine Missbrauchsabsicht zu einem späteren Zeitpunkt ausreichend?

1205 *Pinto/Branson*, S. 15, vgl. auch *Restatement (second) of Conflict of Laws,* § 296, comment d (1971).

1206 Siehe Kapitel B II 5 b (3).

Sollte das *genuine link* Kriterium tatsächlich die Anwendung laxer gesellschaftsrechtlicher Vorschriften verhindern, wäre es außerdem sachwidrig, eine Gesellschaft nur bei einer planmäßigen (missbräuchlichen), nicht aber bei einer zufälligen „Umgehungsgründung" nicht anzuerkennen.

Schließlich wäre es unverhältnismäßig, einer ausländischen Gesellschaft die Anerkennung im Falle eines Missbrauchs ganz zu versagen. Es wäre ausreichend, das anzuwendende ausländische Gesellschaftsrecht soweit durch das Recht des Forums zu überlagern, bis die durch den Missbrauch entstandenen Schutzlücken geschlossen wären.

Insgesamt mangelt es an einer sachgerechten Konkretisierung des Inhaltes des *genuine link* Kriteriums. Damit sorgt die Anwendung des *genuine link* für Rechtsunsicherheit. Die Heranziehung des *genuine link* Kriteriums ist auch daher abzulehnen.

5. Bewertung und Ergebnis

Das *genuine link* Kriterium hat weder den Rang eines völkerrechtlichen Grundsatzes noch ist es im Rahmen des Artikels XXV Abs. 5 S. 2 FSH anzuwenden. Auch stellt es kein klar umgrenztes Kriterium im Bereich der Anerkennung von Gesellschaften dar.

Außerdem ist das *genuine link* Kriterium nicht geeignet, die mit der Gründung von Scheinauslandsgesellschaften verbundenen Risiken zu verringern. Das Risiko von Scheinauslandsgesellschaften besteht insbesondere darin, dass Schutzlücken durch das Auseinanderfallen des Gründungsorts der Gesellschaft und ihres Haupthandlungsorts (Verwaltungssitz) entstehen können. Das *genuine link* Kriterium sorgt zwar dafür, dass eine Gesellschaft tatsächliche Beziehungen (*genuine link*) zum Gründungsstaat unterhält, verhindert aber nicht das Auseinanderfallen des Gründungsorts und des Haupthandlungsorts. Schutzlücken, die aus der Verschiedenheit der Schutzsysteme im US-amerikanischen und im deutschen Recht entstehen, bleiben bestehen. Eine Gesellschaft würde lediglich sicherstellen, dass sie ein – wie auch immer geartetes – *genuine link* zum Gründungsstaat vorweisen könnte, um im Gebiet der anderen Vertragspartei anerkannt zu werden. Daneben führt das *genuine link* Kriterium zu Abgrenzungsschwierigkeiten, da es inhaltlich unklar ist. Es schafft Rechtsunsicherheit.

Da an das *genuine link* Erfordernis zum Teil sehr geringe Anforderungen gestellt werden, bliebe auch der „Wettbewerb der Gesellschaftsrechtsordnungen" weitgehend bestehen.

Daher ist das *genuine link* Kriterium insgesamt nicht geeignet, die umfassende Anerkennung von Gesellschaften unter Artikel XXV Abs. 5 S. 2 FHSV einzuschränken und somit abzulehnen. Da der BGH sich noch nicht abschließend von dem *genuine link* Kriterium verabschiedet hat, empfiehlt es sich für US-amerikanische Gesellschaften mit Verwaltungssitz in Deutschland dennoch, tatsächliche Verbindungen zum Gründungsstaat herzustellen, um die Anerkennung in Deutschland sicherzustellen.

III. Der *ordre public* Vorbehalt und das Verbot der Gesetzesumgehung als Grenze der Anerkennung

Der deutsch-US-amerikanische Freundschaftsvertrag enthält in der Anerkennungsregel des Artikel XXV Abs. 5 S. 2 keinen ausdrücklichen *ordre public* Vorbehalt, der die Anerkennung von Gesellschaften unter bestimmten Voraussetzungen einschränkt. Dennoch wird in der deutschen Literatur vorgeschlagen, dass Artikel XXV Abs. 5 S. 2 FHSV einen ungeschriebenen *ordre public* Vorbehalt enthalte, der aus der Schnittmenge der innerstaatlichen *ordre public* Vorbehalte (*ordre public* „auf niedrigster Stufe") bestehe.[1207] Der Kern der gemeinsamen deutschen und US-amerikanischen Rechtsüberzeugung sei dabei das Verbot des Rechtsmissbrauchs.[1208]

Nach einer anderen Auffassung ist das Problem der vermeintlich rechtsmissbräuchlichen Ausnutzung der staatsvertraglich verordneten Anknüpfung an das Gründungsrecht richtigerweise bei dem Verbot der Gesetzesumgehung anzusiedeln.[1209] Daher wird vorgeschlagen, das kollisionsrechtliche Verbot der Gesetzesumgehung heranzuziehen.[1210]

Somit stellt sich die Frage, ob nationale *ordre public* Vorbehalte oder das kollisionsrechtliche Verbot der Rechtsmissbrauchs unter Artikel XXV Abs. 5 S. 2 FHSV Anwendung finden und in welchen Fälle sie die Anerkennung ausländischer Gesellschaften begrenzen können.

1207 *Ebenroth/Auer,* RIW 1992, Beilage 1, Rn 22; *Ebenroth/Bippus*, DB 1088, 842, 847; MüKo-BGB/*Kindler*, IntGesR Rn. 327.

1208 In dem Sinne auch OLG Düsseldorf, WM 1995, 808, 811; OLG Naumburg, Urt. v. 19.12.1995 – Az. U 146/95 – „juris" Rn. 52; Staudinger/*Großfeld*, IntGesR Rn. 216.

1209 *Mäsch*, in: Bamberger/Roth, Art. 12 Anh. EGBGB Rn. 3, 19.

1210 So vorgeschlagen, aber das konkrete Ergebnis offen gelassen *Mäsch*, in: Bamberger/Roth, Art. 12 Anh. EGBGB Rn. 3, 19; MüKo-BGB/*Sonnenberger*, Einl. IPR Rn. 777; *Paal*, RIW 740, 735, 740; *Ebke*, JZ 2005, 299, 303, bei dem es etwas unklar ist, ob er sich auf das kollisionsrechtliche Verbot des Rechtsmissbrauchs bezieht.

1. Abgrenzung des nationalen ordre public Vorbehalts von dem „originär" völkerrechtlichen ordre public Vorbehalt

a. Der deutsche (nationale) ordre public Vorbehalt

Der deutsche (materiellrechtliche) *ordre public* Vorbehalt ist in Artikel 6 EGBGB nominiert. Demnach ist die Rechtsnorm eines anderen Staates dann nicht anzuwenden, wenn ihre Anwendung zu einem materiellrechtlichen Ergebnis führt, das mit wesentlichen Grundsätzen des deutschen Rechts, insbesondere mit den Grundrechten, offensichtlich unvereinbar ist. Bei der Anwendung des *ordre public* ist Zurückhaltung geboten. Das Ergebnis der Anwendung einer fremden Rechtsnorm muss offensichtlich unvereinbar mit der öffentlichen Ordnung sein.[1211] Außerdem muss der Fall einen hinreichenden Bezug zu Deutschland haben, bevor der *ordre public* Vorbehalt eingreift. Je geringer der Inlandsbezug ist, desto weniger wird ein fremdartiges Ergebnis verweigert.[1212]

b. Der US-amerikanische (nationale) ordre public Vorbehalt

Der *ordre public (public policy)* Vorbehalt des US-amerikanischen Rechts ist nicht ausdrücklich normiert. Zunächst wurde der *ordre public* Vorbehalt im prozessualen Bereich angewendet und beschränkte die Zulassung einer Klage dann, *„if it would violate some fundamental principles of justice, some prevalent conception of morals, some deep-seated tradition of the commonwealth.*"[1213] Zum Inhalt des *ordre public* zählen damit grundlegende Gerechtigkeitsvorstellungen, die sich aus der Verfassung, einfachen Gesetzen und Präjudizen ergeben. In der Mitte des letzen Jahrhunderts wurde der *ordre public* Vorbehalt mehr und mehr als Kriterium zur Bestimmung des anwendbaren Rechts betrachtet.[1214] Im heutigen US-amerikanischen Kollisionsrecht wird der *ordre public* Vorbehalt in erster Linie zu Beginn des kollisionsrechtlichen Entscheidungsprozesses berücksichtigt und weniger als eine materiell-rechtliche Kontrolle des kollisionsrechtlichen Anwendungsergebnisses gehandhabt.[1215]

Wie im deutschen Recht, so wird auch in dem US-amerikanischen Recht die Anwendung des *ordre public* Vorbehalts zurückhaltend gehandhabt. Der bloße

---

1211 *Kropholler,* IPR, § 36 II 2.

1212 *Kropholler,* IPR, § 36 II 3.

1213 *Loucks v. Standard Oil Co. of New York,* 224 N.Y. 99, 111, 120 N.E. 198, 202 (1918). Vlg. auch *Restatement (second) of Conflict of Laws,* § 90 (1971).

1214 Staudinger/*Blumenwitz*, Art. 6 EGBGB Rn. 183.

1215 *Scoles et al.*, § 3.16, S. 145; Staudinger/*Blumenwitz*, Art. 6 EGBGB Rn. 183.

Unterschied zwischen der Rechtsordnung des Forums und dem anzuwendenden Recht ist nicht ausreichend.[1216]

c. Der originär völkerrechtliche ordre public Vorbehalt

Von dem nationalen *ordre public,* der auch unter Rückgriff auf das Völkerrecht ausgelegt werden kann, ist der originär völkerrechtliche *ordre public* Vorbehalt zu trennen. Namentlich *Jaenicke*[1217] hat die These entwickelt, dass die Völkerrechtsordnung mehr als nur die Summe der bilateralen und multilateralen Rechtsbeziehungen zwischen den Staaten sei; es habe sich darüber hinaus eine Rechtsgemeinschaft gebildet, die einen eigenen völkerrechtlichen *ordre public* enthalte. Der völkerrechtliche *ordre public* Vorbehalt beinhalte die Regeln des *ius cogens* und sonstige völkerrechtliche Normen, die den gemeinsamen Interessen und Zielen aller Mitglieder der Völkerrechtsgemeinschaft zu dienen bestimmt seien.[1218] Die Existenz eines solchen originär völkerrechtlichen *ordre public* stößt jedoch auf gewichtige Bedenken und wird von der herrschenden Ansicht bestritten.[1219] Insbesondere sei der Inhalt nicht zu konkretisieren oder allenfalls mit dem Inhalt des *ius cogens* identisch und er habe keinen Anwendungsbereich neben dem nationalen *ordre public* Vorbehalt, der bereits die Regeln des Völkerrechts berücksichtige.

Selbst wenn die Existenz eines völkerrechtlichen *ordre public* bejaht wird, begrenzt er nicht die Anerkennung von ausländischen Gesellschaften. Der völkerrechtliche *ordre public* wird bei den unmittelbaren Beziehungen zwischen Völkerrechtsubjekten angewendet und sichert auf zwischenstaatlicher Ebene die Einhaltung elementarer Grundsätze.[1220] Er führt jedoch anders als der nationale *ordre public* nicht dazu, dass die Anwendung des (materiellrechtlichen) Ergebnisses einer fremden Rechtsordnung versagt wird. Der originär völkerrechtliche *ordre public* hat daher keinen Einfluss darauf, ob die Anerkennung von Gesellschaften im konkreten Fall zu verneinen ist.

1216 *Scoles et al.*, § 3.15, S. 143.

1217 *Jaenicke*, BerDGes VR 7 (1967), 77 ff.; vlg. auch *Kokott,* BerDGes VR 38 (1998), 71.

1218 *Jaenicke*, BerDGes VR 7 (1967), 77, 96.

1219 *Spichhoff,* in: Leible/Ruffert, S. 275, 279 f.; Staudinger/*Blumenwitz,* Art. 6 EGBGB Rn. 68; *Vallindas,* RabelsZ 18 (1953), 1, 9 f.

1220 *Kokott,* BerDGes VR 38 (1998), 71, 74.

2. *Abgrenzung des nationalen ordre public Vorbehalts von dem kollisionsrechtlichen Verbot der Gesetzesumgehung*

Das kollisionsrechtliche Verbot des Rechtsmissbrauchs ist von dem (umstrittenen) völkerrechtlichen Grundsatz des Rechtsmissbrauchs zu unterscheiden. Es wurde bereits im Rahmen des Prüfung des *genuine link* Kriteriums festgestellt, dass das völkerrechtliche Rechtsmissbrauchsverbot, sollte es Teil des Völkerrechts sein und damit Anwendung im deutsch-US-amerikanischen Freundschaftsvertrag finden, keine Begrenzung für die Anerkennung von Gesellschaften unter Artikel XXV Abs. 5 S. 2 FHSV darstellt.[1221]

a. Das Verbot der Gesetzesumgehung des deutschen Kollisionsrechts

Das deutsche autonome Kollisionsrecht enthält als ungeschriebenen Bestandteil eine allgemeine Missbrauchsklausel bzw. ein Verbot der Gesetzesumgehung (*fraus legis*).[1222] Demnach gilt, dass die missbräuchliche Herbeiführung der Anknüpfung eines Rechtsverhältnisses, um ein bestimmtes sachrechtliches Ergebnis zu erreichen oder zu vermeiden, außer Betracht zu bleiben hat.[1223] Die Anwendung dieser allgemeinen kollisionsrechtlichen Missbrauchsklausel erweist sich nur in wenigen Fällen als erforderlich, da ihre Anwendung in der Regel bereits durch die Auslegung der Norm oder den *ordre public* Vorbehalt nach Art. 6 EGBGB verhindert wird.[1224] Die Missbrauchsklausel ist nur die allerletzte Auffanglinie. Im Unterschied zum *ordre public* Vorbehalt, der die Anwendung bestimmter ausländischer Rechtsnormen wegen ihres materiellen Ergebnisses verhindert (Kontrolle des materiellen Ergebnisses), geht es bei dem Verbot der Gesetzesumgehung darum, ob ein von dem Kollisionsrecht vorgesehener und von den Beteiligten geschaffener Anknüpfungspunkt bei Bestimmung des anwendbaren Rechts aus besonderen Gründen ausnahmsweise außer Betracht zu bleiben hat (Kontrolle der kollisionsrechtlichen Anknüpfung).[1225]

1221 Siehe Kapitel G II 2 c.

1222 *Lorenz,* in: Bamberger/Roth, Einl. IPR Rn. 73; MüKo-BGB/*Sonnenberger*, Einl. IPR Rn. 756; *Sonnenberger/Bauer,* RIW 2006, Beilage 1, S. 1, 24; *Sonnenberge/Bauer,* in: Sonnenberger, S. 62: *Kropholler,* IPR, § 23 II 3, hingegen sieht das Verbot der Rechtsumgehung nicht als eigenständiges Rechtsinstitut des deutschen Rechts an.

1223 *Kropholler,* IPR, § 23 I; *Lorenz,* in: Bamberger/Roth, Einl. IPR Rn. 73; MüKo-BGB/*Sonnenberger*, Einl. IPR Rn. 756 ff.; *Sonnenberger/Bauer,* RIW 2006, Beilage 1, S. 1, 24.

1224 *Kropholler,* IPR, § 23 II.

1225 MüKo-BGB/*Sonnenberger*, Einl. IPR Rn. 761.

b. Kein Verbot der Gesetzesumgehung (fraud on the law) im US-amerikanischen Kollisionsrecht

Das US-amerikanische Kollisionsrecht beinhaltet nicht das Verbot der Gesetzesumgehung (*fraud on the law, fraude á la loi*).[1226] Denn niemand soll dafür bestraft werden, dass die Kollisionsnormen bestimmte Wahlmöglichkeiten anbieten. Gegebenenfalls kann die teleologische Auslegung der fraglichen Kollisionsnorm oder die Anwendung des *ordre public* Vorbehalts (*public policy*) unerwünschte Ergebnisse verhindern.[1227] Dabei ist daran zu erinnern, dass der *ordre public* Vorbehalt im heutigen US-amerikanischen Recht insbesondere als Kontrolle der kollisionsrechtlichen Anknüpfung (und weniger als Kontrolle des materiellen Ergebnisses) wirkt.[1228] Der *ordre public* Vorbehalt übernimmt damit teilweise die kollisionsrechtlichen Korrekturen, die im deutschen Recht das Verbotes der Gesetzesumgehung vornimmt.

3. Anwendbarkeit der nationalen ordre public Vorbehalte oder des Verbots der Gesetzesumgehung unter Artikel XXV Abs. 5 S. 2 FHSV

Fehlt in einem Staatsvertrag mit kollisionsrechtlichen Inhalt ein ausdrücklicher *ordre public* Vorbehalt oder ein Verbot der Gesetzesumgehung – wie in Artikel XXV Abs. 5 S. 2 FHSV – so muss im Wege der Auslegung ermittelt werden, ob und in welchem Umfang eine Berufung auf den nationalen *ordre public* Vorbehalt oder das nationale kollisionsrechtliche Verbot der Gesetzesumgehung möglich ist.[1229]

a. Anwendbarkeit der nationalen ordre public Vorbehalte

Nach einer Ansicht stellt Artikel XXV Abs. 5 S. 2 FHSV als staatsvertragliche Kollisionsnorm eines geschlossenen Abkommens[1230] eine abschließende Regelung dar, in die der *ordre public* Vorbehalt nicht hineingelesen werden darf, da er

---

1226 *Ehrenzweig,* Conflicts, § 18-4, S. 82; *ders.*, Privat International Law, Rn. 91, S. 166 ff.

1227 *Ehrenzweig*, Privat International Law, Rn. 91, S. 168.

1228 *Scoles et al.*, § 3.16, S. 145; Staudinger/*Blumenwitz*, Art. 6 EGBGB Rn. 183.

1229 *Kropholler,* IPR, § 36 VI; *Spickhoff,* in: Leible/Ruffert, S. 275, 284.

1230 Geschlossene Abkommen sind anders als offene Abkommen hinsichtlich des Mitgliederkreises beschränkt.

nicht ausdrücklich vorgeschrieben sei.[1231] Zum Teil wird dabei eine Ausnahme in Fällen gemacht, in denen Grund- oder Menschenrechte verletzt werden.[1232]

Nach der gegenläufigen Ansicht ist in Artikel XXV Abs. 5 S. 2 FHSV ein *ordre public* Vorbehalt auf „niedrigster Stufe" stillschweigend enthalten.[1233] Wenn die Anerkennung einer Gesellschaft nach Artikel XXV Abs. 5 S. 2 FHSV sowohl gegen den US-amerikanischen als auch den deutschen *ordre public* verstoße, sei einer Gesellschaft die Anerkennung zu versagen. Da Staatsverträge Differenzen überwinden und nicht Gemeinsamkeiten beseitigen sollten, sei nicht davon auszugehen, dass die Vertragsparteien gemeinsame fundamentale Grundprinzipien ausschließen wollten, die sich aus der Schnittmenge des deutschen und US-amerikanischen *ordre public* Vorbehalts ergäben.[1234]

Dieser zweiten Ansicht steht zunächst der eindeutige Wortlaut des Artikels XXV Abs. 5 S. 2 FHSV entgegen. Anders als zum Beispiel Artikel XV des deutsch-spanischen Niederlassungsvertrags[1235] enthält Artikel XXV Abs. 5 S. 2 des deutsch-US-amerikanischen Freundschaftsvertrags keinen ausdrücklichen *ordre public* Vorbehalt. Eine möglicherweise übereinstimmende Anwendung des *ordre public* Vorbehalts ist kein ausreichendes Indiz dafür, dass eine

---

1231 Speziell zu Artikel XXV Abs. 5 S. 2 FHSV siehe *Bungert,* WM 1995, 2125, 2127 f.; *ders.* DB 2003, 1043, 1046; *Dammann,* RabelsZ 68 (2004), 607, 649; *Höft,* S. 54; *Mäsch,* in: Bamberger/Roth, Art. 12 Anh. EGBGB Rn. 3; *Neumann,* S. 81 f.; *Ulmer,* IPRax 1996, 100, 102. Allgemein zur Auslegung staatsvertraglicher Kollisionsnormen ohne ausdrücklichen *ordre public* Vorbehalt *Jayme,* NJW 1965, 13, 17 f.; MüKo-BGB/*Sonnenberger*, Art. 6 EGBGB Rn. 29; Soergel/*Kegel*, Art. 6 EGBGB Rn. 38; *Spickhoff*, in: Leible/Ruffert, S. 275, 284; Staudinger/*Blumenwitz,* Art. 6 EGBGB Rn. 50.

1232 *Spickhoff*, in: Leible/Ruffert, S. 275, 284; Staudinger/*Blumenwitz,* Art. 6 EGBGB Rn. 50.

1233 OLG Naumburg, Urt. v. 19.12. 1995 – Az. U 146/ 95 – „juris" Rn. 52; OLG Düsseldorf, WM 1995, 808, 811; *Ebenroth,* 24 Int'l Law 459, 477 (1990); *Ebenroth/Auer,* RIW 1992, Beilage 1, Rn. 22; *Ebenrotz/Bippus*, DB 1988, 842, 844; MüKo-BGB/*Kindler*, IntGesR Rn. 326; Staudinger/*Großfeld*, IntGesR Rn. 216.

1234 MüKo-BGB/*Kindler,* IntGesR Rn. 326.

1235 Artikel XV Abs. 2 des deutsch-spanischen Niederlassungsvertrags (Gesetz v. 07.09.1972 zu dem Niederlassungsvertrag vom 23.04.1970 zwischen der Bundesrepublik Deutschland und dem spanischen Staat, BGBl. 1972 II, 1041, in Kraft seit dem 26.11.1972.):
„Der rechtliche Status der Gesellschaften der einen Vertragspartei wird im Hoheitsgebiet der anderen Vertragspartei anerkannt. Die andere Vertragspartei ist nur dann berechtigt, diese Anerkennung zu versagen, wenn die betreffenden Gesellschaften durch ihren Zweck oder ihre tatsächlich ausgeübte Tätigkeit gegen Grundsätze oder Vorschriften verstößt, welche diese Vertragspartei als Bestandteil der öffentlichen Ordnung im Sinne ihres internationalen Privatrechts ansieht."

stillschweigende Einbeziehung des *ordre public* Vorbehaltes vereinbart wurde.[1236]

Die fehlende Bestimmung des *ordre public* Vorbehalt in Artikel XXV Abs. 5 S. 2 FHSV spricht vielmehr dafür, dass die Vertragsparteien auf die Anwendung des *ordre public* Vorbehalts in Artikel XXV Abs. 5 S. 2 FHSV verzichten wollten.[1237] Dies entspricht dem Ziel einer staatsvertraglichen Kollisionsnorm, eine einheitliche, abschließende Rechtsregelung zu schaffen. Würde Artikel XXV Abs. 5 S. 2 FHSV nicht als abschließende Regelung verstanden, stünde es im Ermessen der Vertragsparteien, den Anwendungsbereich der staatsvertraglichen Kollisionsnorm nahezu beliebig mit Hilfe des *ordre public* Vorbehaltes einzuschränken.[1238] Durch die staatsvertragliche Regelung in Artikel XXV Abs. 5 S. 2 FHSV wird den Vertragsparteien aber gerade eine Materie des internationalen Privatrechts entzogen, die nicht durch den *ordre public* Vorbehalt den eigenen Vorstellungen wieder angepasst werden darf. Im Übrigen zeigt die Schaffung einer staatsvertraglichen Kollisionsnorm mit Anknüpfung an den Gründungsort ein gewisses Vertrauen der einen Vertragpartei in das jeweilige materielle Gesellschaftsrecht der anderen Vertragspartei. Einer *ordre public* Prüfung bedarf es daher nicht mehr. Widerspricht die Handhabung einer staatsvertraglichen Norm, so wie sie in einem Staatsvertrag vorgesehen ist, dennoch dem *ordre public* Vorbehalt einer Vertragspartei, so bleibt dieser Vertragspartei immer noch die Möglichkeit, den Vertrag zu ändern oder zu kündigen.[1239]

Daher ist der zweiten Auffassung zuzustimmen und Artikel XXV Abs. 5 S. 2 FHSV als abschließende Norm zu sehen, die keinen Rückgriff auf den nationalen *ordre public* Vorbehalt zulässt.

b. Anwendbarkeit des kollisionsrechtlichen Verbots des Rechtsmissbrauchs

Auch die im deutschen autonomen Kollisionsrecht beheimatete allgemeine kollisionsrechtliche Missbrauchsklausel kann nicht in Artikel XXV Abs. 5 S.2 FHSV hineingelesen werden. Das US-amerikanische Kollisionsrecht kennt eine solche allgemeine Missbrauchsklausel nicht, ihre Funktion wird teilweise durch den *ordre public* Vorbehalt (*public policy*) abgedeckt. Die stillschweigende Vereinbarung einer kollisionsrechtlichen Missbrauchsklausel in Artikel XXV Abs. 5, S.2 FHSV ist daher ebenfalls nicht anzunehmen.

1236 *Dammann*, RabelsZ 68 (2004), 607, 648.

1237 *Ulmer*, IPRax 1996, 100, 12.

1238 *Höft*, S. 56; MüKo-BGB/*Sonnenberger*, Art. 6 EGBGB Rn. 29; *Spickhoff*, in: Leible/Ruffert, S. 275, 284.

1239 MüKo-BGB/*Sonnenberger*, Art. 6 EGBGB Rn. 29; *Spickhoff*, in: Leible/Ruffert, S. 275, 284.

4. Inhalt des ordre public Vorbehalts oder des (kollisionsrechtlichen) Verbots der Gesetzesumgehung unter Artikel XXV Abs. 5 S. 2 FHSV

Selbst wenn entgegen der hier vertretenen Ansicht davon ausgegangen wird, dass Artikel XXV Abs. 5 S. 2 FHSV keine abschließende Norm darstellt, bildet der in den USA und in Deutschland übereinstimmende *ordre public* Vorbehalt oder das (kollisionsrechtliche) Verbot des Rechtsmissbrauchs keine geeignete Begrenzung der Anerkennung von Gesellschaften.

Als Inhalt des *ordre public* Vorbehalts „auf niedrigster Stufe" oder des kollisionsrechtlichen Verbots der Gesetzesumgehung wird das Verbot des Rechtsmissbrauchs gesehen.[1240]

a. Instrument zur Missbrauchskontrolle

Nach deutscher Kollisionsrechtsdogmatik wendet sich der *ordre public* Vorbehalt allein gegen das Ergebnis der Anwendung fremden materiellen Rechts und dient nicht der Korrektur einer Kollisionsnorm.[1241] Daher kann nach deutscher Dogmatik der *ordre public* Vorbehalt nicht die Anwendung der Gründungstheorie insgesamt verwehren, sondern korrigiert allein ein durch die Gründungstheorie erzieltes materielles Ergebnis im Einzelfall.

Es ist nun denklogisch nicht möglich, dass ein materielles Ergebnis gegen einen *ordre public* „auf niedrigster Stufe" verstoßen kann. Denn wenn ein materielles Ergebnis auf der Rechtsordnung des Gründungsstaates beruht, verstößt dieses Ergebnis offensichtlich nicht gegen den *ordre public* Vorbehalt des Gründungsstaates, vielmehr sieht diese Rechtsordnung eine solches materielles Ergebnis gerade vor. Das Ergebnis der Anwendung der Rechtsnorm des Gründungsstaates wird also immer mit wesentlichen Grundsätzen der Rechtsordnung des Gründungsstaates vereinbar sein und daher nicht gegen den *ordre public* des Gründungsstaates verstoßen, und damit auch nicht gegen den *ordre public* Vorbehalt „auf niedrigster Stufe".[1242]

Um die kollisionsrechtliche Anknüpfung an den Gründungsort insgesamt zu verhindern, ist daher nach deutscher Dogmatik auf das kollisionsrechtliche Verbot der Gesetzesumgehung zurückzugreifen.[1243] Nach der US-amerikanischen

---

1240 Für den *ordre public* Vorbehalt *Ebenroth/Auer*, RIW 1992, Beilage 1, Rn 22; *Ebenroth/Bippus*, DB 1088, 842, 847; MüKo-BGB/*Kindler*, IntGesR Rn. 327. Für das Verbot der Gesetzesumgehung *Mäsch*, in: Bamberger/Roth, Art. 12 Anh. EGBGB Rn. 3, 19.

1241 *Mäsch*, in: Bamberger/Roth, Art. 12 Anh. EGBGB Rn. 3.

1242 *Dammann*, RabelsZ 68 (2004), 607, 619.

1243 *Mäsch*, in: Bamberger/Roth, Art. 12 Anh. EGBGB Rn. 3.

Dogmatik kontrolliert der *ordre public* Vorbehalt allerdings bereits die kollisionsrechtliche Anknüpfung und weniger das materiellrechtliche Ergebnis.[1244] Daher könnte der *ordre public* Vorbehalt aus US-amerikanischer Sicht theoretisch die kollisionsrechtliche Anknüpfung an den Gründungsort insgesamt verhindern.

Da es im Ergebnis sowohl bei Heranziehung des *ordre public* Vorbehalts im (weiten) US-amerikanischen Sinne als auch bei Heranziehung der kollisionsrechtlichen Missbrauchsklausel nach deutschem Recht darum geht, dass ein Rechtsmissbrauch verhindert werden soll, ist die genaue Bezeichnung (*ordre public* im US-amerikanischen Sinne oder kollisionsrechtliche Missbrauchsklausel nach deutschem Recht) an dieser Stelle nicht entscheidend. Untersucht werden muss allein, ob die Anerkennung von Gesellschaften nach Artikel XXV Abs. 4 S. 2 FHSV bei Rechtsmissbrauch verhindern werden darf.

b. Inhalt der Missbrauchskontrolle

Ein Rechtsmissbrauch, der zu einem Verstoß gegen den *ordre public* Vorbehalt auf niedrigster Stufe bzw. gegen das kollisionsrechtliches Verbot der Gesetzesumgehung und damit zur Versagung der Anerkennung einer Gesellschaft führt, soll dann vorliegen, wenn eine Gesellschaft sich unter Ausnutzung einer liberalen bis laxen Rechtsordnung gründet, sämtliche gesellschaftlichen und geschäftlichen Aktivitäten aber in einem anderen Staat entfaltet.[1245] Dies sei eine rechtsmissbräuchliche Umgehungsgründung, da der Gründungsort allein zur Ausnutzung eines günstigen Gründungsrechts gewählt werde.

Bei der Untersuchung des *genuine link* Kriteriums wurde bereits umfassend festgestellt, dass die Erschleichung „laxer" gesellschaftsrechtlicher Standards keinen Missbrauch der staatsvertraglichen Anknüpfung an den Gründungsort darstellt, und dass zudem eine Missbrauchskontrolle kein geeignetes Mittel zur Verhinderung der mit der Gründung von Scheinauslandgesellschaft verbundenen Gefahren ist.[1246]

Darüber hinaus enthält weder der deutsche noch der US-amerikanische *ordre public* Vorbehalt ein Verbot, geringe gesellschaftsrechtliche Anforderungen durch die geschickte Nutzung der kollisionsrechtlichen Anknüpfung zu „erschleichen." Ein Verstoß gegen den deutschen *ordre public* Vorbehalt ist im internationalen Gesellschaftsrecht nur dann zu bejahen, wenn die Minimalerfordernisse

1244 *Scoles et al.*, § 3.16, S. 145; Staudinger/*Blumenwitz*, Art. 6 EGBGB Rn. 183.
1245 In dem Sinne auch OLG Düsseldorf, WM 1995, 808, 811; OLG Naumburg, Urt. v. 19.12.1995 – Az. U 146/ 95 – „juris" Rn. 52; Staudinger/*Großfeld*, IntGesR Rn. 216.
1246 Siehe Kapitel G II 4 b und G II 5.

des deutschen Gesellschaftsrechts missachtet werden.[1247] Das deutsche materielle Gesellschaftsrecht fordert nicht, dass eine Gesellschaft im Gründungsstaat tatsächlich geschäftlich tätig ist. Dies zeigt sich insbesondere in der Neufassung des GmbH-Rechts (MoMIG), die auf einen inländischen Verwaltungssitz verzichtet.[1248] In den USA ist, wie bereits festgestellt, die Gründungstheorie seit Jahrhunderten vorherrschend, und der Gedanke, eine Gesellschaft in einem Staat zu gründen, allein um in den Genuss dessen Gesellschaftsrecht zu kommen, verbreitet und akzeptiert.[1249] Daher kann die „Erschleichung" laxer gesellschaftsrechtlicher Standards durch die Gründung einer Gesellschaft in einem „gesellschaftsfreundlichen" US-amerikanischen Staat nicht den US-amerikanischen *ordre public* Vorbehalt verletzen, selbst wenn die Gesellschaft alle geschäftlichen Aktivitäten in anderen Staaten tätigt.[1250]

5. Bewertung und Ergebnis

Die staatsvertragliche Kollisionsregel des Artikels XXV Abs. 5 S. 2 FHSV enthält weder einen ausdrücklichen noch einen stillschweigenden *ordre public* Vorbehalt oder ein Verbot der Gesetzesumgehung. Ein *ordre public* Vorbehalt, der aus der Schnittmenge des deutschen und US-amerikanischen *ordre public* Vorbehaltes besteht, kann nicht zur Versagung der Anerkennung solcher Gesellschaften führen, die außer der Gründung keine tatsächlichen Beziehungen zum Gründungsstaat aufweisen.

Der *ordre public* Vorbehalt „auf niedrigster Stufe" und das Verbot der Gesetzesumgehung sind im Ergebnis nur weitere Versuche, um die Notwendigkeit ei-

---

1247 *Mäsch,* in: Bamberger/Roth, Art. 12 Anh. EGBGB Rn. 10. Eine solche Missachtung der Minimalstandards liegt nicht bereits dann vor, wenn die Ausgestaltung einer ausländischen Gesellschaft nicht mit einer deutschen Gesellschaftsform vergleichbar ist oder die deutschen Mindestkapitalbeträge bei juristischen Personen in der fremden Rechtsordnung nicht verlangt werden. Ein Verstoß gegen den *ordre public* Vorbehalt liegt jedoch vor, wenn die Aufbringung und Erhaltung des Gesellschaftskapitals nicht gesichert ist, wenn – bei fehlender persönlicher Haftung – die deutschen Grundsätze der Trennung der Vermögensmassen der Gesellschafter und ihrer Mitglieder nicht beachtet werden oder wenn eine Gesellschaft sich jederzeit in „Luft auflösen" darf. Streitig ist, ob das deutsche Mitbestimmungsrecht der Arbeitnehmer Teil des deutschen *ordre public* Vorbehalts ist.

1248 Siehe dazu Kapitel F V 7 b (1).

1249 *Pinto/Branson*, S. 15; vgl. auch *Restatement (second) of Conflict of Laws,* § 296 comment d (1971).

1250 *Dammann*, RabelsZ 68 (2004), 607, 649; *Bungert,* WM 1995, 2125, 2127; *Spahlinger/Wegen*, Rn. 245.

nes *genuine link* der Gesellschaft zum Gründungsstaat zu begründen. Auch hier geht es in erster Linie um eine Missbrauchskontrolle. Damit eignen sich diese Ansätze genauso wenig wie das völkerrechtliche *genuine link* Kriterium dazu, die mit der Gründung von Scheinauslandsgesellschaften verbundenen Risiken zu verhindern.[1251]

IV. Die Ausgestaltung des US-amerikanischen Gesellschaftskollisionsrechts als Grenze der Anerkennung

In der deutschen Literatur wird vorgeschlagen, die Ausgestaltung des US-amerikanischen Gesellschaftskollisionsrecht bei der Auslegung des Artikels XXV Abs. 5 S. 2 FHSV zu berücksichtigen.

1. Nichtanerkennung, wenn in den USA nicht anerkannt

Insbesondere nach *Ebenroth* wird die Anerkennungspflicht der Vertragsparteien dadurch begrenzt, dass in Deutschland Gesellschaften US-amerikanischen Rechts nur dann anzuerkennen sind, wenn die Vereinigten Staaten von Amerika als Gründungsstaat die Gesellschaft als wirksam gegründet selbst anerkannt haben.[1252] Es könne „nicht angenommen werden, dass eine Vertragspartei eine Gesellschaft der anderen Vertragspartei in einem weitergehenden Umfang anerkenn[e] als diese andere Vertragspartei selbst."[1253] Daher bräuchte Deutschland bloße *pseudo-foreign corporations* auch aufgrund des Freundschaftsvertrags nicht anzuerkennen, da „in diesen Fällen [die USA] die Gründungstheorie zugunsten der Sitztheorie" bereits selbst einschränkten.[1254]

Es ist unklar, was *Ebenroth* in diesem Zusammenhang unter „Anerkennung" versteht. Gesellschaften werden grundsätzlich in dem Staat, nach dessen Recht sie sich errichtet haben, nicht förmlich anerkannt, sondern sie entstehen *eo ipse*.[1255] Zum Teil wird *Ebenroth* dahingehend aufgefasst, dass eine Gesellschaft zunächst wirksam nach dem materiellen Gesellschaftsrecht des Gründungsstaates errichtet worden sein müsse, um in den Genuss der (kollisionsrechtlichen) Aner-

1251 Vgl. Kapitel G II 5.

1252 *Ebenroth/Bippus*, DB 1988, 842, 846; *Ebenroth/Auer*, RIW 1992, Beilage 1, Rn. 21.

1253 *Ebenroth/Auer*, RIW 1992, Beilage 1, Rn. 21

1254 *Ebenroth/Auer*, RIW 1992, Beilage 1, Rn. 21.

1255 *Sandrock*, in: Probleme, S. 85, 91. Nach deutschem Recht wird Kollisionsrecht nur in Fällen mit Auslandsberührung herangezogen (Art. 3 Abs. 1 EGBGB).

kennung durch die andere Vertragspartei zu gelangen.[1256] Bei einem solche Verständnis, so wird zu Recht ausgeführt, ist die Aufstellung dieses zusätzlichen Anerkennungskriteriums keine weitere Begrenzung der Anerkennung, da bereits tatbestandlich Artikel XXV Abs. 5 S. 2 FHSV nur einschlägig ist, wenn die Gesellschaft gemäß den „Gesetzen und sonstigen Vorschriften des anderen Vertragspartners errichtet“[1257] wurde.

Weiterhin könnte *Ebenroth* entgegen der hier vertretenen Auffassung Artikel XXV Abs. 5 S. 2 FHSV als Gesamtverweisung verstehen.[1258] In diesem Fall müsste das US-amerikanische Kollisionsrecht zusätzlich herangezogen werden, um über die kollisionsrechtliche Anerkennung der US-amerikanischen Gesellschaft zu entscheiden. Da Artikel XXV Abs. 5 S. 2 FHSV hier als Sachverweisung verstanden wird, ist *Ebenroths* Auffassung bereits aus den Gründen, die für eine Sachverweisung sprechen, abzulehnen.[1259] Selbst wenn man aber entgegen der hier vertretenen Auffassung Artikel XXV Abs. 5 S. 2 FHSV als Gesamtverweisung versteht, begründet *Ebenroths* Ansatz weitere Schwierigkeiten. Das US-amerikanische Kollisionsrecht ist – wie bereits mehrfach festgestellt, das Recht der Einzelstaaten. Eine (kollisionsrechtliche) Anerkennung oder Nichtanerkennung in dem Staat „USA“ gibt es daher nicht. Auch eine allgemeine Einschränkung der Gründungstheorie zugunsten der Sitztheorie im Falle von *pseudo-foreign corporations* existiert im US-amerikanischen Bundesrecht nicht. Vielmehr entwickelte die Rechtssprechung oder die Legislative der Einzelstaaten eigenständige Einschränkungen der kollisionsrechtlichen Anerkennung.

Wollte man Artikel XXV Abs. 5. S. 2 FHSV also als Verweis auf die US-amerikanischen Kollisionsregeln sehen, müsste gefragt werden, ob ein konkreter US-amerikanischer Staat eine Gesellschaft anerkennt oder nicht. Die Gründungstheorie verweist nun direkt auf den Gründungsstaat (interlokaler Durchgriff). Jeder US-amerikanische Staat erkennt die in seinem eigenen Gebiet nach den eigenen Vorschriften gegründete Gesellschaft (kollisionsrechtlich) an. In dem Gründungsstaat ist die Gesellschaft gerade keine *pseudo-foreign corporation* und die Gründungstheorie unterliegt keinen Einschränkungen. Damit muss die Gesellschaft auch in Deutschland anerkannt werden. Deutschland kann sich nun nicht auf den Standpunkt eines beliebigen US-amerikanischen Staates stellen, der die in Frage stehende Gesellschaft nicht umfassend anerkennt und daher die Anerkennung der Gesellschaft in Deutschland beschränken oder verweigern.

1256 MüKo-BGB/*Kindler*, IntGesR Rn. 328; *Neumann*, S. 196; *Stürner*, IPrax 2005, 307; *Ulmer*, IPRax 1996, 100, 101.

1257 Wortlaut des Artikels XXV Abs. 5 S. 2 FHSV.

1258 So versteht *Bungert*, ZVglRWiss 93 (1994), 117, 147 Fn. 132, den Ansatz von *Ebenroth*

1259 Vgl. Kapitel F II 3.

Im Übrigen führen die Einschränkung der US-amerikanischen Gründungstheorie, insbesondere durch *outreach statutes* und *qualification statutes* nicht zur gänzlichen Versagung der Anerkennung, sondern lediglich zu einer Überlagerung des Gesellschaftsrechts im Innenrecht.

Eine sachgerechte Begrenzung der Anerkennung lässt sich aus *Ebenroths* Ansatz damit nicht herleiten.

2. Überlagerung im Innenrecht nach dem US-amerikanischen Konzept für pseudo-foreign corporations

Nach *Wessel* und *Ziegenhain* ist die Gründungstheorie nicht in ihrer „Reinform", sondern in der Form, in der sie von der US-amerikanischen Rechtsprechung im Laufe der Jahre entwickelt worden ist, anzuwenden.[1260] Demnach ist Artikel XXV des Freundschaftsvertrags als eine Verweisung auf die Gründungstheorie „in ihrer Gesamtheit" zu verstehen. Selbst wenn eine Gesellschaft anerkannt worden sei, so erklären es *Wessel* und *Ziegenhain*, könne es vor allem in dem Innenrecht zu einer Überlagerung durch nationales Recht kommen, wodurch „etwaige grobe Unbilligkeiten und Missbräuche" weitestgehend vermieden würden.

Eine US-amerikanische Gründungstheorie „in ihrer Gesamtheit" gibt es jedoch nicht. Jeder Einzelstaat hat seine eigenen geschriebenen und ungeschriebenen Kollisionsregeln und Einschränkungen der Kollisionsregeln für jede Gesellschaftsform entwickelt. Zwar lassen sich – wie auch hier geschehen – Grundlinien des einzelstaatlichen Kollisionsrechts herausarbeiten, aber von der „US-amerikanischen Gründungstheorie in ihrer Gesamtheit" kann dabei nicht gesprochen werden.

Würde Artikel XXV Abs. 5 S. 2 FHSV dennoch als Verweis auf die Gründungstheorie – so wie sie von der US-amerikanischen Rechtsprechung der einzelstaatlichen Gerichte und Gesetze entwickelt wurde – aufgefasst, unterläge die Bedeutung und der Umfang der Anerkennung unter dem deutsch-US-amerikanischen Freundschaftsvertrag allein der US-amerikanischen Rechtsprechung. Die US-amerikanische Rechtsprechung würde „Herr des Vertrags", denn jede neue Entwicklung in der Rechtsprechung würde die Gründungstheorie des Freundschaftsvertrags beeinflussen. Eine solche einseitige Beeinflussung einer staatsvertraglichen Kollisionsnorm kann von den Vertragsparteien nicht intendiert worden sein. Es würde Rechtsunsicherheit herrschen.

Außerdem wird Artikel XXV Abs. 5 S. 2 FHSV auch bei dem Ansatz von *Wessel* und *Ziegenhain* indirekt zu einer Gesamtverweisung gemacht. Denn wenn

1260 *Wessel/Ziegenhain*, GmbHR 1988, 423, 431.

es zu einer Überlagerung im Innenrecht nach US-amerikanischen Regeln kommen soll, ist das US-amerikanische Kollisionsrecht zu befragen. Die Einordnung als Gesamtverweisung widerspricht jedoch der hier bereits vorgenommenen Einstufung des Artikels XXV Abs. 5 S. 2 FHSV als Sachnormverweisung.[1261]

Der Ansatz von *Wessel* und *Zigenhain* ist damit nicht geeignet, der Anerkennung von Gesellschaften unter der Gründungstheorie des Freundschaftsvertrags Grenzen zu setzen. Die Ausgestaltung des einzelstaatlichen US-amerikanischen Gesellschaftskollisionsrechts kann nicht auf die staatsvertragliche Kollisionsnorm übertragen werden.

V. Die europarechtliche Gründungstheorie zur Begrenzung der Anerkennung

Die bis jetzt diskutierten Vorschläge zur Begrenzung der kollisionsrechtlichen Anerkennung von Gesellschaften unter Artikel XXV Abs. 5 S. 2 FHSV versuchen in erster Linie (mit Ausnahme des Ansatzes von *Wessel* und *Ziegenhain*), die Anerkennung von *pseudo-foreign corporations* insgesamt zu verhindern. Keiner der aufgezeigten Ansätze kann jedoch überzeugen. Daher wurde in der deutschen Literatur ein neuer Ansatz entwickelt, der zwar nicht die Anerkennung der Gesellschaft verhindert, der jedoch die anerkannte Gesellschaft unter bestimmten Voraussetzungen dem Recht des Forums bzw. des Verwaltungssitzes unterwirft. So wird vorgeschlagen, die in der deutschen Rechtsprechung und Literatur entwickelte europarechtliche Gründungstheorie auch im Rahmen des deutsch-US-amerikanischen Freundschaftsvertrags anzuwenden.[1262] Demnach wird das Gründungsrecht von Normen des Sitzstaates oder Forumstaates überlagert, wenn dies aus zwingenden Gründen gerechtfertigt ist.

1. Die europarechtliche Gründungstheorie

a. Centros, Überseering und Inspire Art

Die europarechtliche Gründungstheorie entwickelte die deutsche Rechtsprechung und Literatur aus der Rechtsprechung des EuGH in den Rechtssachen *Centros, Überseering* und *Inspire Art.*[1263] Aufgrund der *Centros*- und *Überseeing*-Ent-

---

1261 Siehe Kapitel F II 3.

1262 Ausführlich *Neumann,* S. 199 ff.; in diese Richtung *Ebke,* JZ 2005, 299, 303.

1263 Vgl. ausführlich zu den EuGH Entscheidungen *Centros* und *Überseering* Kapitel B I 2 d (1).

scheidungen sieht die deutsche herrschende Meinung die Anwendung der Sitztheorie für EU-ausländische Gesellschaften beim Zuzug nach Deutschland als Verstoß gegen die Niederlassungsfreiheit des EG-Vertrags an. Unklar ist, unter welchen Umständen die Gründungstheorie durch nationale Vorschriften überlagert werden darf. In der jüngst ergangenen *Inspire Art*-Entscheidung erklärte der EuGH es mit der Niederlassungsfreiheit der Artikel 43, 48 EGV für unvereinbar, nationale Vorschriften über das Mindestkapital und die Haftung der Geschäftsführer auf Gesellschafen anzuwenden, die nach dem Recht eines anderen Mitgliedstaates gegründet sind.[1264] Damit war ein niederländisches Gesetz (WFBV)[1265] über formal ausländische Gesellschaften europarechtswidrig, das nach ausländischem Recht gegründeten Gesellschaften verschiedene Pflichten auferlegte (Handelsregistereintragung als formal ausländische Gesellschaft, Pflichtangaben auf Schriftstücken der Gesellschaft, Mindestkapitalausstattung, Buchführungspflichten, Jahresabschluss), deren Nichtbeachtung insbesondere mit der persönlichen Haftung der Geschäftsführer sanktioniert wurde. Als formal ausländische Gesellschaft wurden dabei solche nach ausländischem Recht gegründete Gesellschaften bezeichnet, die ihre Geschäftstätigkeit (nahezu) vollständig in den Niederlanden entfalteten, aber keine tatsächlichen Bindungen an den Gründungsstaat aufwiesen (Art. 1 WFBV).

In der *Inspire Art*-Entscheidung betonte der EuGH, dass ein Mitgliedstaat nur dann berechtigt sei, Maßnahmen zu treffen, die die Ausübung der Niederlassungsfreiheit behindern oder weniger attraktiv machten, wenn die Maßnahmen gerechtfertigt seien. Die Maßnahmen seien gerechtfertigt, wenn sie vier Voraussetzungen erfüllten:

> „Sie müssen in nicht diskriminierender Weise angewandt werden, sie müssen aus zwingenden Gründen des Allgemeininteresses gerechtfertig sein, sie müssen zur Erreichung des verfolgten Ziels geeignet sein und sie dürfen nicht über das hinausgehen, was zur Erreichung dieses Ziels erforderlich ist.“[1266]

Von der herrschenden Meinung der deutschen Literatur wird die *Inspire Art*-Entscheidung als Bestätigung der durch *Centros* und *Überseering* entwickelten

1264 EuGH, Urt. v. 30.09.2003, Rs. C-167/01 (*Kramer van Koopandel en Fabrieken voor Amsterdam v. Inspire Art Ltd.*), Slg. 2003 I, 10155 – NJW 2003, 3331 = IPRax 2004, 46.

1265 „*Wet op des formeel buitenlandse vennootschappen*“ vom 17.12.1997.

1266 EuGH, Urt. v. 30.09.2003, Rs. C-167/01 (*Kramer van Koopandel en Fabrieken voor Amsterdam v. Inspire Art Ltd.*), Slg. 2003 I, 10155 – NJW 2003, 3331 = IPRax 2004, 46; vorher zitiert in EuGH, Urt. v. 31.03.1993, Rs. C- 19/92 (*Kraus*), Slg. 1993 I, 1663 – EuZW 1992, 322 Rn. 32; EuGH, Urt. v. 30.11.1995, Rs. C-55/95 (*Gebhard)* Slg. 1995 I, 4165 – NJW 1996, 579.

europarechtlichen Gründungstheorie verstanden.[1267] Eine Durchbrechung der Gründungstheorie durch Sonderanknüpfungen beschränkt ebenfalls die Niederlassungsfreiheit und bedarf daher einer besonderen Rechtfertigung.

b. Prüfungsschema für die Durchbrechungen der europarechtlichen Gründungstheorie

Wird der herrschenden Meinung gefolgt und für EU-ausländische Gesellschaften die Gründungstheorie angewandt, ergibt sich aus der Rechtsprechung des EuGH zur Niederlassungsfreiheit folgendes Prüfungsschema, um die Rechtmäßigkeit von Sonderanknüpfungen im internationalen Gesellschaftsrecht festzustellen:[1268]

(1) Zunächst muss ein Eingriff in die primäre oder sekundäre Niederlassungsfreiheit nach Artikel 43, 48 EGV bestehen. Ein solcher Eingriff liegt vor, wenn nicht umfassend das Gesellschaftsrecht des Gründungsstaates auf eine EU-ausländische Gesellschaft angewendet wird, sondern das nationale Recht des Sitzstaates oder Forumstaates herangezogen wird. Dabei ist es unerheblich, ob die nationale Regelung, die in die Niederlassungsfreiheit eingreift, kollisionsrechtlich dem Gesellschaftsstatut, dem Deliktsstatut oder dem Insolvenzstatut unterfällt.[1269]

(2) Die Anwendung des nationalen Rechts muss auf einer nicht zu schließenden Schutzlücke beruhen. Dies bedeutet, dass ein Schutzdefizit im ausländischen Gesellschaftsrecht bestehen muss.[1270]

(3) Der Eingriff in die Niederlassungsfreiheit muss gerechtfertigt sein. Er ist gerechtfertigt, wenn er (a) aus zwingenden Gründen des Allgemeinwohls geschieht, oder (b) wenn ein Missbrauch der Niederlassungsfreiheit vorliegt, oder (c) wenn er unter den Tatbestand des Artikels 46 EGV fällt. Der Missbrauch der Niederlassungsfreiheit ist ein in der Rechtsprechung des EuGH entwickelter Rechtfertigungsgrund. Der Betroffene kann sich dann nicht auf die Niederlassungsfreiheit berufen, wenn er diese missbraucht: „[Die] missbräuchliche oder betrügerische Berufung auf Gemeinschaftsrecht ist nicht ge-

---

1267 AnwaltKo/*Hoffmann*, Anh. zu Art. 12 EGBGB Rn. 108; *Horn*, NJW 2004, 893; *Kropholler*, IPR, § 55 II 5; *Leible/Hoffmann*, EuZW 2003, 677; *Mankowski*, RIW 2004, 481, 483; *Spindler/Berner*, RIW 2004, 7, 8; *Zimmer*, NJW 2003, 3583, 3583; *Ziemons*, ZIP 2003, 1913, 1916; a.A. MüKo-BGB/*Kindler*, IntGesR Rn. 111, der das Urteil nicht als Konkretisierung der europarechtlichen Gründungstheorie versteht, sondern daraus folgert, dass eine Verdoppelung der gesellschaftsrechtlichen Gründungsanforderungen durch die Niederlassungsfreiheit missbilligt wird.

1268 *Sandrock*, ZVglRWiss 102 (2003), 447, daran anschließend *Neumann*, S. 203 ff.

1269 *Sandrock*, in: Sandrock/Wetzler, S. 33, 41 f.; *Spindler/Berner*, RIW 2004, 7, 10.

1270 Umfassend *Sandrock*, in: Sandrock/Wetzler, S. 33, 37.

stattet."[1271] Dabei bestehen keine generell-abstrakten Missbrauchstatbestände, sondern es ist jeweils im konkreten Einzelfall zu prüfen, ob ein Missbrauch der Niederlassungsfreiheit vorliegt.[1272]

(4) Es darf keine Schranke für die Rechtfertigung vorliegen. Als Schranken der Rechtfertigung dienen sowohl (a) das Diskriminierungsverbot als auch (b) der Verhältnismäßigkeitsgrundsatz. Der Eingriff in die Niederlassungsfreiheit darf daher nicht auf diskriminierende Weise erfolgen. Schließlich muss der Eingriff zur Erreichen des verfolgten Zieles geeignet und erforderlich sein (Verhältnismäßigkeitsgrundsatz). Die Erforderlichkeit wird durch eine Güter- und Interessenabwägung festgestellt.

Wenn diese Voraussetzungen erfüllt sind, ist eine Sonderanknüpfung im internationalen Gesellschaftsrecht mit der gemeinschaftsrechtlichen Niederlassungsfreiheit vereinbar. In diesen Fall wird das Gründungsrecht vom Recht des Sitzstaates „überlagert". Daher wird diese europarechtliche Gründungstheorie auch als europarechtliche oder modifizierte Überlagerungstheorie bezeichnet.[1273] Anders als bei der ursprünglich von *Sandrock* entwickelten Überlagerungstheorie findet die Überlagerung des Gründungsrechts hier nicht aufgrund zwingender Normen des Sitzrechts statt, sondern aufgrund einer Rechtfertigung der Normen des Sitzrechts.[1274]

Daran schließt sich die Frage an, welche gesellschaftsrechtlichen Ziele im konkreten Fall eine gerechtfertigte Beschränkung der Niederlassungsfreiheit darstellen. Mit anderen Worten: welche Vorschriften sind europarechtlich „überlagerungsfähig"? Diskutiert werden dabei vor allem die (i) Vorschriften zum Schutz der Gläubiger, insbesondere Vorschriften zur Kapitalaufbringung und Kapitalerhaltung[1275] sowie Instrumente der Durchgriffshaftung wie die Existenz-

---

1271 EuGH, Urt. v. 09.03.1999, Rs. C-212/97 (*Centros/Erhvervs-og Selskabsstyrelsen*), Slg. 1999 I, 1459 – NJW 1999, 2027 = IPRax 1999, 360.

1272 *Sandrock*, ZVglRWiss 102 (2003), 447, 463.

1273 *Sandrock*, ZVglRWiss, 102 (2003), 447, spricht von „europarechtlichen Vorgaben" für die Überlagerungstheorie; vgl. auch *Sandrock*, RIW 1989, 504, 512; *Mankowski*, in: Leible/Ruffert, S. 235, 261, spricht von der „Überlagerungstheorie"; *Neumann*, S. 202, spricht von der „modifizierten Überlagerungstheorie."

1274 Vgl. zur ursprünglichen Fassung von *Sandrocks* Überlagerungstheorie *Sandrock*, RabelsZ 42 (1978), 227, 246; *ders.*, RIW 1989, 505, *ders.*, ZVglRWiss 102 (2003), 447, 449.

1275 Vlg. AnwaltKo/*Hoffmann*, Anh. zu Art. 12 EGBGB Rn. 114; *Kindler*, NJW 2003, 1073, 1078; *Sandrock*, ZVglRWiss, 102 (2003), 447, 469 ff; *Weller*, IPRax 2003, 521, 523.

vernichtungshaftung[1276] oder die Insolvenzverschleppungshaftung,[1277] (ii) Vorschriften zum Schutz der Minderheitsgesellschafter,[1278] (iii) Vorschriften zum Schutz der abhängigen Gesellschafter, insbesondere ebenfalls das Instrument der „Exixtenzvernichtungshaftung,[1279] (iv) Vorschriften zum Schutz der Arbeitnehmer der Gesellschaft, insbesondere zur Wahrung des Mitbestimmungsinteresses auf Unternehmensebene,[1280] (v) Vorschriften zum Schutz fiskalischer Interessen insbesondere in Bezug auf die Steuerhoheit (vi) und schließlich Firmenrechte.[1281] Insgesamt wird dabei nur in wenigen Fällen aufgrund besonderer Umstände eine Überlagerung zugelassen.

c. Vor- und Nachteile der europarechtlichen Gründungstheorie

Die aufgrund der Rechtsprechung des EuGH im deutschen Recht entwickelte europarechtliche Gründungstheorie sichert die Vorteile der Gründungstheorie, ohne den Schutzgedanken, der der Sitztheorie zugrunde liegt, gänzlich aufzugeben. Der Vorteil der Gründungstheorie liegt vor allem darin, dass die Mobilität der Gesellschaften erhöht wird, da auch bei einer Verlegung des Verwaltungssitzes die Rechtspersönlichkeit einer Gesellschaft erhalten bleibt. Die Gründungstheorie garantiert damit die Niederlassungsfreiheit. Um mögliche Schutzlücken des Gründungsrechts zu füllen, kann das Recht des Sitzstaates oder des Forumstaates jedoch im Einzelfall unter besonderer Berücksichtigung der Umstände zur Anwendung gelangen. Damit verfügt der Sitzstaat oder der Forumstaat über eine Handhabe, um sich gegen einen Missbrauch der Niederlassungsfreiheit zu wehren.

Bei der Überprüfung der Rechtmäßigkeit von Überlagerungen des Gründungsrechts wird allerdings mit unbestimmten Rechtsbegriffen „gearbeitet", die der Ausfüllung bedürfen. Dies sorgt zwar für Einzelfallgerechtigkeit aber auch für Rechtsunsicherheit, da jeder Fall gesondert geprüft werden muss. Es mangelt an einer abstrakt-generellen Formel.

1276 Vgl. AnwaltKo/*Hoffmann*, Anh. zu Art. 12 EGBGB Rn. 112; *Weller*, IPRax 2003, 207 ff.; *Zimmer*, NJW 2003, 3585, 3588.

1277 Vgl. AnwaltKo/*Hoffmann*, Anh. zu Art. 12 EGBGB Rn. 111.

1278 Vgl. AnwaltKo/*Hoffmann*, Anh. zu Art. 12 EGBGB Rn. 129; *Sandrock*, ZVglRWiss 102 (2003), 489 ff.

1279 Vgl. *Sandrock*, ZVglRWiss 102 (2003), 483 ff.

1280 Vgl. z. B. AnwaltKo/*Hoffmann*, Anh. zu Art. 12 EGBGB Rn. 116; *Horn*, NJW 2004, 893, 899; *Kindler*, NJW 2003, 1073, 1079; *Schanze/Jüttner*, AG 2003, 35 f.; *Sandrock*, ZVglRWiss 102 (2003), 486 ff.; *Ziemons*, ZIP 2003, 1913, 1917; *Zimmer*, NJW 2003, 3585, 3590.

1281 Vgl. AnwaltKo/*Hoffmann*, Anh. zu Art. 12 EGBGB Rn. 119.

Außerdem führt die Überlagerung der Gründungstheorie durch die Vorschriften des Sitzstaates oder Forumstaates zu einem Normenmix. Ein Normenmix ist grundsätzlich unerwünscht, weil er für Anpassungsschwierigkeiten und weitere Rechtsunsicherheit sorgt. Der Normenmix ist jedoch unvermeidbar, wenn inländischen Schutzvorschriften Geltung verschafft werden soll. Aufgrund der hohen Anforderungen, um zu einer Anwendung des Sitzrechts oder Forumrechts zu gelangen, ist ein Normenmix jedoch sehr selten zu erwarten.

Insgesamt ist die durch den EuGH entwickelte europarechtliche Gründungstheorie damit eine begrüßenswerte Form der Gründungstheorie, deren genaue Ausgestaltung noch weiter entwickelt werden muss.

2. Übertragbarkeit der Grundsätze der europarechtlichen Gründungstheorie auf die deutsch-US-amerikansiche Gründungstheorie nach Artikel XXV Abs. 5 S. 2 FHSV

Fraglich ist, inwieweit die aufgrund der Rechtsprechung des EuGH zur gemeinschaftsrechtlichen Niederlassungsfreiheit entwickelte europarechtliche Gründungstheorie auch im Rahmen des deutsch-US-amerikanischen Freundschaftsvertrags Anwendung findet. Kann das durch Artikel XXV Abs. 5 S. 2 FHSV bestimmte Gründungsrecht ebenfalls unter besonderen Umständen des Einzelfalls durch das Recht des Sitzstaates überlagert werden? Ist eine Rechtfertigung der Überlagerung des Gründungsrechts im deutsch- US-amerikanischen Verhältnis unter den gleichen Voraussetzungen möglich, unter denen eine Überlagerung bei Berücksichtigung der gemeinschaftsrechtlichen Niederlassungsfreiheit gerechtfertigt ist?

Der 8. Zivilsenat des BGH erklärte in seinem Grundsatzurteil vom 29. Januar 2003, dass die Niederlassungsfreiheit die volle Anerkennung der Rechts- und Parteifähigkeit beinhalte[1282] Anschließend zitierte das Gericht in Parenthese die EuGH-Rechtsprechung in der Sache *Überseering*. Der 2. Zivilsenat des BGH erklärte in seinem Urteil vom 05. Juli 2004, dass für die im deutsch-US-amerikanischen Freundschaftsvertrag verankerte Niederlassungsfreiheit „ähnliches" gelten müsse wie für die gemeinschaftsrechtliche Niederlassungsfreiheit.[1283] Daraus könnte geschlossen werden, dass die zur europarechtlichen Gründungstheorie entwickelten Grundsätze ebenfalls im deutsch-US-amerikanischen

1282 BGH, Urt. v. 29.01.2003 – VIII ZR 155/02 – BGHZ 153, 353 = NJW 2003, 1607 = IPRax 2003, 265.

1283 BGH, Urt. v. 05.07.2004 – II ZR 389/02 – BGH, NJW-RR 2004, 1618 = IPRax 2005, 339.

Freundschaftsvertrag gelten sollen.[1284] Damit wäre auch im deutsch-US-amerikanischen Verhältnis eine Überlagerung der Gründungstheorie durch das Sitzrecht unter besonderen Umständen zulässig.

Eine solche Schlussfolgerung ist jedoch nicht statthaft. Zunächst geschah der Hinweis auf die *Überseering*-Entscheidung im Urteilstext des 8. Zivilsenats nur in Klammern, also mehr als *obiter dictum,* und der 2. Zivilsenat sprach nur davon, dass „ähnliches" gelten solle. Der 1. Zivilsenat verzichtete in seinem Urteil vom 13. Oktober 2004 schließlich gänzlich auf die Erwähnung der gemeinschaftsrechtlichen Niederlassungsfreiheit.[1285] Im Übrigen wären dann die Untersuchungen des BGH über die Notwendigkeit eines *genuine link* zur Begrenzung der Anerkennung überflüssig gewesen. Denn wenn im Rahmen des deutsch-US-amerikanischen Freundschaftsvertrags die gleichen Maßstäbe gälten wie unter der europarechtlichen Gründungstheorie, wäre eine Begrenzung der Gründungstheorie bereits vorhanden. Daher ist unter dem Hinweis des BGH auf die gemeinschaftsrechtliche Niederlassungsfreiheit keine Hinwendung zu einer deutsch-US-amerikanischen Überlagerungstheorie zu sehen.

Im Übrigen wäre die europarechtliche Gründungstheorie nur dann im deutsch-US-amerikanischen Verhältnis anwendbar, wenn die staatsvertraglichen Vorschriften, die die Hinwendung zur Gründungstheorie fordern, identisch wären. *Neumann* zögert anscheinend nicht, die europarechtliche Gründungstheorie, die in der gemeinschaftsrechtlichen Niederlassungsfreiheit wurzelt, auf das deutsch-US-amerikanische Verhältnis zu übertragen, da der deutsch-US-amerikanischen Freundschaftsvertrag in Artikels VII FHSV ebenfalls die Niederlassungsfreiheit garantiere.[1286] Dabei wird übersehen, dass die Hinwendung zur Gründungstheorie im deutsch-US-amerikanische Verhältnis nicht ein Ausfluss der staatsvertraglichen Niederlassungsfreiheit ist,[1287] sondern dass die Gründungstheorie in einer Kollisionsnorm ausdrücklich vorgeschrieben ist.[1288] Die Hinwendung zur europarechtlichen Gründungstheorie und die Hinwendung zur deutsch-US-amerikanischen Gründungstheorie werden also rechtlich unterschiedlich hergeleitet. Zudem ist die gemeinschaftsrechtliche Niederlassungsfrei-

---

1284 So wohl *Spahlinger/Wegen*, Rn. 247; *Neumann*, S. 202 ff.

1285 BGH, Urt. v. 13.10.2004 – I ZR 245/01 („GEDIOS") – BGH, JZ 2005, 298 = IPRax 2005, 340.

1286 *Neumann*, S. 202 ff.

1287 Zwar wird die gemeinschaftsrechtliche Niederlassungsfreiheit zum Teil als versteckte Kollisionsnorm, die das Herkunftslandprinzip verwirklichen, bezeichnet (vgl. zum Meinungsstand *Horn,* NJW 2004, 893, 892 m.w.N.), aber auch eine solche verstecket Kollisionsnorm muss sich an den Vorgaben der Niederlassungsfreiheit messen und die Niederlassungsfreiheit kann durch bestimmte Maßnahmen begrenzt werden.

1288 *Mankowski*, in: Leible/Ruffert, S. 235, 262.

heit *per se* nicht unbegrenzt gewährleistet, sondern kann durch gerechtfertigte Maßnahmen beschränkt werden.[1289] Daher kann auch die auf der (begrenzbaren) Niederlassungsfreiheit beruhende Gründungstheorie Einschränkungen erfahren. Die Anerkennungsnorm des Artikels XXV Abs. 5 S. 2 FHSV enthält hingegen keine ausdrückliche Möglichkeit, die Anerkennung von Gesellschaften der anderen Vertragspartei durch bestimmte Maßnahmen zu begrenzen. Einschränkungen, wie sie auf europarechtlicher Ebene erfolgen dürfen, können daher der Norm nicht unmittelbar entnommen werden.

Man könnte daran denken, dass die von der Rechtsprechung des BGH herausgearbeiteten Maßstäbe zur europarechtlichen Gründungstheorie kraft der Meistbegünstigungsklauseln des deutsch-US-amerikanischen Freundschaftsvertrags[1290] für US-amerikanische Gesellschaften mit Verwaltungssitz in Deutschland entsprechend gelten.[1291] Hier kann offen bleiben, ob die Meistbegünstigungsklauseln des deutsch-US-amerikanischen Freundschaftsvertrags insgesamt zur Gleichstellung europäischer und US-amerikanischer Gesellschaften führen.[1292] Das Prinzip der Meistbegünstigung sieht nur vor, dass US-amerikanische Gesellschaften mindestens unter den gleichen Bedingungen in Deutschland anerkannt werden wie EU-ausländische Gesellschaften. Mit anderen Worten, die Meistbegünstigungsklauseln legen nur die Mindestanforderungen fest, die an die Behandlung von Gesellschaften der anderen Vertragspartei gestellt werden. Ob unter dem deutsch-US-amerikanischen Freundschaftsvertrag jedoch höhere Anforderungen als unter der europarechtliche Gründungstheorie an die Begrenzung der Anerkennung gestellt werden dürfen, bleibt dabei offen.

Daneben ist zweifelhaft, ob das US-amerikanische Recht die Gründungstheorie des Freundschaftsvertrags in diesem Sinne versteht. Die Überprüfung der

---

1289 EuGH, Urt. v. 30.09.2003, Rs. C-167/01 (*Kramer van Koopandel en Fabrieken voor Amsterdam v. Inspire Art Ltd.*), Slg. 2003 I, 10155 – NJW 2003, 3331 = IPRax 2004, 46; vorher zitiert in EuGH, Urt. v. 31.03.1993, Rs. C- 19/92 (*Kraus*), Slg. 1993 I, 1663 – EuZW 1992, 322 Rn. 32; EuGH, Urt. v. 30.11.1995, Rs. C-55/95 (*Gebhard)* Slg. 1995 I, 4165 – NJW 1996, 579. Vlg. auch *Herdegen*, Europarecht, § 15 Rn. 3 ff.

1290 Zur Definition von Meistbegünstigung siehe Art. XXV Abs. 4 FHSV.

1291 Dies bejaht *Sandrock*, in: Probleme, S. 85, 102, für japanische Gesellschaften mit Verwaltungssitz in Deutschland unter dem deutsch-japanischen Handels- und Schifffahrtsvertrag von 1927. *Neumann,* S. 120 - 136, verneint zwar, dass US-amerikanische Gesellschaften hinsichtlich ihrer Anerkennung aufgrund der Meistbegünstigungsklausel genauso gut behandelt werden müssten wie europäische Gesellschaften, aber erklärt später die Grundsätze der europäische Gründungstheorie auch im Rahmen des deutsch-US-amerikanischen Freundschaftsvertrags für anwendbar, *Neumann*, S. 202 ff.

1292 Vgl. dazu Kapitel D III.

Rechtsmäßigkeit von Eingriffen unter der europarechtlichen Gründungstheorie ist ein europarechtliches Modell, das sich nicht in dieser Form in den Vereinigten Staaten von Amerika wieder findet. Dieses Modell kann Artikel XXV Abs. 5 S. 2 FHSV nicht einfach „übergestülpt“ werden.

3. Bewertung und Ergebnis

Im Ergebnis können die vom EuGH für das Gemeinschaftsrecht entwickelten Kontrollmaßstäbe nicht auf das deutsch-US-amerikanische Verhältnis übertragen werden.[1293] Die Überlegungen zur europarechtlichen Gründungstheorie zeigen jedoch eine „sanfte“ Methode, um die Anerkennung zu begrenzen. Denn die Anerkennung ausländischer Gesellschaften wird nicht verweigert, aber in bestimmten Fällen wird das Gründungsrecht durch Anwendung des Forumrechts bzw. Sitzrechts überlagert. Mit dieser Methode können Schutzlücken geschlossen werden, die bei Anwendung der Gründungstheorie entstehen. Daher ist es zu untersuchen, ob es im deutsch-US-amerikanischen Verhältnis ebenfalls Möglichkeiten gibt, diese Schutzlücken zu schließen.

VI. Keine Notwendigkeit einer Begrenzung der Anerkennung von Gesellschaften unter Art. XXV Abs. 5 S. 2 FHSV

Keiner der Versuche, die Anerkennung von Gesellschaften unter Artikel XXV Abs. 5 S. 2 FHSV zu begrenzen, konnte überzeugen. Daher stellt sich eine Frage, die eigentlich vor der Suche nach Begrenzungen der Anerkennung von Gesellschaften hätte beantwortet werden müssen: Ist eine Begrenzung der Anerkennung im deutsch-US-amerikanischen Verhältnis überhaupt nötig, um die mit der Gründung von Scheinauslandsgesellschaften verbundenen Risiken weitgehend zu verhindern? Können die eventuell durch die Anwendung der Gründungstheorie entstehenden Schutzlücken bereits durch die Instrumente geschlossen werden, die dem deutschen und dem US-amerikanischen Sach- und Kollisionsrecht zur Verfügung stehen?

Die folgende Untersuchung wird zeigen, dass eine Begrenzung der Anerkennung von (Scheinauslands-)Gesellschaften unter der Gründungstheorie im

---

1293 *Mankowski*, in: Leible/Ruffert, S. 235, 262; *ders*, EWiR 2003, 661, 662.

deutsch-US-amerikanischen Verhältnis nicht nötig ist.[1294] Denn es sind drei Dinge zu berücksichtigen:

1. Es muss von der Vorstellung Abstand genommen werden, dass es generell einen Missbrauch der Gründungsanknüpfung darstellt, wenn ein günstiges („laxes“) Gründungsrecht gewählt wird (unter 1.).
2. Es besteht keine Gefahr, dass die Wertungen des deutschen Gesellschaftsrechts und der damit bezweckte Schutz betroffener Interessen durch die Anwendung der Gründungstheorie völlig ausgeschaltet werden. Neben den Schutzmechanismen des Gründungsrechts stehen die Schutzmechanismen des Forumstaates zur Verfügung. Verbleibende Schutzlücken können mit dem Instrument der Anpassung überwunden werden (unter 2.).
3. Die Befürchtungen, die mit der Anwendung der Gründungstheorie und dem damit verbundenen „Wettbewerb der Rechtsordnungen“ („*race to the bottom*“) hervorgerufen werden, sind unbegründet (unter 3.).

1. Kein genereller Missbrauch der Gründungsanknüpfung durch Wahl eines günstigen Inkorporationsrechts

Es ist als Ausfluss der Geltung der Gründungstheorie hinzunehmen, dass eine Gesellschaft in einem Staat mit einer liberalen Rechtsordnung gegründet wird und diese sich anschließend weitgehend oder umfassend in einem anderen Staat geschäftlich betätigt. Dies stellt keinen Missbrauch der in Artikel XXV Abs. 5 S. 2 FHSV verankerten Gründungstheorie dar.[1295]

Eine solche Bewertung steht im Einklang mit der Rechtsprechung des EuGH, nach der die Niederlassungsfreiheit nicht missbräuchlich genutzt wird, wenn „ein Staatsangehöriger eines Mitgliedsstaates, der eine Gesellschaft gründen möchte, diese in dem Mitgliedstaat errichtet, dessen gesellschaftsrechtliche Vorschriften ihm die größte Freiheit lassen.“ [1296] Das US-amerikanische Recht erlaubt diese Freiheiten bei der Gründung einer Gesellschaft schon seit Jahrzehnten.

1294 In der folgenden Untersuchung wird nur ausführlich auf die Begrenzung der Anerkennung US-amerikanischer Gesellschaften in Deutschland aus deutscher Sicht eingegangen, da das Bedürfnis nach einer Begrenzung der Gründungstheorie gerade aus der deutschen Sicht als ursprüngliches Land der Sitztheorie erwächst. Spiegelbildlich gelten die hier aufgestellten Grundsätze ebenfalls für die Begrenzung der Anerkennung deutscher Gesellschaften in den Vereinigten Staaten von Amerika.

1295 *Kleinert,* GmbHR 2005, 57.

1296 EuGH, Urt. v. 09.03.1999, Rs. C-212/97 (*Centros/Erhvervs-og Selskabsstyrelsen*), Slg. 1999 I, 1459 – NJW 1999, 2027 = IPRax 1999, 360.

Da die Wahl eines günstigen Gründungsrechts keinen Missbrauch der Gründungstheorie bedeutet, ist eine dahingehende einschränkende Auslegung des Artikel XXV Abs. 5 S. 2 FHSV nicht nötig und nicht möglich. Die Entstehung von Scheinauslandsgesellschaften bzw. *pseudo-foreign corporations* ist zu akzeptieren.

2. Ausreichende Schutzmechanismen bei Anwendung der Gründungstheorie

Auch unter Anwendung der Gründungstheorie werden die schützenswerten Interessen der Beteiligten ausreichend berücksichtigt. Als besonders schützenswert werden im deutschen Gesellschaftsrecht die Gläubiger, die (Minderheits-)Gesellschafter, die Arbeitnehmer, der Rechtsverkehr und der Fiskus genannt:[1297] Der Schutz der Gläubiger wird im Kapitalgesellschaftsrecht insbesondere durch die Regelungen über das Gesellschaftskapital gewährleistet (vgl.. §§ 5, 7 Abs. 2, 9, 19 ff., 24, 30 ff., 42 GmbHG). Die abhängigen Gesellschafter und Minderheitsgesellschafter werden insbesondere durch die konzernrechtlichen Regelungen zu den qualifizierten Zustimmungserfordernissen (§ 293 AktG), zur Entschädigung (§ 304 Abs. 1 u. 2 AktG) und zur Abfindung (§ 305 AktG) außenstehender Gesellschafter bei Beherrschungs- und Gewinnabführungsverträgen geschützt. Die Arbeitnehmer erfahren Schutz durch Vorschriften zur Mitbestimmung auf Unternehmensebene (MitbestG). Den Rechtsverkehr schützen Vertretungsregeln (vgl. §§ 78 Abs. 2 S. 1 AktG, 35 Abs. 2 S. 2 GmbHG, 714 BGB, 125 f., 170 HGB) und handelsrechtliche Publizitätsvorschriften (§ 15 HGB).[1298]

Eine weitgehende Berücksichtigung dieser Interessen ist auch unter Anwendung der Gründungstheorie gewährleistet. Denn die Schutzmechanismen des Gesellschaftsrecht werden zum Teil überschätzt (unter a.); die Notwendigkeit eines Schutzes wird zum Teil falsch eingeschätzt (unter b.); und die verbleibenden Schutzmechanismen werden zum Teil unterschätzt (unter c., d., e.):

a. Überschätzung des durch das deutsche Gesellschaftsrecht gewährten Gläubigerschutzes

Der Eindruck, dass das deutsche Gesellschaftsrecht alle Drittinteressen umfassend schütze, während dies andere ausländische Gesellschaftsrechtsordnungen wie das US-amerikanische Recht unterließen, ist unrichtig. Deutschland ist

---

1297 Vgl. z.B. *Nappenbach*, S. 142 ff.; *Kropholler*, IPR, § 55 I 4a.

1298 Vgl. BGH, EuZW 2000, 412, 413; OLG Celle, IPRax 2003, 245; *Nappenbach*, S. 143 f.

„Weltmeister bei der Zahl der Insolvenzen.“[1299] Zu dieser Tatsache steht die Behauptung im Widerspruch, dass die deutschen Vorschriften insbesondere zur Mindestkapitalausstattung und Kapitalerhaltung einer Kapitalgesellschaft die Gläubiger besser schützten als andere ausländische Vorschriften, die kein Mindestkapital bei einer Gesellschaftsgründung verlangten.[1300] Im Übrigen sind Gesellschafter nach keiner Regelung des deutschen Rechts daran gehindert, das aufgebrachte Mindestkapital durch Investitionen in wertlose Wirtschaftsgüter wieder zu „verbrennen“, solange keine Sorgfaltspflichtverletzung vorliegt.[1301] Erst wenn das Gesellschaftskapital in das Minus gerät, steht ein Insolvenzverfahren an. Außerdem werden die Gesellschaften oft nur mit dem gesetzlich erforderlichen Mindestkapital gegründet und im Übrigen mit Gesellschafterdarlehn ausgestattet. Diese Unterfinanzierung birgt für Gläubiger oft unvorhergesehene Risiken.[1302]

Dies zeigt, dass die im deutschen Gesellschaftsrecht entwickelten Schutzvorschriften nicht immer geeignet sind, die ihnen zugedachten Zwecke zu erreichen. In der deutschen Literatur wird daher bereits nach neuen Möglichkeiten gesucht, um den Schutz der Gläubiger sicherzustellen. Dabei wird insbesondere auf das US-amerikanische Recht geschaut.[1303] Auch der Regierungs-“Entwurf des Gesetzes zur Modernisierung des GmbH-Rechts und zur Bekämpfung von Missbräuchen“ (MoMiG) lässt erkennen, dass die Höhe des Mindestkapitals nicht allein entscheidend für den Schutz der Gläubiger ist. Denn der Entwurf sieht als Modernisierungsmaßnahme vor, dass das Mindestkapital bei der Gründung einer GmbH von 25.000 Euro auf 10.000 Euro herabgesetzt wird.[1304] Zudem wird eine neue haftungsbeschränkte „Unternehmensgesellschaft“ (UG) geschaffen, die ohne Mindestkapital gegründet werden kann, solange wenigstens ein Euro eingezahlt wurde.[1305]

Der durch das deutsche Gesellschaftsrecht gewährleistete Schutz wird damit zum Teil überschätzt. Die Anwendung der Gründungstheorie birgt folglich nicht Gefahren in dem Maße, wie sie zum Teil befürchtet werden.

1299 *Sandrock*, RIW 2004, 897, 898; *ders.*, BB 2002, 1601; *ders.*, in: Sandrock/Wetzler, S. 33, 65.

1300 MüKo-BGB/*Kindler,* IntGesR Rn. 348.

1301 *Sandrock*, RIW 2004, 897, 899.

1302 *Sandrock*, in: Sandrock/Wetzler, S. 33, 66.

1303 Siehe zur Übertragung US-amerikanischer Gläubigerschutzmaßnahmen in das deutsche Recht *Kuhner/Sabiwalski,* Der Konzern 2006, 504; *Pellens/Jödicke/Richard*, DB 2005, 1393.

1304 Synopse zum MoMiG www.lexisnexis.de/rechtsnews/index.php?p=produkt&aid=96163 (Besucht am 07.07.2007).

1305 Für die Unternehmensgesellschaft soll es kein eigenes Gesetz geben, sondern einen neuen § 5a GmbHG. Siehe Art. 1 RegE MoMiG www.bmj.de/files/-/2109/RegE%20MoMiG.pdf (Besucht am 24.07.2007).

b. Fehleinschätzung der Notwendigkeit eines Schutzes von Gläubigern und (Minderheits-)Gesellschaftern ausländischer Gesellschaften durch das deutsche Recht

Als besonders schützenswert werden im deutschen Gesellschaftsrecht die Gläubiger und die (Minderheits-)Gesellschafter betrachtet. Gläubiger und Gesellschafter werden dabei als „unwissende, unmündige und deshalb schutzwürdige“[1306] Personengruppen eingestuft. Diese Bewertung ist nicht richtig. Tatsächlich sind die Gesellschafter und vertraglichen Gläubiger nicht in einem solchen Umfang schutzwürdig.

Eine Gesellschaft ausländischen Rechts tritt im Rechtsverkehr grundsätzlich als ausländische Gesellschaft auf. Die ausländische Herkunft zeigt sich in der Regel aus der Firma oder daraus, dass die Firma einen dahingehenden Zusatz beinhaltet. Auch aus der Eintragung in das Handelsregister, falls notwendig, wird die ausländische Herkunft deutlich. Derjenige, der als Gläubiger vertragliche Beziehungen zu einer ausländischen Gesellschaft aufnimmt, ist daher hinreichend darüber unterrichtet, dass diese Gesellschaft als ausländische Gesellschaften anderen gläubigerschützenden Rechtsvorschriften unterliegt.[1307] Auch derjenige, der als Gesellschafter Geld in eine nach ausländischem Recht gegründete Gesellschaft investiert, muss wissen, dass der Gesellschafterschutz im Ausland anders ausgestattet sein kann als im Inland. Vertragliche Gläubiger und Gesellschafter, die Rechtsbeziehungen mit einer nach ausländischem Recht gegründeten Gesellschaft freiwillig eingehen, nehmen also die damit verbundenen Risiken wissentlich und willentlich auf sich. Damit verlieren diese Personengruppen an Schutzbedürfnis. Durch Selbstinformation und Risikoabwägung müssen sie Selbstschutzvorsorge betreiben.[1308]

Der Deliktsgläubiger, der sich seinen Schuldner hingegen nicht aussuchen kann und sich über seinen Schuldner nicht vor dem Entstehen des Schuldverhältnisses informieren kann, wird aufgrund der selbständigen Anknüpfung im internationalen Deliktsrecht durch das heimische Deliktsrecht am hinreichend geschützt.

1306 *Sandrock*, BB 2002, 1601; *Behrens*, IPRax 2003, 193, 195, spricht von einer „paternalisierenden Bevormundung“.

1307 Auch in der Rechtsprechung des EuGH (*Centros*- und *Inspire Art*-Entscheidungen) wird der Gläubiger als verständig eingestuft. Vgl. zur dieser Figur des „verständigen Gläubigers“ in der EuGH Rechtsprechung *Marin-Ehlers*, in: Sandrock/Wetzler, S. 1 ff., insbes. S. 22 ff. mit Nachweisen aus der EuGH Rechtsprechung.

1308 *Behrens*, IPRax 2003, 193, 206; *Eidenmüller*, ZIP 2002, 2233, 2236.

c. Unterschätzung der Schutzmechanismen des US-amerikanischen Gründungsrechts

Oft wird vergessen, dass nicht nur das deutsche Recht sondern auch das ausländische Gründungsrecht, umfangreiche gesellschaftsrechtliche Schutzmechanismen kennen. Im US-amerikanischen (materiellen) Gesellschaftsrecht finden sich umfangreiche Schutzvorschriften, die auf nach US-amerikanischem Recht gegründete Gesellschaften unter Anwendung der Gründungstheorie zweifelsfrei anwendbar sind. Um diese US-amerikanischen Schutzmechanismen zu kennen und zu verstehen, gibt es einen umfassenden US-amerikanischen Rechtsberatungsmarkt, dessen man sich bedienen kann.

Auf einzelne Schutzvorschriften des US-amerikanischen *corporate law* wird im Folgenden besonders hingewiesen. Die einzelnen Rechtsinstrumente können dabei in den Einzelstaaten unterschiedlich ausgestaltet sein.

(1) Gläubigerschutz

Der Gläubigerschutz wird im US-amerikanischen Recht zwar nicht durch eine Mindestkapitalregelung aber durch umfangreiche Regelungen zur Haftung der Gesellschaft, zur Haftung der Geschäftsleitung und zur direkten Haftung der Gesellschafter (Haftungsdurchgriffe, *piercing the corporate veil*) gewährleistet:

Für Gesellschaftsschulden haftet zunächst die Gesellschaft allein mit dem Gesellschaftsvermögen.[1309] Die Gesellschafter haften dabei grundsätzlich nur gegenüber der Gesellschaft für die Differenz zwischen der übernommenen und der erbrachten Kapitaleinlage.

Der Geschäftsführer (*director*) einer Gesellschaft haftet im Gesellschaftsrecht der US-amerikanischen Einzelstaaten ausnahmsweise persönlich, wenn er die ihm gegenüber der Gesellschaft obliegenden Sorgfalts- und Treuepflichten (*duty of care, duty of loyality*) verletzt hat.[1310] Die Sorgfaltspflicht erfordert ein Handeln nach Treu und Glauben (*good faith*) im Interesse der Gesellschaft[1311] oder die Wahrung derjenigen Sorgfalt einer vernünftig handelnden Person (*ordinarily prudent person*).[1312]

In beinahe allen US-amerikanischen Einzelstaaten besteht dabei eine verschuldensunabhängige Haftung der Geschäftsleitung (*directors)*, die einer unzulässigen Ausschüttung zugestimmt haben, gegenüber den Gläubigern der Gesell-

1309 Vgl. Rev. Mod. Bus. Corp. Act § 6.22 (2002).

1310 Vgl. Rev. Mod. Bus. Corp. Act § 8.30 (2002); N.Y. Bus. Corp. Law § 719 (1998); Cal. Corp. Code § 309 (c) (2005).

1311 Rev. Mod. Bus. Corp. Act § 8.30 (2002).

1312 Cal. Corp. Code § 309 (2005); N.Y. Bus. Corp. Law § 717 (1998).

schaft.[1313] Denn das Gesellschaftsrecht der US-amerikanischen Staaten verbietet es, Ausschüttungen vorzunehmen, sofern die Gesellschaft dadurch ihren Verbindlichkeiten nicht mehr tilgen könnte, also insolvent würde,[1314] oder Ausschüttungen vorzunehmen, die über den Überschuss des Vermögens (sog. *capital surplus*) hinausgehen.[1315] Dieser Haftung, die bereits bei Insolvenzgefährdung ausgelöst wird,[1316] liegt ein umfassender zukunftsorientierter Solvenztest (*solvency test*) zugrunde. Demnach hat das Leitungsorgan nach betriebswirtschaftlichen Finanzplänen zu prüfen, ob das liquidierbare Vermögen der Gesellschaft auch nach der Ausschüttung noch ausreicht, um fällig werdende Verbindlichkeiten zu erfüllen.[1317].

Der *director* oder *board of directors* ist jedoch nach der so genannten *business judgment rule* von einer persönlichen Haftung befreit, wenn er seine Entscheidung ohne Eigeninteresse, gut informiert und in der Überzeugung getroffen hat, dass seine Entscheidung im besten Interesse der Gesellschaft lag.[1318]

1313 Vgl. *In re Healthco Intern., Inc.*, 208 B.R. 288 (Bank .D.Mass., 1997); Rev. Mod. Bus. Corp. Act § 8.31 (2002); Die Idee, eine solche Solvenzhaftung auch im deutschen Recht einzuführen, wird bereits in der deutschen Literatur diskutiert, vgl. *Arndt*, Der Konzern, 2006, 118; *Kuhner/Sabiwalski,* Der Konzern 2006, 504; *Pellens/Jödicke/Richard*, DB 2005, 1393; *Weller*, DStR 2007, 116.

1314 Cal. Corp. Code §§ 500, 501 (2005) 8 Del. C. § 170 (2006). Der Rev. Mod. Bus. Corp. Act (2002) enthält zwar keine Ausschüttungssperre, aber Ausschüttungen dürfen nicht zu einem negativen Ergebnis führen, Rev. Mod. Bus. Corp. Act §. 6.40 (c) (2) (2002); N.Y. Bus. Corp. Law § 510 (1998).

1315 8 Del. C. § 170 (2006); Rev. Mod. Bus. Corp. Act §. 6.40 (c) (1) (2002).

1316 *Weller,* DStR 2007, 116, 119.

1317 *Credit Managers Ass'n of Southern California v. Federal Co.,* 629, F.Supp. 175, 187 (C.D.Cal.,1985):
„*But the law does not require that companies be sufficiently well capitalized to withstand any and all setbacks to their business. The requirement is only that they not be left with „unreasonably small capital" at the time of the conveyance alleged as fraudulent. The cash flows prove that Crescent did have sufficient capital after the buyout to continue operating.*"
Vgl. in der deutschen. Literatur zum Solvenztest *Arndt*, Der Konzern 2006, 118, 119; *Kuhner/Sabiwalski,* Der Konzern 2006, 504, 513; *Pellens/Jödicke/Richard,* DB 2005, 1393, 1400.

1318 *Aronson v. Lewis*, 473 A.2d 805, 812 (Del.,1984) („[...] *the directors of a corporation acted on an informed basis, in good faith and in the honest belief that the action taken was in the best interests of the company.*"); *Smith v. Van Gorkom*, 488 A.2d 858, 871 (Del. 1985); *Kaplan v. Centex Corp.*, 284 A.2d 119, 124 (Del.Ch. 1971). Der Rev. Mod. Bus. Corp. Act hat die *business judgment rule* lediglich partiell in § 8.31 geregelt. Vgl. auch *Merkt/Göthel*, Rn. 843 ff.

Wie bereits erläutert,[1319] erlaubt das Recht der US-amerikanischen Einzelstaaten weitergehend als das deutsche Recht den Gläubigern einer *corporation* einen Haftungsdurchgriff auf die Gesellschafter (*piercing the corporate veil*). Eine Durchgriffshaftung kommt dann in Betracht, wenn die körperschaftliche Form der Gesellschaft durch die hinter ihr stehenden Personen missbraucht wird, um bestehenden Verbindlichkeiten auszuweichen, eine gesetzliche Bestimmung zu umgehen, eine Täuschung oder ein Delikt zu begehen oder allgemein ungerecht zu handeln oder einen unfairen Vorteil zu erlangen.[1320] Fragen der Durchgriffshaftung sind grundsätzlich besonders eng mit der innerern Verfassung einer bestimmten Gesellschaftsform verbunden und sollten daher dem Gesellschaftsstatut zugeordnet werden. Die US-amerikanischen Regeln der Durchgriffshaftung können daher auch von deutschen Gerichten auf US-amerikanische Gesellschaften weitgehend angewendet werden.[1321]

(2) Gesellschafterschutz

Mitwirkungsbefugnisse sind ähnlich wie im deutschen Recht verteilt. Grundsätzlich ist für einen Beschluss der Gesellschaft die einfache Mehrheit erforderlich.[1322] Während das Stimmrecht sich zunächst nach dem Prinzip *one share-one vote* beurteilte, ist es inzwischen erlaubt, einen Anteil mit mehren Stimmen (*multiple voting*) oder mit dem Bruchteil einer Stimme (*fractional voting*) auszustatten.[1323]

Auch der Schutz der Minderheitsgesellschafter ist im US-amerikanischen Recht gewährleistet. Um den Einfluss der Mehrheitsaktionäre zu begrenzen, wendet die Rechtsprechung etwa die *common law* Theorie der *fiduciary obligation* an, wonach den Mehrheitsgesellschaftern eine Treuepflicht gegenüber den

---

1319 Siehe Kapitel E V 3.

1320 *United States v. Milwaukee Refigerator Transit Company,* 142 F. 247, 255 (E.D.Wiss. 1905); *Walkosvks v. Carlton*, 18 N.Y.2d 414, 276 N.Y.S. 2d 585, 223 N.E.2d 6 (N.Y. 1966); *Fuller,* 51 Harv. L.Rev. 1373, 1402 (1938).

1321 Das US-amerikanische Institut des *fraudulent transfers* ermöglicht es den Gläubigern, bestimmte Verfügungen eines Schuldners im nach nachhinein von Gericht für nichtig erklären zu lassen, sofern die Gesellschaft insolvent ist oder durch die Verfügung insolvent würde. Kodifiziert ist dieses Rechtsinstitut im *Uniform Fraudulent Conveyance* Act (U.F.C.A), im *Uniform Fraudulent Transfer Act* (U.F.T.C.) und im Abschnitt 548 des bundesweit geltenden *Bankrupcy Code*. Dieses Rechtsinstitut wird jedoch dem Insolvenzrecht und nicht dem Gesellschaftsrecht zugeordnet. *Kuhner/Sabwialsky*, Der Konzern 2006, 504, 506 ff.; *Pellens/Jödicke/Richard,* DB 2005, 1392, 1395.

1322 Rev. Mod. Bus. Corp. Act § 7.25 (c) (2002).

1323 *Merkt/Göthel,* Rn. 671.

Minderheitsgesellschaftern obliegt, so dass die Mehrheitsgesellschafter die Ausgabe neuer *shares* nicht allein zum Zweck des Ausbaus ihrer Machtstellung benutzen dürfen.[1324] Zum Teil können die Minderheitsgesellschafter sogar die Ausgaben neuer Aktien auf gerichtlichem Weg rückgängig machen.[1325] Bei der Wahl der *directors* wird der Minderheitsschutz durch die Möglichkeit des *cumulative voting* gesichert, bei dem Minderheitsgesellschafter ihre Stimme auf einen Kandidaten kumulieren können.[1326] Auch bei der Verbindung oder Übernahme von *corporations* wird Minderheitsgesellschaftern im US-amerikanischen Recht besonderer Schutz gewährleistet.[1327]

(3) Schutz des Rechtsverkehrs

Dem Schutz des Rechtsverkehrs dienen die Vertretungsregeln, wobei die Vertretungsmacht der *board of directors* einer *corporation* durch ausdrückliche Beschränkungen in der Satzung und implizit auf die dem Gesellschaftszweck förderlichen Geschäfte begrenzt ist.

In einigen Staaten der USA finden sich auch besondere Regelungen zur Rechnungslegung und Bilanzierungspflicht.[1328]

d. Unterschätzung der trotz Gründungstheorie verbleibenden Schutzmechanismen des deutschen Rechts

Neben den Schutzmaßnahmen des Gründungsrechts verbleiben gewisse Schutzmechanismen des deutschen Rechts, die die Interessen der inländischen Gläubiger, (Minderheits-)Gesellschafter und Arbeitnehmer, den Rechtsverkehr sowie die staatliche Interessen schützen. Denn für den Schutz dieser Gruppen sind nicht allein die ausländischen gesellschaftsrechtlichen Vorschriften heranzuziehen; es ist auch an inländische Schutzvorschriften zur denken.

(1) Deliktsrecht

Die Anknüpfung deliktsrechtlicher Fragen richtet sich nach Artikel 38 EGBGB in erster Linie nach dem Recht des Staates, in dem der Ersatzpflichtige gehandelt hat. Ausländische Gesellschaften, die inländische Gläubiger schädigen, haften damit nach deutschem Deliktsrecht. Damit steht geschädigten inländischen Gläu-

---

1324 *Merkt/Göthel*, Rn. 493 mit Nachweisen aus der Rechtsprechung.
1325 Str. in der Rechtsprechung, siehe *Merkt/Göthel* Rn. 493 m.w.N.
1326 Vgl. Rev. Mod. Bus. Corp. Act § 7.28 (2002); *Merkt/Göthel*, Rn. 577.
1327 Vgl. *Merkt/Göthel*, Rn. 1155, 1207.
1328 *Bungert*, Gesellschaftsrecht in den USA, S. 50 f.

bigern zumindest ein persönlich haftender Deliktsschuldner in Gestalt derjenigen natürlichen Person gegenüber, die die unerlaubte Handlung begangen hat.[1329] Als Anspruchsgrundlage für die persönliche Haftung kommt §§ 823 Abs. 2, 840 BGB i.V.m. § 263 oder § 266 StGB in Betracht. Daraus kann Schadensersatz verlangt werden, wenn ein so genannter Eingehungsbetrug vorliegt, also wenn der Schuldner bereits bei der Eingehung einer Verbindlichkeit nicht gewillt ist und auch nicht in der Lage sein wird, die Verbindlichkeit zu begleichen, was er auch beabsichtigt. Daneben kommt in einem solchen Fall eine Haftung wegen vorsätzlich sittenwidriger Schädigung gemäß § 826 BGB in Betracht.[1330]

(2) Insolvenzrecht

Das internationale Insolvenzrecht unterliegt grundsätzlich eigenen Regelungen. Insolvenzrechtliche Fragen richten sich sowohl nach autonomem (deutschem) als auch nach europäischem Insolvenzkollisionsrecht nach dem Recht des Staates, vor dessen Gerichten das Insolvenzverfahren durchgeführt wird (*lex fori concursus*, §§ 335 InsO, Artikel 4 Abs. 1 EuInsVO). Für die Eröffnung des Insolvenzverfahrens sind die Gerichte des Staates zuständig, in dessen Gebiet der Schuldner den Mittelpunkt seiner hauptsächlichen Interessen hat (Artikel 3 Abs. 1 EuInsVO,[1331] § 3 Abs. 1 S. 1 InsO analog).[1332] Mangelt es an einer Verfahrenseröffnung kommt hilfsweise das Recht des Staates zur Anwendung, in dem ein Hauptinsolvenzverfahren hypothetisch zu eröffnen wäre.[1333] Damit findet bei einem Insolvenzverfahren in der Regel das Insolvenzrecht des Staates Anwendung, in dem die Gesellschaft ihren Verwaltungssitz hat, denn dort war sie schwerpunktmäßig tätig. So schützt die kollisionsrechtliche Anknüpfung im Insolvenz-

1329 *Behrens*, IPRax 2003, 193, 207.

1330 Rechtsvergleichend ist das deutsche Deliktsrecht zum Teil schwächer ausgestaltet als das Deliktsrecht anderer Staaten, da zum Beispiel eine Haftung für Vermögensschäden nur bedingt möglich ist oder da der Geschäftsherr sich für seinen Verrichtungsgehilfen nach § 831 Abs. 1 S. 2 BGB exkulpieren kann. Da sich im internationalen Gesellschaftsrecht die Gründungstheorie mehr und mehr durchsetzt und inländische Gläubiger mehr und mehr auf den Schutz des deutschen Deliktsrechts angewiesen sind, könnte an eine Stärkung des deutschen Deliktsrechts gedacht werden.

1331 Die EuInsVO findet nach einem Urteil des englischen *High Court of Justice* sogar auf nach dem Recht von Drittstaaten gegründete Scheinauslandsgesellschaften Anwendung, sofern sich ihr Interessenmittelpunkt innerhalb der Gemeinschaft befindet. *High Court of Justice Chancery Division Companies Court*, England, Urt. v. 07.02.2003, ZIP 2003, 813.

1332 MüKo-BGB/*Kindler*, IntInsR Rn. 1 u. 951; *Weller*, IPRax 2003, 520, 521.

1333 MüKo-BGB/*Kindler*, IntInsR Rn. 1.

recht den inländischen Gläubiger im Insolvenzverfahren ausländischer Gesellschaften vor inländischen Gerichten.

Im internationalen Insolvenzrecht fällt es zum Teil schwer, den Anknüpfungsgegenstand einzugrenzen, insbesondere eine Grenze zwischen gesellschaftsrechtlichen, deliktischen und insolvenzrechtlichen Fragen zu ziehen. Um festzustellen, welche insolvenzrechtlichen Vorgänge sich nach dem Insolvenzstatut richten, hilft es, die Vorschriften der §§ 335 ff. InsO sowie Artikel 4 Abs. 2 EuInsVO heranzuziehen.[1334] Insolvenzrechtlich qualifiziert werden demnach die Insolvenzfähigkeit, die Masseerhaltungspflicht, die Insolvenzeröffnungsgründe und die gesetzliche Einbeziehung von Gesellschafterleistungen samt Erstattungspflicht für zurückgewährte eigenkapitalersetzende Gesellschafterdarlehen.[1335]

Ob die Insolvenzantragspflichten und die Folgen ihrer Verletzung dem Insolvenzstatut zuzuordnen sind, muss für jede Antragspflicht im deutsch-US-amerikanischen Verhältnis im Wege der rechtsvergleichenden Qualifikation entscheiden werden. Die Insolvenzantragspflicht bei Überschuldung (§ 19 InsO) sollte sich zum Beispiel nach dem Gesellschaftsstatut richten, da eine solche Pflicht nur schwerlich auf US-amerikanische Gesellschaften ohne festes Grundkapital übertragen werden kann.[1336]

Unklar ist insbesondere die kollisionsrechtliche Anknüpfung der Insolvenzverschleppungshaftung. Anspruchsgrundlage dieser Haftung sind die §§ 823 Abs. 1 BGB i.V.m. 64 Abs. 1 GmbHG bzw. 92 Abs. 2 AktG. Nach § 64 Absatz 1 GmbHG bzw. 92 Abs. 2 AktG muss der GmbH- bzw. AG-Geschäftsführer ohne schuldhaftes Zögern einen Insolvenzantrag stellen, wenn die Gesellschaft zahlungsunfähig ist. Verletzt der Geschäftsführer diese Pflicht, muss er dafür persönlich haften. Die Herkunft der Anspruchsgrundlage spricht für eine deliktische Qualifizierung.[1337] Für eine insolvenzrechtliche Qualifizierung ist anzuführen, dass diese Haftung mit der Verletzung der Involvenzantragspflicht verknüpft ist.[1338] Für eine gesellschaftsrechtliche Qualifikation spricht, dass diese Haftung auch auf einer im Gesellschaftsrecht verankerten Pflicht des Geschäftsführers beruht.[1339]

1334 RegBeg. zum Gesetz zur Neuregelung des Internationalen Insolvenzrechts vom 14.03.2003 (BGBl. 2003 I, 345), BTDrucks. 15/16 S. 18 = ZIP 2002, 2331, 2335.

1335 Vgl. *Mankowski*, RIW 481, 486; *Ulmer*, NJW 2004, 1201, 1207.

1336 AnwaltKo/*Hoffmann*, Anh. zu Art. 12 EGBGB Rn. 111; a.A. *Mankowski*, RIW 2004, 485, 486.

1337 In diese Richtung *Westermann*, NJW 2002, 1129, 1134.

1338 *Borgers*, RIW 2000, 167, 178; *Weller*, IPRax 2003, 520, 524.

1339 AnwaltKo/*Hoffmann*, Anh. Art. 12 EGBGB Rn. 111 m.w.N.; *Spindler/Berner*, RIW 2004, 7, 12; *Ulmer*, NJW 2004, 1201, 1207.

Dieser letzen Ansicht ist zuzustimmen. Die Antragspflichten nach § 64 GmbHG bzw. 92 Abs. 2 AktG sind Gegenstand spezifischer Regelungen des Organisationsrechts einer Gesellschaft. Diese Pflicht des Geschäftsleiters kann daher nicht auf US-amerikanische Gesellschaften übertragen werden, ohne in ihre Organzuständigkeit einzugreifen. Außerdem hat das US-amerikanische Recht eigene umfassende Instrumente, um den Geschäftsführer einer US-amerikanischen Gesellschaft bei einer Verletzung seiner Pflichten in Anspruch zu nehmen.

(3) Problemfall: Durchgriffshaftung

Fragen der Durchgriffshaftung wurde im Wege der rechtsvergleichenden Qualifikation bereits dem Gesellschaftsstatut zugeordnet.[1340] Daher ist insbesondere die Existenzvernichtungshaftung grundsätzlich nicht auf nach US-amerikanischen Recht gegründete Gesellschaften vor deutschen Gerichten anwendbar. Ein Rückgriff auf das deutsche Recht ist zudem überflüssig, da das US-amerikanische Gesellschaftsrecht ausreichende eigene Schutzmechanismen für die Gesellschaftsgläubiger in Form einer Durchgriffshaftung zur Verfügung stellt.[1341]

(4) Vertragsrecht

Eigenen Regeln folgt ebenfalls das internationale Vertragsrecht (Art. 27 EGBGB). Wenn deutsches Vertragsrecht anwendbar ist, ist eine Haftung der Gesellschafter aus *culpa in contrahendo* (§§ 311, 280 Abs. 1 BGB) wegen Inanspruchnahme besonderen Vertrauens möglich, falls die Gesellschafter als Geschäftsführer tätig sind und in dieser Eigenschaft das Vertrauen des Vertragspartners in Anspruch nehmen.[1342] Ebenfalls kommt eine Rechtscheinhaftung der Gesellschafter bei Fehlen eines auf ihre Nichthaftung hinweisenden Rechtsformzusatzes in Betracht.[1343]

Inländischen Gläubigern, die mit einer ausländischen Gesellschaft in rechtsgeschäftlichen Kontakt treten, steht es darüber hinaus frei, sich von der ausländi-

1340 Siehe Kapitel E V 3.

1341 N.B. Unter der europarechtlichen Gründungstheorie wird die Existenzvernichtungshaftung, wenn sie gesellschaftsrechtlich qualifiziert wurde, in der Regel als ein Fall des Missbrauchs der gemeinschaftsrechtlichen Niederlassungsfreiheit eingestuft, um sie dennoch auf ausländische Gesellschaften in Deutschland anwenden zu können. AnwaltKo/*Hoffmann*, Anh. Art. 12 EGBGB Rn. 112 m.w.N.; *Horn*, NJW 2004, 893, 899; *Sandrock*, ZVglRWiss 102 (2003), 447, 463 u. 485.

1342 *Brombach*, S. 181; *Grunewald*, 2. E. Rn. 60 ff.; *Ulmer*, NJW 2004, 1201, 1207.

1343 *Ulmer*, NJW 2004, 1201, 1204. Vgl. zu dieser Haftung BGHZ 62, 216, 228; 71, 354, 356.

schen Gesellschaft private Sicherheiten – zum Beispiel in Form einer Bankbürgschaft – einzuräumen zu lassen.[1344]

(5) Betriebsverfassungsrechtliche Regelungen

Die betriebliche Mitbestimmung ist als Teil des Arbeits- und Betriebsverfassungsrechts gesondert anzuknüpfen und richtet sich damit nicht nach dem Gesellschaftsstatut.[1345] Fragen zur unternehmerischen Mitbestimmung der Arbeitnehmer gehören hingegen zum Gesellschaftsstatut. Die Überstülpung des deutschen unternehmerischen Mitbestimmungsrechts auf ausländische Unternehmen kommt daher nicht in Betracht.[1346]

(6) Vertretungsregeln

Aufgrund des fehlenden Einblicks in die organisatorische Struktur einer Gesellschaft kann es Außenstehenden schwer fallen festzustellen, ob derjenige, der für die Gesellschaft auftritt und handelt, überhaupt dazu berechtigt ist (Frage der organschaftlichen Vertretungsmacht). Im deutschen materiellen Gesellschaftsrecht wird ein weitgehender Verkehrsschutz durch umfassende gesellschaftsrechtliche Vertretungsregeln geschaffen.[1347] Um den inländischen Rechtsverkehr vor unbekannten ausländischen Gesellschaften und deren Vertretungsregeln zu schützen, wird im internationalen Gesellschaftsrecht Artikel 12 EGBGB[1348] analog ange-

1344 *Brombach*, S. 181.

1345 Soergel/*Lüderitz*, Anh. Art. 10 EGBGB Rn. 43; *Behrens*, IPRax 2003, 193, 195; wohl a.A. *Altmeppen/Wilhelm*, DB 2004, 1083, 1087.

1346 *Sandrock*, in: Sandrock/Wetzler, S. 33, 75.

1347 Im Kapitalgesellschaftsrecht wird zum Beispiel eine Gesellschaft grundsätzlich durch alle Geschäftsführer bzw. Vorstandsmitglieder gemeinsam vertreten, §§ 78 Abs. 2 S. 1 AktG, 35 Abs. 2 S. 2 GmbHG. Beschränkungen der Vertretungsmacht der Geschäftsführer bzw. des Vorstandes im Innenverhältnis gelten jedoch nicht gegenüber Dritten im Außenverhältnis, §§ 82 Abs. 1 AktG, 37 Abs. 2 GmbHG, es sei denn der andere Vertragspartner hat Kenntnis davon (Fall des Missbrauchs der Vertretungsmacht).

1348 Artikel 12 EGBGB: Schutz des anderen Vertragsteils.
„Wird ein Vertrag zwischen Personen geschlossen, die sich in demselben Staat befinden, so kann sich eine natürliche Person, die nach den Sachvorschriften des Rechts diese Staates rechts-, geschäfts-, und handlungsunfähig wäre, nur dann auf ihre aus den Sachvorschriften des Rechts eines anderen Staates abgeleitete Rechts-, Geschäfts- und Handlungsunfähigkeit berufen, wenn der anderen Vertragsteils bei Vertragsschluss diese Rechts- Geschäfts- und Handlungsunfähigkeit kannte oder kenne musste. […]“.

wendet.[1349] Damit wird einer Gesellschaft ausländischen Rechts gegenüber gutgläubigen Vertragspartnern dieselbe Rechts- Geschäfts- und Handlungsfähigkeit zugebilligt, wie der äquivalenten Gesellschaftsform des Rechts des Vertragsschlusstaates. Wenn sich also eine für eine Gesellschaft US-amerikanischen Rechts handelnde Person bei Abschluss eines Vertrages physisch in Deutschland befindet, ist dessen Vertretungsmacht auch dann zu bejahen, wenn der Handelnde zwar keine Vertretungsmacht nach dem Gesellschaftsstatut besitzt, aber die Vertretungsmacht nach deutschem Recht bei einer vergleichbaren inländische Gesellschaft vorhanden gewesen wäre.[1350]

Die rechtsgeschäftlich begründete Vertretungsmacht richtet sich hingegen ausschließlich nach dem Vollmachtstatut,[1351] das eigenen Regeln unterliegt.

(7) Prozessuale Fragen

Prozessuale Fragen werden grundsätzlich nach der *lex fori* beurteilt, also vor deutschen Gerichten nach den deutschen Prozessregeln.[1352] Die gilt, wie festgestellt wurde,[1353] unter Artikel XXV Abs. 5 S. 2 FHSV auch für die Partei- und Prozessfähigkeit.

(8) Publizitätsvorschriften, Firmenrecht

Dem Schutz des Rechtsverkehrs dienen des Weiteren die Vorschriften über die handelsrechtliche Publizität (§ 15 HGB) sowie die Rechnungslegung und die Bilanzierung. Dabei bestimmt sich die Buchführungs- und Bilanzierungspflicht von (Zweig-)Niederlassungen nicht nach dem Gründungsrecht sondern nach deut-

1349 Str., bejahend OGL Düsseldorf, IPRspr 1964/65 Nr. 21; OLG Nürnberg, WM 1985, 259; AnwaltKo/*Hoffmann,* Anh zu Art. 12 EGBGB Rn. 14, 16; *v. Hoffmann/ Thorn*, § 7 Rn. 29; *Ebenroth,* JZ 1988, 18, 25; MüKo-BGB/*Kindler*, IntGesR Rn. 542; Staudinger/*Großfeld*, IntGesR Rn. 268, 755; verneinend OLG Stuttgart, NJW 1974, 1627; Soergel/*Lüderitz,* Anh. Art. 10 EGBGB Rn. 39.

1350 Mit Artikel 12 EGBGB löst man insbesondere Fälle, in denen das US-amerikanische Recht die Nichtigkeitsfolgen eines Rechtsgeschäfts aus der im angloamerikanischen Rechtskreis entwickelten *ultra-vires* Lehre herleitet. Nach der *ultra-vires*-Lehre sind Geschäftsabschlüsse außerhalb der satzungsmäßigen Bestimmung des Gesellschaftsgegenstandes anfechtbar oder nichtig. (vgl. *Merkt/Göthel*, Rn. 295 ff.). Dies gilt für deutsche Vertragspartner unter den Voraussetzungen des Artikels 12 EGBGB (analog) nicht.

1351 Vgl. *Kropholler*, IPR, § 41.

1352 *Furtak*, S. 67 ff.; *Kropholler,* IPR, § 56 IV; *McDouglas/Felix/Whitten,* § 110, S. 403 ff.; MüKo-BGB/*Sonnenberger*, Einl. IPR Rn. 442; *Pagenstecher*, ZZP 64 (1951), 249. 259; *Wagner*, ZZP 117 (2004), 305, 362 f.

1353 Siehe ausführlich Kapitel F IV.

schem Recht.[1354] Auch die registerrechtliche Behandlung ausländischer (Zweig-) Niederlassungen unterliegt deutschem Registerrecht, soweit nicht das ausländische Recht Abweichungen nötig macht (§ 13 d Abs. 3 HGB).[1355] Denn die inländische (Zweig-)Niederlassung ist wie eine (deutsche) Hauptniederlassung zu behandeln (§ 13 d Abs. 3 HGB).[1356] Dem deutschen Recht unterliegt damit auch das Firmenrecht.[1357]

(9) Öffentliches Recht

Der Schutz von Staatsinteressen wird auch bei der Gründungstheorie gewährleistet. Denn dieser wird im Wesentlichen durch öffentlich-rechtliche Normen zugesichert, deren Durchsetzung gegenüber in Deutschland ansässigen Gesellschaften ganz unabhängig vom Gesellschaftsstatut durch das in diesem Bereich geltende Territorialitätspinzip gesichert ist.[1358]

e. Autonome Qualifikation und Anpassung als „Missbrauchskontrolle"

Bei der Gründung von Scheinauslandsgesellschaften wird befürchtet, dass Schutzlücken aus der Verschiedenheit der Schutzsysteme im deutschen und US-amerikanischen Recht entstehen. Die Schutzvorschriften des US-amerikanischen und des deutschen Rechts können sich in verschiedenen Rechtsgebieten wie dem Gesellschaftsrecht, Deliktsrecht, Insolvenzrecht oder öffentliche Recht finden und die Schutznormen daher unterschiedlichen kollisionsrechtlichen Anknüpfungen unterliegen.

Zunächst ist daran zu erinnern, dass unter Artikel XXV Abs. 5 S. 2 FHSV im deutsch-US-amerikanischen Verhältnis eine autonome, rechtsvergleichende Qualifikation stattfindet, um festzustellen, welche Fragen dem Gesellschaftsstatut unterfallen.[1359] Eine solche rechtsvergleichende Qualifikation kann im Einzelfall jedoch schwierig sein. Insbesondere bei Fragen der Durchgriffshaftung ist zum Teil unklar, welcher Anknüpfung sie unterliegen. Ist die autonome Qualifikation unbefriedigend oder entstehen aus anderen Gründen trotz der deutschen und US-

---

1354 Staub/*Hüffer*, § 13 b HGB Rn. 15; MüKo-HGB/*Krafka*, § 13 d HGB Rn. 14.

1355 *Baumbach/Hopt*, § 13 d HGB Rn. 2; Staub/*Hüffer*, § 13 b HGB Rn. 18; MüKo-HGB/*Krafka*, § 13 d HGB Rn. 13.

1356 Vgl. ausführlich zur kollisionsrechtlichen Behandlung der inländischen Niederlassung einer Gesellschaft US-amerikanischen Rechts, insbesondere der Prüfung durch das Registergericht das Kapitel F IX 3.

1357 *Kindler*, NJW 2003, 1073, 1079.

1358 *Behrens*, IPRax 2003, 193, 195.

1359 Siehe Kapitel E II.

amerikanischen Schutzmechanismen Schutzlücken, steht das (kollisionsrechtliche) Instrument der Anpassung zur Verfügung. Die Anpassung (*adjustment*) dient im Kollisionsrechts dazu, Normendiskrepanz, Normenhäufungen oder Normenmängel zu beheben.[1360] Die Anpassung erfolgt in diesen Fällen durch eine modifizierte Anwendung des Kollisions- oder des Sachrechts.

Die Erlaubnis, unter Artikel XXV Abs. 5 S. 2 FHSV in Fällen von Schutzlücken eine Anpassung vorzunehmen, ergibt sich aus einer teleologischen Auslegung dieses Artikels XXV. Das Ziel der Anerkennungsnorm in Artikel XXV Abs. 5 S. 2 FHSV ist es, dass Gesellschaften der einen Vertragspartei im Gebiet der anderen Vertragspartei der rechtliche Status so erhalten bleibt, wie er nach dem Recht des Gründungsorts besteht. Die rechtlichen Verhältnisse der Gesellschaft ausländischen Rechts sollen sich umfassend nach dem Gründungsrecht bestimmen. Die Anerkennungsnorm will jedoch nicht ermöglichen, dass die Gesellschaften der Vertragsparteien aufgrund der Hinwendung zur Gründungstheorie Schutzlücken ausnutzen können, die durch die Stellung als ausländische Gesellschaft im Recht des Forumstaates entstehen können. Keine der Vertragsparteien hat nämlich ein Interesse daran, die gezielte oder zufällige Verhinderung sowohl

1360 Das Instrument der Anpassung ist dem deutschen Kollisionsrecht bekannt, vlg, *Kropholler*, IPR, § 34. Das Problem der Anpassung „*adjustment*" ist auch im US-amerikanischen Kollisionsrecht der Einzelstaaten bekannt, auch wenn keine ausdrückliche Doktrin darüber entwickelt wurde. Wenn durch die *conflict-of-law* Regelungen Normenmangel entstehen, wird das daraus resultierende Ergebnis jedenfalls auch im US-amerikanischen Recht nicht akzeptiert. Im Falle des Normenmangels wird in dem US-amerikanischen Kollisionsrecht von einem „*false conflict*" gesprochen. Denn beide Rechte (das Recht des Forums und das Recht des Staates, dessen materielles Recht in einer konkreten Frage anzuwenden ist) erstreben letztendlich das gleiche materiellrechtliche Ergebnis (Vgl. *Ehrenzweig,* International Private Law, Rn. 94 ff., S. 173 ff.). US-amerikanische Gerichte können jedenfalls die hier vorgeschlagene Anpassung ebenfalls vornehmen, wenn Schutzlücken durch die Anwendung der deutsch-US-amerikanischen Gründungstheorie auftreten. Daneben kann ein US-amerikanisches Gericht nach der Lehre des *forum non conveniens* eine Klage dann ablehnen, wenn es ein anderes Forum gibt, dass der Sache besser gerecht werden kann. Dies könnte dazu führen, dass eine Klage gegen eine deutsche Gesellschaft vor einem deutschen Gericht verhandelt werden muss, wodurch deutsches Recht umfassend zur Geltung gelangt. Außerdem kann im US-amerikanischen Recht die Zuständigkeit verneint werden, wenn das Forum keinen angemessenen Schadensersatz zur Verfügung stellt. „*A state will not exercise jurisdiction if it cannot provide appropriate relief.*" *[Restatement (second) of Conflict of Laws,* § 85 (1971)]. Anstelle einer Klageabweisung oder -verweisung wird in neuerer Zeit vorgeschlagen, in solchen Fällen das ersuchte materiellrechtliche Ergebnis durch vergleichbare Mittel des Forumstaates zu erzielen (*Scoles et ll.,* §. 3.19, S. 149). Dies erinnert ebenfalls an das Instrument der Anpassung.

der Anwendung des Gründungsrechts als auch der Anwendung des nationalen Rechts zu fördern.

Diese Auslegung des Artikels XXV Abs. 5 S. 2 FHSV erinnert an die Auslegung der europäischen Grundfreiheiten durch den EuGH. Demnach ist es den Mitgliedsstaaten erlaubt, solche Maßnahmen zu treffen, „die verhindern sollen, dass sich einige seiner Staatsangehörigen unter Missbrauch der durch den EG-Vertrag geschaffenen Möglichkeiten der Anwendung nationalen Rechts entziehen; die missbräuchliche oder betrügerische Berufung auf Gemeinschaftsrechte ist nicht gestattet.“[1361]

Die Anpassung zur Behebung von Schutzlücken ist jedoch nicht mit der zum Teil in der deutschen Literatur erstrebten Missbrauchskontrolle (durch das *genuine link* Kriterium) zu verwechseln. Im Unterschied zu einer Missbrauchskontrolle ist für eine Anpassung keine (subjektive) Umgehungsabsicht nötig. Die Anpassung dient außerdem nur dazu, Schutzlücken zu schließen. Sie soll jedoch nicht die Erschleichung „laxer“ gesellschaftsrechtlicher Standards verhindern. Eine solche „Erschleichung“ laxer gesellschaftsrechtlicher Standarts ist unter der Gründungsthorie – wie bereits festgestellt – gerade erlaubt. Die Anpassung ist darüber hinaus nicht als Begrenzung der Anerkennung von Gesellschaften zu verstehen, sondern als Korrektur des materiellrechtlichen Ergebnisses (nach Anwendung der Gründungstheorie) im Einzelfall zu sehen.

Die Anpassung darf dabei nicht als Instrument benutzt werden, um die eigenen gesellschaftsrechtlichen Vorstellungen auf die nach ausländischem Recht gegründeten Gesellschaften zu übertragen. Vielmehr ist eine restriktive Handhabung gefordert, da die staatsvertragliche beabsichtigte Liberalität ernst zu nehmen ist.[1362] Daher kann eine Anpassung nur bei der Erfüllung von folgenden zwei Voraussetzungen vorgenommen werden:

(1) Es muss eine Schutzlücke vorliegen. Eine Schutzlücke besteht nur dann, wenn beide Rechtsordnungen ein materiellrechtliches Ergebnis vorsehen, welches allerdings aufgrund einer unterschiedlichen oder unbefriedigenden Qualifikation der erstrebten Schutznorm im Forumrecht und im Gründungsrecht nicht erreicht werden kann. Ob eine bestimmte Frage zum Gesellschaftsstatut gehört, wird dabei rechtsvergleichend qualifiziert.

(2) Die Verneinung des durch Anpassung erreichten materiellen Ergebnisses muss als Missbrauch der Anerkennung nach Artikel XXV Abs. 5 S. 2 FHSV erscheinen. Eine konkrete Missbrauchsabsicht der Gesellschafter ist jedoch nicht nötig.

1361 EuGH, Urt. v. 09.03.1999, Rs. C-212/97 (*Centros/Erhvervs-og Selskabsstyrelsen*), Slg. 1999 I, 1459 – NJW 1999, 2027 – IPRax 1999, 360.

1362 Vgl. *Ebke*, JZ 2005, 302.

Liegen diese Voraussetzungen vor, darf das Gericht nicht die Anerkennung der Gesellschaft verweigern – denn die Gesellschaft ist wirksam nach dem Gründungsrecht entstanden und lebt unter diesem Recht auch im Gebiet der anderen Vertragspartei weiter –, es kann aber das Recht des Forums nur soweit angewendet werden, bis die Schutzlücken geschlossen sind. Dies ist eine schonende Maßnahme, die der Anerkennungsnorm des Artikels XXV Abs. 5 S.2 FHSV gerecht wird, aber dabei nicht die durch die Gründungstheorie eventuell entstehenden Schutzlücken übersieht.

f. Schlussfolgerung

In Anbetracht all dieser Möglichkeiten, die schützenswerten Interessen des Gesellschaftsrechts durchsetzen können, besteht auch unter Anwendung der Gründungstheorie im deutsch-US-amerikanischen Verhältnis nicht die Gefahr, dass die Wertungen des deutschen Gesellschaftsrechts und der damit bezweckte Schutz betroffener Interessen unberücksichtigt bleiben.

3. Kein „race to the bottom" sondern „race to the top"

Eine unbeschränkte Gründungstheorie ermöglicht es den Gründern einer Gesellschaft, als Gründungsort ihrer Gesellschaft einen Staat mit einer Rechtsordnung zu wählen, in der der Schutz nationaler und individueller Interessen schwächer ist als in der Rechtsordnung des Sitzstaates. Die Befürchtung, dass sich im dergestalt eröffneten „Wettbewerb der Rechtsordnungen" gerade die Rechtsordnung mit dem schwächsten Schutz dritter Interessen durchsetzen würde und dies hinsichtlich der gesellschaftsrechtlichen Standards zu einem *„race to the bottom"* führe,[1363] ist jedoch nicht haltbar.

Ein solcher Wettbewerb der Rechtsordnungen wird zum Teil deswegen mit Argwohn betrachtet, weil er allein mit Kenntnis des nationalen Rechts nicht mehr zu bestehen ist.[1364] Dem modernen Gesellschaftsgründer, Gläubiger und Mitgesellschafter werden Kenntnisse in anderen Rechtsordnungen abverlangt. Es gibt jedoch auch im Ausland einen Rechtsberatungsmarkt, der gerade mit Hilfe der modernen Technik unter einfachen Bedingungen in Anspruch genommen werden kann. Eine Grenzüberschreitung des Rechts ist zudem nicht nur eine Entwick-

---

1363 So aber der BGH in seiner Vorabentscheidungsuntersuchung in der Sache *Überseering*, BGH, IPRax 2000, 423; in dem Sinne auch *Borgers,* RIW 2000, 167, 176; MüKo-BGB/*Kindler*, IntGesR Rn. 348.

1364 *Behrens,* IPRax 2003, 193, 206.

lung, die im internationalen Gesellschaftsrecht zu beobachten ist. Auch in anderen Rechtsgebieten reicht das nationale Recht zur Lösung von Rechtsproblemen nicht immer aus.

Des Weiteren werden die praktischen Auswirkungen eines Wettbewerbs der Rechtsordnungen überschätzt. Die Frage, in welchem Staat eine Gesellschaft gegründet werden soll, erfordert gerade im Anwendungsgebiet der Gründungstheorie eine umfassende Abwägung der Vor- und Nachteile. Gegenüberzustellen sind die eventuell niedrigen Gründungsanforderungen des Gesellschaftsrechts eines Staates den eventuell höheren Kosten und steuerlichen Belastungen einer solchen Gesellschaftsgründung. In den Vereinigten Staaten von Amerika sind auch die Kosten zu berücksichtigen, die durch die Beantragung einer *qualification to do business* in einem anderen Staat entstehen und die damit verbundenen Auswirkungen, dort als *foreign corporation* aufzutreten. Eine umfassende internationale Beratung und ausreichende finanzielle Mittel sind nötig. Es ist auch zu berücksichtigen, dass Kreditgeber, Anteilseigner und Vertragspartner mit Zurückhaltung reagieren, wenn unbekannte oder sogar fragwürdige ausländische Gesellschaftsformen bei der Unternehmensgründung gewählt werden.[1365] Im Ergebnis werden daher wohl nur große, internationale Unternehmen die Möglichkeit nutzen, sich nach dem Recht eines Staates zu gründen, aber ihren wirtschaftlichen Schwerpunkt in einem anderen Staat aufzubauen. Mittelständische und kleine Unternehmen werden im Allgemeinen darauf bedacht sein, zusätzliche Gebühren und Steuern zu vermeiden und eine Gesellschaftsform zu wählen, mit deren Regeln sie vertraut sind.[1366] Dies ist gewöhnlich das Recht, in dem die Gründer beheimatet sind und in dem sie geschäftlich tätig werden wollen. Die Gründung im Heimatland der Gesellschafter erleichtert die Rechtsberatung und eventuelle gerichtliche Streitigkeiten, da der Gerichtsstand im eigenen Staat liegt und die Gerichtssprache die eigene Sprache sein wird.

Im Übrigen hat sich in den Vereinigten Staaten von Amerika ein „Wettbewerb der Rechtsordnungen" im Gesellschaftsrecht bewährt. Dort ist aufgrund der Geltung der Gründungstheorie ein solcher Wettbewerb seit langem eröffnet. Er sorgte dafür, dass zum Beispiel der Staat *Delaware* ein hoch entwickeltes, effizientes Gesellschaftsrecht geschaffen hat.[1367] Aber auch in Europa ist mittlerweile ein „Wettbewerb der Gesellschaftsrechtsordnungen" aufgrund der Rechtsprechung des EuGH zur Niederlassungsfreiheit eröffnet worden.[1368]

1365 *Sandrock,* BB 2002, 1601.
1366 *Neumann,* S. 63; *Pinto/Branson,* S. 15.
1367 *Dammann,* RabelsZ 68 (2004), 607, 619.
1368 *Sandrock,* BB 2004, 897.

Das deutsche Gesellschaftsrecht muss attraktiver gemacht werden, um konkurrierenden ausländischen Rechtsordnungen standhalten zu können. Entscheidende Faktoren für die Attraktivität einer Rechtsordnung sind, wie es die USA gezeigt haben, neben den gesellschaftsrechtlichen Vorschriften der Sachverstand der Rechtsberatung und das Niveau der gesellschaftsrechtlichen Rechtsprechung. Ist die Qualität des deutschen Gesellschaftsrechts, der deutschen Gesellschaftsrechtsprechung und der Rechtsberatung hoch, werden Gründer ihre Gesellschaften gerne nach deutschem Gesellschaftsrecht gründen.

Ein sehr wichtiger und richtiger Schritt in diese Richtung wird durch den Regierungsentwurf des „Gesetzes zur Modernisierung des GmbH-Rechts und zur Bekämpfung von Missbräuchen" (MoMiG) getan.[1369] Die Bundesregierung hat die Modernisierung des GmbH-Rechts am 23.Mai 2007 beschlossen[1370] Damit geht das MoMiG jetzt in das Gesetzgebungsverfahren. Die erste Lesung wird im Herbst 2007 sein. Auf ein Inkrafttreten des neuen GmbH-Rechts im Frühjahr 2008 kann gehofft werden.

Der Regierungsentwurf sieht dabei als Modernisierungsmaßnahme die bereits erwähnte Herabsetzung des Mindestkapitals bei der Gründung einer GmbH von 25.000 Euro auf 10.000 Euro vor.[1371] Zudem können Unternehmensgründer bei einer einfachen Standardgründung einen Kosten sparenden Mustervertrag verwenden, der nicht der notariellen Beurkundung bedarf. Auch die Eintragung der GmbH kann dank eines Musters für die Handelsregisteranmeldung ohne Rechtsberatung erfolgen. Beide Musterverträge werden als Anhang in das GmbH-Gesetz eingestellt.[1372] Weiterhin wird in § 5a GmbHG eine neue haftungsbeschränkte Unternehmensgesellschaft geschaffen, die ohne Mindestkapital gegründet werden kann, solange wenigstens ein Euro eingezahlt wurde.[1373] Um den Unterschied zur GmbH dem Rechtsverkehr offen zu legen, muss der Zusatz „Unternehmergesellschaft (haftungsbeschränkt)" oder „UG (haftungsbeschränkt)" auf

1369 Synopse zum MoMiG www.lexisnexis.de/rechtsnews/index.php?p=produkt&aid=96163 (Besucht am 12.03.2008).

1370 Pressemitteilung der Bundesregierung vom 23.05.2007 www.bmj.de/enid/47ff608df26edde8f7a502f67103c601,7483dc6d6f6465092d09093a09636f6e5f6964092d0934343139/Pressemitteilungen_und_Reden/Pressemitteilungen_58.html (Besucht am 12.03.2008).

1371 Art. 1 RegE MoMiG www.bmj.de/files/-/2109/RegE%20MoMiG.pdf (Besucht am 12.03.2008).

1372 Pressemitteilung der Bundesregierung vom 23.05.2007 www.bmj.de/enid/47ff608df26edde8f7a502f67103c601,7483dc6d6f6465092d09093a09636f6e5f6964092d0934343139/Pressemitteilungen_und_Reden/Pressemitteilungen_58.html (Besucht am 12.03.2008).

1373 Art. 1 RegE MoMiG www.bmj.de/files/-/2109/RegE%20MoMiG.pdf (Besucht am 12.03.2008).

jeden Fall in einer dieser Formen im Namen der Gesellschaft vorkommen. Die Unternehmensgesellschaft muss jedes Jahr eine Rückstellung von einem Viertel des Gewinns bilden, bis ein Mindestkapital durch eine Umwandlung der Rücklagen in ein haftendes Stammkapital von mindestens 10.000 Euro erreicht wird. Weiterhin werden als Gläubigerschutzmaßnahme die Insolvenzantragspflichten (§ 64 Abs. 1 GmbHG) in das Insolvenzrecht verlegt. Dort werden sie nunmehr rechtsformneutral für alle juristischen Personen geregelt sein (künftig § 15 a InsO).[1374] Schließlich wird der gutgläubige Erwerb von GmbH-Anteilen ermöglicht, wenn der Veräußerer als Inhaber des Geschäftsanteils in der Gesellschafterliste eingetragen ist (zukünftig § 16 Abs. 3 GmbHG).

Insgesamt bringt das MoMiG mit diesen Änderungen im deutschen Gesellschafsrecht die deutsche GmbH deutlich im „Wettbewerb der Gesellschaftsrechtordnungen" nach vorne. Das MoMiG wird bereits jetzt als „Wiedergeburt der deutschen GmbH" gefeiert.[1375] Dann besteht keine Gefahr, dass Deutschland im Wettbewerb nicht konkurrenzfähig ist.

Im Ergebnis führt damit der durch die Anwendung der Gründungstheorie hervorgerufene Wettebewerb zwischen den Rechtsordnungen nicht zu einem *„race to the bottom"*, sondern zu einem *„race to the top"*.[1376]

VII. Ergebnis zu Kapitel G

Als Begrenzung der Anerkennung von (Scheinauslands-)Gesellschaften kann weder ein völkerrechtliches *genuine link* Kriterium oder ein *ordre public* Vorbehalt „auf niedrigster Stufe" herangezogen werden. Auch die US-amerikanische Gründungstheorie mit ihren Einschränkungen oder die europarechtliche Gründungstheorie nach *Centros*, *Überseering* und *Inspire Art* kann nicht sachgerecht als Kollisionsregel unter Artikel XXV Abs. 5 S. 2 FHSV angewendet werden.

Die Anknüpfung an den Gründungsort muss als umfassende Kollisionsregel hingenommen werden. Die schützenswerten Interessen der Gesellschafter, Gläubiger, Arbeitnehmer und des Staates werden durch die Schutzmechanismen des Gründungsrechts sowie die Schutzmechanismen des Sitz- oder Forumrechts, insbesondere durch deliktische und insolvenzrechtliche Vorschriften, ausreichend berücksichtigt. In besonders gelagerten Fällen kann das Gründungsrecht der Gesellschaft dem Recht des Forums angepasst werden. Die Voraussetzungen für ei-

---

1374 *Hirte*, F.A.Z. v. 06.06.2007, S. 23.

1375 *Hirte*, F.A.Z. v. 06.06.2007, S. 23.

1376 So auch *Behrens*, IPRax 2003, 293, 207; *Eidenmüller*, ZIP 2002, 2233, 2237; *Sandrock*, BB 2002, 1601; *Spindler/Berner*, RIW 2004, 7, 16.

ne Anpassung sind dabei restriktiv auszulegen. Die Anpassung führt allerdings nicht dazu, dass einer Gesellschaft die Anerkennung insgesamt verweigert wird, sondern sorgt dafür, dass das Ergebnis der Anerkennung – und des damit verbundenen ausländischen Rechts – entsprechend der in Artikel XXV Abs. 5 S. 2 FHSV vorgesehenen Gründungstheorie im Einzelfall korrigiert wird.

H. Fazit und Ausblick

Die wesentlichen Aussagen dieser Arbeit lassen sich in knapper Form folgendermaßen zusammenstellen:

1. Artikel XXV Abs. 5 S. 2 FHSV ist eine staatsvertragliche Kollisionsnorm, die im deutsch-US-amerikanischen Verhältnis die kollisionsrechtliche Anerkennung einer Gesellschaft der anderen Vertragspartei dann vorschreibt, wenn diese Gesellschaft nach dem Recht des Gründungsorts wirksam errichtet wurde. Im deutsch-US-amerikanischen Verhältnis gilt damit die Gründungstheorie.

2. Das Gründungsrecht bestimmt im deutsch-US-amerikanischen Verhältnis umfassend alle gesellschaftsrechtlichen Fragen (einheitliches Gesellschaftsstatut).

3. Bei einer rechtsvergleichenden Qualifikation ist festzustellen, ob bestimmte gesellschaftsrechtliche Fragen zum Gesellschaftsstatut im Sinne von Artikel XXV Abs. 5 S. 2 FHSV zählen. Fragen der Durchgriffshaftung sind dabei grundsätzlich gesellschaftsrechtlich zu qualifizieren. Auch die Partei- und Prozessfähigkeit bzw. der *capacity to sue and be sued* eine Gesellschaft ist von der Anerkennung in Artikel XXV Abs. 5. S. 2 FHSV umfasst.

4. Zur Konkretisierung des Anknüpfungsmoments (Gründungsort) unter der deutsch-US-amerikanischen Gründungstheorie eignet sich folgender Grundsatz: Nach der Gründungstheorie des deutsch-US-amerikanischen Freundschaftsvertrags ist auf eine Gesellschaft diejenige Rechtsordnung anzuwenden, die nach dem Willen der Gesellschaftsgründer durch Erfüllung der Gründungsvoraussetzungen der Gesellschaft ihre rechtliche Existenz verliehen hat. Mangelt es an einem erkennbaren Willen der Gesellschafter, die Gründungsvoraussetzungen einer *bestimmten* Rechtsordnung zu erfüllen, ist auf die fragliche Gesellschaft diejenige Rechtsordnung anzuwenden, zu der die Gesellschaft die engste Verbindung (*most significant relationship*) aufweist.

5. Die Kollisionsnorm des Artikels XXV Abs. 5 S. 2 FHSV ist eine Sachnormverweisung. Eine mögliche Rück- oder Weiterverweisung durch deutsches oder US-amerikanisches innerstaatliches Kollisionsrecht ist im Anwendungsbereich des Freundschaftsvertrags unbeachtlich.

6. Im US-amerikanischen Recht muss eine interlokale Unteranknüpfung an das (materielle) Recht des Einzelstaates vorgenommen werden, nach dessen Recht die Gesellschaft gegründet wurde.

7. Unter der deutsch-US-amerikanischen Gründungstheorie ist kein Statutenwechsel möglich.

8. Die US-amerikanischen *outreach statutes* gelten nicht für Gesellschaften deutschen Rechts, die in den Vereinigten Staaten von Amerika tätig sind.

9. Die (Haupt- oder Zweig-)Niederlassungen der Gesellschaften US-amerikanischen Rechts müssen in das deutsche Handelsregister eintragen werden. Dabei unterliegen die Gesellschaften bestimmten Offenlegungspflichten. Gesellschaften deutschen Rechts müssen in den US-amerikanischen Staaten, in denen sie geschäftlich tätig werden möchten, eine *qualification to do business* beantragen.

10. Unter Anwendung der Gründungstheorie ist es im deutsch-US-amerikanischen Verhältnis aus kollisionsrechtlicher Hinsicht unbedenklich, wenn der Verwaltungssitz einer nach deutschem oder US-amerikanischem Recht gegründeten Gesellschaft im Ausland liegt, solange die Gesellschaft aus Sicht des materiellen Recht weiterhin exististen ist. Dies ist in der Regel sowohl im deutschen als auch im US-amerikanischen Gesellschaftsrecht der Fall.

11. Gesellschaften US-amerikanischen Rechts sind in Deutschland grundbuchfähig, wenn sie als rechtsfähige Gesellschaft anerkannt wurden.

12. Gesellschaften deutschen Rechts genießen in Deutschland Grundrechtsschutz, solange sie aus Sicht des Kollisionsrechts als deutsche Gesellschaften existieren. Gesellschaften US-amerikanischen Rechts genießen Grundrechtsschutz in Deutschland, wenn ihr Verwaltungssitz in Deutschland belegen ist. Die Verfahrens- und Prozessgrundrechte des deutschen Grundgesetzes gelten für alle Gesellschaften (deutschen oder US-amerikanischen Rechts). Vor US-amerikanischen Gerichten können sich alle nach US-amerikanischen oder nach deutschem Recht gegründete Gesellschaften auf die für Gesellschaften anwendbaren Grundrechte berufen.

13. Artikel XXV Abs. 5 S. 2 FHSV enthält nicht als ungeschriebenes Merkmal ein *genuine link* Kriterium. Die kollisionsrechtliche Anerkennung von Gesellschaften der einen Vertragspartei kann daher nicht bei Fehlen eines *genuine link*

der Gesellschaft zum Gründungstaat im Gebiet der anderen Vertragspartei versagt werden.

14. Die Vorschrift des Artikels XXV Abs. 5 S. 2 FHSV enthält keinen *ordre public* Vorbehalt „auf niedrigster Stufe“ oder ein kollisionsrechtliches Verbot der Gesetzesumgehung, dass die Anerkennung im Falle eines Rechtsmissbrauchs begrenzen kann.

15. Die deutsch-US-amerikanische Gründungstheorie richtet sich weder nach der US-amerikanischen Gründungstheorie und deren Begrenzungen durch *outreach statutes* noch nach der europarechtlichen Gründungstheorie und deren Überlagerungsmöglichkeiten.

16. Eine Begrenzung der Anerkennung von Gesellschaften ist unter Artikel XXV Abs. 5 S. 2 FHSV nicht möglich und nicht erforderlich.

17. Es stellt generell keinen Missbrauch der Gründungsanknüpfung dar, wenn ein günstiges („laxes“) Gründungsrecht gewählt wird.

18. Es besteht keine Gefahr, dass die Wertungen des Gesellschaftsrechts und der damit bezweckte Schutz betroffener Interessen durch die Anwendung der Gründungstheorie im deutsch-US-amerikanischen Verhältnis völlig ausgeschaltet werden. Aus deutscher Sicht wird Schutz durch die Vorschriften des nationalen Rechts gewährt, die nicht der Anknüpfung an das Gesellschaftsstatut unterliegen, wie die deliktische Haftung, Fragen des Insolvenzrechts, betriebsverfassungsrechtliche Regelungen, die Verkehrschutzregel des Art. 12 EGBGB analog, Publizitätsvorschriften und das Firmenrecht sowie das öffentliche Recht. Daneben finden sich umfangreiche Schutzvorschriften im US-amerikanischen Gründungsrecht. Verbleibende Schutzlücken können mit dem Instrument der Anpassung überwunden werden

19. Der durch die Anwendung der Gründungstheorie eröffnete „Wettbewerb der Rechtsordnungen“ ist zu begrüßen. Das deutsche Recht kann aufgrund der Neuregelungen durch das MoMiG den „Wettbewerb der Rechtsordnungen“ gut bestehen.

20. An der Sitztheorie sollte im deutschen Recht insgesamt nicht mehr festgehalten werden.[1377] Die Gründungstheorie wird nicht nur im Verhältnis zu US-ameri-

---

1377 *Leible/Hoffmann*, ZIP 2003, 925.

kanischen sondern auch im Verhältnis zu europäischen und EWR-Gesellschaften als Kollisionsregel angewendet, wenn auch in verschieden starker Ausprägung. Darüber hinaus ist es unklar, ob die europäische Gründungstheorie aufgrund der Meistbegünstigungsklauseln in anderen bilateralen Staatsverträgen mit Deutschland oder Assoziierungsabkommen mit der EG auch auf Drittstaaten Anwendung findet. Das Gesellschaftsstatut sollte sich daher für alle Gesellschaften ausländischen Rechts nach dem Recht des Gründungsorts richten. Dies ist aus Gründen der Rechtssicherheit und Rechtsklarheit sowie aus Gründen der Einheitlichkeit der Anknüpfung im internationalen Gesellschaftsrecht sachgerecht.[1378] Die Anerkennung von Gesellschaften kann dabei durch den nationalen *ordre public* Vorbehalt eingeschränkt werden, solange keine anderweitigen staatsvertraglichen Vereinbarungen (wie im deutsch-US-amerikanischen Verhältnis) vorgesehen sind.

Ein dahingehender Referentenentwurf für ein „Gesetz zum Internationalen Privatrecht der Gesellschaften, Vereine und juristischen Personen"[1379] wurde im Januar 2008 von der Bundesjustizministerin *Brigitte Zypries* auf den gesetzgeberischen Weg gebracht. Nach diesem Referentenentwurf ist das Gesellschaftsstatut jeglicher Gesellschaften, Vereine und juristische Personen im deutschen Kollisionsrecht nach der Gründungstheorie zu bestimmen.

1378 OLG Hamm, DB 2006, 2487, 2488 (nachgehend, noch nicht entschieden BGH, Az: II ZR 158/06); OLG Hamburg, Zwischenurteil v. 30.03.2007, Az. 11 U 231/04 – „juris" Rn. 28. Das OLG Hamburg hält im Ergebnis allerdings an der Sitztheorie gegenüber Gesellschaften aus Nicht-EU/EWR Staaten und aus Staaten ohne besondere völkerrechtliche Verträge, fest.).

1379 Referentenwurf für ein „Gesetz zum Internationalen Privatrecht der Gesellschaften, Vereine und juristischen Personen" vom 7.1.2008, zu finden online unter http://www.bmj.bund.de/files/-/2751/RefE%20Gesetz%20zum%20Internationalen%20Privatrecht%20der%20Gesellschaften,%20Vereine%20und%20juristischen%20Personen.pdf (Besucht am 13.1.2008).

STUDIEN ZUM VERGLEICHENDEN UND INTERNATIONALEN RECHT

Herausgeber: Bernd von Hoffmann, Erik Jayme und Heinz-Peter Mansel

Band 1 Ferdinand Henke: Die Datenschutzkonvention des Europarates. 1986.

Band 2 Peter Czermak: Der express trust im internationalen Privatrecht. 1986.

Band 3 Peter Kindler: Der Ausgleichsanspruch des Handelsvertreters im deutsch-italienischen Warenverkehr. Eine rechtsvergleichende und kollisionsrechtliche Untersuchung. 1987.

Band 4 Wilhelm Denzer: Stellung und Bedeutung des Engineers in den FIDIC-Bauvertragsbedingungen. 1988.

Band 5 Marijan-Maximilian Lederer: Die internationale Enteignung von Mitgliedschaftsrechten unter besonderer Berücksichtigung der französischen Enteignungen 1982. 1989.

Band 6 Rainer Esser: Klagen gegen ausländische Staaten. 1990.

Band 7 Chang Jae-Ok: Auf dem Weg zu einer Materialisierung des Immateriellen? Personen-, Persönlichkeitsschutz und Geldersatz des immateriellen Schadens in rechtsvergleichender Hinsicht am Beispiel des koreanischen und japanischen Zivilrechts unter besonderer Berücksichtigung des deutschen Rechts. 1990.

Band 8 Paul-Frank Weise: Lex mercatoria. Materielles Recht vor der internationalen Handelsschiedsgerichtbarkeit. 1990.

Band 9 Werner Born: Der Auftrittsvertrag für Musikgruppen im Bereich der Rock- und Popmusik. 1990.

Band 10 Ralf Erich Jürgens: IPR und Verfassung in Italien und in der Bundesrepublik Deutschland. 1990.

Band 11 Rainer Gildeggen: Internationale Schieds- und Schiedsverfahrensvereinbarungen in Allgemeinen Geschäftsbedingungen vor deutschen Gerichten. 1991.

Band 12 Klaus Grabinski: Die kollisionsrechtliche Behandlung des Durchgriffs bei rechtlich verselbständigten Unternehmen in privater oder öffentlicher Hand. 1991.

Band 13 Dieter Stummel: Konkurs und Integration. Konventionsrechtliche Wege zur Bewältigung grenzüberschreitender Insolvenzverfahren. 1991.

Band 14 Joachim Güntzer: Die Rechtsstellung des Geschäftsführers im spanischen Aktienrecht. Die Neuregelung des spanischen Aktienrechts nach dem Beitritt Spaniens zur EG. 1991.

Band 15 Sabine Isenburg-Epple: Die Berücksichtigung ausländischer Rechtshängigkeit nach dem Europäischen Gerichtsstands- und Vollstreckungsübereinkommen vom 27.9.1968. Untersuchungen zum Anwendungsbereich von Art. 21 EuGVÜ unter schwerpunktmäßiger Behandlung der Frage nach der Bestimmung eines europäischen Streitgegenstandsbegriffs. 1992.

Band 16 Ulrich Nickl: Die Qualifikation der culpa in contrahendo im Internationalen Privatrecht. 1992.

Band 17 Theo Rauh: Leistungserschwerungen im Schuldvertrag. Eine rechtsvergleichende Untersuchung des englischen, US-amerikanischen, französischen und deutschen Rechts unter besonderer Berücksichtigung der gerichtlichen Praxis. 1992.

Band 18 Bernadette Chaussade-Klein: Vorvertragliche "obligation de renseignements" im französischen Recht. 1992.

Band 19 Josef Sievers: Verbraucherschutz gegen unlautere Vertragsbedingungen im französischen Recht. Vom Code civil zum "Code de la consommation" – die Entstehung eines Sonderprivatrechts für Verbraucher. 1993.

Band 20 Achim Schäfer: Grenzüberschreitende Kreditsicherung an Grundstücken, unter besonderer Berücksichtigung des deutschen und italienischen Rechts. 1993.

Band 21 Eugenio Hernández-Breton: Internationale Gerichtsstandsklauseln in Allgemeinen Geschäftsbedingungen. Unter besonderer Berücksichtigung des deutsch-südamerikanischen Rechtsverkehrs (dargestellt am Beispiel Argentinien, Brasilien und Venezuela). 1993.

Band 22 Ingo Reng: Unterhaltsansprüche aufgrund nichtehelicher Lebensgemeinschaft – Internationales Privatrecht und ausländisches materielles Recht. 1994.

Band 23 Stefanie Roloff: Die Geltendmachung ausländischer öffentlicher Ansprüche im Inland. 1994.

Band 24 Katharina Ludwig: Der Vertragsschluß nach UN-Kaufrecht im Spannungsverhältnis von Common Law und Civil Law. Dargestellt auf der Grundlage der Rechtsordnungen Englands und Deutschlands. 1994.

Band 25 Malte Diesselhorst: Mehrparteienschiedsverfahren. Internationale Schiedsverfahren unter Beteiligung von mehr als zwei Parteien. 1994.

Band 26 Manfred Kost: Konsensprobleme im internationalen Schuldvertragsrecht. 1995.

Band 27 Wolff-Heinrich Fleischer: Das italienische Wettbewerbsrecht und die Probleme des selektiven Parfümvertriebs unter Berücksichtigung der Rechtslage in Frankreich und Deutschland. 1995.

Band 28 Angelika Fuchs: Lateinamerikanische Devisenkontrollen in der internationalen Schuldenkrise und Art. VIII Abschn. 2 b) IWF-Abkommen. 1995.

Band 29 Jacques Matthias Aull: Der Geltungsanspruch des EuGVÜ: "Binnensachverhalte" und Internationales Zivilverfahrensrecht in der Europäischen Union. Zur Auslegung von Art. 17 Abs. 1 S. 1 EuGVÜ. 1996.

Band 30 Hartmut Ost: EVÜ und fact doctrine. Konflikte zwischen europäischer IPR-Vereinheitlichung und der Stellung ausländischen Rechts im angelsächsischen Zivilprozeß. 1996.

Band 31 Stefan Wagner: Die Testierfähigkeit im Internationalen Privatrecht. 1996.

Band 32 Wolfgang Jakob Hau: Positive Kompetenzkonflikte im Internationalen Zivilprozeßrecht. Überlegungen zur Bewältigung von *multi-fora disputes*. 1996.

Band 33 Markus Schütz: UN-Kaufrecht und *Culpa in contrahendo*. 1996.

Band 34 Volker Geyrhalter: Das Lösungsrecht des gutgläubigen Erwerbers. Ein "vergessener" Kompromiß und die Auswirkungen auf das heutige deutsche Recht unter besonderer Berücksichtigung des internationalen Sachenrechts. 1996.

Band 35 Andreas Kramer: Abwicklungsstörungen bei Kaufverträgen. Die Lieferung vertragswidriger Sachen im deutschen und italienischen Recht. 1996.

Band 36 Petra Krings: Erfüllungsmodalitäten im internationalen Schuldvertragsrecht. 1997.

Band 37 Tonja Gaibler: Der rechtsgeschäftliche Irrtum im französischen Recht. 1997.

Band 38 Dirk Otto: Rechtsspaltung im indischen Erbrecht. Bedeutung und Auswirkungen auf deutsch-indische Nachlaßfälle. 1997.

Band 39 Gregor W. Decku: Zwischen Vertrag und Delikt. Grenzfälle vertraglicher und deliktischer Haftung dargestellt am Beispiel der Berufs- und Expertenhaftung zum Schutze des Vermögens Dritter im deutschen und englischen Recht. 1997.

Band 40 Gregor W. Decku: Zwischen Vertrag und Delikt. Grenzfälle vertraglicher und deliktischer Haftung dargestellt am Beispiel der Berufs- und Expertenhaftung zum Schutze des Vermögens Dritter im deutschen und englischen Recht. 1997.

Band 41 Ulrike Höpping: Auswirkungen der Warenverkehrsfreiheit auf das IPR unter besonderer Berücksichtigung des Internationalen Produkthaftungsrechts und des Internationalen Vertragsrechts. 1997.

Band 42 Helene Boriths Müller: Die Umsetzung der europäischen Übereinkommen von Rom und Brüssel in das Recht der Mitgliedstaaten. Dargestellt am Beispiel Deutschlands und Dänemarks. 1997.

Band 43 Bernd von Hoffmann / Myong-Chang Hwang (eds.): The Public Concept of Land Ownership. Reports and Discussions of a German-Korean Symposium held in Seoul on October 7-9, 1996. 1997.

Band 44 Oliver Heeder: Fraus legis. Eine rechtsvergleichende Untersuchung über den Vorbehalt der Gesetzesumgehung in Deutschland, Österreich, der Schweiz, Frankreich und Belgien unter besonderer Berücksichtigung des Internationalen Privatrechts. 1998.

Band 45 Heinrich Schütt: Deliktstyp und Internationales Privatrecht. Dargestellt an grenzüberschreitenden Problemen der Arzthaftung. 1998.

Band 46 Axel Steiner: Die stillschweigende Rechtswahl im Prozeß im System der subjektiven Anknüpfungen im deutschen Internationalen Privatrecht. 1998.

Band 47 Martina Schulz: Der Eigentumsvorbehalt in europäischen Rechtsordnungen. Rechtsvergleichende Untersuchung des deutschen, englischen und französischen Rechts unter besonderer Berücksichtigung von Erweiterungen und Verlängerungen. 1998.

Band 48 Karin Dreher: Die Rechtswahl im internationalen Erbrecht. Unter besonderer Berücksichtigung des italienischen IPR-Reformgesetzes N. 218 vom 31. Mai 1995. 1999.

Band 49 Giuliano Gabrielli: Das Verhältnis zwischen der Anfechtung wegen Eigenschaftsirrtums und den Gewährleistungsansprüchen im deutschen, österreichischen und italienischen Recht. 1999.

Band 50 Bernd von Hoffmann / Myong-Chan Hwang (eds.): Developments in Land Law. Reports and Discussions of a German-Korean Symposium held in Berlin and Trier on July 21-24, 1997. 1999.

Band 51 Volker Heidbüchel: Das UNCITRAL-Übereinkommen über unabhängige Garantien und Standby Letters of Credit. Vergleiche mit den Richtlinien der Internationalen Handelskammer, dem deutschen, englischen und US-amerikanischen Recht. 1999.

Band 52 Jan Christoph Nordmeyer: Pflichtteilsansprüche und Wiedervereinigung. Eine systematische Analyse der Ausgleichsansprüche nach BGB-Pflichtteilsrecht unter besonderer Berücksichtigung der durch den Wiedervereinigungsprozeß eingetretenen Wertveränderungen. 1999.

Band 53 Bettina Linder: Vertragsabschluß beim grenzüberschreitenden Verbraucherleasing. 1999.

Band 54 Almontasser Fetih: Die zivilrechtliche Haftung bei Vertragsverhandlungen. Eine rechtsvergleichende Studie zum deutschen, französischen, ägyptischen und islamischen Recht. 2000.

Band 55 Sona Rajani: Die Geltung und Anwendung des Gemeinschaftsrechts im Vereinigten Königreich von Großbritannien und Nordirland. Der Grundsatz der Parlamentssouveränität im Wandel. 2000.

Band 56 Joachim Kayser: Gegenmaßnahmen im Außenwirtschaftsrecht und das System des europäischen Kollisionsrechts. Eine Analyse der EU-Abwehrverordnung gegen die Auswirkungen extraterritorialer Rechtserstreckung eines Drittlandes. 2001.

Band 57 Albrecht Conrad: Qualifikationsfragen des Trust im Europäischen Zivilprozeßrecht. 2001.

Band 58 Bernd Borgmann: Die Entsendung von Arbeitnehmern in der Europäischen Gemeinschaft. Wechselwirkungen zwischen Kollisionsrecht, Grundfreiheiten und Spezialgesetzen. 2001.

Band 59 Aleksandar Jaksic: Arbitration and Human Rights. 2002.

Band 60 Islamisches und arabisches Recht als Problem der Rechtsanwendung. Symposium zu Ehren von Professor Emeritus Dr. iur. Omaia Elwan. Veranstaltet vom Institut für ausländisches und internationales Privat- und Wirtschaftsrecht der Universität Heidelberg und der Gesellschaft für Arabisches und Islamisches Recht e.V. Herausgegeben von Herbert Kronke, Gert Reinhart und Nika Witteborg. 2001.

Band 61 Patrick Fiedler: Stabilisierungsklauseln und materielle Verweisung im internationalen Vertragsrecht. 2001.

Band 62 Werner Mangold: Die Abtretung im Europäischen Kollisionsrecht. Unter besonderer Berücksichtigung des spanischen Rechts. 2001.

Band 63 Eike Dirk Eschenfelder: Beweiserhebung im Ausland und ihre Verwertung im inländischen Zivilprozess. Zur Bedeutung des US-amerikanischen discovery-Verfahrens für das deutsche Erkenntnisverfahren. 2002.

Band 64 Bernd Ehle: Wege zu einer Kohärenz der Rechtsquellen im Europäischen Kollisionsrecht der Verbraucherverträge. 2002.

Band 65 Heiko Lehmkuhl: Das Nacherfüllungsrecht des Verkäufers im UN-Kaufrecht. 2002.

Band 66 Jochen Nikolaus Schlotter: Erbrechtliche Probleme in der Société Privée Européenne. IPR-Harmonisierung im einheitlichen Europäischen Rechtsraum. 2002.

Band 67 Konrad Ost: Doppelrelevante Tatsachen im Internationalen Zivilverfahrensrecht. Zur Prüfung der internationalen Zuständigkeit bei den Gerichtsständen des Erfüllungsortes und der unerlaubten Handlung. 2002.

Band 68 Tobias Bosch: Die Durchbrechungen des Gesamtstatuts im internationalen Ehegüterrecht. Unter besonderer Berücksichtigung deutsch-französischer Rechtsfälle. 2002.

Band 69 Ursula Philipp: Form im amerikanischen Erbrecht. Zwischen Formalismus und harmless error. 2002.

Band 70 Christian Stefan Wolf: Der Begriff der wesentlich engeren Verbindung im Internationalen Sachenrecht. 2002.

Band 71 André Fomferek: Der Schutz des Vermögens Minderjähriger. Ein Vergleich des deutschen und des englischen Rechts unter Berücksichtigung des schottischen und irischen Rechts. 2002.

Band 72 nicht erschienen

Band 73 Markus Dreißigacker: Sprachenfreiheit im Verbrauchervertragsrecht. Der Verbraucher im Spannungsfeld zwischen kultureller Identität und Privatautonomie. 2002.

Band 74 Vassiliki Myller-Igknay: Auskunftsansprüche im griechischen Zivilrecht. Auswirkungen im deutsch-griechischen Rechtsverkehr sowie im deutschen internationalen Privat- und Verfahrensrecht. 2003.

Band 75 Stefan Bruinier: Der Einfluss der Grundfreiheiten auf das Internationale Privatrecht. 2003.

Band 76 Nika Witteborg: Das gemeinsame Sorgerecht nichtverheirateter Eltern. Eine Untersuchung im soziologischen, rechtsgeschichtlichen, verfassungsrechtlichen, rechtsvergleichenden und internationalen Kontext. 2003.

Band 77 Peter Stankewitsch: Entscheidungsnormen im IPR als Wirksamkeitsvoraussetzungen der Rechtswahl. 2003.

Band 78 Jan Wilhelm Ritter: Euro-Einführung und IPR unter besonderer Berücksichtigung nachehelicher Unterhaltsverträge. Eine Untersuchung mit Blick auf das deutsche, französische und schweizerische Recht. 2003.

Band 79 Wolf Richard Herkner: Die Grenzen der Rechtswahl im internationalen Deliktsrecht. 2003.

Band 80 Ira Ditandy: Internationale Zuständigkeit. Neuregelung durch die LOPJ 1985. Vergleich mit dem europäischen Vorbild und Auswirkungen auf das spanische internationale Zivilverfahrensrecht. 2003.

Band 81 Andrea Verena Schefold: Werbung im Internet und das deutsche Internationale Privatrecht. 2004.

Band 82 Klaus Herkenrath: Die Umsetzung der Richtlinie 93/13/EWG über missbräuliche Klauseln in Verbraucherverträgen in Deutschland, dem Vereinigten Königreich, Frankreich und Italien. Auswirkungen nationaler Umsetzungstechniken auf dem Harmonisierungserfolg. 2003.

Band 83 Alexander Thünken: Das kollisionsrechtliche Herkunftslandprinzip. 2003.

Band 84 Barbara v. Daumiller: Die Rechtswahl im italienischen internationalen Erbrecht: und ihre Auswirkungen im deutsch-italienischen Rechtsverkehr. 2003.

Band 85 Robert Mödl: Macht, Verantwortlichkeit und Zurechnung im Konzern. Eine rechtsvergleichende Untersuchung auf der Grundlage des deutschen, spanischen und US-amerikanischen Rechts. 2003.

Band 86 Ursula Kerpen: Das Internationale Privatrecht der Persönlichkeitsrechtsverletzungen. Eine Untersuchung auf rechtsvergleichender Grundlage. 2003.

Band 87 Barbara Ploeckl: Umgangsrechtsstreitigkeiten im deutsch-französischen Rechtsverkehr. Bestehende internationale und nationale Regelungen und der geplante *europäische Besuchstitel*. 2003.

Band 88 Katrin Wannemacher: Die Außenkompetenzen der EG im Bereich des Internationalen Zivilverfahrensrechts. Der räumliche Anwendungsbereich des Art. 65 EGV am Beispiel der EuGVO und der EheVO. 2003.

Band 89 Maren B. Eilinghoff: Das Kollisionsrecht der ungerechtfertigten Bereicherung nach dem IPR-Reformgesetz von 1999. 2004.

Band 90 Patrick Niehr: Die zivilprozessuale Dokumentenvorlegung im deutsch-englischen Rechtshilfeverkehr nach der deutschen und der englischen Prozessrechtsreform. 2004.

Band 91 Anna Christina Gördes: Internationale Zuständigkeit, Anerkennung und Vollstreckung von Entscheidungen über die elterliche Verantwortung. Die VO(EG) Nr. 1347/2000, ihre geplanten Änderungen und das Verhältnis beider zum Minderjährigen- und Kinderschutzabkommen. 2004.

Band 92 Martin Rädler: Rechtsbehelfe des Käufers eines Unternehmens oder einer unternehmerischen Beteiligung gegen den Verkäufer im deutschen und französischen Recht. 2004.

Band 93 Marc-Yngve Dietrich: Rechtsstellung und Beteiligung der Gläubiger im französischen Insolvenzverfahren. 2004.

Band 94 Katia Niemann: Die rechtsgeschäftliche und organschaftliche Stellvertretung und deren kollisionsrechtliche Einordnung. Deutschland und England im Vergleich. 2004.

Band 95 Daniel Ludwig: Neuregelungen des deutschen Internationalen Insolvenzverfahrensrechts. Eine Untersuchung unter vergleichender Heranziehung der Europäischen Insolvenzverordnung. 2004.

Band 96 Cordelia Faulenbach: Der gemeinschaftsrechtliche Vorbehalt im europäischen Wettbewerbsrecht. Die Herkunftslandanknüpfung der E-Commerce-Richtlinie unter dem Einfluss der Grundfreiheiten. 2004.

Band 97 Ulf Dörner: Der Vertragsgerichtsstand nach dem Protokoll von Buenos Aires. 2004.

Band 98 Martin Schmidhuber: Verhaltenskodizes im nationalen und grenzüberschreitenden elektronischen Geschäftsverkehr. Zur Frage der Integration der Selbstregulierung durch Private in die staatliche Rechtsordnung. 2004.

Band 99 Florian Kienle: Die fehlerhafte Banküberweisung im internationalen Rechtsverkehr. Unter besonderer Berücksichtigung des Artikels 4A US Uniform Commercial Code. 2004.

Band 100 Thomas Alexander Brandt: Die Adoption durch eingetragene Lebenspartner im internationalen Privat- und Verfahrensrecht. 2004.

Band 101 Florian Pulkowski: Subunternehmer und Internationales Privatrecht. Der Subunternehmer als Quasi-Verbraucher im Europäischen Kollisionsrecht. 2004

Band 102 Ulrich Becker: Grundrechtsschutz bei der Anerkennung und Vollstreckbarerklärung im europäischen Zivilverfahrensrecht. Bestimmung der Grenzen für die Einführung eines europäischen Vollstreckungstitels. 2004.

Band 103 Thomas Badelt: Aufrechnung und internationale Zuständigkeit unter besonderer Berücksichtigung des deutsch-spanischen Rechtsverkehrs. 2005.

Band 104 Florian D. Wagner: Vorvertragliche Aufklärungspflichten im internationalen Franchising. Zur Harmonisierung von Delikts- und Vertragsstatut im internationalen Privatrecht unter besonderer Berücksichtigung der Franchise-Gesetzgebung des US-Bundesstaates Kalifornien. 2005.

Band 105 Vera Heine: Die Umsetzung der *EG-Richtlinie über missbräuchliche Klauseln in Verbraucherverträgen* im englischen und deutschen Recht. 2005.

Band 106 Alexander Franz: Überregionale Effektentransaktionen und anwendbares Recht. Eine kollisionsrechtliche Untersuchung unter besonderer Berücksichtigung der Vorschrift des § 17 a DepotG. 2005.

Band 107 Hanna-Maria Uhlenbrock: Gesetzliche Regelungen für nichteheliche Lebensgemeinschaften in Deutschland und Frankreich. Ein Vergleich des Unterhaltsrechts bei der eingetragenen Lebenspartnerschaft und beim Pacte civil de Solidarité. 2005.

Band 108 Katrin Stieß: Anknüpfungen im internationalen Urheberrecht unter Berücksichtigung der neuen Informationstechnologien. 2005.

Band 109 Hendrik Otto: Der gesetzliche Abschlussprüfer im italienischen Recht. Eine rechtsvergleichende Untersuchung unter besonderer Berücksichtigung der zivilrechtlichen Haftung. 2005.

Band 110 Frauke Stuphorn: Bankhaftung für Kreditauskünfte im deutschen und französischen Recht. 2005.

Band 111 Nina Fürer: Die zivilrechtliche Haftung für Raucherschäden. 2005.

Band 112 Giovanni B. Barillà: *Contratto autonomo di garanzia* e *Garantievertrag.* Categorie civilistiche e prassi del commercio. 2005.

Band 113 Timo Torz: Gerichtsstände im Internationalen Insolvenzrecht zur Eröffnung von Partikularinsolvenzverfahren. 2005.

Band 114 Martina Schmid: Die Grenzen der Auslegungskompetenz des EuGH im Vorabentscheidungsverfahren nach Art. 234 EG. Dargestellt am Beispiel der überschießenden Richtlinienumsetzung. 2005.

Band 115 Stephan Lesage-Mathieu: Dispositives Kollisionsrecht im prozessualen Kontext. 2005.

Band 116 Jürgen Görtz: Die subjektiven Grenzen der Rechtskraft US-amerikanischer Urteile. 2005.

Band 117 Vera Hoppe: Die Einbeziehung ausländischer Beteiligter in US-amerikanische class actions. Unter Berücksichtigung des Class Action Fairness Act 2005. 2005.

Band 118 Silke Pütz: Parteiautonomie im internationalen Urhebervertragsrecht – Eine rechtsdogmatische und rechtspolitische Betrachtung der Grenzen freier Rechtswahl im internationalen Urhebervertragsrecht unter besonderer Berücksichtigung des neuen deutschen Urhebervertragsrechts. 2005.

Band 119 Alice Nieroba: Die europäische Rechtshängigkeit nach der EuGVVO (Verordnung (EG) Nr. 44/2001) an der Schnittstelle zum nationalen Zivilprozessrecht. 2006.

Band 120 Jan Kayser: Alternative Formen gerichtlicher und außergerichtlicher Streitbeilegung im deutschen und französischen Zivilprozess. Les modes alternatifs judiciaires et extrajudiciaires de résolution des conflits en procédure civile allemande et française. 2006.

Band 121 Mirko Ehrich: Der internationale Anwendungsbereich des deutschen und französischen Rechts gegen irreführende Werbung. Freie Wahl von Form und Mittel, Rom II und Herkunftslandprinzip. 2006.

Band 122 Daniel Thelen: Die Haftung des Sekundärschädigers für Gewalttaten anderer im US-amerikanischen Deliktsrecht ausgehend von dem Problem rechtsextremistisch motivierter Gewalttaten. 2006.

Band 123 Anne Winterling: Die Entscheidungszuständigkeit in Arbeitssachen im europäischen Zivilverfahrensrecht. 2006.

Band 124 Sarah Gerling: Die Gleichstellung ausländischer mit inländischen Vollstreckungstiteln durch die Verordnung zur Einführung eines Europäischen Vollstreckungstitels für unbestrittene Forderungen. Im Vergleich zum bisherigen Recht und zur Rechtslage in den USA. 2006.

Band 125 Christian Bank: Präventivmaßnahmen börsennotierter Gesellschaften zur Abwehr feindlicher Übernahmeversuche in Deutschland und Großbritannien. Eine rechtsvergleichende Untersuchung des deutschen und britischen Rechts unter Berücksichtigung der Europäischen Übernahmerichtlinie. 2006.

Band 126 Christian Weis: Kaufrechtliche Gewährleistung und Garantievergabe in Deutschland und Spanien. Unter besonderer Berücksichtigung des Unternehmenskaufs. 2006.

Band 127 Emilio Maus Ratz: Der Nacherfüllungsanspruch nach UN-Kaufrecht. Im Lichte der deutschen, spanisch-mexikanischen und US-amerikanischen Rechtswissenschaft. 2006.

Band 128 Constanze Jacobs: Die Sachmängelgewähr im deutschen und belgischen Kaufrecht nach Umsetzung der Verbrauchsgüterkauf-Richtlinie. 2006.

Band 129 Ulrike Teichert: Lückenfüllung im CISG mittels UNIDROIT-Prinzipien – Zugleich ein Beitrag zur Wählbarkeit nichtstaatlichen Rechts. 2007.

Band 130 Sascha Reichardt: Internationale Zuständigkeit im Gerichtsstand der unerlaubten Handlung bei Verletzung europäischer Patente. 2006.

Band 131 Bilgehan Cetiner: Die Sachmängelhaftung des Verkäufers im UN-Kaufrecht und im neuen deutschen Schuldrecht. Eine rechtsvergleichende Studie. 2006.

Band 132 Jan Streer: Die Umsetzung der Verbrauchsgüterkaufrichtlinie im englischen Recht durch die Sale and Supply of Goods to Consumer Regulations 2002. 2007.

Band 133 Kathrin Wannenmacher: Einstweilige Maßnahmen im Anwendungsbereich von Art. 31 EuGVVO in Frankreich und Deutschland: Eine Betrachtung ausgesuchter Verfahren des einstweiligen Rechtsschutzes im internationalen Zivilverfahrensrecht – gerichtliche Zuständigkeit, Anerkennung und Vollstreckung. 2007.

Band 134 Wim Kreytenberg: Die individuelle Schwerpunktbestimmung internationaler Schuldverträge nach der Ausweichklausel des Artikel 4 Absatz 5 Satz 2 EVÜ. Ein Beitrag zur Förderung von Rechtssicherheit und Einzelfallgerechtigkeit im europäischen Kollisionsrecht der Schuldverträge. 2007.

Band 135 Nikolaus Geiben: Der Vorvertrag im Internationalen Privatrecht. Unter besonderer Berücksichtigung des Immobilienerwerbs im portugiesischen und brasilianischen Recht. 2007.

Band 136 Predrag Maksimovic: Der Kapitalschutz im europäischen, serbischen und deutschen Recht der Gesellschaft mit beschränkter Haftung. 2007.

Band 137 Alexander Rathenau: Die Anwendung des EuGVÜ durch portugiesische Gerichte unter Berücksichtigung des autonomen internationalen Zivilverfahrensrechts. 2007.

Band 138 Matthias Creydt: Die Besicherung von Weltraumvermögenswerten. Ein neues einheitliches internationales Sicherungsrecht und dessen Vergleich zum US-amerikanischen Mobiliarsicherungsrecht. 2007.

Band 139 Oliver Borkhardt: Registerpublizität und Kollisionsrecht besitzloser Mobiliarsicherheiten nach dem neuen Art. 9 UCC. 2007.

Band 140 Jens Engelmann-Pilger: Deliktische Haftung für das Fehlverhalten Dritter im Common Law. 2007.

Band 141 Bastian Rotmann: Der Schutz des Dritten in der europäischen Mobiliarzwangsvollstrekkung. Eine rechtsvergleichende Untersuchung vor dem Hintergrund der Verordnung (EG) Nr. 805/2004 zur Einführung eines Europäischen Vollstreckungstitels für unbestrittene Forderungen. 2007.

Band 142 Oliver Ratzel: Die Präklusion isolierter Unterhaltsverfahren durch den ausländischen Scheidungsverbund. Zugleich ein Beitrag zur internationalen Verbundszuständigkeit im Lichte der Quellenveränderung. 2007.

Band 143 Bettina Maria Stade: Die Konstitutionalisierung des Zivilprozessrechts in Spanien und Deutschland vor dem Hintergrund der Europäisierung des Zivilprozessrechts. 2007.

Band 144 Julia El-Bitar: Der deutsche und der französische Kulturgüterschutz nach der Umsetzung der Kulturgüterrückgaberichtlinie. Eine materiellrechtliche und kollisionsrechtliche Untersuchung. 2007.

Band 145 Aris Kaschefi: Sachmängelhaftung im französischen Kaufrecht vor und nach Umsetzung der Verbrauchsgüterkaufrichtlinie. Mit rechtsvergleichenden Hinweisen zum deutschen Recht unter besonderer Berücksichtigung von Weiterfressersachverhalten. 2007.

Band 146 Isabel Roth: Die internationale Zuständigkeit deutscher Gerichte bei Persönlichkeitsrechtsverletzungen im Internet. 2007.

Band 147 Theresa Wilhelmi: Das Weltrechtsprinzip im internationalen Privat- und Strafrecht. Zugleich eine Untersuchung zu Parallelitäten, Divergenzen und Interdependenzen von internationalem Privatrecht und internationalem Strafrecht. 2007.

Band 148 Alice Halsdorfer: Privat- und kollisionsrechtliche Folgen der Verletzung von Kulturgüterschutznormen auf der Grundlage des UNESCO-Kulturgutübereinkommens 1970. 2008.

Band 149 Thomas Müller-Froelich: Der Gerichtsstand der Niederlassung im deutsch-amerikanischen Rechtsverkehr. Eine Untersuchung zu Fragen der Entscheidungs- und Anerkennungszuständigkeit. 2008.

Band 150 Christopher Luhn: Privatautonomie und Inhaltskontrolle von Eheverträgen. Ein kritischer Vergleich des deutschen und des australischen Rechts mit Bezügen zum Internationalen Privatrecht. 2008.

Band 151 Kristin Kohler: Die grenzüberschreitende Verbraucherverbandsklage nach dem Unterlassungsklagengesetz im Binnenmarkt. 2008.

Band 152 Dorothee Maria Kaulen: Die Anerkennung von Gesellschaften unter Artikel XXV Abs. 5 S. 2 des deutsch-US-amerikanischen Freundschafts-, Handels- und Schifffahrtsvertrags von 1954. 2008.

www.peterlang.de